中文社会科学引文索引（CSSCI）来源集刊

民间法

FOLK LAW

第27卷

主　编·谢　晖　陈金钊　蒋传光
执行主编·彭中礼

中南大学法学院 主办

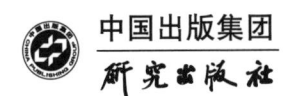

中国出版集团
研究出版社

图书在版编目（CIP）数据

民间法.第27卷/谢晖，陈金钊，蒋传光主编.——北京：研究出版社，2021.11
ISBN 978-7-5199-1048-8

Ⅰ.①民… Ⅱ.①谢…②陈…③蒋… Ⅲ.①习惯法–中国–文集 Ⅳ.①D920.4-53

中国版本图书馆CIP数据核字(2021)第232559号

出 品 人：赵卜慧
责任编辑：张立明

民间法（第27卷）
MINGJIANFA (DI 27 JUAN)

作　　者	谢　晖　陈金钊　蒋传光
出版发行	研究出版社
地　　址	北京市朝阳区安定门外安华里504号A座（100011）
电　　话	010-64217619　　64217612（发行中心）
网　　址	www.yanjiuchubanshe.com
经　　销	新华书店
印　　刷	北京中科印刷有限公司
版　　次	2021年11月第1版　　2021年11月第1次印刷
开　　本	787毫米×1092毫米　1/16
印　　张	36
字　　数	741千字
书　　号	ISBN 978-7-5199-1048-8
定　　价	128.00元

版权所有，翻印必究；未经许可，不得转载

总　　序

在我国,从梁治平较早提出"民间法"这一概念起算,相关研究已有25年左右的历程了。这一概念甫一提出,迅即开启了我国民间法研究之序幕,并在其后日渐扎实地推开了相关研究。其中《民间法》《法人类学研究》等集刊的创办,一些刊物上"民间法栏目"的开办,"民间法文丛"及其他相关论著的出版,一年一度的"全国民间法/民族习惯法学术研讨会"、中国人类学会法律人类学专业委员会年会、中国社会学会法律社会学专业委员会年会、中国法学会民族法学专业委员会年会等的定期召开,以及国内不少省份民族法学研究会的成立及其年会的定期或不定期召开,可谓是相关研究蓬勃繁荣的明显标志和集中展示。毫无疑问,经过多年的积累和发展,我国民间法研究的学术成果,已经有了可观的量的积累。但越是这个时候,越容易出现学术研究"卡脖子"的现象。事实正是如此。一方面,"民间法"研究在量的积累上突飞猛进,但另一方面,真正有分量的相关学术研究成果却凤毛麟角。因此,借起草"《民间法》半年刊总序"之机,我愿意将自己对我国当下和未来民间法研究的几个"看点"(这些思考,我首次通过演讲发表在2020年11月7日于镇江召开的"第16届全国民间法/民族习惯法学术研讨会"上)抛出来,作为引玉之砖,供同仁们参考。

第一,民间法研究的往后看。这是指我国的民间法研究,必须关注其历史文化积淀和传承,即关注作为历史文化积淀和传承的民间法。作为文化概念的民间法,其很多分支是人们社会生活长期积累的结果,特别是人们习常调查、研究和论述的习惯法——无论民族习惯法、地方习惯法、宗族习惯法,还是社团习惯法、行业习惯法、宗教习惯法,都是一个民族、一个地方、一个宗族,或者一个社团、一种行业、一种宗教在其历史长河中不断积累的结果。凡交往相处,便有规范。即便某人因不堪交往之烦而拒绝与人交往,也需要在规范上一视同仁地规定拒绝交往的权利和保障他人拒绝交往的公共义务。当一种规范能够按照一视同仁的公正或"正义"要求,客观上给人们分配权利和义务,且当这种权利义务遭受侵害时据之予以救济时,便是习惯法。所以,民间法研究者理应有此种历史感、文化感或传统感。应当有"为往圣继绝学"的志向和气概,在历史中观察当下,预见未来。把史上积淀的民间法内容及其作用的方式、场域、功能,其对当下安排公共交往、组织公共秩序的意义等予以分门别类,疏证清理,发扬光大,是民间法研究者责无旁贷的。在这方面,我国从事民族习惯法,特别是从史学视角从事相关研究的学者,已经做了许多值得赞许的工作，但未尽之业仍任重道远。其他相关习惯法的挖掘整理，虽有零星成果，但系统地整理研究，很不尽人意。因之，往后看的使命绝没有完成，更不是过时，而是必须接续既往、奋力挖掘的民间法学术领域。

第二，民间法研究的往下看。这是指我国的民间法研究，更应关注当下性，即关注当代社会交往中新出现的民间法。民间法不仅属于传统，除了作为习惯（法）的那部分民间法之外，大多数民间法，是在人们当下的交往生活中产生并运行的。即便是习惯与习惯法的当下传承和运用，也表明这些经由历史积淀所形成的规则具有的当下性或当下意义。至于因为社会的革故鼎新而产生的社区公约、新乡规民约、企业内部规则、网络平台规则等，则无论其社会基础，还是其表现形式和规范内容，都可谓是新生的民间法。它们不但伴随鲜活的新型社会关系而产生，而且不断助力于新社会关系的生成、巩固和发展。在不少时候，这些规范还先于国家法律的存在，在国家法供给不及时，以社会规范的形式安排、规范人们的交往秩序。即便有了相关领域的国家法律，但它也不能包办、从而也无法拒绝相关新型社会规范对人们交往行为的调控。这在各类网络平台体现得分外明显。例如，尽管可以运用国家法对网络营运、交易、论辩中出现的种种纠纷进行处理，但在网络交往的日常纠纷中，人们更愿意诉诸网络平台，运用平台内部的规则予以处理。这表明，民间法这一概念，不是传统规范的代名词，也不是习惯规范的代名词，而是包括了传统规范和习惯规范在内的非正式规范的总称。就其现实作用而言，或许当下性的民间法对于人们交往行为的意义更为重要。因此，在当下性视角中调查、整理、研究新生的民间规范，是民间法研究者们更应努力的学术领域。

第三，民间法研究的往前看。这是指我国的民间法研究，不仅应关注过去、关注当下，而且对未来的社会发展及其规范构造要有所预期，发现能引领未来人们交往行为的民间法。作为"在野的"、相对而言自生自发的秩序安排和交往体系，民间法不具有国家法那种强规范的可预期性和集约性，反之，它是一种弱规范，同时也具有相当程度的弥散性。故和国家法对社会关系调整的"时滞性"相较，民间法更具有对社会关系"春江水暖鸭先知"的即时性特征。它更易圆融、自然地适应社会关系的变迁和发展，克服国家法在社会关系调整中过于机械、刚硬、甚至阻滞的特点。惟其如此，民间法与国家法相较，也具有明显地对未来社会关系及其规范秩序的预知性。越是面对一个迅速变革的社会，民间法的如上特征越容易得到发挥。而我们所处的当下，正是一个因科学的飞速发展，互联网技术的广泛运用和人工智能的不断开发而日新月异的时代。人类在未来究竟如何处理人的自然智慧和人工智能间的关系？在当下人工智慧不断替代人类体力、脑力，人们或主动亲近人工智慧，或被迫接受人工智慧的情形下，既有民间法是如何应对的？在人类生殖意愿、生殖能力明显下降的情形下，民间法又是如何因应的……参照民间法对这些人类发展可以预知的事实进行调整的蛛丝马迹，如何在国家法上安排和应对这些已然呈现、且必将成为社会发展事实的情形？民间法研究者对之不但不能熟视无睹，更要求通过其深谋远虑的研究，真正对社会发展有所担当。

第四，民间法研究的往实看。这是指我国的民间法研究，应坚持不懈地做相关实证研究，以实证方法将其做实、做透。作为实证的民间法研究，在方法上理应隶属于社会学和人类学范畴，因此，社会实证方法是民间法研究必须关注并运用的重要工具。无论社会访谈、调查问卷，还是蹲点观察、生活体验，都是研究民间法所不得不遵循的方法，否则，民间法研究就只能隔靴搔痒，不得要领。在这方面，近20年来，我国研究民间法，特别是研究民族习惯法的一些学者，已经身体力行地做了不少工作。但相较社会学、人类学界的研究，民间法研究的相关成果还远没有达到那种踏足田野、深入生活的境地。绝大多数实证研究，名为实证，但其实证的材料，大多数是二手、甚至三手的。直接以调研获得的一手材料为基础展开研究，虽非没有，但寥若晨星。这势必导致民间法的实证研究大打折扣。这种情形，既与法学学者不擅长社会实证的学术训练相关，也与学者们既没有精力，也缺乏经费深入田野调研相关，更与目前的科研评价体制相关——毕竟扎实的社会学或人类学意义上的实证，不要说十天数十天，即便调研一年半载，也未必能够成就一篇扎实的、有说服力的论文。因此，民间法研究的往实看，绝不仅仅是掌握社会学或人类学的分析方法，更需要在真正掌握一手实证材料的基础上，既运用相关分析工具进行分析，又在此分析基础上充实和完善民间法往实看的方法，甚至探索出不同于一般社会学和人类学研究方法的民间法实证研究之独有方法。

第五，民间法研究的往深看。这是指我国的民间法研究，要锲而不舍地提升其学理水平。这些年来，人们普遍感受到我国的民间法研究，无论从对象拓展、内容提升、方法运用还是成果表达等各方面，都取得了显著的成就，但与此同时，人们又存有另一种普遍印象：该研究在理论提升上尚不尽如人意，似乎这一领域，更"容易搞"，即使人们没有太多的专业训练，也可以涉足，不像法哲学、法律方法、人权研究这些领域，不经过专业训练，就几乎无从下手。这或许正是导致民间法研究的成果虽多，但学理深度不足的主要原因。这尤其需要民间法研究在理论上的创新和提升。我以为，这一提升的基点，应锚定民间法学术的跨学科特征，一方面，应普及并提升该研究的基本理念和方法——社会学和人类学的理念与方法，在研究者能够娴熟运用的同时，结合民间法研究的对象特征，予以拓展、提升、发展。另一方面，应引入并运用规范分析（或法教义学）方法和价值分析方法，以规范分析的严谨和价值分析的深刻，对民间法的内部结构和外部边界予以深入剖析，以强化民间法规范功能之内部证成和外部证成。再一方面，在前述两种理论提升的基础上，促进民间法研究成果与研究方法的多样和多元。与此同时，积极探索民间法独特的研究方法、对象、内容、范畴等，以资构建民间法研究的学术和学科体系——这一体系虽然与法社会学、法人类学、规范法学有交叉，但绝非这些学科的简单剪裁和相加。只有这样，民间法研究往深看的任务才能有所着落。

第六，民间法研究的比较（往外）看。这是指我国的民间法研究，不仅要关注作为非制度事实的本土民间法及其运行，而且要眼睛向外，关注域外作为非正式制度事实的民间法及其运行，运用比较手法，推进并提升我国的民间法研究。民间法的研究，是法律和法学发展史上的一种事实。在各国文明朝着法治这一路向发展的过程中，都必然会遭遇国家法如何对待民间法的问题，因为国家法作为人们理性的表达，其立基的直接事实基础，就是已成制度事实的非正式规范。随着不同国家越来越开放性地融入世界体系，任何一个国家的法制建设，都不得不参照、尊重其他国家的不同规范和国际社会的共同规范。因此，民间法研究的向外看、比较看，既是国家政治、经济、文化关系国际化，人民交往全球化，进而各国的制度作用力相互化（性）的必然，也是透过比较研究，提升民间法学术水平和学术参与社会之能力的必要。在内容上，比较研究既有作为非正式制度事实的民间法之比较研究，也有民间法研究思想、方法之比较研究。随着我国学者走出国门直接观察、学习、调研的机会增加和能力提升，也随着国外学术思想和学术研究方法越来越多地引入国内，从事比较研究的条件愈加成熟。把国外相关研究的学术成果高质量地、系统地迻译过来，以资国内研究者参考，积极参与国际上相关学术活动，组织学者赴国外做专门研究，成立比较研究的学术机构，专门刊发民间法比较研究的学术专栏等，是民间法研究比较看、向外看在近期尤应力促的几个方面。

当然，民间法研究的关注路向肯定不止如上六个方面，但在我心目中，这六个方面是亟须相关研究者、研究机构和研究团体尽快着手去做的；也是需要该研究领域的学者们、研究机构和研究团体精诚团结、长久攻关的事业。因此，在这个序言中，我将其罗列出来，并稍加展开，冀对以后我国的民间法研究及《民间法》半年刊之办刊、组稿能有所助益。

创刊于2002年的《民间法》集刊，从第1卷到第13卷一直以"年刊"的方式出版。为了适应作者及时刊发、读者及时阅读以及刊物评价体系之要求，自2014年起，该集刊改为半年刊。改刊后，由于原先的合作出版社——厦门大学出版社稿件拥挤，尽管责任编辑甘世恒君千方百计地提前刊物的面世时间，但结果仍不太理想。刊物每每不能按时定期出版，既影响刊物即时性的传播效果，也影响作者和读者的权利。《民间法》主编与编辑收到了不少作者和读者对此的吐槽。为此，经与原出版社厦门大学出版社及甘世恒编辑的商量，从2020年第25卷起，《民间法》将授权由在北京的研究出版社出版。借此机会，我要表达之前对《民间法》的出版给予鼎力支持的山东人民出版社及李怀德编审，济南出版社及魏治勋教授，厦门大学出版社及甘世恒编审的诚挚感谢之情；我也要表达对《民间法》未来出版计划做出周备规划、仔细安排的研究出版社及张立明主任的真诚感谢之意。期待《民间法》半年刊作为刊载民间法学术研究成果的专刊，在推进我国民间法研究上，责无旁贷地肩负起其应有的责任，也期待民间法研究者对《民间法》半年刊一如既往地予以宝贵的帮助和支持！

是为序。

陇右天水学士 谢 晖
2020年冬至序于长沙梅溪湖寓所

原　　序

　　自文明时代以来，人类秩序，既因国家正式法而成，亦藉民间非正式法而就。然法律学术所关注者每每为国家正式法。此种传统，在近代大学法学教育产生以还即为定制。被谓之人类近代高等教育始创专业之法律学，实乃国家法的法理。究其因，盖在该专业训练之宗旨，在培养所谓贯彻国家法意之工匠——法律家。

　　诚然，国家法之于人类秩序构造，居功甚伟，即使社会与国家分化日炽之如今，前者需求及依赖于后者，并未根本改观；国家法及国家主义之法理，仍旧回荡并主导法苑。奉宗分析实证之法学流派，固守国家命令之田地，立志于法学之纯粹，其坚定之志，实令人钦佩；其对法治之为形式理性之护卫，也有目共睹，无须多言。

　　在吾国，如是汲汲于国家（阶级）旨意之法理，久为法科学子所知悉。但不无遗憾者在于：过度执著于国家法，过分守持于阶级意志，终究令法律与秩序关联之理念日渐远离人心，反使该论庶几沦为解构法治秩序之刀具，排斥法律调节之由头。法治理想并未因之焕然光大，反而因之黯然神伤。此不能不令人忧思者！

　　所以然者何？吾人以为有如下两端：

　　一曰吾国之法理，专注于规范实证法学所谓法律本质之旨趣，而放弃其缜密严谨之逻辑与方法，其结果舍本逐末，最终所授予人者，不过御用工具耳（非马克斯·韦伯"工具理性"视角之工具）。以此"推进"法治，其效果若何，不说也知。

　　二曰人类秩序之达成，非惟国家法一端之功劳。国家仅藉以强制力量维持其秩序，其过分行使，必致生民往还，惶惶如也。而自生于民间之规则，更妥帖地维系人们日常交往之秩序。西洋法制传统中之普通法系和大陆法系，不论其操持的理性有如何差异，对相关地方习惯之汲取吸收，并无沟裂。国家法之坐大独霸，实赖民间法之辅佐充实。是以19世纪中叶、特别20世纪以降，社会实证观念后来居上，冲击规范实证法学之壁垒，修补国家法律调整之不足。在吾国，其影响所及，终至于国家立法之走向。民国时期，当局立法（民法）之一重大举措即深入民间，调查民、商事习惯，终成中华民、商事习惯之盛典巨录，亦成就了迄今为止中华历史上最重大之民、商事立法。

　　可见，国家法与民间法，实乃互动之存在。互动者，国家法借民间法而落其根、坐其实；民间法藉国家法而显其华、壮其声。不仅如此，两者作为各自自治的事物，自表面看，分理社会秩序之某一方面；但深究其实质，则共筑人间安全之坚固堤坝。即两者之共

原　序

同旨趣，在构织人类交往行动之秩序。自古迄今，国家法虽为江山社稷安全之必备，然与民间法相须而成也。此种情形，古今中外，概莫能外。因之，此一结论，可谓"放之四海而皆准"。凡关注当今国家秩序、黎民生计者，倘弃民间法及民间自生秩序于不顾，即令有谔谔之声，皇皇巨著，也不啻无病呻吟、纸上谈兵，终其然于事无补。

近数年来，吾国法学界重社会实证之风日盛，其中不乏关注民间法问题者。此外，社会学界及其他学界也自觉介入该问题，致使民间法研究蔚然成风。纵使坚守国家法一元论者，亦在认真对待民间法。可以肯定，此不惟预示吾国盛行日久之传统法学将转型，亦且表明其法治资源选取之多元。为使民间法研究者之辛勤耕耘成果得一展示田地，鄙人经与合作既久之山东人民出版社洽商，决定出版《民间法》年刊。

本刊宗旨，大致如下：

一为团结有志于民间法调查、整理与研究之全体同仁，共创民间法之法理，以为中国法学现代化之参照；

二为通过研究，促进民间法与官方法之比照交流，俾使两者构造秩序之功能互补，以为中国法制现代化之支持；

三为挖掘、整理中外民间法之材料，尤其于当代特定主体生活仍不可或缺、鲜活有效之规范，以为促进、繁荣民间法学术研究之根据；

四为推进民间法及其研究之中外交流，比较、推知相异法律制度的不同文化基础，以为中国法律学术独辟蹊径之视窗。

凡此四者，皆须相关同仁协力共进，始成正果。故鄙人不揣冒昧，吁请天下有志于此道者，精诚团结、互为支持，以辟法学之新路、开法制之坦途。倘果真如此，则不惟遂本刊之宗旨，亦能致事功之实效。此乃编者所翘首以待者。

是为序。

陇右天水学士　谢　晖
序于公元2002年春

目　录　　民间法（第 27 卷）

总序/原序　　　　　　　　　　　　　　　　　　　　　　　　　　　谢　晖 / I

学理探讨

民族地区诉源治理中的本土资源研究　　　　　　　　　　　　　　　牛绿花 / 3
传统调解文化结构中的"和谐陷阱"
——以《红楼梦》"玫瑰露"案为中心的解读　　　　　　　　　　邓春梅 / 20
地方联合立法新说　　　　　　　　　　　　　　　　　　　　　　　吴玉姣 / 35
论习惯的规范价值　　　　　　　　　　　　　　　　　　　　　　　周俊光 / 46
民间法与国家法互动视阈下"半熟人社会"的行动逻辑
——以网络空间为切入点　　　　　　　　　　　　　　　　　　李佳飞 / 64
民族习惯法的刑事司法功能及其风险防范　　　　　　　　乔　杉　安　然 / 81
论民族地区民间神话故事的秩序维护功能　　　　　　　　　　　　　茶春雷 / 95
民间法在法治乡村建设中的作用研究　　　　　　　　　　　　　　　田　雷 / 108

经验解释

我国民法典编纂史上习惯规范的变迁
——从《大清民律草案》到《中华人民共和国民法典》　　刘昕杰　李诗语 / 121
厚嫁风俗对清末民初湖湘地区社会规制的影响　　　　　　于　熠　王登峰 / 136
既嫁从夫？中国传统社会庶民女性家庭地位刍议
——以明清契约文书为中心　　　　　　　　　　　　　　　　　徐志强 / 156
从苏子英案透视革命年代的司法传统与变革　　　　　　　　　　　　薛永毅 / 173

制度分析

自治规则视角下电商平台用户信息保护研究　　　　　　杨开湘　唐春燕 / 193

人民调解权威的正当性、类型和功能　　　　　　　　　　　　　梁德阔 / 214

民间法视野下的佛教戒律、传统丛林制度和寺院规约　穆赤·云登嘉措　赵旭东 / 227

新乡贤组织在乡村社会治理体系中的定位、功能及行动逻辑　　　　刘广登 / 239

论藏区赔命价的现代化整合　　　　　　　　　　　　　　　　　王林敏 / 252

硬性主导到"共生而治"：乡村法治的转换逻辑与路径指向
　　　　　　　　　　　　　　　　　　　胡卫卫　纪春艳　余　超 / 269

民间饮食习惯的法律规制
——以"食品加药"为例　　　　　　　　　　　　　　　　　周　林 / 280

论行政法原则与民间习惯法之融合
——以条理法规范为契合点　　　　　　　　　　　　　　　杨官鹏 / 296

身份与契约
——对回鹘文契约的法社会学分析　　　　　　　　　　阿力木江·依明 / 311

"三治结合"：当代村规民约的变革调适路径　　　　　　　　　　李天助 / 327

企业惩戒权法律规制之反思　　　　　　　　　　　　　　　　汪银涛 / 341

景区迁坟的利益博弈与地方立法规制　　　　　　　　　　　　李冠男 / 356

人民调解的范式更新与视角转换
——以民间借贷纠纷调解要素表的规范设计为解析主轴　　　　　向浩源 / 370

社会调研

中国民间公募基金会内部治理研究
——以2017年至2019年成立的民间公募基金会为研究对象　闫晓君　韩　丽 / 397

环境公益与经济私益的冲突与协调
——基于青海湖自然保护区的调研　　　　　　　　　　　　　陈　娟 / 409

通过村规民约促进国家认同
——以西藏自治区53个行政村的实践为对象　　　　　　　　　张　晗 / 432

论民间规范与地方立法的协同治理
——基于鼓浪屿公共议事会的实证考察　　　　　　　　　　　张　可 / 448

复合思维：家事纠纷解决中公益律师的行动逻辑
——基于对中部D县的考察　　　　　　　　　　　　　　　　刘　敏 / 470

学术评论

法律学说的司法功能与应用进路
——《论法律学说的司法运用》述评 　　　　　　　　　　　戴津伟 / 489
法治一元——多元的辩证与民间法的现实面向
——评《民间法哲学论》 　　　　　　　　　　　　　　　　余　地 / 501
新时代的法律、文化和社会秩序：一种多学科的对话
——第十届"法律与社会"高端论坛会议综述 　　张洪新　林胜辉　刘益华 / 511

域外视窗

古罗马家父权与中国家父权的差异及其文化成因 　　　　　　　　安　宇 / 527
法律命题的论域及其逻辑展开 　　　　　　　　　　　　　　　邓慧强 / 543

学理探讨

民族地区诉源治理中的本土资源研究[*]

牛绿花[**]

摘　要　在平安中国建设中,健全社会矛盾纠纷预防化解机制,完善调解、仲裁、行政裁决、行政复议、诉讼等有机衔接、相互协调的多元化纠纷解决机制是重点,而从源头上预防矛盾纠纷、诉讼前解决矛盾纠纷的"诉源治理"是多元化纠纷解决机制的进一步延伸和深入。随着经济社会快速发展、各民族间交流交往交融的增加,矛盾纠纷呈现出多发态势。这些矛盾纠纷因交织着经济利益、民族因素、宗教因素而表现出复杂性。民族地区矛盾纠纷的预防和快速有效化解事关祖国统一、民族团结、社会和谐。因此,在民族地区的诉源治理中,利用一切可利用的资源来预防化解矛盾纠纷有着更加特殊的意义。

关键词　民族地区　诉源治理　本土资源　多元化纠纷解决机制

一、问题的提出

党的十八届四中全会提出,要健全社会矛盾纠纷预防化解机制,完善调解、仲裁、行政裁决、行政复议、诉讼等有机衔接、相互协调的多元化纠纷解决机制。2015年12月,中办、国办印发《关于完善矛盾纠纷多元化解机制的意见》,多元化纠纷解决机制改革进入了全面系统推进的新阶段。2021年2月19日,中央全面深化改革委员会第十八次会议召开,审议通过了《关于加强诉源治理推动矛盾纠纷源头化解的意见》,要求法治建设"既要抓末端、治已病,更要抓前端、治未病"。这要求我们要把"非诉讼纠纷解决机制挺在前面","加强矛盾纠纷源头预防、前端化解、关口把控,完善预防性法律制度,从源

---

[*] 国家民委项目"元代以来藏族精英国家认同的双向建构研究"(项目编号:2020-GMD-019)。
[**] 牛绿花(藏族),女,法学博士,西北师范大学法学院教授。

头减少诉讼增量。"① 至此，诉源治理成为矛盾纠纷多元化解、基层化解的主要抓手和核心。我国是一个统一的多民族国家，民族地区占国土总面积64%，人口占我国总人口近13%，② 分布聚居上呈现大杂居小聚居的状态。随着经济社会快速发展、各民族间交流交往交融的增加，民众间的矛盾纠纷也呈现出多发态势。这些矛盾纠纷因交织着经济利益、民族因素、宗教因素而表现出复杂性。民族地区矛盾纠纷的预防和快速有效化解事关祖国统一、民族团结、社会和谐。因此，在民族地区的诉源治理中，利用一切可利用的资源来预防化解矛盾纠纷有着更加特殊的意义。

二、诉源治理及其实践历程

（一）何谓诉源治理

诉源治理是我国实践多年的多元化纠纷解决机制的进一步延伸和深入。所谓"多元化纠纷解决机制"是指一个社会中各种纠纷解决方式、程序或制度（包括诉讼与非诉讼两大类）共同存在、相互协调所构成的纠纷解决系统。③ 该机制的理念产生于世纪之交，范愉等学者较早开始研究多元纠纷解决机制并发表了系列成果。④ 在近20年的实践中，多元化解纠纷机制不断加以完善，有些地方在创新性实践的基础上提出了"诉源治理"的理念。2019年2月，最高人民法院在《最高人民法院关于深化人民法院司法体制综合配套改革的意见——人民法院第五个五年改革纲要（2019—2023）》（简称"五五改革纲要"）中吸纳诉源治理为深化司法体制综合配套改革，明确列为今后五年人民法院重要改革任务。⑤ 什么是"诉源治理"，"五五改革纲要"没有进行解释。根据相关研究和文件的表述，我们认为，所谓"诉源治理"是指所有的个体和机构在预防、处理纠纷时采取各种手段、措施和方法，将人们之间可能出现的纠纷和已经发生的纠纷得以平和地处理而联合各方主体

---

① 新华网：《习近平主持召开中央全面深化改革委员会第十八次会议并发表重要讲话》，http：//www.gov.cn/xinwen/2021-02/19/content_5587802.htm/02/19/2021，访问日期：2021-02-25。

② 我国建立了155个民族自治地方，有5个自治区，30个自治州和120个自治县，同时还建立了1173个民族乡，它不属于民族自治地方，是民族区域自治的补充形式，专门保障散杂居少数民族的权利。

③ 范愉：《当代世界多元化纠纷解决机制的发展与启示》，载《中国应用法学》2017年第3期。

④ 范愉：《多元化纠纷解决机制》，厦门大学出版社2005年版；《纠纷解决的理论与实践》，清华大学出版社2007年版；《多元纠纷解决机制与和谐社会的构建》，经济科学出版社2011年版；赵旭东：《权力与公正—乡土社会的纠纷解决与权威多元》，天津古籍出版社2003年版；强世功：《调解、法制与现代性：中国调解制度研究》，中国法制出版社2005年版；汪庆华、应星：《多元化纠纷解决机制》，上海三联书店2010年版；季卫东：《上防潮与申诉制度的出路》，载《青年思想家》2005年第4期；左卫民：《变革时代的纠纷解决及其研究进路》，载《四川大学学报（哲学社会科学版）》2007年第2期；胡兴东：《西南民族地区多元纠纷解决机制研究》，载《中国法学》2012年第1期。

⑤ 《最高人民法院关于深化人民法院司法体制综合配套改革的意见——人民法院第五个五年改革纲要（2019—2023）》简称"五五改革纲要"，首次提出"诉源治理"这一概念。何为"诉源治理"？"五五改革纲要"并未给予进一步的解释。

使用各类措施、适用各种规范、采取各种行动所持续的过程。① 它既不是传统解纷方式的简单延续，也不是对西方非诉纠纷解决（ADR）模式的照搬。它是建立在当前我国法治社会建设和司法实践需要基础之上并将中国传统和合文化与新时代协商共赢文化融会贯通，与推进国家治理体系和治理能力现代化的目标一脉相承。诉源治理要义体现在：一是源头上预防纠纷的发生；二是非诉讼途径解决纠纷挺前；三是法院裁判终局。诉源治理就是要发挥各种主体各种途径适用各种规范及时预防纠纷、化解纠纷，将矛盾纠纷扼杀于萌芽状态，使矛盾纠纷止于诉外，通过这种方式从源头上减少诉讼增量，将法院有限的资源集中于解决更具规则意义的案件。我们以"诉源治理"为关键词，在知网（CNKI）和万方数据库搜索到74篇文献。主要发表在"人民法院报"（34篇论文）、"检察日报""法律适用"等报刊上，从讨论主题来看，集中在诉源治理工作机制的健全完善、诉源治理在基层的实践，诉源治理与"枫桥经验"相结合的探讨等方面。由于诉源治理是新提出的改革措施，目前对其深入系统的研究还在逐步进行中。

（二）诉源治理实践情况

诉源治理实践较早在四川省开展。据相关资料显示，2016年，成都市最早开展此项实践。该院坚持源头治理、依法治理理念，将传统"无讼"文化融入现代法治文明，将群众多元解纷需求融入司法服务保障，在全国率先推进诉源治理改革，一方面深化基层依法治理，努力防范纠纷于未然，借助多元力量化解纠纷于诉前，另一方面优质高效化解已形成诉讼的纠纷，通过内外并举、标本兼治，实现矛盾纠纷源头治理。② 通过诉源治理实践，2019年上半年四川省法院新收案件增幅同比下降15.26%；全省矛盾纠纷多元化解组织排查受理各类矛盾纠纷38万余件，成功化解37万余件，成功率98.4%。③ 四川省的实践获得了最高人民法院的认同并作出该经验值得总结、推广的重要批示。2019年2月，最高人民法院在"五五改革纲要"中吸纳诉源治理为深化司法体制综合配套改革，明确列为今后五年人民法院重要改革任务。其中，坚持把非诉讼纠纷解决机制挺在前面，推动从源头上减少诉讼增量列为重中之重。2021年3月4日，最高院宣布"人民法院一站式多元解纷和诉讼服务体系基本建成"，④ 并指出"人民法院调解平台与全国总工会、公安部、司法部、人民银行、银保监会、证监会等完成'总对总'在线诉调对接，涵盖劳动争议、道交事

---

① 郭彦认为"'诉源治理'是指社会个体及各种机构对纠纷的预防及化解所采取的各项措施、方式和方法，使潜在纠纷和已出现纠纷的当事人的相关利益和冲突得以调和，并且采取联合行动所持续的过程。"参见郭彦：《内外并举全面深入推进诉源治理》，载《法制日报》2017年1月14日。
② 晨迪：《成都法院在全国率先推进诉源治理改革》，成都法院网，http://cdfy.chinacourt.gov.cn/article/detail/2018/03/id/3222349.shtml/02/26/2018，访问日期：2021-02-25。
③ 马利民、简华：《高站位高标准推进全方位全流程融入四川把治蜀兴川各项工作全面纳入法治轨道》，载《法制日报》2019年9月10日。
④ 最高人民法院召开新闻发布会宣布：《人民法院一站式多元解纷和诉讼服务体系基本建成》http://www.court.gov.cn/zixun-xiangqing-289021.html/03/04/2021，访问日期：2021-03-06。

故、金融保险、证券期货、知识产权等纠纷领域，3.3万个调解组织、16.5万名调解员入驻平台，为群众提供菜单式在线调解服务。"① 仅2020年，"诉前成功调解424万件民商事纠纷，同比增加191%。"② 从近几年的实践来看，开展线上线下联动，的确实现了源头上治理，减少了诉讼增量。

三、民族地区诉源治理中的本土资源内涵及其类型

（一）民族地区诉源治理中的本土资源内涵

民族地区矛盾纠纷的预防和快速有效化解对我国构建法治国家、推进国家治理体系和治理能力现代化的意义重大，是坚持各民族一律平等，铸牢中华民族共同体意识，实现共同团结奋斗、共同繁荣发展的前提和基础。在诉源治理大力行进的当下，深入研究分析民族地区诉源治理中的本土资源，有助于利用少数民族历史积淀的行之有效的解纷方式以缓解民族地区法院司法资源结构性短缺的压力，有助于纠纷预防、化解和社会关系修复一体化，有助于维护民族地区平等、团结、互助、和谐的社会主义民族关系。

通过上文对诉源治理概念、内涵及司法实践的耙梳发现，诉源治理中矛盾纠纷的预防、化解实际就是在不违反法律法规和公序良俗的前提下，发挥各类主体的作用，使各类解纷主体联动，将当事人间的协商，人民调解、行政调解、行业调解、商事调解、律师调解、专家调解和仲裁等非诉讼机制中各类手段联动，使大部分纠纷解决在诉讼之外。

论及"本土资源"，学术界对此建树颇多。然而法学界"本土资源"说滥觞于苏力先生《法治及其本土资源》一书，其意指有二：一指"特定场域中内生于社会本土之习惯和惯例"；二指"在社会实践中已然形成或是正在萌芽发展孕育而生的各种非正式的制度。"③ 于此，非正式法律制度，也即本土传统法律文化是其本土资源核心蕴意所在。学者裘斌《关于中国传统法治本土资源现代价值若干思考》一文中讲到"传统法律理想中群体和谐之法律思维、传统法治资源中非制度性习惯和惯例以及法律过程中追求合意和依据事实来选择的制度性资源亦属本土资源之范畴"。④ 学者卞梁在《农村社会治理中的本土资源初探》一文提及"农村本土资源是特定场域乡民通过教化、伦理在长期社会实践中

---

① 最高人民法院召开新闻发布会宣布：《人民法院一站式多元解纷和诉讼服务体系基本建成》http://www.court.gov.cn/zixun-xiangqing-289021.html/03/04/2021，访问日期：2021-03-06。

② 该报告讲到：在线上，人民法院调解平台实现四级法院100%应用，平均调解时长只需23天。工作日平均每分钟有66件矛盾纠纷在平台上调解，每天有1.7万件成功调解在诉前。在线下，各地法院主动融入党委领导的城乡治理体系，就地预防、排查、化解矛盾纠纷。法院加强诉讼服务中心一站式多元解纷工作，深化"分调裁审"机制改革，2020年通过速裁、快审方式审理案件693.27万件，平均审理周期36天，不到一审民商事案件平均审理周期的一半。一站式建设使在线诉讼更加便利。全国3501家法院上线中国移动微法院小程序，当事人可通过这一入口完成立案、查询、交费、调解、庭审等29项在线诉讼服务。四级法院全面应用人民法院送达平台，人民法院保全、委托鉴定等系统也已建立，推动诉讼事务"一网通办"。

③ 苏力：《法治及其本土资源》，中国政法大学出版社2004年版，第56页。

④ 裘斌：《关于中国传统法治本土资源现代价值若干思考》，载《云南行政学院学报》2005年第6期。

自发形成的带有惩罚约束机制和维持传统乡民社会秩序的规则"。[①] 学者汤唯在《当代中国法律文化本土资源的法理透视》中对法律文化与法律资源进行类型化分析,并提出'法律文化本土资源说'蕴含思想资源和制度资源,亦提及民间法、习惯法、社会法能否属于中国法制本土资源深思。[②] 学者邱福军在《民族地区刑事和解的本土资源优势研究》一文指出"少数民族文化思想、民族习惯、民族民间调停人等特色资源是民族地区本土资源的核心要义"。[③] 学者黄震云在《法治社会建设的本土资源和中华法系——殷周金文的法制思想与当代价值》中基于殷周金文,指出其表达的规则、理念和方法是我国最早的重要本土法律资源。[④] 也有诸多学者对本土资源持不同见解,如学者桑本谦在《法治及其本土资源——兼评苏力"本土资源"说》一文中主张本土资源以社会资源为基础,进而提出"以社会成员间相互信任,由私人投资的惩罚资源汇集而成的,可量化比较的制度性成品'社会资源'说"。[⑤] 由此可见,本土资源涉及特定时空情境下的法律资源、文化资源、思想资源以及制度性资源。综合考虑,为使本土资源表述妥当一番,在特定范围研究视角下学界亦通认为,本土资源当指特定场域情境下依据本地法律文化、伦理等因素在长期的社会实践中自发性孕育而生的习惯和惯例等蕴含当地元素的各种非正式规则和制度。那么,诉源治理中本土资源,不仅包括本土法律资源、本土法律文化资源、本土制度性资源中所蕴含的自发性生成的非正式规则或规范,还包括适用这些非正式规则和制度的调解组织和调停人。因此,我们认为民族地区诉源治理中的本土资源指少数民族地区民众在长期生产生活实践中形成的民族风俗习惯、民族伦理道德、民族习惯法等非正式性民间规范、以村规民约为代表的半正式性民间规范和本土解纷机制,以及适用这些非正式性和半正式性规则、机制或制度的调停人或调停组织,即包括民间规范、适用民间规范主体和民间解纷机制三个方面。

(二) 民族地区诉源治理中本土资源的类型

如前述,解纷所适用规范、解纷主体以及解纷机制是构成民族地区诉源治理中本土资源的核心要素,而且解纷机制往往与解纷者相互交织。因此,解纷机制与解纷者、解纷所适用规范无疑成为民族地区诉源治理中本土资源类型划分的关键依循。

就民族地区诉源治理作为解纷主体及解纷机制的本土资源类型而言,据我们调查民族地区解纷机制及解纷主体,主要有四川凉山彝族的德古调解,涉藏州县的社会各界知名人士调解、"斯巴"调解,贵州台江苗族的五老调解、侗族的"老人协会""寨老组织"调

---

① 卞梁:《农村社会治理中的本土资源初探》,载《社会科学家》2012年第3期。
② 汤唯:《当代中国法律文化本土资源的法理透视》,人民出版社2010年版,第17页。
③ 邱福军:《民族地区刑事和解的本土资源优势研究》,载《贵州民族研究》2016年第5期。
④ 黄震云:《法治社会建设的本土资源和中华法系——殷周金文的法制思想与当代价值》,载《武汉科技大学学报(社会科学版)》2019年第1期。
⑤ 桑本谦:《法治及其本土资源——兼评苏力"本土资源"说》,载《现代法学》2006年第1期。

解，回族、东乡族的"乡贤"、清真寺调解，羌族"老民"调解，恩施土家人的"梯玛"调解等，其中诸如彝族的德古、藏族的各界知名人士、斯巴、苗族的五老、侗族的寨老、东乡族的乡贤、羌族的老民、土家族的梯玛等是作为解纷主体的本土资源。

就民族地区诉源治理中作为解纷所适用规范的本土资源类型而言，主要表现为非正式的规范和半正式的规范。主要包括少数民族长期多元纠纷化解实践中自发性生成并被所适用的各少数民族传统社会中留存或沿袭下来的民族风俗、民族习惯、民族道德伦理、民族习惯法等非正式性规范，以及新时期民族地区将传统的习俗、习惯、伦理道德、习惯法等民间规范与国家法治精神、法律法规、政策相结合而通过村民自治以民主形式制定的村规民约，尽管这些规范在各民族地区中形式多样、名称各异，但在解决具体纠纷时都被选择适用。① 目前我国诉源治理中的"多元化纠纷解决示意图"（如下图），图中虚线所框出部分为民族地区本土资源解纷所能够发挥解纷效能的环节和范围，并且该本土资源解纷在调解的各个种类中、特别是人民调解中发挥了不可替代的作用。

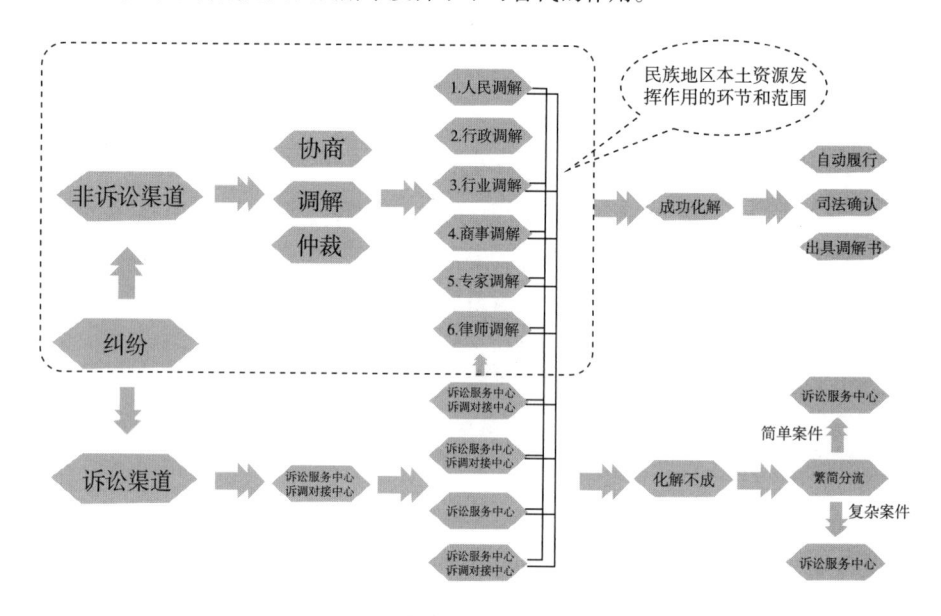

多元化纠纷解决机制示意图

---

① 刘作翔教授认为"法律规范、党内法规、党的政策、国家政策、社会规范是当代中国社会代中客观存在的规范类型，在各自的不同场域发挥作用。每种规范类型有其不同的性质，其规范来源也不相同。有不同的法律地位、作用和功能。各种规范类型的有机组合而形成的一个有机体系，构成当代中国规范体系的基本制度结构。"他认为"凡是能够对人们的行为起到一种指引和约束作用的，都是一种规范。凡是能够对人们的行为起到一种指引和约束作用的规范种类，都是一种规范类型。规范体系，是指由所有的规范类型组合起来的有机体系。"我们非常赞同这个概括分类，以此为基础，我们将民族地区在诉源治理中所适用的民间的、本土的所有对人们行为起到一种指引与约束作用的都称之为本土规范。参见刘作翔：《当代中国的规范体系：理论与制度结构》，载《中国社会科学》2019年第7期。

(三) 民族地区诉源治理中本土资源嵌入进路

解纷机制和解纷主体以及解纷所适用的规范是民族地区诉源治理中最具代表性的本土资源。而民族地区诉源治理中本土资源嵌入进路表现为从多元解纷主体选择和多元解纷机制建构中多元民间规范叠加嵌套的介入进路。

首先，对于作为本土资源的解纷主体嵌入进路来看，在非诉解纷挺前、源头治理的语境下，经由何种解纷主体充当裁判者角色参与化解纠纷是基层社会矛盾纠纷化解场域中最先面对的问题。正如我们前述分析那样，诸如彝族的德古、回族的乡贤、藏族的活佛或"斯巴"、苗族的理老、壮族的寨老等民间自有权威能够胜任裁判者的角色。然而，如何充分地将这些民间资源在多元联动的机制里予以利用考验智慧。从目前的解纷主体嵌入实践来看，主要是将他们吸纳到由村级人民调解委员会、社会组织和各行各业、社区调解组织、司法行政机关以及司法机关等多方联动的四级综合调解体系中，分为以下进路：一是通过以村级人民调解委员会为主的场域嵌入，凭借自身优势，依托邻里关系，利用熟人效应，通过聘任德高望重的人民调解员释法说理，提高群众思想意识，及时化解基层社会矛盾纠纷；二是通过以社会综合治理组织为主，让社会组织及各行各业都参与到大调解格局的场域嵌入，共同为化解纠纷建言献策、躬行实践。比如发生在藏传佛教盛行的藏族社会中的纠纷，通常由寺庙、社区、乡镇等解纷主体多方联动形成大调解格局，共同化解纠纷。又如青海果洛藏族自治州，由当地农牧民、村干部等主体组成"斯巴"或"角巴"团队参与纠纷调解。三是通过以社区调解组织嵌入，诸如四川彝族的德古与人民调解组织的联系。结合当下各地打造的各类"无讼社区"活动，进一步发挥社区基层组织的矛盾化解职能，不断排查矛盾、落实纠纷调处机制、从源头遏制矛盾冲突；四是为司法部门，如法院、检察院等，（特邀调解员途径遴选进入法院调解中）凭借调解的专业化优势，做到能调则调、当判则判，尽全力化解矛盾纠纷，守好社会公平正义的最后一道防线。通过制定调解细则，明确各部门、各调解组织的责任分工，充分发挥各自职能，及时实现定纷止争的纠纷化解效用。

其次，从民族地区诉源治理中作为本土资源的规范层面来看。基层社会中发生矛盾纠纷时所适用的规范，主要涉及特定少数民族具有情理法资源的民族习惯、民族习惯法规范。这无不说明纠纷解决是一个讲求情、理、法叠加适用的过程。这情就是基于身份等情境优势蕴含在民族风俗习惯等规范中的情感与性情，这理就是所在社群长期发展过程中形成的道理、事理、情理和法理，而法就是民族习惯法与国家法治精神、法律法规等。作为本土资源的规范往往凭借解纷主体的自身优势与解纷机制的程序构造优势将其嵌入纠纷化解全过程。诸如青海果洛藏族自治州存在的"斯巴"调解，作为解纷主体的"斯巴"凭借源于自身的身份、语言、情感、性情、社会情境等内在与外在优势，使具有情理法资源特征的本土规范通过由"人——团"调解为表征的"纵向三角型"解纷构造转向以

"团——团"调解为表征的"横向线型"解纷构造嵌入"斯巴"调解中。此外,作为本土资源的民间规范嵌入诉源治理中表现为民族习惯、民族习惯法与国家法律的分场域叠加适用,即嵌入依循情理法与法理情的排列次序。诸如在基层人民调解场域中优先选择情理法次序;而在行政调解、律师调解等解纷场域中往往选择法理情次序。

再次,从民族地区诉源治理中作为本土资源的解纷机制来看,少数民族纠纷解决机制的程序问题是作为本土资源的纠纷解决所适用民族习惯、民族习惯法等规范构造中得以嵌入的重要方面。因此,作为民族地区诉源治理中本土资源的解纷主体、解纷所适用规范经由解纷机制的程序构造以及程序运行而提供程序规则,和国家诉讼裁判的程序构造与程序设计一样,民间社会依据民间法、习惯法等规范对纠纷解决程序亦有一套其内在的构造与运行模式。纵观学界就习惯法对其程序构造及运行的研究成果颇多。譬如学者瓦扎·务谦·尔铁研究指出凉山彝族纠纷解决习惯法的程序;高其才教授就神判习惯法的程序规范进行详细的阐述;学者刘振宇的研究亦对回族纠纷解决习惯法中的程序进行详细的分析。综而观之,诸多的既有研究成果都指向纠纷解决习惯法并非随意的处理过程,而是对纠纷处理的组织和人员、事实陈述与证据、调解过程、纠纷解决方案的达成以及纠纷解决中的仪式等都有着一套规范性要求,这也促使民族习惯或习惯法更趋向于具有国家法律的内容。譬如青海果洛州"斯巴"调解的程序构造及运行,经由"纵向三角型"嬗变"横向直线型"的程序构造中,解纷主体"斯巴"将果洛州民族习惯、习惯法等解纷所用规范嵌入"物理——事理——情理——法理"要素叠加嵌套的程序运行逻辑中。由此可见,解纷机制中的程序问题是纠纷习惯法构造的重要方面。

(四)民族地区诉源治理中本土资源介入的程序规制

解纷主体及解纷主体解纷时所适用的民族习惯、民族习惯法等民间规范是民族地区诉源治理中最为重要的本土资源。而作为本土资源的解纷所适用规范在介入诉源治理时有着程序规制,尤其对于解纷所适用规范中的民族习惯和民族习惯法显得尤为重要。因为,生成于民族地区民众长期社会生活中的民族习惯抑或习惯法有着地域性、历史性以及民族性的特征,各少数民族习惯或习惯法迥然相异,形式多样。我国《民法典》第十条规定:"处理民事纠纷,应当适用法律;法律没有规定的,可以适用习惯,但不得违背公序良俗"。这对习惯介入民事纠纷来化解纠纷提供了法律依据。于此,作为民族地区诉源治理中本土资源的解纷适用规范并非全然介入,而是有着程序规制。从目前作为解纷规范的民族习惯或民族习惯法适用实践来看,笔者认为民族地区诉源治理中的解纷规范等本土资源介入的程序规则有两条路径:

首先,对作为本土资源中普通类解纷规范的程序规制而言,此类解纷规范因具有普遍性,故从识别认定、价值判断以及具体适用规则的程序规制亦具有普遍性。对于普通解纷规范来说,在识别认定上遵从普遍性和效力性;在价值判断层面遵从不违反法律、行政法规的强制规定、不违背社会公序良俗、不消极落后以及被民众认可和接受；在具体适用规则上一般存在有直接适用、兼顾适用、酌情适用和突破适用，如与国家法治精神和法律法规相契合的解纷直接适用、兼顾适用；解纷对法律依赖度高或与国家法治精神和法律法规弱契合的解纷规范往往需要酌情适用。譬如解纷规范中的民族习惯就遵从识别认定上的普遍性与效力性；作为解纷规范的习惯或习惯法须不得违反法律、行政法规的强制性规定，不违背公序良俗，不消极落后；习惯或习惯法在适用规则上存在直接适用、兼顾适用、酌情适用和突破适用的规制。

其次，对作为本土资源中特别类解纷规范的程序规制而言，从识别认定、事实判断到具体适用规则上都具有特殊性，但一般是纠纷者利益维护与解纷者秩序维护的竞技需要。因此，需要纠纷者与解纷者在解纷机制中合力嵌入程序规制。如在诉源治理中作为本土资源解纷机制的民间调解中，诸如特殊的民族习惯或习惯法等解纷规范需要纠纷者与解纷者合力维护程序规制。可见，特别类解纷规范的程序规制是解纷机制作用的结果。如在青海果洛州"斯巴"调解中，诸如"起誓"等民族习惯与"斯巴"调解的角巴团队与斯巴团队构成的"团——团"调解程序构造相关联。再如德昂族"三·三"制纠纷解决机制中，德昂族习惯或习惯法经由解纷者与纠纷者在"组级解纷场域习惯规范优先、村级解纷场域习惯规范与国家法协同发力、乡镇解纷场域国家法为主"[①] 的运行逻辑在启动、举证、查证、质证以及认证程序中对民族习惯有特殊程序规制。对于特别类解纷规范具体适用而言，在解纷机制中如果经过启动、举证、查证、质证以及认证等事实判断程序后，纠纷者主张的解纷规范真实存在且与主张的事实间存在关联性，那么，该解纷规范就具备介入诉源治理中的资格。接下来，同普通类解纷规范一样经过解纷规范的识别认定、价值判断而嵌入具体适用层面。

四、民族地区诉源治理中本土资源的实践效果

（一）促进了纠纷源头预防和前端化解的各类主体和要素的联动

民族地区的诉源治理是新时代"枫桥经验"在民族地区的生动实践。民族地区民众长久的熟人社会生活和传统文化导致其纠纷解决的思维是先"内"后"外"，先自行协商或由熟人劝解说和，在这一步无效的情况再寻求最近的权威力量，比如，村小组、村委或村干部解决。据梁平教授对公众纠纷解决选择偏好的实证研究也证实了这点。该研究认为

[①] 赵天宝：《德昂族"三·三"制纠纷解决法的场域论解析》，载《中央民族大学学报（哲学社会科学版）》2019年第4期。

"非制度化解纷是纠纷发生后的首选解纷方式"。① 同样,少数民族群众的知识结构会导致"法律失灵",而其熟悉的习惯法、习惯、村规民约等民间非正式制度有着较高的认可度,能成为解决纠纷的规则优选。对他们来说国家法律制度,在户婚田土钱债等民间细故方面的规定较陌生,② 法律的辐射力影响力在该地减弱,因而为产生于"地方性知识"的本土规范的存在和适用留下了空间。尽管一般认为,"利益是决定行动方向和行动策略的逻辑原点",但是,修复因矛盾纠纷造成的关系裂缝也是民族地区民众考量选择解纷途径的一个方面。"法律制定者如果对促成非正式合作的社会条件缺乏眼力,他们就可能造就一个法律更多而秩序更少的世界。"③ 诉源治理实践中,民族地区将传统多元化解纠纷方式与国家推进的"要健全社会矛盾纠纷预防化解机制,完善调解、仲裁、行政裁决、行政复议、诉讼等有机衔接、相互协调的多元化纠纷解决机制"完美结合,实现了向纠纷源头防控延伸、创建"无讼"乡村社区、一体化矛盾纠纷解决、诉调对接、多机构联动,将纠纷化解在诉前,取得了较好的社会治理效果。

(二) 实现了"非诉讼纠纷解决机制挺在前面"的目标

最高人民法院"五五改革纲要"提出:"坚持把非诉讼纠纷解决机制挺在前面,通过创新发展新时代'枫桥经验',完善'诉源治理'机制,实现矛盾纠纷多元化解,从源头上减少诉讼增量,法院集中精力解决更具规则意义的案件。"④ 这是对破解人民法院人案矛盾提出了"实招"。多民族省份积极利用纠纷解决的本土资源,大部分纠纷解决在诉前,较好地解决了基层法院的人案矛盾问题。四川在多元化解纠纷机制推行中充分利用彝族德古调解,效果显著。"德古",在彝族是指熟悉彝族语言、习惯,知识渊博、能说会道,公正无私地运用古今彝族"德古"范例、彝族习惯法等调解民间纠纷社会普遍认可和具有较高知名度的民间人士。长期以来,彝族的婚姻家事纠纷中都是按照本民族的习惯法,由"德古"调解。2007 年以来,四川省峨边彝族自治县将彝族民间"德古"纳入"大调解"工作体系,推行德古调解法,德古成为彝区矛盾纠纷重要的"调解员"。2013 年峨边县政府出台了《峨边彝族自治县德古调解工作暂行办法》明确了德古的工作职责和范围、考核办法和退出机制。随后聘用了 70 余名德古,调解范围覆盖了全县 19 个乡镇、136 个村

---

① 该研究认为,从问卷调查结果来看,当发生纠纷后,人们在有多种途径解决纠纷的情况下,首选的解决纠纷的途径是"与对方协商,或找中间人和解",这一选择倾向在城市和农村与郊区的地区差异并不明显,均达到了 60% 以上。参见梁平:《多元纠纷解决机制的制度构建——基于公众选择偏好的实证考察》,载《当代法学》2011 年第 3 期。

② 比如,你说法律规定了诉讼时效,但是老百姓会说欠债还钱天经地义,无论多久都应该还,他这一辈还不了,子孙辈也应该还。

③ [美] 罗伯特·C. 埃里克森:《无需法律的秩序——相邻者如何解决纠纷》,苏力译,中国政法大学出版社 2016 年版,第 304 页。

④ 中华人民共和国最高人民法院:《最高法发布人民法院五五改革纲要明确 65 项未来五年改革举措》,http://www.court.gov.cn/zixun – xiangqing – 144242.html/02/27/2019,访问日期:2021 – 01 – 04。

(社区)。2015年,峨边县民间成立德古协会。2015年,峨边县共发生2086件纠纷,其中德古调解解决占883件,占全部纠纷的42%。2016年,峨边县彝区人民调解累计调处纠纷1326件,其中德古调解1121件,占84.5%。① 2014年,马边彝族自治县首家以个人名义命名的"赫勒阿支调解工作室"在该县建设乡挂牌成立。2014年以来,马边县人民调解组织共化解各类矛盾纠纷1956件,其中特邀德古人民调解员调解纠纷286起,调解成功率近90%。2018年初,石棉县人民法院积极将"德古"调解制度引入家事审判方式和工作机制改革中,并设立了"德古工作室"。② 实践证明四川省民族地区结合自身实际充分挖掘利用纠纷化解中的本土资源达到了良好的社会效果。

长久以来涉藏州县历史地形成了一套传统的调解模式,在部落头人(新中国成立后主要是头人后裔)、活佛、寺院以及有威望的老人等各种藏族传统权威的主持下,以纠纷双方的"合意"为基础的一种社会矛盾化解方式。③ 作为涉藏省份的州县治理有效手段一直在传统社会的官方司法制度和民间解纷中较好地运行,时至今日,因文化惯性使然,依然成为当今涉藏州县纠纷化解的重要方式。据我们调查,在涉藏州县已经建立了以人民调解在内的多元化纠纷解决机制,但在诸如在草场、山林等边界纠纷中传统调解方式效果更优。历次规模较大的、甚至跨省州的草山纠纷解决中当地党和政府以及司法机关借助于民间解纷力量,才使纠纷得以和平化解。④ 这种解纷方式被引入地方的规范性文件中。比如,《甘肃省甘南藏族自治州草场争议调解处理办法》第12条规定"州、县(市)、乡(镇)人民政府及村民委员会调解处理草场争议时,应当发挥基层调解组织的作用。必要时可以邀请社会各界知名人士参与调解草场争议。"⑤ 甘肃积石山保安族东乡族撒拉族自治县以"坚持发展'枫桥经验',实现矛盾不上交"为目标,全县设立人民调解组织173个(乡镇调委会17个、村(居)调委会152个、综合市场调委会2个、道路交通调委会1个、景区旅游调委会1个),全县共有兼职人民调解员618名,2020年化解矛盾纠纷956件,调解成功927件,调解成功率97%。⑥ 甘南藏族自治州各级人民调解组织,

---

① 四川新闻网:《峨边:创新"德古+亲情"工作法化解矛盾纠纷倡导文明新风气》,http://scnews.newssc.org/system/20170123/000744609_2.htm,访问日期:2020-12-15。
② 四川在线:《打通调解"脉络"化解矛盾纠纷—石棉法院成立"德古调解工作室"》,www.scol.com.cn/09/30/201,访问日期:2020-12-15。
③ 杨雅妮:《"依法治藏"视域下的藏族传统调解:功能及其实现路径》,载谢晖、蒋传光、陈金钊主编:《民间法》,厦门大学出版社2019年版,第404-417页。
④ 1983年,第十世班禅大师对甘肃夏河县与青海河南县、泽库县、循化县草山纠纷进行了调解,各方都履行了协议,在较长时间内未发生冲突。2004年,发生了青海省循化县刚察乡与甘肃省夏河县甘加乡"9·10"械斗事件,两县民间谈判协调小组,请求拉卜楞寺嘉木样活佛主持调解,结果是双方遵守了活佛的调解意见。2009年,阿坝藏族自治州若尔盖县麦溪乡幕村村民与甘肃省碌曲县郎木寺镇郎木村村民发生纠纷,若尔盖县矛盾纠纷"大调解"工作领导小组组织了3个工作组,邀请格尔底寺和藏族高僧积极参与民间调解组织,纠纷得以妥善解决。
⑤ 该办法2006年4月8日由甘南藏族自治州第十三届人民代表大会第四次会议通过,2006年7月28日甘肃省第十届人大常委会第二十三次会议批准,自2006年10月1日起施行。
⑥ 数据来自2020年12月底到临夏回族自治州各级法院、司法局等就"习惯司法适用"课题的调研报告。

2017—2019 年受理各类矛盾纠纷分别是 1829 件、1416 件、1531 件，调处成功率为 99％、98％、95％。① 各级各类人民调解组织的高效调处纠纷，极大地缓解了人民法院的人案矛盾。

（三）满足了"从源头上减少诉讼增量"的要求

在多民族省份，各地积极利用纠纷化解中的本土资源，有效化解矛盾纠纷，实现了将纠纷化解在家门口，有效缓解民族地区法院案件存量消减困难问题。在贵州省，2016 年，台江县的"五老"（族老、寨老、灯头、龙头、鼓藏头）调解中心共调解各类矛盾纠纷 177 件，调解成功 170 件，调解成功率为 96％；② 剑河县的"民歌调解法""牯藏调解法""民约调解法"等具有民族特色和乡村气息的调解新机制，形成了一套带有浓郁民族风格的"温馨调解"机制，被当地群众称为调解工作最炫"民族风"。③ 四川的羌族地区有"议话坪""转酒会"等传统的纠纷化解形式，近几年被北川法院运用到家事、债务、邻里等纠纷调解的诉前调解中。2014 年制定了《关于在司法调解工作中运用羌风羌俗有效化解矛盾纠纷的实施意见》。截至 2015 年，该院依托羌风羌俗调解各类案件 1227 件，当庭调结率由原来的 52％增长为 83％，当庭履行率由原来的 48％增长为 81％，所有案件实现"零上诉""零申诉""零上访"。④

同样，青海省果洛藏族自治州的"斯巴"调解颇具特色，有效地将纠纷解决在村、乡镇一级。果洛州传统的民间纠纷调解叫"斯巴调解"。"斯巴"（"速巴"）是藏语"གོ་བ་"的音译，"公平、公正的裁判员"之意。⑤ 在纠纷多元化解机制建设将民间"斯巴"调解融入"大调解"机制，为及时处理矛盾纠纷、维护社会和谐稳定产生了积极作用。果洛藏族自治州六县一州总共有在册人民调解员 1500 余名，其中 80％以上属于被人民调解组织吸收进来的民间"斯巴"。2018 年度，果洛全州六县法院和自治州中级人民法院总共办理各类民商事案件 1358 件，一、二审结案率分别为 71.7％和 45.83％，而全州人民调解中心受理的各类调解案件 1107 件，全部由"斯巴"调解，调解成功率为 98.5％，对节约司法成本，减轻人民法院和群众诉累的作用明显。⑥ 我们在调研中发现，传统纠纷解决中的本

---

① 我们在调研中了解到，甘南州各级法院与甘肃其他地市法院相比较年受案数较低，与基层各级各类纠纷化解主体的成功解纷成正相关。

② 杨航、刘磊：《台江老字诀：夕阳生辉显风采，"老"来调解苗疆安》，http：//www.fzshb.cn/News/201209/28499.html/01/16/2015，访问日期：2020 - 12 - 18。

③ 刘国彬、王文多：《贵州黔东南：基层矛盾纠纷调解展现民族特色》，载《民主与法制时报》2018 年 6 月 28 日。

④ 李承隆、李昌平、李旭：《北川法院羌族特色调解模式获全省推广》，载《四川法制报》2015 年 3 月 27 日。

⑤ 牛绿花、马俊、扎西才让：《藏区民间调解存在的困境及脱困路径研究——以青海果洛藏区"斯巴"为例》，载《西北民族大学学报（哲学社会科学版）》2020 年第 2 期。

⑥ 牛绿花、马俊、扎西才让：《藏区民间调解存在的困境及脱困路径研究——以青海果洛藏区"斯巴"为例》，载《西北民族大学学报（哲学社会科学版）》2020 年第 2 期。

土资源对民族地区解决婚姻家庭、邻里、房屋宅基地、民间借款等民事纠纷,快速高效、低成本地解决发挥了重要作用。

五、民族地区诉源治理中本土资源实践存在的问题

(一)有关部门和领导对当前诉源治理制度认识不到位

时下,民族地区相关部门和领导对目前国家推进的诉源治理所要求的——解纷要实现部门参与多元化、调解主体多元化、平台建设多元化来推进就地分流化解、和平化解、诉前化解纠纷——认识不到位。主要表现在:其一,排斥在纠纷化解中援引民族习俗惯例、习惯法、村规民约等地方本土资源进行调解活动("援习入调");其二,排斥在基层调解中邀请拥有当地习惯知识和解纷技能经验的民间权威人士主动参与基层调解("以知参调"或"以知参审")。[1] 将这些符合当地民情、富有地方特色民族法制文化的本土规范和德高望重且有权威的解纷主体纳入多元解纷体制中仍心存诸多芥蒂。[2] 与此同时,在人民调解组织组成人员、人民法院特邀调解员、人民陪审员等人员组建中依旧不考虑纳入当地有权威的宗教教职人员,然而大量实践证明,这些宗教教职人员因其自身所拥有的作为对族人与地方产生影响力的贤者身份、信仰、知识、权威等文化蕴意资本,往往能够恰如其分地有效处理纠纷,还能够保证承担责任的一方执行纠纷处理结果,而且在长时间内不会再次发生同类纠纷。由此可见,对于宗教教职人员的纠纷化解功能不应以职业属性而一刀切。

(二)民族地区诉源治理中本土解纷主体规范知识兼容性不够

民族地区本土解纷主体长久生于斯长于斯,对本地通行规则熟悉,并在不断解决生活实际纠纷中熟练,而对于国家法律的相关规定则较为陌生或者解释应用不熟练。特别是随着民族地区市场化和流动性增强而出现的纠纷,比如城区中娱乐场所的噪音扰民纠纷,食品安全问题导致的消费纠纷,劳动争议纠纷,交通事故纠纷,旅游资源开发纠纷,矿产资源开采纠纷,道路规划、征地拆迁纠纷,商标、店铺字号、土特产产地等知识产权纠纷中,显然无法用传统的解决家事纠纷、草山草场边界纠纷、相邻权纠纷、民间借贷纠纷、轻微人身伤害赔偿等所熟知的规则来处理。纠纷当事人因思维惯性优先走本土解纷主体解纷途径,然而因其规则储备有效或者因无法将传统规则与新型纠纷解决所依据的国家法规则相融合同而效果欠佳,未能将此类纠纷解决于民间途径。诉至法院以后通过分流导回到专业调解或者律师调解中,白白走了许多弯路。

---

[1] 李可:《习惯如何进入国法——对当代中国习惯处置理念之追问》,载《清华法学》2012年第2期。
[2] 我们在西藏调研时,在乡村振兴战略实施中"三治合一"和"法治乡村"建设中,西藏藏传佛教高僧是否起到一些正向作用,就此问题采访西藏自治区民宗委有关部门负责人,得到的答复是"僧人就应该好好念经、提高佛教修养,不应该参与乡村治理","我们这里分得很清楚,寺院和僧人就是开展宗教信仰研究的"。而党中央提出"积极引导宗教与社会主义社会相适应,积极引导宗教教职人员服务社会"。

（三）民族地区本土解纷规则多元、零散，部分还存在与国家法原则精神矛盾之处

民族地区多元纠纷化解机制在漫长的历史长河中逐步产生和形成，并伴随着民族地区社会的经济、政治发展变迁而变迁，其中蕴含着少数民族的私理因素、思想结晶、文化沉淀和物质生活。经历了民族地区群众千百年来的生产与生活实践，并在沿袭中得到了很好的遵循，逐渐形成了强制性规范，深深地植根于民族地区社会文化之中。基于此，民族地区在化解矛盾纠纷时通常会选择当地民俗习惯、惯例等符合地方特色的本土资源化解纠纷，化解纠纷时采用的解纷依据多元，在实际处理纠纷中这些规则难免零零散散，也无一个统一的解纷所用规则标准。尽管现代社会民族地区多元纠纷化解大多体现在"村规民约"或叫"乡规民约"中，而"村规民约"的很多内容都对国家法在民族地区进行了"适合需要"的细化，对国家法的内容起到了很好的补充作用，但不同民族地区有着不同的风俗民情和不同的纠纷化解方式，解纷所用规则已然零散，而且处理纠纷也没有统一的标准。部分本土规范内容本身不符合现行法律原则精神，比如藏族"赔命价"、彝族的"打冤家"习俗、农村"外嫁女不得享有继承权"、佤族的"抄家"等。

（四）民族地区诉源治理本土资源在网络信息化技术应用、一站式解纷机制联动中难融入

目前，随着信息化网络技术日新月异、"数字法治、智慧司法"建设的提出以及诉源治理综合配套改革大力行进的当下，在线调解平台、立体化诉讼服务渠道、智慧诉讼服务等建设要求中，互联网自主办理、E+调解等在民族地区的基层实施有现实的困难，老百姓电子数据操作局限、文字认知局限、民族语言沟通局限等，使上述先进的一体化建设陷入困境。甚至已经建好的数字化自主平台或者机器因操作不熟练或者不熟悉语言而闲置。① 此外，历史和现实的诸多因素造成了民族地区基层法律人才缺乏，特别是双语法律人才短缺。在具体多元纠纷化解或诉源治理中经常出现语言沟通方面的限制，欠缺双语顺畅地提供服务的双语人才，特别是互联网基础上的自动化、信息化、自主操作平台或者软件设计开发中的双语资源开发问题应该在推进此项工作中一体规划、一体建设、一体使用。之所以有一些平台、操作系统或者自主服务终端机器被闲置大部分是因不会操作或者操作不方便造成的。

（五）民族地区诉源治理中经费保障机制有待完善

民族地区传统社会中纠纷解决要对纠纷调停者给予丰厚的酬劳，随着大调解制度推行

---

① 据西藏民族大学张教授团队的调研，在西藏自治区的许多县，硬件设施与内地法院或者人民法庭相比较没有多少差距，甚至更先进。然而，令人遗憾的是很多机器设备利用率不高或者有的地方甚至包装塑封袋都没有拆。

以及将大多民间解纷主体纳入人民调解员或者特邀调解员队伍中，因而其过去的有偿解纷变成无偿服务。在当前实践中，多元化解决纠纷机制缺少系统、合理的制度、程序和配套措施，开展多元化纠纷解决平台机构缺乏专项经费和执业保障机制，对于参加调解的调解员无法提供必要性补贴，影响多元化纠纷解决机制的开展及有效运行。实际运作中，调解经费短缺仍然是导致矛盾纠纷排查调处力度不够，培训、宣传工作难于开展最直接的原因。除"个案补贴""以奖代补"外，调解工作经费纳入财政预算少，影响了调解员的工作积极性和主动性，制约了调解工作的开展。

六、民族地区诉源治理中本土资源功能增效的思考

（一）调整对民族地区诉源治理中本土资源的认识偏差

"在厚实的历史土壤上培育新的种子，期望不应过于理想，必须以历史主义、现实主义的态度进行社会建设，即从中国社会自身寻找和发掘法治要素，依靠中国本土资源推进法治的逐步实现。"[①] 民族地区相关主管机关和干部要转变观念，深入学习自十八大以来党中央社会治理相关重要论断和决议措施，特别是中央政法委、司法部、最高人民法院关于多元化解决纠纷的相关文件基本精神，无需顾虑民间所适用的解纷规则不够官方化、正式化、专业化而引起不必要的麻烦，更无需顾虑宗教教职人员担任解纷主体会与维护社会稳定相冲突。反而应在诉源治理制度推进中，积极鼓励民族地区本土解纷主体在不违背法律法规，不违背公序良俗的前提下快速有效地解决纠纷，化解矛盾纠纷于村口、乡镇内，做到矛盾纠纷不上交，实现从源头上治理。

（二）提升民族地区本土解纷主体的国家法基本素养

针对解纷主体规范知识储备不足的问题，应该将民族地区本土解纷主体根据城乡不同、经济发展水平不同分类系统地进行国家法律法规培训，为提高其解决一些复杂性、知识性、技术性较强的纠纷，可以邀请专家集中培训，也可以邀请优秀本土解纷主体以案说法——如何在本土规范和国家法之间融会贯通解决问题，或者将本土解纷主体吸纳到专业调解、行业调解、律师调解中组成团队各司其职实现快速圆满化解纠纷。

（三）调查梳理、辨别多元规范出台一个区域或者一个民族相对统一的规范标准

"尽管各种现代传播媒介可以提供其他人生活世界的大量信息，但在没有直接经验的情况下，人们很多时候无法对其职业和生活世界以外的问题有深刻、真切和比较全面的了

---

① 高其才：《乡土社会、伦理传统、法治实践与能动司法》，载《哈尔滨工业大学学报》2012年第3期。

解。"① 本土资源因其内生特点，在特定情况下难免会与国家法律规范产生一定张力，提升本土资源的兼容性就是要优化本土资源，推动传统法文化朴素正义和现代司法理性的互补。广泛调查整理普遍、频繁适用的一些规范，保留其中符合社会主义核心价值观的积极因素、剔除与国家法律原则精神不符的消极方面。在构建多元联动解纷机制中，由人民法院或者司法部门牵头，出台一个民族或者一个区域内解决同类纠纷的规范标准以使得相同纠纷相同解决、类似纠纷类似解决。比如，青海省果洛藏族自治州就针对传统"斯巴"调解适用藏族民间规范存在的差异进行调整出台了统一的《果洛藏族自治州斯巴调解规则》，取得了良好的社会效果。

（四）推进网络信息化技术应用，提高在一站式解纷机制联动中的融入

建设民族地区"智慧法院"过程中，将人工智能、大数据、云计算等先进信息技术引入诉源治理和多元化纠纷解决机制。应当整合在线调解资源，建立网络平台对接共享机制，建设融合信息网络技术的诉讼服务中心，在线调解、在线立案、在线司法确认、在线证据交换、在线审判、电子督促、电子送达等为一体的"一站式"纠纷解决平台建设中，要考虑培养专业队伍，在纠纷解决的基层一线布局能够指导老百姓在线解纷的操作、识别、沟通等工作的人员（司法工作者），以克服老百姓电子数据操作局限、文字认知局限、民族语言沟通局限等造成的使用困难或者放弃使用，使这些先进的技术设备产生实质的效果。

（五）进一步完善民族地区诉源治理中经费保障机制

民族地区本土解纷主体有收取调解费的传统，在多元化解纠纷机制和大调解推进中，基本取消了收费，而由基层调解组织进行"个案补贴""以奖代补"，这种补贴与参与调解实际付出的时间、精力成本不成比例，不利于提高其参与的积极性。而基层又号召让他们扮演法律知识的传播员、法律服务的联络员、社会管理的志愿者、经济发展的护航员等角色，因此，必须加强经费保障。可以考虑：一是提高政府财政支持手段切实提升民间本土解纷主体的案件补贴，提高其薪酬待遇；二是建立经费保障机制。可以通过鼓励和引导社会资本企业、个体等社会组织以捐赠等手段参与民间调解，加大社会资金的投入，从而建立起政府管理，社会运行的经费保障模式；三是建立合理的激励机制。在提高本土解纷主体薪酬待遇的同时，通过评比选出优秀者进行额外的较高标准的奖励，以促使他们发挥上述多元角色功能。

七、结语

总结过去实践经验，法院在多元化解决纠纷机制中有"大包大揽"抑制其他纠纷解决方式充分发展之嫌。因此，在当下的诉源治理推进中，应当进一步明确司法职能定位，发

---

① 苏力：《法治及其本土资源》，北京大学出版社2015年版，第141页。

挥法院对其他"多元"的引领、保障作用。向纠纷源头预防延伸，法院主动做好与党委政府的工作对接，在与社区治理、公共法律服务提供等建设无缝衔接。主动参与培育诉源治理民间自治团体，引导、服务于纠纷解决。通过履行司法建议职能、编发审判白皮书、强化对司法大数据的分析研判，做到既在"点上"促进有关部门科学决策、规范行为、消除隐患、改进工作，又在"面上"为党委政府科学决策提供参考，提前防控和化解重大矛盾风险。①《民法典》第十条规定"处理民事纠纷，应当依据法律，法律没有规定的，可以适用习惯，但是不得违背公序良俗。"在大量的诉前纠纷解决过程和阶段中，可以适用民族地区本土规范，只要当事人对规则认可，且不违背现行法律原则精神，不违背公序良俗。因此，民族地区诉源治理中，在源头防控，非诉机制挺前，法院裁判终局的每一个环节，本土资源都是可资利用的。

AStudy of Local Resources in the Governance of Litigation Sources in Ethnic Areas

Niu Lvhua

Abstract：In the construction of Ping An China, the key point is to improve the prevention and resolution mechanism of social contradictions and disputes, and to improve the diversified dispute resolution mechanism of mediation, arbitration, administrative adjudication, administrative reconsideration, litigation, etc. The "litigation source governance" of preventing conflicts and disputes from the source and resolving conflicts and disputes before litigation is the further extension and deepening of diversified dispute resolution mechanism. With the rapid development of economy and society and the increase of exchanges and exchanges among different nationalities, conflicts and disputes have been in a multi-modal situation. These conflicts and disputes are complicated because of the economic benefits, ethnic factors and religious factors. The prevention and effective resolution of conflicts and disputes in ethnic areas are related to the reunification of the motherland, national unity and social harmony. Therefore, it is of more special significance to use all available resources to prevent and resolve conflicts and disputes in the governance of source of litigation in ethnic areas.

Key words：Ethnic Areas；Governance of litigation from the source；Local resources；Multiple Dispute Resolution Mechanism.

（编辑：郑志泽）

---

① 薛永毅：《"诉源治理"的三维解读》，载《人民法院报》2019年8月13日。

传统调解文化结构中的"和谐陷阱"

——以《红楼梦》"玫瑰露"案为中心的解读*

邓春梅**

摘　要　阐释文学虚构叙事,挖掘司法真实逻辑,是"文学中的法律"研究方法的根本旨趣。《红楼梦》被公认为"中国传统社会的百科全书",其以"平儿行权玫瑰露"为中心的司法叙事,生动而典范地展现了以当事人"各方满意""案结事了人和"为旨归的中国传统调解的所谓"完满和谐"图景,同时也深刻揭示了传统调解内含的强烈不确定性风险及其"投鼠忌器"文化心理。正是这种以"生怕得罪人"为其核心表现的但求自保心理,致使传统调解的实践运行,既难以真正扭转纠纷中强势者的专横任性局面,又无以有效遏制弱势者的撒泼耍赖行径,而是呈现为推诿拖延的冲突自然消解法,或息事宁人的妥协折中式处理,因此难以避免地造成"不讲原则和稀泥"之悖论逻辑的普遍盛行。

关键词　《红楼梦》　传统调解　和谐愿景　纠纷链缠结形态　投鼠忌器

"和谐",是中国传统调解制度的基本价值诉求与终极文化理想,其深刻的思想根源,在于中国传统文化追求"内向超越"的"天人合一"观念[1]。《红楼梦》被公认为中国古代社会的"百科全书"[2],其有关"玫瑰露案调解故事"的精彩叙事,一方面生动呈现了

---

* 本文系湖南省教育厅重点项目"医疗纠纷调解合意保障机制研究"(18A075)、湖南省社科基金项目"医疗纠纷调解自愿合意概念及其形成模式研究"(18JD68)阶段性成果之一。

** 邓春梅,法学博士、博士后,湘潭大学法学院教授,"法治湖南建设与区域社会治理"协同创新中心研究员。

[1]　参见余英时:《论天人之际:中国古代思想起源试探》,台北联经出版事业股份有限公司2014年版,第221－252页。

[2]　参见周汝昌:《〈红楼梦〉和中华文化》,载《晋阳学刊》2011年第4期,第109－114页;廖朝阳:《异文典与小文学:从后殖民理论与民族叙事的观点看〈红楼梦〉》,载《中外文学》(中国台湾)1993年第2期,第29页;刘梦溪:《红学》,文化艺术出版社1990年版,第22页等。

传统调解制度的和谐理想及其实践路径，一方面又充满吊诡地折射出传统调解文化结构中某种难以消解的悖论逻辑。

综观相关研究，以传统调解文化理念为主旨的论著并不多见。多数研究属于正统文学研究，重在解读玫瑰露案第一主角平儿的言谈举止、品貌才情。通过分析平儿处理纠纷的所言所行，有人称她见识高明、待人接物温和有度；有人赞其处乱不惊、谋略决断无懈可击；有人看到了她"为人宽和温暖，处事公允有节"的可贵品质；更有人盛赞其是集才、色、德于一体的理想全人，是传统儒家文化真善美的完美化身。①总之，正统文学研究的根本旨趣在于，挖掘人物言行背后蕴含的，独具特色的文学形象与别具一格的文化意韵。少数文献从法学、管理学等学科视角出发，探讨平儿处理纠纷、待人接物的独到过人之处。如通过解读玫瑰露案的具体调处过程，有人高度赞扬平儿兼听则明、客观公正的优秀司法品质；有人充分肯定她依靠人格魅力，推行人本精神的高超管理艺术。②总之，侧重于文学人物的个性化形象解读，淡化人物共相面貌及其产生结构的共性化特征分析，是已有研究的主流研究路径。鉴此，本文拟采用"文学中的法律"研究方法，梳理平儿调处纠纷的步骤、策略及其隐含的和谐愿景，分析平儿、李纨、探春等人相似的行动逻辑与共同的文化形成根源，进而反思传统调解和谐文化的结构性悖论问题。

一、问题、方法与文本选择

寻求"自然秩序的和谐"，是传统调解制度，乃至整个中国传统法律文化的基本宗旨与理想愿景。③时至今日，这种文化理想依然深刻影响着中国法制的现代转型进程，并且以"案结事了人和"的明确表述，反复出现在新中国司法政策、学术论著以及调解人员的日常言行之中。④就此而论，探讨传统调解的和谐文化图景及其内在逻辑矛盾，无疑具有

---

① 参见梁燕：《论平儿》，载《红楼梦学刊》1988年第1期，第171页；杨金鑫：《细说平儿》，载《红楼梦学刊》1997年第2期，第307-308页；王颖卓：《平儿"不平"》，载《哈尔滨学院学报》2003年第1期，第82页；王人恩：《平儿——集色、才、德于一身的"全人"》，载《河南教育学院学报（哲学社会科学版）》2006年第2期，第28-31页；袁方：《平儿生存策略的文化内涵探析》，载《咸阳师范学院学报》2007年第5期，第85页；邬欣言：《君子之道，以和为贵——从〈红楼梦〉"玫瑰露茯苓霜事件"看中国人的人际思维》，载《湖南第一师范学院学报》2009年第4期，第96-98页；亢清：《"几近全人"的丫鬟——〈红楼梦〉中平儿形象分析》，载《鸡西大学学报》2011年第2期，第109-110页；段江丽：《〈红楼梦〉中平儿之家庭角色论》，载《苏州科技大学学报（社会科学版）》2018年第5期，第38-39页等。

② 参见张未然：《〈红楼梦〉"平儿行权"中的司法伦理》，载《人民法院报》2018年6月1日第002版；张存俭、罗美英：《人格魅力与人本激励在管理中的运用——试析〈红楼梦〉中平儿的管理艺术》，载《山东行政学院学报》2012年第3期，第137页；周珣：《向平儿学习副职的艺术》，载《中国青年报》2007年12月23日第004版等。

③ 参见梁治平：《寻求自然秩序中的和谐——中国传统法律文化研究》，上海人民出版社1991年版，第174-201页。

④ 参见廖永安、王聪：《现代调解的新理念与新思维》，载《人民调解》2019年第1期，第22页；郑重：《中国传统调解理念的现代价值》，载《人民法院报》2019年4月19日第005版；张卫平：《改革开放以来我国民事诉讼法学的流变》，载《政法论丛》2018年第5期，第10页；罗显斌，任文启：《新时代人民调解创新发展的思考》，载《中国司法》2018年第12期，第51页；徐小飞：《情理法统一案结事了人和》，载《人民法院报》2011年7月22日第002版等。

历史/现实两个方面的重要价值。

传统调解制度的和谐理想,与中华法系诸法合体的基本规范结构、群己权界不分的法制文化传统一脉贯通,具有浓厚的中国地方性知识色彩。中国传统调解主要适用于民间纠纷的化解,即除官府正式审理的案件外,其他一切纠纷均可归入民间纠纷的名下,通过调解来加以解决。故此,传统调解应对的纠纷类型民刑不分,解纷程序繁简不一,参加人员多寡不定。尤其是,特定个体间的纷争,往往发展成两个家庭、两个家族,甚至所属多个团体之间的一系列对抗。凡此种种,缺乏明确的范畴边界,更遑论形成清晰可辨的界分标准。

西方个人主义文化传统历史悠久,法律规范体系以民刑分离、诸法分立、权责个人自负等原则结构基本框架。因此,以西方规范法学为代表的现代法学主流研究方法,难以准确描摹传统中国民间纠纷的复杂结构,亦无法充分说明中国传统调解的文化悖论问题。"文学中的法律"(Law in Literature)研究的兴起,为探讨作为地方性知识的中国调解文化,提供了一条虽难免疏漏、却大体不失精准的便捷路径。所谓"文学中的法律",是指通过文学阅读,尤其是阅读经典小说中与法律、司法有关的人物行为与故事情节,探讨某一文化维度内最具普遍性、代表性的法律认知与法文化观念。"文学中的法律"是1960年代兴起的"法律与文学"运动(Law and Literature)最具影响力的研究路径[1]。阅读小说"虚构"叙事,挖掘司法"真实"逻辑,是其基本理路,也是本文的方法论所在。

初看起来,虚构的小说想象与真实的法律生活相距遥远,甚至风马牛难相及。然而,细察之下,两者联系密切,声气相通。美国"文学中的法律"研究的领军人物玛莎·努斯鲍姆(Martha C. Nussbaum)雄辩地指出:

> "小说把人类的普遍渴望与社会生活的特殊样式这两者的互动作为自己的主题……这种往返于普遍与具体之间的活动已经融入了小说这种体裁的结构本身之中,融入了它和读者交流的模式中。通过这种方式,小说建构了一种伦理推理风格的范式,一种不带有相对主义的语境化的范式,在这种范式中,通过以人类繁荣的普遍观念去分析具体情境,我们获得了有可能是普世化的具体指引。"[2]

换言之,小说叙事虽然呈现为虚构性的具象描写,却与"普遍认知"紧密勾连。实际

---

[1] 参见邓春梅、罗如春《在现代与后现代之间:论"法律与文学"运动的整体思想图景》,载《中国文学研究》2018年第4期(《人大复印资料·文艺理论》2019年第2期全文转载);苏力:《孪生兄弟的不同命运——〈法律与文学〉代译序》,载《比较法研究》2002年第2期,第110页;胡水君:《"法律与文学":主旨、方法与局限》,载《中华读书报》2001年10月24日第022版;冯象:《法律与文学(〈木腿正义:法律与文学论集〉代序)》,载《北大法律评论》1999年第2辑,第690-691页等。

[2] [美]玛莎·努斯鲍姆:《诗性正义:文学想象与公共生活》,丁晓东译,北京大学出版社2010年版,第19-20页。

上，某一文化形态至为突出的正义冲突与法制流弊，往往成为小说艺术浓墨重彩的书写主题。而一部小说唯有实现作者特殊体验与普遍共识、特定具象呈现与抽象观念表征的辩证统一，才能赢得读者的高度认同与广泛共鸣，才可能成为经久不衰的经典之作。因此，小说，尤其是经典小说文本有关法律审判、纠纷解决等的精彩描写，无疑构成了法学研究的重要资源。

《红楼梦》代表了中国古典小说的最高成就。通过解读《红楼梦》[①] 以"玫瑰露案"为中心的系列纠纷调解故事，探讨传统调解的和谐文化图景及其逻辑悖论问题，属于典型的"文学中的法律"研究。《红楼梦》第五十五回至六十二回等章节，围绕"玫瑰露"案的相关叙事，将"判冤决狱平儿行权"之调解故事的前情后果呈现得细腻入微、引人嗟叹。实际上，"文学中的法律"研究的一个突出魅力，即在于借用文学审美的移情共感作用，打破法学研究抽象艰涩的传统路径，大大增强法学认知的感染力与影响力。曹雪芹笔下，平淡沉闷的调解流程转化为鲜活生动的小说场景，人际纠葛、利益权衡、追求"案结事了人和"的价值理想……诸如此类的法学抽象议题，呈现为有血有肉的人物行为、丝丝入扣的故事情节，从而获得发人深省的审美震撼效果。

二、"案结事了人和"的调解理想图景

《红楼梦》从第五十五回开始铺垫，第六十一回"投鼠忌器宝玉瞒赃　判冤决狱平儿行权"集中展开的"玫瑰露案调解故事"，实际上是传统宗法大家族里的一桩寻常小事：贾母王夫人一众主仆入宫拜祭新薨的一位老太妃期间，王夫人正房屋柜子里少了玫瑰露一瓶、其他零碎物件若干。见管事丫头玉钏、彩云彼此推诿、拒不认账，王熙凤遂遣平儿每日催逼管家林大娘追查此事。一日黄昏，林大娘带婆子们例行巡查大观园，撞见未在园里当差的柳五儿——厨房主事柳大娘之女。问答间，见五儿"词钝意虚"，林大娘疑心顿起。正巧探春丫头小蝉、迎春丫头莲花儿路过，两人皆说近期五儿频繁入园、形迹可疑。莲花儿更是说，曾在柳大娘厨房见过一个空的玫瑰露瓶。听闻此言，林大娘立马带人搜查厨房，果然搜出露瓶一个、茯苓霜一包[②]。至此，似乎人证物证俱在，林大娘即带了五儿来回李纨与探春，二人却都避而不理；再到凤姐房里，凤姐只叫平儿出去传话，吩咐将柳大娘打完板子撵出去，将五儿打完板子交予庄子或卖或配人。五儿吓得哭哭啼啼，陈情称冤，由此才引出"平儿出面调解玫瑰案"一事。

[①] 曹雪芹、高鹗：《红楼梦》，中华书局2001年版。后文所引《红楼梦》相关文字，皆出自此一版本。
[②] 依据《红楼梦》的叙述，玫瑰露茯苓霜是当时上流社会时兴的两种滋养品，前者可以用来疗养"热病"，后者和着人奶或牛奶吃，"最是补人"。不过，两者应该并非真正值钱的贵重物件。唯因如此，怡红院丫头芳官才能数次向宝玉讨得玫瑰露赠予闺蜜柳五儿；广东官员拜谒贾府时才会将三篓茯苓霜中的一篓给了门房人作门礼；五儿舅妈用一包茯苓霜回谢五儿娘送来半盏玫瑰露之情时，才会抱怨在贾府门房当班的五儿舅舅近日外财发少了，只分得了些茯苓霜。因此，即便五儿偷窃（玫瑰）露（茯苓）霜的行为得以坐实，对于"白玉为堂金作马"的贾府而言，终究不过是桩鸡毛蒜皮的小纠纷。

具体而言，平儿调纷息争，实现"案结事了人和"之经典和谐愿景的基本步骤与主要诀窍如下：

第一，理性对待多方意见，冷静形成独立判断。

在案件基本事实尚未明确之前，对王熙凤的草率决定——将五儿及其母亲柳大娘打板子撵出去了事，平儿不置一词，只依言恭顺地将其命令传达给林大娘。当五儿得知二奶奶的决定，吓得给平儿跪下，哭诉"玫瑰露乃芳官所赠，茯苓霜是娘家舅舅给的"时，平儿也只吩咐林大娘先将五儿"看守一夜"、"等明日回了奶奶再作道理"；次日大清早，面对与柳家母女素来不和、"巴不得快将其撵出去"的一干婆子的挑唆、奉承与买转，平儿不动声色、不为所惑——"一一的都应着，打发他们去了"；最后，悄悄向怡红院管事大丫头袭人访查情况，求证五儿所言虚实——芳官当时在宝玉怡红院当差，从而形成相对准确的事实判断。

第二，循循善诱，引导众人接纳"稳妥的调解方案"。

当宝玉得知情况后，担心不仅五儿牵连进玫瑰露案，而且可能扯出五儿舅舅的不是，因此想让平儿教五儿改口，说露霜皆为芳官所赠。平儿表示不妥：一来，平儿此前已在众人面前明言，"霜系舅舅所赠"，因此不好随意改口；二来，若无故饶过与赃证有牵连之人，难孚众望。

当耿直的晴雯将一个贾府众人心知肚明的事实直接挑破："太太那边的露，再无别人，分明是彩云偷了给环哥去了，你们可瞎乱说"，平儿早有准备，她

"……笑道：'谁不知这个原故，但今玉钏儿急的哭，悄悄问着他（文中指彩云）、他要应了，玉钏也就罢了，大家也就混着不问了，难道我们好意兜揽这事不成？可恨彩云不但不应，他还挤玉钏儿，说他偷了去了。两个人「窝里炮」，先吵得合府皆知，我们如何装没事人，少不得要查的。殊不知告失盗的就是贼，又没赃证，怎么说他？'"①

听到这里，宝玉终于主动提出这事由自己"出面应了"完事，但袭人又担心此举会引来王夫人的数落时，平儿马上提出进一步的深层考虑：

"平儿笑道：'也倒是小事。如今便从赵姨娘屋里起了赃来也容易，我只怕又伤着一个好人的体面。别人都不要管，只这一个人，岂不又生气。我可怜的是他，不肯为「打老鼠伤了玉瓶」。'说着，把三个指头一伸。"②

---

① 曹雪芹、高鹗：《红楼梦》，中华书局2001年版，第526页。
② 曹雪芹、高鹗：《红楼梦》，中华书局2001年版，第526页。

这里平儿伸出"三个指头",显然是指"排行第三的探春"。读到这里,终于了然:包括平儿在内的贾府众人,对王夫人屋里的玫瑰露究竟是怎样少了的,实际上大多心知肚明,只是一个个各揣心思,不肯说破而已。心思缜密的平儿更是清楚地认识到,据实处理"玫瑰露"案的最大阻碍,在于"探春的体面"。因此很明显,平儿来见宝玉袭人芳官众人之前,早就想好了解决此案的"万全之策"——让宝玉出面领罪完事。但作为一个下人,处事细密严实,且深知宝玉为人,她怎会傻到孟浪地直接要求宝玉出面瞒赃,又怎会没有虑及袭人表达的那层担忧?因此,她表面看来只是与宝玉、袭人等分析案情、权衡利弊,实则心底早有谋断。因此一遇有人想法(先是宝玉,后是晴雯,再是袭人)与其心底谋划有所出入,就将早已想好的反对理由抛出来,只等"老好人"宝玉主动"跳将出来"。

最后,当晴雯、袭人等终于心悦诚服地表示,"唯有宝玉出面应事,方为稳妥方案"时,平儿的更深一层思量,尽显其"虑事周全、处事妥当"的突出特性,也将传统调解"案结事了人和"的"和谐画卷"勾描得近乎完满:

"袭人等听说,便知他说的是探春,大家都忙说:'可是这话,竟是我们这里应起来的为是。'平儿又笑道:'也须得把彩云和玉钏儿两个孽障叫了来,问准了他方好。不然,他们得了意,不说为这个,倒像我没有本事,问不出来;就是这里完事,他们以后越发偷的偷不管的不管了。'袭人等笑道:'正是,也要你留个地步。'"①

可见,平儿的七巧玲珑心,绝不止于眼前纠纷的简单平息,而是深谋远虑,通盘考虑纠纷平息后的各种后果。如她对自己"精明能干又宽和厚道"的正面形象善加维护,不会只想着"保全探春的面子",就让自己成为众人心中"没有本事的糊涂人"。又如,她非常重视纠纷调解方案的后续影响,尽力避免因处断过于宽和,造成"不安本分之人"无所顾忌、再生事端的负面后果。

第三,恩威并施,戒饬敲打偷露之人。

动之以情,晓之以理,尽量不伤害行窃之人情感与颜面的同时,明确直陈个中利害关系。具体过程是,平儿使人先将彩云、玉钏两人叫来,然后开门见山地表示自己清楚"五儿乃蒙冤被拘",而真正行窃的另有其人——只是碍于姐妹间情分与探春的体面才未挑破;紧接着,说出宝二爷欲出面"领罪"的一番好意;随之进行敲打警告:若以后能规矩行事,便求宝二爷应了;否则,就据实禀告二奶奶严惩。在平儿软硬兼施,但不伤情面的巧妙引导之下,彩云终于"羞恶之心感发",承认"是赵姨奶奶央告再三",才"拿了些

---

① 曹雪芹、高鹗:《红楼梦》,中华书局2001年版,第526页。

（玫瑰露）与环哥儿"，并且主动要求去二奶奶跟前领罪。

第四，统一口径，晓谕众人，澄清冤屈。

首先，说服彩云放弃自己领罪的想法，平儿的具体劝说如下：

> "你一应了，未免又叨登出赵姨奶奶，那时三姑娘听了，岂不又生气。竟不如宝二爷应了，大家无事；且除这几个人，皆不得知道，这样何等的干净！"①

然后，授意五儿改口，形成统一口径。说服彩云后，平儿带着彩云、玉钏、芳官来见关了一夜的五儿，授意其改口说茯苓霜也是芳官所赠。

最后，晓谕、敲打林大娘一干婆子——平儿委婉地嗔责林大娘等人，指明王夫人屋里少了的零碎物件，乃宝玉偷偷拿走并分予房中丫头，五儿的霜露均系宝玉丫头芳官所赠，"怎么就混赖起人来"。

第五，陈述利弊，劝止主子不再深究。

平儿将沸沸扬扬的正房屋失窃案全部调处停当后，方才回屋"照前言回了凤姐儿一遍"。然而，老辣如王熙凤，一眼就看穿"宝玉出面应事"，并非事实真相如此，而是其一贯"好好先生"②作派使然。而且，她认为要查清"玫瑰露"案非常容易，只需叫正房屋丫头"垫着磁瓦子"，在太阳下跪一日便知分晓。再者，对于柳家的，她认为即便没有真偷，但"到底有些影儿"，也需"革出不用"。况且"朝廷原有挂误的，到底不算委屈了他"③。

平儿闻言，又说出两层考量，成功说服凤姐不再深究：其一，从远处看，凤姐到底是贾赦、邢夫人的媳妇，何苦在贾政、王夫人屋里招人怨恨。其二，从近处说，凤姐年前好容易怀了个男孩，到了六七个月却小产了，焉知不是素日操劳过甚、气恼伤身所致——"一席话说得凤姐倒笑了：'随你们吧！没的怄气。'"④

综上，围绕"玫瑰露案的调解过程"，曹雪芹笔下众生百态、情状万端：宝玉是不计影响，一心息事宁人的"和事佬"作派；晴雯单纯直率，表现出要求据实处理的耿直性情；袭人虽心急护主，但又不失温良忠厚；凤姐精明能干，处世老辣狠厉；林大娘等一众婆子则各怀私心，各有图谋。而作为此段故事的灵魂人物，平儿既帮五儿洗清了冤屈，又为探春保全了颜面；既避免了凤姐的冷酷严苛，又警示了彩云、林大娘一干人等，而且还

---

① 曹雪芹、高鹗：《红楼梦》，中华书局2001年版，第527页。
② 《红楼梦》里，凤姐一针见血地指出："宝玉为人，不管青红皂白，爱兜揽事情。别人再求求他去，他又搁不住人两句好话，给他个炭篓子带上，什么事他不应承。"（曹雪芹、高鹗：《红楼梦》，中华书局2001年版，第528页。）
③ 曹雪芹借助凤姐一句话，就清楚点明传统中国民间纠纷调解与官府正式审判之间的逻辑同构性，可谓微言大义，意蕴深远。
④ 曹雪芹、高鹗：《红楼梦》，中华书局2001年版，第528页。

维护了自己"能干公允"的一贯良好形象。无怪乎曹公用"判冤决狱平儿行权"作为此节回目,充分肯定平儿处事的妥当机敏。今人也称颂其为"妥当的争端解决方式"①。总之,玫瑰露案不仅生动展现了平儿无与伦比的斡旋游说艺术,而且精彩描摹了"案结事了人和"的古典和谐文化图景,堪称中国传统调解的典范之作。

三、简单纠纷背后的复杂结构

然而,当我们将视线稍稍抽离具体的调解过程,继而投注在"平儿行权"的复杂背景,以及与之枝蔓杂缠的一系列琐屑纷争时,呈现"案结事了人和"之调解理想愿景的玫瑰露案,却又让人品出大不相同的一番滋味。

玫瑰露案发生在王熙凤小产后闭门静养,王夫人令李纨探春宝钗三人暂代理事期间。故此,凤姐使平儿催办之事,管家林大娘直接回的,却是李纨与探春——"宝钗毕竟是个外人"。然而,李纨、探春见林大娘带了五儿来,却都采取推诿回避的态度。《红楼梦》六十一回说:

"那时李纨正因兰儿病了,不理事务,只命去见探春。探春已归房,人回进去,丫环们都在院内纳凉,探春在内盥洗,只有侍书回进去,半日出来说:'姑娘知道了,叫你们找平儿回二奶奶去。'"②

李纨儿子病了,无心理事。且《红楼梦》说她乃"尚德不尚才"之人,素来"厚道多恩无罚",因此她的回避态度似乎合情合理。但探春精细能干,曹雪芹借凤姐之口夸她"心里嘴里都也来得"。尤其她一心要在王夫人面前"有脸",对玫瑰露案却也避而不理,读来确实有点蹊跷。另一方面,正牌主子李纨探春纷纷回避,作为下人的平儿却争着出头。如此对比反差悬殊,着实让人十分费解。最后,五儿那时并未进大观园当差,与园中绝大多数人未曾有过交集。小婵、莲花儿却在林大娘面前捕风捉影,林大娘也准备"混赖起人来"。诸此这般情形,实在都与常理难合。

不过,全面了解《红楼梦》的相关叙事,尤其是五十五回以来发生的一系列琐事与纷争,平儿的主动行权,李纨探春的退避三舍,林大娘急于拿五儿"顶缸",连同小婵、莲花儿的挑唆生事……这些看起来零散随意,甚至乖离常情的举动,嵌入传统中国的基本人情法则以及民间纠纷的因果关系链条之中,恰恰又是合情合理、再自然不过的事情。

首先,柳五儿并非偷露之人,与小婵、莲花儿并无交集,后二人缘何要在林大娘面前一唱一和、落井下石呢?原来前几日,迎春房里大丫头司棋打发小丫头莲花儿向厨房要碗

---

① 张未然:《〈红楼梦〉"平儿行权"中的司法伦理》,载《人民法院报》2018年6月1日第002版。
② 曹雪芹、高鹗:《红楼梦》,中华书局2001年版,第524–525页。

炖鸡蛋。五儿母亲即厨房主事柳大娘却说鸡蛋没有了，遂引来莲花儿翻旧账，说前些日给司棋的豆腐也是馊的；而晴雯（宝玉丫头）要吃芦蒿，她却殷勤得"狗颠屁股儿似的亲捧了去"。柳大娘反唇相讥，抱怨司棋赵姨娘一干没脸面的二层主子挑剔小气，只知要东要西，却从来不知给钱；并特意举出头层主子的体面做派寒碜莲花儿——"连前日三姑娘和宝姑娘偶然商量了要吃个油盐炒豆芽儿来，现打发个姐儿拿着五百钱给我"①。莲花儿又羞又恼，添油加醋地回了司棋，又引得后者领着迎春房里一帮小丫头，到厨房里一顿乱摔乱砸撒气。

从柳大娘、莲花儿的口角可知，前者之所以不给司棋炖鸡蛋，或许确实如其所言，有"今年鸡蛋短得很""司棋只要东西不给钱"等缘故。但更重要的原因，恐怕还在并未出场的司棋主子迎春身上。在《红楼梦》一众主子中，迎春以"老实怕事、软弱好欺"著称。更为根本的是，不比宝玉、熙凤、探春等人，迎春并非贾母王夫人跟前得宠之人。俗话说得好，打狗看主人——迎春房里差事不受柳大娘待见，自然再正常不过。总之，透过柳大娘、莲花儿口角中的零星片语，曹雪芹成功勾画了传统中国繁复的宗法差序格局与人情交往法则的冰山一角。

五儿与莲花儿的过节，源自母亲柳大娘与司棋、莲花儿的往日纠葛；其与小婵的嫌隙，则和芳官等伶人与其干娘们的宿怨迂回相连。芳官、藕官等十二名女孩，原是贾府为元春省亲采买的优伶。进园时均不到十岁。除了聘请专业教习，贾府还让认了园里婆子做干娘，以便生活照抚。不想事与愿违，女孩干娘两方渐渐势成水火：女孩恨干娘们没良心，只图赚自己米菜零花钱；干娘则嫌女孩拣衣挑食、口角锋芒，实难伺候。后因老太妃薨逝，官宦家养优伶需一概蠲免，女孩遂分到各房当差。但两方仍然积怨难消，纷争不断：先有夏婆子揪住藕官（黛玉房里丫头）违规烧纸钱一事不放；后有芳官（宝玉房里丫头）与何婆子因洗头之事发生龃龉；又发生了藕官、蕊官（宝钗房里丫头）与打理花草的婆子的冲突——而这婆子与何婆子是姑嫂关系，何婆子与夏婆子是姐妹俩，夏婆子又是小婵的"老娘"——五儿因与芳官交好，遂让小婵看不对眼。

值得一提的是，优伶干娘双方积怨如漩涡般越卷越深，波及的范围越来越大。《红楼梦》"茉莉粉替去蔷薇硝"一节，将此情形展现得淋漓尽致：一日贾环来给宝玉请安，恰巧撞见芳官得了蕊官赠的（蔷薇）硝②，便向宝玉讨要。芳官舍不得将蕊官赠的硝再给旁人，遂进屋另取。偏巧怡红院硝用完了，麝月建议用（茉莉）粉代替（蔷薇）硝打发走贾环。贾环将硝（实为茉莉粉）送给丫头彩云，方知被戏耍。赵姨娘得知后深感没脸，兼遇夏婆子煽风点火，遂闯进怡红院来打芳官，却引得藕官、蕊官、葵官（湘云房里丫头）、豆官（宝琴房里丫头）众伶人与赵姨娘扭打吵闹成一团。袭人劝说不住，晴雯则使人回了

---

① 曹雪芹、高鹗：《红楼梦》，中华书局2001年版，第522—523页。
② 据《红楼梦》所言，大观园年轻姑娘们用蔷薇硝来擦春癣，效果比银硝好。

探春。及至尤氏、李纨、探春带着平儿等人赶来,一场混战才被喝止。然树欲静,风不止,此事过后,艾官便向主子探春揭发夏婆子挑唆赵姨娘之事;小婵得知后,又赶着去知会她老娘夏婆子提防艾官……

实际上,与伶人干娘两方的纠纷发展逻辑一样,柳大娘与司棋、莲花儿的矛盾亦如雪球般越滚越大,如藤蔓一样越缠越杂:先是厨房给司棋的"豆腐是馊的";紧接着柳大娘不给炖鸡蛋,司棋带着小丫头们到厨房一通乱掀乱摔;然后是莲花儿捕风捉影,让柳氏母女陷入"玫瑰露失窃风波";随后又引出司棋婶子秦大娘给林大娘送礼,欲顶替柳大娘的厨房职务;风波平息后,柳大娘重回厨房主事,司棋与秦大娘又是心气难平。阅读至此,林大娘之所以想"混赖人",原因便十分明了:一方面凤姐每日催办玫瑰露案,她正愁"没主儿";一方面她收了秦大娘的炭与米,想撵走柳大娘,好让前者接手厨房事务。

综上,司棋和莲花儿与柳大娘、众优伶与其干娘们、赵姨娘与芳官等,吵闹的均为鸡蛋豆腐、洗头烧纸钱、茉莉粉或蔷薇硝之类的小物什小事情。这些纷争一个个看,无一不是鸡零狗碎的小摩擦。然而诸多小摩擦累加起来,却构成了传统宗法体系嫡庶主仆、尊卑荣辱的大事情,以及乡土人情社会你来我往的互惠法则、你初一我十五的"报"之逻辑。曹雪芹的生花妙笔,将传统中国复杂勾连的社会关系及其盘根错节的情感利益纠葛刻画得惟妙惟肖、入木三分:何婆子、夏婆子、小婵因血缘姻亲关系,结成天然同盟;芳官、藕官、艾官等优伶同时入府学戏,彼此互为声援;争强好胜的司棋伺候了本分有余的迎春,主仆间遂结成难以分割的"命运共同体"关系;柳家母女刻意与芳官交好,想其引荐五儿入怡红院当差,同时也免不了受其牵连。简言之,传统民间纠纷看似琐屑简单,背后牵连的,却是枝蔓杂缠的人情关系网络与盘曲扭结的宗法连带结构。

四、投鼠忌器心理下的"和谐陷阱"

盘根错节的宗法结构、错综复杂的关系网络,催生了传统中国独特的法制文化生态——或"一人得道,鸡犬升天",或"城门失火,殃及池鱼"。中国古代刑罚常见的"伍什连坐""株连九族",是此生态的极端表现形式。《红楼梦》中,探春受生母赵姨娘所累,屡屡在王夫人面前"没脸";贾府大丫头司棋因主子迎春的软弱性情与"不得宠"处境,遭受干粗活的厨房娘子的慢待;五儿受母亲柳大娘和闺蜜芳官牵连,险些沦为"玫瑰露案"的"替罪羊"等,则是其相对寻常的普通生长样态。简言之,社会系统的个体化分疏不足,群己权界不分,以致个体性权责观念淡漠乃至缺失,将个体性的权利与责任广泛连带于其社会身份和家族关系背景之中,构成了中国法制传统一个极其显著的文化特性。

正是此一典型文化特质,使得传统民间纠纷深嵌于中国宗法社会的阶层身份结构及其情感利益纠葛之中。如前所言,因血缘、姻亲、主仆、同窗、私交等种种不同的社会连带,传统中国的民间纠纷——先前冲突与后发矛盾之间,往往牵扯不清、夹缠难断,呈现为前引后连、环环相扣的纠纷链条缠结形态。《红楼梦》中,柳家母女、何婆子与打理花草事务的婆子姑嫂俩、迎春和司棋主仆二人、芳官、藕官、艾官等伶人同窗、五儿和芳官两位闺中密友等等,因着复杂的连带关系,纷纷卷入以"玫瑰露失窃风波"为中心的一系列错杂纠葛之中。因此,出面调解一桩单个看起来简单明了的小纠纷,往往触动的,却是深藏于中国传统文化底色中难以撼动的尊卑荣辱结构与情感利益格局。受其影响,中国传统调解文化呈现出一种独特的"混沌粘质"形态——"牵一发而动全身",其形象表现即俗语所说的"打断骨头连着筋"。

受传统纠纷链条缠结形态及其混沌粘质文化的影响,中国传统调解表面处理的,虽然只是亲邻熟人间打鸡骂狗之类的日常琐事,然而稍有不慎,却可能引发或远或近、或轻或重、或大或小的一系列不良后果。尤其是,社会交往活动持续进行,宗法人情网络亦处于不断发展之中,进一步加剧了纠纷调解后续影响的不确定性。正是解纷后果此种强烈的非确定性,造成了中国传统调解制度难以消解的内在结构性风险,进而滋生出一种普遍泛滥的风险规避心理,即所谓的"投鼠忌器"——曹雪芹用"投鼠忌器宝玉瞒赃"作为玫瑰露案调解故事的章节回目,可谓一语中的。

传统调解此种"投鼠忌器"文化心理的典型表现之一,即"多一事不如少一事"之推诿回避态度的普遍盛行。玫瑰露案中,理应出面的李纨、探春,却都避不理事,即为其直接明证。孀居无依、孤儿寡母的李纨,之所以素来"厚道多恩无罚",肯定有其天生性格的原因,但导致其性格形成的深层根源,则与复杂宗法人情结构带来的沉重心理顾虑密切相关——害怕不经意间开罪某人,遂而招来相关一干人等难以预料的怨恨与算计。前文柳大娘怠慢了司棋、莲花儿,连累五儿受罪,即为此故。小婵、莲花儿诱唆林大娘搜查厨房,拿五儿母女顶缸;夏婆子怂恿赵姨娘不要放过用茉莉粉糊弄贾环的芳官等,采取的亦为背地里使坏的方式。就此而论,传统调解内在的结构性风险,除了"强烈非确定性"特质外,又带有浓厚的"暗箭难防"意味。在此背景下,对于赵姨娘牵扯其中的玫瑰露案,一心想要远远避开,无疑是李纨再正常不过的想法。因此,李纨的避不理事,显然就并非仅仅因为兰哥儿病了那么简单,而是其一向明哲保身的处世态度使然。

此外,聪敏如探春,对玫瑰露案的真实内情肯定早已了然,故而"侍书回进去",才会"半日出来说:'姑娘知道了,叫你们找平儿回二奶奶去。'"很可能是她考虑再三,决定还是回避了方好——探春一心在王夫人跟前"挣脸",却常因赵姨娘所为深感"没脸"。远的不说,仅从其受命"暂代理事"算起,赵姨娘就先是因兄弟过世的事,吵着要她破例多给赏钱;紧接着又因芳官糊弄贾环之事,与大观园一众优伶小丫头扭作一团;随即又卷入玫瑰露失窃风波……探春对与赵姨娘有关诸事,恐怕早就深有忌惮、避之不及——若她出面审理玫瑰露案,却不秉公处理,王夫人必然难以满意;否则,赵姨娘又会哭闹耍泼;还会招致"不孝""攀高枝""斥母求荣"之类的骂名。反之,即便她不出面,作为王夫人最为倚重的贾府暂代主事,余人也不会不顾及她的脸面——玫瑰露案的最终调解结果即是如此。综上，置入传统调解"群己权界不分"的文化背景及其"强烈非确定性"的风险结构之中，李纨、探春初看起来有悖常情的懈怠失职行为，即刻变得合情合理起来。李纨、探春之所以推诿回避，其具体考量虽不尽相同，内含的投鼠忌器心理却是基本一致。

另一方面，当卷入纠纷无可避免时，"得饶人处且饶人"的息事宁人做派，构成了传统调解"投鼠忌器"心理的又一普遍形态。平儿出面调解玫瑰露案，即为典型体现。众所周知，平儿是王熙凤的四个陪嫁丫头之一。据《红楼梦》六十五回贾琏贴身小厮兴儿交待，其余三个"死的，嫁的，只剩下这个心腹，收了屋里"。贾琏风流成性，熙凤狠辣善妒。游走于这两夫妻之间，平儿不仅成为四个丫头中唯一一个安然留下来的，而且还被夸赞为凤姐的"一把总钥匙"。尤其让人啧啧称奇的是，她同时还得到了贾琏的高度肯定——其为人处世之精道、保全自身之高明，可见一斑。

对比正牌主子李纨、探春，虽明知五儿只是"顶缸"的替罪羊，却皆不愿出面理事；作为一个下人，平儿却能主动出面判冤决狱①，不能不说其性格中包含古道热肠、仗义执言的可贵品质。尤其是经过她多方奔走游说，最后成功促成了玫瑰露案的几近圆满解决，足见其思虑非凡、才智超群②，无怪乎被盛赞为《红楼梦》里唯一一个"全人"③。故此，相比李纨、探春的推诿回避，平儿的主动行权，貌似与"投鼠忌器"文化心理毫不相干。

然而，若仅仅囿于品行好坏、能力高低的简单品评，与曹雪芹复杂多维的人物塑造手法明显不合，更与《红楼梦》作为"中国传统社会百科全书"的学界公论难相匹配。诚然，作为贾府主事王熙凤的心腹死党，平儿在《红楼梦》大小主仆面前多少"有些脸面"。但世事洞明若她，必然清楚自己不过狐假虎威而已。其次，长年夹缝里求生存的丫头平儿，相比丈夫早亡、儿子尚小的主子李纨，想必更加懂得"厚道多恩无罚"的自我保全智慧。再者，因常年协助凤姐料理贾府事务，她对错综复杂的宗法关系网络，"牵一发而动全身"的传统纠纷链条缠结形态，包含"强烈非确定性风险"的调处活动后续影响，可能也比"尚未出阁""暂代理事"的探春体会更深。故此，当受命管事的主子李纨、探春避而不出时；身为下人、心思缜密且谙熟世故的平儿却主动行权，必然有其深思熟虑的道理。

诚如迎春之于司棋，平儿肯定深知凤姐与自己"一荣俱荣、一损俱损"的命运共同体关系。与李纨的谨言慎行、"厚道多恩无罚"形成鲜明对比，仗着娘家人的滔天权势，以

---

① 从前文可知，平儿行权玫瑰露案，并非是源自凤姐或其他主子的明确授意，而是其巧妙说服凤姐争来的权力。
② 参见马宇飞：《安分守礼与逾分违礼——"平儿"形象的文化解读》，《知与行》2016年第1期，第55–58页；臧卫东：《论在夹缝中生存的"好秘书"——平儿》，《红楼梦学刊》2004年第6期，第238–245页；梁燕：《论平儿》，《红楼梦学刊》1988年第2期，第167–179页等。
③ 参见［清］涂瀛：《红楼梦论赞·平儿赞》，转引自墨亚：《今宵便有随风梦 知在红楼第几层——〈红楼梦〉中平儿形象的审美理想和文化内涵解析》，《沧州师范专科学校学报》2006年第4期，第25页；尤清：《"几近全人"的丫鬟——〈红楼梦〉中平儿形象分析》，《鸡西大学学报》2011年第2期，第109–110页等。

及老祖宗贾母、姑母王夫人的分外宠爱,王熙凤行事向来跋扈张扬、刻薄寡恩——这也为其日后悲惨命运深埋祸根。当李纨、探春对玫瑰露案退避三舍时,本该称病不出的王熙凤,却不问缘由即吩咐将五儿母女打板子撵出去完事。这种几近草菅人命的作派,与平儿一贯奉行的"多栽花少种刺"的生存哲学显然扞格不入。诚如前文第二节对玫瑰露案调解过程的具体分析,正是出于对凤姐树敌太多、遭人记恨的担心,成为平儿主动出面判冤决狱的深层动因。而其动因背后的根本顾虑,恐怕还在于她对自己与凤姐主仆命运连带关系的清醒认识——害怕一旦凤姐出事,自己跟着遭殃。面对玫瑰露案等一系列错杂纷争,平儿的前后几段话,将其心底真实想法及其基本处事法则袒露无遗:

"'得饶人处且饶人',得将就的就省些事罢。但只听得各屋大小人等都作起反来了,一处不了又一处,叫我不知管那一处是。"①

"何苦来操这心!'得放手时须放手',什么大不了的事,乐得施恩呢。依我说,纵在这屋里(贾政屋里)操上一百分心,终久是回那边屋里(贾赦屋里)去的,没的结些小人仇恨,使人含恨抱怨。……如今趁早儿见一半不见一半的,也倒罢了。"②

"'大事化为小事,小事化为没事',方是兴旺之家。若是一点子小事便扬铃打鼓,乱折腾起来,不成道理。"③

"得饶人处且饶人""得放手时须放手""大事化为小事,小事化为没事"……可见,虽然不同于李纨、探春对玫瑰露案的懈怠推诿举动,平儿以其缜密心思、过人才智,貌似完美地调和了了纷争。然而,"回避""参与"两种看似迥然不同的纠纷处理态度,背后蕴含的价值取向及其文化心理却具有高度的同构性。而且,李纨"厚道多恩无罚"的一贯做法,探春"多一事不如少一事"的自保策略,以及平儿"乐得施恩""没的结些小人仇恨"的肺腑之言,亦属如出一辙的不谋而合。

进而言之,正如一个铜板之不可分割的两面,追求"案结事了人和"的和谐文化图景,与"多一事不如少一事"的风险回避形态,貌似截然对立,实则殊途同归。就此而论,平儿调解玫瑰露案背后深层的文化动因依然在于:规避复杂结构不确定性风险的投鼠忌器心理——其根本态度即"生怕得罪人",具体表现为"厚道多恩无罚""多栽花少种刺""多一事不如少一事""得饶人处且饶人""大事化小,小事化了""见一半不见一半"等各种不同的具体心理形态。

然而,尽管平儿才思卓绝、用心良苦,玫瑰露案亦为"传统调解成功典范",其化解

---

① 曹雪芹、高鹗:《红楼梦》,中华书局2001年版,第511页。
② 曹雪芹、高鹗:《红楼梦》,中华书局2001年版,第528页。
③ 曹雪芹、高鹗:《红楼梦》,中华书局2001年版,第529页。

方案更是以似乎"人人满意"的圆满结局收场——既保全了探春颜面，又洗白了五儿冤屈，也遮掩轻恕了彩云的逾矩行为，还巧妙避免了凤姐的狠辣行径。但是，深入分析，这幅看似完满和谐的理想画卷，仍然包含着诸多不完满不和谐的地方。首先，如前所述，当宝玉担心五儿及其舅舅无故受牵连，想让五儿改口时，平儿先是明确提出合理反对意见——五儿既已在众人面前明言"霜系舅舅所赠"，就不能轻易改口，否则有损案件处理的客观公允性。而后来，当宝玉提出自己出面领罪时，平儿却随即主动"教五儿改口"，以便统一口径。如此前后矛盾，实在并非明智严肃之举。其次，既然"玫瑰露乃彩云拿了给环哥了"一事，贾府之内几乎人尽皆知。在此背景下，让宝玉领罪瞒赃，以保全探春颜面的做法，则既不能成功维护平儿"公允能干"的自身形象，又不能有效确立调处方案的公信力，更无法真正吓阻"不安本分之人"此后的越轨行为。再者，平儿强烈反对彩云自认其罪，却让王夫人"心头肉"宝玉无故顶缸，最后包庇的实乃赵姨娘之非分之举。姨娘夫人的关系本就微不可言，王夫人、赵姨娘二人实则早就剑拔弩张。因此，一旦王夫人知晓内情，主动行权的平儿就非但不能免遭（赵）姨娘（三）小姐的埋怨，反而会无端招来当家主母的记恨。最后，玫瑰露案调处停当之后，虽然五儿冤屈得以平反，柳大娘也重回厨房当差，但是司棋与其姊子秦大娘却愤愤不平，林大娘、小蝉一众婆子丫头也都心有不甘。总之，即便是众人交口称赞的平儿调解玫瑰露案，实际上依然远未实现"人人满意""案结事了人和"的完美和谐理想，而是充斥着既不客观又非公允的权变妥协意味，并且隐含着引发新的不满与怨恨的不和谐因子。

综上，传统调解以"案结事了人和"为其文化理想，意欲构设高度完满美好的和谐图景。然而，如此高难度的文化愿景，却由怀揣"生怕得罪人"之强烈自保心理的调解人全权主导，显然既难以真正扭转强势者的专横任性局面，又无法有效遏制弱势者的撒泼耍赖行径；而是往往异化为"能推就推、能拖就拖"的冲突自然消磨法①，或"各打五十大板"的息事宁人作派。一言以蔽之，"通过调解达成不扰乱狭窄社会情境中微妙的人际关系网的和解"②。在此文化结构下，传统调解的实践运行，充斥着原则不明、面目模糊的隐忍、妥协与折中，即备受诟病的"和稀泥"问题。也就是说，只要盘根错节的社会关系网络未被打破，复杂牵连的纠纷"链条缠结形态"未加改变，个体化的权责观念无法确立，调解活动内在的"强烈不确定性风险"就无从消解，投鼠忌器的文化心理也就必然普遍存在——在此语境下，以"各方满意""案结事了人和"为旨归的调解和谐理想，就会难以避免地陷入"不讲原则和稀泥"的悖论逻辑之中。

---

① 应该说，大多数的人际冲突与社会摩擦，无需通过制度化的司法程序加以解决，而是随着时间的推移得以自行消解，此即通常所谓的"冲突自然消磨法"。然而，一味依靠"自然消磨法"，许多小纠纷遂日积月累起来，最后往往发展成不可收拾的严重冲突事件。因此，当"推诿拖延"已经内化为纠纷化解程序的文化结构性特征时，爆发更大冲突的可能性将难以避免。
② 陆思礼：《毛泽东与调解：共产主义中国的政治和纠纷解决》，载强世功主编：《调解、法制与现代性：中国调解制度研究》，中国法制出版社2001年版，第120页。

A Harmonious Trap in the Cultural Structures of Chinese Traditional Mediation:
Taking the case of "Rose Syrup" in *A Dream in Red Mansions* as An Example

Deng Chunmei

Abstract: It is the fundamental interest that is to find the real logic of justice while expounding the fictive narration of literature in the study of "Literature in Law". The great novel, "*A Dream in Red Mansions*", is recognized as an encyclopedia of Chinese traditional society. One of its judicial story, the case of "Rose Syrup", vividly displays an almost perfect harmony picture of the traditional mediation in China, which target is to make all parties satisfied or to end the case with interpersonal relationship harmony. But it also deeply reveals the intense unexpected risks and the cultural psychology of "caution in taking action" of Chinese traditional mediation. It is this kind of Self – protection psychology, mainly showed as "for fear of offending any people", which leads the practice of traditional mediation to hardly deter the strong from overbearing behavior and hold the weak out of acting shamelessly. Therefore, it always creates a prevalent paradox of "Huo – xini", as a result of delay in dispute settlement or unprincipled compromise.

Key words: "*A Dream in Red Mansions*", traditional mediation, the vision of harmony, the chain – locked pattern of disputes, caution in taking action

(编辑：彭娟)

地方联合立法新说

吴玉姣[*]

摘　要　有关地方人大间合作立法的现象存在多种不同的定义，其中地方区域立法这一概念的外延太广，地方立法合作、地方立法协作、地方立法协调、地方立法协同等词的外延又过窄，因而统一为地方联合立法较为合适，且有利于学界统一研究话语。地方联合立法的历史沿革历经了地方政府间的"准"联合立法模式，现已进入了较为规范化的地方人大间联合立法模式。而随着《立法法》的修改，设区的市获得地方立法权，地方立法重复以及地方立法趋同化现象增多，地方联合立法的需求增加。在这一背景下，地方联合立法的目的、主体、形式、前提等方面的具体内涵有了新变化，其合法合理性基础有所增强，而相关争议问题也有了解决之道。跨域公共治理模式与区域发展保护模式成了地方联合立法的可能路径，而区域发展保护模式还要求重视民间法治资源。总之，地方联合立法的研究与实践都面临新的机遇与挑战。

关键词　地方立法　地方联合立法　区域立法　立法协作　民间法治资源

学界有关地方联合立法的探讨开始于20世纪90年代，2006年《东北三省政府立法协作框架协议》的制定将其推向了一个高潮，2017年《京津冀人大立法项目协同办法》的出台又引发了另一番研究热潮。地方联合立法并不是一个新的研究领域，但学术界暂且还未能统一其称谓。且《立法法》修改后，设区的市获得地方立法权，地方联合立法的需求也随之增多，地方联合立法的具体内涵、合理合法性基础以及可行性问题等也相应有了新的变化。在这一大背景下，对地方联合立法进行证成，以及探索其可能的路径模式，对于立法实践颇具指导意义。

---

[*] 吴玉姣，法学博士，福建江夏学院法学院讲师。

一、地方联合立法相关概念的考辨

地方间进行联合协作立法的现象虽在二十世纪九十年代就有被讨论，但出现了地方区域立法、① 地方立法合作、地方立法协作、地方立法协调、地方立法协同等不一的提法。本文将这些不同的提法分为两类，一类是地方区域立法，一类是地方立法合作、地方立法协作、地方立法协调、地方立法协同。前者因为外延过宽，后者因为外延太窄，故此都不适合作为描述这一现象的概念。相比较下，用地方联合立法来指两个或多个地方立法主体共同制定地方性法规的活动更为合适。②

首先，地方区域立法的外延过宽。地方区域立法的含义过于丰富，至少可以分为以下五种：第一，地方区域立法可指我国特定的三个不同法域制定地方性法规、民族自治法规、特别行政区法律的活动。③ 第二，地方区域立法可指省级立法机关制定的在其行政区域一定范围内适用的地方性法规。④ 第三，地方区域立法可指中央立法机关破除地方行政区分割管理的立法或者针对有关区域问题制定的法律法规等。⑤ 第四，地方区域立法可指我国因地理或经济因素所形成的经济圈或城市群共同立法的活动。⑥ 第五，地方区域立法还可指由"不同地方的人大或政府组成的区域立法机构针对特定区域内的共同事项进行的立法。"⑦

其次，地方立法合作、地方立法协作、地方立法协调、地方立法协同等词的外延太窄。有学者认为，立法协作包含立法协调和正式的立法活动，⑧ 但因立法协作缺乏合宪性与合法律性的依据，故此其将立法合作代替立法协调与立法协作，进而取二者之长、补二

---

① 地方区域立法还有称区域立法、区域法制等的，因这些词的含义差不多，这里将一起分析。
② 参见程波，吴玉姣：《央地分权制衡视角下〈立法法〉的完善》，载《湖南社会科学》2018年第3期。
③ 二十世纪中后期，由于我国实行"民族区域自治制度"与"一国两制"的国策，地方区域因而分为以普通行政区、民族自治区、特别行政区为基本框架的三元法域结构，地方区域立法也因此用来指代这三个不同法域制定法律法规的情形。
④ 二十世纪末，地方立法权扩大到省会市和经国务院批准的较大的市的人大及其常委会。为解决未获得立法权的市的立法需求，一些学者便用地方区域立法来指省级国家权力机关制定或批准的在本行政区一定范围内具有普遍约束力的地方性法规，区别于在整个省级行政区域内统一适用的。如：孙长文，张希振，梁永强：《论地方区域立法》，载《山东法学》1991年第3期。这类的地方区域立法有如1994年的《山东省经济技术开发区管理条例》。后来，针对高新区、保税区等经济区域以及自然保护区等的立法也应该属于这一范围，如2010年北京市人大常委会制定的《中关村国家自主创新示范区条例》，2014年海南省人民代表大会常务委员《海南省自然保护区条例》。
⑤ 前者如流域立法即针对跨行政区的河湖，实行以水系自然单元为依据，破除地方行政区分割管理的立法。典型例子是1988年国务院批准的《开发建设晋陕蒙接壤地区水土保持规定》；后者，如1991年国务院批准的《国家高新技术产业开发区若干政策的暂行规定》，因规范的对象是高新技术产业开发区等区域，所以也归属于这一类地方区域立法。
⑥ 如东三省、长三角、珠三角和环渤海等经济圈，以及京津冀等城市群的共同立法活动。
⑦ 张瑞萍：《京津冀法制一体化与协同立法》，载《北京理工大学学报（社会科学版）》2016年第4期。
⑧ 在该作者看来，立法协作是注重形式和程序、具备制度化和正式化效果的双方或多方之间的合作与帮助；立法协调强调合作结果，具有非正式化意思的相互之间关系的和谐。

者之短。① 然而，有学者持与之完全相反的观点，认为立法协作的内涵和外延要小于立法协调，② 所以应该用立法协调。③ 另外，还有学者提出要用协同立法取代协作立法，④ 其认为协同立法是在立法协作的基础上，所有立法关涉因素的协同。⑤ 综上，不同学者对上述词的理解不一主要原因在于，学者们对这些词在地方联合立法过程和结果的不同偏重以及立法关涉因素包含的多少等观点不一，但根本原因还在于，这些词的外延过窄。

最后，地方联合立法是更为合适的称谓。原因有二：第一，协这个字本身就是众人同力的意思。⑥ 由其组成的协调、协作、协同等词，并不是包含关系，只是在表述合作这一含义时存在不同侧重点。⑦ 而关于合作，亦即合力合办，但该词组所具有的关系性不强。合作、协调、协同三个概念曾被学者这样区分——合作是一种没有共同愿景的非正式关系；协调是一种具有可协调的愿景且更为正式的关系；协同则是一种更加持续和固定的关系，需要建立新的结构，以便构建权力体系，发展共同愿景，开展广泛的共同规划。⑧ 笔者认为，合作立法、协调立法、协作立法、协同立法的概念也可以按照这个方法区别，即它们之间的正式化、制度化含义是逐步增强的。第二，2015 年《立法法》的修改，在省一级地方立法主体没有变化的前提下，市一级地方立法主体扩容而其立法权限限缩，地方合作立法的主体层级和数量都因此增多，相应地地方立法主体间合作立法的方式也会发生变化。地方联合立法客观地描述了并不是单一的地方立法主体在进行立法，而是两个或两个以上地方立法主体的在立法方面的互相配合，至于主体的层级数量，以及联合立法的方式与效果等都没有规定，因而无论是地方立法的合作、协调、协作还是协同都包含在内。故此，使用地方联合立法这一概念显得更为合适。

二、地方联合立法的历史沿革与转折

（一）地方联合立法的历史沿革

据笔者所查资料，有关地方联合立法的探讨，最早见于 1999 年长江三角洲区域发展

---

① 参见宋方青，朱志昊：《论我国区域立法合作》，载《政治与法律》2009 年第 11 期。
② 在该作者看来，立法协作是动态意义上的立法协调，仅包括立法过程中不同立法主体之间的立法合作；而立法协调还强调立法结果的和谐性和有序性。
③ 参见陈光：《论我国区域立法协调的必要性与可行性》，载《齐齐哈尔大学（哲学社会科学版）》2009 年第 9 期。
④ 在该作者看来，协作立法是指一定区域的地方立法主体进行立法合作，从而协调统一立法；协同立法是指各立法主体协调立法关涉因素，从而实现立法上的协同一致。
⑤ 参见苏艳超：《我国重点生态功能区环境协同立法研究》，2014 年江西理工大学硕士毕业论文，第 9 – 10 页。
⑥ 协，是一个象形字，它的繁体字是"協"，从字本身的含义可以看出，十，表示众多，三个力表示同力，因而可表示众人同力。
⑦ 协调，偏重于合作时关系的调和；协作侧重于互相配合时的作业；而协同则更看重和合共同的系统化。
⑧ 参见 Paul W Mattessich，Barbara R Monsey，*Collaboration：What Makes it Work*. Amherst H Wilder Foundation，1992 p. 39。

国际研讨会。① 该次会议建议以联席会议制度为过渡，率先推进区域水务法，并在此基础上逐步确立和完善区域立法机制。随着区域协调发展战略、西部大开发战略的提出，有个别学者注意到地方联合立法。孟庆瑜在《论西部开发中的区域法治建设》一文中提及过区域协作立法一词，用以指由两个或两个以上的西部地方立法机关针对他们之间带有区域性、联合性和共同性的问题做出规定。②

随后，东北等老工业基地的振兴发展战略、中部地区崛起的发展战略先后出台，区域法制协调被学术界广泛讨论，而实务界大多采用政府间宣言或协议的方式合作立法，如2003年制定的《长江三角洲旅游城市合作宣言》、2004年签署的《泛珠三角区域合作框架协议》。2006年辽宁、吉林、黑龙江三省通过《东北三省政府立法协作框架协议》，确定了政府间立法协作的三种方式与五种领域，可称得上"准"地方联合立法。当时也有学者注意到应该将这种区域政府间的准立法协作推广到有立法权的地方人大。③ 而后，学者开始讨论政府间立法协作的种种问题，并将范围扩大到珠江三角洲、长江三角洲、环渤海经济区、武汉城市圈和长株潭城市群等地。④

2013年国务院出台《大气污染防治行动计划》，明确提出要建立京津冀、长三角区域大气污染防治协作机制，这将不再是政府间的立法协作，地方人大开始协同立法，真正意义上的地方联合立法正式开启。长三角三省一市即江苏省、浙江省、安徽省、上海市就大气污染防治的区域立法协作开展多轮协商并达成共识，《上海市大气污染防治条例》《安徽省大气污染防治条例》《江苏省大气污染防治条例》《浙江省大气污染防治条例》相继出台，并以专章的形式规定了关于区域大气污染防治协作，这是地方联合立法的雏形。2014年京津冀协同发展被提高到国家战略的高度，之后京津冀三省市致力于制定《关于加强京津冀人大协同立法的若干意见》，该文件已于2015年出台。2017年京津冀三地人大常委会通过了《京津冀人大立法项目协同办法》，标志着地方联合立法开始走向规范化道路。而后，《京津冀人大法制工作机构联席办法》《京津冀人大立法项目协同实施细则》等相继颁布。具体立法实践方面，现已完成了《河北省大气污染防治条例》《天津市生态环境保护条例》《北京市城乡规划条例》等十几部地方性法规。目前，三地正在探索实现机动车和非道路移动机械排气污染防治条例的"一个文本、三家通过"之地方联合立法模式。由此可见，地方联合立法在实践中取得了一定成绩。

---

① 参见陶康华：《长江三角洲区域发展国际研讨会（'99 ICYDRD）纪要》，载《现代城市研究》1999年第6期。
② 参见孟庆瑜，赵玮玮：《论西部开发中的区域法治建设》，载《甘肃政法学院学报》2001年第1期。
③ 参见徐龙震：《区域性立法协作值得推广》，载《检察日报》2006年7月19日。
④ 详见赵如松：《长三角两省一市立法协调问题研究》，何渊：《环渤海地区行政协议的法学思考》，周叶中：《我国区域法制建设简论——以武汉城市圈为例》，彭立群：《长株潭经济一体化立法模式的选择》等文章。

（二）地方联合立法的转折

2015年《立法法》的修改，新增了244个设区的市在城乡建设与管理、环境保护、历史文化保护等方面的地方立法权。① 在这一新背景下，地方联合立法的转折出现，其相关目的、主体、形式、前提等方面的具体内涵有了新变化。

第一，地方联合立法的目的。2015年《立法法》修改前，地方联合立法的主要目的是为了打破行政区划的界限以解决区域所共同面临问题，减少因各自为政造成的众多矛盾冲突，以推动区域经济的一体化发展。当然，与此同时，地方联合立法还在降低立法成本、提高立法质量、改善民生②等方面起到了一定的作用。然而，2015年《立法法》的修改，很多学者开始担心立法碎片化现象出现。另外，地方立法重复特别是重复同位法的问题愈发严重，③ 地方立法趋同化现象也愈加明显。④ 倘若进行地方联合立法，则可以在一定程度上整合地方立法使之体系化统一化，也可以对惰性的地方立法重复进行规制，还可以缓解地方立法趋同化现象的动态发展趋势。这是《立法法》修改后地方联合立法新增的目的与价值。

第二，地方联合立法的主体。《立法法》修改前，拥有地方立法权的主体仅省级人大及其常委会、省会市和较大的市的人大及其常委会，数量较少。⑤ 因此，直到2013年才渐渐出现以地方人大为主体的联合立法。而今，《立法法》赋予了244个设区的市地方立法权，地方立法的主体数量扩充至354个，因此今后地方联合立法的主体中以地方人大及其常委会为主体的情形将越来越多。另外，之前多数地方联合立法是由政府主导，共同制定出来的是政府规章或者政府协议等，这并不是严格意义上的联合立法。并且，其中不免有立法政绩化的考虑。这种由领导人推动的政绩工程，难免受到领导人换届的影响，不具备长期稳定性。而后，由于以人大为主体的地方联合立法的形式增多，相应地，地方联合立法也将具备较高的法律效力和稳定性。

第三，地方联合立法的形式。⑥《立法法》修改前，市一级的地方立法主体只有49个，因而地方联合立法主要发生在省一级。如长三角的"9+2"模式，东北三省模式，京津冀模式等都是省一级的地方联合立法。这样一来，由于市一级的地方立法主体没有参与到地方联合立法中来，因此相应的地方联合立法中原则性的规定居多，很难细化到具体问

---

① 那曲市于2017年10月撤地设市，因此此处数字与笔者在《设区的市地方立法趋同化探讨》中的统计不一。
② 如东三省的协作项目中就包括新农村建设、农民工权益保护等内容。
③ 参见程波、吴玉姣：《认真对待地方立法重复》，载《中国社会科学报》2017年8月9日。
④ 参见吴玉姣：《设区的市地方立法趋同化探讨》，载谢晖、陈金钊、蒋创传光主编：《民间法》（第21卷），厦门大学出版社2018年版，第282-294页。
⑤ 需要说明的是，在这里并没有将自治区、自治州制定自治条例、单行法规等的情形归纳在范围内，因为这是自治权下的地方立法，较为特殊。
⑥ 这里主要指主体联合的形式。

题。立法实践中,虽然也存在湖北武汉城市圈、湖南长株潭城市圈等市一级的地方联合立法,但由于并不是城市圈里的每一个市都拥有地方立法权,所以一般考虑的是通过设立省级机构进行统一立法,并没有能够发挥市一级地方立法主体的积极性。① 《立法法》修改后,市一级地方立法主体增多,因而地方联合立法的种类变多,可以是全为省一级地方立法主体,全为市一级地方立法主体,还可以是省一级地方立法主体和市一级地方立法主体的混合;② 另外,全为市一级地方立法主体还包括两种情况,一种是同一省的市之间,另外一种是不同省的市之间。上述各式地方联合立法,势必将充分调动市一级地方立法主体的积极性,也将促进地方立法效用的充分发挥,以推进区域法治。

最后,地方联合立法应该以客观内在的合作需求为前提。之前立法实践中出现的一些地方联合立法也许是基于领导人的意志,带有浓厚的政绩色彩,因而当领导人换届时,相应的地方联合立法就被停滞。这样的地方联合立法主要是以政府规章的形式出现,并不能算是真正意义上的地方联合立法。而如今地方联合立法将渐渐由各地方人大及其常委会进行,因而相对来说需要更加审慎,应该基于立法需求,而不是盲目进行。另外,地方联合立法还应该遵循各联合主体的合作意愿,不可强迫进行。地方立法权是各行政区域相对独立自主的权力,是不可侵犯的。当然,地方联合立法还应该具备联合立法的条件,这并不是一个形式化政绩化工程,应该予以认真对待。

三、地方联合立法的证成

地方联合立法的实践时长已将近三十年,而《立法法》修改后地方联合立法的需求更甚,有些市已经在摸索试探中,如武汉、长沙、合肥、南昌四个市正在探索联合立法,然而地方联合立法并没有大规模地开展。究其原因,是各地方立法主体对联合立法的合法合理性以及可行性还抱有疑虑。实则,地方联合立法是有其依据的。以下笔者将阐述具体原因:

(一)地方联合立法的合法性③

在区域协调发展的大背景下,在地方立法重复与趋同化现象日益增多的情形下,地方联合立法在实践方面有迫切需求,然而《立法法》却没有对地方联合立法做出明确规定,那地方联合立法是否具备合法性?其实在《立法法》中可以找到地方联合立法的依据。第一,地方联合立法并不归属于《立法法》第八条规定的法律保留事项,所以在国家权力没

---

① 参见赵静,张明涛,胡少波:《长株潭经济一体化过程中的区域环境立法问题研究》,载《资源节约型、环境友好型社会建设与环境资源法的热点问题研究——2006 年全国环境资源法学研讨会论文集(三)》,第 977 页。

② 由于省与本省的市之间不存在地方联合立法,故此省一级地方立法主体和市一级地方立法主体的混合应该只包括省和不同省的市之间的地方联合立法。

③ 此处的"合法性"仅仅是狭义上的,亦即合乎法律性。

有对地方联合立法这一事项做具体的规定时，不能排除地方人大及其常委会享有这一权力；第二，《立法法》第七十二条和第七十三条规定，省级人大及其常委会有权决定本区域内的地方性事务，市级人大及其常委会可以决定本区域内城乡建设与管理、环境保护、历史文化保护等方面的事项。至于是地方单独立法还是地方联合立法，《立法法》并没有相应的规定。因而只要地方联合立法不超出权限范围，地方立法机关就有自主权。第三，《立法法》中有"准"联合立法的相关规定，其第八十一条规定对涉及两个以上国务院部门职权范围的事项，国务院有关部门可以联合制定规章。现实中，由两个部门联合出台的部门规章也不在少数。这为地方联合立法提供了可借鉴的经验。最后，从国家的一些发文中可以看出，国家对地方联合立法其实是持赞成的态度。如早在2008年国务院印发的《关于进一步推进长江三角洲地区改革开放和经济社会发展的指导意见》中就提到要"加强区域立法工作的合作与协调，形成区域相对统一的法制环境。"

另外，地方联合立法并不需要改变现有的立法体制。有学者主张将地方联合立法入宪，或者制定出相关单行法。[①] 在笔者看来，这暂时还没有必要。地方联合立法应该由各地方立法主体根据本地立法需求以及意愿进行，是一个动态灵活的立法模式。因此，国家对于地方联合立法的态度应该是被动消极的，只要准许这一立法模式的存在即可。国家不必要也不应该进行硬性规定哪几类事项必须地方联合立法。至于地方联合立法的主体组合、方式、程序等等，也没有必要通过法律来规范。其次，地方联合立法的相关规定可以保持现状。一方面，因为地方联合立法只是改变了地方立法权行使的方式，对现有的立法体制不会产生冲击。另一方面，《立法法》中有批准、撤销、改变、备案等多种监督机制，具体如第七十二条规定了市一级地方性法规必须经批准后才能施行，第九十七条规定了省一级地方性法规被撤销和市一级地方性法规被改变或撤销的相关情形，第九十八条是有关地方性法规的备案规定，这些监督机制已经相对能够满足对地方立法权进行约束的要求。对于地方联合立法，可按照现有的规定进行批准、撤销、改变和备案，有了这些监督机制的约束，地方联合立法也不至于任意而行，造成法制的混乱。由此可见，《立法法》足以对地方联合立法进行规制，不必再增设相关监督方式。

（二）地方联合立法的合理性

地方联合立法的合理性主要可以从以下两个方面进行把握：

第一，立法构成了国家主权，而相应地，地方立法权是地方治理权的体现。地方联合立法正是在跨域公共治理的基础上催生的。如针对流域问题以及大气污染防治等环境问题，往往不是一个单一的行政区域能够解决的；而为了打破行政区划壁垒，促进区域经济

---

① 王春业在《区域行政立法模式研究》一书中附有详细的"相关法律修改建议及《区域行政立法条例》建议稿"。

协调发展，也需要多个行政区域的耦合联结。这样地方治理权的先行合作最后便催生了地方联合立法，并最终形成地方性法规的方式，其规范性和稳定性都得到增强。且，在地方立法主体急剧扩容的背景下，地方性法规急速增长，而地方立法的权限范围又有限，因而地方立法重复问题和地方立法趋同化现象严重，这也呼吁地方联合立法。

第二，地方联合立法仅仅是地方立法权的耦合联结，每一个联合立法的主体还是相对独立自主地在本行政区域内行使地方立法权，其他联合立法的主体并不能对此进行任何硬性干涉。且地方联合立法并没有改变地方立法权的性质以及权限范围，每一个联合立法的主体其权限仍同样应在《立法法》限定的范围内，并不能有任何的突破，其所制定的地方性法规的位阶并不因是联合立法而有所变化，且该地方性法规还是只能在本行政区域内施行。地方联合立法唯一变化的只是地方立法权行使的方式，但地方立法权是单独行使还是联合行使并不会对现有的立法体制有所冲击。国务院有关部门联合制定部门规章的实践也印证了上述观点的正确性。

（三）地方联合立法的可行性

有关地方联合立法的可行性一般探讨以下两个问题：

第一，地方联合立法指的是立法行为的联合还是立法工作的联合？

这一问题的提出是基于有学者在讨论立法协作时将其分成了立法工作的协作和立法权行使的协作。该学者认为立法工作的协作，是有关立法工作机构在具体承办立法事务层面上的协作，主要目的是节约立法成本、提高立法工作效率，因而具体内涵包括立法工作经验的交流、立法信息交流、立法技术的统一与共享、法规条文的借鉴等方面。而立法行为的协作，有关立法机关之间实际行使立法权活动的协作，主要是确保不同立法主体之间所制定的法律规范相协调，提高立法效益、推进法制统一，故具体内涵包括法规草案起草的协作、各地之间相互冲突的法律规范的协调解决等等。[1] 这一观点还被学者引用来证明立法协作的内容。[2] 在笔者看来，这样的区分是没有必要的。该学者也注意到立法工作协作与立法权行使协作往往是结合在一起的。立法是一系列活动的集合，包括立项、起草、审议、报请批准与公布等众多程序，而这些程序的顺利进行离不开立法工作，因而说地方立法工作与地方立法权行使是结合在一起的。而地方联合立法是两个或两个以上具有地方立法权的主体，按照一定的程序，共同制定地方性法规的活动，因而既包括地方立法工作的联合也包括地方立法权行使的联合。以实践为例，从2015年京津冀三地人大常委联合发布的《关于加强京津冀人大协同立法的若干意见》中就可以看出，其地方联合立法涵盖立法动态通报、立法规划协调对接、重大项目联合攻关立法、立法协调例会、法规清理协同

---

[1] 参见丁祖年：《关于我国地区间立法协作问题的几点思考》，载《人大研究》2008年第1期。
[2] 参见陈光：《论我国区域立法协调的必要性与可行性》，载《齐齐哈尔大学（哲学社会科学版）》2009年第9期。

等方面。这不仅包括立法工作的合作也包括立法权行使的合作。

第二,地方联合立法是否需要建构一个区域机构?

有关地方联合立法的协作方式学术界形成了两种基本的观点,一是机制决定论,二是机构重要论。机制决定论建议各主体之间经常性的协商,完善市场规范、诚信体系、标准体系和信息互通机制等;机构重要论建议组建一个权威性、指导性、有效的高一级的协调机构。针对这两个观点,叶依广认为"机制与机构不可或缺,机构先行、健全机制。"[①]王春业持机构重要论,主张组成区域行政立法委员会,作为区域行政立法机构,制定能适用于各行政区划的统一的区域行政立法。[②]陈光的观点则是以机制决定论为主辅以机构重要论,在建构区域立法协调机制的同时设立一个区域立法协调委员会,以承载区域立法协调机制但暂不赋予其立法权,时机成熟后再成立区域立法机构。[③]

然而,由于时机不够成熟以及缺乏相应的权限等因素的限制,之前的协调机构都最终默默退出历史舞台。而最近兴起的京津冀联合立法,并没有提及建立相应的区域立法机构,而是试图构建相关联合立法的保障机制,如建立京津冀三地立法信息库、探索建立交叉备份审查制度、探索建立联合拟法机制等。之所以发生如此改变的原因,其实是2015年《立法法》修改前,由于进行立法合作的主体中还有一部分不享有地方立法权,比如一些非省会市、非较大的市等参与了地方联合立法。因此,需要建立一个区域性机构,以专门出台区域性的地方性法规。而《立法法》修改后,赋予了设区的市地方立法权,因此如果想进行地方联合立法的话,各立法主体都是拥有立法权的。故而,可以独自进行磋商,而不需要一个区域立法机构作为载体。另外,在新背景下,地方联合立法的需求增多,联合立法的现象也会慢慢变多,这时若是再建立相应的协调机构,这样的协调机构会过多,有膨胀的危险。还有,建立协调机构,赋予区域性机构立法权,这就相当于另外再增加了一层立法体制,这将改变我国的立法体制,并且现有的《立法法》并不能为此提供有力依据,因而得需要修改《立法法》,而这是不现实的。故此,应只建构相应的联合立法机制,地方联合立法时运用这些机制,而联合立法完成时则恢复各自独立。

至于地方性法规的通过方式,笔者认为应该是由各地方联合立法主体各自依程序表决通过,当然若是一方未通过,则该次地方联合立法失败。若只是因地方立法重复、地方立法趋同化等而进行的地方联合立法,那么就算只有一方通过,其通过的地方性法规还是在本区域内发生效力。但如果地方联合立法涉及联合主体间的事项,则需要每一个地方联合立法主体通过才有效。

---

① 叶依广:《长三角政府协调:关于机制与机构的争论及对策》,载《现代经济探讨》2004年第7期。
② 参见王春业:《区域行政立法模式研究——以区域经济一体化为背景》,法律出版社2009年版,第2页。
③ 参见陈光:《论区域立法协调委员会的设立与运行——兼评王春业〈区域行政立法模式研究〉》,载《武汉科技大学学报(社会科学版)》2012年第2期。

四、地方联合立法的可能路径

地方联合立法具有合法合理可行性，在此基础上，探寻其可能的实践进路，主要可以分为跨域公共治理模式与区域发展保护模式两类。

第一，跨域公共治理模式。当前的地方联合立法实践，主要是在省一级地方立法主体间进行。如引发广泛关注的长三角三省一市的地方联合立法，是在江苏省、浙江省、安徽省、上海市等省级行政区中进行，其首次地方联合立法实践所针对的是大气污染联防联控，而后其在2018年签署了《关于深化长三角地区人大常委会地方立法工作协同的协议》，明确了在规划、环保、产业、营商环境等领域进行联合立法。其2019年地方联合立法的正式项目针对的是大型科技仪器设施共享，预备项目为质量促进立法以及铁路安全管理立法。再比如，京津冀之间的地方联合立法，是在北京市、天津市、河北省等省级行政区中进行，现已针对大气污染防治、水污染防治、湿地保护、科技成果转化、道路运输等领域开展了地方联合立法。从上述地方联合立法实践可推断，省一级地方联合立法一般集中于跨域公共治理领域。究其原因，可能是因为上述问题的区域性与公共性往往超出了省这一单一的行政区域，成了跨越省级区划的公共问题，需要数个省之间协力解决；另外，也许是经济市场化与区域一体化的影响，促使跨域公共治理成了形势之需求，因而出现自生自发的或主动选择的各省联合立法。当然，市一级地方联合立法也可能存在上述跨域公共治理模式，比如湖南湘西土家族苗族自治州与恩施土家族苗族自治州为保护酉水河就进行了立法合作。

第二，区域发展保护模式。《立法法》修改，带来了市一级地方立法主体的急剧扩容，同时也将其立法权限范围限缩于城乡建设与管理、环境保护、历史文化保护等方面，最终造成的局面是地方性法规数量急速增长，而地方立法重复与地方立法趋同的现象也随之增多。比如，截至2019年1月1日，新增的享有地方立法权的市制定的有关市容和环境卫生的地方性法规数量，就全国范围来说一共有67部，就各省来说，其中河南省有13部，浙江省有7部。由此可以看出，制定市容和环境卫生的新增的享有地方立法权的市既存在同一省的几个市制定了相关地方性法规的情形，又存在不同省的几个市制定了相关地方性法规的情形。而为缓解地方立法重复以及地方立法趋同现象的出现，可以进行地方联合立法，方式相应则有同一省的市之间的联合立法，可能的话还可以进行不同省的市之间的联合立法。而这一类型的地方联合立法主要目的并不是为了公共事务的处理，与上述跨域公共治理模式的地方联合立法存在一定区别，笔者称之为区域发展保护模式。

区域发展保护模式的地方联合立法还表现为以下情形：我们知道，相邻的两个或几个市地理环境、人文传统等方面往往比较接近或相差较少，比如，按照地理环境，以福建省为例，可以分为闽东、闽南、闽西、闽北、闽中五个行政区，而按照人文传统，以安徽省为例，可以分为徽文化、淮河文化、庐州文化、皖江文化四大文化圈。也就是说福建省的这五个行政区域、安徽省的这四个文化圈，各自所包含的几个市的差异性小，这也就为其地方联合立法提供了前提条件。另外，法律作为一种地方性知识，与风土人情紧密相关，因而立法也不得不关注每个地方的惯例习俗等。"法律渊源不仅包括立法者的意志，而且也包括公众的理性和良心，以及他们的习俗和惯例。"① 也就是说，法不仅包括立法之法，还包括民间法等。而在上述福建省五大行政区或安徽省四大文化圈内，自生自发的共同性的民间秩序与规则也不在少数，因此，在《立法法》授权的三大方面，尤其是历史文化保护方面，无疑可以进行地方联合立法。这也要求我们在地方立法重复与地方立法趋同现象愈发严重的当今，重视民间法这一宝贵的立法资源，以此为切入点深入挖掘地方立法特色，通过地方联合立法的方式肯定和整合传统民间法治资源。

The Rediscuss on Local Joint Legislation

Wu Yujiao

Abstract: Local joint legislation is a proper appellation, since the extension of local regional legislation is too broad, and the extension of Local legislative cooperation is too narrow. The discussion of local joint legislation began in the 1990s. The local joint legislation has gone through the mode from the local government to the local people's Congress. It becomes more and more standardized. With the revision of the "legislative law", the similar of local legislation and the repeated of local legislation are increasing, and the demand for local joint legislation is becoming necessary. Under this background, the purpose, the subject, the form and foundation of the local joint legislation all have changed, and the basis of its legitimate and legitimacy have also been enhanced. Meanwhile, the relevant difficulties have also been solved. The possible path of local joint legislation, it can be roughly divided into two types: the mode of cross regional public governance and the mode of regional development and protection. The latter also requires attention to the resources of civil law. In a word, the local joint legislation faces opportunities and challenges.

Key words: local legislation, local joint legislation, local regional legislation, legislative collaboration, legislative coordination

（编辑：郑志泽）

---

① ［美］伯尔曼：《法律与革命》，贺卫方译，中国大百科全书出版社1993年版，第13页。

论习惯的规范价值*

周俊光**

摘 要 价值是习惯理论的重要部分，习惯的规范价值所指即是作为客体的习惯，之于主体需求的满足可能及实现途径。习惯的规范价值主要包括秩序、自由、正义。就秩序而言，习惯主要通过内部的义务性规则保障秩序得到实现，通过习惯的秩序主要呈现为一种"自生自发"的秩序形态。就自由而言，习惯主要通过内部的权利性规则保障自由得到实现，通过习惯的自由主要呈现为一种"消极"的自由形态。作为"价值的价值"，正义的存在使得关于习惯的价值分析能够超越习惯本身，返回到对习惯存在本身的合理性追问上去，这是正义之于习惯的最大价值之所在。

关键词 习惯 习惯法 价值 规范价值

引 论

《中华人民共和国民法典》第10条规定："处理民事纠纷，应当依照法律；法律没有规定的，可以适用习惯。"赋予习惯以正式法源地位，对习惯的规范理论提出新的要求。这其中，习惯的价值分析显得尤为重要。[①] 目前，针对习惯的价值分析主要依据两种思路展开：其一，在具体习惯的研究过程中涉及价值，其目光大多聚焦于特定具体习惯的价值

---

* 本文系湖南省社会科学基金青年项目"湘西苗、侗少数民族民间文学的法文化研究"（项目编号：19YBQ069）的阶段性成果。

** 周俊光，法学博士，湖南师范大学法学院讲师。

① 参见谢晖：《论司法对法律漏洞的习惯救济——以"可以适用习惯"为基础》，载《中南大学学报（哲学社会科学版）》2020年第1期。

内容、价值取向，或者其与国家法之间的价值冲突和价值协调等；① 其二，在习惯的法律适用——特别是司法适用中涉及价值，其目光大多聚焦于习惯之于当代中国法律实践的可能价值目标及其实现，如规范司法裁量权、实现有效社会治理、维护法律权威等。② 可以看到，如上两种分析进路固然有助于加深对于习惯价值的认知理解，但缺陷亦较为明显，即未能从一种整体和宏观的视角把握习惯价值，特别是习惯本身之为一类社会规则的规范价值，如，习惯本身的价值目标应当如何理解？其之于法治语境中的价值定位和价值实现又当如何具体操作？对这些问题的关注不足，无疑会影响习惯理论——特别是基础理论本身所必要的学理深度和学术构造。

基于此，本文拟从习惯的一般理论出发，探寻习惯之为一类社会规则的价值内涵及其规范构造，以求充实习惯理论的价值目标和价值内容。从学理上看，作为一类行为规范的习惯，本身即是特定主体需求的实践产物。结合主体需求的两方面内容，即人的自我实现需求与人的社会认可需求及其二者间的互动平衡，可将习惯的普遍价值目标确定为自由、秩序及其正义。具体来讲，自由指向人的自我实现需求，是主体关于自身自由认知与自由判断的价值表达；秩序指向人的社会认可需求，是他人/外界之于主体物质存在与精神存在的价值确认。无论人的自我实现需求或者人的社会认可需求，其中一方的扩张必然意味着对另一方的压制，实践中，要么造成自由对秩序的压制——这种压制的最终结果就是无序；要么造成秩序对自由的压制——这种压制的最终结果就是死序。③ 唯有在主体需求的双方处于一种均势的和谐状态之时，主体之于个人/群体层面的行为实践才有可能被认为是必要与合理的——而这种必要与合理，之于价值层面的表达即是"正义"，也正是在这个意义上，正义可以被认为是自由与秩序间的一种和谐状态。

综上，对习惯价值的规范分析，将围绕秩序、自由、以及正义三类价值具体展开。

一、习惯的秩序价值

（一）秩序与习惯

所谓秩序，从概念上讲是指自然界或人类社会中存在的一种稳定存续和有规律运动的事实状态，这种事实状态以其内在的稳定性、一致性、持续性而为主体行动提供了必要的

---

① 参见高其才：《习惯法在中华法文化中的地位和价值》，载《中国检察官》2020年第1期；钱锦宇：《善治视域下民间规范的价值定位和正当性基础——以地方立法权扩容为基点的分析》，载《湖湘论坛》2018年第1期；南杰·隆英强、徐晓光：《藏族谚语的习惯法文化价值》，载《原生态民族文化学刊》2018年第4期等。

② 参见赵鹏举：《民间法在司法适用中的价值考量——基于"公序良俗"的分析》，载《湖南科学院学报》2019年第2期；张建：《民间法的功能展开与规范分析方法》，载谢晖、陈金钊主编：《民间法》（第13卷）厦门大学出版社2014年版，第340页；张晓萍：《民间法司法运用的价值》，载《湖南公安高等专科学校学报》2010年第3期等。

③ 关于主体需求的相关分析，详可参见谢晖：《法学范畴的矛盾辩思》，法律出版社2017年版，第147-151页。

预期参考。① 秩序之于人类存在和发展的重要意义毋庸讳言：其一，人类存在的前提即是秩序。"物以类聚、人以群分。"人的存在总是一种类的存在，没有类，孤立的个人不可能存在，即便存在了，也无法长久地生存下去。一方面，人的共时存在要求人们以合作的形式进行实践，在这种合作中就必然生成和存在秩序。例如，原始人的狩猎活动，即需要通过群体的协作才有可能捕获猎物，因之，在狩猎过程中，原始人就必须要遵守一定的狩猎秩序，捕猎才能成功。另一方面，人的历时性存在要求人以类的形式繁衍生息，而由这种繁衍生息所形成的诸种关系——包括男女的婚姻关系、父母与子女的血缘关系、长辈与晚辈的亲缘关系等无不是以特定的秩序作为前提。没有秩序，则人类的生存、繁衍皆无可能。其二，人的发展也离不开秩序。恰如秩序对于人类存在的重要性一样，人的发展也离不开秩序。人的发展需要一定的社会条件，这些条件中就包括秩序的形成和维系。因为只有秩序的存在，人的生产生活才具有稳定和常态的保障，人才有可能实现自我发展。"历史一再证明，稳定有序的社会有利于社会的发展。"② 而混乱的社会状态中不存在秩序，其不仅不利于人的发展，甚至有可能对人的存在造成毁灭性的后果，两次世界大战以及文化大革命中因为秩序缺失而对个人存在与发展所造成的恶果即是明证。

落实到习惯，习惯存在的首要目的就是为了构建或维系特定的秩序状态。无论任何国家/群体、任何时代，人们之所以需要习惯，最基本、最首要的目的，就是为了构建或维系一定的秩序状态。习惯作为一种人造之物，一经完成即构成一种独立于人的客观存在。而人之所以愿意接受习惯的"安排"和"指挥"，非在于习惯构成一种高于主体或是自然的存在，毋宁是习惯中蕴含有人们关于秩序的特定需求，并且人们通过习惯的实践可以达成某一特定的秩序状态。换言之，习惯之于秩序的构建与维系具有良好的功能作用。假如习惯不能满足人们关于秩序的主体需求，那么，习惯就不会生成，即便已经存在的习惯也会很快为人们所抛弃。

（二）秩序与习惯义务

从学理上看，作为价值的秩序只是一种应然的价值目标，但就习惯而言，这种应然的

---

① 如英国经济学家、法学家哈耶克将秩序理解为是一种可预期的事实状态，他采用一种描述的方法来对秩序进行定义："所谓'秩序'，我们将一以贯之地意指这样一种事态，其间，无数且各种各样的要素之间的相互关系是极为密切的，所以我们可以从我们对整体中的某个空间部分或某个时间部分所作的了解中学会对其余部分作出正确的预期，或者至少是学会作出颇有希望被证明为正确的预期。"（[英] 弗里德利希·冯·哈耶克：《法律、立法与自由》，邓正来、张守东、李静冰译，中国大百科全书出版社2000年版，第54页）美国法学家博登海默则将秩序理解为是事态进程中所呈现出的一致性、连续性和确定性状态。他从正反两个方面界定秩序，其指出，秩序"意指在自然进程和社会进程中都存在着某种程度的一致性、连续性和确定性。另一方面，无序概念则表明存在着断裂（或非连续性）和无规则性的现象，亦即缺乏智识所及的模式——这表现为从一个事态到另一个事态的不可预测的突变情形。"（[美] 博登海默：《法理学：法律哲学与法律方法》，邓正来译，中国政法大学出版社2004年版，第227－228页）。

② 卓泽渊：《法的价值论》（第三版），法律出版社2018年版，第338页。

价值目标便意味着一种实际的主体需求,也因之,习惯必须以其内容来表达主体的这种需求,如此习惯才可称之为是主体与秩序价值关系中的客体性存在。在习惯中,记载和表达有秩序性内容的,主要是习惯的义务性规则,即习惯义务,而通过行为人对习惯义务的遵守与服从,一种基于习惯义务而来的秩序也就得到实践。换言之,习惯义务构成秩序之于习惯的具体操作路径。

"义务是人类秩序需求的法律规则。"① 谢晖先生关于法律义务与秩序关系的这一论断同样适用于习惯义务。习惯义务之于秩序的操作可能,从学理上看是由义务的本质特征所决定的。义务的本质特征在于其必为/不为性和强制性。一方面,义务的必为/不为性意味着,对于义务所要求的为或不为,主体只能按照义务的具体规定去做;另一方面,义务的强制性意味着,一旦主体违反义务的要求,那么,就会遭致来自外界的更深层次的义务——责任,没有责任的强制,义务不过是"一把不燃烧的火,一缕不发亮的光"。义务的特征及其功能发挥,其结果就是秩序的达成。这种达成不仅意味着秩序的实现,同时也意味着秩序的维系。秩序是指人类处于稳定和有条理的状态,是人类秩序需求的外在表现和结果。之于习惯而言,当其内含的习惯义务得到行为人良好的遵守和服从时,就必然意味着一种秩序状态的客观存在。否则,秩序便荡然无存。如按纳西族摩梭人的"走婚"习惯来看,当人们遵守它时,泸沽湖地区的婚姻生态即呈现出井然有序的秩序状态,而当主体违背它时,婚姻丧失、人伦混乱,甚至可能因此殃及生命等无序现象便是在所难免的。

就习惯义务之于秩序的操作路径,包括以下三类。

首先,通过习惯义务创生秩序。是指某一秩序状态的形成,乃是直接根据习惯义务产生的。为什么习惯义务能够创生秩序?这是因为对于习惯义务的主体而言,习惯义务是必须的,这不仅是习惯义务、同时更是任何义务的本质特征。这一特征表明,义务人只能朝着习惯义务所明确的那一个——而不是多个——方向前进:"义务的必行性使社会秩序有了形成的真正手段,因为秩序的最终目标是使作为群体存在的人的和谐。……所以,当主体履行作为或不作为的义务时,同时创造者与他人心理和行为相契合的条件,创造着自己存在和行为的价值被社会认可的条件,创造和维系着人类的秩序。"② 当然,与法律义务之于秩序的创生主要指向政治秩序不同,习惯义务之于秩序的创生则主要指向与民众日常生活和社会交往紧密相关的那些秩序,可称之为生活秩序。倘若没有这些生活秩序,民众的日常生活就有可能陷入失序和混乱的境地。以原始人的秩序为例。魏治勋指出,基于人类生存和繁衍需求而产生的关于食物和性的禁忌,构成了最早意义上的习惯义务,而原始人通过对这种习惯义务的遵守,不仅实现了自身的存续和后代的繁衍,更是进一步导生出了以对特定事物之崇拜和特定性行为之禁止为主要内容的图腾秩序——之于原始人而言,

---

① 谢晖:《法律信仰的理念和基础》,法律出版社2019年版,第144页。
② 谢晖:《法律信仰的理念和基础》,法律出版社2019年版,第145页。

这种图腾秩序构成他们生产生活的基本指南：对图腾的供奉会导致原始宗教意识的产生，而基于图腾内成员关系的性禁忌则构成外婚制的最初雏形。习惯义务最初是通过设定明确的禁止性规范而为主体构建起一种带有秩序效果的社会关系，而后，习惯义务的进一步发展（即必为性规范的出现）则为原始人社会秩序的真正形成创造了条件。[①]

其次，通过习惯义务确认秩序。是指习惯义务对已有秩序的认可。在现实世界中，习惯总是随着人们对秩序要求的变化而变化，一般来说，当民众提出某种新的秩序需求时，这一需求便创生着新的秩序。所以，当某一新的习惯的出现，往往意味着民众在秩序需求下对新生秩序的认可。人类社会总是处在不断的发展之中，而伴随社会发展而来的，便是不断产生的新的社会活动和社会关系，由此，社会秩序也总是处在不断地创造和发展过程之中。习惯义务对秩序的确认，不仅指向那些源于传统实践而来"旧"秩序，同时也指向那些因应新形势发展而产生的"新"秩序。之于那些法律义务尚未及时确认，或是不便确认的秩序领域，通过习惯义务的确认即显得尤为必要。甚至之于某些民族或特定地区而言，通过习惯义务确认秩序，是秩序获得效力的主要途径。以黔东南"款约"为例。"款约"是侗族村寨用以规范村寨内部、寨与寨之间生产生活关系的习惯规则，其中即含有大量关于诸如禁止偷盗、抢劫；禁止重利盘剥；禁止敲诈勒索；禁止越界开荒和抢占山场等的义务性要求，以秩序视角观之，这些规定无一不是对侗族日常生产生活所需之良好秩序的义务保障。并且，为了督促"款众"（村民）认真遵守和谨记款约，同时也为因应村寨生产生活中遇到的新情况、新办法，村寨每年都需要"在规定的时间统一集中在'款坪'或是'款场'宣讲或增修款约，款众便以此为誓，不折不扣地遵守、执行"。[②]

再次，通过习惯义务保障秩序。是指通过习惯义务的强制、表彰等手段来对秩序进行维护。之于人类实践的普遍状况而言，一定数量和程度的"越轨行为"总是在所难免。从义务视角看，"越轨行为"就是行为人对义务要求的行为背反。也因之，当面对"越轨行为"时，义务必须通过更深层次的义务——即责任——来对这种"越轨行为"进行制裁，从而恢复秩序的正常状态。与法律义务相类似，习惯义务对秩序的保障方式也主要是通过：（1）强制，即以强制手段对已经出现的"越轨行为"进行矫正或排除；（2）表彰，即对遵守或维护义务的行为人予以物质或精神上的奖励；（3）默许，即对义务未加以规定的行为予以默示的承认的方式来实现。不过，与法律义务所规定之强制、表彰手段在内容、方式上的标准化和程序化相区别，习惯义务的强制、表彰手段则体现出更为明显的传统特征，这是因为习惯义务在很大程度上是对民众生活传统的记载与宣示，因之，那些被证明是在传统中有效的处理办法——包括像骂街、哭闹这样的办法，都可成为习惯义务被违反后的具体救济方式。

[①] 参见魏治勋：《禁止性法律规范的概念》，山东人民出版社2008年版，第126~157页。
[②] 徐晓光：《原生的法：黔东南苗族侗族地区的法人类学调查》，中国政法大学出版社2010年版，第110页。

(三) 通过习惯的自发秩序

通过习惯而成的秩序，与通过法律、道德、宗教规范而成的秩序类型，在本身的属性和内容方面，当然存在一定的差异。这既缘于秩序本身的多元化、多样化，也缘于习惯本身的俗成性、群体性和具象性。① 通过习惯而成的秩序，主要是一种哈耶克意义上的"自生自发秩序"，② 这种秩序以主体实践为基础，呈现出主体在其日常生活和社会交往中的一种并非有意建构、但又切实存在的事实状态。与法律秩序相比较，这种通过习惯而成的自生自发秩序具有如下三方面特征。

首先，自发性。自发性说的是，自生自发秩序乃是主体在社会生活中逐步构建起来的，其与法律秩序的创制性特征形成鲜明对照。作为立法者理性思维的产物，法律秩序从其生成到实现都带有浓郁的理性建构色彩。也因之，为立法者所创制的这种法律秩序，极有可能仅是立法者的纯粹理性推演，或是单纯美好愿望，并不符合当时社会的现实需要，也不具备落实操作的社会土壤，更有甚者，还有可能同社会中已有的其他秩序发生冲突，甚至对这些秩序造成破坏。这个时候，不但法律秩序沦为空谈，甚至其他社会秩序都将成为陪葬。典型者如，美国20世纪初曾因酗酒引发的种种社会问题而以《宪法》修正案的形式发布"禁酒令"，意图在全国范围内清除酒患。结果，这种违背民众现实需求的法律规定立即引发巨大的社会反弹。不仅立法者期望的"禁酒秩序"无从谈起，甚至还导致美国私酿成风，走私横行，造成了不少新的社会问题。③ 与之相类似，我国20世纪末也曾立法禁止在城市燃放烟花爆竹，结果，这种违背传统民俗的法律规定总是遭到民众乐此不疲的"知法犯法"，不仅预期中安全秩序沦为笑柄，甚至造成公共资源的大量浪费。相较于法律秩序，自生自发秩序在这个时候体现出的优势就在于：之于任意存在于其中的主体而言，他对自生自发秩序的认同和维护都是发自内心的，因为这就是他生活经验的总结。

其次，具象性。具象性是说，通过习惯而成的自生自发秩序主要关涉民众的日常生活和社会交往，是民众生活利益的具体反映。其与法律秩序的宏观性特征形成鲜明对照。一般来说，法律秩序会因法律本身的宏大叙事而呈现出在指涉事项上的宏观特征。法律秩序从内容上看主要包括政治秩序、经济秩序、文化秩序等。其实际上既不可能、也无必要对民众日常生活和社会交往中的具体生活需求作出体察入微的细致安排。相较而言，由于习惯本身就是主体日常生活和社会交往的经验总结，因之，通过习惯而成的自生自发秩序通常也与主体的日常生活和社会交往紧密相关，并进而呈现出事态上的具象特征。以黔东南

---

① 参见周俊光：《论民间规范义务——一种民间法哲学视角》，载《法学论坛》2018年第6期。
② 参见［英］弗里德利希·冯·哈耶克：《法律、立法与自由》，邓正来、张守东、李静冰译，中国大百科全书出版社2000年版，第52～54页。
③ 参见王晓光：《美国宪法禁酒令的立与废——兼谈美国进步主义时期的法制变迁》，载《法制与社会发展》2011年第6期。

苗族侗族村寨为例，其自生自发秩序的具体内容即包括有：村寨的生产秩序（如"田边地角"的收割习惯）、生活秩序（如村寨用水、防火习惯）、邻里关系秩序、以及家族亲属秩序等等。① 实际上，正是由于这些具象秩序的存在，那种更高层次的整体和宏观意义上的自生自发秩序才得以真正可能。也正是在这个意义上，哈耶克才强调，"就这种自生自发的秩序而言，我们所能知道的且能够施以影响的只是它的抽象方面。"②

最后，自力性。自力性是说，当自生自发秩序受到冲击或破坏时，对其的救济通常是由民众自力完成，这与法律秩序的公力性特征形成鲜明对照。"法律规范的必要强制性是法律秩序的内在保障机制。"③ 当法律秩序受到外界的冲击或是破坏之时，通常是以公权力作为其补救的强制力来源。根据法律秩序的受冲击/破坏情况，公权力可分别以其行政、司法手段对其进行救济。通过公权力的救济，固然会因公权力本身的强制属性而具有较好的救济效果，但反过来看，通过公权力的救济同样会因公权力本身的程序属性而呈现出相当程度上的正式、繁琐、复杂，以及较高的成本问题。相较于法律秩序，对自生自发秩序的破坏救济则主要依赖民众的自力行为。为了恢复之于民众而言贴身相关的秩序状态，民众通常倾向于选择最直接、最经济、最快捷的补救方法来对秩序进行补救。这些补救方法看上去或许没有行政调解、司法裁决那样权威、正式，但它们一定是之于主体而言最有效的——在实践中，诸如骂街、吵架这类的交涉都有可能构成自生自发秩序的实际救济方式。④ 至于救济成本，毫无疑问远远低于补救法律秩序的相应支出。

二、习惯的自由价值

（一）自由的价值分析

"没有一种最低限度的自由，人就无法生存，这正如没有最低限度的安全、正义和食物，人便不能生存一样。"⑤ 从概念上讲，自由所指乃是主体在理性指导下，基于客观规律或特定规范而成的，关于其思想与行为的一种任意。这种任意本质上是主体面对外在事物或事态时，根据自身意愿而享有的一种选择可能。关于自由的价值性问题，可从以下三个方面得到说明。

首先，自由是人的一种本性诉求。作为主体的人，总是有通过自身行为表达自身的强烈需求，而这种需求的人性表达即是自由。这种需求可从人的独立存在中找到答案。具体

---

① 参见徐晓光：《原生的法：黔东南苗族侗族地区的法人类学调查》，中国政法大学出版社2010年版，第200-230页。
② [英] 弗里德利希·冯·哈耶克：《法律、立法与自由》，邓正来、张守东、李静冰译，中国大百科全书出版社2000年版，第62页。
③ 谢晖：《论法律秩序》，载《山东大学学报（哲学社会科学版）》2001年第4期。
④ 参见徐昕：《私力救济的性质》，载《河北法学》2007年第7期。
⑤ [美] 博登海默：《法理学：法律哲学与法律方法》，邓正来译，中国政法大学出版社2004年版，第300-301页。

来讲，第一，个体意识的独立形态要求主体有自由。尽管意识在整体上有所谓人类共同意识的提法，不过，具体到每个人而言，却是人人各异的，意识的基本存在样式肯定是独立的。一个普遍的经验就是，"以他人意志作为自己行动的指南，无异于一匹调教较好地马对于主人意志的执行，没有任何能动性和创造性。"第二，个体形体的独立性亦要求个体有自由。"如果说意志独立性支配是个体行为的发动机的话，那么，形体独立性则是行为的本身。当一个头脑支配多个形体时，必然会产生各方面的不协调。"① 自由作为一种事实所指向的，是一种要求主体意志自由和行为自由的客观状态，也因之，自由以对主体个体属性的保障可能，而构成人的一种本性诉求。

其次，自由是人的潜在能力的外在化。"每个人都是由亿万个细胞组成的，每个人又都是人类文化基因的宝库。人的生理和心理蕴藏着巨大的、至今无法估量的发展潜能。这种潜能只有在自由的环境下才能得到最大限度的发挥和实现。"② 诚如所言，作为主体的人一旦存在，就拥有着无限的潜在能力。但是，这种潜力能否得到发挥，其外在的影响与制约是多方面的。人如果能享有自由，排除影响和制约其潜能发挥的不利因素，人的潜能就可以得到发挥，外化成为对人有利的一切积极力量。"人有了自由，在主观上就会精神振奋，激发智慧，努力使自己的智力和体力得到全面而充分的发挥；在客观上，影响和制约其能力发挥的否定性因素就会大大减小甚至消失……人的潜能的发挥程度标志着人的自由的享有状况。"③

再次，自由是社会发展的基本动力。建立在个人自由基础之上的社会，必然是一个充满朝气蓬勃、生机盎然的自由社会。在这样的自由社会中，人们可以根据自己的兴趣爱好，任意发现、追求、创造一切新的、美的、善的知识和事物，让自己的生活变得更加美好。而当这种积累达到一定的程度，社会便可实现由量变到质变的飞跃式发展。实际上，正是通过人的解放，通过人的自由，文艺复兴和宗教改革后的西方社会才迅速迸发出如此剧烈的智慧火花，成为引领整个人类社会发展的风向标。而人类社会的发展史，也是一部从必然王国走向自由王国的发展史，马克思和恩格斯描绘的人类社会愿景就是一个自由人的联合体。也正是在这个意义上，自由才构成社会发展的基本动力。

(二) 自由与习惯权利

作为一类源于实践的规范类型，习惯天然地与自由相勾连。如果说，法律对于自由的记载主要是被动意义上的记载，那么，习惯对于自由的记载则更多体现为主动意义上的记载。这是因为习惯本身就是民众日常生活和社会交往的经验总结和规范表达，民众的生活本身就蕴含着自由的无限可能。抹煞自由，完全强制的习惯不仅从习惯的生发上看无法理

---

① 谢晖：《法律信仰的理念和基础》，法律出版社2019年版，第149页。
② 胡平仁：《法理学》，中南大学出版社2016年版，第116页。
③ 卓泽渊：《法的价值论》（第三版），法律出版社2018年版，第228页。

解，即便这种习惯存在也很难得到人们长久的认同与服从。

就自由之于习惯的具体操作路径而言，在习惯中，记载和表达有主体自由性需求的主要是习惯的权利性规则，即习惯权利。而通过行为人对习惯权利的主张与实践，一种基于习惯权利的自由就可得到实现。具体来讲，权利的本质特征在于其选择性和放任性，这就意味着凡是在权利范畴内的事，主体可以这样做，也可以那样做，还可以选择不做。如选举权，选民可以选择候选人，也可以选择自己或其他人，甚至还可以选择放弃选举。这就意味着，对于主体而言，权利的具体规定只是提供给主体以选择自由的可能性，至于主体怎样选择，则是由主体的自由意志所决定，权利本身并不强制加以要求。实际上，主体对于某事有多大选择性，也就意味着有多大权利，主体选择范围的大小完全与权利的大小成正比。而选择既意味着自由，当主体有了选择的资格与条件，则表明其自由有了发挥的场所；当主体丧失了选择的资格与条件，则自由亦便消失："权利的特征使主体的行为可以自由地趋于肯定行为或否定行为两极，而自由的最大值，正是使主体在是和否之间做无所制约的或任意的选择。对人类任意的扼息和选择的禁止正是自由普遍丧失的源头。"[1]

从某种意义上说，自由是"一个美丽但又空洞的"概念。理由在于，自由所指向的主要是主体的一种任意状态。因之，生活在自由状态中的人们，往往会因为自身的任意与舒适而忽略对自由的直观感受，即将自由当作是和呼吸一样自然而然的东西。也因之，一方面，对自由的确切描绘是极为困难的，因为任何人都不可能切实理解社会中所有人的所有自由，对自由的理解只能是一种类似于憧憬的理想描绘；另一方面，自由往往是在人们遭遇到来自外界的强制或是侵害时才能凸显出来，对自由的讴歌往往是因为不自由的现实境况。换言之，人们在谈论自由的时候，往往是因为他们不自由，人们在讴歌自由的时候，往往是因为他们已经失去了自由。当一种习惯权利被明确提出，即意味着主体有可能已经遭遇了针对其某一自由状态的强制或是侵害，习惯权利在这个时候是被主体当作自由的武器在进行使用。换言之，习惯权利的主张即等同于是主体对自由的呐喊与呼唤。现实语境中，习惯权利的主张（亦即现实语境中某一具体自由的实践）通常在以下两种情况中产生。

首先，自由遭遇到来自国家或是社会的权力强制，导致主体处于一种不自由的状态当中。"任何拥有权力的人，都容易滥用权力，这是万古不易的一条经验。有权力的人们使用权力一直到有界限的地方才休止。"[2] 无论国家权力还是社会权力，一旦形成便有往外扩张的冲动本能。实际上，权力对自由的强制是其作用过程中的一种必然，即只要权力活跃的地方，就必然造成对自由的侵犯。也因之，如何平衡权力与自由间的关系问题一直困扰古往今来的思想家们。就实践层面看，当国家权力或是社会权力侵入其原本并未涉足或

---

[1] 谢晖：《法律信仰的理念和基础》，法律出版社2019年版，第143页。
[2] ［法］孟德斯鸠：《论法的精神》，张雁深译，商务印书馆1963年版，第76页。

是不应涉足的领域，那么，它就构成了对原本这个领域内主体的一种事实上的强制状态。这个时候（无论法律是否已有相应的权利规定），主体都有可能以习惯权利的方式，将其自由予以规范化的表达和主张，从而要求获得救济或是补偿。之于实践层面看，自由通过习惯权利来对抗权力强制的例子在历史上屡见不鲜。①

其次，自由遭遇到来自其他主体的自由侵犯时，导致主体处于一种不自由的状态当中。"自由是人天生就渴望的。没有人真正地不希望自由，那些反对自由的人最多也只是反对别人的自由。而自由的反对者本身，在反对实现自由的同时也实现着自己的自由。"②不仅权力有着天生扩张的本能冲动，作为人的本性诉求的自由亦同样具有向外扩张的天然冲动。缘于人的个体存在与客观世界间的有限对应关系，当某一个体的自由过于扩张时，必然会造成对其他个体的自由的侵犯。也因之，如何平衡自由与自由间的关系同样构成古往今来思想家们思考自由所不能回避的重大议题。③ 就实践层面看，当个体的行为超过其必要限度，那么，这一行为就构成对他人合理空间的一种侵犯。这个时候，无论行为人是否有意，他人都有可能以习惯权利的方式，将其自由予以规范化的表达，从而构成对他人自由侵犯的一种理性对抗。实践中，自由通过习惯权利来对抗自由侵犯的例子在实践中亦不少见。如，2013年关凯元诉孔庆东名誉权一案，关凯元实际上即可以其网名自由属于其习惯权利而提起侵权之诉，从而主张孔庆东对其合理自由的不合理侵害。④ 限于篇幅，于此不再展开具体论述。

（三）通过习惯的消极自由

自由之于习惯而言，不仅可欲而且可能。正如通过习惯的秩序主要构成一种哈耶克意义上的自生自发秩序一样，通过习惯的自由，当然与通过法律的自由、通过道德的自由等其他类型自由有所差异。对通过习惯的自由的属性分析，要求首先厘清自由之于理念上的不同可能，由此才可为通过习惯的自由的属性分析提供学理上的必要支撑。就自由的类型

---

① 如，英国历史学家汤普森于《共有的习惯》中记录的"王权与通行自由"一例，即可很好说明习惯权利是如何作为自由的规范表达而成为自由对抗权力的有效工具。当英王查理通过其王权的行使而将里奇蒙猎园用高墙围起来的时候，这一行为实际上构成了对里奇蒙猎园周围原居民——包括"农场主，而且还有乡绅、商人、零售商贩和工匠"在内的教区居民——的原有生活自由的权力强制。为了对抗这种基于王权强制而来的不自由，原居民们一直以行路权这一习惯权利——即原本居民通过猎园的行走自由——为由发起诉讼："在1753至1758年间的每个夏天，都有一些案件提交给萨里的巡回法庭"。这些通过习惯权利的自由抗争最终在约翰·刘易斯那里获得胜利：人们实际上只需要通过一个梯子就可以享受到原本完全的行走和其他自由内容。于是，在面对法官的判决时，王权的强制只能选择尴尬退场，而将胜利的掌声留给了自由（参见［英］爱德华·汤普森：《共有的习惯》，沈汉、王加丰译，上海人民出版社2002年版，第111－114页）。

② 卓泽渊：《法的价值论》（第三版），法律出版社2018年版，第228页。

③ 正是在这个意义上，英国哲学家约翰·密尔的自由观——"群己边界"才显得尤为可贵。详可参见［英］约翰·密尔：《论自由》，许宝骙译，商务印书馆1959年版，第1－13页。

④ 关于关凯元诉孔庆东案中"网名自由""网名权利"的习惯权利属性分析，详可参见谢晖：《论新型权利生成的习惯基础》，载《法商研究》2015年第1期。

化研究而言，英国哲学家伯林的"消极自由"影响尤大。

所谓"消极自由"，"它回答这个问题：'主体（一个人或人的群体）被允许或必须被允许不受别人干涉地做他有能力做的事、成为他愿意成为的人的那个领域是什么？'"[①] 简单来说就是"不受别人阻止地做出选择的自由"。这是被动的、消极的、防范性的自由，其目的在于防止权力（特别是国家权力）对个人自由的不必要的干涉，进而保留有关于个人行为的"不可剥夺"的自由空间。换言之，所谓"消极自由"的本质，就是主体在面对外在强制时所争取或保留到的自由，亦即在强制状态下仍然保留有某种不受强制的主体任意。之于实践层面而言，这种"消极自由"意味着在个人自由与外界强制之间存有某一特定的合理边界，进而保证主体能够在其自由范围之内任意选择他想做的事，任意选择成为他想成为的人。也因之，"消极自由"必然要求有（1）国家/社会权力在此合理边界之外的克制，从而保留有国家/社会权力强制之外的个人自由的空间；（2）自由本身在此合理边界之内的克制，从而保证自身的自由不会造成对他人自由的侵犯。也因之，"消极自由"总是指向法治，即其需要通过国家或社会中最高等级的规范权威，来为权力与自由本身划定有关于自由的稳定的合理边界，由此才能真正实现对于自由的确认和保护。

通过对"消极自由"的分析，不难发现通过习惯的自由与"消极自由"在理念和实践层面的高度吻合。具体来讲，从理念层面看，通过习惯的自由，本质上是主体在不自由状态下的一种自由呼吁，亦即其是主体在面对来自外界之权力强制或自由侵犯时的一种要求免于强制或去除侵犯的主张或要求，这无疑与"消极自由"所指向之"免于做……"的自由理念相吻合。而从实践层面看，通过习惯的自由，总是以被动触发作为其基本的运作机制，亦即通过习惯的自由，其是作为对不自由状态的"刺激—反应"机制而存在于习惯当中，而这种应激反应的最终目标即在于为主体的个人自由设定必要的合理边界，这同样与"消极自由"所指向之关于个体自由的合理边界的操作路径相吻合。如上两个层面的吻合表明，通过习惯的自由，与伯林意义上的"消极自由"，无论于理念还是实践都是契通的，也因之，可以将通过习惯的自由理解为是"消极自由"在习惯层面的规范表达。

关于这种通过习惯而成的"消极自由"，可从以下两个方面进行理解。

首先，通过习惯的自由，以消极作为根本特征。所谓消极，所指乃是这种自由的存在，并不以权力或是其他自由的存在作为前提。通过习惯的自由之所以具有消极性，其原因正在于该自由本身之于习惯实践者而言构成一种先在意义上的存在，也因之，在该自由成立后的任何外来因素，都将构成对这一自由的实际强制或是侵犯，而非其助益力量。换言之，任意通过习惯的自由，之于习惯的实践者而言，都是其原本就已经拥有和正在享验的心理/行为任意，任意外在因素的介入都只能造成对实践者原有自由体验的干扰或是破坏。值得注意的是，通过习惯的自由的这种消极属性，决定了其之于习惯层面启动的被动

[①] Isaiah Berlin. *Liberty*, Oxford: Oxford University Press, 2002, p. 168.

性。亦即通过习惯的自由,之所以需要通过习惯权利的形式来获得一种关于自由的规范化主张,端在于这种自由已经遭到了外在因素——无论这些外在因素是权力还是其他自由——的不良介入,进而需要获得相应的救济,从而恢复原有的自由状态或是得到补偿。

其次,通过习惯的自由,以生活作为出发点。从广义上看,生活可以涵盖主体存在、发展与超越的一切社会关系,而就狭义来看,则生活主要指向与主体存在——特别是日常性存在——相关联的那部分社会关系。由此,通过习惯的自由,以生活为出发点即是说,该种自由从生发上看主要缘于主体保存和发展自身的基本需要,而从状态上看,这种自由则与主体的日常生活和社会交往紧密关联。也因之,通过习惯的自由,在自由的关涉事项上、在自由的具体内容上,总是呈现出多样化、多元化、具体化的基本特征,即凡是主体有着怎样的生活需求,就会产生出怎样的具体自由。实际上,缘于主体认知能力的不断深化和实践能力的不断加强,人的生活也总以其无限的可能性而让人得以期待。就这一点来看,通过习惯的自由之于人类文明存在与发展的最重要意义即在于,其不仅可以承续那些因传统而来的"旧的"生活自由(如流浪权、祭奠权等),[①] 同时还可表达那些因科技发展、文明进步而来的"新的"生活自由(如网名权等)。

三、习惯的正义价值

(一)正义的概念分析

"正义有着一张普洛透斯(Proteus)似的脸,变幻无常,随时可呈不同形状并具有极不相同的面貌。"[②] 正义之所以会让人产生"普洛透斯"之感,端在于其"并不是一个客观的概念,也不是一个自足的概念"。[③] 说正义不是一个客观的概念,指的是正义是一个主观的评价性范畴,因之,正义总是特定时空、特定群体的正义,这就难免言人人殊;说正义不是一个自足的概念,指的是正义是一个关联性范畴,它总是需要以其他价值作为载体,"正义不能在正义的范围内说明自己,对正义的理解不能孤立地进行,而必须以与其紧密相关的范畴为参照维度",正义"是一种综合价值",[④] 即其是价值的价值。正是因为正义的非自足性,正义才时而为人们所理解为是某种程度上的平等,即那种关于平等的正义观念;[⑤] 时而为人们所理解为是某种状态上的秩序,即那种关于义务/秩序的正义观

---

① 参见谢晖:《流浪权初探——几类不同文明视角下的比较》,载《学术交流》2015年第7期。
② [美]博登海默:《法理学:法律哲学与法律方法》,邓正来译,中国政法大学出版社2004年版,第261页。
③ 胡平仁:《法理学》,中南大学出版社2016年版,第126页。
④ 胡平仁:《法理学》,中南大学出版社2016年版,第126页。
⑤ 参见[古希腊]亚里士多德:《政治学》,吴寿彭译,商务印书馆1997年版,第148页。

念;① 时而为人们所理解为是某种意义上的自由,即那种关于自由的正义观念。② 正是缘于正义概念本身的非客观性和非自足性,在认识或者理解正义时,需要首先明确正义的两个面向。

一方面,正义是一个发展的概念。所谓发展,是说人们对正义的认识总是伴随社会的发展而变化。虽然人类对正义的追求是永恒的,但人类社会不可能存在永恒不变的正义,正义总是伴随时代的发展产生变化。人们在不同的历史情景下对正义的理解当然是有区别的。在原始社会情境下,人对秩序的渴望超过对自由、平等的追求,因之,那个时候的秩序/义务即成为评判正义存在与否的最大标准。而自近代以来,由于商品经济和生产力的发展,人们必然要求打破身份等级制度,实现地位平等,在政治与经济上平等的价值观念必然占据上风,也因之,自由以及伴随自由而来的平等即成为这一时期正义的判准。而在社会主义国家,人们试图消灭收入和财产地位上的差别,其最终目的就是要平等满足人们的需要,经济平等便成为这种社会制度的正义内核:"正义,它的实质就是平等。"③

另一方面,正义是一个多元的概念。作为一个总是处于发展中状态的概念,正义自然不可能是一元的、绝对的,毋宁是一种多元的存在。不同时代、不同地区的人们的价值观念总是存在差异,因之对正义的理解也必然各自不同。"中国人偏重于通过义务来理解正义和实现正义,西方人侧重于通过权利来理解正义和实现正义"。④ 承认正义的多元属性是于习惯语境中理解正义的重要基础。值得注意的是,之于规范间本身存在的差异属性,在不同的规范中,正义亦有可能表现为不同的侧重点。如就现代法律而言,人们大多倾向于将自由、平等、人权等价值理解为是正义的;而在道德规范中,正义之于人们而言更主要的是意味着一种强义务性质上的"善德";至于宗教规范,则将对神的绝对信仰理解为是正义;而在习惯规范中,正义更多体现为一种秩序的存在。

(二) 习惯的正义基础

如果说,自由与秩序乃是人的本质需求在价值层面的理性表达,那么,正义则是对自由与秩序,在价值层面的更高要求。也因之,正义对习惯而言意味着一种必然,即作为一类社会规范的习惯,天然地具有相应的正义基础。而习惯的正义与否,则取决于习惯本身与作为价值评判标准的正义在价值判准上的契合程度。换言之,当习惯所呈现的价值形态符合正义的价值要求,则习惯是正义的;当习惯中的价值形态与正义存在价值上的无涉或是冲突关系时,则习惯有可能被认为是不正义的。

---

① 参见 [古希腊] 柏拉图:《理想国》,郭斌和、张竹明译,商务印书馆1986年版,第154~156页。
② 参见 [德] 康德:《法的形而上学原理》,沈叔平译,商务印书馆1991年版,第50页。
③ [法] 皮埃尔·勒鲁:《论平等》,王允道译,商务印书馆1988年版,第43页。
④ 夏勇:《人权概念起源》,中国政法大学出版社2001年版,第29页。

习惯与正义间的这种关系，既取决于正义作为人的一种主观评判标准之于规范的判准定位，同时也取决于习惯本身作为一类规范之于主体价值实现的可满足性上。这也就是说，习惯与正义的关系，并非如前文习惯与秩序、习惯与自由那般，仅呈现为价值客体（习惯）之于价值主体的一种可能性分析，毋宁是习惯作为一种价值实现，与作为价值的正义间的一种契合可能。下面具体述之。

首先，从正义本身看。正义在一定程度上可以被理解为是特定时空情境中群体关于其生活状态"应当是怎样"的主观认知评价。这种评价不可能仅针对主体社会生活中的某一个价值或是某一类价值，毋宁是必须面对社会生活中客观存在的诸多价值。价值之于现实语境中的这种多元存在，可从价值与主体需求的一一对应上得到说明。具体来讲，从价值之于主体需求的可满足性上看，某一特定价值总是只能满足主体某一方面的特定需求，不存在可同时满足主体多方面需求的价值类型；而从主体需求本身上看，人的主体需求的二元化（即作为主体需求具体构成的人之自我实现需求与人之社会认可需求）决定了其主体需求的多样化，而这种多样化的主体需求必然要求有多样化的价值存在。换言之，现实中的人对价值的需求是多元而非一元的，因之价值的存在也必然是多元而非一元的。这样一来，正义在面对社会中的多个价值时，不可能对所有价值都进行一种价值判断，而是必须对存在于社会中的所有现实价值进行一个选择——从多个价值中选择出某一个价值，并将之理解为是"正义"。这种选择的基础，从根本上说取决于主体在客观条件制约下的最强烈主体需求。

其次，从规范上看。规范作为主体实现价值的一种工具，其本身即意味着价值的可能。而这种价值的实现，不仅意味着规范之于主体需求的满足，同时也意味着规范具有成为正义评判对象的可能。换言之，通过规范可以实现价值，而规范的价值又使得规范本身具有价值，规范的这种价值属性使得其可成为正义的评判对象。如规范中的权利性规定，因其任意性和选择性功能而使得主体的自由价值得以可能，而规范中的义务性规定，则因其必为/不为性和强制性而使得主体的秩序价值得以可能。之于价值而言，规范总是意味着多重价值之于同一规范层面的综合与协调。有学者认为，规范中的价值维度主要包括有：自由与秩序间的综合，平等与身份间的综合，公平与效率间的综合等。[①] 于是，规范之于价值的这种综合效果，使得正义能够将规范作为其具体的评判对象。

总而言之，正义总是意味着为特定时空情境中所认为是最重要的某一具体价值——在原始社会，这种价值可能倾向于秩序，而在现代社会，这种价值则可能倾向于自由。而规范本身作为价值实现的操作化路径，自然可以成为正义的评判对象。当规范对其内在多种价值的协调结果，呈现出与正义一致的效果状态时，则规范可以被认为是正义的；当规范的协调结果并未呈现出与正义的一致效果时，则规范有可能被认为是无意义或者是不正

---

① 参见胡平仁：《法理学》，中南大学出版社2016年版，第126-127页。

义的。

将规范与正义间的关系落实到习惯，不难看出习惯天然地具有其相应的正义基础，只不过习惯的正义与否，最终取决于习惯与正义本身的契合程度。所谓习惯的正义基础，即是习惯通过其内部要素——习惯权利与习惯义务——作用而能够实现的自由与秩序的可能。值得注意的是，习惯的正义基础所指向的，是习惯之于其具体价值（自由和秩序）的实现可能，这种可能使得习惯具备有成为正义评判对象的资格，但是，习惯是否正义，核心取决于习惯之于现实层面的一种实然价值状况。换言之，习惯的功能使得习惯具备正义的可能，而习惯是否真正正义，则取决于习惯的功能效果。正是因为习惯在现实层面上实践有特定的价值效果，习惯才真正成为正义的评判对象：当通过习惯而成的价值，与正义所指向的价值呈现内容上的一致时，则习惯是正义的，反之则是不正义。而就习惯本身而言，这种价值效果的呈现又以其内部的价值协调作为前提——之于习惯而言，其实践效果的达成总是以对其内部的两种核心价值——自由与秩序——间的协调作为前提。缘于自由与秩序之于主体本质需求的不同满足面向，自由与秩序间的矛盾运动也必然总是存在于习惯当中：当人的自我实现需求超过了人对其社会认可需求的需要时，之于习惯的实践表达就是自由压倒秩序；而当人的社会认可需求超过了人对其自我实现需求的需要时，之于习惯的实践表达就是秩序压倒自由。换言之，就习惯而言，其正义与否取决于对其内部诸价值间的实际协调状态。

（三）关于习惯的正义考察

综上，就习惯与正义的关系而言，最准确的表述是：习惯有价值，习惯的价值符不符合正义的价值要求？在这样一种表述中，假设习惯的价值为定量，则正义构成变量。作为"变量"的正义，指向习惯与正义的几种关系形态。通过对这些关系形态的梳理，可以更好地认识正义之于习惯的价值之所在。

假设习惯与正义处于同一时空情境。那么，首先可能碰到的情况就是习惯本身符合正义要求，因之习惯是正义的。这种关系形态是在分析原始习惯时经常碰到的。典型者如，美国人类学家霍贝尔在《原始人的法》中所提到的因纽特人的杀婴、杀老习惯。这种习惯放在今天的文明世界当然是不符合现代文明的正义观念，是不正义的，但是，倘若处于因纽特人的历史语境，则不难理解这种习惯的正义属性。具体来讲，在生存条件极其恶劣的情况下，人类首要的需求是维持自身的存在，其他一切需求在这种需求面前都不具有正当性。换言之，之于其时而言，存在即是正义。而在面临因为抚育婴儿、赡养老人而可能导致的对自身存在的威胁面前，杀婴、杀老的行为自然也就是符合正义的了。正如霍贝尔在书中所言，一切的一切，都是因为条件不允许："在因纽特人中，残害婴儿的事件很多，这是因为过多的婴儿对他们来说是个负担。虽然，如果条件允许的话，因纽特人总是渴望将他们的孩子喂养成人，但环境艰难的话就难以实现这愿望了……杀伤、杀老以及自杀都是从属于杀婴的同样推理——生活是艰苦的。那些不能充分承担其生产重担的人们,将丧失其生活的权利"。① 在没有法律的原始时代,习惯是调节主体间社会关系的基本规范。② 作为一种源于主体实践经验而成的习惯,自然反映当时社会的主流正义观念,其正义性毋庸置疑。

在假设有习惯与正义处于同一时空环境的第二种情况,则是习惯不符合正义的要求,是不正义的。之于这样一种情形而言,可能存在有如下几种原因:

(1) 社会经历有急剧的重大变革,使得人们的思想观念产生重大转变,在新的历史情境下,原有的正义习惯变成了不正义的。典型者如,二十世纪初,清皇溥仪的退位标志盘桓中国两千多年的封建君主制度的完结,中国社会自此进入民主共和的新时代。在如此剧烈的社会变革中,许多原来看上去是正义的做法,如女子缠足、一夫多妻,即因为与新思想、新观念的冲突而变成了不正义的。在这种情况下,对习惯的放弃或改造就显得尤为必要。

(2) 特定地区、特定人群的特殊做法,与整体意义上的国家、社会的主流观念存在有冲突,因而被认为是不正义的。典型者如,云南泸沽湖畔的纳西族人,在婚姻关系上一直采取的是为母系社会所遗承下来的"走婚"习惯,"走婚"无论是从国家法律层面还是社会普遍观念层面看,当然都是不正义的。不过,这只是站在国家和整体社会视角得出的结论,之于摩梭人而言,则"走婚"习惯完全不存在正义不正义的问题,这是他们生活中一个自然而然的组成部分。也因之,在面对这种情况时,国家、社会必须对习惯保有必要的敬畏之心,对它们的改造或调适也须得以谨慎为上。③

(3) 当然也不排除某些特定地区、特定人群的做法,是与整体意义上的文明观念相冲突的。这类习惯在其形成之初或许有其特定的历史合理性,但伴随人类文明社会的进步发展,它们却逐渐变成了一种类似于"陋习"式的存在。典型者如,至今在我国很多地区仍普遍存在的"天价彩礼"习俗。彩礼源于古代社会婚姻缔结过程中的"纳征",之于婚姻缔结双方而言乃是重要的仪式过程。不过,伴随彩礼习惯的不断"异化",彩礼逐渐成了一些家庭借机敛财的工具手段,"天价彩礼"的存在甚至会让不少家庭因为结一次婚而"一夜返贫"。对于诸如此类的习惯而言,则必须有必要以强力推动废弃/改造。

假设正义变量的第二种情况是:习惯与正义处于不同的时空环境。在这样一种语境中,只需假定有现代语境的正义标准,而无需再就习惯与过去时空情境的正义契合问题展开讨论。具体来讲,就习惯与正义处于不同时空情境的假定来看,其同样包含习惯符合或

---

① [美]霍贝尔:《原始人的法》,严存生译,法律出版社 2012 年版,第 60 - 62 页。
② 原始社会中,习惯构成人们主要的行为规则,关于这一点,很多研究者都有论述。如梅因这段广为人知的断言:"可以断言,在人类初生时代,不可能想象会有任何种类的立法机关,甚至一个明确的立法者。法律还没有达到习惯的程度,它只是一种惯行。"([英]梅因:《古代法》,沈景一译,商务印书馆 1997 年版,第 5 页)
③ 有关摩梭人"走婚"习惯与国家法间的冲突与调适案例,详可参见周俊光:《论法治进程中民间法与国家法的二元并立》,载《甘肃政法学院学报》2015 年第 5 期。

不符合正义两种情形。就前者而言，历史上的习惯符合现代的正义标准，是正义的，这就说明习惯可能反映有某一具有普世性质的价值内容，无论于历史、于现代语境均具有较大价值，假若该习惯延续至今，则可能有必要对习惯予以足够的重视。而就后者而言，历史上的习惯不符合现代的正义标准，是不正义的，这其实之于历史上的习惯而言是再正常不过的现象，因为这无疑正好是正义相对属性的最好注脚："在某个历史阶段具有正义意味的某种观念，也许在今天看来就是不正义的，而在今天看来是正义的某种观念，也许在将来也会是不正义的。"[1] 假若这种不符合现代正义标准的习惯仅为一种历史性的存在，那么，其不过具有反思层面的价值意义，但倘若这种习惯延续至今，则我们可能需要以现代的正义标准将之加以改造，一个不符合（现代）正义标准的习惯，从价值层面上看是没有存在的必要的。

实际上，作为"价值的价值"，正义的存在使得关于习惯的价值分析能够超越习惯本身，返回到对习惯存在本身的合理性追问上去。这就是正义之于习惯而言的最大价值之所在。

结 语

尽管从严格规范法学的立场来看，价值并不必然关涉法学的核心内容，但从学理上看，法的价值论是与法的本体论、认识论、实践论同等重要的理论问题。也因之，价值即构成习惯研究的重要命题。习惯的价值在一定程度上就是习惯的意义问题。这种意义不仅构成对习惯自身存在的一种合理证成，同时亦构成习惯与法律互动的正当前提。当然，无论习惯是否符合法律意义上的秩序、自由、正义等价值理想——实际上，习惯与法律的价值冲突是极为常见的——但其毕竟是民众基于日常生活和社会交往而对其群体内成员的权利义务关系的自我分配与安排，体现了特定群体关于他们本身的态度和看法。而民众从心理和行动上也认可和接受这些习惯，把它们当作一种现实有效的规则来行使、来主张。之于民众而言，这就是一种有效的习惯，这些习惯对他们有着生活上的意义和事实上的价值。习惯的规范价值表明，任何所谓之"现代""文明""进步"的价值观念、价值理想，都不能作为习惯本身正当与否的评判标准。因为很多时候，理性的逻辑代替不了生活的事实本身，那些"普世"的法律或道德评判代替不了民众的自我认知与实践。法律、道德是从"外部视角"来评判习惯，而民众则是生活在自己的生活中，"只有生活于其内的人才最有资格评判何种正义对他们的生活有意义。"[2]

---

[1] 韦志明：《习惯权利论》，中国政法大学出版社2011年版，第179页。
[2] 韦志明：《习惯权利论》，中国政法大学出版社2011年版，第160页。

On the Normative Value of Custom Law

Zhou Junguang

Abstract: The theory of value is an important part of the theory of custom law. The normative value of custom law refers to the possibility and realization of custom law for the needs of the subject. The normative value of custom law mainly includes order, freedom, and justice. To the order, custom law is mainly realized through internal obligatory rules, and the order through custom law is mainly presented as a "spontaneous order". To the freedom, custom law is mainly realized through internal rights rules, and the freedom through custom law is mainly presented as a "negative freedom". As the "value of value", the existence of justice enables the value analysis of custom law to go beyond the normative and return to the question of the rationality of the existence of custom law. This is the greatest value of justice to custom law.

Keywords: folk law, customary law, value, normative value

民间法与国家法互动视阈下"半熟人社会"的行动逻辑

——以网络空间为切入点

李佳飞[*]

摘　要　"半熟人社会"是指一个社会其性质既不属于传统乡土的熟人，也不属于绝然意义上的生人，它是兼具熟人和生人双重形态的社会。这种社会既需要遵循传统的社会规范（如习惯、风俗、道德等），也需要遵循现代的社会制度（如国家通过的法律规范等）。在转型期的我国，最能体现这种兼具熟人和生人关系的社会系统正是互联网带来的网络社交群落（多为互动APP，如微信、QQ、贴吧等）。不同的社会形态会有不同的社会结构，不同的社会结构当然也会形成不同的社会行动逻辑。鉴于此，要明确半熟人社会的行动逻辑就要明确其具体的社会结构。半熟人社会的社会结构主要遵循民间法和国家法双重维度的基本规制，这种基本规制体现为二者之间的相互反身性特质。与此同时，这个结构所体现的双重维度和反身性特质同样也具有一定的限度，这种限度就是：民间法不会在社会系统的行动中完全退场，国家法也不会在社会系统的行动中完全在场，二者必然具有一定的主次转换动态关系，即从过去民间法为主转变为当下国家法为主的社会结构。因此，这个社会结构构筑的社会行动逻辑表现为，从社会系统运行的"民间法规制为主、国家法干预为辅"转变为"国家法引领为主、民间法干预为辅"的行动路径。

关键词　半熟人社会　社会行动　民间法　国家法

---

[*] 李佳飞，法学博士，西北政法大学法治学院讲师。

自费孝通先生对传统中国社会性质提出"熟人社会"的基本阐释后,学者对中国乡土社会的阐释大多也都遵循着这种理论框架和逻辑进路。一般也认为熟人社会的行动逻辑是熟人化中的"人情、面子"等关系结构,这种社会的行动逻辑所呈现的格局形式被认为是一种"差序"表征。但伴随着改革开放以来我国经济快速发展,社会与科技不断进步,特别是互联网的快速发展,社会整体结构正在发生重要转变。社会整体结构流动性加剧,导致传统熟人社会形态变为了相对陌生的社会形态,但社会转型过程中人与人的关系虽不全然是熟人的,但也不全然是陌生的,这就形成了当下社会形态的中间形态——"半熟人"。由于人们互动方式从过去多依赖"线下"变为了当下同时依赖"线上","半熟人"特质在整个社会中,表现最为明显的区域正是互联网构建的"网络空间"。互联网带来的虚拟性和便捷性促使网络空间的社会关系,既具有熟悉性,也具有陌生性。

在半熟人社会关系中,熟人社会的"差序格局"伦理关系秩序已经无法满足半熟人社会中具有的陌生人"偶然化格局"秩序关系,各种单次互动和博弈导致的机会主义行为在其中多有发生,致使社会失信和道德沦丧现象不断加剧,而通过内在伦理秩序维系社会的力量不能回应机会主义带来的社会张力,也不能回应复杂社会所存在的不确定性风险。于是"国家法"就应运而生并不断扩大到社会结构的方方面面,以应对前述"道德沦丧"带来的社会行动失范问题。这也是当下互联网法律规范亟需产生的重要原因之一。毕竟互联网空间所形成的半熟人群体无法受到传统习俗的完全规制,还需要现代国家规范的广泛介入。正是由于互联网系统半熟人社会的双重性质,导致互联网中社会主体的行动一直遵循着不太清晰的行动逻辑。但互联网带来的网络也只是呈现社会半熟人性质最为明显的一个表征区域,因为在当下我国转型时期的半熟人社会里,互联网只是我国转型社会所呈现半熟人性质的一个因素和手段。对于我国正在建立"共治共建共享"的社会治理逻辑新格局,理论上不仅需要针对网络空间的行动逻辑进行明确,更需要对整个转型社会提出一般性的行动逻辑,以实现对整个社会相关主体的明确规范。

社会行动逻辑包含必要的维度,也面临着基本的限度。社会行动逻辑的维度和限度必然和当下社会的基本关系性质直接相关,同样这个维度和限度也由其社会性质来决定,而社会性质又被具体的社会结构关系所决定。社会的运行逻辑决定着社会的行动逻辑,但对半熟人社会的基本运行逻辑却未在理论上做更为详细的论述和阐释,不仅不能更好地理解当下社会(特别是乡村)的结构形态,更不能对新时代社会发展和建设提供较为有益的制度支撑。因此,本文主要从半熟人社会的基本表征切入,分析半熟人社会的关键结构转变,进而阐释半熟人社会行动的基本逻辑。

一、"半熟人社会"的两个基本表征

在社会转型时期,快速城市化促使我国人口大量流动,也使人与人的基本关系形态变得比之前较为陌生,"不熟悉"必然也会成为一种基本常态。正因"不熟悉"成为一种常态，致使传统熟人机制的功能性调适并不足以应对转型期社会形态性质的变化，所以有必要重新审视当下社会形态的基本性质。社会性质主要由社会的基本表征来体现，更为重要的是社会基本表征亦是社会治理结构建构的基本依据之一。而理解半熟人社会的基本表征主要可以从以下两个方面来进行。

（一）形而下表征主要体现为互动空间的不断变大

从形而下的空间维度上看，半熟人社会的互动空间正在无限扩大。社会流动的加大，人与人之间的互动关系不再仅仅限于传统的地域邻里之间了，而是面向更大的外在空间和主体对象。所以，其"事实表征"在互动主体之间不再是那么具有"确定性"和"熟识性"了。这种不确定性和不熟悉性的主要原因在于，人们互动从长期比邻而居"实物"空间维度逐渐变为了"天边眼前""虚实"皆有的网络空间，从单一的线形生活空间转变为了立体式的多维时空。更为重要的是，虚拟空间的大量出现必然会无限增大人们相互交往的"地域"。这种地域变化可以从现实和虚拟两个方面得到具体阐释：

在现实空间上，人们伴随迁徙和流动逐渐从家庭乡村走向城镇市区，从此城走向他城，从此地走向他地，甚至从一国走向他国，人们相互交往的外在空间在逐渐增大，这当然也会促使私人空间的日益增大和公共空间的相对紧缩。与此相应，人们在邻里空间里由于生产、生活方式的固化和纯粹，人们互动的方式也是较为单一的。比如，随着社会的发展，大批村民外出工作，从以血缘、地缘为基础的"熟人社会"网络中脱离出来，进入到城市所构筑的"生人社会"中。他们的互动空间分别通过关系化和类型化两种途径，进入了异质型社会网络和同质型社会网络之中。[①] 异质型社会网络的背后是特殊主义道德伦理，而同质型社会网络的背后则是平等主义道德伦理，这也是互动空间变大后，促使"农民工群体"成为集两种对立的道德伦理于一身的重要原因，毕竟他们的道德表征呈现出多重性和模糊性。[②]

现实空间人与人距离较近是传统熟人社会得以正常维系的重要原因，毕竟在那个社会里，人们生生世世都存在于狭小的乡土之中，不仅缺乏必要的沟通工具，更难以脱离基本的邻里关系，也没有更多的其他陌生主体或者外在空间来进行互动。与此相应，在社会关系界限日渐鲜明、居民交往约束力不断失效、人际交往日渐工具化的情况下，"人情、面子和体恤"等伦理要素不再是构成社会治理的单一资源，其也无法单独成为维系社会治理的唯一资源，失范的社会必然需要开发其他可用的治理资源，以便于与情感互惠形成合力

[①] 参见张连海：《关系化与类型化：从"熟人社会"网络到"生人社会"网络的演化机制——对冀南宋村内外的考察》，载《广东社会科学》2016年第5期。

[②] 参见张连海：《关系化与类型化：从"熟人社会"网络到"生人社会"网络的演化机制——对冀南宋村内外的考察》，载《广东社会科学》2016年第5期。

互补的治理格局。①

在虚拟空间上,伴随着互联网的快速发展,人们会因各种兴趣、爱好形成"情缘"共同体,这种共同体在互联网上体现为大量各类"网络社区",如"平台""贴吧""趣站""B 站"等。当然互联网也为契合人们交往的本性,培育和提供了各种聊天、交友、学习、娱乐等服务软件,这种服务软件所构筑的虚拟空间可以勾连家庭、朋友、同事、贸易伙伴和陌生人等多类主体,甚至可以说,只要你是社会之人你就不可能逃出和规避这些虚拟软件带来的虚拟空间。

如果从类型化视角看,当下互联网这种虚拟空间,为人们的社会性特质至少提供了三类重要的互动平台和交互空间:"爱好互助区、亲情交流区和利益合作共享区"。但伴随着虚拟空间的不断增加,其甚至还有取代现有现实空间的发展趋势,如当下"宅男""宅女"越来越多,单身者、独居者也越来越多,这些主体的大多互动空间都是互联网带来的虚拟空间。当然这些看似没有互动的"宅"和"独",不是因为其可以脱离于当下社会而存在,而是因为虚拟空间能为其生存提供所需要的各种社会要素。

因此,在当下社会主体的互动过程中,最为重要的外在事实变化就是空间面向上,主体的互动领域从乡土地域走向虚拟地域。从物质视角看,如果将现实空间当成实物事实,那么互联网带来的互动空间就是越来越虚拟化了。(如果要从具体的空间来看,这种半熟人社会转变的"空间表征"可以参见图1)

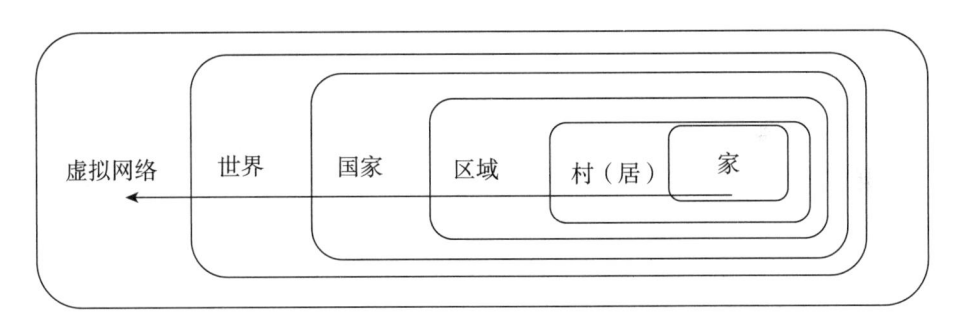

图 1 半熟人社会人们互动空间正在变大(虚拟)(箭头为互动空间变动方向)

在虚拟空间不断互动的过程中,其必然会在新的互动中形成大家普遍都要遵循的确定性结构和行为逻辑,即互联网互动惯例和互动规范。因为这种虚拟交往空间的不断变大致使传统熟人的行动逻辑,在事实空间上已经不再可能得到延续和维系,必然也会促使其中新的维系"规范"的形成。新互动规范的产生,主要源自主体互动空间的变大对其相互之间熟悉度产生的实质影响。而半熟人社会具有一种人们对彼此熟识度相对偏低,但也相互了解的社会结构性质。它之所以可以被称为一种半熟人社会,其主要原因在于熟人社会得以维系和整合的基本逻辑关系是血缘和地缘,而血缘和地缘已无法促使当下主体之间再次

---

① 参见陈朋:《互惠式治理:社区治理的日常运作逻辑》,载《江苏社会科学》2014 年第 5 期。

相互熟悉，导致人们之间的关系变得陌生了。所以，为了整合这些陌生者的互动关系，就需新的熟悉机制引入其中。因此，在半熟人社会里，维系主体熟悉的基本路径，需要遵循新的维系方式和整合逻辑，大多需要通过"业缘关系"和"契约关系"来进行。毕竟当下社会特质主要表现为以职业和经济优势为标准建立的新身份社会属性，其本质就是业缘关系和经济契约关系。这个以职业和经济为导向所形成的新身份社会结构，被认为是打破了传统旧身份社会完全以血缘或者单位为纽带的共同体结构形式，它逐渐形成以社区为纽带的新型社会结构关系。[1]

（二）形而上表征主要体现为道德密度的不断增高

"道德密度"被涂尔干认为是人们相互结合及其所产生的非常活跃的交换关系，其认为随着社会分工的不断推进，社会中物质关系的增加势必会导致道德密度的不断增加。[2] 如果将熟人社会所形成的伦理秩序关系称为"内在的道德密度"，因为它的形成主要依靠内在的伦理感情所维系（民间法），那么伴随着分工而来的生人社会所不断涌现的大量新型规范结构关系，就可以被称为是"外在的道德密度"，因为它主要体现为依靠外在强力所构筑的基本规范（国家法）。

伴随着空间的加大，血缘和地缘所形成的社会结构已经不能再为人们的互动行为提供给基本依托了，其原因是人们互信不再依靠天然信息对称和伦理信任机制了，人们相互间认识度和熟悉度的减弱使这种信息对称失去了天然的传播渠道，信任感也就难以建立了。这也是在互动关系加大后，普通的家规、族规或者一个地域的邻里道德，已经无法作为互动的基本共识而存在的重要原因之一。如果说熟人社会，人们的行动取向是伦理逻辑的，那么在生人社会，人们的行动取向逐渐趋于法律逻辑了，而半熟人社会的行动逻辑则要兼具伦理和法律两种逻辑导向。传统伦理逻辑体现为道德秩序和道德共识，法律逻辑所体现的主要是制度秩序和制度共识。法律逻辑中体现较为明确的行动取向是市场化、经济化和社会化的制度模式，而伦理逻辑中体现较为明确的行动取向是习惯化、风俗化和传统化的道德模式，毕竟在这个逻辑里，违反传统就是违反伦理道德。

熟人社会是一个经验性的事实存在物，在它内部其个体流动性较低，人们相互之间从出生就熟悉，这种熟悉一般是血缘和地缘关系融合的结果。而信息对称的熟悉只是其充分条件之一，其亲密熟悉关系的主要动力来自其中相互之间所拖欠对方的"未了人情"。因为，所谓人情化的亲密关系就是人与人之间"互相拖欠着未了的人情"，而"人情"的丰富内涵决定了这种社会关联并不是理性人之间的利益算计和契约式结合关系，人情主要是决定了人自我实现的内涵与方式：一个人只有在这种人情化的亲密关系中才能获得作为人

---

[1] 参见许娟：《以和谐社区为主导——推进新熟人社会建设》，载《社会主义研究》2009年第3期。
[2] 参见［法］涂尔干：《社会分工论》，渠东译，生活·读书·新知三联书店2000年版（2013年12月重印），第214页。

的意义，它具有工具性意义，更具有本体性和社会合集性意义。① 而分工带来的陌生促使人与人的关系大多不再依赖于血缘所构筑的伦理道德秩序，亦与地缘所形成的秩序结构有了一定程度的脱节。所以，在陌生人社会里具有传统性和道德性的地方性共识开始变得弱化，相应的秩序性共识也越来越难以达成。于是，新的形而上"道德"为了应对社会关系的变化就需要不断进行更新和扩张。更为重要的是由地缘和血缘所构筑的共同体意识在这个社会里也会失去社会的整合力和维系力，人们相互之间的关系基本处于一个共同体记忆减弱和共识性机制不足的现状里，这些因素都促使新规范的产生和构筑。

其实，共同体记忆的逐渐弱化最直接体现就是地方性惯习越来越难以真正地在地方多元化的各方主体之间达成一致了，因为人们相互之间由于接受的环境和传统不同，导致其所欲求之物也必有所差异。此时的人们相互之间逐渐不再具有高度的相似性，或者说其行为、习惯等表现不再是同质的，而变成了异质的。从同质变为异质的过程中伴随着各种主体不同需求的增加，人们相互之间互动关系的复杂性也必然会增加。人们异质化的主要原因是人们不再遵循传统的"日出而作、日落而息"的循环，社会带来的多元生活必然也会促使人们变得更为多元和异质，也就产生了更为多元的社会关系（道德密度必然会增多）。

而当下社会不再因血缘和地缘来直接塑造人与人的关系，而是需要新的规范结构来整合社会关系——即前述所提到的契约关系和利益关系。从遵循传统基本的熟人伦理逻辑变为了需要遵循新形成的外在规范逻辑，即使这些区域仍然具有信息对称的外在条件，② 也难以拒绝生人关系所需要的新规范。显然"生人关系"并不是像容易误解的那样，认为两个主体在相对意义上没有任何关系，更不能认为这种关系是不存在的，它应当是一种不同于熟人的关系。只是这种关系不再具有持久性和长期性，多具有偶然性和短期性，是一种相对关系而非绝对关系。这种关系相互之间依然具有相互间影响的特定能力，但它缺乏了熟人社会中人与人关系所拥有的人际期待和人际容忍性，鉴于此，与熟人社会需要道德伦理来规制一样，生人社会需要一种特定的"道德伦理"来调节和规范，它就是最为重要的外在道德密度——法律规范。③

法律规范还伴随着物质密度的增加而增加。在社会转型中，社会物质关系不断增加，特别是沟通手段与传播手段的数量和速度增加都是物质密度增加的重要体现。④ 沟通传播的途径和方式的迅速增加和急剧变化是物质密度增加的重要表现之一，比如现代的电脑、移动手机、ipad 等各种办公和通信软件都促进了人与人之间的互动。物质密度的大大增加，消除或者削弱了生人社会各环节之间的隔绝和分离状态，必然会促使社会道德密度的增加。与之

---

① 参见王德福：《自我实现与熟人社会》，载《江海学刊》2014年第4期。
② 参见贺雪峰：《未来农村社会形态："半熟人社会"》，载《中国社会科学报》2013年4月19日。
③ 参见王小章、孙慧慧：《道德的转型：迈向现代公德社会》，载《山东社会科学》2018第9期。
④ 参见［法］涂尔干：《社会分工论》，渠东译，生活·读书·新知三联书店2000年4月版（2013年12月重印），第217页。

相应就是法律规范的不断增加,在促进相互之间道德密度增加的同时,填补了社会性质变化带来的道德真空(失范)。正是由于社会性质不断变化,人们互动关系所形成和构筑的道德密度在不断扩大和增多。从最初只维系家庭的规范到产生维系家族的伦理,进而由于互动主体从家庭变为邻里而产生了相应的邻里道德。之后由于人们从家庭邻里走向更为大的地域,又需要各地域之间共识的不断塑造,特别是从一般地域扩大到国家之间的互动空间,又促使国家(甚至有时候是国际之间)出台统一的道德共识(主要以法律规范为代表)来维系社会结构的稳定关系。因此,伴随着应对物质密度增加的法律规范的不断变多,社会之中的道德密度也必然变得更高。(道德密度数量和种类的具体变动趋势可以参见图2)

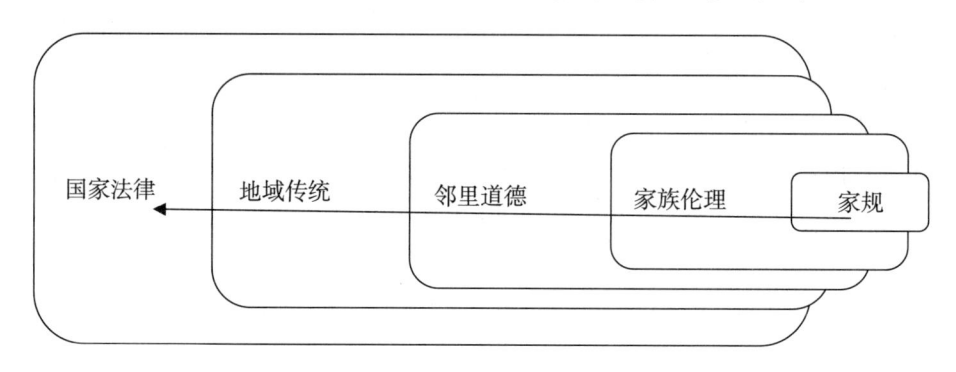

图2 人与人之间道德密度关系不断地增高(箭头为道德密度的变动趋势)

所以,从形而上的价值表征上看,半熟人社会的关系类型不再单单锚定于土地和血缘所形成的熟人关系之中,而是由于流动性产生了更多的生人关系。在交往规则上,熟人社会也有其独特性,最突出的是"伦理本位",其次是讲究血亲情谊和人情面子,最后是追求"做人"与"相处"的关系法则。这些规则皆与陌生人社会交往所需要的"法治"相差甚远,因为它们所维系的熟人社会会以紧密的生活与伦理共同体展现出来,[①] 这种道德密度还较少,体现为一种软机制;而在新的社会性质中,必然需要高于熟人社会的道德密度来对社会进行整合,体现为一种硬机制。

二、"半熟人社会"运行结构中的两个关键面向

伴随着社会性质的转变,"半熟人社会"运行逻辑也正面临结构性的转变,这种转变主要包括两个关键面向:事实面向和价值面向。

(一)事实面向:主体互动方式从"面对面"走向"媒介化"

空间领域增大,特别是虚实之间的变动,促使半熟人社会的互动方式从传统熟人的直接"面对面"逐渐变为了生人的"非面对面"方式,也即互动呈现为"媒介化"。互联网

---

① 参见杨华:《"无主体熟人社会"与乡村巨变》,载《读书》2015第4期。

的快速发展，促使人们的互动方式大量借助于"媒介"，主要体现为"QQ""电话""微信""互动 APP"等途径和方式。媒介方式的变化让人们之间的互动形式表征从传统的"篝火而坐"，变为了"互联而网"。沟通方式的改变必然会带来人们相互之间熟悉方式和信任路径的具体变化，更为显然的是，人们相互之间的熟悉程度和信任程度受到互动渠道和渠道语言的影响，这些影响有时候甚至是决定性的。因为，沟通方式和途径从面对面到媒介化的转变是容易导致互动主体之间的误解的，它会使不讲情面的互动关系形式日渐增多，毕竟人们沟通缺乏了"面对面"会导致人们相互之间"人情"和"面子"的关系形式减少。

与此相应，由于传统熟人社会里直接的邻里互动变为生人社会里间接的载体互动，这种互动模式使人们信任关系的建构基础从遵循一种"感情"（伦理信任）转变为要遵循一种"规则"（制度信任）。而这种规则主要包括互动载体的规则和互动语言的规则。载体的规则就是提供互动渠道的这些规则，语言的规则体现为文字输入的规则，而伴随着两种规则所呈现的互动模式变得越来越简化，反过来也会促使人情、面子的关系形式进一步弱化。

从更为深入的层面看，不论是载体还是语言所遵循的规则，本质意义上都是为主体互动媒介化所提供的重要路径。半熟人社会人们面对面互动方式转变为媒介化还可以从两个方面进行具体分析：

1. 内在方面，乡土社会本身对互动方式的需求产生了结构性变化

在传统乡土社会里，自然化乡村自主意识增强和政治组织结构都在转变。特别是改革开放以后，人们互动地域逐渐从自然村向行政村出现了巨大转变，比如我国城镇化发展的大致路径是"村——村改居——居委会——城市社区"。从自然村向行政村转变的形态，也促使乡村从自然化结构转变为权力化结构，其转变的动力主要从自然为主导变为以权力为主导。这种转变必然促使邻里关系的基础从道德（自然正义）向地域共识（制度正义）进行转变，或者说维系人与人之间关系的秩序结构变为了地方性共识（也即当下通过"立法"形成的"法律"）。

自然村内部社会结构的逐渐消亡，正是面对面互动方式逐渐减弱的根本原因。毕竟传统熟人之间互动变少，公共事务参与变少，人们不像其他时候相互需要对方，所以不熟悉也很正常。虽然不熟悉不代表就无法达成信任，但这种社会的信任模式已经与之前的自然而然的信任模式有着巨大差异，它需要较大的信息辅助和外在事实的依据。因为在自然村里，村民和居民之间长期外出务工（流动）、村民关系逐渐市场化、现代互动手段日益普及等情形，都促使村（居）民之间面对面交往的频度在大大降低，团结协作、共同参与公共活动的机会也逐渐减少，村民之间日渐生疏，其信任度和信任方式当然也就不会像熟人社会一样了。[1]

---

[1] 参见夏支平：《熟人社会还是半熟人社会？——乡村人际关系变迁的思考》，载《西北农林科技大学学报（社会科学版）》2010 年第 6 期。

2. 外在方面，乡村之外经济环境和国家权力的影响使媒介化的互动需求更为强烈

40多年的改革开放，国家经济和社会取得了巨大进步，乡村也伴随着市场经济的影响产生了各种结构性的变动，经济的发展促使人口大量迁徙和流动，人们相互之间不可能再进行较为便捷的面对面交流，这就需要一种外在的"媒介"作为互动交流和获取信任的依托。

更为重要的是，伴随着国家不断出台对乡村振兴、改革和指导的规范以及意见，其必然还受到了国家权力的不断渗透和影响。比如2018年1月2日颁布的《中共中央国务院关于实施乡村振兴战略的意见》（下称《意见》）和2021年4月29日通过的《中华人民共和国乡村振兴促进法》（下称《乡村促进法》）都是国家权力对乡村社会结构不断渗透和影响的重要体现。《意见》和《乡村促进法》作为实施乡村振兴战略而制定的规范，明确了国家对乡村发展的战略导向需要党的领导和政府的支持，这就从根本上赋予了国家权力影响乡村社会结构运行的合法性，那么乡村的演进和变革就必然会受到国家权力的结构性影响。特别是在空间互动方面的影响更为严重，如国家发改委《关于培育发展现代化都市圈的指导意见》就明确提出要放开放宽除个别大城市外的城市落户限制，这会加速乡村逐渐城市化的倾向，特别是会促进乡村人口快速向城市转移，进而导致人们之间的关系形态从乡村的熟悉转变为城市的陌生。其实，还有很多国家层面的规范都从外在影响了乡村的自我发展和秩序构建。从政治逻辑上看，权力的渗透和组织的介入，必然需要上传下达的运行指令。那么乡村结构演变过程中都不可能再只依靠单纯的口头传播、面对面等原始方式了，还需要更为便捷和快速的外在渠道（如互联网等）的媒介化传播方式。与此相应，各种外在思想和观念的传入，也会促使乡村社会在政权运行和组织逻辑上受到重要影响，自然村变为行政村也加大了熟人之间的陌生化，陌生化的沟通方式又会变得更为依赖没有感情的外在"媒介化"的互动方式和沟通路径。

因此，伴随着主体之间依然存在较大的互动需求，半熟人社会互动方式的转变将是必然的。互动方式的变化会带来两个影响：第一，时空差异必然存在，因为随着互动方式的虚拟化和交往空间的变大，互动主体相互之间的了解和熟悉必然会存在交往媒介和空间上的时空差异；第二，互动方式的面对面到媒介化必然也会影响互动主体的信用评价机制，面对面所遵循的是一种内在人格化的信用机制，而媒介化的互动方式将大多依赖外在评判方式，主体信用依据从人格转变为载体（外在信息）。这也必然导致维系社会的秩序基础从内在伦理规范转变为外在法律规范，即由前者作为社会行动秩序的主要基础转变为后者作为社会行动秩序的主要基础，也就是后续进一步阐释的抽象面向问题。

（二）抽象面向：社会结构秩序基础从"伦理"走向"制度"

半熟人社会的熟悉路径是从伦理熟悉逻辑走向了制度熟悉逻辑，因为熟人社会维系其关系和确定性的结构基础在于伦理道德规范，而生人社会维系人们互动关系和确定性的结构基础在于法律制度规范。但半熟人社会其结构基础是居于二者之间，而这主要可以从以

下两个方面进行理解：

1. 维系社会秩序的结构基础和核心力量从"伦理"向"法律"不断转移

秩序存在的重要目的之一就是要对人与人互动关系作出一个"确定性"的判断，也即表明人与人关系所要具有的可信任性标准。随着社会性质的转变，传统"熟人社会"长期沿用的"亲近性伦理"日渐式微，但"生人社会"的新式"生人式伦理"却尚未建立，这造成新旧两种伦理规范衔接不够紧密，会引发社会伦理的信用失序问题。[1] 正因如此，在伦理信用到制度信用之间，必然有一个动态的转变路径和过程。这种转变的重要逻辑就是人与人之间的关系从伦理关系走向了契约关系，也即主体关系和社会秩序的稳定从内在意识（道德）的维系力走向了外在意识（法律）的维系力。虽然熟人社会中，人们会因熟悉而自然地获得信任以及可靠性认可，特别是身体自身会获得对行为规矩的无意识式遵守，[2] 毕竟熟悉所带来的是感情式的信任。但需要指明的是，人们不会因为熟悉而自然而然的获得所谓的"信任"，人们所获得的只是一种熟悉，熟悉不能等同于信任，熟悉是熟人社会信任获得的必要条件而非充分条件。熟悉就是知道或者不知道，并且这种知道体现为"感情"的知（信息），不是"真正"的知（信任）。

从感情的知到真正的知，其体现的形式之一正是人与人关系的基础从"公道自在于人心"转变为"公道自在于法律"。这种转变的关键在于，人们互动关系的基本载体从"伦理结构"走向了"制度结构"。公道自在人心的互动逻辑是需要"面子"的，因为大部分亲密关系的人都抹不开面子。面子是一种复杂的感情复合体，这种复杂的感情复合体在纯粹法律形成的关系中没有办法完全表达和体现出来，因为法律所维系的关系大多时候是不谈感情而只讲规则的。但伦理关系中，特别是熟人关系中的"面子"，主要是与主体内在的情感属性紧密相关，呈现出较强的伦理性、社会性和较弱的策略性、表演性。[3] 这种属性使熟人面子式的关系逻辑无法适应生人社会中非面子式的关系逻辑。

熟人社会通过"人情往来"的面子关系形成了一种自己人认同的内部化机制，内部化机制能够发挥作用的外在条件就是互动主体之间的地缘关系，[4] 而在半熟人社会里，人们互动关系所形成的认同机制开始逐渐外在化了，主要是以"法律制度"为基本依托，遵循非人情式的契约逻辑。

2. 社会维系的主导力量从"地方为主"向"国家为主"转变

在熟人社会里，民间法所涵盖的伦理道德主要源自地方，虽然国家在这个过程也具有一定作用，但也只是居于稳定关系的次要地位，因为传统社会中我国皇权几乎是不下县的，

---

[1] 参见任学丽：《转型社会伦理秩序的重构——从"熟人社会"到"陌生人社会"》，载《长白学刊》2013年第5期。
[2] 参见陈柏峰：《半熟人社会：转型期乡村社会性质深描》，社会科学文献出版社2019年2月版，第5页。
[3] 参见杜鹏：《"面子"：熟人社会秩序再生产机制探究》，载《华中农业大学学报（社会科学版）》2017年第4期。
[4] 参见宋丽娜：《熟人社会的性质》，载《中国农业大学学报（社会科学版）》2009年第2期。

大部分社会行动问题都发生在熟人社会内部,由其自我通过民间法进行消解和应对。而在生人社会里,国家法所涵盖的法律规范主要源自国家,虽然地方也会在这个过程中具有一定作用,但也只是居于规范建构的次要地位,因为国家立法体制决定了地方立法权力源自国家最高权力的赋予,大部分社会行动问题会由生人社会里的国家法进行消解和应对。民间法所塑造的社会秩序逻辑方向是从基层向上而行的,其各种型塑都具有从下向上的导向路径,但是国家法的社会运行逻辑是以国家权力为导向来对社会进行的一种从上向下的影响,因为国家法需要国家权力居高临下通过强力来推动的。然而半熟人社会得以维系的主导力量,却居于地方和国家之间,随着社会性质从熟人向生人转变,其主导力量也必然就由"地方"向"国家"不断转变。

这种转变也促使半熟人社会的具体社会行动逻辑遵循地方共识和国家共识两个方面的基本要求,即半熟人社会行动相关问题的消解和应对既需要遵循传统民间法的规制也要遵循国家法的规制。虽然此时传统民间法对社会行动逻辑还具有规制作用,但其基本的规制主动力或者强制力正在由归属于地方的民间法转变为归属于国家的国家法。社会维系主导力量的转变在规范上的主要体现就是社会"熟人"关系的基础从伦理走向了"制度"。伦理熟人体现为一种感情式信任,而制度熟人所体现的是一种制度式信任。感情式信任的结构稳定性主要是以"人格"为基本依托的,"人格"是一种内在化的感觉和认知;制度式信任的结构稳定性主要是以"规范"为基本依托的,"规范"是一种外在化的证据或者实物(主要体现为国家出台的法律规范)。

社会秩序维系的依据从内在感性证据到外在实物证据的转变,必然又反过来要求现代社会结构要具有"统一"的信任标准,所以以地方为主所构筑的民间法必然要被以国家为主构筑的法律规范所替代。在民间法为基础的社会中,人们的行为是否恰当的判定标准只需要一个规制标准即可(虽然这种标准大多时候还具有模糊性和多样性),即只要不违反民间法基本上就不会违反国家法。但是半熟人社会不再是这样了,国家法的广泛渗透和影响,使民间法和国家法都成为人们行为的双重标准,甚至在大多时候,国家法的行为标准规范性还会远高于民间法的行为规范性,更为重要的是二者几乎成为社会主体是否可信的根本判定依据。因此,这种信任性的判断标准正在由民间法向国家法转变,必然会促使以国家法为主的社会结构不断构建和完善,而以民间法为主的社会结构必然也会被以国家主导的国家法力量所裹挟。

三、在"民间法"和"国家法"之间的社会行动逻辑

社会关系性质的巨大转变必然也会对传统社会结构产生根本性变革,社会结构变革中最为凸显的方面就是对旧有社会规范的突破和革新(当然也有继承和发展),因为如果不突破这些旧的、传统的规范,适应社会结构变革的规范在当下社会中就难以真正建立或者获得共识。[①] 因此,作为传统旧规范的民间法,其虽然是社会伦理规范的集中体现,但它

---

① 参见苏力:《法治及其本土资源》,北京大学出版社2015年版,第123页。

并不是一成不变的，它需要与社会形态转变相伴而行（变）。只是这种相伴而行体现为，国家法对民间法的塑造所具有的重要引领作用和民间法对国家法的构建具有的源源不断推动力。民间法对国家法的推动甚至可以称得上是基础性的，因为它直接决定了国家法在民众中的可接受性和正当性。国家法既需要民间法的基础融合性，也会对民间法的具体导向性产生关键性影响。鉴于此，半熟人社会系统运行的基本逻辑主要遵循民间法和国家法的双重维度，这种双重维度主要体现为社会行动逻辑所面临的以下两个基本限度。

（一）社会行动逻辑遵循一种在民间法与国家法之间互动的反身性

一般认为，反身性就是一种相互决定性。而在破旧立新从传统熟人向现代生人社会形态转变的过程中，半熟人社会的行动逻辑必然是在民间法和国家法之间互动进行的结构性结果。旧有民间法必然会随着国家法的影响不断塑造为新型民间法，旧有国家法也必然会随着民间法的影响不断构建为新型国家法。但是民间法和国家法是不同的结构系统，其社会系统的运行逻辑必然会有不同，这必然导致主体视角下，社会行动逻辑必然会在二者相互影响的自创生系统中被决定和被控制。但问题的关键不只在于指出这种反身性，更在于明确这种反身性形成的过程是什么。

在半熟人社会系统里，民间法和国家法是二元存在的规范系统，这是社会行动的基本事实之一，而我国作为兼具优秀传统文化和中国特色社会主义法治体系的社会就更是如此了。① 民间法是熟人社会秩序稳定的主要基础规范，社会的行动逻辑主要包含三个方面的伦理内容：即由"舆论压人、面子有价、社会资本可积累"所构筑的伦理秩序。② 而国家法是生人社会秩序稳定的基础规范，其社会的行动逻辑也至少包含三个方面的规范内容：即由"权力渗透、自律组织、法律资本更有益"所构筑的法律秩序。而居于"熟人"与"生人"之间的半熟人社会，其社会行动逻辑必然是在二者相互结合、嵌套和融贯的反身性系统之中运行的。

在一般情况下，不同法传统的国家在两者的"反身性"上所具有的效力也是有差异的。在非法治国家，民间法对国家法的影响更强，国家法对民间法的影响就相对较弱；而在法治国家，民间法对国家法的影响就相对较弱，具有"弱效应"，国家法对民间法的影响较强，具有"强效应"。所以，对于这两类规范，其反身性在具体的影响结果上也就体现为一种塑造中的急剧变化和缓慢变化两种方式。对于非法治国家，急剧变化的方式主要体现为，民间法对国家法的影响是强制和快速的，民间法会阻碍国家法的新型建构，国家法也就很难对民间法产生决定性影响；对于法治国家，缓慢变化的方式主要体现为，民间法对国家法的影响是软弱和缓慢的，民间法会影响但一般不决定国家法的新型建构，国家

---

① 参见田成有：《乡土社会中的国家法与民间法》，载《思想战线》2001年第5期。
② 参见吴重庆：《从熟人社会到"无主体熟人社会"》，载《读书》2011年第1期。

法对民间法的塑造是强制和快速的。

对于正在推进国家治理体系和治理能力现代化的我国，其正在从非法治（非良善的法治）走向全面的法治（良善的法治），必然也面临着二者之间的反身性结构变化。因为在我国传统熟人社会所形成的伦理秩序中，其民间法可以被认为是一种建构性的惯习，它是经过长时间演变而形成的，必然具有一定的历史性和社会性，[1] 这种融入人们肉体和思维的惯习，是很不容易被国家法所影响和改变。所以，一般认为，熟人社会的民间规范具有长期性和历史性，并不容易被现代规范（或者观念）所重构，但随着半熟人社会的结构性出现，国家法变得更为强势，民间法的维系结构必然会被国家法所解构，特别是国家法所展现的强大"引力"系统，使其更容易对民间法产生决定性影响和导引性控制。

前述这种反身性就是通过民间法不断地给予国家法的基础动力，国家法不断地反馈给民间法的新型导向，最终形成一种行动逻辑的相互决定性。当然在现代法治国家，民间法进入国家法其实只有一个正式路径，即"立法"，而国家法影响民间法的路径和方式却是无处不在，在"立法、执法、司法和守法"等各环节和"经济、政治、文化和社会"等领域都会产生深刻影响。但不容忽视的是，民间法和国家法之间的关系从偏向于某一方的主体性，变为了两者的主体间性。换言之，这种主体间性就是指当国家法吸收民间法的同时，也会影响民间法的具体形态和相应格局。国家法所具有的重要逻辑是程序的硬化，民间法所具有的重要逻辑是结构的软化，二者在社会行动中必然需要相互影响并最终相互决定。需要指出的是，虽然国家法要和民间法进行相互适应，或许这种适应和改变是一种慢动作，但相互影响却是一种不容回避更是不容忽视的社会事实。（民间法和国家法相互反身性演变示意图可以参见图3）

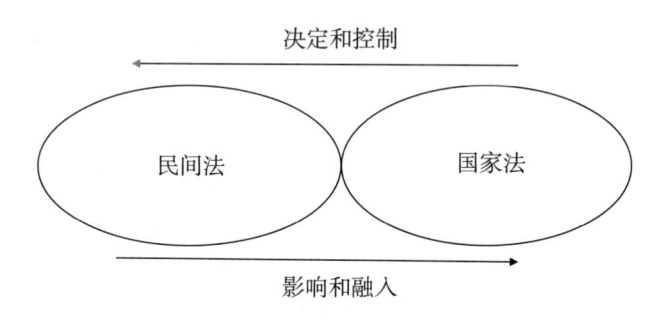

图3 民间法与国家法相互反身性的具体表现形式（尖头为反身方向）

其实民间法结构于国家法的非正式路径还有多个，如主体自治、国家认定、地方立法、法源执行和契约合作等方式，[2] 这种非正式方式正是民间法对国家法产生影响和融入

---

[1] 参见［美］马默：《社会惯习——从语言到法律》，程朝阳译，中国政法大学出版社2013年版，第57页。
[2] 权利表达（运用）和权利推定；国家立法的认可和授权；地方立法及其变通；通过法律渊源的法律执行（行政和司法）以及通过契约合作的公共交往。参见谢晖：《论民间法结构于正式秩序的方式》，载《政法论坛》2016第1期。

的重要贡献和作用方式。同样国家法必然也对民间法的具体行使方式作出相应修正，主要是通过国家法对民间法进行决定和控制，比如当下社会中的天赋人权、男女平等、一夫一妻等观念不断融入民间规范，就是国家法对民间法最好的塑造表现。鉴于此，对于国家法，民间法是其反身性的重要反射机制；而对于民间法，国家法又是其反身性的重要反射机制。

因此，伴随着社会性质的改变，社会行动逻辑必然需要民间法与国家法进行有效衔接和基本限定，而民间法的改变主要需要改变文化和传统观念，国家法的改变主要需要改变立法者的行为动力和制度意识。

（二）半熟人社会行动逻辑必然遵循民间法和国家法的双重规制

当维系社会秩序的关系基础开始走出内在伦理性的熟悉变得逐渐外在化、陌生化后，即外在国家法或者具有统一共识的民间法不断被形成时，强制性的契约就产生了新的秩序意义，而与此相应，内在伦理感情就失去了维系社会秩序的意义和有效性。所以，生人社会面子不再那么值钱，熟人社会所一直存在的道德舆论压制在生人社会也就失去了一定的秩序性意义。这种变化最为重要的表征之一是，对个人关系维系和社会秩序重构的民间法（非正式规范）逐渐变成了国家法（正式规范）。

虽然在社会行动中对社会行动矛盾解决的最初程序是"先民间法，后国家法"，但是现代社会行动中对矛盾的解决程序变为了"先国家法，后民间法"，甚至国家法还有主导或者独占社会行动逻辑的典型性趋势。因为随着社会性质的不断发展和转变，地方性民间秩序必定会被国家法不断解构，反过来，人们对社会秩序内在和外在的持续性需求，也必然促使国家法不断被符合社会需要的民间法所构建。

随着民间法被国家法的不断解构和国家法的不断重构，总会形成一种迷惑人的假象——在社会行动逻辑中，民间法会面临过时的窘境和退场的可能。然而，民间法作为社会系统运行的基础规范，在半熟人社会系统中是永远不会退场的，因为国家法还没有真正形成或者出现规范空缺的时候，社会系统能够良好运行的最重要秩序性依赖就是"民间法"。而这种不退场在特殊时段其影响力和作用不仅没有变小还会变得日渐强大，其原因在于传统的力量一直无法通过法律制度完全剔除，国家法的作用和意义在于对民间法不能规制或者规制效力不足的社会行动作出强力规制，而不是替代民间法成为一种全能主义的社会行动和治理逻辑。更需要指出的是，即使国家法变得更为强大和高效，民间法也不会退场，因为国家法总是存在模糊和漏洞的地方，需要民间法来补充和消融。

与此相应，国家法作为社会系统运行的核心规范也永远无法完全在场，并且随着社会发展，社会系统中会出现更多国家法无法完全在场的情形和可能。国家法无法全覆盖社会系统中的各种关系（比如新产生的关系），它也不可能全覆盖所有社会关系，这就是道德、习俗、传统等规范一直在社会系统中必须在场（存在）的根本原因，而这正是国家法在维系社会关系过程中所具有的基本限度。国家法永远无法替代民间法的重要原因还在于国家法总是无法脱离地方性的知识（共识），毕竟具体的、适合一个国家的法治并不是一套抽象的、无背景的原则和规则，它涉及一个融洽或者融贯的知识体系，这个知识体系的生命力主要源自一个地方性习惯或者一个国家普遍存在的民间法。[①]

民间法作为社会系统运行的重要社会结构，会成为国家法这种硬结构之下的软结构，它对于社会系统硬结构的良性运行具有重要的润滑和融贯作用。从基础表征看，民间法的重要作用在于培养人们的诚信意识，为遵守国家法提供必要的意识形态塑造和培育。这个过程被认为是软规范和硬规范的持续性融合和互动，并不断被反身性影响的过程。民间法所形成的规范效应是一种不自知的，是一种特殊的内在意识形式，而国家所形成的规范效应是一种自知的，是一种明确的外在意识形式。民间法形成和培育主体的时间一般很长，也不容易改变，国家法形成和培育主体的时间一般较短，相比而言会更为容易改变。毕竟，社会系统运行逻辑最为深刻的改变，必须依靠国家法的动力性和机动性。国家法的重要作用在于规制人们不良的社会行为，以促使其满足法治导向性的要求，间接上对社会共识和民间意识（即民间规范）产生重要影响。（民间法和国家法相互之间对主体规制的示意图可以参见图4）

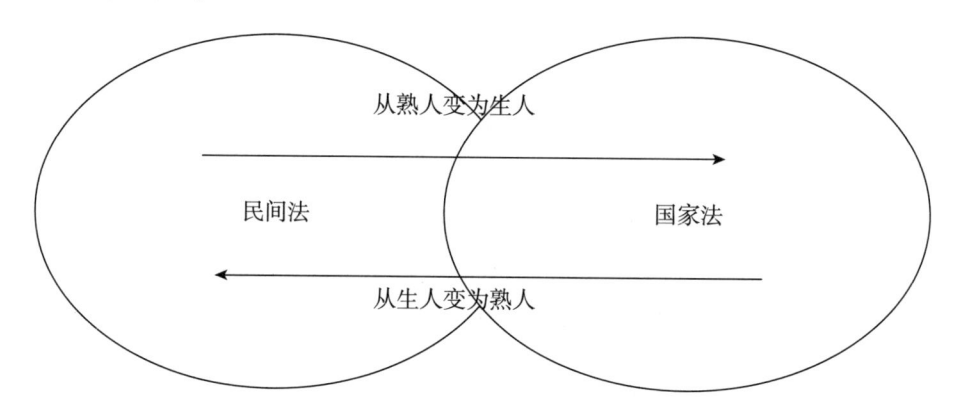

图4　民间法和国家法规制对象和空间的交叠互动示意图（尖头为规制方向）

民间法和国家法在规制主体上作用不是冲突和对立的，存在重要的契合点，因为它们都体现为一种社会性共识。民间法的共识是一种遵循潜意识或者无意识的伦理逻辑，可以被认为是一种通过日常习得的关系结构，具有单边性；国家法的共识是一种遵循显意识或者有意识的规范逻辑，可以被认为是一种通过理性规训的关系结构，具有多边性。所以才有学者认为"在法治社会，虽然强调法治，但是，这并不意味着德、法是两个彼此截然对立的规范世界，而只是意味着德对社会整合的价值基础意义，法对社会公共生活的直接治

---

① 参见苏力：《法治及其本土资源》，北京大学出版社2015年版，第19页。

理意义。"①

更为重要的是，国家法对社会行动逻辑的作用是直接而有效的，民间法对社会行动逻辑的作用是间接而基础的。当下中国特色社会主义进入新时代，对国家治理体系和治理能力现代化提出了新要求，新时代在国家层面当然更为强调依法治国的重要作用，但在民间社会层面也应当强调民间规范的德治作用。比如，可以依据国情结合民间规范来维系社会良性秩序和关系，以防止出现各领域的泛法律主义苗头。

在遵循前述要求后，国家法和民间法会逐渐在社会系统行动中形成"规范上的嵌套结构"和"功能上的耦合关系"的治理逻辑。规范嵌套意味着民间法和国家法必然在社会系统中具有相互影响和不断转变的反身性；功能耦合意味着民间法和国家法会在各自的系统运行中具有统一性和协调性，其中最为重要的是社会秩序的主导力量，将由"形成民间法的地方主导为主"向"形成国家法的国家主导为主"的运行逻辑转变。

结　语

互联网带来的网络为我们理解社会系统的半熟人性质提供了一个较为重要的切入点。由于社会性质不同就会有不同的社会行动逻辑，行动逻辑的不同会直接影响治理方式的选择。而半熟人社会的行动逻辑，既受到熟人社会治理逻辑中伦理道德机制维系力的间接影响，也受到国家法所体现的国家权力的直接影响。因此，半熟人社会的行动逻辑需要运用伦理和法律双重机制来进行维系。整体而言，半熟人社会的行动逻辑基本可以概括为：从社会系统运行的"民间法规制为主、国家法干预为辅"转变为"国家法引领为主、民间法干预为辅"的行动路径。

其实不论是对熟人社会的民间法还是生人社会的国家法进行分析与研究，对于当下真正的半熟人社会而言，都可能需要一点点社会学自身研究所具有的想象力。毕竟传统熟人社会并不是在走向消亡，而在通过其他方式和路径以新"熟人"的形式重生。② 这种新熟人形式其实就是国家法所塑造的"制度"熟人。而社会到底是熟悉或者是不熟悉都是一个相对的概念，它具有一定的历史性和空间性，因为熟悉是需要时间的，并且还具有空间的限制。在半熟人社会里，民间法和国家法必然会相互影响并且相互转变，而能够出现相互转变的重要原因在于主体和目的是相同的，即二者都是为了整个社会系统的良性运行。但由于民间法和国家法的系统结构运行动力不同（民间法主要是自然而生，国家法主要是国家权力而生），因此，为了更好地疏通民间法和国家法的转变关系，就需要建立必要的沟通协调机制，即当下党中央和国家提出的完善"公众有序参与立法"的体制机制。当然如果要完善社会行动所需要的逻辑结构，前述立法机制还要建立必要的筛选要

---

① 高兆明：《道德失范研究：基于制度正义视角》，商务印书馆2016年版，第183页。
② 参见贺海仁：《无讼的世界——和解理性与新熟人社会》，北京大学出版社2009年版，第124页。

件，以通过具体的筛选程序和标准审查使符合中国国情的"民间法"通过立法渠道上升为"国家法"。

The Logic of Action of "Semi Acquaintance Society" from the Perspective of Interaction between Folk law and State Law
——Starting from Cyberspace

Li Jiafei

Abstract: "semi acquaintance society" refers to a society whose nature does not belong to traditional local acquaintances, nor to strangers in the absolute sense. It is a society with both acquaintances and strangers. This kind of society not only needs to follow the traditional social norms (such as habits, customs, morality, etc.), but also needs to follow the modern social system (such as the legal norms adopted by the state, etc.). In the transition period of China, the social system that can best reflect the relationship between acquaintances and strangers is the social networking community (mostly interactive apps, such as wechat, QQ, post bar, etc.) brought by the Internet. Different social forms will have different social structures, and different social structures will certainly form different logic of social action. In view of this, it is necessary to clarify the specific social structure in order to clarify the action logic of semi acquaintance society. The social structure of semi mature society mainly follows the basic regulation of folk law and national law, which is reflected in the mutual reflexivity between them. At the same time, the dual dimensions and reflexivity embodied in this structure also have certain limits, that is, the folk law will not completely exit in the action of the social system, and the state law will not be completely present in the action of the social system. There must be a certain dynamic relationship between the two, That is to say, the social structure has changed from folk law to state law. Therefore, the logic of social action in the construction of this social structure is shown as the path of action from "folk law regulation as the main part and state law intervention as the auxiliary part" in the operation of social system to "state law leading as the main part and folk law intervention as the auxiliary part".

Key words: semi acquaintance society; social action; folk law; state law

（编辑：郑志泽）

民族习惯法的刑事司法功能及其风险防范[*]

乔 杉 安 然[**]

摘 要 在罪刑法定原则的强势地位面前，民族习惯法并未消亡，反而逐步走入刑事判决话语体系，获得了更加规范的法治身份。以往将民族习惯法定位为刑事出罪事由的观点对民族习惯法的刑事司法功能存在不合理期待。事实上，民族习惯法的责任宽宥功能才是其入径刑事司法的妥切定位。这不仅与民族习惯法的刑法实践样态相吻合，在理论证成方面也具有显著优势，还能为民族习惯法在刑事司法中的可持续存在找到坚实的刑事实定法依据。为了防止民族习惯法责任宽宥功能的不当使用，有必要在适用范围与体系定位方面为其配套合理的风险防范机制。

关键词 民族习惯法 责任宽宥功能 罪刑法定原则 刑法谦抑性 禁止错误

民族习惯法①与国家制定法的矛盾关系是一个历久弥新的理论课题。在刑法与民法两大基本部门法中，民族习惯法与民法的关系较为缓和，《民法典》第十条明确规定，在处理民事纠纷时，法律没有规定的，可以适用习惯。然而，在刑法领域，排斥习惯法是现代

---

[*] 2019年度山东省哲学社会科学基金项目"美丽山东"建设的刑事司法保障研究（项目编号19BYSJ06）。
[**] 乔杉，女，1988年生，山东大学法学院博士研究生。安然，男，1986年生，法学博士，曲阜师范大学法学院副教授。
① 习惯法与习惯的关系素有同质说与异质说之争。在《民法典》第十条确立了"法律—习惯"二位阶法源体系后，习惯法与习惯的关系之辨成为学界热点问题。本文对习惯法采纳广义理解，即一种为不同阶级或各种群体所普遍遵守的行为习惯或行为模式。参见杜宇：《重拾一种被放逐的知识传统——刑法视域中"习惯法"的初步考察》，法律出版社2005年版，第3-7页；高其才：《民法典中的习惯法：界定、内容和意义》，载《甘肃政法大学学报》2020年第5期；韩富营：《习惯司法适用的本体、主体和规则问题研究》，载《民间法》第二十三卷；张盼：《民法典编纂背景下商事习惯的功能阙补与自治边界研究》，载《民间法》第二十三卷；[美]博登海默：《法理学——法律哲学与法律方法》，邓正来译，中国政法大学出版社1999年版，第39页。

刑事法治帝王条款——罪刑法定原则的核心内容之一。[①] 我国《刑法》第九十条虽为民族自治地方的刑法变通提供了制定法依据，但迄今尚无一个民族自治地方援引该条款进行刑法变通。可见，民族习惯法在刑事立法层面具有显著的禁忌属性。

然而，民族习惯法在刑事司法领域却体现出异常顽强的生命力。原本，随着我国社会转型步伐不断加快，民族习惯法作为一种现代刑事法治的改革对象，理应快速淡出历史舞台。但通过对我国当下刑事司法实践的实证考察，我们却得到了出人意料的结果。民族习惯法不仅没有消亡，反而"光明磊落"地走向了刑事法治的台前，发挥着重要的责任宽宥功能。作为一种依旧不可忽视的法治力量，民族习惯法的刑事司法功能亟待教义学的归纳与析理。同时，我们还有必要思考如何为其配套合理的风险防范机制，防止民族习惯法在刑事司法中可能出现的过度扩张。

一、民族习惯法刑事司法功能的实践归纳

21世纪初，有学者曾提出民族习惯法在刑事领域的作用方式可概括为"刑转民调解""不立案侦查""免于起诉""判断伪饰"。[②] 据实而论，彼时民族习惯法在刑法实践中的"乾坤大挪移"虽凝聚着基层司法人员的实践智慧，但这种巧妙安排与精明操作着实欠缺了几分"光明正大"之观感。时至今日，民族习惯法已逐渐摆脱自身在刑事法治中的灰色身份，成为一种阳光的、正式的裁判理由。

案例1：民警在被告人（彝族）家中查获一支射钉枪疑似物和一支火药枪疑似物。经鉴定，两支枪支疑似物均系以火药燃烧为动力的具有致伤力的非制式枪支。查获的射钉枪是被告人改装而成，火药枪是其父亲遗留下来的。法院认为，被告人构成非法持有枪支罪，其因民族风俗而非法持有枪支，未造成严重后果，主观恶性不深，可酌定从轻处罚，被告人被判处有期徒刑三年，缓刑五年。[③]

案例2：被告人（彝族）在火车站安检时，民警在其行李中查获军用步枪弹150发，后于其家中查获军用步枪弹1发、运动型铅弹30发、冲锋枪弹夹一个。经查，被告人非法持有的弹药系祖传遗留且用于彝族风俗葬礼。法院认为，被告人持有的弹药系家传，用于民族风俗葬礼，主观恶性小，未造成实质性危害后果，可以酌情从轻处罚。最终，被告人被以非法持有弹药罪判处有期徒刑三年，缓刑三年。[④]

案例3：被告人1与被告人2（均为苗族）非法收购白腹锦鸡7只（养殖用），其行为已构成非法收购珍贵、濒危野生动物罪，且属情节严重。法院指出，被告人1是文盲，被

[①] 参见高铭瑄、马克昌主编：《刑法学》（第六版），北京大学出版社2014年版，第26页；陈兴良：《教义刑法学》（第三版），中国人民大学出版社2017年版，第42页；周光权：《刑法总论》（第三版），中国人民大学出版社2016年版，第43页。
[②] 参见杜宇：《当代刑法实践中的习惯法——一种真实而有力的存在》，载《中外法学》2005年第1期。
[③] 参见云南省宁蒗彝族自治县人民法院（2018）云0724刑初99号刑事判决书。
[④] 参见西昌铁路运输法院（2011）西铁刑初字第6号刑事判决书。

告人 2 只有小学文化程度，且确系贫穷落后山区的少数民族，法律意识淡薄，对其行为的社会危害性、刑事违法性均没有足够认知，被告人尚未造成严重后果，社会危害性较小，主观恶性小。二被告人因此被减轻处罚。法院还特别指出，被告人 1 虽不具有法定减轻处罚情节，但鉴于本案特殊情况，确有必要对其在法定刑以下判处刑罚，故决定对被告人 1 在法定刑以下判处刑罚并将依法报请最高人民法院核准。①

在上述案例 1、案例 2 中，被告人触犯的非法持有枪支弹药罪是刑法"危害公共安全罪"中的重要罪名，对公共安全法益威胁极大。我国对非法持有枪支弹药行为的刑法规制历来十分严肃，但在这两个案例中，被告人确系少数民族且存在枪支相关的民族风俗，加之对被告人年龄、文化程度、经济状况、枪支弹药来源等因素的综合考量，最终对其判处缓刑是较为妥切的。事实上，虽然我国是对枪支弹药管理最为严格的国家之一，贵州省从江县的芭莎苗族和广西南丹县的白裤瑶族仍被允许拥有枪支，在民族节日时，族人还可以为游客进行持枪表演。② 而在案例 3 中，两位被告人受到"靠山吃山"民族惯性思维的影响，对野生动物的法律性质认识有误，在缺乏法定减轻情节的情况下，当地法院决定对其减轻处罚并报请最高人民法院批准，这在我国刑事司法生态中是极为罕见的，也凸显了民族习惯法为刑事制定法及其运作逻辑带来的现实挑战。质言之，民族习惯法在我国当今刑法实践中不仅是一种真实存在，而且还正式进入了刑事判决的话语体系。这充分说明，民族习惯法作为一种特殊的知识传统仍有能力成为现代刑事法治实践叙事的积极补充。

晚近四十年以来，我国经历了沧海桑田的剧变，现代社会的组织方式与经济发展方式对我国文化传统与社会习惯带来了猛烈冲击。在少数民族地区与外界交往日趋频繁与日益深入的语境下，少数民族地区的价值观念与社会运作机制被动转型，少数民族地区对民族习惯法的权威认同呈现出衰减之势。然而，我们不能据此傲慢地认为，民族习惯法已完全退出刑法舞台，恰恰相反，民族习惯法"作为一种积淀整合了数千年制度形态的独特法俗文化，它被特定的社会群体所选择、收纳、共享，并经过长时间的积淀、净化得以绵延传递，具有很强的稳定性。"③ 此外，毋庸讳言，我国某些少数民族地区尚未充分享受到社会发展成果，也是民族习惯法持续存在的重要肇因。在民族习惯法案例中，被告人往往具有年龄较大、文化程度低、经济状况差等特征，在日新月异的社会情势面前，他们是被无情放逐的弱势群体，无奈之下，烙刻在其精神内核中的民族习惯依然是他们精神世界的重要构成。我们有理由相信，在民族习惯法案例中，如果法官机械地执行刑法规定，对被告人判处严厉刑罚，恐怕无法赢得当地民众的肯认，而丧失了"民众忠诚"的刑法，"即使其规则再严格再符合理性，即使其背后有再强大的国家权威加以支撑，也注定得不到贯彻

---

① 参见云南省文山壮族苗族自治州中级人民法院（2019）云 26 刑终 205 号刑事判决书。
② 参见吴若愚：《我国合法持枪的两个民族：芭莎苗族和南丹白裤瑶》，https://m.sohu.com/a/126811981_413427，访问日期：2020-10-16。
③ 蒋超：《论少数民族习惯法的现代化途径》，载《甘肃社会科学》2008 年第 3 期。

和施行，注定要被历史所抛弃。"①

在未来较长时期内，民族习惯法在我国的刑事法治中仍是一股不容小觑的法治力量。较之以往在刑法实践中的"狡黠"运作，民族习惯法进入刑事判决具有明显的法治进步意义。通观相关案例，民族习惯法在刑事司法中的责任宽宥功能清晰可见。然而，长期以来，既有研究习惯将民族习惯法作为一种出罪事由。但我们认为，民族习惯法的责任宽宥功能才是民族习惯法入径刑事司法的最佳进路。这不仅与民族习惯法的刑法实践样态高度吻合，亦具有理论证成层面的巨大优势。

二、民族习惯法责任宽宥功能的理论证成

民族习惯法的蓬勃生机早已为学界所识，以往有力研究认为"如今的罪刑法定原则不仅具有抵制'入罪'的功能，而且具有'出罪'功能；在罪刑法定原则下，民族习惯法的功能主要表现为'出罪'，并可以通过阶层式犯罪成立体系来实现。"② 本文无意否定民族习惯法可能具有的出罪功能，但此主张对我国初步成型的刑事法治体系存在较大威胁，一旦把握不当，我们已取得的法治成果就会付之东流。而且，民族习惯法出罪功能的证成难度极大，现有的理论论证并不自洽。相较之下，民族习惯法的责任宽宥功能不仅与刑事司法的实践图景高度契合，在理论证成方面也更易达成，是民族习惯法在刑法舞台上的最佳角色。

(一)罪刑法定原则的冲突与消解

在现代世界各国刑法中，通常仅有罪刑法定原则这一个基本原则。在我国刑法三大基本原则中，罪刑法定原则亦具有核心地位，被公认为"原则中的原则"。③ 罪刑法定原则作为反对封建刑法擅权专断的利器，刑法必须以成文法方式呈现是其基本要求。民族习惯法作为少数民族地区约定俗成并以身教言传方式流传至今的文化传统，其与罪刑法定原则存在冲突关系的事实是难以否认的。然而，民族习惯法在刑法实践中又是一种挥之不去的作用要素，在我国全面推进依法治国的法治进程中，理论研究者有责任对其与罪刑法定原则的关系进行合理化诠释与理顺。面对这一问题，有不少学者认为，民族习惯法可通过罪刑法定原则的实质侧面化解二者的紧张关系。④ 这种阐释进路富有启发意义，但存在明显疑问。

---

① 杜宇：《当代刑法实践中的习惯法——一种真实而有力的存在》，载《中外法学》2005年第1期。
② 苏永生：《论罪刑法定原则与民族习惯法》，载《法制与社会发展》2009年第5期；张殿军：《罪刑法定视域的民族习惯法》，载《甘肃政法学院学报》2009年第3期。
③ 参见陈兴良：《教义刑法学》（第三版），中国人民大学出版社2017年版，第29页。
④ 参见苏永生：《论罪刑法定原则与民族习惯法》，载《法制与社会发展》2009年第5期；管亚盟、王雅梦：《刑法在少数民族自治地区适用的司法路径探寻》，载《贵州民族研究》2019年第7期；方也媛：《罪刑法定语境下少数民族习惯法的出路分析》，载《天府新论》2015年第2期。

首先，罪刑法定原则实质侧面的机能在于限制立法权，不能也不应成为民族习惯法司法功能的理论依据。在罪刑法定原则发展的不同阶段中，其内涵不断演进。在初始阶段，融合了民主思想、权利思想的罪刑法定原则的历史使命在于反对封建专权刑法对公民基本人权的肆虐，因此，其高度强调形式理性并化身为禁止类推、禁止习惯法、禁止溯及既往等实践主张。在20世纪前后，罪刑法定原则已成为世界主要发达国家与地区的刑法原则。然而，二战中纳粹国家在罪刑法定原则的"合法掩护"下实施了大量暴虐行为，使学界迅速意识到经过合法程序制定的刑法也可能是专制与残忍的凝结。[1] 故而，罪刑法定原则被注入了更多实质内容，刑罚法规的明确性原则与刑罚法规内容的适正原则作为罪刑法定原则的实质侧面得以确立。[2] 如今，罪刑法定原则可被界分为形式侧面与实质侧面已成共识，前者的机能在于限制司法权，后者的机能在于限制立法权，二者配合无间、相得益彰。[3] 主张民族习惯法与罪刑法定原则实质侧面存在亲缘关系的学者亦承认，罪刑法定原则实质侧面的内容是刑法的明确性以及禁止残虐、不均衡、不当罚的行为。[4] 因此，罪刑法定原则实质侧面不应成为民族习惯法刑事司法功能的理论依据，其功用在于避免刑法再次沦为专制工具的惨剧。换言之，如果我们缺乏对刑法内容的实质考察，别有用心者打着罪刑法定原则的幌子，经过所谓的民主立法程序而产生的刑法反而会成为更具破坏力的恶魔杀器。罪刑法定原则实质侧面的功能分明在于限制不合理的刑事立法，而不是对刑事司法实践中出现的某些现象进行说明，将其作为民族习惯法入径刑事司法的入口是一种明显错置。

其次，民族习惯法与罪刑法定原则实质侧面的生硬结合，潜藏着巨大的刑法风险。有学者指出，禁止处罚不当罚的行为是罪刑法定原则实质侧面的重要内容。在此语境下，我国某些少数民族存在"赔命价"、抢婚、走婚等民族习惯，使刑法中的故意杀人、强奸、强制猥亵、重婚等罪名在特定情况下也难称适正。在具有特殊传统的少数民族地区，国家刑事制定法很难获得少数民族文化的认同，很难说符合罪刑法定原则的基本要求。[5] 我们认为，该观点存在逻辑不清与矫枉过正之嫌，我们切不能以某些少数民族地区仍存在一定的民族习惯法为由，否定国家正式法源中相关罪名的正当性、合理性与合法性，否则会导致不可估量的刑法危机。详言之，刑法中的强奸、猥亵、重婚等罪名对我国广大非少数民族地区的社会稳定具有无可争辩的正面价值，我们不能因为少数民族地区存在与之相抵牾的民族习惯法，就将刑法中的罪名视为"不适正"或"不符合罪刑法定原则的基本要求"，这不仅是逻辑上的本末倒置，更是对罪刑法定原则实质侧面的重大曲解。出于对民

---

[1] 参见［意］杜里奥·帕多瓦尼：《意大利刑法学原理》，陈忠林译评，法律出版社2004年版，第14页。
[2] 参见陈家林：《外国刑法通论》，中国人民公安大学出版社2009年版，第85页。
[3] 参见陈兴良：《形式解释论的再宣示》，载《中国法学》2010年第4期。
[4] 参见苏永生：《论罪刑法定原则与民族习惯法》，载《法制与社会发展》2009年第5期。
[5] 参见苏永生：《论罪刑法定原则与民族习惯法》，载《法制与社会发展》2009年第5期。

族习惯法的理论"偏爱",我们可以为其摇旗呐喊、赢得更多社会关注,但不能因此对刑事制定法所具有的根本地位及其重要贡献视而不见;我们可以就罪刑法定原则对民族习惯法的强势挤压进行一定调整,但不应矫枉过正,否则作为一个具有悠长历史、民族习惯法存量十分可观的多民族国家,我国初步成型的刑事法治体系将面临崩塌风险。

在以往研究中,理论工作者对少数民族地区的人文关怀值得充分肯定,但在相当程度上存在对民族习惯法抱有不切实际的过高期待以及对民族习惯法与国家制定法的历时性关系认识不清的弊病。其一,我国司法机关极少作出无罪判决,①认为民族习惯法具有出罪功能不啻对民族习惯法的非分要求。其实,仔细考量对民族习惯法青睐有加的学者所使用的案例素材可知,民族习惯法案件可以通过调解或不立案等方式不进入审判程序,从而得以事实上的出罪,但只要经历了正式审判的案件,其结果几乎都是减轻责任,而不是完全出罪。平心而论,在我国改革开放已逾四十年、社会主义法治体系已初步建成的语境下,当案件已具有构成要件符合性时,司法人员无论出于忠实的法治信仰,还是出于对自身职业风险的考量,都很难适用民族习惯法对行为人进行出罪处理,但以民族习惯法为据对行为人减轻处罚,则大大减轻了其心理压力,也更为符合情理。一言以蔽之,责任宽宥功能对民族习惯法而言,是最具现实意义的功能定位。其二,对于民族习惯法与国家制定法的角力,我们应以动态发展的眼光看待二者关系,而不是采取静态甚至主动将二者对立的思维方式。在我国现代化进程不断深化加速的进程中,虽然民族习惯法时下仍有效用发挥,但日益式微是其不可逆转的时代趋势。这意味着,在当前与未来一个时期内,我们有必要尊重民族习惯法的存在,对其进行合理化论证,使其能够和谐地融入刑事司法,更好地保障少数民族同胞的合法权益。但我们不能以民族习惯法一息尚存为由,过分地否定刑事制定法与罪刑法定原则的存在价值,甚至主动制造两方面的对立,这种逆势而为既不符合我国发展之大势,亦无充足的学理根据。

综上,只要我们不对民族习惯法过度拔高,而是赋予其准确且具有现实意义的责任宽宥功能,其与罪刑法定原则的冲突即刻可得消解。我国《刑法》第六十三条明确规定"犯罪分子虽然不具有本法规定的减轻处罚情节,但是根据案件的特殊情况,经最高人民法院核准,也可以在法定刑以下判处刑罚",这不仅为民族习惯法责任宽宥功能提供了充足的法条依据,亦在民族习惯法案件中得到了法官的适用。换言之,如果我们为民族习惯法减轻负担,不再强求其作为出罪事由出现,而将其刑事司法功能精准地定位于"责任宽宥",这不仅消除了民族习惯法与罪刑法定原则的冲突,更促成了二者的稳定结合,使民族习惯法拥有了合法的"刑法编制",可以"底气"十足地在刑事司法中持续发挥效用。

---

① 据《2019年最高人民法院工作报告》显示,2018年度我国各级人民法院审结的刑事一审案件为119.8万件,判处罪犯142.9万人,依法宣告无罪的被告人819名。张明楷教授指出,我国无罪判决率之低是世所罕见的。参见王钰:《适法行为期待可能性理论的中国命运》,载《政治与法律》2019年第12期。

（二）刑法谦抑性的演进与契合

有学者指出，少数民族习惯法可以成为出罪正当化事由，这与刑法谦抑性要求相符合。① 还有学者认为，以民族习惯法为据扩张犯罪内容要坚决排除，而以民族习惯法为由限缩犯罪范围与刑罚幅度时，刑事司法活动应保障习惯保有者的权利。这不仅符合刑法谦抑的基本精神，同时与尊重善良风俗的一般原则相契合。② 据实而论，民族习惯法的司法功能确实与刑法谦抑性的精神实质较为亲近，但上述观点存在值得厘清之处。随着风险社会的降临与刑法理论的发展，一味倡导"非罪""出罪"或限制刑法发动不再是刑法谦抑性的主要旨趣，其理论内涵正由"限定的处罚"向"妥当的处罚"演进。③ 与之相对，少数民族习惯法的司法功能应打破"出罪"桎梏，实现"宽宥"转向。

刑法谦抑性是现代刑法的基本精神。有学者认为刑法谦抑性是指刑法的紧缩性、补充性和经济性，④ 有学者将其理解为刑法调整的不完整性、刑法统制手段的最后性以及刑法制裁方式发动的克制性，⑤ 还有学者主张刑法谦抑性等同于刑法的补充性，即能用其他手段规制违法行为、保护法益时就不要将其作为犯罪处理。⑥ 概言之，虽然对刑法谦抑性内涵的具体表述存在差别，但限制刑法的不当扩张与刑罚权的滥用实为理论界对刑法谦抑性的经典理解。当前，我国尚处于剧烈社会转型期，各种新型犯罪方式迭出，犯罪化已成为刑法的主要演进方向。理论界对这种趋势给刑法谦抑性带来的冲击非常担忧，纷纷建言献策，以期刑法谦抑性能得到切实保障，似乎限制与制约才是刑法谦抑性的正解。⑦

在刑法不得不持续犯罪化的时代强调刑法的谦抑性是十分必要的，但刑法谦抑性与非罪化、出罪化、一味地限制刑法发动并不通约。刑法谦抑性的内涵理应随着时代变迁而更新，当前"应当强调处罚范围的合理性、妥当性……换言之，我国刑法应当从'限定的处罚'转向'妥当的处罚'。"⑧ 还有学者恰当地指出，为了满足新时代的社会治理需求，需要法律调整的事务范围正逐渐扩大，各种刑法的前置法随之扩张，刑法自然也应进行相应扩容，过于萎缩的刑法无法满足犯罪治理的现实需要，⑨ 立法扩张与司法限缩才是当下刑

---

① 参见张殿军：《罪刑法定视域的民族习惯法》，载《甘肃政法学院学报》2009年第3期。
② 参见谢晖：《民间法、民族习惯法研究专栏主持人手记（二十一）》，载《甘肃政法学院学报》2009年第3期。
③ 参见张明楷：《网络时代的刑法理念——以刑法的谦抑性为中心》，载《人民检察》2014年第9期。
④ 参见陈兴良：《本体刑法学》，中国人民大学出版社2011年版，第75—83页。
⑤ 参见莫洪宪、王树茂：《刑法谦抑主义论纲》，载《中国刑事法杂志》2004年第1期。
⑥ 参见张明楷：《刑法格言的展开》，法律出版社2013年版，第167页。
⑦ 参见简爱：《一个标签理论的现实化进路：刑法谦抑性的司法适用》，载《法制与社会发展》2017年第3期；石聚航：《刑法谦抑性是如何被搁浅的》，载《法制与社会发展》2014年第1期；王霖、阎二鹏：《抽象危险犯认定路径检思与谦抑认定机制重构》，载《国家检察官学院学报》2017年第2期。
⑧ 张明楷：《网络时代的刑法理念——以刑法的谦抑性为中心》，载《人民检察》2014年第9期。
⑨ 参见田宏杰：《比例原则在刑法中的功能、定位与适用范围》，载《中国人民大学学报》2019年第4期。

法谦抑性的科学运用之道。① 有鉴于此，在"妥当的处罚"日益成为刑法谦抑性要旨之语境下，以往将民族习惯法与刑法谦抑性相勾连并将前者作为出罪正当化事由的观点无法成立，甚至会自食恶果。在民族习惯法案例中，被告人的行为往往已具有构成要件符合性，以民族习惯法为由对被告人进行出罪处理绝不是一种妥当方式，反而会导致民族习惯法的"自命不凡"，进而使其与刑事制定法渐行渐远。换言之，以刑法谦抑性为名赋予民族习惯法出罪功能，就等于将一定区域内的刑法话语权与决定权拱手相让，民族习惯法因此不会再有积极拉近与刑事制定法关系的动力，同时，试图利用这种规则危害社会的犯罪分子亦将不断出现。这甚至不符合刑法谦抑性的传统理解，防止刑罚权滥用竟嬗变为恶化民族习惯法与刑事制定法关系的口实，其荒谬性显而易见。事实上，民族习惯法的责任宽宥功能与刑法谦抑性更为契合，后者在演进中的"妥当性"转型为民族习惯法责任宽宥功能提供了更加恰如其分的理论支撑。被告人在民族习惯的浸润与影响下，对自身行为的违法性认识不足，法官在综合判断后认为可对其宽宥处理，从而在刑种选择、刑期判罚等方面适当从轻，这不仅是民族习惯法效用的恰当发挥，更是新时代刑法谦抑性的题中之义。

（三）宽严相济刑事政策的承载与践行

现代刑事政策是国家反犯罪斗争"战略、方针、方法以及行动的艺术、谋略、和智慧的系统整体。"② 可见，刑事政策对一国的刑法运行发挥着重要的引领与指导作用。在罪刑法定主义的发展前期，德国刑法学家李斯特提出，刑法是刑事政策不可逾越的藩篱。该论断旨在限制刑事政策对刑法的不当影响，从而更好地保护民众的基本权利，同时也揭示了刑事政策与刑法间的紧张关系。③ 晚近以来，我国刑法学界对刑法与刑事政策的关系进行了大量有益探讨，一种可以接受刑事政策引导但同时又能对其功用进行有效限制的刑法体系正在被努力建构，④ 刑事政策的目标设定在教义学研究中已被视为不可或缺的思考维度。⑤

宽严相济刑事政策首次出现在2004年的中央政法工作会议上，2006年时被党的十六届六中全会明确定位为"宽严相济的刑事司法政策"。⑥ 由于宽严相济刑事政策在推行过程中取得了良好的法律效果与社会效果，其日渐获得了我国基本刑事政策的地位已成学界共识。如今，是否具有宽严相济刑事政策方面的合目的性在刑法问题的探讨中愈加重要。

---

① 参见田宏杰：《立法扩张与司法限缩：刑法谦抑性的展开》，载《中国法学》2020年第1期。
② 梁根林：《当代中国少年犯罪的刑事政策总评》，载《南京大学法律评论》2009年春季卷。
③ 参见陈兴良：《刑法教义学与刑事政策的关系：从李斯特鸿沟到罗克辛贯通》，载《中外法学》2013年第5期。
④ 参见邹兵建：《跨越李斯特鸿沟：一场误会》，载《环球法律评论》2014年第2期。
⑤ 参见劳东燕：《受贿犯罪的保护法益：公职的不可谋私利性》，载《法学研究》2019年第5期。
⑥ 参见卢建平：《宽严相济与刑法修正》，载《清华法学》2017年第1期；赖早兴：《惩治黑恶势力犯罪中宽严相济刑事政策之贯彻》，载《法学杂志》2019年第6期。

民族习惯法责任宽宥功能实属宽严相济刑事政策的优质刑法载体，是宽严相济刑事政策与刑法融通的尚佳践行。宽严相济刑事政策的基本内涵为"该严则严，当宽则宽；严中有宽，宽中有严；宽严有度，宽严审时"。① 最高人民法院在《关于贯彻宽严相济刑事政策的若干意见》（以下简称"《贯彻意见》"）中的第14-24条详细阐释了如何在刑事司法中准确把握和正确适用从"宽"的政策要求，罪行不重、主观恶性不深、人身危险性小、有悔改表现等情节成为从宽处理的主要考量要素。民族习惯法案例显然与此十分吻合：犯罪结果危害较轻、被告人主观恶性较小、积极坦白、配合调查是绝大多数民族习惯法案例的共有特征，加之民族习惯的存在，使民族习惯法案件的从轻处理更加顺理成章。同时，我们也要警惕理论层面对民族习惯法案件一味从轻、倡导出罪的不良倾向，这并不符合宽严相济刑事政策的精神实质，亦不符合《贯彻意见》的明文规定。② 究其原委，民族习惯法案件中的行为一般都已具有构成要件符合性，且通常不符合情节显著轻微危害不大，在此情况下，《贯彻意见》的从轻极限不是出罪，而是免除处罚。再考虑到民族习惯法案件的一般预防意义，我们不应对民族习惯法案件过度从轻，民族习惯法的责任宽宥功能才是最符合宽严相济刑事政策的功能定位。

三、民族习惯法责任宽宥功能的风险防范

民族习惯法责任宽宥功能为化解其与刑事制定法的矛盾、提升少数民族地区刑事司法实质理性提供了创新思路。然而，该功能亦存在被不当运用的法治风险，应为其配套科学的风险防范机制。

（一）适用风险防范

在刑事司法实践中，并不是所有含有"民族习惯""民族风俗"的案件均属于民族习惯法责任宽宥功能的适用范围。

案例4：被告人（汉族）与王某发生龃龉，将王某亡夫的骨灰盒盗走。法院认为，骨灰同尸体一样是人们祭奠亡灵、寄托哀思的重要对象，理应受到法律的保护，盗窃骨灰同盗窃尸体、尸骨一样，一向被人们视为对死者的亵渎、对我国善良民族习惯和传统的侵犯，不仅严重伤害社会风化，且容易引起群众之间的矛盾，酿成大的冲突，具有较大的社

---

① 参见孙万怀：《宽严相济刑事政策应回归为司法政策》，载《法学研究》2014年第4期。
② 《贯彻意见》第十四条指出，宽严相济刑事政策中的从"宽"，主要是指对于情节较轻、社会危害性较小的犯罪，或者罪行虽然严重，但具有法定、酌定从宽处罚情节，以及主观恶性相对较小、人身危险性不大的被告人，可以依法从轻、减轻或者免除处罚；对于具有一定社会危害性，但情节显著轻微危害不大的行为，不作为犯罪处理；对于依法可不监禁的，尽量适用缓刑或者判处管制、单处罚金等非监禁刑。

会危害性，应依法予以惩处。被告人构成盗窃骨灰罪，判处有期徒刑六个月，缓刑一年。①

案例 5：被告人（彝族，小学文化，村医，1993 年出生），邀请被害人吉某 1 去朵洛荷歌城唱歌，在被害人吉反对开房的前提下，强行将被害人带至酒店强奸。辩护人提出，被告人阿布外哈行为受到当地民族风俗的影响，且犯罪以后自动投案，如实供述自己的罪行，系自首，当庭自愿认罪悔罪，系初犯，依法从轻、减轻处罚。法院以强奸罪判处被告人有期徒刑五年零六个月。②

案例 6：被告人王某安（瑶族，小学文化，工人，1985 年生）见到妻子和被害人在出租屋内，即生气持啤酒瓶对妻子与被害人进行殴打，致被害人左锁骨、左小指等部位粉碎性骨折（轻伤二级）。后被告人将被害人带至该出租屋楼顶，以暴力相威胁，要求被害人向其控制的妻子手机微信转账 3300 元。辩护人提出，被告人要求被害人转账的 3300 元属于符合少数民族风俗的"挂红钱"，是赔偿款，被告人没有非法占有的故意，也没有收到这笔钱。最终，法院认定被告人构成故意伤害罪与敲诈勒索罪，两罪并罚，决定执行有期徒刑一年三个月，并处罚金 2000 元。③

在上述 3 个案例中，均有"民族习惯"或"民族风俗"的表述，但这些案例并不属于民族习惯法责任宽宥功能的适用范围。在案例 4 中，被告人盗取骨灰的行为既是对死者的亵渎，更伤害到了死者家属的情感，被告人因此受到刑事处罚是理所应当的。然而，该判决书中的"民族习惯"并非习惯法讨论视阈内的"民族习惯法"，其并不是我国少数民族地区特有的民族文化传统，而是人类社会尊重死者的通行观念和共有传统，二者仅具有字面上的相似性。因此，在这种含有"民族习惯"表述的案例中不应适用民族习惯法的责任宽宥功能。在案例 4、案例 5 中，辩护人均以存在民族风俗为由为被告人辩护，然而法院并没有采纳辩护人的意见，本文对此十分赞同。在案例 5、案例 6 中，虽然两名被告人确系少数民族且文化程度较低，但二人均为有正式工作的年轻人，亦接受过正规学校教育，我们没有理由相信二人对故意伤害、强奸、敲诈勒索行为的法益侵害性毫无认识或不存在认识的可能性，其法敌对动机是十分明显的。在此情况下，对被告人不应以"民族习惯法"的名义为其减轻刑事责任。一言以蔽之，对民族习惯法责任宽宥功能的应用要秉持审慎原则，切不可随意扩大其适用范围。

与此同时，我们对于确应适用民族习惯法责任宽宥功能的情况，亦不能自缚手脚、一味从严。

---

① 参见江苏省淮安市淮安区人民法院（2019）苏 0803 刑初 358 号刑事判决书。类似案情亦可见山西省汾阳市人民法院（2018）晋 1182 刑初 198 号刑事判决书、陕西省子洲县人民法院（2017）陕 0831 刑初 32 号刑事判决书。
② 参见四川省布拖县人民法院（2019）川 3429 刑初 76 号刑事判决书。
③ 参见广东省江门市蓬江区人民法院（2017）粤 0703 刑初 204 号刑事判决书。

案例 7：被告人（傣族，小学文化，农民，1987 年生）在云南勐腊县附近尚勇河边捕鱼的过程中发现一只国盖，将其捕获后带回家杀死并进行了烹饪与食用。经鉴定，被告人非法杀害的国盖为巨蜥，属国家 I 级重点保护野生动物。辩护人提出：被告人有自首情节；被告人无犯罪前科，系初犯、偶犯，愿意赔偿损失；被告人系少数民族，法律意识淡薄，对涉案动物是否是保护动物不明知。公诉机关认为，案发后被告人经传唤主动到案，积极配合，能如实供述自己的犯罪事实，可认定成立自首；其认罪、认罚，有良好的悔罪表现，建议法院判处缓刑。法院认为，被告人成立自首，可以从轻或减轻处罚；其认罪态度较好，可以从轻处罚。但公诉机关的量刑建议与被告人的罪责刑不相适应，不予采纳，最终判处被告人有期徒刑一年六个月，并处罚金 10000 元。①

在案例 7 中，被告人受教育程度不高，职业又是农民，长期生活在少数民族地区（云南西双版纳地区），其在捕鱼作业的过程中发现巨蜥，并未将巨蜥出售牟利，而是自己食用。综合观之，我们有理由相信被告人对巨蜥的法律性质存在认识不清的可能。诚然，结合被告人年龄较轻的事实，其认识错误不属于完全无法避免，因此，其刑事责任不应被完全阻却，民族习惯法的责任宽宥功能应得以发挥。况且，检察机关已认定被告人成立自首、悔罪表现良好，并建议法院对被告人适用缓刑。在此情况下，本案法院仍判处被告人一年六个月有期徒刑，较之其他民族习惯法案例的判罚结果，存在量刑偏重之嫌。

有鉴于此，对于民族习惯法责任宽宥功能的适用范围，我们仍需不断归纳总结，以期达到不枉不纵的均衡状态。

（二）体系定位风险防范

以三阶层犯罪论体系为探讨基础，学界曾对民族习惯法的刑法体系定位给出了多种方案。有学者认为，民族习惯法在规范的构成要件要素与开放的构成要件认定中具有较大运行空间。② 有学者将民族习惯法定位为超法规的违法阻却事由。③ 还有学者提出，将民族习惯法作为一种超法规责任阻却事由引入刑法适用中，是对刑法与情理恰当平衡的考虑。④ 我们认为，为民族习惯法找寻妥切的体系定位，使其能够稳定发挥功效，不断提升我国刑事司法的实质理性程度是极为必要的。然而，在犯罪论体系的三大阶层中均为民族习惯法找寻身份归属的做法是非常危险的，很容易导致民族习惯法的滥用。事实上，民族

---

① 参见云南省勐腊县人民法院（2020）云 2823 刑初 9 号刑事附带民事判决书。
② 参见武良军：《刑事制定法与习惯法冲突之解决——论法教义学视野下习惯法的运行逻辑》，载《中南大学学报》（社会科学版）2015 年第 1 期。
③ 参见杜宇：《作为超法规违法阻却事由的习惯法——刑法视域下习惯法违法性判断机能之开辟》，载《法律科学》2005 年第 6 期。
④ 参见杜宇：《重拾一种被放逐的知识传统——刑法视域中"习惯法"的初步考察》，法律出版社 2005 年版，第 227 页；武良军：《刑事制定法与习惯法冲突之解决——论法教义学视野下习惯法的运行逻辑》，载《中南大学学报》（社会科学版）2015 年第 1 期。

习惯法是一种责任减轻事由,其最妥切的体系身份是禁止错误。

首先,民族习惯法不是一种规范的构成要件要素或开放的构成要件。其一,如符合民族习惯法的行为已符合某罪名的构成要件,我们不能以规范的构成要件要素之名将其出罪。例如,猥亵是比较典型的规范的构成要件要素,需要法官在审理案件时予以主观判断。我国云南哈尼族存在"然民干"习俗,"然民"即哈尼族姑娘,哈尼族男子看上了"然民",就上前乱摸调戏。① 这种行为显然属于猥亵,虽然可能符合民族风俗,法官也不应排除该行为的猥亵性质,而应在违法性阶层或有责性阶层寻求排除其可罚性的可能。否则,依此逻辑,符合习惯法的持有枪支行为也可以被认为不是持枪行为,这显然是荒谬的。其二,开放的构成要件是指刑法对某个罪名的构成要件只进行了概括规定,其内容在适用时需要法官补充完善的情况。② 有学者认为,民族习惯法不认为是犯罪而刑法规定为犯罪的行为,可以通过开放的构成要件对其进行非罪解释。③ 该观点的不妥之处在于,开放的构成要件是试图在构成要件之外寻找违法依据,这意味着其本质是一种"入罪性"的概念。换言之,在构成要件规定不完善时,开放的构成要件可以为法官提供入罪理由。但当刑法将某行为规定为犯罪时,我们无法通过开放的构成要件进行出罪。此外,由于开放的构成要件对刑法应有的稳定性之破坏,该概念已基本被否定,我们没有理由逆势而为。④

其次,民族习惯法不是超法规的违法阻却事由。其一,在功能性质上,违法性阶层的判断具有法律激励意蕴,而民族习惯法的功能显然与此不符。违法性阶层评价的本质在于对具有构成要件符合性的行为进行实质考量,如行为与社会正义相悖,则具有实质违法性,如行为与社会正义相吻合,其形式上的违法性则被阻却。因此,违法阻却事由实际上是一种法律激励。⑤ 那些虽符合民族习惯法但具有构成要件符合性的行为,如案例1、案例2中非法持有枪支弹药的行为或案例3中非法购买珍贵野生动物的行为绝不可能得到国家鼓励,至多可以成为某种法律宽恕事由,我们应在有责性阶层对其进行能否责任宽宥的评价,而不应在违法性阶层过早地排除其违法性。其二,依据刑法教义学的通行看法,超法规的违法阻却事由并不是无限开放的,而是一种相对封闭的类型化集合,包含自救行为、义务冲突、职务行为、执行命令等。⑥ 因此,民族习惯法并不属于现有超法规违法阻却事由体系中的一员,我们不宜将其生硬地塞入超法规违法阻却事由中。其三,超法规违法阻却事由的存在价值已开始动摇。刑法既是行为规范又是裁判规范,如动辄以超法规违

---

① 参见蓝海滨:《民族习俗与刑法的冲突与调适——以云南红河哈尼族彝族自治州为样本的考察》,2011年西南大学硕士学位论文,第6页。
② 参见马克昌:《比较刑法原理——外国刑法学总论》,武汉大学出版社2002年版,第127页。
③ 参见苏永生:《刑法与民族习惯法的互动关系研究》,科学出版社2012年版,第58页。
④ 参见张明楷:《刑法学》(第三版),法律出版社2007年版,第105页。
⑤ 参见姜涛:《行为不法与责任阻却:"于欢案"的刑法教义学解答》,载《法律科学》2019年第1期。
⑥ 参见陈家林:《外国刑法理论的思潮与流变》,中国人民公安大学出版社2017年版,第346-367页。

法阻却事由排除行为不法，刑法的行为规制机能、社会的规范意识会因此受到巨大冲击。是故，有学者认为，在刑法中不应存在超法规的违法阻却事由。①

民族习惯法责任宽宥功能应归入有责性阶层，禁止错误是其最佳的身份归属。在三阶层犯罪论体系中，有责性阶层的任务是考量已被认定为不法的行为是否具有可宽宥情节，从而最终决定是否排除或减轻被告人的责任。是故，有责性阶层的原生任务与习惯法的责任宽宥功能高度契合。同时，我们不应将民族习惯法责任宽宥功能与期待可能性生硬黏合，这无疑是一种理论"拉郎配"。期待可能性的适用，首先要求被告人对自身行为的违法性有清楚认知，这不仅与民族习惯法案件的实践样态不吻合，亦与当前社会发展现状不符。我们无法认为在民族习惯法案件中，被告人完全丧失了实施合法行为或了解其行为法律性质的可能性。事实上，无论从概念内涵还是实践功能来看，民族习惯法责任宽宥功能与有责性阶层中的禁止错误却可以画上等号。禁止错误是指行为人虽对构成要件事实有认识，但不知道其行为被法律所禁止的情形。如该错误不可避免，则阻却行为人责任，如该错误可以避免，则可以减轻行为人责任。禁止错误的适用场景与民族习惯法案件高度吻合：被告人并非不知晓自身行为的事实，而是对行为背后的法律性质存在认识错误。譬如，案例1、案例2中的被告人当然知道自己所持有的是枪支弹药，案例3中的被告人知道自己购买的是白腹锦鸡，我们无法以民族风俗或民族习惯为由，否定被告人的事实认知，但可以将民族风俗或民族习惯作为被告人可能存在违法性认识错误的证据。一言以蔽之，我们应将民族习惯法准确定位于有责性阶层并赋予其禁止错误的体系身份，以期其能发挥稳定的司法作用，同时防止其被不当扩大使用。

The Criminal Justice Function of Ethic Customary Law and the Risk Prevention

Qiao Shan An Ran

Abstract：Facing the strong position of the principle of legally prescribed crimes and punishments, the ethnic customary law has not disappeared, but has gradually entered the criminal judgment discourse system and obtained a more standardized legal status. Previous studies have unreasonably positioned the criminal justice function of ethnic customary law, and habitually regard ethnic customary law as the cause of innocence. In fact, the duty – leniency function of ethnic customary law is the best position for its approach to criminal justice. This is not only highly consistent with the criminal law practice of ethnic customary law, but also easier to obtain theo-

---

① 参见姜涛：《行为不法与责任阻却："于欢案"的刑法教义学解答》，载《法律科学》2019年第1期。

retical justification, and can find a solid criminal legal basis for the sustainable existence of ethnic customary law in criminal justice. In order to prevent the improper use of the leniency function of national customary law, it is necessary for us to provide a reasonable risk prevention mechanism in terms of the scope of application and system positioning.

Key Words: ethnic customary law; duty – leniency function; the principle of legally prescribed crimes and punishments; modest and restrained criminal law; misunderstanding of illegality

（编辑：曹瀚哲）

论民族地区民间神话故事的秩序维护功能

茶春雷[*]

> **摘　要**　《祭母》《丁郎刻木》《敬老宴》三则民族地区民间神话故事具有相同的故事结构，列维-施特劳斯的"结构功能"理论在认识论上强调"深层结构"和"表层结构"，在方法论上强调认识者的重要性，对理解异本神话故事中的相同结构很具有启发意义。民族地区民间神话故事中的"天神之力""故事载体""认识者"三方结构表达了民众期望依照一定的习俗规范和道德标准来行事，构成了一套具有秩序维护功能的社会规范体系，属于法治的社会基础。改革开放以来，中国的社会秩序没有发生重大波动，在很大程度上得益于较好地利用了法治的社会基础。但是，当前中国的法治建设存在着内生性不足、多元规范整合不到位的问题，推进国家法治化进程中，应当提升法治的内生性和回应性，利用并重塑法治的社会基础。
>
> **关键词**　民间神话故事　"结构功能主义"　社会规范　社会基础　法治建设

2014年党的十八届四中全会《中央关于全面推进依法治国若干重大问题的决定》中提出，"坚持系统治理、依法治理、综合治理、源头治理，提高社会治理法治化水平。发挥市民公约、乡规民约、行业规章、团体章程等社会规范在社会治理中的积极作用"。这表明中共中央充分认识到在国家治理中社会规范的重要意义。而从司法实践层面上看，国内已出现了法院援引《孝经》《诗经》《弟子规》的案例，并在学界产生了激烈的讨论，不少学者对此提出了质疑；法院直接"援引《孝经》等的做法与现代法治所要求的法律

---

[*] 茶春雷，云南大学法学院博士研究生。

与道德相分离原则相悖""无法从法律渊源对其进行证成""在现代司法的语境下,通过道德说教来强化司法裁判的说理已经不适合"。尽管存在争议,但可以确定的是法院直接援引《孝经》《诗经》《弟子规》是在判决书中引入中国民间社会规范的一种尝试。

本文需要解决的问题是,国家治理中如何定位和对待民间社会规范,即民间社会规范在国家治理中的地位。笔者援引列维-施特劳斯"结构功能主义"理论作为视角,通过对西南民族地区广泛流传的几则弃老型民间神话故事的结构进行分析,试图剖析民族地区民间神话在社会秩序维护中所发挥的功能,即分析神话故事中抽象出的一些明确规定和结构类型的权利义务如何对民族地区日常秩序的形成发生作用,以此证明民族地区民间神话故事属于中国法治的社会基础,推进国家法治建设应当对其进行充分的利用和重塑。

一、民族地区民间神话故事结构分析

(一) 民族地区民间神话故事简述

神话故事1:在很久以前的哀牢山上,有一个寡妇艰难地将儿子抚养长大,儿子不孝顺母亲,还经常打骂母亲。有一天儿子在田间犁地,看到地头老麻雀喂给小麻雀喂食的情形深受教育,此时正赶上老母亲给儿子送饭,儿子上前迎接,母亲以为儿子要打自己,于是转头就跑,跑到河边便投河自尽。等儿子追上时已经不见母亲踪迹,百般寻找也不见踪迹,最终在河中打捞上来一根木头,儿子将木头当成是母亲的遗体带回家中,并在门前的土台上供奉起来。上天看到了他的孝心,便不再降罪于他。儿子之前的不孝行为也得到了寨子里的人的谅解,村民将其母亲去世的农历二月第一个属牛日,定为祭母的日子。①

神话故事2:古时候,有个彝族寡妇,悉心将儿子丁木林拉扯长大,但儿子经常虐待母亲。有一天,丁木林在田间耕地,看到小麻雀啄虫子喂养老雀,并从中受到了教育。此时正赶上母亲给丁木林送饭,便上前去迎接老母亲,慌忙中他忘记放下手中的牛鞭子,母亲以为儿子又来打自己,感觉生活无望,便掉头跑到山林里撞死在一颗白花木上。丁木林给母亲置办了隆重的葬礼,并砍来了那棵白花木和一棵棠梨木,做成人的形状供在灵堂上。上天见证了丁木林的孝心,便宽恕了他。"丁郎刻木"的故事就在彝族群众中流传开来。此后凡是彝族家里死了人,都要从山中砍回一棵白花木,做一个小木人,供在灵堂里。彝族人把这种活动叫作接祖。②

神话故事3:在云南佤族民间神话故事《敬老宴》中有关于佤族"木考括"仪式来源

---

① 刘辉豪、阿罗编《哈尼族民间故事选》,载《中国少数民族文学丛书·故事大系》,上海文艺出版社1989年版,第164-165页。
② 滇西的巍山、南涧、景东、凤庆、永平、漾濞、弥渡等县的彝族群众、自称是南诏的后裔,他们供奉的祖先牌位相同,是一种用白花木(学名马缨花、映山红、开白花)做成的小木人,叫丁郎刻木。引自《巍山彝族自治县民间故事集成》,略有改动。流传区域:巍山地区;讲述者:刘德荣(彝族);搜集、整理者:薛琳;搜集时间:1984年3月。

的传说：在很久之前，阿佤山住着两个贫穷的兄弟，他们将年迈的父亲骗到山上遗弃，导致老父亲活活饿死，老父亲死后，其魂魄感到冤屈，就向神灵诉说了自己的不幸，神灵震怒，降灾于阿佤山。人们不知灾难从何而来，后来先知将灾祸出现的原委告知了当地的人们，并告诫他们要抛弃遗弃老人的恶俗，在过年过节的时候，要为老人设"木考括"，这样老人的"部安"（"福命"）才会保佑自己的子孙们清吉平安，人们从先知的口中受到了教育，从此阿佤山再也没人遗弃老人了。①

（二）西南民族地区民间神话故事结构分析

1. 天神之力

通常通过神灵的角色出现，在故事情节中充当社会纠纷的"仲裁者"，天神之力在很多神话故事中都有存在，神话故事区别于民间趣事或民间奇谈，超自然力量是其中不可或缺的要素。天神之力在神话故事中是善的化身，道德性被引入到通俗宗教文化是与"关联性宇宙论"的传播相互伴随。"关联性宇宙论"及从其衍生出的"天人说"都建立在对"感应"的基本信仰之上，"感应"则在现实的不同秩序之间起调和作用。根据"关联性宇宙论"，人世间的事件可以激起（感应）宇宙中的反应。② 引入天神之力是受到特定时空内科学条件的限制，在认识能力有限的前提下，人们通过人的行为与宇宙的感应相关联起来，就是老百姓用扬善惩恶的观念来解释自身无法理解的现象，并可以将自身认识能力范围之外超验的部分归因于上天的安排，利用"天人感应"来辨别善恶。

在《祭母》中，天神之力表现为通过施法考验越轨者是否洗心革面。在《丁郎刻木》中，天神之力以雷神的角色出场，通过施法看儿子是选择财富象征的满院谷子还是具有母亲象征的"白花木人"，看到儿子选择后者之后，便宽恕了他。在《敬老宴》中，则是通过神将旨意传达给先知，最终让阿佤人受到教育，进而得到了神灵的庇佑。

天神之力在神话故事中的功能表现为：第一，提供行为裁量标准。即通过"宇宙关联论"感知世人的善恶，给越轨者以弃恶从善的机会，如果能通过考验，将获得神灵的宽恕。第二，保障规则实施，通过天神之力这种超自然力量扬善惩恶，维护社会秩序。

2. 故事载体

故事载体支撑起整个神话故事，文本"结构"的理解应当是符合在"前理解"的不断修正下的"理解之理解"，并且随着年代的变迁不断加深理解，其旨在解决一个"差异"与"同一"性之间的问题，这里指的"同一"与"差异"是两个层面上的，第一层面是指故事载体本身的差异，第二层面指的是对故事"理解之理解"基础上的辩证统一。其中，第一层含义是指故事本身时间上面存在的差异，第二层含义实质是故事本身与不同

---

① 参见勒德刚：《沧源县 L 村佤族"如别麦艮"仪式中的家庭代际关系》，2016 年云南大学硕士学位论文。
② ［美］万志英：《左道：中国宗教文化中的神与魔》，廖涵缤译，社会科学文献出版社 2018 年版，第 17 页以下。

时代认识者对于故事文本理解的差异。它们的差异不可以用微小正负增量的形式,而要用诸如反对、矛盾、反转或者对称等明确的关系来表达,神话"转换的"方面还不是全部,还需另外一条原理来补充限制,即神话材料做无意识加工的心灵只能占用某一类型心理程序,这也导致故事的人物和具体细节会有些差异,但故事的整体结构保持稳定。神话实质不在于风格、叙述方式以及句法,而在于其中所讲的故事。①

对于故事中是否必须有主角性格参与,亚里士多德提到"没有性格,悲剧依然可以成立"②,对此保罗·利科指出"叙述的故事中,人物在整个故事中保存了一种与故事本身的同一性相关的同一性"。③ 笔者认为,神话故事中需要有主角性格。三则民族地区神话故事都是围绕着家庭代际关系展开,在《祭母》和《丁郎刻木》中,故事线索为:母亲将儿子抚养成人——儿子不孝顺母亲——母亲对生活绝望选择自杀——儿子受到教育后真诚悔悟——越轨者获得天神之力宽恕。在《敬老宴》中,故事线索为:父亲将儿子抚养成人——两个儿子遗弃父亲——父亲的灵魂向神灵诉说冤屈——神灵通过先知感化当地人们——当地人从中受教,摒弃弃老习俗。其中故事最发人深省的地方是在故事主角性格的转变方面,首先这三则故事中儿子的行为违反了熟人社会父母子女两代人之间的道德伦理,由于民间熟人社会是个相对封闭的空间,而违反熟人社会规则的人就是这个社会的越轨者,熟人社会对待越轨者的态度是:只要能洗心革面,很大程度上都能给予谅解,这种故事演绎产生了熟人社会中纠纷化解的社会基础。在《祭母》《丁郎刻木》《敬老宴》中,故事的结局都是:社会的越轨者经过教育纠正越轨行为得到了神灵以及当地民众的谅解。

3. 认识者

认识者作为神话故事结构中的一方很容易被忽视,这是因为受到移情作用的影响,④正如狄尔泰所言,"我自己是一个历史性创造物,研究历史的人也创造历史",在论者看来,历史研究和自我研究是密不可分的。⑤ 在神话中认识主体的消去代表一种方法论范畴的必然性。主体自愿让位,以便给这些无名氏的话语留下自由的空间。然而主体并不因此而放弃对自己的自觉。⑥ 即认识者高度地将自己"移情"到故事情节及其故事的意境之中,从而将"自我"遮蔽起来。认识者包括故事创造者和故事传播者,就神话故事的阐释而言可以区分为如下几种情况:(1)共时性的不同认识者对不同的神话故事的认识;(2)历史性的不同阐释者对于相类似神话故事的认识。《丁郎刻木》《祭母》《敬老宴》故事流

---

① [法]克洛德·列维-施特劳斯:《神话学:裸人》,周昌忠译,中国人民大学出版社2007年第1版,第695页。
② [古希腊]亚里士多德:《诗学》,陈中梅译,商务印书馆1996年版,第64页。
③ [法]保罗·利科:《作为一个他者的自身》,佘碧华译,商务印书馆2013年版,第201页。
④ "移情"的理论是狄尔泰首先提出来的,参见[德]汉斯-格奥尔格·伽达默尔:《诠释学(1)真理与方法》,洪汉鼎译,商务印书馆2010年版,第312-331页。
⑤ [美]鲁道夫·马克瑞尔:《狄尔泰传》,李超杰译,商务印书馆2003年第1版,第21页。
⑥ [法]克洛德·列维-施特劳斯:《神话学:裸人》,周昌忠译,中国人民大学出版社2007年第1版,第677-679页。

传于不同民族，不同地区，不同的年代里，但是对故事"结构"进行剖析，却发现具有高度相似性，而且这些结构类似的神话故事能够在一代代人之间延续下来主要是认识者在发挥功能。

二、民间神话故事在社会秩序维护中的功能

（一）列维-施特劳斯"结构功能"理论

1. 在认识论上强调"深层结构"和"表层结构"

列维-施特劳斯将结构主义和功能主义有效地融合在一起，其主要理论来源之一是涂尔干的作品，其次是拉德克里夫-布朗和马林诺夫斯基的著作，但在列维-施特劳斯那里都以高度批判性的姿态出现，除此之外，列维-施特劳斯还吸收了很多思想家的理论，比如卢梭和马克思，除了上述几位思想家的观点之外，列维-施特劳斯还批判性地继承了索绪尔、特鲁别茨和雅各布森的观点，尤其是索绪尔的观点对其影响至深，主要包括：总体、普遍相对于个体、偶然的优先性；以牺牲个别单位为代价强调相关性；接受符码对于非语言学现象的含义。① 列维-施特劳斯将结构区分为"深层结构"和"表层结构"。② 就二者之间的关系而言，列维-施特劳斯认为，"表层结构"皆是人类心灵的产物，是心灵的无意识的、逻辑的"深层结构"的产物。③ "深层结构"并不能够通过经验事实归纳总结出来，而是借助某种理智模型展示出来。

具体到列维-施特劳斯的神话研究上，则通过显示不同地区神话传说系统具有形式上的或者内在秩序的相似性，来暗示神话现象也只不过是人类理智功能的创造。④

2. 在方法论上强调离不开认识者

从列维-施特劳斯的角度，反对从经验中建构出一个社会结构，因此有学者将其结构的特征总结为（1）结构的唯心主义。即结构是人类理智的产物。（2）结构的还原主义。即主张从"表层结构"还原到"深层结构"。（3）结构的非理性。论者认为"无意识"是一个产生或支配其他结构的源泉。⑤

---

① ［英］安东尼·吉登斯：《社会理论的核心问题——社会分析中的行动、结构与矛盾》，郭忠华、徐法寅译，上海译文出版社2015年第1版，第15页。
② 按照列维-施特劳斯的观点"深层结构"是指决定历史、社会和文化中的具体事件和行为的基本规则整体，而"表层结构"是指可观察、可分析归纳的诸多社会现象的秩序。
③ 参见周怡：《社会结构：由"形构"到"解构"——结构功能主义、结构主义和后结构主义之走向》，载《社会学研究》2000年第3期。
④ 列维-施特劳斯认为：（1）神话的意义不会是那种进入组合的孤立成分，其意义只能存在于这些成分的组合方式之中。（2）神话属于语言的范畴，是语言的组成部分之一，但是神话通过所运用的语言显示出其特殊的性质。（3）这些性质只能到语言表达的通常层面之上去寻找。
⑤ 参见周怡：《社会结构：由"形构"到"解构"——结构功能主义、结构主义和后结构主义之走向》，载《社会学研究》2000年第3期。

(二) 从"结构功能"理论视角理解神话故事的民间社会秩序维护功能

列维－施特劳斯对于神话故事的阐释是其结构功能主义思想中的重要内容，很具有启发意义，列维－施特劳斯认为，社会结构概念与经验现实并无联系，而是根据后者基础上建立起来的模型发生联系，社会关系是建立显现社会结构的模型的原材料。神话故事中的"结构功能"强调：（1）整体性优先，神话故事是一种特殊的语言，而且神话故事的意义寓于各个成分的组合方式之中，而不是由各个成分单独的意义予以表征。（2）神话故事可以通过重复来凸显神话结构的功能，并且具备一种"多层面的"透过表面可以看到的结构。（3）列维－施特劳斯认为很多社会学家所提出的原始的思维和科学的思维其实是悖论。

列维－施特劳斯"结构功能主义"理论对中国当代基层社会治理的启发意义表现为：神话故事的意义是各个成分的组合方式而定的，即：（1）在《祭母》、《丁郎刻木》、《敬老宴》中，完整的故事都是由其各个成分组成的，包括，第一，民众内心想通过超经验的天神之力来维护民间社会秩序的无意识结构。第二，民众对越轨者的劝导性理念，体现了一种扬善惩恶的规范行为逻辑。第三，民众内心追求的和谐社会秩序，神话故事的意义就表征于这种组合方式即民众无意识的"深层结构"，也就是世代相传的关于如何处理人际关系与纠纷的社会经验，而经验意味着属于社群的实践性建构和共同记忆。[①]（2）神话故事具有相似的结构，其本身就是通过重复来凸显神话结构的功能，说明在各自特定的时空环境之下，人们面对自然时隐藏在经验事实背后的社群成员集体理智功能的创造。《丁郎刻木》《祭母》《敬老宴》等神话故事本质上是人们思维方式中的一种客观价值判断和理性选择的过程，虽然故事发生的年代、区域存在差别，但民间家族（家庭）伦理存在的人脑结构化潜能能够对外界"表层结构"形成一种秩序的安排。（3）注重认识者的作用。神话故事的认识者内心的深层结构是元动力，是支配外部杂乱无章经验事实的第一动力。

民间的恢复性的社会秩序维持功能可以通过神话故事中的人们共同的思维过程来表现，实践中还有大量的类似的神话故事，比如佤族民间故事《两兄弟卖爹》等。[②] 神话故事的重要性并不是来自故事中的人物和具体的细节，而是隐藏在故事文本背后人们的世界观、宗教和信仰系统、知识系统、意义体系等主观维度，这种主观维度用列维－施特劳斯的神话理论作为工具就能够很好地解释。列维－施特劳斯认为，神话在把已属于可感世界但神话还不能揣测客观基础的各个性质归还给世界时，神话只是在推广思维的产生过程是

---

① 王启梁：《国家治理中的多元规范：资源与挑战》，载《环球法律评论》2016 年第 2 期。
② 在佤族《两兄弟卖爹》故事中讲到两兄弟因为画眉鸟哺育情形的触动而决定不再卖爹，他们尽心孝养促成了佤族的敬老之风。类似的神话故事还有，云南彝族《坟墓上栽草套竹箩的由来》、云南傈僳族《父育子孝》、四川藏族《老子、儿子和孙子》。参见李道和：《弃老型故事的类别和文化内涵》，载《民族文学研究》2007 年第 2 期。

在思维进行时展现于思维的。① 通过神话故事这种媒介，表达民众期望依照一定的习俗规范和道德标准来行事，这套规范具有如下特征：（1）民间社会规范并不强调"一次性惩罚"，而是遵循一种连贯性，其中妥协的因素受到鼓励，其优点在于破坏性的社会关系能够得到恢复。具体而言：在神话故事中借助天神之力对社会越轨者进行教育，人们所期望的稳定的社会秩序得以实现。（2）家族观念强烈。纠纷以内部化解为主，解决纠纷的模式大体上没有超越争议各方的控制。（3）家族的权威与内部关系得以维系，民间纠纷化解手段具有较大的弹性，社会秩序能够很快得到修复。从上文所阐释的神话故事中可见，很多民间家庭内部纠纷起因，大多因为道德教育的缺失，越轨者大多都心存良知，家族（家庭）关系都有修复的余地，这种弹性的纠纷化解方式在农村地区、民族地区的社会治理中非常奏效，这与民间熟人社会（尤其是家庭关系）中人的互惠关系维系的重要性有关，在小规模社会中，人与人之间的需求联系非常密切，甚至有时候相互需求关系的解体对生活在其中的成员来说是毁灭性的，对于关系解体的恐惧有助于保证纠纷各方关系的内部修复，并保证在纠纷演化为不可恢复性之前得到修补。（4）纠纷交付权威者调解，其优点在于能够保持和强化本民族的传统文化。在西部的少数民族神话中，神和祖先长辈的关系极为紧密，祖先和长辈就是神，或者是神的创造物，祖先和神的关系一方面提高了本民族的地位，另一方面也奠定了祖先和长辈在该民族中的权威。② 在故事《丁郎刻木》流传的云南巍山地区，民众主要信仰道教和佛教，神灵在其民族文化中扮演着重要的位置；《祭母》故事流传的红河哈尼族生活地区则具有明显的多神崇拜和祖先崇拜，其主要的神包括天神、地神、山神、家神，并且需要对诸神定时祭祀；而在《敬老宴》故事流传的云南沧源佤族自治县具有浓厚的原生宗教信仰，在日常生活中会举行"叫魂""送鬼"等传统宗教活动。

综上，神话故事出现结构雷同实际上体现了民众对于民间孝文化的普遍赞赏和认同，这些社会习俗、规则和准则，影响了当地人们的世界观并影响了日常生活方式，确立了社会成员之间的行为准则。③ 神话的话语无非就是世界的秩序、实在的本性等教益，神话让我们充分了解它们渊源所自的社会，有助于展现这些社会运行的内在动力、昭示信念、习俗和制度存在的理由，最后神话使人得以发现人类心灵的某些运作模式。④ 通过神话故事流传的形式，将其中的价值内涵抽象出一些明确的规定和"结构"类型的权利义务，并被

---

① [法] 克洛德·列维-施特劳斯：《神话学：裸人》，周昌忠译，中国人民大学出版社2007年第1版，第729-730页。
② 张晓辉：《法律人类学的理论与方法》，北京大学出版社2019年第1版，第345页。
③ 张晓辉：《法律人类学的理论与方法》，北京大学出版社2019年第1版，第178页。
④ [法] 克洛德·列维-施特劳斯：《神话学：裸人》，周昌忠译，中国人民大学出版社2007年第1版，第689页。

期望一定的习俗规范和道德标准来行事。① 将民间神话故事的话语转换过来就是活的民间社会规范,属于法治的社会基础。

三、当代国家法治建设的社会基础

(一) 国家法治建设中社会规范的地位

在《丁郎刻木》《祭母》《敬老宴》广为流传的中国西南少数民族地区,通过民间神话故事,塑造了一套能够被当地群众自觉遵守且习以为常的社会规范,它是人民在他们的社会生活中,运用群众智慧,在不断地纠纷化解经验中总结出来的能让当地群众接受且与当地社会生活实践相适应的自生自发的规则体系,这套规范之所以能够奏效,是因为它符合当地群众按照一定的习俗规范和道德标准来行事的期望,而这套非正式规范所追求的价值目标与国家正式规范所追求的是一致的。

在推进社会主义法治国家的进程中,农村法治建设和民族地区法治建设是两个不可或缺的重要环节。而民族地区内生的社会规范是民族地区推进法治建设过程中不可忽视的规范体系,如果能够很好地利用和重塑民族地区社会规范资源来强化国家调控手段,必定能够在民族地区构建出一套新的秩序,实现国家正式规范与社会规范的融合。在此意义上,在微观层面民族地区民间神话的社会控制功能有助于民族地区社会秩序的稳定,从宏观上和国家的宏观调控相契合,共同推进国家法治建设的进程。

纵观改革开放四十年多年时间里,中国的法治建设尽管经历了较大的波折,但是社会秩序没有发生重大波动,这在很大程度上得益于中国民间社会秩序的相对稳定。对此,王启梁教授总结了五个方面的原因:第一,来自基层社会进行的制度创新和努力。第二,传统文化的复苏,并由文化提供的非正式社会控制产生了重要作用。第三,以道德、人际关系为基础的社会成员间的非正式互助。第四,人们从单位和村落的既有约束中解脱出来。第五,国家建立起法化的治理体系。② 张晓辉教授通过对仡佬族的实证调研,得出正是民间法的意识和规范调整着村寨中的人与人之间的关系,维系着村寨中的正常的生产、生活秩序,进而指出民间社会规范是民间社会不可或缺的制度资源。③ 刘顺峰则在其研究中做出较为切实的预判:乡村纠纷解决的习惯法对于我国社会主义法治实践在民族地区的开展以及国家法文化与少数民族法文化的理性协调、相互借鉴有着重要的实践意义。④ 学界可以达成共识的是,尽管在基层社会尤其是民族地区社会发展情况和文化差异巨大,但是

---

① [英] 维克多·特纳:《象征之林——恩登布人仪式散论》,赵玉燕等译,商务印书馆 2006 年版,第 94 页。
② 参见王启梁:《法治的社会基础——兼对"本土资源论"的新阐释》,载《学术月刊》2019 年第 10 期。
③ 参见张晓辉《现代仡佬族的民间法与民间纠纷解决方式——以贵州省大方县普底乡红丰村为例》,载《贵州民族学院学报》(哲学社会科学版) 2007 年第 3 期。
④ 参见刘顺丰:《关于甘肃东乡族纠纷解决习惯法的实证分析》,载《西南民族大学学报》(人文社会科学版) 2013 年第 7 期。

每个村落都有一套强弱程度不同的社会规范体系在维系着社会的秩序的运行，中国的法治建设离不开中国民间社会控制实践，民间社会规范是法治建设过程中应当重视的社会基础。

（二）当前中国法治建设存在的问题

改革开放以来，中国的法治建设取得了巨大的成就，保障了经济的迅速发展，社会秩序的整体稳定，但我国各民族、各地区风俗习惯差异较大在推进法治建设的过程中存在着如下问题：

第一，法律的内生性不足。国家的正式制度是基于计划而产生的制度，其相较于社会演化而产生的非正式制度而言，外在性始终存在。① 而在中国社会，尤其是少数民族聚居的地区，民族文化对民间社会秩序产生了最重要的影响，典型的例子是作为一种民族习惯的"赔命价"制度。② 在一定程度上，国家正式制度所期望实现的法律目标与实现法律目标的机制之间存在着距离，缺乏社会的适应性。苏力教授指出之所以现代法治需要从本土资源中演化创造出来，是因为知识的地方性和有限理性。③ 如果认为国家正式制度是实现国家现代化的重要手段，那么就应当考虑到这种正式制度的承担者的普通老百姓的接受程度，国家正式制度的推行在多大程度上能够使老百姓获得幸福，实现人生的价值。④ 典型的例子是中国传统丧葬习俗与国家推行的殡葬制度之间的抵牾，导致当前中国殡葬法制的"意外后果"。⑤ 然而当前无论是中国还是西方，伴随着政治家和"法律共同体"的对法律的过度自信，法律与社会基础之间产生了一定的脱节。但是超越了特定时空的国家法律并不会消灭掉来自社会生活日常实践的社会规范。⑥ 毋庸置疑的是，尽管国家法律在法治建设中居于基础规范地位，但国家法律只是法律多元格局中的一元，法治建设如果脱离其社会基础，那么在推行过程中将会受到多重阻力，大大增加法治建设的成本，因此一定需要

---

① 参见王启梁：《法治的社会基础——兼对"本土资源论"的新阐释》，载《学术月刊》2019年第10期。一般认为：民间自发的社会规范产生的原因主要是：第一，在小规模社会中，很难有一套独立在功能和组织上不同于其他规范的"法律规则"。第二，在纠纷的解决上，对我们的司法模式进行跨文化运用面临着障碍。第三，许多西方理论对有组织的力量和执行机构角色的强调可能存在方向上的误导。因此，通过民间自生自发的规则来维持秩序在熟人社会中最能够奏效。

② "赔命价"制度曾经受到学界激烈的批判，因为其与《刑法》和《刑事诉讼法》的基本理念差异较大。然而"赔命价"制度在强调死刑的适用、刑事和解与被害人赔偿方面却不乏诸多积极意义。参见苏永生：《"赔命价"习惯法：从差异到契合——一个文化社会学的考察》，载《中国刑事法杂志》2010年第7期。

③ 参见苏力：《法治及其本土资源》，中国政法大学出版社1998年版，第17页。

④ 参见王启梁：《法律移植和法律多元背景下的法制危机——当国家法成为"外来法"》，载《云南大学学报》（法学版）2010年第3期。

⑤ 意外后果是指与国家推行殡葬法制目的相背离的意想不到的结果：国家推行火葬制度的初衷是实现节约土地、环保等目标，但是现实中产生了公墓危机和"二次土葬""缴费土葬"等意想不到的实施结果，而这主要源于国家的殡葬制度未能与民间的传统习俗相互调适。参见王启梁、刘连东：《中国殡葬法制的意外后果》，载《云南社会科学》2016年第1期。

⑥ 参见［英］安东尼·吉登斯：《现代性的后果》，田禾译，译林出版社2000年版，第18页。

提升法治的内生性和回应能力,在此背景下剖析民族地区的民间神话故事的社会秩序维护功能可以为重新审视国家法治的社会基础提供一个视角。

第二,当前法治建设过程中法律规范和其他多元规范之间整合不到位的问题。① 对于这个问题学界展开过诸多讨论,论者的问题意识多从法律多元的角度,提出法律与民间法/习惯法的融合问题。② 但是缺乏对法治建设的社会基础的深入关注,而本文提供一个视角,即从法治的社会基础入手,认为社会基础是推进国家法治建的资源,提升法治发展水平应当充分利用和重塑法治的社会基础。国家治理如果按约翰·奥斯丁的观点③,即认为国家治理就是政治优势者通过其权威以"命令——控制"的模式实施社会控制,那么不仅会增加国家治理的规模和治理负荷,而且也起不到良好的治理效果。众所周知,国家制定法律具有系统性和理论化的特征,在法治建设中处于基础性地位,其优势在于首先能够通过其权威对人们的行为进行引导,影响人们行为的预期,并将民间社会规范吸收到国家法律中,其次通过政治实践改变和影响地方性的文化、社会进而重塑社会规范。但其缺陷在于会与中国社会真实的经验与民众的世界观、价值观存在预期的差别,尤其是在民族地区、农村地区司法、执法和守法方面过高的成本。而非正式规范由于是自生自发形成的,可能会存在背离国家法治目标和私力滥用的现象。因此需要国家法律的介入和重塑,处理国家法律与非正式社会规范之间的关系应当遵循:一是构建起现代国家所需要的普遍秩序,二是避免对于社会的过度侵入、过度结构化,保持必要的社会自主空间和活力。④ 而把握好二者之间的平衡对于推进国家法治建设具有至关重要的作用。

四、推进国家法治建设的路径

推进国家法治建设并不能单靠国家法律的单方面推行,国家的法律在国家法治推进中处于基础规范地位,但这主要是从国家治理的宏观维度而言,而推进国家法治建设需要具有社会的适应性,内生的微观层面的社会规范是推进法治建设过程中不可忽视的规范体系。推进法治建设实现国家治理能力和治理体系的现代化,就是要处理好法治与社会基础之间的关系,实现国家治理宏观层面与微观层面的融合,如果能拥抱国家法治的社会基

---

① 对于多元规范的整合主要涉及三个层面的问题,即国家正式规范内部的整合、法律与党纪党规的整合以及国家法律与社会规范的整合,而本文要讨论的是国家法律与社会规范的整合层面的问题。
② 比如方慧:《少数民族习俗与法律的调适》,中国社会科学出版社2006年版。王启梁:《习惯法/民间法研究范式的批判性理解》,载《现代法学》2006年第5期。刘顺丰:《关于甘肃东乡族纠纷解决习惯法的实证分析》,载《西南民族大学学报》(人文社会科学版)2013年第7期。
③ 约翰·奥斯丁在《法理学的范围》一书中,开篇就提到"法理学的对象,是实际存在的由人制定的法,亦即我们径直而且严格地使用"法"一词所称的规则,或者,政治优势者对政治劣势者制定的法"。[英]约翰·奥斯丁著、[英]罗伯特·坎贝尔修订编辑:《法理学的范围》,刘星译,北京大学出版社2013年第2版,第15-44页。
④ 参见谢鸿飞:《论创设法律关系的意图:法律介入社会生活的限度》,载《环球法律评论》2012年第3期。

础，很好地利用和重塑社会规范资源来强化国家调控手段，那么就能实现国家正式规范与社会规范的融合，提高国家治理效能，反之，法治与社会基础关系处理得不当则可能会对国家法治形成阻力。推进当代国家法治建设需要从以下方面着力：

1. 提升法治发展的内生性

马克思、马克斯·韦伯以及福柯为主的学者主张从权力/不平等的范式去研究社会关系[1]，认为将权力和不平等置于中心地位是法律社会学研究的关键所在。法治的推进需要依赖于社会结构，其中事关权力关系和社会平等的整体结构称之为基础社会结构。当前法治建设首先需要对社会基础结构进行有效回应。有学者认为，中国当前的"不平衡不充分"主要体现在城乡、东中西部、公共资源、产业构成等诸多层面。[2] 从涂尔干和帕森斯开始，结构功能主义就一直是社会学多个领域里的理论范式，当然也包括法律社会学。从"结构功能主义"[3] 的角度看如果法治对于社会结构的调解失衡那么光靠司法和执法是难以补救的。当前中央也注意到这个问题，比较典型的有《民族区域自治法》第六十四条中的"对口支援"制度，其目的就是为了改善中国区域不协调发展的社会基础性结构难题，在此意义中的法治就不再是为了司法和执法而进行的规范依据，而是被视为实现国家发展、社会转型与良法善治变革的重要因素。其次需要增强对司法和执法为主的法律实施的回应性。一方面，司法和执法的实施通过对"轰动性案例"比如：对"暴力伤医"案件、[4]"药家鑫"案[5]的司法和执法回应，弥合法律与社会实践之间的隔阂，引导国家核心价值观的树立。另一方面，也要防止国家法律"一刀切"的处理模式与微观社会特定社会情境不符而造成的社会问题。对此国家也做了诸多努力，比如《民族区域自治法》规定，自治条例和单行条例经过批准可以对中央和上级国家权力机关制定的规范进行变通。但是目前自治条例、单行条例变通权功能的发挥还相对有限，未来需要在法律实施的过程中不断探索法律的实施如何更好地与社会实践相符合。当前我国法治建设亟需解决的是，提高法律的内生性和对社会的回应能力，构建出真正符合中国社会实际需求的法治道路。

2. 发掘并重塑法治的社会基础

（1）发掘法治的社会基础。改革开放以来，社会的非正式社会控制方式的重要性得到了充分的认识。有学者提出法治的三大资源有：政治资源、文化资源、组织资源。其中政治资源表现为权威人物、权力结构、合法性象征等；文化资源指引社会成员的行为方式并产生社会规范；组织的功能在于社会成员按照某种形式、准则形成联系并产生出行动。组

---

[1] 参见刘思达：《法律的社会形态：法律社会学的"无权力"范式》，载《法治现代化研究》2018年第3期。
[2] 参见王启梁：《法治的社会基础——兼对"本土资源论"的新阐释》，载《学术月刊》2019年第10期。
[3] ［英］安东尼·吉登斯：《社会理论的核心问题——社会分析中的行动、结构与矛盾》，徐法寅，郭忠华译，商务印书馆2013年版。
[4] 参见陈绍峰、方星：《我国医疗暴力治理机制初探》，载《医学与法学》2017年第2期。
[5] 参见苏力：《轰动性案件的明智法律应对—以药家鑫案审理与辩护为例》，载《河北法学》2019年第6期。

织资源主要表现为社会中基于传统或协商而形成的各类社会联结形式。① 这些资源镶嵌在社会结构中，需要去发掘和阐释，深入发掘法治的社会基础就能回答诸如为何会围绕着民族村寨的禁忌、族规和惯例能够产生一系列的社会规范秩序，并且形成法治的社会基础，助力于国家法治建设的问题。在农村和少数民族地区，很多群众对国家法律的认知往往是以本民族的民间社会规范的认知为基础的，但在很大程度上，国家法与民间社会规范在价值取向上是一致的，比如少数民族中通过"弃老型"神话故事中所彰显出来的家庭伦理的价值追求与《刑法》以及《民法典》（婚姻家庭编）、《民法典》（继承编）、《反家庭暴力法》中的相关规定是相符的，进一步讲，各民族传统孝文化中具有的普遍可被提升、构建为现代社会规范行为准则的因素，都可以作为法治的社会基础。中国法治的社会基础具有多样性和复杂性，这也是推进国家治理体系和治理能力现代化的今天人们亟需面对的挑战，国家的良法善治应当是将国家法律作为构建国家制度的基础性制度，将多元的社会性的规范作为重要的社会资源加以利用，增强法治的内生性和社会适应性。(2) 发掘并重塑法治的社会基础。法治的进步应当是与其社会基础相融合的，即法治的进步一方面要发掘和利用其社会基础，另一方面也要重塑法治的社会基础，自我演变的非正式规范性秩序因为其生成的过程缺乏整体性普遍性因素的考量，很可能会与国家整体所倡导的政治意识形态、文化核心价值、组织的基本原则相冲突，因此，在政治资源方面需要通过法治的路径进行整合，比如国家应继续加大农村基层党组织的建设力度。在文化方面需要引导，云南省宁蒗彝族自治县烂泥塘箐乡彝族村落传统丧葬习俗的变迁就是典型的例子，按照云南宁蒗县当地习俗凡是家里有人去世，需要鸣放铜炮枪来悼念，后来国家法律加强了对枪支的管理，便转化为鸣放鞭炮的形式来代替。通过对于法治的社会基础的重塑，使其与国家的政治形态文化价值组织原则等相符合，通过法治的力量引导其社会基础，更好地推进国家法治建设。

结　语

本文从民族地区几则"弃老型"民间神话故事的分析入手，从微观社会治理经验的角度重新审视国家法治，从基层社会治理的经验视角并非要否定国家法律的基础性地位，而是重新定位社会与国家治理之间的紧密联系，意在指明国家治理是多元规范的联合治理，国家法治是作为国家法律的正式制度与民间社会非正式制度间的互动结果。要实现国家治理体系和治理能力现代化，必然要认真审视正式制度与非正式制度的互动关系。当前中央提出的国家事务治理法治化的命题既是对现阶段中国社会发展中国家和社会治理的一种法治化要求，也是对未来中国社会发展的一种法治化预期，多元规范体系和多元秩序结构都要经历一个法治化过程，因此更需要审慎对待法治的社会基础，一方面要发掘和利用法治

---

① 参见王启梁：《法治的社会基础——兼对"本土资源论"的新阐释》，载《学术月刊》2019年第10期。

的社会基础,增强法治的内生性和回应性,另一方面也要引导和重塑法治的社会基础。这同时也对当代法律人提了一个新的要求,在立法、司法、执法和守法以及学术理论研究中,更要该对社会现实多一份关怀,利用好法治的社会基础,推进形式法治和实质法治的融合,提升国家治理效能。

Folk Mythology's Function to Preserve Order in Ethnic Regions

Cha Chunlei

Abstract: A common structure of story is shared in three pieces of folk mythology in ethnic regions——Mother Worship, Ding's Woodcut, and Banquet in Honor of Elders. The structural functionalism of Claude Levi-Strauss is conducive to understanding the common structure in variant editions of myth, due to its emphases on surface structure and deep structure in terms of epistemology and the importance of the knower in methodology. The tripartite structure of the folk mythology in ethnic regions, consisting of the power of gods, the story as the carrier and the knower, embodies people's will to behave in accordance with certain customs, norms and ethics and serves as a scheme of norms to preserve social order and thereby the social foundation of the rule of law. Ever since the reform and opening-up, little fluctuation has been found within the social order of China, which is attributed to the advantage of the social foundation of the rule of law. However, there is still room for improvement in China's rule of law, such as rediscovering and integrating multiple social norms suitable for today's China. Therefore, in the process of promoting the rule of law, the endogeneity and responsiveness should be attached more importance to and the social foundation of rule of law should also be reshaped.

Key words: folk mythology; structural functionalism; social norms; social foundation; the rule of law

(编辑:郑志泽)

民间法在法治乡村建设中的作用研究

田 雷[*]

> **摘 要** 民间法和制定法都是乡村治理进程中不可缺少的治理方式。本文围绕乡村社会自然生成的民间法和国家的制定法在法治乡村建设中的冲突与融合，一方面通过分析民间法的生成机理，阐释其在调整乡村社会秩序中的优势和劣势。另一方面从民间法与制定法在法治乡村建设中的关系入手展开论述，分析两者之间的互动关系。民间法与制定法在乡村治理过程中的张力，应当以制定法的理性对民间法的自发性进行引导，将张力化为推力。重视和利用好民间法，对加速乡村振兴目标的实现具有重大意义。
>
> **关键词** 乡村振兴 民间法 乡村法治化

对民间法的合理应用是促进中国乡村法治化进程的机遇。在中国现有的法律体系内未将民间法正式的列为法的渊源，但民间法在调控社会关系，规范人的行为、维护社会秩序方面发挥着重要的作用，存在事实上的效力。在中国法治建设尤其是乡村法治化进程中是不可忽视的力量存在，其与立法机关依据法定程序制定的国家法应当具有同等的地位。民间法具有本土性、稳定性、自发性、渐进性等特点，其表现形式多样、内容丰富，在我国社会尤其是乡村社会广泛存在。对民间法进行历时性的考察，有利于我们对其动态变迁、产生机理有更深刻的认识。在此基础之上，我们才能对民间法与在乡村法治化建设中如何发挥积极作用进行梳理。

一、法治乡村的要求

随着中国特色社会主义进入时的历史时期，党的 19 大报告提出实施乡村振兴战略，

---

[*] 田雷，西北政法大学 2016 级博士研究生。

坚持农民主体地位,坚持乡村全面振兴。2018年中央一号文件中第六部分加强农村基层基础工作,构建乡村治理新体系内容中首次提出要建设法治乡村,将法治乡村作为构建乡村治理新体系的手段提到了乡村振兴的战略高度。从法学视角分析,法治乡村是指治理主体,拥有法治思维的治理主体运用法治方式进行乡村治理,最终实现用法治的方式处理社会问题和纠纷,达到利益各方平衡的状态。

(一) 从传统走向现代

乡村治理的目标就是实现乡村从传统型乡村走向现代化乡村,传统型乡村是人以自我为中心,通过传统的民风礼俗(此处的民风礼俗就是本文中民间法所包含的,是民间法的一种表现形式。)为媒介在人与人之间塑造和建立社会关系,进而形成的关系格局,费孝通称之为差序格局,① 此种关系格局进而调整着人与人之间的关系,把控着经济资源的流转,决定着乡村社会的行动与秩序。文化是社会发展走向的决定因素,中国的乡村社会被传统的民间法所蕴含的文化观念控制和指引着缓慢前行,此种乡土文化具有较强的社会基础,潜移默化地影响着集体意识,成为乡村集体记忆和信念,反过来又把人的行为限定在传统的民风礼俗的范围之内,进而使乡村社会的此种差序格局得到加强和巩固。这种差序格局是建立在乡村社会集体意识和一致体验的基础上,以一种非正式的制度形式而存在,而乡村集体意识是建立在熟人社会之中。而现代社会的首要表现就是法治社会,法治社会是以法律作为维系人际关系、平衡权利义务、配置社会资源的主要公器。法律能够在现代社会中发挥作用,依赖于人类社会的理性和知识构成形成的观念,这就需要把人塑造成具有科学和理性素质的公民,这里所说的科学和理性是和传统的朴素集体意识相对的概念,也就是我们所说的法治观念和法治意识,要增强人的法治观念和法治意识唯有强化对人理性的训练和科学知识的学习。乡村社会的治理,首要的就是要坚持法治为本,树立依法治理理念,提高农民法治素养,引导广大农民增强尊法学法守法用法意识,增强基层干部法治观念、法治为民意识。实践证明,传统的民间法调控下的传统社会,和依法治理下的现代社会相比,总体上法治社会中人与人之间的关系更公平、资源配置更有效,人的生活更美好。另一方面潜移默化地发挥调控乡村社会的功能是民间法的优势,因此,乡村治理要借助民间法的这种优势使乡村从传统走向现代。

(二) 从非正式走向正式

民间法是一种非正式的规则存在,其本身的非正式性投射在其统治的领域内,使其统治范围内的社会关系呈现出非正式的样态,乡村社会在一定程度上受民间习惯法的调控,在社会关系的外在表现形式上呈现非正式性,例如乡村社会中的人与人之间借贷关系、义

---

① 费孝通:《乡土中国生育制度》,北京大学出版社1998年版,第27-31页。

务帮工关系等均体现了人与人之间关系的非正式性,此种非正式的人际关系往往引发矛盾冲突,在应当承担义务的乙方失信的情况下,致使拥有权力的一方无法证明其权力的存在而无法维权,进而引起激烈的暴力事件,这种现象不能不说是乡村社会固有的不足。我们通过分析发现此种非正式性和制度供给不足有关。所谓的正式性指的就是权威规则的刚性,也就是指国家的法律。相比较现代社会而言,乡村社会的法律供给不足,原因在于法治和现代化是相匹配的一对概念,依法治理行动中所需的法律,是社会现代化的配套体系,只有在现代社会中人的关系和物的关系之中发挥调配作用,上文提到乡村社会处于传统社会,乡村社会存在许多非现代化的领域,比如在房屋抵押、城市管理与规划、建设用地使用等方面,法律的调整对象处于空白地段,发挥不了法治的效力与效益,而与乡村社会相关的法律供给,因为种种原因被轻视和忽视,这就导致乡村社会成员对法律在一定程度上较为陌生。本质上是法律制度的供给和乡村经济发展之间不配套,"现阶段关于农村的法律法规,只能解决农村基本涉法问题,已经满足不了现代乡村发展的需要。"[①] 乡村得到有效治理的一个重要的保障就是要有重组和完备的制度供给,治理的前提是用制度管人,法治的前提就是有法可依。2018 年中央一号文件乡村振兴战略中也要求到 2020 年乡村振兴取得重要进展,制度框架和政策体系基本形成。同时,也要求进一步健全农村公共法律服务体系,加强对农民的法律援助和司法救助。这些都表明,乡村治理需要正式的法律制度的支持,因此,要实现用法治治理乡村就要使乡村从非正式的状态迈向正式状态。

二、民间法[②]在法治乡村建设中的优势和劣势

(一)民间法在乡村社会的生成机理

从民间法的产生机理来看,其与制定法产生于国家机关不同,民间法发轫于民间,人类社会产生之初就有民间法的存在,古老的氏族社会中处理氏族成员之间各种人身及财产关系的规则就是民间法的肇始,国家的概念和实体晚于氏族社会,因此在国家产生之前的漫长历史时期内,民间法作为习惯和本能的等同体处理着人与人之间的行为关系,发挥着类似于法的作用。这种行为规范本质上是道德、本能、习惯、禁忌等糅合交织在一起的笼统主观观念,随着生产力的发展,社会的进步,这种观念被逐步地聚拢固定下来,成为处理社会关系的规则,因其形成的过程中具有人本能的因素,故而在运行过程中具有自发性特征。我们对民间法概念的定义为:"民间法是独立于国家制定法之外,依据某种社会权威和社会组织,具有一定强制性的行为规范的总和。"[③] 习惯法是人们为寻求生存和发展,自发形成并经过长期的实践检验和淘汰,具有规范行为、维护秩序、定纷止争功能,依靠

---

① 曹荣辉:《法治乡村建设的现实意义与建构路径》,载《大庆社会科学》2019 年第 5 期。
② 本文中使用"民间法"仅仅是一种称谓,其并非是"法",更非是法律,民间法本质上是一种自发的行为规范,与我们平时所言的法、法律在调节社会关系中具有相似的作用和功能。
③ 高其才:《习惯法与少数民族习惯法》,载《云南大学学报(法学版)》2002 年第 3 期。

人们内心认可，自觉遵守，并与其他社会调治方式共同作用保障社会良性发展的理性习惯体系。

梁治平在《清代习惯法：社会与国家》中提出，"这样一种知识传统，它生于民间，出于习惯乃由乡民长期生活、劳作、交往和利益冲突中显现，因而具有自发性和丰富的地方色彩"①。在民间法具体形式方面，应当包含道德、行为习惯、地方性知识、乡俗民规等，有的学者也将非政府的社会团体规则及国家机关制定用于机关内部管理的规定也纳入其中，这就有将民间法泛化之嫌，从民间法的生成和结构来看，它应当是在人类生产生活过程，因生存发展之需要而自发自然地产生，并经过实践和道德的检视，内化为人自觉且无需强制力推行的习惯的观念，非政府社团规则和机关内部管理规定，是在法律规定之下的自治行为，其往往具有外力性和被动接受性，并不具备自然、内化、自觉等特性，因此不应属于民间法的范畴，也不是民间法的表现形式。谢晖在《民间法作为法理学的一种常识》一文中指出："'民间法'概念主要包括习惯、道德以及乡规民约、村规民约等，但社团章程、大学章程很难说是民间法，企业事业单位的自制规章也很难包括进来，各级国家机关制定的内部管理规则也很难包括进来，甚至宗教都很难用民间法来称谓。"② 民间法因其自然自发的特性，造就了它成为中国古代调整社会关系的最初形态，在外在形式上，既有成文形式也有不成文形式，不存在二元机构。在长期的历史演进中，民间法始终发挥着规范行为、维护秩序、定纷止争的作用，以民间法为中心的治理在中国古代有较强的根基。法律是国家产生之后的产品，法治是近代以后的事情，法律具有阶级意识，依靠强制力规范人的行为和社会秩序，而民间法则在社会生活中尤其是在乡村社会自然而然的运行着，发挥着事实效力，民间习俗等同于社会秩序。法律在阶级性之外是习惯的理性表达形式，"法是习惯的再制度化"③，朱苏力提出的"法治本土资源说"④ 和郑永流提出的"行为规则说"⑤，都表达了法律是绝对的国家性，但法具有一定的非国家性特点。

（二）民间法在法治乡村建设中的优势

美国学者克利福德·吉尔兹说："法学和民族志，如航行术、园艺、政治和诗歌，都是具有地方性意义的技艺，因为他们的运作凭靠的是地方性知识（local knowledge）"⑥，法和法律都是早期民间法经过提炼和理性化后的产物，民间法当然也具有地方知识的属

---

① 梁治平：《清代习惯法：社会与国家》，中国政法大学出版社1996年版，第431页。
② 谢晖：《民间法作为法理学的一种常识》，载《原生态民族文化学刊》2020年第6期。
③ [美]鲍哈纳：《法律和战争》，自然历史出版社1970年版，第7页。
④ 苏力：《法治及其本土资源》，北京大学出版社2015年版，第6页。
⑤ 郑永流：《法的有效性与有效的法——分析框架的建构和经验实证的描述》，载《法制与社会发展》2002年第2期。
⑥ [美]克利福德·吉尔兹：《地方性知识：事实与法律的比较透视》，载梁治平编：《法律的文化解释》，生活·读书·新知三联书店1994年版，第73页。

性，民间法的存在是普遍广泛的，然而其发挥效力却是由特定地理环境、文化背景、生活环境决定，民间法的内容就是不同区域内自然和人文特点的体现，基于此，民间法在乡村社会中具有天然的调治优势。

第一，民间法具有本土性优势。民间法的本土性是针对法律移植而言的，从字面意思来看，本土性不仅指中国本土的民间法，中国之外也有存在民间法的情况，但是自清末已降，中国一直采取变法的模式，蒋立山将之称为"政府推进型"的法制现代化，以区别于"自然演进型"的法制现代化[1]，通过法律移植进行社会治理和改革，法律移植固然有其在短期内健全法律体系的优越性，也就是有的学者提出实现法治的现代化，但事实上由于移植西方的法律制度与中国历史民情产生的水土不服，国家需要较大的强制力自上而下进行推行移植法，其间制造了诸多社会矛盾，例如因司法引起的信访问题，在一定程度上引起社会稳定问题。这些问题暴露出我们忽视中国本土的历史传统和社情民意，不得不引起了我们的反思，我们想要实现的法治化恰恰需要从我们产生和根植于本土的规则中萃取。在乡村法治化建设进程中，不能一味地依靠强制力自上而下推行，应当从乡规民约中汲取力量。

第二，民间法具有自觉性遵守的优势。民间法作为一种发挥事实效力的规范存在，必然有其施效的深厚积淀，作为非依靠国家强制力存在的规则和规范，其产生必然有其渐进的、内部自发演进的过程，随着社会的渐进发展，民间法也随之演进，最初民间法是应人们寻求生存发展而生，逐渐民间法的价值取向包含了朴素的公平观、自由观直至升级到追求更高层次的理想状态，在有些领域，其包含的价值观甚至超越了制定法的价值取向，超越了国家和民族，成为中国法治进程中不可不查的本土宝贵财富，给法学研究提供另一种逻辑进路和发展方向，成为是中国特法治体系的重要组成部分。在经历了长期的历史变迁的洗刷之后，民间法也具备了坚实的稳定性，其自身的宝贵价值都源自其自然演进的历史积淀。在中国乡村社会中，民间法被认为是自发生成的思想准则和行为规范，塑造出乡村自然生成的社会秩序，此种秩序是人们自觉自发遵从规范所形成的一种集体行为状态。"习惯是一个人对事物感到合理的原因而不是它的结果。"[2] 在乡村法治化建设进程中，如果能将人们对民间法所具有的这种自发自觉性心理状态，引入对国家法律的自觉遵守，那么乡村法治化进程就会在较小的社会震荡、较少的资源投入的情况下逐步整合，加速前进。

（三）民间法在法治乡村建中的劣势

民间法具有一定的价值滞后性的劣势。此处的价值滞后性是和现阶段的制定法所倡导

---

[1] 蒋立山：《中国法制现代化建设的特征分析》，载《中外法学》1999 第 4 期。
[2] ［英］伯特兰·罗素：《权力论——新社会分析》，吴友三译，商务印书馆 2008 年版，第 72 页。

的价值取向比较而言的，不同于我们在描述法律（制定法）的局限性时使用的滞后性概念，法律的滞后性指的是随着社会的发展，在某一领域原有的制定法规范，不能满足因社会发展而产生的新事物的调控需求，而发生的一种调控失序状态，不包含法律价值取向的问题。法律本质是价值判断，作为非制定法的民间法亦是包含某种价值判断的规则，只是制定法和民间法在价值判断的取向上，存在一定的耦合和偏离。民间法在产生之初就已经包含了价值判断，在漫长的历史演变进程中，其所包含的价值规则，被历史不断洗刷和打磨，有些民间法消失在历史长河中，有些被历史所改造，因此从民间法发生发展的机理来分析，留存下来的民间法规范，其自身所包涵和倡导价值取向必然带顽强的生命力，也具有相当的稳定性。而法律（制定法）是特定历史期统治阶层意志的体现，法律的阶级属相是马克思哲学对法律的规定性，体现统治阶级的价值取向就成为法律的本质功能，统治阶级具有先进性时，法律的价值取向就具有先进性，反之则否。这和民间法从古至今具有稳定统一的价值取向存在一定程度上异同。当民间法价值取向和法律的价值取向相同时就会相互促进，反之就会存在张力。从这个角度观察，我们得出民间法的价值取向和特定时期内的制定法的价值取向相比，存在一定的价值滞后性。

三、民间法与制定法在法治乡村建设中的互动

（一）良性互动

在中国对乡村进行依法治理，进而实现乡村振兴战略进程中，法律（制定法）成为开展治理的重要手段和载体，发挥着重要的作用。但法律本身所带有的局限性和法律移植与中国社会水土不服引起的治理困难，也在一定程度上暴露了法律在我国国家治理中的弱点，在乡村社会中，这种弱点更为突出。民间法因其特有的中国本土性，对乡村社会的天然调适性使其在法治乡村的进程中具有了特殊的重要意义。在长期的历史演进中民间法形成的符合乡村社会生活的底层逻辑，在潜移默化中得到了乡村成员的普遍认同和集体遵守，优秀的民间法的具有一定的合理性和普适的价值取向，若加以正确利用，可以成为制定法体系的有益补充，也顺应客观规律和发展趋势。

1. 以民间法在乡村的约定俗成弥补法律供给不足

法治的外在表现是用制度来约束人的行为，这种制度经过国家立法机关按照一定的程序确认并向社会公布，成为全体公民共同遵守的法律。在现阶段，中国乡村治理过程中，存在正式制度供给不足的情况，而正式制度的设立，要进行深入的实地调研分析论证，并经过较为复杂的制定程序之后，才能成为发生效力的调控依据，进而才能发挥其所包含价值的实践效益。在不考虑乡村成员对正式制度接受意愿的因素下，等待法律的供给的过程，就是一个处于法治调整的空白期，这个法治的现实困难，只能依靠在乡村社会约定俗成且天然存在的善良风俗和习惯——优秀的民间法来填补空白，解困于民。再从另一个维度分析，即使在一些法律供给充足的领域，民间法依然发挥着对制定发的补充作用，因为

法律是静态抽象的，而社会生活是动态多样的，再加上中国幅员辽阔，各地发展不均衡，社会结构差距较大，在某个具体的事件或者纠纷中，法律只能做出概括的指引，不可能做出明确的细致入微的规定，这就导致法律的治理效果在发生效力的最后一公里的地方处，戛然而止，民间法因更贴近乡村生活实际，内容通俗细致，具有较强的操作性优势，可以在乡村法治的最后一公里和法律有效衔接。现代社会管理体系作为一种正式的控制力量，主要是国家权力通过强制等外在力量对农村居民的行为进行控制，因此从这个角度上讲，现代社会管理体系要借助传统乡村秩序对农村社会的维系功能，潜移默化地对农村居民的行为进行规范控制，这样才能实现对农村社会的有效管理。[①] 不管是在构建社会关系领域还是在纠纷化解方面，都能成为弥补法律抽象性引起的治理局限的有效手段，完成法治的效果。

2. 以民间法的集体心理认同倾向培育村民法律意识

民间法在乡村社会中的集体认同心理，是一个长期历史培育的产物，人们在长期的乡村生产生活中，互相试探、相互迁就、不断试错，并对事物发展和矛盾纠纷化解结果与教训进行总结，通过内心自我说服，渐进式接受，内化为自身行为的指南，并在实践生活中反复使用和验证，潜移默化的塑造着人们的意识观念，又通过集体的力量，最终形成一套处理社会（集体）关系的信念，调治着人们的行为和生活，这就是民间法的集体心理认同的产生机理。就像卢梭所言："一切法律之中最重要的一种既不是铭刻在大理石上，也不是铭刻在铜表上，而是铭刻在公民的内心里……当其他的法律衰老或消亡的时候，它可以复活那些法律或代替那些法律……，而且可以不知不觉地以习惯的力量代替权威的力量。我们说的就是风尚、习俗"[②]。在制定法出现缺位的领域，或者规定模糊的地方，用当地的民间法来进行社会管理和纠纷化解，更容易使人们接受，理由是：传统乡村社会中存在的"厌诉无讼"的思想，这种思想虽然具有缺乏个体权利意识和法律信仰，阻碍法律面前人人平等观念形成等负面效应，但在本质上是无讼的法律文化具有隐忍和谦拟的"道德至上"的价值取向，这种隐忍和谦拟思想，有助于乡村社会治理和矛盾纠纷的化解，将其引用到基层司法领域，尤其是在人民法院的调解工作中，大有可为，是恢复人际关系修复社会秩序的重要手段。另外在乡村管理领域，此种思想能够降低基层政权的施政成本，同时也可以减少因施政产生矛盾激化，引发的社会稳定问题，对于维护社会秩序的稳定具有积极意义。把传统民间法蕴含的优秀原则和中国现有的法律制度进行有效整合和理性的利用，借助民间法的伦理道德优势，有助于在法治乡村建设进程中树立人们对法律内在权威的认同，也培育了人们对法律的亲和力。

---

① 张红霞等：《论传统乡村秩序和现代农村社会管理体系的冲突与融合》，载《农业现代化研究》2013年第5期。

② ［法］卢梭：《社会契约论》，何兆武译，商务印书馆2005年版，第70页。

(二) 存在张力

在法治乡村建设进程中，民间法与制定法都具有调治社会的功能，有许多相似之处，两者可以相互促进、互为补充，但毕竟两者产生机理和调控方式存在较大区别，因而两者在乡村生活中的外在表现有一定差别，有的差别甚至是完全相悖的，因此民间法和制定法在调控乡村社会的过程中之间存在一定的张力。究其原因是民间法和制定法在价值取向和运行方式上存在差异。

1. 部分民间法内容违法

部分民间法内容违法，是指部分民间法内容所体现的价值取向和当代的制定法（法律）所追求价值取向和要保护的利益发生背离，从两者价值取向的生成来看，制定法的价值取向取决于立法者的意愿，"法律是被创造出来的，……人们在创造他们自己的法律的时候，就在其中注入了他的想象、信仰、好恶、情感和偏见。"[1] 但这种价值取向的输出也不是立法者能随心所欲做出的，制定法的价值取向要符合社会发展的规律，体现其科学性和民主性，这就是制定法虽然具有强制性（暴力性），但仍然是治理社会的主流手段，具有唯一合法的使用强制力管理社会的原因。制定法的价值取向除了具有科学性和民主性外，还具有统一性，即制定法的价值取向之间的逻辑结构具有自洽性和同向性，不存在逻辑失序和逻辑冲突。因此制定法的价值取向的外在表现就是整齐划一。而民间法则不同，多数的民间法的价值取向来源于人类在长期的生产生活过程中自身体验的总结，符合人类的发展需求，也符合社会发展的规律，同时和制定法的价值取向保持一致，或者保持中立，这部分民间法对制定法有促进作用，是民间法中的有益部分。但也有部分民间法，其价值取向来源某些落后过时的道德观念和时代强加，不符人类和社会发展的规律，甚至与之相悖，和当代的制定法价值取向完全相悖，其外在表现形式就是处于违法状态，我们将之称为民间法中的违法部分。这就是部分民间法违法的机理和原因。法律是刚性的，在其管辖的范围内，为实现立法者所追求的价值取向，利用其合法的强制力的规范来约束和指导人的行为和物的流转，进而建构出符合立法价值的社会秩序，对于民间法中的违法部分，法律通过强制力予以强制纠正，使其重新回归法律规范的秩序之内。法律的刚性决定了乡村法治化的过程必然也需要国家的强力推动，在法治乡村进程中，对于民间法中的违法部分，要依靠国家的强力对其进行强制取缔，这将成为法治化纠正的重点，也是难点。

2. 民间法的惩处措施较为随意

民间法作为一种与制定法相对应的规范存在，必然具有一定的约束机制和惩处措施，只是这套约束机制缺少形式理性，惩处措施缺乏实质理性。和制定法相比民间法的约束机

---

[1] 梁治平：《法律的文化解释》，生活·读书·新知三联书店1994年版，第54页。

制和惩处措施随意性较大，但这些并未影响民间法的调治效果，从民间法发挥调控作用的机理来看，民间法其实并不像制定法那样，依靠理性的约束机制和科学的惩处措施来释放其调控效力，民间法发挥调控效力的方式是通过潜移默化的思想灌输，对人的思想观念进行改造，使人自觉接受其约束。受民间法价值取向约束的人不会想着要违反民间法的价值信条，而且会主动地严格地按其指引行动，因此大部分的时候民间法不需要约束机制来规范、指引和纠正人的行动，也无需利用惩处措施来对违反规则者予以惩罚，民间法发挥其调治效力的特殊方式决定了违反民间法的群体只占整个整个群体的少数，偶有违反规则者，也只会受到内心的谴责和一定的惩罚，正因为民间法的惩罚措施只是偶然适用，这就使得民间法的约束机制和惩处措施的适用空间有限，适用频次较少，人们对其重视程度也就不高，这导致了民间法的约束机制不规范，惩罚措施带有随意性。近年来，随着中国的社会进入转型期，人的思想观念发生着转变，乡村社会中相当一部分人员进入城市工作，将城市中的现代法治观念带回了乡村，同时国家实施建设法治政府、法治国家、法治社会的战略，这些都对乡村的传统观念造成冲击，使乡村社会形成传统和现代并存的局面，现阶段乡村社会中一部分人信奉法律，一部分人仍信奉传统习俗，还有一部分人摇旗不定，对法律半信半疑，对传统习俗也开始反思。在这种情况下，民间法原本通过对人思想控制来实现调控社会的方式受到来自法律的冲击，民间法在乡村社会的调控范围和调控力度减弱，导致违反习俗的人数和事件增多，此时，民间法简陋的惩处措施开始发挥作用，但由于惩处措施缺乏理性，随意性和不确定性较大，使得民间法的治理效能大打折扣。"中国有久远的、相对独立的发展史，并演化自己的法律制度。尽管这些法律制度依据西方标准看来未必是'法律的'。从今天中国的社会变迁来看，也已经不完善，甚至过时了，但它毕竟在中国人的生活中起过、并在一定程度上仍然在起着作用。它就是人们生活的一部分，保证着他们的预期的确立和实现，使他们的生活获得意义。"[①] 在法治乡村还未完全建设成功之前，乡村社会的秩序依然要依靠民间法来维持的局面下，民间法惩处措施的随意性必然和法治乡村的目标之间产生一定的张力。

四、一种可能性探讨——互补与融合

"任何法律制度和司法实践的根本目的都不应当是为了确立一种威权化的思想，而是为了解决实际问题，调整社会关系，使人们比较协调，达到一种制度上的正义。[②] 在法治乡村的建设征程上，也许不能只依靠国家制定法一种治理媒介，而是要把在乡村社会生活中那些发挥着现实作用，也许并不起眼往往被人忽视的善良风俗、成熟习惯重视起来，驾驭并利用好，如若不然，国家制定法在一程度上就可能被规避，而无法发挥其治理效能，

[①] 苏力：《法治及其本土资源》，北京大学出版社2015年版，第35页。
[②] 苏力：《法治及其本土资源》，北京大学出版社2015年版，第58页。

甚至有可能对法治乡村建设制造困难和麻烦。

（一）充分发挥民间法与制定法在法治乡村治理中的功能互补性

在法治乡村建设过程中，存在法律制度的供给不足和法律自身的局限（前文已述），这就给民间法的存在留有空间，在此空间范围内，应当结合具体情况和地域文化特点，理性合理的利用民间法资源，将民间法作为制定发的有益补充，在乡村社会管理中，制定法具有国家权威，其调整的是具有普遍性的社会关系，内容较为笼统抽象，需要管理主体具有一定的法学素养和经验，对其进行具体适用，民间法在乡村社会是约定俗成司空见惯的，内容广泛而具体，村民也乐于接受，在乡村社会管理领域民间法具有重要的积极作用。在乡村社会矛盾纠纷化解中，将民间法中的善良风俗和成熟习惯作为司法裁判的说明理由和裁判情节予以适用，增加矛盾纠纷裁判结果的可接受度，降低乡村法治化的成本和乡村社会的维稳压力。民间法的正向作用和制定法的作用是一致的，两种社会资源借助不同的运行机制实现对乡村社会的有效治理，异曲同工。对民间法的重视和有效利用，对制定法加速融入乡村治理，推进法治乡村建设、进而实现乡村振兴具有催化作用，意义不可小觑。

（二）以制定法的理性价值诠释民间法朴素价值，推进法治化治理进程

制定法的优势之一就是其具有形式理性和实质理性，实质理性就是制定法所欲倡导的价值取向，在现阶段，中国对乡村治理的价值取向是建设现代化的、乡风文明的、法治化的、生活美好的社会主义新乡村，此种价值取向就成为法治乡村建设的国家立场和工作方向，我们不仅要将其在制定法的价值体系中体现和贯彻执行，更应将其纳入民间法的规则之中，以此种价值来诠释民间法中良善规则。此举有利于对民间法的价值取向进行理性指引，重构民间法的价值逻辑，进而使其在调整乡村社会关系和制定法实现耦合，加速法治乡村的进程。这个过程从理论上分析具有可行性，实践中仍然是一个艰难而长期的过程，需要具备两个条件：第一，在乡村法治化治理过程中，要给民间法预留一定的生存空间，让民间有发挥其积极作用的场域，不能用行政强权，简单的否定民间法的事实效力，使制定法和民间法之间的张力加大；第二，给乡村法治化配置充足的法治人才资源，法治乡村建设的根本途径是依靠懂法律的人才来实现的，因此要向乡村大量培养和输入法律人才，通过法律人才在乡村进行法律的阐释，普及，加强乡村社会对法律的了解，在了解的基础上逐步内化为心理认同，以实现用制定法的国家立场改造民间法的目的。

结　语

法治乡村的路径是借助法律，在服务和管理、传统和现代、法治与习俗之间寻求协同发展，法律（制定法）在法治乡村建设中的重要介质，具有重要的地位，但法律绝不是唯

一的角色，在乡村具有浓厚气息的民间法也具有较强的控制力，若能加以合理的利用，可以成为制定法的有益补充。实施乡村振兴战略，是对我国乡村的外在形象和精神面貌一次整体提升，将彻底改变中国乡村贫穷落后的旧面貌，在该战略背景下的法治乡村建设对乡村社会的运行规则的重构，民间法和制定法虽在此次重构过程中不可避免地发生一些张力甚至是冲突，但是两者之间存在坚实的互补基础，但只要我们将民间法的作用重视起来，深入分析民间法和制定法在法治乡村建设中的结合点，将其进行有针对性的指引完善，形成有效衔接，我相信法治乡村建设将更加行稳致远，我国实现乡村振兴战略的愿景就一定能一切向好，前景可期！

On the role of folk law in the construction of the rule of law in Rural Governance Research

Tian Lei

Abstract: Both folk law and statutory law are indispensable governance methods in the process of rural governance. This paper focuses on the conflict and integration of the naturally generated folk law in rural society and the national enacted law in the construction of rural areas ruled by law. On the one hand, by analyzing the generation mechanism of folk law, this paper explains its advantages and disadvantages in adjusting rural social order. On the other hand, it discusses the relationship between folk law and statute law in the construction of rule of law countryside, and analyzes the interactive relationship between them. The tension between folk law and statutory law in the process of rural governance should guide the spontaneity of folk law with the rationality of statutory law and turn the tension into thrust. Paying attention to and making good use of folk law is of great significance to accelerate the realization of the goal of Rural Revitalization.

Key words: Rural revitalization; Folk law; Rural rule of law

（编辑：郑志泽）

经验解释

我国民法典编纂史上习惯规范的变迁
——从《大清民律草案》到《中华人民共和国民法典》[*]

刘昕杰 李诗语[**]

摘 要 民法典编纂史上习惯规范的变迁，是我国民法近代化和法典化的一个缩影。从清末修律到《中华人民共和国民法典》出台，共有138条有关习惯的规范在法典中先后出现。从规范数量上看，随着民法典中概括性条款的功能增强，具体习惯的规范逐渐减少；从规范内容上看，适用习惯的多数情形，要么逐渐由法律明文规定，要么所属权利事项已被法律排除或由当事人约定，法典中习惯的范围逐渐限缩。《中华人民共和国民法典》第10条规定了习惯的法源地位，意味着民间习惯在民事活动中仍会发挥重要的作用。

关键词 习惯规范 民法典 民法史

一、问题的提出

民事习惯源自特定群体经年往复的行为，是共同确信的基础，具有成为法律规范的制度意义。在历史法学家萨维尼看来，"一切法律均缘起于行为方式，在行为方式中，用习常使用但却并非十分准确的语言来说，习惯法渐次形成；就是说，法律首先产生于习俗和人民的信仰（popular faith），其次乃假手于法学"。[①] 关于法典的形成，梅因认为法律萌芽于"地美士""达克"，习惯或惯例"成为一个有实质的集合体而存在"，[②] 而后从习惯法

---

[*] 本文系国家社科基金项目"民国西康省的边疆司法运行与民族法律治理研究"（项目编号：18BFX028）的阶段性成果。

[**] 刘昕杰，法学博士，四川大学法学院博士生导师；李诗语，四川大学法学院博士生研究生。

[①] ［德］费里德里希·卡尔·冯·萨维尼：《论立法与法学的当代使命》，许章润译，中国法制出版社2001年版，第11页。

[②] ［英］梅因：《古代法》，沈景一译，商务印书馆1996年版，第7页。

时代进入法典时代。浅井虎夫将法典划分为四个阶段:"或谓法律之第一期为习惯法时代;第二期为特殊之人集习惯法而成私法典之时代;第三期乃根据此等私典,参以司法官判决例,作一审定法之时代;而第四期则伴与社会之进化,发布必要之单行法,然后集以编成法典之时代也。"① 历史法律观开创了新的法源概念:"它们是一种在民族意识中随内在必要性而进行的'生成过程'(Werden)和'发生过程'(Geschehen)的表现。"② 这也深深影响了习惯法的理论发展及其在法典化过程中的地位。在社会转型和民族意识重塑时期,习惯法的生命状态(习惯权利的何去何从),是法律与社会互动的直接表现。

在西方的法律术语下,中国传统社会的法律观念和制度表达缺乏完整且独立的"民法"。但不可否认的是,中国传统社会存在丰富的民事法律关系和民事规则。这些民事规则虽未形成完整的法典,但一部分仍存在于国家制定法中,如户婚、田土、钱债、族制等等;另一部分则以非正式制度的约束予以实现,如"用以指导和调整民事关系的礼和习俗"③;甚至有学者认为在民事领域,传统中国"全由习惯法支配一切"。④

中国近代以来的民事立法,从"新法的制定(法律的移植)"到"法律的修改"再到"法典的编纂",以"搭班车"的方式,用现代民法典体系重塑了传统社会的民事制度和规则。⑤ 此间,立法者追求现代化却面临一个困境,即"我们现在用的是一整套西方的法律术语,无法与传统社会中实际存在的民事法律制度对接"。⑥ 而基于中国的历史和实际,研究习惯法就是建立对接的桥梁。从清末修律到《中华人民共和国民法典》的颁行,习惯条款在民法典(草案)中的规范变迁是民法近代化与法典化的一个缩影。本文从民法典编纂史梳理习惯规范,以考察习惯法在民事法律体系中的地位,研究习惯法在社会治理中的价值。

二、我国民法典编纂史上习惯规范的概况⑦

(一)《大清民律草案》《民国民律草案》中的习惯规范

我国民法典的编纂始于清末修律,但《大清民律草案》最终未能出台,1912年临时大总统宣告暂行援用前清法律及暂行新刑律,规定"所有从前施行之法律及新刑律,除与

---

① [日]浅井虎夫:《中国法典编纂沿革史》,陈重民译,中国政法大学出版社2003年版,第1页。
② [奥]欧根·埃利希:《法社会学原理》,舒国滢译,中国大百科全书出版社2009年版,第490页。
③ 张中秋:《中西法律文化比较研究》,法律出版社2009年版,第96页。
④ [日]浅井虎夫:《中国法典编纂沿革史》,陈重民译,中国政法大学出版社2003年版,第1页。
⑤ 刘昕杰:《后民法典时代的法律实践:传统民事制度的法典化类型与民国基层诉讼》,载《四川大学学报》2020年第1期;刘昕杰、毛春雨:《传统权利的去精神化境遇:民国坟产纠纷的法律规范与司法实践》,载《法治现代化研究》2019年第5期。
⑥ 赵晓耕主编:《新中国民法典起草历程回顾》,法律出版社2011年版,第2页。
⑦ 我国民法典草案的颁布,有的是正式且完整的法案,有的是分编或分章的草稿,本文在收集习惯规范时,参考《新中国民法典草案总览》(何勤华、李秀清、陈颐编:《新中国民法典草案总览》,法律出版社2003年版)和中国人大网,均以每次编纂成完整草案的最后一稿为准。单行法则以最后通过并颁布的版本为准。由于1950年代的民法典草案未合并成完整草案公布,则以其各编或各章最后一稿为准。

民国国体抵触各条应失效力外,余均暂行援用",① 以"前清现行律关于民事各件"实施。② 1926年,北洋政府法律修订馆完成《民国民律草案》,但该法仍未能颁布施行,而是"经司法部通令各级法院作为条理行用"。③ 在这个法典未备而民刑分离的过渡时期,民法典的编纂与日本明治维新时期的法典编纂活动具有共性,即重点不是"编纂既存法例""修正、加除旧惯故法",而是"对新规的制定"。④ 制定新法并非易事,既要改变民事法律关系的认定和处理模式,也将调整风俗习惯的适用情形,而社会环境的不安更加剧了改革的艰难。民法的缺位"为大理院'司法兼营立法'提供了历史性的契机"。⑤ 比如大理院"二年上字三号"判例规定了"习惯法成立之要件",⑥ 事实上是以"判例造法"的形式确立了"习惯法"内容要件,影响甚深。两部民律草案尽管未经颁布,但仍是民法典编纂初期的重要尝试和成果,可成为其后民事立法的参照。二者分别有习惯规范20条和38条,其中大约一半被《中华民国民法》(以下简称"民国民法")所承袭(甚至照搬)。

表1 《大清民律草案》《民国民律草案》中的习惯规范

法典名称	编	序号	合计
大清民律草案	总则	1	20
	债编	600、601	
	物权	994、1012、1013、1016、1020、1021、1077、1079、1083、1090、1091、1092、1094、1095、1096、1099、1100	
民国民律草案	总则	99、143	38
	债编	462、534、535、548、551、575、591、618、627、644	
	物权	776、778、781、785、786、793、796、798、804、806、854、858、861、863、867、868、870、871、872、873、1000、1002、1010	
	亲属	1068	
	继承	1385、1493	

---

① 《临时大总统宣告暂行援用前清法律及暂行新刑律》,杨幼炯:《近代中国立法史》,中国政法大学出版社2012年版,第67页。

② 即前清现行刑律中民事有效部分,由"大理院民国三年上字第三零四号判决"继续有效。杨幼炯:《近代中国立法史》,中国政法大学出版社2012年版,第67页。

③ 杨幼炯:《近代中国立法史》,中国政法大学出版社2012年版,第220页。

④ 有关法典编纂相关法学家大会的意见(1889年5月),转引自[日]穗积陈重:《法典论》,李求轶译,商务印书馆2014年版,第14页。

⑤ 黄源盛纂辑:《晚清民国民法史料辑注》,犁齐社有限公司2014年版,导言第32-33页。

⑥ 大理院判决例二年上字第三号:"凡习惯法成立之要件有四:(一)有内部要素,即人人有确信以为法之心;(二)有外部要素,即于一定期间内就同一事项反复为同一之行为;(三)系法令所未规定之事项;(四)无背于公共之秩序及利益。"郭卫编:《大理院判决例全书》,吴宏耀、郭恒、李娜点校,中国政法大学出版社2012年版,第210页。

(二)《中华民国民法》中的习惯规范

1927年6月,国民政府法制局制定《亲属法草案》《继承法草案》但未颁行,无习惯规范。1929年6月,南京国民政府中央执行委员会政治会议批准"将民商订为统一法典"。[①] 这是中国历史上第一部正式颁布的民法典,首次以法典形式提供了实质民法的制度依据。该法共有40条习惯规范,数量略有增加,内容上新增的集中在债编,尤其是"各种之债",删除的集中在永佃权和典权。

表2 《中华民国民法》中的习惯规范

法典名称	编	序号	合计
中华民国民法	总则	1、2、68	40
	债	161、207、314、369、372、378、429、439、450、483、486、488、491、524、537、547、560、566、570、579、582、592、632	
	物权	776、778、781、784、785、786、790、793、800、834、836、838、846、915	

(三)新中国成立后民法典编纂中的习惯规范

新中国成立后,自1954年至2002年曾有四次民法典编纂经历[②],但草案均未正式颁行。1951年,政务院政治法律委员会彭真副主任曾指出,"在立法方面,目前尚不宜于急求制定一些既不成熟又非急需的'完备''细密'的成套的法规,以致闭门造车或束缚群众的手足;应当按照当前的中心任务和人民急需解决的问题,根据可能与必要,把成熟的经验定型化,由通报典型经验并综合各地经验逐渐形成制度和法律条文,逐步地由简而繁,由通则而细则,由单行法规而形成整套的刑法、民法。"[③] 因此,初期民法典的编纂仍重在"新法的制定",且需一个循序渐进的过程。

在20世纪50、60年代的草案中,仅《债篇通则第三次草稿》有1条习惯规范。而

[①] 《公牍:函:中央政治会议函民商统一法典案经决议交立法院编订由(六月五日)》,载《立法院公报》1929年第7期。

[②] 一般认为,自新中国成立后共有五次民法典编纂经历,大致为:1954年至1956年、1962年至1964年、1979年至1982年、2001年至2002年、2014年至2020年。相关文献可参见王晨:《关于〈中华人民共和国民法典(草案)〉的说明》,载《人民日报》2020年5月23日;《新中国民法典编纂历史沿革》,载《人民日报》2016年10月26日;何勤华、李秀清、陈颐编:《新中国民法典草案总览》,法律出版社2003年版;王卫国主编:《中国民法典论坛》,中国政法大学出版社2006年版;赵晓耕主编:《新中国民法典起草历程回顾》,法律出版社2011年版;亹纪华:《民法总则起草历程》,法律出版社2017年版;孙宪忠:《权利体系与科学规范——民法典立法笔记》,社会科学文献出版社2018年版,等等。

[③] 《关于政法工作的情况和目前任务的报告》,载《大刚报》1951年5月29日。

《婚姻法》①和《继承法（草稿）》作为当时的单行法，各有 1 条习惯规范。在 1979 年至 1982 年的草案中，有 1 条习惯规范，出自总则。2002 年的草案有 4 条习惯规范，出自总则、物权法编。但自 80 年代起，民法立法更重要的特点和成果是单行法的颁布。主要考虑到"实践中需要民法通则"且"制定民法典还不成熟"，②因此"只好先将那些急需的、比较成熟的部分，制定单行法"。③在 1986 年《民法通则》颁行后，各单行法也陆续出台。习惯规范的数量增加 11 条，即《合同法》9 条和《物权法》2 条。

表 3　1954 年至 2002 年民法典草案和民事单行法中的习惯规范

法典名称	名称/编④	序号	合计
	婚姻法（1950）	5	3
	债篇通则第三次草稿（19570205）	13	
	继承法（1958）	28	
中华人民共和国民法草案（第四稿）（19820501）	民法的任务和基本原则	5	1
中华人民共和国民法（草案）（20021223）	总则	63	4
	物权法	79、85、112	
	合同法（1999）	22、26、60、61、92、125、136、293、368	11
	物权法（2007）	85、116	

2014 年，我国开启了新一轮的民法典编纂工作。2017 年颁行的《民法总则》有 3 条习惯规范。2019 年 12 月 28 日公布《民法典（草案）》征求意见，2020 年 5 月 28 日《中华人民共和国民法典》正式通过。其习惯规范总数增至 18 条，包括总则编 3 条、物权编 2 条、合同编 12 条、人格权编 1 条，大部分承袭自上一时段。

---

① 1950 年 4 月 3 日通过《婚姻法》，早于新中国第一次民法典的起草，但其中包含习惯条款，故将其纳入 1950 年代的民事立法考察。
② 王卫国主编：《中国民法典论坛》，中国政法大学出版社 2006 年版，第 111 页。
③ 王汉斌：《关于〈中华人民共和国民法通则（草案）〉的说明》，载《中华人民共和国国务院公报》1986 年第 12 期。
④ 1950 年代民法典草案未使用"编—分编—章—节"的完整表述，而使用"部分"或"一""二"等表述，或者不划分任何章节。

表 4　2014 年至 2020 年民法典编纂中的习惯规范

法典名称	编	序号	合计
	民法总则（2017）	10、140、142	3
中华人民共和国民法典（2020）	总则	10、140、142	18
	物权	289、321	
	合同	480、484、509、510、515、558、599、622、680、814、888、891	
	人格权	1015	

在历次编纂中，绝大多数习惯规范对习惯适用情形予以明确肯定，主要涉及民事纠纷的处理、对特定民事法律关系要素的保护、对制定法和约定不明的补充等等；有的习惯规范支持习惯的优先适用，比如民国民法中"有利于承租人/受雇人之习惯"优先适用于无固定期限"租赁/雇佣"的任意解除。还有个别习惯规范则对习惯的适用予以限制，比如"法律没有规定的，可以适用习惯，但是不得违背公序良俗"。

三、我国民法典编纂史上习惯规范的数量变化

我国民法典的编纂活动已逾百年，先后产生过 138 条习惯规范。《中华人民共和国民法典》中有 5 条的适用情形属于新增，另外 13 条可在既往制定法中找到相同或相似者。[1] 将其作为比较标准，在既往的 120 条习惯规范中，有 78 条（65%）被排除，有 42 条（35%）被大致保留。

表 5　我国民法典编纂史上习惯规范的关系

关系	中华人民共和国民法典	民法典以前的民法及草案
新增	5	
保留	13	42
排除		78
合计	18	120

相较于清末民国时期，《中华人民共和国民法典》中习惯规范的数量大量减少。其中一个重要原因是随着法典编纂进程的推进，概括性条款的功能增强。民法典的起草从"新

---

[1] 在新增的习惯规范中，第 622 条和第 1015 条可参考《全国人民代表大会常务委员会关于〈中华人民共和国民法通则〉第九十九条第一款、〈中华人民共和国婚姻法〉第二十二条的解释》和《最高人民法院关于审理买卖合同纠纷案件适用法律问题的解释》。在相似的习惯规范中，第 509 条和第 558 条在既有的习惯适用情形外，还新增了贯彻绿色原则的内容。

法制定"进入"法典编纂",通过更加成熟的立法技术和抽象思维概括各分编、各章的共性问题,在总则和分编通则予以规范。比如民国民法在买卖、租赁、雇佣、承揽、出版、委任、经理人及代办商、居间、行纪、寄托和运送营业等章分别规定了各种约定和履行问题,在不动产所有权中规定了相邻关系的各种具体情形,其中大部分适用习惯的法律规则在假定条件、行为模式、法律后果各部分都十分相似。尽管其总则首条规定了"依习惯",但各编缺乏具有一定概括性的条款作为指引和示范。《中华人民共和国民法典》承袭《合同法》《物权法》,在合同通则分编和物权相邻关系章对可能适用习惯的情形先予规范,指引具体适用,即第509条关于合同履行的原则、第510条合同约定不明时的履行、第289条关于处理相邻关系的依据。

对共性问题的概括为各章提供了统一的参照适用规范,是各章关联的体现,符合民法典的编纂旨意。"法典化需要的,就是让规则丛集间除了并联还有串联,不只是通过上位规范的规范力同时向下输配到数个下位规范,还要让分进的下位规范通过上位规范的联系而产生合击的效果,以创造最大的体系效益"。① 编纂民法典与制定民事单行法的一个差异,就在于前者需要运用高度抽象规则思维将各部法律集合成一部法典,将民法的精神贯穿始终。

四、我国民法典编纂史上习惯规范的内容变化

与清末民国时期相比,因为权利义务关系法定化和约定化,《中华人民共和国民法典》中习惯规范的内容有所限缩。其中多数已由法律(不限于民法)明文规定,甚至习惯所属权利事项已被去除,由当事人约定取代。

(一)权利义务关系法定化

随着法律制度的完善,一些适用习惯的民事活动已由制定法明确规定,不再适用习惯规范。一个典型的例子是商事法律关系及其习惯,在现在民商合一模式下由《中华人民共和国民法典》和部门法予以规范。

民商合一问题一直是我国民法典编纂的热点。南京国民政府时期,立法委员胡汉民、林森等提议制定民商统一法典,"其不能合并者,则分别订立单行法规(如公司法、票据法、海商法、保险法等是)"②。因此,有学者指出这种"制定民法典而没有商法典,在对传统商法内容的处理上,采用另行制定单行商事法律的模式"与"民商合一"并不等

---

① 苏永钦:《现代民法典的体系定位与建构规则——为中国大陆的民法典工程进一言》,载《交大法学》2010年第1期。
② 《编订民商法统一法典案民商法划一提案审查报告书(中央政治会议第一八三次会议决议十八年六月五日送立法院)》,载《立法专刊》1929年第1期。

同①；也有人认为这是"介于真正的'民商合一'和'民商分立'之间的'第三条道路'"，而"《六法全书》中民法部分则定名为'民法及关系法规'"。②

在民商合一抑或分立之争中，一个非常重要的问题就是习惯（尤指商习惯）与民法、商法的效力位阶。在民商分立的国家，商习惯的适用一般优先于商事成文法，而我国"所有的习惯都在法律之后，只有在法律没有明确规定的情况下习惯才被允许适用，即习惯是作为成文法立法空白的弥补而被引入民事活动和民事司法领域的"。③

这并非是由民商分合产生的问题，在某种程度上也是传统与现代的矛盾。商习惯之所以盛行甚至优于商法，在于商习惯对于商人群体有重要且独特的实用性。清末采用民商合一的模式并强调法律的优先适用，有利于改变传统的民商事治理模式，保护民商事主体的财产安全，促进身份平等。比如，伍渠源指出"现代社会组织复杂，贵有严密之成文法典以治理之。商法既贵大同，尤非有成文法典不可。安可偏重习惯"？④而面对外国"商事习惯优于成文法"之论，朱学曾回应"商事习惯多非常人所能知，如必守此原则，则常人一与商遇，即不免受意外损失，使人人悚于利害，而惮与商人通有无，不惟非商人之利，恐亦非社会经济之福矣"。⑤倘遇纠纷，"究应适用民法欤？抑适用商法欤？不免发生疑问矣。况商法尚严重迅速，民法尚宽大和平；常人必受损害，尤非持平之道"。⑥再者，何揆凤认为"苟令商法存在，是使商人之地位，优胜于普通人之地位矣。际兹集合主义盛行之时，阶级制度，调和消除犹恐不及，讵可使商法独立存在而助长乎"！⑦

民国民法并未突出商习惯的内容，商事章节中的6条习惯规范本质上也是民事债权问题，涉及雇佣、出版、经理人及代办商中的报酬计算（4条），经理人及代办商中的报酬请求权（1条），无固定期限雇佣中任意解除权（1条）。但立法之美意面临着实践之磨难，商事习惯与民法之争常被诉诸法院，甚至成为判例。以南京国民政府最高法院判例编辑委员会所编的《最高法院判例要旨》（1927年至1940年）为例，在该书40条有关习惯的判例要旨中就有6条与商事习惯直接相关，包括商业利息、商业经理人之代理效力、票据承兑与清偿问题。商业利息之习惯由民国民法第207条所认可；而后两者之习惯情形并无法律认可，在诉讼中各级法官不得不反复重申民法"经理人及代办商"、《公司法》《票据法》的法律规定，限缩习惯的使用。

上述这类习惯规范在当下的法律制度中呈现出三种状态。一是将有关债权法律关系的

---

① 石少侠：《我国应实行实质商法主义的民商分立——兼论我国的商事立法模式》，载《法制与社会发展》2003年第5期。
② 余洪法：《民国时代民法现代化历程考察》，载《法制现代化研究》1997年卷。
③ 赵万一、赵舒窈：《后民法典时代民商关系的立法反思》，载《湖北社会科学》2019年第10期。
④ 伍渠源：《民商法宜统一论》，载《法律评论（北京）》1928年第6卷第7期。
⑤ 朱学曾：《民商法应否分立之商榷》，载《法学会杂志》1921年第1期。
⑥ 伍渠源：《民商法宜统一论》，载《法律评论（北京）》1928年第6卷第7期。
⑦ 何揆凤：《民商法统一论》，载《法律月刊》1929年创刊号。

共性问题在《中华人民共和国民法典》合同编中予以概括规定。二是由单行法调整部分有关商事法律关系的内容。比如民国民法规定出版行销依习惯计算报酬，现依据约定或行政机关制定的付酬标准，而《著作权法》《使用文字作品支付报酬办法》均无习惯规范。再如雇佣之消灭，其中倾向于受雇人的习惯优先于无固定期限雇佣的任意解除；而现在已由《劳动法》《劳动合同法》对各当事人解约情形详细规定。三是关于利息一条，《中华人民共和国民法典》虽然再次认可了交易习惯在借款合同利息中的适用，但规定"禁止高利放贷"，严格排除了民国时期的逾期滚利习惯。

权利义务关系法定化，除了以新的法律明文规定，还有一些即习惯所属的权利事项被制定法所排除。比如"典"是中国传统社会独特的习惯法和物权制度，却在制定法和立法意见中出入反复。首先"典"未被纳入《大清民律草案》，其后《民国民律草案》设置"典权"专章并制定了3条习惯规范，包括典权期间、转典、典物灭失责任。民国民法典权章仅保留了转典的习惯适用并作修改，而"典当期限的纠纷"的新规定被指为"反有与国情格格不入的地方"中"最显著的例子"之一。[①] 新中国历次民法典草案均无相关规定；但《中华人民共和国民法第三篇租赁关系（1963年10月31日草稿）意见汇辑（一）》记载中央政法干校、科学院法学研究所专家指出"典当关系""出典"有待写明；[②] 王利明教授也主张设立典权制度。[③]

（二）权利义务关系约定化

在法律缺位且约定不明时，一般可以结合其他法律规定、补充约定、民事客体性质、民事法律行为目的以及习惯等因素进行补救。比如在民国民法各种债的约定和履行中，习惯都是常见的补充项之一甚至唯一。但此前《合同法》和《中华人民共和国民法典》中，上述适用习惯的情形已被当事人约定所取代；或者参照适用合同通则的概括性规范予以补救，尽管仍然认可习惯，但习惯不再是唯一的补救选项。

在一些民事法律关系中，当事人的约定取代了习惯的适用。以租赁物修缮为例，民国民法第429条规定"租赁物之修缮，除契约另有订定或另有习惯外，由出租人负担"，而《中华人民共和国民法典》仅以"约定"为例外。在依"约定或习惯"到依"约定"的过程中，曾有不同讨论意见。比如《中华人民共和国民法第三篇租赁关系（1963年10月31日草稿）意见汇辑（一）》收录的学者建议："一款'……除法律、法令和租约另有规定以外，修缮房屋是出租人应尽的义务'的规定，有点过死。从有利保养和维修房屋出发，

---

① 宋志伊：《两年来之司法改进》，载《中国新论》1937年第3卷第4/5期。
② 参见《中华人民共和国民法第三篇租赁关系（1963年10月31日草稿）意见汇辑（一）》，载何勤华、李秀清、陈颐编：《新中国民法典草案总览（下）》，法律出版社2003年版，第215、232页。
③ 参见王利明：《物权编设立典权的必要性》，载《法治研究》2019年第6期。

建议参照各地有关现行规定和习惯,适当予以修改。"① 但相关习惯似乎并不显著且在县域不统一,② 恐难发挥较大作用。租赁物之修缮固然是为尽可能保存物之价值,但现实中物之损害归责和修缮担责的矛盾更加突出,并将违约责任和侵权责任、法律的本位相联系。如果"在出租人为修缮前,承租人得拒绝支付租金(但有主张此修缮义务与债务不履行或侵权行为之损害赔偿义务,在于同时履行之关系,而与租金支付义务则否),未免有背于诚信原则。"③ 而"若租人既不允修缮,而承租人又为代修,任其破损到底,则与社会利益岂不有害?殊有背于社会本位立法意旨也。"④ 随着社会流动的加剧和租赁市场的扩张,合理的意思自治发挥了更大的作用。

权利义务约定化也是对当事人的法律行为提出合理的要求。民国时期依据习惯而定的具体事项(如合同期间、履行费用等等),现在多由"合理""必要"条款予以规范。以无固定期限租赁合同的任意解除为例。《民国民律草案》第534条规定"应遵守习惯上之通知期限"。民国民法第450条承袭并新增遵从"有利于承租人之习惯"。《合同法》第232条规定"当事人可以随时解除合同,但出租人解除合同应当在合理期限之前通知承租人"。《中华人民共和国民法典》则规定"当事人可以随时解除合同,但是应当在合理期限之前通知对方"。而"合理"要求对民事活动客观规律的尊重和对情势变更的包容。这既是一个通常理性人的客观标准,也需要具体的主观判断。百年之间,先期通知和倾向性保护承租人的习惯先扩张后消弭,租赁合同的主体间的对话有了更多表达空间。

五、我国民法典编纂史上习惯规范的功能价值

(一) 习惯在民法渊源中的功能

习惯可以弥补制定法的不足,有学者将其归入非制定法的法源、间接法源、实质法源、非正式渊源等等。在清末修律时,习惯既被纳入《大清民律草案》总则首条,⑤ 民国民法大致沿袭。⑥ 关于该条性质及习惯法的地位,当时的理论学说主要认为,其一,该条

---

① 何勤华、李秀清、陈颐编:《新中国民法典草案总览(上)》,法律出版社2003年版,第229页。
② 《民事习惯调查报告》中租房修缮习惯较少,且并不统一。如江苏省吴县"房屋上之修理由房东任之,装修上之改造(修理不在其内)由房客任之。"湖北省汉阳、五峰、竹溪、兴山、麻城、郧县"佃户所赁居之房屋及其佃种土地内之道路、沟渠、围障、田磡等类,如有应行修理之处,其修理费之负担问题,……各县习惯,关于切修缮费用之负担,虽各互有不同,然大致多以归东出资为原则,以由佃出资为例外,应认为善良风俗。"以及湖北省广济、潜江、京山、谷城、巴东、竹山"各县习惯不一,大都以房主出资为原则,以佃客出资为例外,虽与民律草案第六百四十四条第一项及第六百八十七条各条理不甚相符,要不能谓为恶。"前南京国民政府司法行政部编:《民事习惯调查报告录》,胡旭晟、夏新华、李交发点校,中国政法大学出版社1998年版,第84、651、661页。
③ 史尚宽:《债法各论》,姚欢庆校勘,中国政法大学出版社2000年版,第167页。
④ 周叔厚:《论租赁物之修缮义务》,载《福建日报》1947年9月20日。
⑤ 《大清民律草案》第1条:民事本律所未规定者,依习惯法;无习惯法者,依法理。
⑥ 《"中华民国"民法》第1条:民事法律所未规定者,依习惯,无习惯者,依法理。第2条:民事所适用之习惯,以不背于公共秩序或善良风俗者为限。

是民事规范的适用顺序法则,① 禁止法官以法律无明文规定而拒绝裁判。② 其二,该条是民法渊源条款,习惯法为制定法的补充渊源。有的直接针对该条的法源地位展开,比如王觐认为"法律之渊源仅以立法及习惯为限",③ 且将《大清民律草案》第 1 条理解为"是我国亦认习惯法有补充的效力也"④。至于民国民法,夏勤直言"是我新民法,不啻明白表示以'法律''习惯'及'法理'为其法源者也"。⑤ 胡庆育主张"与权利义务毫无关系"的习惯"不能成为法源",⑥ 通过民国民法第 1 条"尤可见习惯在诸法源上所占地位之重要也"。⑦ 徐谦解读该条,认为"诚以民法法典及特别民法法规均极完备之国家,终不能网罗继续发展之习惯,故于民法法典之外,不得不以习惯为民法之辅助,而使为民法之法源"。⑧ 另有关于习惯的法律效力,胡长清、李景禧等人都曾表示民国民法首条为补充成文法⑨之效力⑩,其效果是"苟无成文法时,习惯之效力,即等于法律"。⑪

但该条在清末和民国时期有所不同。一是适用习惯的前提从"本律所未规定者"到"法律所未规定者",即不仅限于"民法"。其实在民国民法颁行之前,仍使用"民法"而非"法律",比如 1929 年 4 月 15 日,胡汉民做《新民法的新精神》演讲称"政治会议给我们的立法原则中有这样的规定,'凡民法中无规定者,适用习惯'"。⑫ 其所谓立法原则即《民法总则编立法原则》,首条为"民法所未规定者,依习惯"。⑬ 但最终"条文中称'法律'不称'民律',其意于民律外,凡一切法律均尤其适用,比于第一次草案仅称民律者,进步更多矣"。⑭ 由此,法律的适用得以加强,习惯的法源地位和效力更加合理。

---

① 史尚宽:《民法总则释义》,上海法学编译社 1936 年第 68 页;张正学、曹杰:《民法总则注释》,商务印书馆 1947 年版,第 30 页;洪锡恒:《民法总则新论》,昌明书屋 1948 年版,第 5 页。
② 法律馆编:《民国暂行民律草案》,新华书局 1912 年版,第 1－2 页;《民律草案》,载《江苏司法公报》1912 年版第 4 期;商务印书馆编译所编:《中华六法(二)(民律上)》,商务印书馆 1927 年版,第 1 期;中华法学社编:《最近新订民国现行之法律中华六法大全(民律草案卷二)》,锦章图书馆 1923 年版,第 1 页;中华法政学社编:《新编中华六法全书(民律第一编)》,中华法政学社 1915 年版,第 1 页。
③ 王觐编:《法学通论》,公慎书局 1921 年版,第 43 页。
④ 王觐编:《法学通论》,公慎书局 1921 年版,第 54 页。
⑤ 夏勤:《论新民法之法源》,载《国立中央大学法学院季刊》1931 年 1 卷第 3 期。
⑥ 胡庆育:《法学通论》,太平洋书店 1933 年版,第 57 页。
⑦ 胡庆育:《法学通论》,太平洋书店 1933 年版,第 58 页。
⑧ 徐谦不仅认可习惯的法源地位,还认为其效力应自补充扩为对等:"习惯之效用,已有日渐扩张之趋势,自应视其与成文法具有对等之效力,方能适应新事实之要求也。"徐谦:《民法总论》,上海法学编译社 1933 年版,第 23、24 页。
⑨ 在具体表述中有补充法律、成文法、民法等语,但按第一条条文为"法律",应理解为成文法律。
⑩ 参见胡长清:《中国民法总论》,王涌校勘,中国政法大学出版社 1998 年版,第 31 页;周新民:《民法总论》,华通书局 1934 年版,第 13－14 页;吴义义:《中国民法总论》,世界书局 1934 年版,第 9 页;张映南编著:《法学通论》,大东书局 1933 年版,第 67 页;欧阳谿:《民法总论》,上海法学编译社 1937 年版,第 21－22 页;刘子崧、李景禧编:《法学通论》,商务印书馆 1934 年版,第 84－85 页,等等。
⑪ 欧阳谿:《法学通论》,会文堂新书局 1947 年版,第 147 页;何任清:《法学通论》,商务印书馆 1945 年版,第 70 页。
⑫ 《胡汉民在立法院纪念周讲演对于民法应有的常识》,载《湖北省政府公报》1929 年第 45 期。
⑬ 杨幼炯:《近代中国立法史》,中国政法大学出版社 2012 年版,第 248 页。
⑭ 饶景濂:《民法总则编与两次民律总则编草案之异同及其批评》,载《法学周刊》1929 年第 5 卷第 44 期。

二是，从"依习惯法"到"依习惯"。学界对习惯和习惯法同义与否的讨论不断，但从立法上而言，胡长清解释为避免与外国"成文的习惯法"相混。① 这样的立法语言首先是概念区分，也是习惯规范功能的一个转变，"反映出从清末到民国习俗约束力的逐渐减弱，也反映出'法无禁止皆可为'这一开放性的原则的为立法者率先接受。"② 三是，民国民法增加第2条，要求习惯以公序良俗为限。其实清末《民律施行细则》第2条规定了"民律施行后，旧律或善良习惯与本律无抵触者，仍得适用"，并说明"惟新律之规定未必完全，其为旧律所有新律所无，又无抵触者自不得不有适用旧律之例外。至习惯，本为民律所认，但必须以善良为限"。③ 虽然当时未明文规定，但这是习惯入法的应有之意。至民国民法颁行前，《民法总则编立法原则》曾指出"所谓习惯者，专指各善良之习言，以补法律之所未规定者"，④ 并说明"原案第二项，'或习惯'三字之下，无'但法官认为不良之习惯不适用之'十四字，审查案增入"。⑤ 尽管最后未采纳法官认可条款，仍可见立法者对习惯之良善的重视更甚。

关于此条，还有一个问题即《民国民律草案》并无该规定。一说是为省略。比如胡长清在介绍历次草案习惯法与制定法效力时有提及，即"第一次草案采用法兰西主义，习惯法不能与制定法有同等之效力（第二次草案略）"。⑥ 再比如"二次草案，独付阙如，窥立法者之用意，或以为法规当然应守之原则，无须特为规定之必要，反成赘文"。⑦ 这种省略不利于法律为众所知故而修改，但另一说认为"殊为得体"，从司法的角度"法院尽可以把那些比较适于现实社会情状的习惯当作'条理'或'公道'采用"。⑧

新中国既往的民法典编纂并未在法律渊源条款中明确认可习惯，草案总则中的习惯规范重在对优良习惯的尊重，比如民事活动"不得违背社会主义道德准则和优良风俗习惯"，⑨ 比如"对民事法律行为的解释，应当按照表达该民事法律行为的词句有关条款、法律行为的目的、习惯以及诚实信用原则，确定该民事法律行为的真实意思"。⑩ 《中华人民共和国民法典》第10条规定"处理民事纠纷，应当依照法律；法律没有规定的，可以适用习惯，但是不得违背公序良俗"。此前，学界已就《民法总则》中该法条是否赋予了

---

① 胡长清：《中国民法总论》，王涌校勘，中国政法大学出版社1998年版，第29-30页。
② 马小红：《风俗与民法——从〈大清民律草案〉说起》，在第十一届中国法学家论坛的演讲，https://www.chinalaw.org.cn/portal/article/index/id/20438/cid/231.html，访问日期：2020-6-2。
③ 《民律施行细则》，载《司法公报》1921年第1期。
④ 杨幼炯：《近代中国立法史》，中国政法大学出版社2012年版，第248页。
⑤ 杨幼炯：《近代中国立法史》，中国政法大学出版社2012年版，第249页。
⑥ 胡长清：《民法总则》，商务印书馆1933年版，第70页。
⑦ 饶景濂：《民法总则编与两次民律总则编草案之异同及其批评》，载《法学周刊》1929年第5卷第44期。
⑧ 王世杰：《大理院与习惯法》，载《法律评论（北京）》1926年第4期。
⑨ 《中华人民共和国民法草案（第四稿）（1982年5月1日）》第5条，参见何勤华、李秀清、陈颐编：《新中国民法典草案总览（下）》，法律出版社2003年版，第562页。
⑩ 参见《中华人民共和国民法（草案）》第63条（2002年12月23日），参见何勤华、李秀清、陈颐编：《新中国民法典草案总览（增订本）（下）》，北京大学出版社2017年版，第1488页。

习惯以民法法源地位展开讨论。多数认为该条是法源条款,并肯定习惯作为民法法源的积极意义。① 另有学者认为该条的习惯仅是"认知渊源""内容渊源"而非"效力渊源",② 或仅是"规范类型"而非"有效力的法律表现形式"③。《民法通则》将习惯纳入处理民事纠纷依据,意味着正式承认经过法律和社会认可的习惯可以作为民法的补充渊源,在一定程度上是对立法中心主义的冲击,呈现出法律规范的多元特点。

"在历史脉络上,习惯法经历了占据主导地位–否定习惯法作为法律渊源–重新肯定其补充作用的过程"。④ 而在整个更替过程之中,习惯的法律地位和规范功能不断改变。随着社会和国家本位观念的扩张,习惯的适用范围缩小甚至边缘化。《民法总则》规定的"可以适用习惯"是此前非正式渊源入法的体现,有助于弥补制定法的穷困,建立开放的民法规范体系,发挥"活法"价值。但习惯法也有功能的不济和适用的保留,除遵从公序良俗外,与清末和民国时期"依习惯(法)"一条不同的是,《民法总则》规定"可以"而非必须或当然适用习惯,是授权性规范,强调其一对习惯进行甄别,其二"在法律没有规定的情况下,是否适用习惯需要在具体案件中综合判断"。⑤

(二) 习惯在社会治理中的功能

习惯作为传统社会的民事规则,积聚了民间社会的治理经验。重视民间习惯,可以调动民间的治理资源和多元力量,发挥社会治理的价值。为了在民法编纂和司法实践中合理运用习惯,我国曾有多次民商事习惯调查活动,这是法律近代化和将改革传统社会治理方式一个前期表现。清末修律时曾进行大量民商事习惯调查,张仁黼曾称"凡民法商法修订之始,皆当广为调查各省情风俗所习为故常,而于法律能便民。此则编纂法典之要义也"。⑥《修订法律馆颁行调查民事习惯章程》亦载"民事法未编以前,各自治区域所有向来之惯习几乎自为风气,其不妨害公之秩序及善良风俗者,将来自必编入法典",因而

---

① 参见杨群、施建辉:《〈民法总则〉"法理"法源规则缺失与实践重建》,载《南京大学学报(哲学·人文科学·社会科学)》2019年第3期;于飞:《民法总则法源条款的缺失与补充》,载《法学研究》2018年第1期;梁慧星:《〈民法总则〉重要条文的理解与适用》,载《四川大学学报(哲学社会科学版)》2017年第4期;彭诚信:《论〈民法总则〉中习惯的司法适用》,载《法学论坛》2017年第4期;石佳友:《民法典的法律渊源体系——以〈民法总则〉第10条为例》,载《中国人民大学学报》2017年第4期;张民安:《〈民法总则〉第10条的成功与不足——我国民法渊源五分法理论的确立》,载《法治研究》2017年第3期;陈华彬:《论我国〈民法总则〉的创新与时代特征》,载《法治研究》2017年第3期;王利明:《民法总则彰显鲜明时代特色》,载《检察日报》2017年3月21日;张荣顺主编:《中华人民共和国民法总则解读》,中国法制出版社2017年版,第33页,等等。
② 雷磊:《习惯作为法源?——以〈民法总则〉第10条为出发点》,载《环球法律评论》2019年第4期。
③ 刘作翔:《回归常识:对法理学若干重要概念和命题的反思》,载《比较法研究》2020年第2期。
④ 张新宝:《〈中华人民共和国民法总则〉释义》,中国人民大学出版社2017年版,第19页。
⑤ 张新宝:《〈中华人民共和国民法总则〉释义》,中国人民大学出版社2017年版,第21页。
⑥ 《大理院正卿张仁黼奏订修订法律请派大臣会订折》,转引自故宫博物院明清档案部编:《清末筹备立宪档案史料(下册)》,中华书局1979年版,第836页。

"于自治不无裨益"。① 在民律未颁发的北洋政府时期，调查成果"既可作法院审判案件之参考，又足为修订民商法典之材料"。② 南京国民政府也十分重视习惯，比如亲属和继承编较迟颁行，因其"对于本党党纲及各地习惯，所管甚大，非详加审慎，诚恐多所扞格"。③

尽管立法者重视习惯并以法律明文宣示，但如何真正发挥习惯的治理价值备受热议。这些讨论不仅受到新旧社会观念的影响，还与国家权力和政治党派牵连。有学者对习惯的作用进行了否定和批判，比如《民法总则编起草说明书》指出"我国幅员辽阔，礼俗互殊，各地习惯，错综不齐，适合国情者固多，而不合党义违背潮流者亦复不少，若不严其取舍，则偏颇窳败，不独阻碍新事业之发展，亦将摧残新社会之生机，殊失国民革命之本旨"。④ 胡汉民也曾表示"我们知道我国的习惯坏的多好的少，如果扩大了习惯的适用，国民的法治精神更将提不起来，而一切政治社会的进步将纡缓了，如果那样一来，试问我们如何去进行我们的主义与政策呢"？⑤ 还有一些评论着眼习惯（旧社会的恶习惯）并力谏改良，主张习惯改良才有望社会进化。由于习惯历来具有较强的社会控制作用，近代以来的改革者力求革新法制、施行法治，习惯才成为改良的对象，并被寄予了发挥良善治理效用的期望。

清末民国时期民商事习惯调查的成果和习惯规范的数量之多，是传统的社会规则依旧活跃的表现，随着社会本位和国家权力的扩张，习惯的功能有所消解，在法律规范中逐渐淡化，尤其在新中国成立后的很长一段时间内，法律法规乃至政策法令在社会治理中发挥着更加明显的作用，国家对经济和社会的管控限缩了民间社会的自治空间。

近年来，随着民商事活动的繁荣和民法典的编纂和颁行，习惯规范在法律中被重新重视。一方面，扩张的国家权力和现代化的社会结构冲击了传统社会的血缘和地缘关系，改变了传统社会的权威形态，削弱了乡土社会的自治功能。同生变动的习惯"不断在与国家制定法博弈互动中找寻自己的生存空间和活动领域"。⑥ 另一方面，"当代中国的社会规范控制系统绝不仅仅是国家正式法律的一家独霸，与此同时，被广泛地称之为'民间法'或'乡规民约'的规则体系更在实际地规范着乡民们的日常生活"。⑦ 习惯规范不仅体现在民法典编纂中，还逐渐体现到地方性法规和其他规范性法律文件中。新颁布的《中华人民共和国民法典》第10条重申了习惯的法源地位，意味着民间习惯在民事活动乃至社会治理中的作用将愈发得到肯定与彰显。

---

① 《章程：修订法律馆颁行调查民事习惯章程》，载《江苏自治公报》1911年第51期。
② 《法界消息：要闻十四则：司法部编纂民商习惯调查录》，载《法律评论（北京）》1925年第3卷第25期。
③ 《亲属及继承编原则》，载《新闻报》1930年3月27日。
④ 谢振民编著：《中华民国立法史》，张知本校订，中国政法大学出版社2000年版，第755–756页。
⑤ 《胡汉民在立法院纪念周讲演对于民法应有的常识》，载《湖北省政府公报》1929年第45期。
⑥ 高成军：《转型社会的习惯法变迁——学术理路的考察及反思》，载《甘肃政法学院学报》2018年第6期。
⑦ 谢晖：《当代中国的乡民社会、乡规民约及其遭遇》，载《东岳论丛》2004年第4期。

The changes ofcustomary norms in the history of civil codecompilation in China
——From the "Draft of the Qing Civil Law" to the "Civil Code of the People's Republic of China"

Liu Xinjie Li Shiyu

Abstract: The changes in customary norms in the history of the compilation of the civil code are a microcosm of the modernization and codification of our civil law. From the revision of the law in the late Qing Dynasty to the promulgation of the "Civil Code of the People's Republic of China", a total of 138 norms related to customs appeared in the code one after another. In terms of the number of norms, with the enhancement of the functions of the general clauses in the Civil Code, the norms of specific customs are gradually reduced. In terms of the content of norms, most cases of applying customs are either explicitly stipulated by the law, or their rights have been excluded by the law or agreed by the parties, and the scope of custom in the code gradually narrows. Article 10 of the "Civil Code of the People's Republic of China" stipulates the status of custom as the source of law, which means that folk custom will still play an important role in civil activities.

Key words: customary norms, civil code, history of civil law.

厚嫁风俗对清末民初湖湘地区
社会规制的影响*

于 熠　王登峰**

摘　要　湖湘地区的婚嫁习俗中有厚嫁的传统，形成原因在于出嫁女寻求夫家认同，富户引导奢靡风气，同时攀比心态进一步加重奢靡之风。而这种厚嫁也带来了溺女陋习、大量婚姻争讼以及婚姻衍期的社会问题。湖湘"厚嫁"习俗，进一步表明风俗和习惯在乡土社会中逐渐被常规化和模式化，通过正向和反向两个方面实现对习惯和制度的补充和调整。

关键词　厚嫁　溺婴　婚姻诉讼　湖湘地区　习惯

引　言

清代湖湘地区的方志中对婚姻习俗存在大量关于厚嫁风俗的记载，这一风俗也成为影响湖湘地区婚姻制度的重要因素。从历史上看，"以尔车来，以我贿迁"，[①] 便是对嫁妆的较早记载。随着历史的发展，关于嫁妆的种类逐渐丰富，有学者提出，在宋朝以后，嫁妆成为婚姻缔结的必需品，在一定程度上，嫁妆的多少能够影响到婚姻的缔结。[②] 甚至由于厚嫁的风俗，使得宋代女性出现晚婚的现象。[③] 嫁妆制度发展至清朝时期，有学者提出清代嫁妆的两个特点，一是具备普遍性，二是具有奢靡性，表现为"厚嫁"或者"奢嫁"。[④]

---

* 本文系湖南省社会科学规划基金重点项目"湖湘地方旧志中民商事习惯史料的整理与研究"（项目编号：15ZDB034）的阶段性成果。
** 于熠，法学博士，湖南师范大学法学院讲师；王登峰，湖南师范大学法学院硕士研究生。
① 《诗经·卫风·氓》，载周振甫译注：《诗经译注》，中华书局2002年版，第85页。
② 宋东侠：《宋代厚嫁述论》，载《兰州大学学报》2003年第2期。
③ 陈伟庆：《宋代女性晚婚原因探析》，载《甘肃社会科学》2014年第6期。
④ 毛立平：《清代嫁妆研究》，中国人民大学出版社2007年版，第2页。

奢嫁这一现象也在社会中也引起一些问题，使得嫁妆成为家庭的经济负担，[1] 在一定程度上造成了溺婴风俗的产生。[2] 就嫁妆的作用而言，一方面是保障女性在婚姻中的财产支配权和家庭地位，另一方面则是对新组成家庭的资助，正如"随力袖金钱赠男家，其亦邻帮乡助之义。"[3] 实际上伴随着厚嫁的习俗产生形成，已然使得嫁妆脱离了其本质作用。回到湖湘地区的嫁妆习俗来看，其大致经历了由"不齿议婚"到"嫁妇厚奁"的发展过程，时人对此评价，"至婚论财，乡村亦间有之，或彼此要求，抑或彼此竞胜，皆无当于婚姻之义也。[4] 以婚论财的方式超出了当初婚姻成立纳彩的内涵和应有的道德之义，显然厚嫁的婚姻风俗已然对社会价值导向产生了偏离。

一、湖湘地区厚嫁风俗的成因

嫁妆本诠释着民间家庭祈盼女儿幸福的心意。在乡土社会，嫁女所依的习俗，成为民间普遍遵循的习惯之前，百姓是循礼而制的，即不甚注重嫁妆和聘礼。正所谓"谕财者，不齿议婚，惟以门户相当。"[5] 而随着私有制的发展，金钱观念逐渐深入人心，恩格斯对于私有制对婚姻财产关系的影响提出这样的论断，"当父权制和一夫一妻制随着私有财产的分量超过共同财产以及随着对继承权的关切而占了统治地位的时候，婚姻的缔结便完全依经济上的考虑为转移了。买卖婚姻的形式正在消失，但它的实质却在越来越大的范围内实现，以致不仅对妇女，而且对男子都规定了价格，而且不是根据他们个人的品质，而是根据他们的财产来规定价格的。"[6] 并在一定程度上构成了形式或实质的买卖婚姻。湖湘地区的厚嫁风俗形成主要以下原因，首先是嫁女之家希望夫家善待亲女，通过厚奁，提升出嫁女在夫家的地位；其次是富人引导了社会的不良风气，依托占据大量的社会财富实行厚嫁；最后是民间攀比的风气助推，将"面子"寄托在妆奁的丰厚程度上。从厚嫁风俗的最初产生来看，更多的是在嫁妇的同时考量自身家财的接济能力，富裕的则多给予接济。但是出于对社会风气的不正当引导，使得这种风俗逐渐取得了约束力，厚嫁的适用范围逐渐扩展至整个社会。

（一）贫穷之家希望出嫁女获得优待

从清代妇女的财产权来看，嫁资作为妇女的财产，也是构成厚嫁的重要推动因素。围

---

[1] 毛立平：《清代的嫁妆》，载《清史研究》2006年第1期。
[2] 谭志云、刘曼娜：《清代湖南溺婴之俗与社会救济》，载《船山学刊》2005年第1期。
[3] 王缥编纂：《安乡县志》，民国二十五年手抄本，载《中国方志丛书》，成文出版社1975年版，第310页。
[4] 於学琴等修，宋世煦等纂：《耒阳县志》，清光绪十一年刊本，载《中国方志丛书》，成文出版社1975年版，第1137页。
[5] 郭树馨、刘锡九修，黄榜元纂：《兴宁县志》，清光绪元年刊本，载《中国方志丛书》，成文出版社1975年版，第485页。
[6] 《马克思恩格斯选集》（第4卷），人民出版社1972年版，第75页。

绕清代妇女的嫁资能否构成妇女财产，学界尚且存在争议，陈顾远认为在宗法社会中，子女和妇女不能拥有自己的私财，①瞿同祖对此也提出了相似的观点，"古代的法律也根本否认妻有私产之说。"② 但是并不否认在事实情况下，女性拥有自己的私财，陈顾远从事实角度提出女性是存在私有财产的：

"事实方面或有夫妇财产之发现？先就妻之财产而言，妆奁之制，或兴于古，初仅赠与夫家，后世被嫁者或在事实上亦有相当支配之权，且奁具繁细，有仅供所嫁女私用者，自不能谓其非私有也。"③

在陈顾远的陈述中，可以得知在大量的社会事实中，妇女是拥有自己的财产的。同时伴随着女性财产继承权利的法定化，即对"户绝继承"的承认，女性的财产权更具事实。并且这一事实在进入民国后，也被大理院承认，表明对妇女财产权的尊重，尤其是对女性嫁妆的属性认定为妇女的私财，可用于日常家庭事务支出。

"为人妻者应有财产，嫁女妆奁应归妇女有；妻于婚前或婚后所得之赠与及遗赠，皆归妻有；惟妻于其所有私产，为行使权力之行为。"④

有学者就此提出了相似的观点，认为清代"女性的奁产是独立于夫家财产之外，不参与分家的。"⑤ 并认为婚后的女性财产不与夫家财产混同，并且单独核算，夫家无权支配妇女的嫁妆。在《大清律例》中对于女方嫁资的规定来看，夫家对女方财产的是有区别对待的，同时只有在"夫亡改嫁"的情况下，夫家才能够获得妇人的财产所有权。

"妇人夫亡无子守志者，合承夫分，须凭族长择昭穆相当之人继嗣。其改嫁者，夫家财产及原有妆奁，并听前夫之家为主。"⑥

从此项规定来看，对于夫亡改嫁的妇女财产所有权归属来看，"夫家及原有妆奁"，表明夫家财产和原有妆奁二者是分开的，其在家庭中仍然存在明晰的财产所有权界限，并未产生混同，因此在法律中对才会对"夫亡改嫁"的妇女财产权进行限制。又如嘉庆朝《大清会典事例》对妇女的财产支配权予以规定，当夫妻双方因不合而离异时，在财产的分割上，妇女的嫁妆仍归属女性所有。"凡有夫与妻不和离异者，其女现在之衣饰嫁妆，

---

① 陈顾远：《中国婚姻史》，上海书店1984年版，第194页。
② 瞿同祖：《中国法律与中国社会》，商务印书馆2019年版，第122页。
③ 陈顾远：《中国婚姻史》，上海书店1984年版，第196页。
④ 陈顾远：《中国婚姻史》，上海书店1984年版，第197页。
⑤ 毛立平：《清代嫁妆研究》，中国人民大学出版社2007年版，第207页。
⑥ 马建石、杨育棠主编；吕立人等编撰：《大清律例通考校注》，中国政法大学出版社1992年版，第409页。

凭中给还女家。"① 这一规定更是直接表明出嫁女财产在夫家财产的独立属性。

对于女性拥有私财的认可，除了在法律上的直接规定外，在湖南方志中也有所体现，尤其是在婚姻缔结的情况中，在婚姻的议婚程序之前，便会有打听访寻女方是否有大量的私财，然后才会请媒妁上门议婚。显然女性可以拥有在实际的社会生活中，已然不同于法律以及礼教所强调的"无私"，反而成为妇女在婚姻中的筹码，拥有私财愈多，在婚姻之中，以及夫家的地位可能愈高。据《龙山县志》记载：

> "土人（土家族人）议婚多访其女有私财者，然后请媒妁求之，既许其女家亦必索重聘，嫁时奁资极丰，锦被多至二十余铺，有畀以牛马者。"②

妇女财产权的承认，带来了妇女在家庭地位的提升，但是这种提升乃是依托女性所拥有的私财的多少。出于维持出嫁女在夫家的地位这一目的而言，母家会选择为出嫁女准备丰厚的嫁妆，"两家所费不赀。女父母爱怜其女，恣其索求；女恃宠而骄，亦恣其所取。"③ 女家父母出于疼爱女儿的角度，往往为出嫁女准备丰厚的嫁妆，并尽可能地满足出嫁女地要求。同时对于未能准备丰盛嫁妆的，夫家的态度往往较差，据《桂阳县志》记载："稍从简略，男家间相消让。"④ 一方面，支撑出嫁女在夫家的经济地位，以此获得出嫁女在家庭事务上的发言权和支配力；另一方面则是通过丰厚的嫁妆为出嫁女的将来筹谋，或是离异，或是因夫亡。因此"贫者亦称贷求备"，⑤ 即便贫困的家庭也会采取借贷的方式为出嫁女准备丰厚的妆奁，故而便在此形成了厚嫁的习俗。

（二）富室引导奢华风气

富人阶级逐渐讲究比拼婚礼仪式的排场和嫁妆聘礼的多寡，富者成为"嫁妇厚奁"的始作俑者。在富人阶层中，通过婚礼的奢靡进而呈现出家室富裕，并带有炫耀的成分，据光绪《兴宁县志》记载：

> "近来婚礼因富室相耀，渐次奢华，咸友族里致贺，上宾留至数日，每日数十席不等，筵席必极丰盛，否则以鄙啬相嗤，大杯劝饮，尽兴始撤，早夜亦然，未免过耗，后将不继，嫁女者前此奁物，不过日用布帛富有，侍婢奁田，今则中

---

① 托津等纂：《钦定大清会典事例（嘉庆朝）》，文海出版社1992年版，第1213页。
② 符为霖修，刘沛纂：《龙山县志》，清光绪四年重刊本，载《中国方志丛书》，成文出版社1975年版，第411页。
③ 《善化县志》，清嘉庆二十三年刻本，转引自丁世良、赵放主编：《中国地方志民俗资料汇编·中南卷》，书目文献出版社1991年版，第478页。
④ 《同治桂阳县志（2）》，载《中国地方志集成·湖南府县志辑》，江苏古籍出版社2002年版，第281页。
⑤ 《乾隆祁阳县志》，载《中国地方志集成·湖南府县志辑》，江苏古籍出版社2002年版，第167页。

等之家，亦彼此相效为欢，美装郎须寒暑衣服，女更倍之绫缎远求京扬珠翠，争夸新样，一切器具备极精工，除婢女朴尚有奁钱，数十千数百千不等。富者即后费，固绰有馀裕，中户亦欲争夸，遂有□田鬻产，以资奁钱者。"①

在兴宁县的风俗中，奢嫁的风俗最直接的原因便在于富室所带来的奢靡之风，在婚姻中倡导大操大办。与之相对应的是康熙年间《宁乡县志》对婚价淳朴之风的记载，虽然在倡导婚价，但是并不提倡僭越，同时考量在经济承受范围之内，不至于出现"破产称贷"的情形：

"古市井细民，嫁娶而谕财，近年亦颇波流而下，然金珠锦绣上不至僭拟卿士，下不至破产称贷，固缘土瘠民贫，亦俗尚敦朴，遗风犹未全民也。"②

对于此种情况而言，原因在于受经济条件而形成尚俭的风气，"一切礼仪以地瘠民贫，概从简略。"③ 随着社会的发展，士人阶层的影响逐渐扩大，在士人阶层中兴起的厚嫁开始逐渐向社会底层扩展。最早是在士人阶层中依据其家财给予妆奁，"惟士大夫家始行之妆奁视家厚薄，又有届节作服饰馈遗女家，名曰调节。"④ "调节"的作用在于实现婚姻缔结的两个家族之间的平衡，在清代，奢靡风气打破了这种平衡，据《清泉县志》记载：

"朱张诸先贤之遗泽，还矣惟人情□。而华日甚一日或一燕会，縻数金。不仅如书志所云屋宇翚飞衣裳蟪楚也。国奢示俭，讵可责之细民乎？"⑤

嘉庆《长沙县志》对此也有所记载，认为此处风习不古，反而注重绮罗、珍馐、雕居等物质享受，并认为这只是近几十年来发生的变化：

"数十年前，皆不数数儿，而繁会之区区耳目。渐暇衣必绮罗，出必兴马，宴客必珍味，居处必雕。凡故近市镇而拥素封者，间亦有之此习，兴时移，亦有不尽古若者也。"⑥

---

① 郭树馨、刘锡九修，黄榜元纂：《兴宁县志》，清光绪元年刊本，载《中国方志丛书》，成文出版社1975年版，第485页。
② 吕履恒等撰：《宁乡县志》，清康熙四十一年刊本，载《中国方志丛书》，成文出版社1975年版，第44页。
③ 吕履恒等撰：《宁乡县志》，清康熙四十一年刊本，载《中国方志丛书》，成文出版社1975年版，第808页。
④ 《乾隆长沙府志》，载《中国地方志集成·湖南府县志辑》，江苏古籍出版社2002年版，第306页。
⑤ 王开运等修，张修府等纂：《清泉县志》，清同治八年刊本，载《中国方志丛书》，成文出版社1975年版，第124页。
⑥ 赵文在等修，易文基等纂：《长沙县志》，清嘉庆十五年刊，二十二年增补本，载《中国方志丛书》，成文出版社1975年版，第1267页。

受限于社会奢华之风的影响,使得原本婚姻"择门户相当称家"的基本条件发生了转变。这种奢靡风气不仅在富人阶层存在影响,在穷人阶层中也被予以接纳。据《祁阳县志》记载:"富家于襦币外,盛具敛钏及鸡□之属,以多为数。女家尤尚厚奁,贫者亦称贷求备。"① 又如《醴陵县志》记载:"男备聘礼,女备妆奁,富者务为奢靡,即贫者亦必具物。"② 这样一种奢靡之风带来的婚价风俗,在一定程度上也受到了批评,《祁阳县志》中便有节谨人士对此提出的批评,"惟婚丧之事,每多浮费,且一有吉凶之事,皷吹甚盛,声震比邻。岁于奢则不几,于奢则不逊,此则制节谨度之道□人士所当讲也。"③ 应当注意到这样一种现象,富人和穷人之间的巨大财富差异,并未使得二者在婚价中采取奢俭对立的态度。据《汝城县志》所载,在财富不同的情况下,是可以采取不同的方式的,一则注重礼让,另一则是注重金钱,甚至在物价上涨的情况下,多采取了礼让的态度。

> "其订期有二种,一注重礼让,女家不索男家聘金,男家不责女家妆奁。一注重金钱,女家先索男家礼银,若干礼肉,若干至妆奁,妆奁则无一定标准。然风尚后□,百物昂贵,女家所得礼银礼肉仍足置办妆奁费用,得不偿失,然全县普通订婚注重礼让者为多。"④

但实际上,这种礼让的态度在湖湘地区并未成为一种普遍的现象,这种礼让受到社会经济因素的影响,大抵在于随着物件的上涨,婚娶双方对于花费奢靡超出家庭经济条件,因而从节省花费的角度考虑,采取了礼让的态度。事实上物价的上涨并未使得礼让成为普遍现象,反而是重金主义所引导的厚嫁之风引导了这一地区的婚俗走向。

(三) 攀比心态加重奢嫁风俗

富人所引导的不良社会风气逐渐实现了跨阶层的影响,在富人中间可能是在炫耀彼此的财富多少,而在穷人之间则涉及家族面子和子嗣的问题。一方面回到习俗来看,为何是厚嫁而非厚娶,这也是在奢嫁中存在攀比心态的原因;另一方面是厚嫁能够为男方带来丰厚的收益。

在湖湘地区有着"生男作赘,生女招婿"的习俗,据《同治攸县志》记载:

---

① 陈玉祥等修,刘希关等纂:《祁阳县志》,清同治九年刊本,载《中国方志丛书》,成文出版社 1975 年版,第 1985 页。
② 《民国醴陵县志》,载《中国地方志集成·湖南府县志辑》,江苏古籍出版社 2002 年版,第 171 页。
③ 陈玉祥等修,刘希关等纂:《祁阳县志》,清同治九年刊本,载《中国方志丛书》,成文出版社 2002 年版,第 1996 页。
④ 陈必闻修,范大准等纂:《汝城县志》,民国二十一年刊本,载《中国方志丛书》,成文出版社 1975 年版,第 995 页。

> "家贫子壮出赘,世固有之,攸俗有以赘婿为嗣,考之于史魏陈矫本刘姓出嗣,舅氏吴朱然本施姓以姊子为朱,后皆缘姻为嗣,而非赘婿,惟范致明,《岳阳风土记》云,湖湘之民,生男多作赘,生女反招婿男子为妇家承门户。无怨悔,则楚南之俗,似早有类此者。要之乏嗣者,其情艰或无可奈何,而偶出乎此,则礼经所无事容有之。"①

据《岳阳风土记》的描述来看,湖湘地区"生男作赘"的现象是极为普遍的,而非特例。男子作赘的情况下可以省下一笔婚价费用,同时女方还需要提供相当的嫁资,以此来满足新家庭的生活。因而在长久以来形成的普遍现象来看,便会导致出现"娶妇先问嫁资"的情况:

> "司马温公曰世俗之贪鄙者,将娶妇必先问资妆之厚薄,将嫁女必先问聘财之多少,婚娶谕财,是以生男则喜,生女则戚至有不举其女者,用此故也。然则议婚姻有及于财者,皆勿兴为婚姻可也。"②

"生男则喜"实际上也表明在湖湘地区的婚俗中,嫁妆能够为男方所带来的丰厚收益。同时在富人群体中,其丰厚的财力能够支撑起纳彩与回礼相等,但是在中产家庭对此效仿的过程中,奢靡的嫁妆反而成为家庭经济的负担。据嘉庆《安仁县志》记载:

> "近因富户相耀,渐饮奢华,即纳彩于迎娶仪物,无异,女家回礼,亦约相等。前此奁物,不过日用布帛富者,用仆婢奁田,今则中等之家,亦彼此相效为观美。装郎须寒暑衣服,女更倍之。绫缎远求京扬,珠翠争夸新奇,一切器具备,极精工除婢女外尚有奁钱,数十数百千不等富者,即侈费固绰有馀裕,中户亦欲争夸,遂有典田鬻产,以资奁仪者,于是育女苦于赔累,有血盆抱养谓之□养媳,数岁即迎归者,谓之过门,以省婚费矣。"③

相似的记载在《兴宁县志》也有记载:"中户亦欲争夸。""争夸"一词恰好说明在中产之家的尴尬,一方面财力比富家稍逊,无法为嫁女准备充足的妆奁,另一方面,中产之家的家境较贫穷者稍稍富裕。在中产之家看来应当与之有所区分,并向富家对齐,因此中户人家便出于攀比的心态,也受到厚稼陋习的影响,并导致"苦于赔累"。

富户所带来的奢华风气本身局限于社会财富集中的群体之中,但是在普通民众群体中

---

① 《同治攸县志》,载《中国地方志集成·湖南府县志辑》,江苏古籍出版社 2002 年版,第 141 页。
② 《嘉庆安仁县志》,载《中国地方志集成·湖南府县志辑》,江苏古籍出版社 2002 年版,第 79 页。
③ 《嘉庆郴州总志》,载《中国地方志集成·湖南府县志辑》,江苏古籍出版社 2002 年版,第 605 页。

却对此采取了效仿，进一步导致社会价值导向偏离，使得"则男备钗钏衣服至于女家，近皆女家自备，且有以厚奁相赛者。"① 妆奁等物开始由女方自备，最终导致厚嫁攀比之风成为恶习，据乾隆《长沙府志》记载，这种奢靡风气已经不再仅仅局限于富者，中户，贫户也被此风习推动，也选择注重服饰的华丽，甚至出现为了满足此要求，而进入典铺进行典当，以此获取钱物：

"恶习难遽变也，重堪于严选，择不以财吝其亲，贫富皆然。所可虑者，踵事增华，春酒社饭，亦用海味，罗列大簋，否则群相于笑之娶亲，即贫者，亦必盛服饰，俄而已入典铺矣。官室于马等项皆奢侈无度，其流极败坏，莫可究詰，有心者，深以为忧，所望贤当事晓谕，严禁以速挽此颓风焉。"②

显然这种奢侈之风在"有心者"中间也引起了反对之声，认为奢侈无度，败坏风气，被"有心者"所排斥。在"有心者"看来，对奢侈风气的定位乃是恶习，而解决的办法需要由"贤者"立约严禁奢侈浪费，以此挽救社会风气的颓萎。

二、湖湘地区厚嫁风俗产生的社会问题

而厚嫁之风对社会带来的不良影响也是显而易见的，首先是溺婴风俗的产生；其次是婚姻诉讼的多发；最后是造成湖湘地区晚婚形成。厚嫁风俗带来的社会问题首先反映在对婴儿的溺杀方面，尤其是溺女行为的多发，这既是湖湘地区奢嫁风俗的结果，又是湖湘地区奢嫁的助推因素，同时也是婚姻诉讼和晚婚衍生的诱因。一方面厚嫁的风俗使得嫁资成为家庭的经济负担，同时在养女童的过程中成本要高出养男童。据《慈利县志》记载，婚嫁中，妆奁的厚重程度是要高于聘金的，并且此地有重女轻男的风气，也就是对于男女而言，女生在家庭中要更为重视：

"嫁子耗金又多于聘妇，谚曰：盗不过五女之门。又曰：养女攀高门，养儿就地滚，重女轻男，跃然词表，盖遣嫁物品凡关日用细大所必备，以是种种，辄来溺女之反响。其忍心害理，是有二说：一家贫忧后日治奁难；一家贫母忧繁扰，常日缠足难。乃者不举女弊俗。"③

从《慈利县志》的记载来看，生女不举的弊俗原因有二，其一是家贫而无法筹备丰厚

---

① 《乾隆平江县志》，载《中国地方志集成·湖南府县志辑》，江苏古籍出版社2002年版，第89页。
② 《乾隆长沙府志》，载《中国地方志集成·湖南府县志辑》，江苏古籍出版社2002年版，第306页。
③ 田兴奎修，吴恭亨纂：《慈利县志》，民国十二年铅印本，载《中国方志丛书》，成文出版社1975年版，第549页。

的妆奁；其二是在养成中，要较男子付出更多心力。又有《祁阳县志》记载，依然表明在婚礼中，女方家庭的妆奁陪送要比男方的聘金丰厚许多：

> "婚礼□女家办送男家丰者至十数担。妇女终岁勤，大半为此其者，预办数年，始足。供嫁女之需者，大为女红之累。"①

在对待"嫁子"和"聘妇"的态度上二者是相反的，一方面是嫁资必须高于聘礼，另一方面，养女大多在阶层上向上兼容，而养子多向下兼容，这也造成了"生女不举"的弊俗。当然厚嫁所产生的问题不止在于溺女，围绕嫁资会产生更多的诉讼问题，一则因嫁资悔婚，另一则是贪图妆奁而致反目。

（一）溺女行为的多发

首先需要解决的一个问题是，溺女的行为是否与厚稼的风俗存在必然的联系。从湖湘方志的记载来看，多数涉及溺女行为的记载中，也会涉及与厚奁之间的密切联系。甚至在《龙山县志》中出现了从反例的角度来阐释这二者之间的关系，

> "奁资厚薄视其家之贫富，富者嫁一女或废缩，而贫者弗计也，不需厚奁，故俗鲜溺女之风。"②

在《龙山县志》的编撰者看来，这一地区的人们尚能在嫁资的厚薄中尊重实际情况，并依据家庭财产的能力为子女准备嫁资，家庭富裕的嫁资丰厚，家庭贫寒的，也不需要强求丰厚的嫁资，正是在这样一种理性之下，这里的溺女行为很少发生。实际上从另外一个角度，也反映了在编撰地方志的士绅之间，对于溺女行为和厚嫁风俗之间的必然联系是默认的。

针对溺女行为，一方面是"育女苦于暗累不仁者，遂作溺女之计"。③ 另一方面又是"索重奁而酿成溺女之风，贪厚聘而致标梅之叹。"④ 厚嫁习俗所带来的不良影响使得"中人之产，不胜苦累，致成溺女。"⑤ 当然除了溺女之外，为了规避厚嫁所带来的负担，同

---

① 陈玉祥等修，刘希关等纂：《祁阳县志》，清同治九年刊本，载《中国方志丛书》，成文出版社1975年版，第1996页。
② 符为霖修，刘沛纂：《龙山县志》，清光绪四年重刊本，载《中国方志丛书》，成文出版社1975年版，第410页。
③ 郭樹馨、刘锡九修，黄榜元纂：《兴宁县志》，清光绪元年刊本，载《中国方志丛书》，成文出版社1975年版，第485页。
④ 《乾隆辰州府志》，载《中国地方志集成·湖南府县志辑》，江苏古籍出版社2002年版，第270页。
⑤ 《同治桂阳县志》，载《中国地方志集成·湖南府县志辑》，江苏古籍出版社2002年版，第281页。

时也是出于人性的考量，产生了"抱养"的习俗，据《桂阳县志》记载：

> "近来无力婚嫁者，或血盆抱养，或数岁过门，礼物颇为简易。溺女之风渐息，至门再醮者，议财于夫家，则无一定之数。"①

通过"抱养"等习俗实现婚姻缔结，减少婚姻的各项支出，事实上对于溺女行为的减少是有一定的作用的。桂阳县和龙山县的风俗志所记载的两则事例来看，虽然从减少溺婴行为的发生这样一个角度，但是也从侧面反映了在湖湘地区溺婴行为与婚嫁妆奁的多少有很大程度的关系。在妆奁减少的情况下，溺女的行为反而减少。

面对溺女行为的多发，实际上还带来了另一严重的后果，在一定程度上出现了无人养老，即"垂老无妻"的情况：

> "湖湘间，生男赘生女反招婿，为妇家承门户。今平俗，亦多赘婿，又有女，甫生而过门者，谓之血盆抚养，契买婢女长成，皆以礼嫁，近嫁之期，辄今于巳，女为伍婢，夫终身执婿礼。往来马然，民俗溺女，下户多垂老无妻，虽奉严禁，风未尽变。"②

> "湖湘间，生男赘，生女反招婿，为妇家承门户。按岳俗，崇伦议婚，止以一笺合书，两家生年时日，谓之庚书。无问名纳采仪节。故易于改悔。有女甫生而过门者，谓之血盆抚养，契买婢女，长成皆以礼嫁，近嫁之期辄□于诸女为伍婢，夫终身执婿礼，往来马然民俗。溺女下户，多垂老无妻近奉□，禁风乃尽变。"③

这两则记录分别为乾隆《平江县志》和《长沙府志》对"溺女无人奉养"的记载，其中"溺女"对于下户的影响最为明显，稍富裕的门户尚可通过招赘，避免出现无人可继的局面，而对于贫穷的下户而言，娶妻已然成为很大的社会问题。

事实上，对于厚奁所带来的溺女恶习，在一定程度上是有人对此是持反对态度的。从"礼"和"法"两个角度而言，"知礼者所不为，亦法所必争也。"④ 从礼的角度而言，溺女的行为有违人伦，为礼教所不允许，因为对于恪守礼教的群体而言，这是一种不容逾越的规制界限。礼作为一种行为规则，事实上在面对厚奁或者溺女等恶习的情形中，仍处在一种自我约束的地位，相较于"法"的强制性而言要弱上许多，因而这一群体的范围往往局限在"知礼者"，对于"知礼者"之外的群体，显然礼的约束已然不再具有和风俗习惯

---

① 《同治桂阳县志》，载《中国地方志集成·湖南府县志辑》，江苏古籍出版社2002年版，第281页。
② 《乾隆平江县志》，载《中国地方志集成·湖南府县志辑》，江苏古籍出版社2002年版，第89页。
③ 《乾隆长沙府志》，载《中国地方志集成·湖南府县志辑》，江苏古籍出版社2002年版，第190页。
④ 《乾隆辰州府志》，载《中国地方志集成·湖南府县志辑》，江苏古籍出版社2002年版，第270页。

对抗的能力。

从国家法制的角度而言，礼之外无法涉及约束的空间，是法与习惯协调的重点区间。在礼无法对习俗形成约束的情况下，需要法的强制力强势进场，才能够对此形成规范，即"法所必争"。雍正《黔阳县志》对自明万历年间的溺女禁制有一例记载：

> "黔俗富家溺女，贫家溺子，万历三十七年，县令王公讳体道申详。两院立石县前，酌定聘礼，妆奁，称家贫富，以为三等，不许索求。违者治罪。"①

对于民间的奢嫁之风，官府在一定程度上也采取了限制措施，将聘金和妆奁依据家庭贫富情况分为三等，以此来对索求妆奁聘金的行为予以规制。在清代，顺治、乾隆、嘉庆、同治、光绪等皇帝都对溺婴的陋习颁布谕令，要求整饬。② 显然，国家法令对于地方的风俗限制，并未取得应然的成效，至少在湖湘地区，溺婴行为仍然频繁出现。

（二）婚姻诉讼的多发

围绕索要婚价的行为，将金钱至上作为婚姻的引领，使得婚姻在缔结程序中少了对品德的考量。乾隆《长沙府志》对当时的婚姻观这样表述："婚礼不问男女，而先求门阀，不择德行，而专重资财纳币……何其惑也。"③ 在长沙府地区的婚姻观已经产生畸变，在婚姻中男女双方的品等并不是最重要的，反而是"门阀"这一家世背景成为首要因素，并注重妆奁的金钱价值。在这一过程中道德约束力逐渐降低，以金钱为导向的婚姻也是极为不稳定的，形成了多发的婚姻诉讼这一特征，《宁远县志》记载："相戒不育，弊俗相沿，捐嫁致讼所由来矣。"④ 并且由于长期无法劝诫，而导致沿袭成为弊俗。

湖湘地区因婚姻而产生的诉讼类型主要有以下几种情况：

首先是因嫁资而悔婚。据《宁乡县志》记载，在抱养为媳这一行为中，便存在因嫁资而悔婚的行为，以此形成诉讼。

> "至家贫自度不能，婚娶多有从三朝半岁，抱养过门为媳，过门后，仍给父母抱回抚养俟长大，再接过门，以致有悔盟结讼。"⑤

---

① 《雍正黔阳县志》，载《中国地方志集成·湖南府县志辑》，江苏古籍出版社2002年版，第28页。
② 参见《世祖章皇帝实录》，第967页，"溺女恶俗，殊可痛恨，着严行禁革"；《高宗纯皇帝实录》，第1002页，"溺女之风，最为残忍，亦曾屡经饬禁，并着该抚查明"；《仁宗睿皇帝实录》，第148页，"先出示禁止，并设法妥为化导，以革浇风而正伦纪"；《穆宗毅皇帝实录》，第48页，"民间溺女……著各直隶督抚董饬所属地方官出示严禁，并责令各州县劝谕富绅"；《德宗景皇帝实录》，第64页，"民间溺女本干例禁，若如所奏各情，亟应设法拯救"，中华书局1986年版。
③ 《乾隆长沙府志》，载《中国地方志集成·湖南府县志辑》，江苏古籍出版社2002年版，第306页。
④ 曾钰纂修：《宁远县志》，清嘉庆十六年刊本，载《中国方志丛书》，成文出版社1975年版，第177页。
⑤ 吕履恒等撰：《宁乡县志》，清康熙四十一年刊本，载《中国方志丛书》，成文出版社1975年版，第808页。

同样在《祁阳县志》中对此也有相似的记载，男方家庭落败，因索要超额嫁资而结讼。

"男家先富后贫，过索□币，致毁盟，兴讼伤生□理莫此焉，甚近二十年来，此风少减。"①

其次因多次约为婚姻而产生争讼。据《永明县志》记载，为了争相纳聘，而出现一女许配两家的情况：

"逐悔其前盟，有虽速我讼，亦不汝从之意。至于寡妇再醮，夫家母家争为纳聘，各不相闻。故以一妇而许字两家，因而构讼者，又比比更可□者，女生长夫不嫁，盖楚俗男女习劳愚□欲□，女力作不顾婚期之已过，其于桃夭及时之化稍衰矣。"②

除此之外，《黔阳县志》也对此有相似情形的记载，认为造成婚姻诉讼的原因在于背弃信约，并且贪图高额的婚财，认为此种恶习应当严厉禁止并采取重法治理：

"婚娶谕财，大家富室，无之。惟农人市儿，艰于得妻，或续娶。再醮之妇，则有保有契，所费不赀。且有欺绐负约及数家争聘者，至有亲近在途，结褵在室，而一夺再夺者。此种恶习，出于指腹割襟，弃信，赖婚之外，讼狱繁兴多由乎，此所当历禁而重治之也。"③

再次是因索要嫁资而产生间隙成讼的。据《浏阳县志》记载，女家和婿家因为索要聘金和嫁资而产生间隙，并为此专门颁布谕令矫正：

"有女家索金帛，服饰，婿家索奁，赠成隙者……案律谕绞乡愚，不知间有蹈此者，近固罕矣。"④

在《醴陵县志》中，对于贪图嫁资的行为也有记载，并认为此种恶习正当改革，主张

---

① 陈玉祥等修，刘希关等纂：《祁阳县志》，清同治九年刊本，载《中国方志丛书》，成文出版社1975年版，第1985页。
② 《康熙永明县志》，载《中国地方志集成·湖南府县志辑》，江苏古籍出版社2002年版，第26页。
③ 《同治黔阳县志》，载《中国地方志集成·湖南府县志辑》，江苏古籍出版社2002年版，第284页。
④ 《同治浏阳县志》，载《中国地方志集成·湖南府县志辑》，江苏古籍出版社2002年版，第341页。

自由婚姻，在婚姻中往往奁聘成为主要的因素，反而忽略了年龄和才行等因素，因而为此反目成仇：

> "或徒贪奁聘。不计子女年龄才性之相当于否。以致他日睽離反目。或衔恨终身。此宜改革者也。反之者又或主自由结婚之说。然中道遠弃。舍其旧而新是圖。尤所不免。固不可不慎取也。"①

最后则是因争财而产生的争讼事端。《宁乡县志》中对于围绕嫁资问题而争财的行为，主要涉及：一是妇女夫亡再嫁时的财产处分权，妇女的再嫁问题中，夫家和母家会围绕由谁来纳聘的事项产生争端，此类行为在前述《永明县志》中也有记载；另一是在争财过程中所产生的限制人身自由和嫁卖等不法行为，夫妻不和，夫家往往为了取回财产，采取卖休的行为，除此之外，妻子也会找出事端勒索钱财，夫妻之间已然不存在情谊。在时人看来，对此解决的办法只有通过严法禁止，并以礼进行疏导，才能够实现转变。

> "情事又夫亡再醮，多有夫家母，互争财礼，即以捆嫁捉掳捏控其贫不能自存，以及夫妇反目不相和谐，即行嫁卖本族，妻亦有呈首借端勒索等事，今惟法禁，甚严化，导以礼自渐渐稀减矣。"②

《华容县志》对婚姻中涉及嫁资问题这样评价，主要有毁盟、抢亲等问题，但是最终这些都会导致产生诉讼，对于此种行为应当严禁：

> "抚子乡愚，恶陋之风，不可救药，至或毁盟，或逼嫁，抢亲，成讼，又岁匕有之所当严禁。"③

对于厚嫁之风所带来的问题，其认为一方面是因为乡民愚昧，事实上这是相当重要的一部分原因，在前述中，"知礼者所不为"已然对此设定了一个身份限制，对于民众而言，在生活本不富裕的情况下，做到知礼不为的行为和道德双重约束是极其艰难的。另一方面则是认为这种恶陋之风已经无可救药，从侧面反映了奢嫁陋习在湖湘地区中的深刻影响。

（三）婚嫁衍期

事实上，奢嫁除了带来的溺女行为多发和婚姻诉讼等问题之外，还会引起晚婚的社会

---

① 《民国醴陵县志（2）》，载《中国地方志集成·湖南府县志辑》，江苏古籍出版社2002年版，第171页。
② 吕履恒等撰：《宁乡县志》，清康熙四十一年刊本，载《中国方志丛书》，成文出版社1975年版，第808页。
③ 《乾隆华容县志》，载《中国地方志集成·湖南府县志辑》，江苏古籍出版社2002年版，第19页。

问题。受限于厚嫁风俗的影响，湖湘地区在婚俗方面呈现出这样的样态，女性减少，而随之出现年龄不相匹配的婚姻，其中女子要较男子年长许多，甚至出现至老死而不结婚者。在湖南辰州形成了这样的风俗："生女多溺死，故女甚贵。再婚亦须三十余金。前夫未久而复诉讼。谓之求敷。讼迭中十有六七，甚有男子仅三四十岁，而女子已六七十岁者。其老死不得娶者又比比然也。"① 年龄不匹配的婚姻和老而未娶成为较为普遍的现象。对于富家嫁女而言，其妆奁的准备并不需要花费太长的时间，而对于中下贫户而言，除了溺婴有违伦常的行为之外，往往能够选择的措施较少，通过采取延缓婚期的行为，以此获得充足的时间进行妆奁的筹备。湖湘地区的衍期婚姻主要有以下几种，首先是付不起嫁资而造成寡居的；其次是在准备嫁资过程时间长而逾期的；最后是因父母原因而出嫁衍期的。

首先奢靡的嫁资和聘金使得出现大量的寡居。据辰州府记载："婚姻议彩礼多者百两，无力之夫多鳏居。"② 兴宁县也有此类情况："娶妇艰于闹阔贫寒者，不免旷鳏之虞"。③ 显然，在湖湘地区，奢嫁的风俗已然成为达成婚姻的一道障碍，对于贫寒者而言，丰阔的聘金或者嫁资，使得其不再选择缔结婚姻，或者说以被迫的方式选择鳏寡。

其次是在准备嫁资过程中造成婚姻衍期。宁远县对此有记述为："费财既多，资妆必待丰备，往往力有不给，致男女过期。"④ 在婚姻过程中，往往需要花费大量的人力物力，甚至有些家庭数年积蓄都用尽在婚嫁之中，为此在家庭经济条件稍弱的家庭中，会选择延迟婚期，以较长的时间来准备嫁资。桂阳县也有此类情况："无力婚价者，或血盆抱养，或数岁过门，礼物颇为简易。"⑤ 这一种并非通过积攒足够的嫁资后再举行婚姻，而是因为家庭贫困，确实无力承担过于奢靡的婚价，而在数年之后，不得不选择出嫁，此时对于嫁资或聘金的要求也随之降低。

最后则是由于父母原因而出现的衍期。这一行为虽然看似与奢嫁没有关系，但是在整个湖湘地区奢嫁的氛围之下，仍然不免待价而沽的心态。《永明县志》记载："更可嗤者，女生长大不嫁，盖男女习劳，愚氓欲留女力作也。"⑥ 虽然对于"女生长大不嫁"的原因是说欲留"女力"，但是相较于男子的劳作力来看，仍然是低的，其本质上仍然在于对婚价奢靡费用的隐忧。湖南江华县也有此类情况，名之曰父母溺爱。"间有父母溺爱过甚，迟至二三十岁外犹不忍遣嫁，摽梅衍期，不无旷怨，是在司风化者有以整剔而移易之也。"⑦ 二三十岁仍然不嫁，其原因显然不在于父母溺爱，如果父母溺爱是主因的话，又

---

① 胡朴安编著：《中华全国风俗志》，河北人民出版社1986年版，第337页。
② 《乾隆辰州府志》，载《中国地方志集成·湖南府县志辑》，江苏古籍出版社2002年版，第269页。
③ 郭树馨、刘锡九修，黄榜元纂：《兴宁县志》，清光绪元年刊本，载《中国方志丛书》，成文出版社1975年版，第485页。
④ 曾钰纂修：《宁远县志》，清嘉庆十六年刊本，载《中国方志丛书》，成文出版社1975年版，第177页。
⑤ 《同治桂阳县志（2）》，载《中国地方志集成·湖南府县志辑》，江苏古籍出版社2002年版，第281页。
⑥ 《道光永州府志（1）》，载《中国地方志集成·湖南府县志辑》，江苏古籍出版社2002年版，第363页。
⑦ 《道光永州府志（1）》，载《中国地方志集成·湖南府县志辑》，江苏古籍出版社2002年版，第363页。

何来"旷怨"之说，其实质上仍然是受到奢嫁的影响，进而考量妆奁的结果。

三、从湖湘"厚嫁"看风俗对习惯与制度的影响

从湖湘地区"厚嫁风俗的沿袭来看，大致经历了由个体行为到群体行为，由非评价性规则到评价性规则，由自发到强制性调整等面向的转化，其中除了风俗的形成之外，还包含了风俗与确定性规则和非确定规则的互动，这种互动或允许、或补充、或禁止。风俗在地方上有着强烈的导向作用，能够向上对形成定制的习惯和具体制度产生引导。在风俗对习惯与制度产生影响的基本方式或者说影响路径方面，主要通过风俗的制度化这样一种方式，将风俗中的合理部分予以认可，进而成为定制。在风俗对习惯制度的互动上，主要从以下两个角度产生，从正向来看，风俗弥补习惯与制度无法涉及的领域，升成为评价性规则；从反向来看，风俗又在某种程度上使得习惯与制度做出调整。

（一）方式：从风俗到习惯法的制度化

从个例行为出发的厚奁行为来看，这一行为本身出自个体或者单一家庭的自我行为，并不涉及社会其他群体的规制或者产生对其他社会群体的行为评价，往往只在于婚姻双方的合意即可。男方所出多少聘资，女方所出多少妆奁，是作为个体家庭之间的行为。从传统的礼法来看，纳聘和陪嫁仍在规则之内，但是就其数量而言，并未有所限定，这也成为在婚约之中双方可供协商调整之处，或者说这是在一种准用性规则的范围之内进行调整。随着富家的参与和攀比心态的催化，这种个例行为开始扩展，从主体上来看，更多的家庭参与到了奢嫁这一行为之中；从区域上看，湖湘地区似乎都陷入了这种奢嫁行为中。当这种具备传导特征的行为开始逐渐成为社会主流时，便会在这一区域内的群体中形成一种多数人的默认，当然这种默认不要求获得全体的认同，甚至当它获得全体认同的时候，它的性质已然开始发生转变，风俗的产生便是如此，受到了区域和社会的限制。在获得相当群体对它的认可之后，它会获得至少两个维度的走向，一种是继续扩展它的影响，寻求更多群体的认同；一种是对该行为的接受群体变少，进而消灭。当这种行为逐渐成为众人所公认的行为时，便演化成了习惯，"俗间行语，众所共传，积非习贯，莫能原察。"（汉应劭《〈风俗通〉序》）从湖湘地区方志的记载来看，奢嫁或者厚嫁仅仅成为习俗，远不及成为一个地区的习惯。原因在于，从风俗到习惯，至少应当是这一地区民众的普遍接受，"开始普遍而持续地遵守某些被认为具有法律强制力地惯例和习惯时，习惯法便产生了。"[①]显然奢嫁并未取得获得被认可的强制力，虽然奢嫁在湖湘地区影响深远，但是就方志中的记载而言，仍然存在对此的不赞同，甚至是评价为陋习，自然也不能成为习惯法，或者说

[①] ［美］博登海默：《法理学——法律哲学与方法》，邓正来译，中国政法大学出版社1999年版，第381页。

获得制度化的认可。

虽然对于厚嫁行为整体并不认可,但是就厚嫁最初的出发点,即保障出嫁女的财产性权利,却是在厚嫁中产生了认同。厚嫁本是一种观念,即,在女儿出嫁时,给予其丰厚的嫁妆,使其在夫家有一定的地位,受到一定的重视;另一方面,也是女儿继承家财的一种形式,通过嫁妆的方式获得对母家财产的继承或者分割。据《大清律例》规定,"户绝,财产果无同宗应继之人,所有亲女承受,无女者,听地方官详明上司,酌拨充公"。① 在清代,妇女并不直接具备财产的继承权,而是附条件的继承,因此通过丰厚的嫁妆可以实现对母家财产的提前获得。在乡土社会长期沿用的过程中,逐渐被常规化,依据该观念作出的厚嫁行为,也逐渐被模式化,进而演变成一种习惯,在民间得以留存并被自觉使用。甚至从权益角度而言,厚嫁开始调整男女之间的财产权利,尤其是对女性私财的准许。从中国古代整个宗法社会的法律而言,并不允许女子拥有自己的私财,但是通过厚嫁这样一种风俗的制度化,成了准用性的规则,使得女性的财产权益得到保障,并以此提升在夫家的地位。通过厚嫁风俗对女性的私有财产权形成了认可,并在此过程中,将女性财产私有固定下来,成为一种近乎确定性的规则。

(二)正向:风俗对习惯与制度的补充

事实上,风俗对习惯和制度的正向互动表现为从非评价性规则转向评价性规则。从习惯和制度本身来看,已然作为被社会普遍接受的规范或者由强制力保障实施的规范,对社会中的行为带有一种价值评断,"既生于人群之中,且用以调整人际间的关系,依靠人之行为体现和维持。"② 强调行为的程式化、模式化、固定化,注重所规范的社会关系中,权利与义务的分配,关注利益的分配与平衡。而风俗虽然在某种程度上也具备模式化、固定化等,但是当一种强有力的规则涉足这一领域之后,风俗并不涉及权利和义务的分配,或者说更强调呈现出一种非评价性规则的定位,指导社会的一般生活。但是当习惯或者制度对某一领域未进行调整或者较为原则性的规定时,风俗便承担起了评价性规则的定位,通过社会中普遍中存在的风俗传统,对人们的行为做出肯定或者否定评价。

厚嫁与奢嫁本身是一种婚姻嫁娶的观念,并不是社会的强制性规则。在中国传统社会中,婚姻讲究依"礼"而行,因而其应当具有仪式性。在婚姻进行中,厚嫁或者奢嫁并不带有评价性规则的特性,而是在"礼"的范围允许之下,进行完善和补充,强调自发的男家和女家的沟通协商。光绪《永兴县志》云:

"议婚男家,使媒通于女家,许之乃授以女年庚。今男家合婚,既吉用红全

---

① 马建石、杨育棠主编;吕立人等编撰:《大清律例通考校注》,中国政法大学出版社1992年版,第419页。
② 梁治平:《清代习惯法》,中国政法大学出版社1996年版,第58页。

束二套,男女家各清载世系年庚命名于束,请媒传送,谓之传庚。继用聘金首饰布帛之类,请媒送往女家,谓之过礼。将娶,则先择吉其报于女家,谓之报日。其亲迎之前一日或本日,用告庙红启一套,以猪羊牲醴鸡鹅之类,请媒往女家,告庙,谓之奠者。"①

又如,光绪《零陵县志》载:

"前一月戚族里邻,请女家饭,谓之辞嫁饭。先日上头乃具鸡酒豚及钱,谓花烛礼,以备女家唱歌开脸脂粉等费。是夕,女家宴会,谓之女花烛,择未字者,陪女教以安席把盏。男家亦于是夕设宴,谓之男花烛。择年幼未娶者,陪新郎以香一炷,轮流唱和,女家亦于是日,起歌堂新,嫁女高坐,择未字者,二十馀人团坐唱和。"②

这些都是中国传统乡土社会在筹办和进行婚礼时,所遵循的乡规俗例。"乡例"多是在长期生活实践中产生,对乡民生产、生活和交易活动具有指导及一定约束作用的规范③,在婚姻方面便如,"父母之命,媒妁之言"、正式结婚之前必经"六礼",分别是纳采、问名、纳吉、纳征、请期、亲迎等等。这些乡规俗例都是民间社会在发展演变过程中形成的所逐渐吸收接受的习惯。

但是伴随着厚嫁风俗的发展,湖湘地区嫁女时,女方制备丰厚的嫁妆成为一项必备的义务,而且这种义务使得厚嫁风俗开始具备评价性规则的特性。同治《醴陵县志》载"近时婚娶……博亲戚顷刻之欢,相尚以财,渐染成俗。苟不如是,彼此以为惭恶。"④ 在此表述中,若乡民嫁女违背厚嫁之俗,"稍从简略",便会受到公众舆论的控制,邻里"争相讥诮",使违背厚嫁之俗的女方家人丢了面子,彼此之间产生"惭恶"。显然当厚嫁的行为成为一种通行的风俗之后,便会在习惯和制度未涉及的领域中发挥出评价性规则的作用,尽管其带来的评价可能并不符合我们今天所要求的价值准则,但是在湖湘地区,这种评价却成为乡土社会中极为重要的因素,公众舆论迫使人们依照厚嫁风俗进行婚姻活动。厚嫁甚至奢嫁逐渐演变成了一种婚姻的必备条件,以致影响婚姻的成立。另外,需要注意的是,普通的习惯很少表现为利益之间的冲突与协调,单纯的道德问题也不大可能招

---

① 《光绪永兴县志》,载《中国地方志集成·湖南府县志辑》,江苏古籍出版社2002年版,第448页。
② 嵇友庆修,刘沛纂:《零陵县志》,光绪元年修,民国二十年补刊本,载《中国方志丛书》,成文出版社1975年版,第344页。
③ 梁治平:《清代习惯法》,中国政法大学出版社1996年版,第38页。
④ 徐淦修,江普光纂:《醴陵县志》,同治九年刻本,载《中国方志丛书》,成文出版社1975年版,第90页。

致"自力救济"一类反应。① 而具备评价功能的规则或者说法则不同,这种规则往往会产生利益冲突,引起纠纷,当事人一旦违背则要承担相应的不利后果。

(三) 反向:风俗促使习惯与制度做出调整

重要的是,带有评价性规则的风俗在发展到一定阶段时,会与现行的习惯或制度产生冲突,由于这种评价性规则的特性在某种程度上是具有"法"的强迫性的,因此风俗的发展便会由自发而转入强制性的调整。这种调整是习惯和制度面对风俗做出的转变,一方面是将其不合理的部分予以扭转,另一方面是将其中合理的部分予以吸收或是转化。《民国醴陵县志》中对民国以来在此地的婚俗变革有一例记载:

> 民国结婚亦有媒妁,但改称介绍人。别推有声望者证婚,父或他尊长则为主婚人。届时饰礼堂植国旗,备婚证,并用綵轿或汽车迎新妇,新妇至。集男女二家主婚二人、证婚一人,或二人介绍二人,傧相四人或二人,及来宾行礼。傧相引新郎新妇相向三鞠躬,交换戒指,钤章于婚证。主婚人证婚人介绍人以次钤章毕,证婚人宣读婚证,致贺词,主婚人介绍人均致词,男女宾亦客推代表致辞,于是新郎新妇向证婚人主婚人介绍来宾分别鞠躬致敬。礼毕宴客,谓之文明结婚,其馀书仪一概免除。民国礼制草案要旨在矫正奢侈,消弭诈伪破除迷信,提倡质朴,并酌采可以保存之旧制婚礼,兼参民法结婚仪式公开之规定,士大夫家多有遵行者。旧俗赠赔奁之物,以华赡相高。素封之家,舁者动以千百计,而男家亦必多致聘钱。自政治革新,人皆知女子,非有知识技能,无以自立。在未嫁以前,即以其赔奁之资,移作求学之用。结褵之日,崇朴黜华。富者亦力避铺张,或径割田宅为赠,一扫从前奢靡之习。女子得继承财产,为民法所规定。女家无子,间有赘婿于家者,然尚不多观。而乡间争继争产之风,则自是稍戢矣。②

民国时期的法律已然开始对奢侈之风进行矫正,提倡质朴。主要包括以下内容,首先是对婚姻的基本形式予以阐明,坚持了媒妁的传统;其次是主婚人、证婚人、结婚证等皆采用新的形式;再次是婚姻中简化书仪,免去繁琐;最后提出了妆奁的一种转化方式,可以算作求学之用,以此来施行新的文明婚礼。尤其在财产方面,通过民法的颁行,在法律上承认女性的财产继承权,在前述中,传统中国的法律对于女性的财产继承权多是采用了"绝户继承"这一条件,奢嫁的一个重要原因便是在于妇女事实上已然拥有属于自己的私

---

① 梁治平:《清代习惯法》,中国政法大学出版社1996年版,第165页。
② 《民国醴陵县志(2)》,载《中国地方志集成·湖南府县志辑》,江苏古籍出版社2002年版,第171页。

财,父母通过妆奁的赠与也构成了女性私财的重要来源。从民国对婚姻习俗的改造来看,在乡土社会的变革中,需要通过一种外系强制力去打破此处千百年来所形成的平衡。一方面是突破固有意识对行为的指引;另一方面则是打破固有评价的价值标准。以此方能突破原有的乡土限制,将社会中的陋习评价通过价值引导回归正轨。清代的官府也曾试图对此陋习进行纠偏,但是对于溺婴的禁止所颁布的谕令并未能够突破其生存的乡土环境,而是在原有的乡土环境中加之一种强力的反应,这种反应往往得不到底层的接受。

习惯法尊重人们的传统和心理习惯,是一种非理性的产物。对于在湖湘地区中婚嫁风俗为何未能加以改造成为适合本阶层习惯法,而演化成为陋习。其原因有以下两点:首先如果一种制度想要成为社会的主要制度,它所仰赖的经济基础和受众群体必须成为社会中的中坚群体,在湖湘地区奢嫁风俗的形成中,富人阶层是主导人群,社会财富的集中使得其他阶层的群体必须要对富人阶层产生依赖;其次是由普通风俗转变为习惯法需要一个强有力的引导,在习惯法的形成过程中,或为利益选择,或是价值认同。在湖湘地区中,由于方志中多有记载民贫的情形,依托礼的传统对婚嫁习俗进行改造显然无法获得价值认同,因而只有通过利益疏导才能够对习惯法的形成接受。事实上在这一地区的利益疏导中,富人的奢靡之风和金钱选择占据了主流,因而无法形成对风俗的改造。

结 语

湖湘地区方志中对厚嫁风俗的记载,一方面反映了传统礼制下的婚姻制度和在历史演变中所形成婚俗的冲突;另一方面也呈现出了作为地方性知识的风俗在本地区所具备的强制力。乡民在地区的社会生活中,往往受到这一地区所形成的风俗影响,而相对于外部的礼制或者法制往往成为不可依托的制度,虽然湖湘地区在婚姻习俗上仍遵从六礼,但是就婚姻的实质而言已然成为利益交换的实质,六礼婚姻制度的内在意蕴受到了社会观念的冲击,利益成为婚俗制度转向的一种枷锁。同时在婚俗制度的发展中,作为地方性知识所具备的生命力是一般意义上法制所不具备的,虽然在方志的记载中有关于官府对奢嫁风俗的限制,但是从整体来看,这种法制并未获得地方的支持,其原因在于移风易俗不能仅靠一纸禁令,而应当选择恰当的措施加以改造,从民国时期的醴陵新婚姻仪式也说明了这一点。

The influence of the custom of rich dowry on the social regulation in Hunan region during the late Qing dynasty and the early Republic of China

Yu yi Wang Dengfeng

Abstract:There was a tradition of rich dowry in the marriage custom in Hunan region in the late Qing Dynasty and the early Republic of China. The custom was caused by the married women seeking the approval of their husbands. Rich people led the extravagance, while the comparison mentality of ordinary people further were aggravating the extravagance. This kind of marriage has also brought about the bad habit of drowning female baby, the social problems of a large number of marriage disputes and the postponed of wedding. Through both positive and negative aspects to achieve the supplement and adjustment of customs and systems, Hunan's custom of "Rich dowry" further was showing that customs and habits in the local society have been gradually regularized and modeled.

Keywords: rich dowry, drowning female baby, marriage litigation, Hunan region, custom

(编辑：田炀秋)

既嫁从夫？中国传统社会庶民女性家庭地位刍议
——以明清契约文书为中心

徐志强[*]

摘　要　留存至今的民间契约文书记载了大量的反映民众财产关系和身份关系的行为，真实再现了礼法规范与社会现实生活的结合程度与方式。通过对明清时期契约文书的考察，我们发现在中国传统社会夫权至上的背景下，以往印象中庶民女性"既嫁从夫""无自专之道"的形象，与现实之间存在着一段比想象要大得多的距离。明清时期的中国传统社会不仅是一个通过封建礼治建构并维系的身份等级社会，还是一个契约社会。民间社会丰富的契约活动使夫妻关系中的女性主体地位被进一步明确，从一个侧面展现了她们相对独立的人格，而并非"妻的人格被夫所吸收"。

关键词　明清时期　庶民女性　家庭地位　契约

一、引言

有关明清时期庶民女性在家庭中的地位研究，海内外学者已经有诸多精深论述。首先，从妻是否具有独立人格方面，滋贺秀三认为，妇女没有独立人格可言，按照"夫妻一体"原则，"妻的人格被夫吸收、夫的人格由妻所代表"。在财产关系上，"围绕夫家家产，妻本人从持分是不存在的。因此，只要夫活着，妻就隐藏在夫之背后，其存在就如同等于零"。在继承关系上，"寡妻的地位带有中继的性质"，虽然可以持有夫的财产，但是处分财产的权利会受到一定的制约。在婚姻关系上，"根据妻之一方的意思离婚，这根本

---

[*]　徐志强，法学博士，杭州职业技术学院讲师，华东政法大学法律文明史研究院副研究员。

不被承认",而寡妇再嫁则有一定的自主权。① 冯尔康认为,清代妇女没有独立人格,是男性的附属品,甚至被视为夫之财产,"妇女不能作为财产继承人,没有财产继承权"。② 付春杨认为,妇女缺乏独立人格,本质上妻属于夫之财产权利的客体。③ 钱泳宏认为,清代为彰显夫权至上的理念,清律已将妻的人格弱化为了几乎绝对的"物"。④ 任井田陞以"拿钥匙的人"来形容主妇在家庭中的地位,认为主妇可以"当家",而且她们处理与日常家事有关的交易行为"为社会所认可、所保护"。在婚姻关系中,妇女是"婚姻缔结的客体"而非当事人,"只有丈夫才握有离婚权"。⑤ 吴声军认为,自清代以降贺江流域的各族群妇女"拥有了婚姻自主、不动产的买卖等权利",她们"在社会家庭经济事务中的地位权利已经得到国家与地方的肯定与认可"。⑥ 刘正刚、杨宪钊认为,总体而言,清代闽东地区乡村社会女性在家庭中的地位并非想象的那么低下。⑦ 其次,关于财产关系中妻之地位的研究。阿风认为,明清时期妇女具有处分家庭财产的权利不仅限于徽州地区,同时,"妇女处置财产的权利是不完整的"。⑧ 刘正刚、杜云南认为"清代珠三角地区有些女性在田地买卖中具有绝对的处分权",但是,"更多的女性对财产的处分权并不完整,她们只是参与者"。⑨ 再次,关于婚姻关系中妻之地位的研究。王跃生认为,"清代中期,妇女再婚在社会中下层家庭中是普遍存在的",她们再婚行为多为被动的,"甚至是在胁迫情况下完成的",再婚时的地位低贱,带有浓厚的商品性色彩,并不被尊重。⑩ 胡中生认为,"在徽州下层社会的女性虽然再婚现象非常普遍,但其中有多少反映了女性本身的意愿则是一个疑问。"⑪ 吴欣认为,清代寡居妇女有再婚的自主权,体现了妇女"作为独立个体的自我选择能力和对家族、国家的强烈依附关系"。⑫ 最后,关于继承关系中妻之地位的研究。邢铁认为,我国古代妇女以"用无继产之名、有继产之实的"间接方式享有继承

---

① [日]滋贺秀三:《中国家族法原理》,张建国、李力译,商务印书馆2013年版(2016年11月重印),第143、426-427、487页。
② 冯尔康:《清代的婚姻制度与妇女的社会地位论述》,http://www.iqh.net.cn/info.asp?column_id=3864,访问日期:2020-4-16。
③ 付春杨:《财产权利的客体——清代妇女婚姻地位的实例考析》,载《华中科技大学学报》(社会科学版)2007年第6期。
④ 钱泳宏:《清代夫权的法定与恣意——基于〈大清律例〉与刑科档案的考察》,载《北方法学》2011年第3期。
⑤ [日]任井田陞:《中国法制史》,牟发松译,上海古籍出版社2018年版,第190~191页。
⑥ 吴声军:《从贺江文书看清代以降南岭走廊妇女的权利——兼与清水江文书的比较》,载《广西社会科学》2016年第6期。
⑦ 刘正刚、杨宪钊:《清代闽东契约与乡村女性地位研究》,载《暨南学报(哲学社会科学版)》2017年第1期。
⑧ 阿风:《明清时期徽州妇女在土地买卖中的权利与地位》,载《历史研究》2000年第1期。
⑨ 刘正刚、杜云南:《清代珠三角契约文书反映的妇女地位研究》,载《中国社会经济史研究》2013年第4期。
⑩ 王跃生:《清代中期妇女再婚的个案分析》,载《中国社会经济史研究》1999年第1期。
⑪ 胡中生:《明清徽州下层社会的非常态婚姻及其特点》,载《安徽史学》2001年第3期。
⑫ 吴欣:《论清代再婚妇女的婚姻自主权》,载《妇女研究论丛》2004年第2期。

权,不仅可以继承娘家家产还可以继承婆家家产。① 陈蔼婧认为,"寡妇可以承继故夫财产,并拥有及其终身的收益权",如果寡妇改嫁可以"带走自己的妆奁乃至夫家的部分财产,在生活中似属常态"。② 白凯认为,明清时期的"寡妇不再有权继承其丈夫的财产,而只能为丈夫的嗣子接手和监管这财产"。③

上述研究成果根据不同历史时空的礼俗规范、律令判牍、谱牒契约、戏曲小说等史料,归纳出中国传统社会庶民女性在夫妻关系中的多元化形象,反映出妇女地位脸谱化的特征。妇女在历史情境中的真实状态究竟如何,应该将其放回到她们生存的社会情境之中,通过现实生活中发生的各种具体行为来加以解读,才有可能得出更为接近事实的结论。本文尝试运用与以往研究不同的史料——明清时期云南、贵州、广东、福建、江西、湖北、浙江、徽州、北京等地民间契约文书,在尽可能地深入挖掘史料的基础上,充分考虑妇女地位在具体历史时空下的复杂性,重新审视与反思中国传统社会庶民女性在家庭生活中的实际形象,并探寻其背后的成因,以期得出一些新的启示。

二、财产关系中的庶民女性

在男性占主导地位的社会中,丈夫是当然的一家之主,既是家庭权力的代表者,也是家庭财产的管理者,妻子处于丈夫的监管之下,必须无条件地服从丈夫。这是我们的一般认识,亦为上层社会主流价值观所认可,而由民间社会契约文书所呈现的却是另一番景象。丈夫处分家庭财产时,并不是自作主张,而会征求妻子以及其他家庭成员的意见。按照当时的交易习惯,契约虽然不一定需要妻子署名,但其中会有"同妻嘀议""夫妻商议"等字样,说明财产处分是经过夫妻共同决策的,反映了民间社会"夫妻一体"的实景。下面这件契约即是如此。

嘉庆十六年梅县麦席珍卖洲地契④

立卖洲地契人系三都六图八甲户长麦国安户丁麦席珍。承祖父遗下税洲壹段,计下则税壹拾亩贰分,坐落本乡黄岳洲,东至黄家水步,西至本宅水步,南至路,北至海,四至明白。今因粮务紧迫,无银输纳,夫妻商议,愿将此洲出卖与人。先招房亲人等,各不愿买,后凭中麦德臣□到麦太邱户入头承买。言定价银肆拾两零捌钱足司马□交收银□花边成色。其银即日当中交与麦席珍夫妻接受归家输纳。其洲亦即日交与麦太邱户管业推收过户。麦席珍永远不得收赎,如若

---

① 邢铁:《家产继承史论》,云南大学出版社2000年版,第46、48页。
② 陈蔼婧:《家事中的处断:再探明代妇女的财产权——以契约文书和州县判例为例》,载《法律适用》2019年第8期。
③ 白凯:《中国的妇女与财产:960-1949年》,上海书店出版社2003年版,第58页。
④ 罗志欢、李龙潜主编:《清代广东土地契约文书汇编》,齐鲁出版社2014年版,第130页。

不明，卖主同中理明，与买主无涉。此系实银实契，并无债折等情，二家允肯，日后不得生端异说。恐口无凭，立卖契一张，交执有照。自乾隆癸巳年洪水冲破房屋遗失洲照，未有交执再照。

  作中麦德臣

  代笔麦英扬

  见银妻李氏

  嘉庆十六年又三月十八日纳税

  嘉庆□五年二月十五日吉日麦席珍立契

  从契约记述的交易过程来看，嘉庆十六年广东梅县麦席珍"因粮务紧迫，无银输纳"，于是"夫妻商议"，将"承祖父遗下税洲"出卖与人，表明卖洲地的决策行为是出于夫妻合意；从交易结果上看，"其银即日当中交与麦席珍夫妻接受归家输纳"，说明该笔交易所得收益也是交由夫妻共同体。同时，契尾有"见银妻李氏"签押，再次说明此项交易是夫妻共同行为。类似的还有嘉庆二十年湖南湘潭照升龙立绝卖契，"赵升龙夫妻商议"，将祖遗父分田塘、石木坝、河车埠卖"与廷爵公子孙永远管业。"① 嘉庆二十一年梅县进采仝妻陈氏增园地契，"立增字兄进采仝妻陈氏，因少钱用"，提出将先前出当土地加价，并承诺"日后赎回之日，照字算还"，并由"进采仝妻陈氏"共同签押。② 同治十一年电白郑元贞绝卖瓦屋瓦铺连地契，广东电白郑元贞"有自置遗落瓦铺一间……为因母故，乏银埋葬，夫妻商议，愿将此瓦铺断卖"。契文中有"在场仝领价银人妻郑余氏"字样。③ 光绪二十六年达迁立卖会字，江西会昌达迁继承其父五月初五日迎神会半脚，"因要钱使用，无从出办，夫妇商议，自愿即将此会余利产业一应要卖于人"，契尾由"立卖迎神会字人达迁，在场妻黄氏等"签押。④ 光绪乙巳叁拾壹年（1905年）林师立转立典田契，妻子王氏以"知见人"身份在契尾签押。⑤ 光绪十九年东莞陈亚勿断卖田契，陈亚勿"因粮务紧迫，无银应纳，需银紧用"，于是"夫妻商议"，将"承祖父遗下土名基下田一丘"出卖与人，契约由"接银妻黎氏"共同签押。⑥

  在特定条件下，妻子还可以单独处分家庭财产，具有相对自主的地位。在反映家庭财产交易的契约文书中，妻子作为立契主体一般有两种情况，一种是丈夫去世后成为寡妻，家中再无"同居"男性的情况下，妻子独立承管家业，迫于生计以自己的名义变卖家产，应对债务或家庭生活开支。如据天启五年李阿胡卖山白契记载，李阿胡的丈夫生前欠叔公

---

① 上海图书馆：《中国家谱经济资料选编·教育卷》，上海古籍出版社2013年版，第584页。
② 罗志欢、李龙潜主编：《清代广东土地契约文书汇编》，齐鲁出版社2014年版，第133页。
③ 罗志欢、李龙潜主编：《清代广东土地契约文书汇编》，齐鲁出版社2014年版，第164页。
④ 曹树基、陈支平主编：《客家珍稀文献丛刊》（第一辑37卷），广东人民出版社2019年版，第209页。
⑤ 陈娟英、张仲淳编著：《厦门典藏契约文书》，福建美术出版社2006年版，第110页。
⑥ 罗志欢、李龙潜主编：《清代广东土地契约文书汇编》，齐鲁出版社2014年版，第43页。

李汝宣名下一笔借款到期无力偿还,不得不将承祖分得的山地卖与叔公抵债。① 这张契约文书反映出:一方面,在家庭内部,妻子在丈夫去世后,可以承受"祖分"家业,成为财产管理权人,享有家产处分的权利。如前所述,丈夫处分家庭财产要与妻子商议,是夫妻共同行为。故而其生前欠下的债务,理应属于夫妻共同债务,或者准确地说属于家庭债务。不因人死而债消,仍需要以家庭财产进行偿还,此时,寡妻作为新的家产管理权人自然要对丈夫生前的债务承担还款责任。另一方面,寡妻作为交易一方当事人以自己名义订立契约,符合民间交易习惯。契约当中的相关表述,如"三面言定",土地交割后纳税主体变更"其税听从于本户花(划)扒解纳",以及契约中的参与人"代笔弟胡心垣",两位见证人"叔公李汝龙、李千寿",这些程式化的要件齐备,与男性为当事人的契约没有任何分别,说明丧偶寡妻也可以是契约的适格主体。

这种情况除徽州地区外,在云南、贵州、广东、福建、北京等地的契约文书中,可以看到也有类似的交易习惯,如道光三十年金芳耀妻杨氏立卖社会契,江西金芳耀妻杨氏"有夫手所腾社会一坌,今因夫身故要钱紧用,自愿将此社会要行出卖",契尾签押人为"立卖社会契人杨氏(押)"。② 同治九年永春县颜氏借贷契(藏契号04634),立典借字嫂颜氏"因欠钱费用"托中将"己置承典得屯田二段"中的一部分出典,"借出壹拾仟文。……今欲有凭,立典借契为照"。契尾由其签押。③ 咸丰四年侯官县许侯氏当厝④契(藏契号00093),许侯氏"因急用"将"承夫亲习通祖遗阄分本屋……当在夫姪孙尔松处",恐口无凭于是"立当约壹纸为照"。⑤ 宣统三年马陈氏立卖出保约(编号:mxq - 24),吉昌马陈氏"为因与本族所当炉(芦)车(柴)坝之田,尤恐账目不清,明法愿将大箐之地乙(一)并作保",由其本人签订了保约为据。⑥ 清道光二十二年(1842)宛平县陈门王氏卖房官契稿,"立卖破烂房契人陈门王氏,今因乏用,将故夫遗下住房"卖与他人为业。契约文书除王氏签押外,还有"经手至亲保人""中保人"及"代催房牙"共同签押。⑦

此外在这种情况下,如果家中有其他"同居"男性,则需要征得他们的同意,并在契约中以共书的方式签押为证,交易方为有效。如光绪十七年东莞莫氏钟贮英断卖田契,"立断卖田契人钟门莫氏的叔贮英,……有先年茂英承父遗下经分田,……为因去年二月丈夫茂英去世,无银殡葬,需银紧急,挂借银两未还,嫂叔商议,愿将此田出卖。……现银齐足,当中同交与莫氏亲手接受归家应用清还,……与别兄弟叔侄无干"。⑧ 该契说明

---

① 中国社会科学院历史研究所徽州文契整理组编:《明清徽州社会经济资料丛编》(第二集),中国社会科学出版社1990年版,第547页。
② 曹树基、陈支平主编:《客家珍稀文献丛刊》(第一辑37卷),广东人民出版社2019年版,第316页。
③ 福建师范大学历史系编:《明清福建经济契约文书选辑》,人民出版社1997年版,第622页。
④ "厝"在闽南语中代表房屋。
⑤ 福建师范大学历史系编:《明清福建经济契约文书选辑》,人民出版社1997年版,第610页。
⑥ 孙兆霞等编:《吉昌契约文书汇编》,社会科学文献出版社2010年版,第384页。
⑦ 张传玺主编:《中国历代契约粹编》(下册),北京大学出版社2014年版,第1378页。
⑧ 罗志欢、李龙潜主编:《清代广东土地契约文书汇编》,齐鲁出版社2014年版,第40页。

茂英与贮英兄弟尚未分家，莫氏的丈夫去世，因葬夫发生了欠债，于是莫氏"嫂叔商议"，将丈夫茂英"承父遗下之业"变卖偿债，这里莫氏处分的实际是"妇承夫田"，因尚未分家，所以按照交易习惯与叔贮英共同处分田产，契约由二人签押"莫氏指摹……立断卖田契人莫氏叔贮英的笔"。契约钤有"光绪十八年 月 日纳税"长方印及"东莞县政府印"，也证明了官府对民间社会女性作为契约主体参与交易习惯的认可。类似的还有，光绪十年（1884年）施氏立贴田契，由施氏同"知见岳兄"共同签押。① 光绪十八年（1892年）施氏立贴田契，堂婶施氏"心思无奈费用"将"承夫业田"立契出卖，在契约尾部由施氏和其子"知见男玉岳"共同签押。② 道光十二年南海刘门黄氏永断卖屋契，刘门黄氏"有承翁经分名下屋一间……今因丈夫去世，丧礼乏用，与胞夫弟 亦全商妥，将此屋出卖与人。此屋的系黄氏承丈夫刘亦安名下之业，不是尝祀公产"。契尾签押人为"断卖屋人刘黄氏指模"，同时其胞夫弟也在其后签押"亦全的笔书契"。③ 光绪三十三年三月［休宁县］程叶氏等立杜断卖佃皮田约，程叶氏全男起业"因钱粮急用无措"，于是将"承祖遗下臣公会内佃皮田"杜断卖与"吴玉春名下为业"，契约由程叶氏全男程起业共同签押。④ 道光十三年罗郑氏等卖田赤契，"立永卖田契约人罗郑氏、侄守刚，今因家用不便，将祖置皇田"出卖与他人为业，并有二人共同签押。⑤

另一种情况是丈夫虽然在世，但因外出经商等原因常年不归，由妻子掌管家业，在处分家庭财产时，以自己名义与儿孙或是伯叔等其他"同居"男性共同立契。如清乾隆二十八年歙县方阿叶卖地赤契中记载，方阿叶的丈夫携长子异地谋生，未能按时寄回家用，家中母子二人生计艰难，在岁暮之时迫不得已，只好出卖土地维持生活。因未能与丈夫商议，所以在契约中特别强调"倘夫主及男回家，并亲房内外人等异说，俱系身一面承当，不涉买人之事"。⑥ 按照"同居共财"原则，家庭财产的处分应当由夫妻共同决定。在实际交易中，由于丈夫长期在外等客观原因造成事实上无法满足夫妻共同决策的要件时，民间社会并不因此而否定妻子立约的资格及契约的效力，而是准许其与家中其他"同居"人共同立约签押的方式填补意思表示瑕疵，同时妻子的"特别声明"，也说明了其具有独立人格，能够承担由此产生的责任。这种对"情势变更"情况的变通处理，说明民间社会依据契约建立的信用和平等关系也同样适用于女性主体。类似的还有，天启七年王阿何卖园契，"立出卖契妇王阿何，因夫往楚生理，无银答回，无得食用，家遗四口，嗷嗷受饥，

---

① 陈娟英、张仲淳编著：《厦门典藏契约文书》，福建美术出版社2006年版，第120页。
② 陈娟英、张仲淳编著：《厦门典藏契约文书》，福建美术出版社2006年版，第121页。
③ 罗志欢、李龙潜主编：《清代广东土地契约文书汇编》，齐鲁出版社2014年版，第105页。
④ 封越健主编：《中国社会科学院经济研究所藏徽州文书类编·散件文书》（二），社会科学文献出版社2017年版，第166页。
⑤ 张建民主编：《湖北天门熊氏契约文书》，湖北人民出版社2014年版，第406页。
⑥ 中国社会科学院历史研究所徽州文契整理组编：《明清徽州社会经济资料丛编》（第一集），中国社会科学出版社1988年版，第287页。

无处揭借，自愿浼托亲伯族众，将夫先年当过霞滩中洲园一片"，出卖与"同户堂侄胡名下为业"。由王阿何、亲伯王子明、王秦明及侄时大等共同签押。① 崇祯二年徐阿方卖山赤契，"立卖契妇徐阿方，因夫往外，缺少食用，……将夫己买徐应义山一股"，出卖与人为业，由中见人徐枋、徐应良共同签押。②

综上，在家庭财产关系中，夫妻具有相对平等地位，妻子享有参与家庭财产处分的权利而且在特定情况下，还可以单独主持家庭财产的处分。这也是"同居共财"原则的客观要求，根据这一原则，家庭财产应属于家庭共同体所有，故而在处分家庭财产时，需要"同居"的家庭成员共同决策，达成一致意见方可处分。在财产交易中，无论是以夫的名义，抑或是以妻的名义签订契约，其实质是个人代表家庭进行经济活动。从上文所引广东、徽州、福建、江西、北京、湖北等地契约记载的内容来看，父子、叔侄、母子、兄弟等同居家庭成员共同行使财产处分权是一种具有普遍性的交易习惯。体现在契文中，就会有"父子商议"③ "弟侄（嫡）议"④ "仝母商议"⑤ "夫妻母子商议"⑥ "与侄商议"⑦ 等表述，同时在契尾处还有共同的署名画押，以此来保障交易相对人的权益，防止日后产生财产权纠纷。"夫妻商议"⑧ 自然也是其中应有之义。大多数情况下，夫是家庭管理活动的主宰。当夫故而脱离"同居"关系，或因外出而客观上不能"同居"时，按照"家政统于尊长"的原则，⑨ 妻子作为家中尊长之一，从幕后走向台前，由共同参与人变成主持人，成为家庭的对内的管理者和对外活动的代言人，也是顺理成章之事。

三、再婚关系中的庶民女性

在一般印象中，中国传统社会的固有观念是不能接受妇女再婚。妇女被出或夫亡之后，倘若再嫁他人，是为社会所耻笑的，即所谓"饿死事极小，失节事极大"⑩。传统礼教宣扬的主流思想是女子应当"壹与之齐，终身不改"⑪，东汉班昭在《女诫》，中曾云"夫有再娶之义，妇无二适之文"⑫。换句话说，男子可以再娶，女子却不能再嫁。在宋儒

---

① 中国社会科学院历史研究所徽州文契整理组编：《明清徽州社会经济资料丛编》（第二集），中国社会科学出版社1990年版，第397页。
② 中国社会科学院历史研究所徽州文契整理组编：《明清徽州社会经济资料丛编》（第二集），中国社会科学出版社1990年版，第548页。
③ 黄志繁主编：《江西地方珍稀文献丛刊·石城卷》，江西高校出版社2017年版，第246页。
④ 中国社会科学院历史研究所徽州文契整理组编：《明清徽州社会经济资料丛编》（第二集），中国社会科学出版社1990年版，第491页。
⑤ 张建民主编：《湖北天门熊氏契约文书》，湖北人民出版社2014年版，第481页。
⑥ 罗志欢、李龙潜主编：《清代广东土地契约文书汇编》，齐鲁出版社2014年版，第113页。
⑦ 张传玺主编：《中国历代契约粹编》（中册），北京大学出版社2014年版，第747页。
⑧ 罗志欢、李龙潜主编：《清代广东土地契约文书汇编》，齐鲁出版社2014年版，第172～173页。
⑨ （清）沈之奇：《大清律辑注·户律》，怀效锋、李俊点校，法律出版社2000年版，第217页。
⑩ 《程氏遗书》，卷二十二。
⑪ 《礼记·郊特牲》。
⑫ 《后汉书》，卷八十四。

理学家的倡导下，社会上流行着"家有节妇烈女相夸耀"的风气，尤其在士大夫阶层更甚，到了清代，更是将女性"从一而终"上升到"可享旌表之荣"的高度。而现实当中，妇女再婚在民间社会却是十分普遍的。胡中生在统计明清徽州下层社会的"14 例入赘婚和3 例劳役婚中，经历二婚和二婚以上的女性有 10 个，约占总数的 60%，一婚的女性只有 40%"①。另据王跃生对乾隆四十六年至五十六年（1781—1791 年）这 11 年间妇女再婚案件的不完全统计，"共收集了 80 件丧偶妇女再婚个案"②，涉及云南、福建、直隶等 21 个地区。这些妇女再婚的鲜活数据与正统意识所宣扬的妇女节烈观形成了鲜明的反差。孀妇再婚关系的成立，同样需要经过相应程序，并订立婚约。婚约文书名称略有不同，如婚书、再婚书、退婚书等。下以乾隆、嘉庆、光绪年间的三则再婚文书为例加以说明。

清乾隆时嫁后再婚书③

立主婚族长某人，今有弟孙侄某人身故。孙侄妇某氏孝服已满，自甘守志。奈家贫无食若死不久，则云棺木银两无以偿还，只得凭媒某氏说合，出嫁与某人为妻。收到彩礼银若干，以完欠负。某氏听从某宅择吉过门婚配。此系两家情愿，各无异说。今欲有凭，立此婚书存照。

乾隆某年月　日　立婚书族长　某押
　　　　　　　　　官媒　某人押

这份文书为清代乾隆年间再婚文书的样文，再婚的原因是"孝服已满，自甘守志，奈家贫无食"。也就是说孀妇为故夫守孝期满，家贫无奈为生计原因选择再婚，在程序上由族长主持证婚，还有官媒参与，说明符合一定条件的妇女再婚为民间社会及官府所接受。类似的如，嘉庆六年侯官县江广绅嫁弟媳婚书（藏契号 02204），江广绅的堂弟江广合不幸身故，弟媳刘氏因"家贫赤洗，难以霜守"，在其主持下订立再婚书。婚书中"其弟妇听嫁郑处，择吉良日过门，以为百年偕老，终斯养庆，麟趾呈祥。两家喜愿，各无反悔"，说明对于再婚刘氏是愿意的，而且得到了故夫家的支持和祝福。④ 再如，

光绪二十年梅县梅南吴黄氏退婚书⑤

立退婚字人母吴黄氏仝男吴进文。有第三男名吴广文，先年往洋身故，有妻

---

① 胡中生：《明清徽州下层社会的非常态婚姻及其特点》，载《安徽史学》2001 年第 3 期。
② 王跃生：《清代中期妇女再婚的个案分析》，载《中国社会经济史研究》1999 年第 1 期。
③ 张传玺主编：《中国历代契约粹编》（下册），北京大学出版社 2014 年版，第 1796 页。
④ 福建师范大学历史系编：《明清福建经济契约文书选辑》，人民出版社 1997 年版，第 732 页。
⑤ 罗志欢、李龙潜主编：《清代广东土地契约文书汇编》，齐鲁出版社 2014 年版，第 195 页。

吴张氏，年方十八岁，不愿霜守，心愿出嫁于罗田迳凹上李桂万为妻。当日凭媒三面正娶，房族人等言定身价净银壹百贰拾□正。房户酒席俱一包在字内，不干□婚人之事。即日银字两交明白，并无曲折等情，亦无挟带家资等项。此二家甘愿，并无迫嫁，凡房族兄弟伯叔俱不得异言阻抗。如有此情，立退婚字人一力抵挡。恐口无凭，立退婚字为据。

  张氏自归于后，夫妻百年皆老□□富贵荣昌大吉
  又批明实领到字内银壹百贰拾□正 立的
  又批明房户酒席包在字内 立的
  媒人 吴周氏 李田氏
  依口代笔人 吴清荣
  大清光绪廿年甲午岁十月廿七日立退婚字人吴黄氏仝南吴进文

  这份文书名为"退婚书"，实际上包含了退婚与再婚两个方面的内容。与前两例相比有三点不同，一是再婚是由张氏的婆婆吴黄氏主持，也就是说不仅在财产关系中，在婚姻关系中女性尊长同样可以作为适格主体主持子女的婚姻。二是张氏再婚并未表明是出于家贫经济窘迫的原因，而是"不愿霜守"；再从"心愿出嫁于罗田迳凹上李桂万为妻"的表述来推测，再婚是张氏自愿选择的结果，也能反映出孀妇再婚的自主性。三是婚约条款愈加完善，在程序上经过了房族人等的认可，"凡房族兄弟伯叔俱不得异言阻抗"，而且有媒人居间说合；为了防止再婚存在逼迫或夫家阻挠等情形，对责任承担进行了明确约定，"如有此情，立退婚字人一力抵挡"；而且还有对张氏再婚的祝福"夫妻百年皆老□□富贵荣昌大吉"。这些内容的加入说明再婚完全符合古代婚姻缔结的要件，孀妇的再婚行为在民间社会已成为一种普遍性的习惯。再婚行为之所以顺利成行，即是多方利益博弈的结果，其中经济动力是主要因素之一，按照《大清律例》规定：寡妇"改嫁者，夫家财产及原有妆奁，并听前夫之家为主"。也就是说，再婚并未给前夫家带来经济上的损失，不仅如此，从退婚书的约定来看，前夫家还可以再次收益丰厚彩礼"净银壹百贰拾□正"。虽然明清社会孀妇改适或再醮为社会主流价值观所不耻，而上述例举或许仅能代表妇女再嫁的个案，但"管中窥豹可见一斑"，为我们重新审视女性婚姻自主权提供了一个观察点。

  长久以来，离婚一直被认为是男性的特权。"七出"[①]作为男性休妻的标准，从《唐律》开始被列入国家法的规范当中，经过宋元时期的发展，一直延续到明清二代，成为男性休妻的专属特权。但是，从民间契约实践来看女性主动提出离婚的案例也真实存在，下举一例。

---

① "七出"的内容源自汉代《大戴礼记·本命》："妇有七去：不顺父母去，无子去，淫去，妒去，有恶疾去，多言去，窃盗去。"成为当时的休妻理由，但不是强制性的规定，直到唐代才把它列入法律规定之中。

乾隆五十三年秦氏立出字①

立出字，妇秦氏因四十八年自主嫁与徐以仁为妾。至五十三年以仁欲搬眷回籍，氏因身有疾病不愿归楚，向以仁哀求情愿出家为妮，当收徐以仁银叁十两钱贰十千文以为终身度日之资，此系以仁甘心愿出，并无勒逼等情。自出字之后，再不缠扰，徐姓亦勿翻悔，特立一纸，永远为执，存照。

凭亲 唐文锦 仝在
     周必丛

乾隆五十三年腊月初八日立出字妇秦氏

这份"出字"文书实际上就是离婚协议。秦氏自主嫁与徐以仁为妾，因其夫"欲搬眷回籍"，秦氏不愿跟随，故提出离婚，并以其名义立下了出字文书，有亲属为证。虽然孀妇再嫁具有一定的普遍性，但一般惯例是由夫家尊长主持下完成，而女性自己主导婚姻关系解除确实较为鲜见，笔者所见的另一份此类契约来自四川巴县档案馆藏《清代巴县档案》，何门刘氏立出自书（档号6.1.1674）②。何门刘氏"因夫何瑞祥亡故，无人撑理"，于是"立出自书一纸"改嫁，契文中有"乃系自愿，非干媒证押逼"，表明改嫁是刘氏本人自愿行为且由自己主持完成的。民间谚语有云"初嫁从亲，再婚繇身""先嫁由爹娘，后嫁由自己"③，从另一个侧面反映出传统社会庶民女性的再婚自主权。

上述讨论让我们对庶民女性离婚与再婚的自主性既有了新的认识，同时也感受到了她们面对生活的无助与无奈。从结婚的目的来看，与士大夫阶层对婚姻的认知不同，在他们看来婚姻是"合二姓之好"④，讲究门当户对，而在底层社会"结婚首先考虑的是利益，是生存"⑤。再婚也不例外，夫故后，孀妇经济上往往会失去保障，如不改嫁就难以生存，为了将生活继续下去而选择重新开始一段婚姻。如上两例就是出于"家贫无食""家贫赤洗"的原因而再婚。再如"安徽阜阳县民白氏，乾隆五年（1740年）夫故守孀，留下幼女黑姊，家贫难度。乾隆七年（1742年）八月，由公公王才将做主，将白氏改嫁张元富为妻"⑥。从过程来看，再婚仍然要履行一定的程序，这一程序以婚约文书的形式呈现，带有一定的仪式性。前一段婚姻关系解除，与新的再婚关系的成立，通常在一份文书上明确。按民间惯例是由原夫家尊长或有威望的族亲主持，像上述"秦氏立出字""何门刘氏立出自书"，由女性自行解除应属例外。与初婚类似，再婚文书中，媒人、聘礼、祝福等

① 参见周琳、唐悦：《秦氏的悲情与野心——乾隆末年一桩离婚案中的底层妇女》，载《法律史评论》2018年第11期。
② 参见郭松义、定宜庄：《清代民间婚书研究》，人民出版社2005年版，第134页。
③ [日] 滋贺秀三：《中国家族法原理》，张建国、李力译，商务印书馆2013年版（2016年11月重印），第434页。
④ 《礼记·昏义》。
⑤ 任寅虎：《中国古代的婚姻》，商务印书馆国际有限公司1996年版，第168页。
⑥ 参见郭松义、定宜庄：《清代民间婚书研究》，人民出版社2005年版，第123页。

要素一应俱全,而且"心愿""自愿""情愿"等表述反映了妇女的自主选择权,理由的正当性与程序的合法性再次表明寡妻的再婚选择权为民间社会所接受。

四、继承关系中的庶民女性

伴随着私有制的产生,财产在具有血缘关系的人之间传递的现象被称为"分家"。分家时通常要写立分家文书,其名称不一而足,如遗嘱、分关书、分产阄书、镖分书、漂单、分产业契等。一般认为主持分家应是男性专有的权利,但在实际分家中,由夫妻共同主持分家也是十分常见的事情。如乾隆五十一年龙溪县刘永廉分产业契(藏契号04261),福建龙溪县刘永廉在68岁时"自觉人寿难卜,恐有阋墙之患",于是写立了第一份遗书,"将现置田产照配,先立遗书分辖定着"。幸运的是其担心并未应验,76岁时再次立"分产业契""将承父阄分房产,以及此后续置厝宅田产",以阄分的方式"逐一再配分""合立遗书四纸一样阄分,每人各执一纸以为存照"。分产文书由夫妻二人与四个儿子共同签署。①表明遗嘱是夫妻的共同意志,而且四个儿子也无异议。类似的还有顺治十一年休宁汪姓阄书,阄书的签押人为"父汪正科、嫡母许氏、生母陈氏、承业长男大义、次男大仁、三男大都……"。②顺治十一年祁门(或休宁)洪姓阄书,同样是由"主盟父洪大两、母程氏"共同签押。③

当丈夫已故,妻子成为家中唯一尊长时,寡妻有独立主持分家的权利。如光绪三十二年马陈氏立分关文契(编号:mxq-26),"立出分关字人马陈氏,只因先夫早亡,年近六旬,家事难理,膝下所生三人长大成人,只得请亲谊,将祖父遗留所置田产地业房子凭神拈阄"。④这份分关文契由孀妇马陈氏单独订立,一式两份,此件为"半书"。再如,马陈氏立出分约字(编号:mxq-28),"立出分约字人马陈氏,为因幼子马开文喜事之资,所除有田地大小五块,对象凭神拈阄,未成(存)偏见,……恐口无凭,特立分约为据"。⑤这里的"分约字"即是分家文书,马陈氏为筹措小儿子的婚资独立主持分家写立"分约为据",并由其签押。同样的习惯也出现在徽州、福建等地,如清康熙四十三年正月某某县吴阿傅立分单阄书,吴阿傅因丈夫于康熙四十二年去世,在母舅的见证下主持分家,阄书由吴阿傅等签押。⑥道光十四年闽清县刘氏嗣书(藏契号02202),继母刘氏"爰请族房戚属暨伯叔兄弟议立嗣书",并将"夫手所有田园屋宇产业及树木等物,除抽祭典抽贴抽

---

① 福建师范大学历史系编:《明清福建经济契约文书选辑》,人民出版社1997年版,第730页。
② 张海鹏等编:《明清徽商资料选编》,黄山书社1985年版,第374~378页。
③ 章有义编著:《明清及近代农业史论集》,中国农业出版社1997年版,第305页。
④ 孙兆霞等编:《吉昌契约文书汇编》,社会科学文献出版社2010年版,第352页。
⑤ 孙兆霞等编:《吉昌契约文书汇编》,社会科学文献出版社2010年版,第354页。
⑥ 封越健主编:《中国社会科学院经济研究所藏徽州文书类编·散件文书》(三),社会科学文献出版社2017年版,第320页。

长外，派为五房匀分"。①

妻子除了有权参与或主持分家外，还可以继承家庭财产。分为两种情况，一种是如果兄弟已分家，妻子可以直接继承丈夫的家庭财产。如光绪叁拾壹年（1905年）林门杨氏立永远租瓦屋契，林门杨氏"有承夫明买瓦屋壹座"。②嘉庆二十三年梅县李梁氏卖退粮质田契，"立卖契字人李梁氏，先年承受有粮质田一处"。③嘉庆元年（1796年）杜门翁氏立卖地契，"立尽根卖契人本房婶婆杜门翁氏，有承夫得阄分应分地壹坵，受种子贰斗"。④嘉庆拾玖年（1814年）陈门曾氏立转典契，陈门曾氏"承先夫束有水田乙段"。⑤这里的"承夫""承先夫""承受"表示妇女出租、变卖、转典等处分的财产来源于继承。

另一种是如果兄弟尚未分家，妻子在为夫守志的前提下，在分家时享有"代位继承"⑥的权利，即可以儿媳的身份代替丈夫成为分家时其应继承财产的受领人。这与叶孝信的研究结论相一致，他在对唐宋的法律与习惯进行比较分析后认为，"在兄弟分家的情况下，寡妻孤儿'一房'⑦的财产，是以寡妻的名义继承、领有的"⑧。明清时期的法典对此也有规定，《明会典》卷十九的条文规定："凡妇人夫亡，无子守志者，合承夫分"。清律有同样的规定，"妇人夫亡无子守志者，合承夫分"⑨。下面这则清嘉庆年间的阄书也证明了这一点。嘉庆二十三年歙县沈姓阄书"自序"中记载，沈含章生有四个儿子，其中一子早逝，儿媳洪氏为其守节。于嘉庆二十三年进行分家，"除抽拨以外，四股品搭均匀，拈阄为定，因编关为元、亨、利、贞册各执一本。"⑩阄书中的签押人"承关媳洪氏"，说明儿媳洪氏代位继承了本应分给儿子的财产。类似的还有光绪叁拾四年母吴汪氏立阄书自序，吴汪氏与夫宗炜育有三子，夫早逝故由其独立主持分家，长子过继给"伯氏〔父〕宗耀为后"，所以家产在另外两个儿子中分配。无奈次子"美榴不幸早逝"，因而由二儿媳汪氏代位继承。⑪阄书中"大宗男美榴妻汪氏"的签押表明了其继承人的身份。

除遗嘱和分家文书外，从买卖、典当等契约文书的表述中也可以发现代位继承的实例，如万历二十年休宁汪文荣等卖田赤契，"西北隅一图汪文荣同侄媳汪阿重，将祖业十

---

① 福建师范大学历史系编：《明清福建经济契约文书选辑》，人民出版社1997年版，第733—734页。
② 陈娟英、张仲淳编著：《厦门典藏契约文书》，福建美术出版社2006年版，第116页。
③ 罗志欢、李龙潜主编：《清代广东土地契约文书汇编》，齐鲁出版社2014年版，第134页。
④ 陈娟英、张仲淳编著：《厦门典藏契约文书》，福建美术出版社2006年版，第19页。
⑤ 陈娟英、张仲淳编著：《厦门典藏契约文书》，福建美术出版社2006年版，第27页。
⑥ 这里的"代位继承"与现代民法的被继承人的继承人先于被继承人死亡时发生的代位继承概念不同。
⑦ 按照"同居共财"原则，分家的结果是兄弟从原生家庭中独立出来成为一"房"，分出的家产划分在某"房"名下，属于家庭整体所有，而非家庭成员个人专有。
⑧ 叶孝信主编：《中国民法史》，上海人民出版社1993年版，第409—412页。
⑨ 《大清律例·户律·户役》，"立嫡子违法"条。
⑩ 章有义编著：《明清及近代农业史论集》，中国农业出版社1997年版，第333页。
⑪ 章有义编著：《明清及近代农业史论集》，中国农业出版社1997年版，第356页。

都三图"田地,"尽行立契"出卖与人,"本家二户并无留存"。① 从契约内容推断,这里的立契人"侄媳汪阿重"应当是代位继承人,因出卖的田地属于共同共有,故而要共有人共同立契出卖。再如,明万历三十七年(1609年)祁门县周阿吴卖竹山红契,"周阿吴今有承祖竹山乙块",尽行立契出卖与人。② 光绪十年(1884年)蔡氏立贴田契,"立贴契人房夫嫂蔡氏,有承父业田贰坵"。③ 宣统贰年(1910年)陈门冯氏立典水田契,"立典契字人陈门冯氏提婶,承公父建置有水田壹段"。④ 光绪二十二年马冯氏立卖菜陆地文契,"立卖明蔡陆地文契人马冯氏,为因空乏,手中无银应用,将祖父遗留分授自己名下蔡陆地",卖与他人为业。⑤ 这里的"承祖""承父""承公父""祖父遗留分授自己名下"表明寡妻代位继承的身份。

在分家过程中,妻子参与丈夫主持的分家行为,不仅是"同居共财"原则的延伸,同时与"家事统于尊"⑥ 的礼法要求相契合,说明无论对外交易还是内部分割家庭财产,作为家中尊长之一的妻子,均有参与处分财产的权利。《礼记·曲礼》云"父母存,不许友以死,不有私财",即父母在世,子女不能享有财产权利。如果已分家,夫故则寡妻成为家中唯一尊长,由其继承并管理家庭财产,也是"尊长权"的体现,它不仅赋予父母对子女人身上享有教令权,同时对家庭财产享有优先权。如果尚未分家,夫故,寡妻承诺为夫守志的情况,寡妻在分家后产生的新的家庭中仍然处于唯一尊长的地位,代位继承同样具有其正当性。

五、余论

中国传统社会的女性自出嫁后,就成为夫"宗"之人,按照儒家"夫为妻纲""既嫁从夫"的思想,一般会认为妇女在家庭生活中处于从属地位,对家庭财产的处分以及自己的婚姻等都不具有自主权。其存在的价值也仅能够体现在家务劳动、传宗接代以及相夫教子的功能上,概括来讲就是"主中馈,守妇道"。传统社会的契约文书客观记录了民众之间因买卖借贷而发生的经济关系,同时也记录了因嫁娶继承而产生的身份关系,它既是民事习惯的载体,同时也是"特定时期特定地区社会经济关系的私法规范"⑦。通过对明清时期契约文书内容的解读诠释,我们发现庶民女性在家庭生活中的实态,与固有印象之间存在着一段比想象要大得多的距离,其成因或可归结于以下三个方面。

---

① 中国社会科学院历史研究所徽州文契整理组编:《明清徽州社会经济资料丛编》(第二集),中国社会科学出版社1990年版,第87页。
② 张传玺主编:《中国历代契约粹编》(中册),北京大学出版社2014年版,第805页。
③ 陈娟英、张仲淳编著:《厦门典藏契约文书》,福建美术出版社2006年版,第121页。
④ 陈娟英、张仲淳编著:《厦门典藏契约文书》,福建美术出版社2006年版,第132页。
⑤ 孙兆霞等编:《吉昌契约文书汇编》,社会科学文献出版社2010年版,第157页。
⑥ 《礼记·内则》,郑玄注。
⑦ 杨国桢:《明清土地契约文书研究》,中国人民大学出版社2009年版,第1页。

首先，社会现实对庶民女性地位的影响。传统中国"乡土社会是'礼治'的社会。礼是社会公认合式的行为规范。维持礼这种规范的是传统。礼治的可能必须以传统可以有效地应付生活问题为前提。"①。礼是人们行为的基本原则，女性的行为与修养自然也要遵守并符合礼的规范要求。士大夫阶层利用其统治地位和话语权精心设计了女性的行为模式和价值观并不断加以宣扬，诸如"既嫁从夫""妇无二适之文"② "妇女贞洁，从一而终"③ 等等。但是真正发挥引导和约束女性行为的效用必须先要符合现实生活的情境，否则，这些要求将只能是空洞的说教，因为不符合实际而被现实社会所否定。婚姻是产生家庭的前提，礼治所设计的"合二姓之好"的理想婚姻模式，在生存问题的面前显得苍白无力，底层社会两性的结合更深层意义上是一种经济联姻，从劳动力配置以及交换关系的角度，男性付出彩礼，不仅为家庭增加了新的劳动力，负责操持家务，侍奉公婆等；还获得了生育子嗣的工具，使香火延续成为可能，而对于女性则是找到了生活的依靠。通过这样的"利益交换"男女双方各得其所，同时，女性凭借在家庭再生产中的贡献获得了"妇与夫齐"的地位，对家庭事务和财产具有与丈夫同等或相对独立的处断权。从男性的角度来看，娶妻成婚是以花费金钱为对价的，因此在情理上也会更加珍视夫妻共同体，使妻子在家庭中的平等地位转化为现实可能。而在家中生计艰难，不能继续维系婚姻关系共同体面临解体时，妻子被赋予了守节或再醮的选择权。在生存压力的驱使下的再嫁具有其正当性，不仅被民间社会认可，而且为官方所接受。判牍文书中不乏女性再嫁的案例，地方官吏以判例的形式确认了妇女再嫁的合法性，如《清代名吏判牍》中记录有两个案例或具有一定的代表性。案例1，周良惠娶妻姜氏，后至南洋，因月薪有限，不能挈眷偕往，只好弃妻于宁，十余年来，不加闻问。姜氏旋因迫于饥寒改适屈姓。后周良惠返回控告屈天成诱其妻，司法官结合时间及经济状况判定姜氏再婚有效。④ 案例2，罗城牛章氏之女嫁与同邑万福林为妻，未一年，万负贾出外，半年未有音信，为贪图五十千聘金，牛章氏将女改醮林如松，万归后，遂控县请究。司法官判改嫁婚姻无效，理由是万家有田有宅，仅半年未有音信，不致万牛氏生活窘迫。⑤ 案件事实大体相同，但是结果迥异，原因在于，"改嫁实为糊口之计，原可从权"⑥。类似的判词还有"丈夫出外六年绝无音信，其妻不能守志，自应报官给照，方准改嫁，此定例也。"⑦ "查例内妇人因丈夫外出三年未返，许改适。"⑧ 反映出地方官吏处理此类案件时在礼治规范与现实生活之间的平衡取舍。地方官

---

① 费孝通：《乡土中国》，人民出版社2015年版（2018年3月重印），第60－61、64页。
② 班昭：《女诫》。
③ 《周易》。
④ 襟霞阁主编：《清代名吏端午桥判牍》，中央书店民国二十三年九月重印，第66－67页。
⑤ 襟霞阁主编：《清代名吏于成龙判牍》，中央书店民国二十五年五月七版，第48－49页。
⑥ 襟霞阁主编：《清代名吏端午桥判牍》，中央书店民国二十三年九月重印，第67页。
⑦ （清）董沛：《晦暗斋笔语》，卷一"余陈氏呈词判"，清光绪刻本。
⑧ 第一历史档案馆：《顺天府宝坻县刑房档案》，161卷116号。

吏的司法行为代表着国家的权威,裁判的结果从一定程度上表明了官方的态度——为稳定和维持社会秩序使女性重新回归家庭生活,有条件的对其主体地位以及再婚自主权予以承认。

其次,"家法人"制对庶民女性地位的影响。从法律的视角来审视中国传统家庭的结构,家庭的实然状态"为一经济单位,为一共同生活团体"①,类似于现代社会的"法人",实行法人(家长)代表制。从私法角度,家庭作为社会生活组织实行财产共有,具备主体资格。无论家庭财产的外部交易还是内部分割,从表象上是家长以个人名义作出的,但根据"家政统于尊长,家财则系公物"②的礼法制度,家产并不专属于某个家庭成员,而是归属于"家法人",由家中尊长代为行使管理权,家长实质上是家庭的法人代表。在财产进行交易或分割时,仍需要"同居"家庭成员共同参与形成合意方可产生法律效力。在程序上,丈夫处分家产时,需要"夫妻母子商议""叔嫂妻商议""祖母父子商议""母子兄弟叔侄商议""同妻商议";而在丈夫暂时或永久脱离家庭,妻子作为家庭代表行使处分权时,则需要"母子商议",既是向全体共有人"公开",也是一种公示,表明处分不是个人行为。日本学者任井田陞和美国学者金勇义对家庭成员的财产共有权同样持肯定态度③。妻子既是家中尊长同时也是家庭成员,具有双重身份,在财产处分过程中无论是主持还是参与都具有合法性和正当性。从公法角度,国家将家庭视为基层自治单位,负有治安教化、缴纳赋税、服兵役徭役等职责。官府颁发的"纳户执照""鱼鳞图册"④等非规范性法律文件,正是家庭承担公法义务的体现。如同治十二年(1873)九月,大理府赵州"□给执照,以便永远管业……右照给业主孀妇赵金氏、同子赵玉根收执。"⑤清顺治六年歙县二十七都二图诗字号鱼鳞图册中记载"诗字贰千叁百捌拾捌号土名大圣前……见业贰拾捌西都七图捌甲方阿黄""诗字贰千玖百号土名梅家园……见业本西都五甲王阿张"。⑥这些官文为庶民女性的"业"主身份进行了背书,以官方给照(册)的形式承认了她们在家庭中的地位。

最后,契约习惯对庶民女性地位的影响。中国传统社会不仅是一个礼法规范维系的身

---

① 瞿同祖:《中国法律与中国》,商务印书馆2016年版,第5页。
② (清)沈之奇:《大清律辑注·户律》,怀效锋、李俊点校,法律出版社2000年版,第217页。
③ 任井田陞、金义勇认为,家庭财产的处分要经过夫妻、父子、兄弟等全体同居成员同意,以"全部家里人"都能知道的方式来进行商谈,如果擅自处分家产,就是"盗卖倒卖"的违法行为。参见[日]任井田陞:《中国法制史》,牟发松译,上海古籍出版社2018年版,第173页。[美]金勇义:《中国与西方的法律观念》,陈国平等译,辽宁人民出版社1989年版,第123页。
④ 纳户执照,是官府根据农户占有的田园土地等不动产所应缴纳钱、粮赋税的凭证。鱼鳞图册,是传统中国官府用以管理土地赋税的方法,图册当中对每块土地的编号、土地的面积,计税的面积,所有者的姓名,用东西南北"四至"标明土地的具体位置,并绘有图形,每册前面又有土地的综图,仿佛鱼鳞一般,因此称之为"鱼鳞图册"。
⑤ 赵敏、王伟主编:《大理民间契约辑录文书》,云南大学出版社2018年版,第208页。
⑥ 李琳琦主编:《安徽师范大学馆藏千年徽州契约文书集萃》(八),安徽师范大学出版社2014年版,第3290、3418页。

份等级社会，还是一个契约社会，人们之间的财产关系、身份关系均可以通过契约活动进行建构。民间社会的契约活动并不依靠国家公权力主导，而更多的表现为当事人之间的意思自治。马克思曾指出："还在不发达的物物交换情况下，参加交换的个人就已经默认彼此是平等的个人"[1]，换句话说，商品交换的客观规律淡化了交易主体的身份等级，使参加交易的各方主体地位趋于平等，这一规律也反映在传统中国的契约实践中。民众以契约为载体立信结信，相关主体基于自身的利益诉求、情感认同以及价值取向，经过无数次的反复博弈，按照实践理性的指引，形成符合彼此预期，能够定分止争的契约规则，最终成为被社会所接受认可的习惯而具有普遍适用的效力。可以说，契约规则就是民众所遵循的法律，"官有政法，民从私契"则是对其最好的注解。虽然，民间社会与财产、身份相关的"户婚、田土、钱债"等私法领域的事项在国家律法中或鲜有涉及或粗而未详，但是，援引契约作为判定案件是非曲直的依据，已经成为地方官吏听讼断案的基本共识，从而使契约习惯上升为一种正式的法律渊源，如"本馆（官）所凭者契耳，令照契还三十两。"[2] 反映婚姻关系的婚书、再婚书，反映财产关系的卖田契、典园契、借贷契，反映继承关系的分关书、阄书、嗣书等等都有女性活动的身影。在这些契约文书中或钤有官印，或有官牙、官媒加入其中，则从另一种形式肯定了女性主体地位。庶民女性身处在这样的社会生活场域之中，扮演着多样化的角色，既有礼法所要求的长幼尊卑等级关系，也有为契约习惯所重构的平等自主关系。

庶民女性在男权所主导的社会中，并非完全按照正统意识形态为其预设的理想化的价值观行事，单靠礼法规范并不足以维系并稳定民间社会关系，多元意识和利益的存在，决定了女性多元化的形象。这其中既有礼法规范对女性权利的妥协与让步，更有社会习惯对女性地位的修正与重构；多元主体在礼法规范与社会习惯契相互结合共同作用下，经过反复试探容错、妥协退让直至平衡适应最终达成集体共识。这一过程并不以国家强制力为推动，而是借助社会实践场域的内在运行逻辑进行博弈选择的结果。弥散在同一历史时空，不同地域的契约文书，由若干极具个性化的"地方性知识"交汇转化为具有普遍意义的公约，使庶民女性主体地位被进一步明确，从一个侧面展现了她们相对独立的人格，而非"妻的人格被夫所吸收"[3]。

---

[1]《马克思恩格斯全集》（第19卷），人民出版社1964年版，第423页。
[2] 杨一凡、徐立志：《历代判例判牍》（第五册），莆阳谳牍卷一《一件势豪估害事》，中国社会科学出版社2005年版，第42页。
[3]［日］滋贺秀三：《中国家族法原理》，张建国、李力译，商务印书馆2013年版（2016年11月重印），第143页。

A wife is subordinate to her husband? On the family status of common women in traditional Chinese society
—Focus on the Contract Documents of Ming and Qing Dynasties

Xu Zhiqiang

Abstrct: The folk contract documents that remain to this day record a large number of acts that reflect the relationship between people's property and identity, and truly reproduce the degree and way of combining the etiquette and law and social reality life. Through the investigation of the contract instruments of the Ming and Qing Dynasties, we found that in the context of the supremacy of the traditional Chinese society, the past impression of the "A wife is subordinate to her husband" and "no self – specific way" image, and the reality exist A distance that is much larger than you might think. The traditional Chinese society in the Ming and Qing Dynasties was not only a hierarchical society constructed and maintained through feudal rites, but also a contract society. The rich contract activities in civil society have further clarified the status of female subjects in the relationship between husband and wife, showing their relatively independent personality from one side, rather than "the personality of the wife is absorbed by the husband."

Key words: Ming and Qing Dynasties; common women; Family Status; contract

(编辑: 陶文泰)

从苏子英案透视革命年代的
司法传统与变革[*]

薛永毅[**]

> **摘 要** 新发现的司法档案显示,苏子英劫财杀人及脱逃案是在1941至1942年间,发生在陕甘宁边区的一桩影响性诉讼个案。考察该案的处理过程,可以一窥延安时期政府领导司法机关、司法服务政治任务以及天理国法人情贯通的革命法制传统。苏子英案在边区法制建设进程中具有重要意义,还在于其促成了有期徒刑最高刑期的改变,推动了死刑复核机构逐渐走向相对独立。革命年代的司法传统与变革尽管有其时代局限性,但仍不失为当下全面推进依法治国尤为值得珍视和弘扬的红色基因。
>
> **关键词** 陕甘宁边区 苏子英劫财杀人脱逃案 司法传统 刑罚变革

一、问题、进路与研究材料

1941年底至1942年初,陕甘宁边区高等法院、陕甘宁边区政府处理了一桩劫财杀人及脱逃案件,即苏子英[①]杀害冯正昌案(以下简称"苏子英案")。彼时,恰值《陕甘宁边区施政纲领》《陕甘宁边区保障人权财权条例》刚颁布不久,在肃清游击主义残余、建立革命秩序的时空环境下,苏子英劫财杀人及脱逃的恶劣行径无疑显得格外突兀。尽管"苏子英"案情并不复杂,但正是有着这些特定的社会政治背景,使得这起原本普通的刑事案件,在边区高等法院、边区政府之间经历了一个"两级三次"处理过程,这在边区的刑事司法实践中着实少见。

---

[*] 本文系陕西高校青年创新团队"陕甘宁边区法制史与中国特色社会主义法治研究"阶段性成果。
[**] 薛永毅,西安交通大学法学院博士研究生,西北政法大学马锡五审判方式研究院特约研究员。
[①] 司法档案中前后表述不一致,有的案卷中称之为苏子英,有的称之为苏团子,本文统一称苏子英。

1941年前后的陕甘宁边区，革命的法制建设不仅处于艰难的历史转折期，而且逐渐溢出了自身领域，进入到整个社会治理实践中。因为，革命年代，革命是最核心的政治任务，也是最紧迫的历史使命。作为边区政府权力重要组成部分的司法审判，必然会在审判组织的架构、审判原则的确立、案件的受理和程序的设计以及不同案件判决的导向等方面配合革命这一历史使命，深深地印下革命的印痕。[①] 革命和抗战不但主宰了陕甘宁边区司法机关政治职能的发挥，也决定了边区司法理念、司法原则和司法制度的构建。法律必须服从于政治的要求，政治也要借助法律的技术，这种政治与法律之间的有机结合产生了一个独特的法律概念"政法"，[②] 形成了具有浓厚时代特征并依然对当下法治建设产生深远影响的"政法逻辑"或"政法传统"。"苏子英案"，正是在这种历史背景下展开叙事的。

无疑，历史的进程，大多不是一种单一逻辑的展开，而是多种逻辑同时并行、由多种合力共同生成。[③] 揆诸历史，革命年代"政法逻辑"的生成，既非完全按照政治逻辑来展开，也并不是政治逻辑和司法逻辑的简单相加，而是一个坚持在"党的一元化领导"下，政治和司法相互作用、相互影响乃至最终达到完美契合以实现法律治理化的过程。就此领域而言，既有的研究主要围绕党与政法的关系演进、"政法传统"的形成等问题展开，研究重心侧重于揭示建党百年来不同历史时期党对政法工作进行领导的一般性机制，[④] 多是一种静态的宏观解构。相比之下，借助典型案例对于"革命年代"这一特定社会背景下"政法逻辑"的微观剖析则较为缺乏。[⑤] 由于欠缺这种利用司法档案进行典型个案深描的研究维度，既无法客观、清晰揭示革命年代"政法逻辑"的历史源头，也无法全面展示在中国共产党的领导下政治与司法是如何密切相连并互动融通的。而发生在陕甘宁边区的"苏子英案"，恰恰给我们提供了一个可行的，并且也是非常典型的分析样本。

循此学术线索和问题意识，本文在写作中，亦遵循被学者称之为"新法律史"的学术进路，[⑥] 注重对"新史料"的发掘和运用。本文得以展开讨论的基础，正是这些新发现的档案资料，先后计有16份之多。按照时间顺序依次是：1. 1941年8月26日边区高等法院检察处检察长李木庵所做的笔录；2. 1941年12月18日边区高等法院推事任扶中的审讯笔录；3. 1941年12月19日边区高等法院任扶中所出具的判处死刑意见书；4. 1942年1月

---

① 马治选：《革命年代的司法逻辑——马锡五审判方式的生成》，载《山东科技大学学报（社会科学版）》2017年第2期。
② 强世功：《法制与治理——国家转型中的法律》，中国政法大学出版社2003年版，第123页。
③ 周洪波：《强国的现代政法逻辑与中国问题》，载《法学研究》2011年第5期。
④ 这方面的研究成果主要包括：刘忠：《"党管政法"思想的组织史生成（1949—1958）》，载《法学家》2013年第2期；周尚君：《党管政法：党与政法关系的演进》，载《法学研究》2017年第1期；侯猛：《当代中国政法体制的形成及意义》，载《法学研究》2016年第6期；郑智航：《党管政法的组织基础与实施机制——一种组织社会学的分析》，载《吉林大学社会科学学报》2019年第5期。
⑤ 代表作如：刘全娥：《陕甘宁边区的司法改革与"政法传统"的形成》，人民出版社2016年版；韩伟：《政法传统的司法生成——以陕甘宁边区肖玉璧案为中心》，载《河北法学》2014年第8期。
⑥ 参见尤陈俊：《"新法律史"如何可能——美国的中国法律史研究新动向及其启示》，载《开放时代》2008年第6期。

20日边区高等法院院长雷经天就"苏子英杀人劫财及逃脱罪死刑一案"给边区政府的呈文；5.1942年2月21日朱婴给边区政府秘书长周文的信；6.1942年2月21日朱婴所拟的"陕甘宁边区政府审核死刑案件意见书"；7.1942年3月2日陕甘宁边区第13次政务会议记录；8.1942年3月4日边区政府秘书周文批示；9.边区参议会副议长谢觉哉给周文的信；① 10.1942年3月10日边区政府关于"改判苏团子死刑为有期徒刑七年"的批答；11.1942年3月17日边区高等法院院长雷经天关于"边区政府答复与政务会议决议不符"问题给边区政府呈文；12.1942年3月30日陕甘宁边区第17次政务会议记录；13.1942年3月30日辛波关于3月30日边区第17次政务会议决议记录；14.1942年4月3日边区政府关于苏子英谋财杀人一案准予判处死刑的命令（战字第242号命令）；15.1942年4月4日边区高等法院公开宣判通知（第5号）；16.1942年4月11日边区高等法院的宣判笔录。②

现在看来，这些司法档案之所以尤为珍贵，是因为：一方面，从诉讼程序上看，其相对完整地记录下该起案件从一开始法院审讯、判决、请示到边区政府复核，再到边区高等法院最后宣判的整个司法处理过程；另一方面，从这些司法档案的内容和类型看，不仅仅局限于惯常我们所能见到的讯问笔录、起诉书、判决书等司法文书，而且还包含了边区政府的审核意见书、批答、边区政务会议记录，以及边区高等法院、边区政府、边区参议会相关领导人关于案件处理意见的来往函件等。无疑，这些档案不仅为我们揭示了更为丰富的历史细节，同时，也为我们深入考察革命年代政治与司法的相互作用，进而揭示这一时期"政法传统"的历史面向和历史生成，提供了一个绝佳的视角和样本。

二、"苏子英案"案件原委及处理过程

借助上述新发现的档案资料，我们大致可以还原这起80年前发生在陕甘宁边区米脂县境内的劫财杀人及逃脱案的基本案情及处理经过：

（一）案件原委

1941年8月3日，在陕甘宁边区延安县姚店子一带经营生意的米脂县龙镇冯家庄人冯正昌在返家途中（身边携有驴子两头，共驮谷米九斗八升，黄米四升），恰遇平日往来相识的邻村苏家沟人苏子英（25岁）。此时，苏子英刚从延川县永坪帮人锄完草（随身携带有锄头一把）。相遇后，两人即相互攀谈起来。攀谈中，冯正昌以川道泥泞难行，转从河岸行走。此时，苏子英停在河滩未动，直待冯正昌前行数里，越过曹家巷时，方从后赶上。谈话中，苏子英得知冯正昌还给别人捎了几百元。行走中，苏子英又落于后面。

---

① 此件谢觉哉未写明落款时间，但从卷宗装订顺序及信的内容看，应在1942年3月期间。
② 根据学者既有研究成果，这批档案的卷宗号：15—97，由陕西档案馆收藏。后文引用该案档案资料，均出自此处，不再一一注明。

至离蒋家沟二、三里之处，苏子英又赶上，岂料其竟以所持之锄头向冯正昌后脑勺猛击。见受伤倒地的冯正昌尚能言语，苏子英不顾冯正昌苦苦哀求，又用锄头向其头部猛击一下，直至冯正昌卧地不动。苏子英认为冯正昌已死，便将"尸体"投下深五、六尺的水渠内，用土将"尸体"掩埋，亦将案发现场的血迹点用土掩盖。

苏子英见杀人的目的已达，即将冯正昌之驴子、粮食及其他财物等一并劫去。①后赶之附近之马蹄沟，卖去粮九斗五升，共卖洋617.5元。惟当卖粮时，在装粮的口袋倒出布袋一个，内装有边币。苏子英的可疑形迹，被群众当场揭穿，苏子英即将所劫之财物遗下而趁机逃回家中。冯正昌被投入水渠后，并未死亡。后被人送回家中，并报告给米脂县救国会。1941年8月5日，苏子英被当地救国会逮捕，但在解送途中，又私自逃脱。

（二）处理过程

8月19日，苏子英逃到延安，求其亲戚李鸿江为之介绍工作，李不知冯正昌劫财杀人一事，便将其介绍到边区师范学校做工。边区师范学校管理员赵祥耀从同乡人中听说苏子英有杀人谋财之事，报告于学校当局，该校又报告于边区高等法院。9月11日，边区高等法院院长雷经天、检察处检察长李木庵即令绥德分区专员王震、副专员曹力如两人查办此案。后边区高等法院及高等法院检察处又先后对苏子英进行了讯问，查清了案件的基本事实。12月19日，边区高等法院推事任扶中为判苏杀人案拟处死刑意见书。

在战时法制的时空背景下，陕甘宁边区司法审判的级别管辖并非如当今之泾渭分明。边区高等法院作为边区实质意义上的终审法院，初审这起可能判处死刑的案件也无可厚非。至此，按照现代司法制度理解，该起案件的司法处理程序已接近完结。但是，事实上并不然。1942年1月20日，边区高等法院院长雷经天将"判处苏子英杀人劫财及脱逃罪死刑一案"呈送陕甘宁边区政府林伯渠主席、李鼎铭副主席，请边区政府就该案的死刑判决进行复核。同月23日，□②审阅后在呈文上批示："朱婴同志批答"。

根据□批示意见，2月21日，边区政府秘书处朱婴草拟"陕甘宁边区政府审核死刑案件意见书"，呈送边区林主席和李副主席，意见书拟将高等法院死刑判决改为徒刑七年。3月2日，陕甘宁边区政府召开第13次政务会议，因边区政府主席林伯渠休养，边区政府副主席李鼎铭出巡，故在两位主席均缺席的情况下，由边区政府秘书长周文代行主席主持会议。③这次政务会议在听取边区高等法院李木庵关于"苏子英案"的报告后，最后决议：苏子英杀人案不处死刑，改为十年有期徒刑。会议同时还决议，将边区最高徒刑由五

---

① 计驴子两头、谷米九斗八升、黄米二升、口袋两个、被子一条、狗皮褥子一条、毛带一条、旱烟锅一个、边币513.5元。

② 此人签名无法辨识，但从边区政府另一个公文的审签流程看，拟稿人为边区政府秘书处研究室彭涛，后由其核稿后，边区政府秘书长周文进行再核，其职务应该低于周文。

③ 此次政务会议，出席人有南汉宸、雷经天、周兴、周文、柳湜、刘景范、唐洪澄。列席人有谢觉哉、金城、朱治理、李木庵、赵通儒。

年改为十年。① 3月4日，边区政府秘书长周文批示："此件交法律组照朱婴同志的意见书拟文批答，改死刑为徒刑。"

按理说，该案经过边区高等法院初审、边区政务会议审核改判，在处理程序上本已终结。但是，3月30日，在边区政府召开的第17次政务会议上，② 经边区政府李鼎铭副主席等多方考虑后，重新又就"苏子英案"提出讨论。最后，第17次政务会议改变了13次政务会议之决议，苏子英（苏团子）杀人劫物及脱逃罪案仍按边区高等法院原判决处死刑。③

4月3日，边区政府林伯渠主席、李鼎铭副主席签发边府战字第242号命令，同意边区高等法院就苏子英谋财伤人一案准予判处死刑。原文如下：

"呈文悉：米脂居民苏团子（苏子英）因谋财击毙冯正昌一案，经第17次政务会议决定，准予判处死刑"。此令。

主　席　林伯渠

副主席　李鼎铭

至此，"苏子英"案在边区高等法院、边区政府之间多次往返复核之后，终于尘埃落定。回头来看，该案三次处理在案件基本的犯罪事实认定上，显然并无明显分歧，但在定罪量刑上却认识不一、差异较大，致使处理结果经历一个"死刑——不处死刑——死刑"否定之否定的过程。面对这样一起现在看起来并不算复杂疑难的刑事案件，缘何边区高等法院与边区政府，乃至边区政府内部间的看法和结论都不相同。这起案件的处理背后，又折射出政治与司法怎样的关系，有必要在上述宏观勾勒的基础上，做进一步的法理探究。

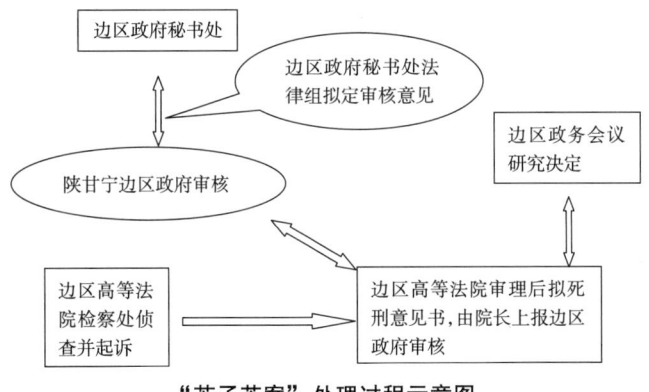

"苏子英案"处理过程示意图

---

① 陕西省档案馆、陕西省社会科学院编：《陕甘宁边区政府文件选编》（第五辑），档案出版社1988年版，第305页。

② 出席人有雷经天、霍子乐、南汉宸、霍维德、柳湜、高自立、唐洪澄、高崇珊、高宗□、李鼎铭、贺连城、周文、刘约三，列席人有丁浩川、胡绩伟。

③ 关于"苏子英案"，边区政府两次政务会议作出的不同处理结果，多少令人有些费解，具体原因尚待对有关档案的进一步整理和挖掘。

三、"苏子英案"中的边区司法传统

现今的民、刑事法律体系不可避免地是一个多元的混合体,其中有来自中国古代、西方现代以及中国现代革命三种不同传统的成分。① 这几种"传统"混合后的法律或者司法,可以追溯到1949年之前的中国,特别是中国共产党领导下的革命根据地时代。② 无疑,苏子英案给我们这种传统提供了一个很好的注解。

这是因为,"苏子英案"看似简单,却在司法实践中呈现出复杂的一面。透视该案的整个处理过程,不难看出其所蕴含的革命年代的司法理念和法制传统。比如,推行"司法构造的集中化",即党一元领导下的司法从属于行政;强调司法应服务于边区的政权建设,以巩固边区民主政权为宗旨;司法中秉持"天理、国法、人情"贯通交融,等等。这些革命法制传统,不仅在"苏子英案"的处理中得到了延续和发展,其蕴含的现代法治基因依然影响至今。

(一)隶属于行政的边区司法

若从历史的角度追寻,"党的一元化领导"源于土地革命时期,并于1942年9月随着《中共中央关于统一抗日根据地党的领导及调整各组织间关系的决定》(中共中央政治局研究通过)的实施,得以明确建立。"党的一元化领导",意味着中央代表机关(中央局、分局)及各级党委(区党委、地委)为各地区最高领导机关,统一领导各地区包括政府和司法工作在内的党政军民工作。

在陕甘宁边区,司法机关的设置以根据地实际状况和需要为依据,以便民简政为原则,实行政府领导司法机关的体制。③ 其实,行政领导司法,早在1939年颁布的《陕甘宁边区高等法院组织条例》就有规定。该条例指出:边区高等法院不仅受"边区参议会之监督",还受"边区政府之领导"。1943年4月,经由边区政府第三次政府委员会通过的《陕甘宁边区政纪总则草案》重申:"司法机关为政权工作的一部分,应受政府的统一领导,边区审判委员会及高等法院受边区政府的领导,各下级司法机关应受各该级政府的领导。"④ 而在具体的领导方式上,依据1942年1月公布的《陕甘宁边区政务会议暂行规程》,边区政务会议作为边区政府执行公务之领导机关,有权讨论和决议"关于司法行政

---

① 黄宗智:《中西法律如何融合?道德、权利与实用》,载《中外法学》2010年第5期。
② 韩伟:《司法过程中的革命逻辑与传统习俗——以陕甘宁边区财产纠纷个案为中心》,载《政治法学研究》2014年第二卷。
③ 赵晓耕、沈玮玮:《革命时期党对法院工作的指导及影响》,载《人民法院报》2016年7月1日,第5版。
④ 红色档案——延安时期文献档案汇编委员会编:《陕甘宁边区政府文件选编(第七卷)》,陕西出版传媒集团、陕西人民出版社2014年版,第188页。

各项事宜"及"各级法官之任免事宜"。① 同年2月公布的《陕甘宁边区保障人权财权条例》，则为边区政府享有死刑案件的最终复核权提供了明确的法律依据。② 显然，这是一个强大的将司法权力行政化的思想和制度背景。在这种领导体制下，陕甘宁边区以行政兼理司法的方式将司法组织系统纳入边区政府的领导之下，与边区政府下属的民、财、建、教等行政各厅并列。而且，这种领导不仅包括日常的行政管理、干部人事等，还包括具体的审判事务。

陕甘宁边区司法隶属于行政的司法体制和制度，是在继承苏维埃时期司法体制基础上，结合抗日根据地的实际情况逐步建立的。时任边区高等法院院长雷经天称之为"承受过去苏维埃政权时代司法制度的革命传统"。③ 可以说，有着长期革命斗争背景的雷经天对此深为认同，他主张："边区司法是受政府的领导，高等法院受边区政府的领导，各县司法处受该县政府领导。在政府一元化的领导下，政府发现高等法院有不对的，可令高等法院重新审判。"④ 他还就这一司法体制的合理性和优越性给出自己的解释。"首先，边区政权是完整的，政权领导即政府领导，司法是政权一部分，所以司法由政府领导。其次，法律是统治者的工具，为政治服务，司法工作也就是整个政权工作中的重要一环，司法自然不能独立于行政之外。最后，效率高。"⑤ 雷经天的观点，在边区当时具有一定的代表性。

上述立法规定和边区领导人的共识，其实质是赋予了边区政府的司法职能。申言之，"边区高等法院并不是真正意义上的终审机构，而是以高等法院接受边区政府的领导，边区政府行使部分司法职能的形式予以弥补、矫正"。⑥ 从边区的司法实践来看，边区政府行使司法职能主要是通过如下两种方式实现的：其一，边区政府从经验、原则、大局出发，通过批示、指示等方式指出司法审判中存在的不足，由一审或二审机构重新审理。对此，雷经天在1943年召开的边区司法检讨会议上就指出："实际上是两级两审，但这还有补救的办法。在高等法院判决后，你不服的话，可以到边区政府去解决。政府只是审查判

---

① 红色档案——延安时期文献档案汇编委员会编：《陕甘宁边区政府文件选编（第五卷）》，陕西出版传媒集团、陕西人民出版社2014年版，第134页。
② 《陕甘宁边区保障人权财权条例》第十九条规定：各级审判机关判处死刑的案件，已逾上诉期限，而不上诉者，须呈报边区政府审判批准方得执行，但有战争紧急情形，不在此限。参见红色档案——延安时期文献档案汇编委员会编：《陕甘宁边区政府文件选编（第五卷）》，陕西出版传媒集团、陕西人民出版社2014年版，第311页。
③ 《陕甘宁边区的司法制度（边区通讯）》（1938年8月28日），载《解放》第50期。
④ 《边区高等法院雷经天、李木庵院长等关于司法工作检讨会议的发言记录》，全宗15—96；《边区高等法院关于招待中外记者团的总结及问答记录》，全宗15—61。转引自汪世荣：《新中国司法制度的基石——陕甘宁边区高等法院（1937—1949）》，商务印书馆2011年版，第277页。
⑤ 李娟：《革命传统与西方现代司法理念的交锋及其深远影响——陕甘宁边区1943年的司法大检讨》，载《法制与社会发展》2009年第4期。
⑥ 刘全娥：《陕甘宁边区司法改革与"政法传统"的形成》，人民出版社2016年版，第211页。

决的对不对，可以加以指示，由主席批示，法院就按照批示，应该重新审判的就审判。"①其二，由边区政务会议进行集体研究，并就案件作出维持原判或改判的决议。显然，"苏子英案"在处理方式上选择了后者，即经边区政府政务会议讨论决议后，予以维持和改判。

进一步考察发现，边区政务会的参会人员范围，主要是边区政府委员及边区政府各厅、处、院、会的负责人。如前述边区政府第13次政务会的出席人就有：边区政府委员、财政厅厅长南汉宸，边区高等法院院长雷经天，边区政府保安处处长周兴，边区政府委员、建设厅厅长刘景范，边区政府秘书长周文等7人；列席人则有边区参议会副议长谢觉哉，边区高等法院检察处检察长李木庵等5人。毋庸置疑，这些参会人员大多是富有革命斗争经验、资历深厚的党的高级干部。他们参与到司法审判活动中，也保证了政府司法的大方向和革命政策及人民的利益最大程度相一致。

对于边区采取的行政长官肩负司法责任以及司法行政化的做法，谢觉哉有着深刻认识，并指出了它的合理性、局限性和过渡性。②谢觉哉认为，法律不完全，司法人员又幼稚，必须采取这些办法，使判决正确，才能树立司法权威。至于行政长官兼任司法长官，是因为边区司法人员缺乏的缘故。他也坦承："严格地说，司法是专门事业，要专门人才，行政长官不一定长于司法，且行政兼司法有碍于司法独立。"③谢觉哉的看法在边区具有一定的代表性，新中国成立后，李维汉在回忆边区的司法体制时亦指出："高等法院对边区参议会负责，日常工作则由边区政府直接领导，实质是置司法于行政领导之下。这同现在实行的制度是不同的。1945年12月28日，西北局讨论司法工作，同意了这种司法体制。这是过渡时期的权宜之计，是适合边区的战时和农村环境的，但是也确实遇到了不少困难。"④

（二）服务于政治的边区司法

在陕甘宁边区，司法服务于政治表现在很多方面。它意味着边区不仅以行政兼理司法的方式将司法组织系统纳入政府的领导之下，还体现为作为政权建设之重要部分的司法权，也当然是为抗战这一中心任务而服务的。法律为政治服务的思想在中共领导人的思想中一直是主流。边区参议会副议长谢觉哉则就政治与司法的关系说得更为明确："我们的法律是服从于政治的，没有离开政治而独立的法律。政治要求什么，法律就规定什么。"⑤

---

① 《边区高等法院雷经天、李木庵院长等关于司法工作检讨会议的发言记录》，全宗15—96。转引自刘全娥：《陕甘宁边区司法改革与"政法传统"的形成》，人民出版社2016年版，第211页。
② 刘全娥：《陕甘宁边区司法改革与"政法传统"的形成》，人民出版社2016年版，第151页。
③ 《谢觉哉日志》（下），人民出版社1984年版，第745、755—756页。
④ 李维汉：《回忆与研究》，中共党史资料出版社1986年版，第534页。
⑤ 王定国等：《谢觉哉论民主与法制》，法律出版社1996年版，第38页。

他还强调:"司法工作者,若不懂得政治,有法也不会司。"① 概言之,边区司法的产生、形成、组织体系以及司法的功能、运行机制等,都具有鲜明的政治属性特征。

其一,边区司法的政治性,首先是司法要服务于中国共产党所确立的政权目标,贯彻党的路线方针和政策。体现在司法的主要功能和任务上,就是镇压、打击一切敌对分子,巩固边区的民主抗日政权,保护边区民众的生命和财产安全。对此,毛泽东同志在1939年指出,"我们的法院他不管别的,专门管对付汉奸、对付破坏法律的人,以国法制裁破坏团结,破坏抗战的分子。"② 1941年4月,边区政府主席林伯渠在边区政府工作报告中也坦言:"实施法律制裁的主要对象是破坏抗日民主制度的汉奸、土匪等。"③ 打击敌人的同时,必然需要保护边区的人民。尤其是在战争年代险恶的政治斗争环境中,这是涉及边区政府生存图亡的头等大事。

很显然,在苏子英案的处理上,边区高等法院的裁判结果体现了镇压的一面。在边区高等法院看来,"被告苏子英在打冯正昌之先,已有杀死冯正昌之决心。故当其将冯正昌击晕在地,再次猛击认明已死,将其掩埋渠中,即将驮米在马蹄沟出卖。"继又指出:被告苏子英与冯正昌乃邻村,素来相识,居然有如此恶劣行径,足见"其心术手段可谓残忍毒辣已极。"遂依法对其判处死刑。显然,苏子英在熟人间接连实施的劫财、杀人和脱逃等一系列犯罪行为,无异于土匪、强盗的行径。边区高等法院的判决表明:对这类妨害边区民众生命和财产安全、破坏边区社会稳定的穷凶极恶的犯罪分子,镇压是不二选择,也只有对他们实施以严厉的刑法制裁,才能保证边区的长治久安,保卫边区革命成果。而当边区第13次政务会就边区高等法院的死刑判决予以改判后不久,经边区政府副主席李鼎铭提议,边区政府第17次政务会议旋即又对自身先前的决定进行"否定"。显然,在宽大与镇压之间,边区政府作为最后的裁决者,最终还是选择了后者。

其二,司法服务于政治,还意味着当法律还没有被制成条文的时候,就应当依据党的政策行事。这一点,早在陕甘宁边区之前的中央苏维埃时期就是如此。司法不仅依党的政策行事,在国共合作的特殊背景下,还曾一度有条件、有选择、有限制地援引国民政府的法律。其实,关于能否援用以及如何援用国民党政府法律的问题,在抗日统一战线形成之初便受到党中央、边区政府的重视。毛泽东、林伯渠(边区政府主席)、谢觉哉(参议会副议长)等领导同志为此听取汇报,发出指示。④ 在1939年召开的边区县、区长联席会议上,则进一步明确国民政府所颁布的法令,构成陕甘宁边区法律制度的四大"法律根

---

① 王定国等:《谢觉哉论民主与法制》,法律出版社1996年版,第42页。
② 雷经天:《在陕甘宁边区政府学习研究会上的报告大纲》,转引自杨永华、方克勤:《陕甘宁边区法制史稿(诉讼狱政篇)》,法律出版社1987年版,第10页。
③ 陕西省档案馆、陕西省社科院编:《陕甘宁边区政府文件选编》(第3辑),档案出版社1987年版,第220页。
④ 杨永华、段秋关:《统一战线中的法律问题——边区法制史料的新发现》,载《中国法学》1989年第5期。

据"之一。①

但是，这种援引是有着严格的限制条件，即：有利于抗战的；有利于大多数人民利益的；有利于民主政治的；有利于国共合作的；有利于边区环境所需要的。这"五个有利于"，核心还是政治对司法的要求。而在1943年以前，由于政治氛围相对宽松，边区刑事司法援引国民党政府法律较为频繁；1943年下半年后至新中国成立前，经整风运动和审干运动，适用国民政府法律成为政治禁忌，②以致在边区刑事司法中的援引国民政府法律的情形几近绝迹。正是基于上述背景，边区高等法院在"苏子英案"的审理中，对于苏子英实施的杀人、劫财及逃脱的犯罪行为，在边区基本刑事成文法"缺席"、司法人员陷入"无法可依"的被动情况下，遂援引了国民政府《刑法》第三三二条、第一六一条及同法第五一条有关"强盗罪""脱逃罪"及"数罪并罚"等规定，③最后判决：合并判处苏子英死刑并负责赔偿冯正昌之损失。

其三，司法的政治性体现在司法审判活动中，就是要建立和采用群众路线的审判制度和审判方式，如就地审判、巡回审判、人民陪审、人民调解与公审制，等等，"马锡五审判方式"可谓这种审判方式的集大成者。如此，边区司法也实现了除纠纷解决之外的"革命法纪宣传和教育群众"的革命功能，这是司法政治化的当然要求。延安时期，在根据地影响颇大的黄克功案、④"学疗人命案"⑤就是采取了这种群众路线的审判方式，体现了边区在特定历史条件下实现司法公正、保障民众人权的探索和努力，取得了积极的法律效果和社会效果。

苏子英的所作所为，在边区恐怕不止一件。为此，在"苏子英案"的处理中，边区高等法院亦遵循了这样的革命司法传统。待案件尘埃落定后，鉴于苏子英的恶劣行径，为教育边区群众遵守革命法纪起见，1942年4月4日，边区高等法院发布通知，告知将于一周后就"苏子英案"进行公开宣判，并请各延安市各驻地机关、学校、团体等派员旁听。4月11日公开宣判当日，就有来自包括边区群众报社、总参谋部第四局以及中央党校、延安大学法学院、延安中央民族学院在内的边区党政军学及群众团体代表旁听。显然，边区司法审判借助"公审大会"这一群众路线的审判方式，已经使其在对典型个案依法裁判的

---

① 杨永华、段秋关：《统一战线中的法律问题——边区法制史料的新发现》，载《中国法学》1989年第5期。

② 胡永恒：《陕甘宁边区的民事法源》，社会科学文献出版社2012年版，第178页。

③ 指1935年1月1日公布，同年7月1日施行的《中华民国刑法》。该法第332条规定，"犯强盗罪而有左列行为之一者，处死刑或者无期徒刑。一、放火者。二强奸者。三、掳人勒赎者。四、故意杀人者。"第161条规定，"依法逮捕、拘禁之人逃脱者，处一年以下有期徒刑。"第51条第5款规定，"宣告多数有期徒刑者，于各刑中最长期以上，各刑合并之刑期以下定其刑期。但不得逾20年。"参见杨正鸣：《民国时期的恐怖活动与反恐》，上海人民出版社2014年版。

④ 参见汪世荣、刘全娥：《黄克功杀人案与陕甘宁边区的司法公正》，载《政法论坛》2007年第3期。

⑤ 参见刘全娥：《人权保障的司法进路——陕甘宁边区"学疗命案"的启迪》，载《法律适用》2017年第16期。

同时，实现其"教育民众爱护边区政权""遵守边区革命秩序"的政治功能。

（三）"天理国法人情"融合的边区司法

毋庸置疑，情理法是传统司法中重要的审判方式，①其实质是一个建构判决合理性、正当性的过程。延安时期，"司法公正"的价值追求、"人民司法"的理念形塑以及司法裁判法律依据明显不足的现实困境，使得这一传统在边区的司法实践中得以延续和发展，并据中国共产党人"全心全意为人民服务"的根本宗旨而被不断注入新的内涵，实现了边区司法对传统"情理法"的超越和革新。

"天理、国法、人情"融合的边区司法，同样在"苏子英案"的处理中也得到了充分的体现。前已述及，边区政府第13次政务会认为苏子英罪不至死的决议，尽管很快就被第17次政务会议予以"否定"，②但仔细分析不难发现，边区第13次政务会议正是情理法综合考量后的审慎决议。对此，我们不妨从边区政府秘书处朱婴所草拟的审核死刑案件意见书以及边区政府给边区高等法院的批答，就边区司法的"情理法"传统作进一步文本考察。③

首先，边区的"理情"审判是建立在"据法审判"基础上的。当然，毫不避讳的是，在陕甘宁边区的司法实践中，"情理法"判案在边区的司法实践是存在这种"民、刑"差异的。相比较于民事诉讼情理是判决的主要依据而言，法律则构成了刑事判决的基础。也就是说，刑事审判是在"据法审判"的前提下，才去考虑兼顾和平衡情理的问题。在"苏子英案"中，对苏子英在量刑上是否处以最严厉之死刑，是该案最大分歧。边区高等法院一再强调苏子英的杀人动机、犯罪手段和社会危害性，最终依法作出判处其死刑的裁判。

边区政府第13次政务会之所以将苏子英由死刑改为有期徒刑，也是先从所援引的国民政府《刑法》中关于"强盗罪"和"杀人罪"的区别说起，其认为：苏子英所触犯的是强盗杀人罪，而依据《刑法》第三二三条之规定，该罪是选择刑罚，即可以判处死刑也可以判处无期徒刑，并非处以唯一之死刑。此外，依据边区之宽大刑事政策，并综合考虑本案未发生死亡之结果等其他因素，依法可减等为无期徒刑。又因边区实际上已经废除了无期徒刑，自应减处为最高有期徒刑。这明显是依据边区刑事法律和刑事政策所作出的评价。由此看来，边区刑事司法的"情—理—法"审判，实则为建立在"据法审判"基础上的"理情"型审判。

---

① 张正印：《还原与反思：清代情理法判案实践的"民、刑"差异》，载《甘肃政法学院学报》2011年第2期。

② 囿于掌握资料有限，尚无法全面充分了解边区第17次政务会具体讨论细节，此待以后进一步挖掘研究。

③ 仔细对比两者后不难发现，从案件事实到审核意见，边区政府的批答可以说就是朱婴"死刑审核意见书"的"翻版"。因此，这里不妨将两者合一进行分析。

其次，在定罪量刑时注重揭示犯罪产生的根源，并对案件发生时的诸种情况加以权衡。边区政府在"据法审判"的同时，批答中就苏子英劫财杀人的行为又从犯罪发生的经济、文化等深层次原因上进行分析，提出了此类犯罪的治理对策，兹录如下：

"凡强盗杀人之行为，乃一种最原始的犯罪行为，此在文化经济落后之地区，往往易于发生，否则必不如是之单纯幼稚。例如边区一般杀人案件，以杀人谋财及谋杀亲夫为最多，此正足以说明边区文化经济为其直接之客观原因，则"止沸莫如抽薪"，应当从发展经济与发达文化为入手第一步；若不肯出此，徒以杀戮为镇压唯一之法宝，则不特威吓主义在今日刑法上不能占主要之地位。"

显然，对于苏子英实施的抢劫杀人行为，边区政府并没有简单地"就罪论罪"，而是将此类犯罪放置于边区特殊的历史时空背景下去加以评价。在边区政府看来，强盗杀人罪首先是一种最原始的犯罪行为。这种犯罪行为的发生，往往又与边区落后的经济文化有很大的关系。为此，要预防、减少此类犯罪在边区的发生，杀戮并非镇压之唯一法宝，事实证明死刑惩戒震慑的效果也是非常有限的，而应从发展边区经济和文化入手，逐步减少此类犯罪行为的发生，正所谓"止沸莫如抽薪"。

最后，边区政府在"据法裁判"、深究犯罪法理的同时，也并非没有兼顾到人之常情。据苏子英之父苏耀祖讲：其与冯正昌昔日并无冤仇，其子苏子英所作所为实为出乎其所料。面对儿子"忽出冲天大祸"，尽管苏父一面认为"此等之子不可留于世间"，但作为父亲，对儿子又不免怀隐痛情，实乃人之常情。对于苏子英之父，边区政府认为其却有可悯之处，为免伤苏父之心起见，当可宥以一死。

由此可见，这样的批答不仅是就事论法作出决议，还兼顾了刑事犯罪产生的机理，以及普通人间的"悲悯"等人之常情，可谓遵循国法、不违天理、合乎人情，无疑是情理法融合的典型判决。

四、"苏子英案"与边区刑事司法的变革

现在看来，苏子英案之所以同"黄克功案""延安学疗案"等成为边区的影响性诉讼个案，不仅是因为其揭示了边区刑事司法传统，更为重要的是，这起案件的处理，也直接促成了边区有期徒刑最高刑期的改变，推动了边区死刑复核制度的变革。苏子英案在边区法制建设进程中具有重要意义，是显而易见的。

（一）边区刑罚的均衡化变革

由于陕甘宁边区的战争环境使然，边区的刑事法源以颁布的单行刑事法令为主，辅之以边区政府的命令、边区高等法院的指示等。尽管边区也曾于1942年起草了《陕甘宁边区刑法总、分则草案》，但并未正式颁布施行。可以说，在陕甘宁边区刑事法律制度体系中，由于始终没能制定一部统一的刑事法典，使得边区有关定罪和量刑的规范呈现出零散

性、碎片化。以最为核心的定罪量刑为例,"占全部刑事犯罪总数达69%的杀人、伤人、盗窃、赌博等一般性刑事犯罪案件,没有相应的罪名、罪状及法定刑的规定。"① 边区刑事立法的这种结构性缺陷,无疑也给刑事审判工作带来巨大的挑战。对此,曾任边区政府秘书长的鲁佛民在谈及边区司法工作时直言:"成文法不够用,民法尚可援引比附,刑法则不然,处理案件,处处遇到棘手。"②

相比较于土地革命时期刑事法律"重刑异罚"的特质,陕甘宁边区的刑事司法则以教育感化为主,推行"镇压与宽大相结合"的刑事政策。反映在刑罚方面,最明显的就是慎用死刑、废止无期徒刑、降低有期徒刑最高刑期以及将拘役改为苦役。其中,有期徒刑的最高刑期,则从之前的最高15年降低为最高5年。对此,时任边区高等法院秘书的朱婴在《解放日报》上撰文,就"边区刑罚的特点"谈了自己的观点,他指出:"我们既然不主张无期徒刑,但有期徒刑太长是不是主张呢?照样的是不主张的。"③ 他认为,判处有期徒刑十五年,即使是从刚负刑事责任(18周岁)算起,"等到期满出狱的时候,已经三十三岁了,他的一生去了一半不说,而从十八岁到三十三岁正是他的学问和事业建立重要基础的时候。"而此的危害就是"与国家和个人都没有好处。"④

边区刑罚的这种"轻刑化"变革,有利于说服、改造和教育罪犯,使其顺利回归社会,进而达到服务革命这一中心工作的目的。但是,在边区"轻型化"司法理念的指导下,也使得刑罚在整体设计上暴露出结构性缺陷:即由于边区刑罚中没有无期徒刑,有期徒刑的最高刑期也只有5年,司法实践中在定罪量刑上难免会出现轻重失衡的情况。而"苏子英案",恰恰处在死刑和5年有期徒刑两者间的空白量刑地段。这样的法律规定,致使边区高等法院陷入置于要么判处苏子英有期徒刑5年、要么判处其死刑这样一种"非重即轻"的尴尬境地。

"苏子英案"发生,恰恰促成了边区徒刑最高刑期的修正。仔细观察这一过程,"苏子英案"可以说是直接"导火索",但立法的修改最终还是依赖边区高等法院、边区政府以及边区参议会间的互动和影响。从档案资料看,最初的提议者是边区参议会副议长谢觉哉,他在审阅朱婴所拟的死刑审核意见书后给边区政府秘书长周文去信,信中就朱婴的拟判意见谈了自己的看法。信中谢老这样说道:

朱婴同志所拟有道理。⑤ 但变更原判,须先变更"以五年为徒刑最高"的规定。此规

---

① 《边区1938年至1943年司法统计表》,全宗号:15—216,陕西省档案馆档案。转引自刘全娥:"陕甘宁边区刑事判决书中的'六法全书'——以'陕甘宁边区判例汇编'为中心的分析",载《中西法律传统》2018年第1期。
② 鲁佛民:《对于边区司法工作的几点意见》,载《解放日报》1941年11月15日,第4版。
③ 朱婴:《论边区刑罚的特点》,载《解放日报》1941年10月25日,第4版。
④ 朱婴:《论边区刑罚的特点》,载《解放日报》1941年10月25日,第4版。
⑤ 朱婴认为苏子英犯强盗杀人一罪,依据《刑法》第332条规定,应判处有期徒刑5年,脱逃一罪应判处有期徒刑2年,数罪并罚后应判处有期徒刑7年(笔者注)。

定不记在何文件上，实在有点不妥。可否徒刑以十年为最高。苏团子似应处以最高徒刑。此文须提出政府会议讨论，并先同雷法院①商量。

显然，在谢觉哉看来，朱婴所拟死刑审核意见书有一定的道理。但他同时又明确提出，变更边区高等法院的判决必须以立法的改变为前提，并按照规定的法律程序办理。1942年3月2日，边区政府召开第13次政务会。这次会议的一项重要议题，就是讨论通过了谢老的提议，将边区以5年为最高徒刑改为10年。3月24日，陕甘宁边区政府向边区参议会常驻会发公函，并就"改最高徒刑为十年"是否适当，希常驻会查复，原文如下②

查边区最高徒刑原为五年，为适应边区施政纲领公布后，宽大政策之政治需要，现经本府第十三次政务会议决定：

"边区最高徒刑定为十年。因为有许多案子，如判死刑实觉太重，有失宽大之意；如判五年又嫌太轻，影响人权财权保障；故最高判刑定为十年。"

此项决定，是否适当，相应函达，并希见复为荷！

3月28日，边区参议会召开第五次常驻会议，通过"改最高徒刑为十年"的决议，并交边区政府颁布施行。③ 3月31日，边区政府发布命令，将最高徒刑由五年改为十年。

"查边区最高徒刑原为五年，为适应五一施政纲领公布后之政治需要，现经边区政府第十三次政务会议决定：边区之最高徒刑定为十年。因为有许多案子如果判处死刑殊觉太重，有失宽大之意，但如判刑五年又嫌太轻，影响人权财产权之保障，故改定最高徒刑为十年。复经边区参议会常驻会第五次常（务）会通过在案，除命令最高法院遵照外，希即知照为要。"④

至此，该起最初由谢老提议、边区参议会复查通过、边区政府决议通过并颁布施行的法律修正案，在一月有余的时间内就得以完成。有期徒刑最高刑期的改变，无疑使得边区刑罚配置得到进一步优化，是边区保障人权财权的重大举措。

---

① 指边区高等法院院长雷经天（笔者注）。
② 陕西省档案馆、陕西省社会科学院编：《陕甘宁边区政府文件选编》（第五辑），档案出版社1988年版，第347页。
③ 《边参会确定今年征粮十六万石 征草一千六百万斤》，载《解放日报》1942年3月30日，第4版。
④ 陕西省档案馆、陕西省社会科学院编：《陕甘宁边区政府文件选编》（第五辑），档案出版社1988年版，第369页。

(二) 死刑复核机构的相对独立化

在革命法制史上，死刑复核制度是有历史传统的。1932年6月的苏维埃《裁判部暂行组织及裁判条例》，对此就有相关规定。① 1937年2月，在中央司法部颁布的第一、二号《训令》中，也强调为慎重人命起见，除紧急处置外，凡死刑之判决均应送最高法院（中央司法部）审核批准后方可执行。② 陕甘宁边区政府成立后，沿袭了这一制度，并逐步予以完善和规范。例如，1938年8月25日，陕甘宁边区高等法院第四号通令规定："各县关于死刑案件的判决，必先经裁判委员会的决定，呈报边区高等法院，得到批准后，方许执行。"③ 而随着1942年2月《陕甘宁边区保障人权财权条例》的颁布，死刑案件的复核批准权也发生了新的变化，即由原先边区高等法院收归边区政府行使。④ 但是，从司法实践来看，至少在1941年6月之后，死刑案件的复核批准权就已经实际收归边区政府。⑤

1942年1月20日，边区高等法院院长将"苏子英案"呈报边区政府，请其就该案的死刑判决进行复核是有足够依据的。但问题是，具体承担复核的是边区政府哪个部门，具体又以什么方式复核，似乎又不太明晰。在"苏子英案"中，就存在政务会议集体研究决议和政府批答并存，且相互处理结果不一致的情况。边区第13次政务会议的决议，是将高等法院的死刑判决改为徒刑10年；但是，一周后，边区政府作出批字第一一六号批答，批复结果却是将高等法院的死刑判决改为徒刑7年，以至于给边区高等法院如何宣判造成困难。3月17日，边区高等法院院长雷经天给边区政府主席林伯渠、副主席李鼎铭呈送请示函，专门就边区政府3月10日批答与边区政府3月2日召开的第13次政务会议决议的刑期不符问题进行请示。

其实，在边区政务会议召开之前，2月11日，"苏子英案"处理中的一个关键人物——朱婴，给边区政府秘书长周文去信，信中他这样说道：

---

① 该条例第二十六、二十七条就分别规定："凡判决死刑的案件，虽被告人不提起上诉，审理该案件的裁判部，也应该把案件的判决书及全部案卷送给上级裁判部去批准。""在判决书上所规定的上诉期限已满或上级裁判部已经批准，该案件的判决书才能执行。"参见《红色中华》1932年9月20日，第10版。
② 参见艾绍润主编：《陕甘宁边区法律法规汇编》，陕西人民出版社2007年版，第380—381页。
③ 《陕甘宁边区高等法院第四号通令》（1938年8月25日），转引自杨永华、方克勤：《陕甘宁边区法制史稿（诉讼狱政篇）》，法律出版社1987年版，第164页。
④ 《陕甘宁边区保障人权财权条例》第十九条规定：各级审判机关判决死刑案件，已逾上诉期限，而不上诉者，须呈报边区政府审核批准方得执行，但有战争紧急情形不在此限。参见红色档案——延安时期文献档案汇编委员会编：《陕甘宁边区政府文件选编（第五卷）》，陕西出版传媒集团、陕西人民出版社2014年版，第311页。
⑤ 如1941年6月2日，边区高等法院雷经天、新宁县裁判员崔士杰就王俊青土匪案判处死刑呈报边区政府。1942年1月15日，边区政府作出抗字1193号指令，指出高等法院所提意见书，拟判处死刑，尚无不合，仰即遵照。参见陕西省档案馆、陕西省社会科学院编：《陕甘宁边区政府文件选编》（第五辑），档案出版社1988年版，第51—56页。

"以后关于死刑案件，顶好多经过几个人看一下，就是说，除了你看过信，还要送副主席、主席详细审核，因为这是关于一个人的生命问题。过去是这样办的，今后还希望这样办。若提到政委会，①那只是一种形式，在仓促之间是无法慎重处理的。"

显然，从朱婴这封信的内容看，对事关一个人生命的死刑问题，他是十分慎重的。同时，对政务会议对死刑案件进行复核这一变通做法，也是保留意见的。这点，如果对朱婴的教育背景和司法思想有所了解的话，也不难理解。与边区从革命斗争中走出的司法干部相比，来自国统区、系统接受过近代法学教育的朱婴倾心于法学教育和法律研究，他和有着类似背景的李木庵一道，共同致力于推动边区司法的正规化改革，是边区司法独立的倡导者。

在朱婴司法正规化、独立化实践中，设立包括承担死刑复核职能的第三审终审机构，是他始终不遗余力所推动的。早在1941年11月召开的边区第二届参议会上，他就和李木庵、何思敬等提出建立终审机关的提案。1942年2月，在边区政府讨论高等法院工作时，朱婴再次提出同样的建议。而从时间上看，这次建议的提出，显然正是在边区政府就"苏子英案"进行复核期间。然而，同第一次的讨论结果一样，这次他的建议仍然被否决了。

可以肯定的是，尽管两次建议都被否定，但"苏子英案"的最终处理结果，促使朱婴更加坚定建立第三审终审机关、独立死刑复核机构的必要性。1942年6月，也就是苏子英被判处死刑不到2个月后，朱婴第三次向边区政府建议设立边区政府审判委员会，作为第三审机构，这一提议在边区政府第25次政务会议上得以讨论通过。7月10日，边区政府于发布战字第393号命令，决定设立审判委员会受理第三审案件。②同年8月22日，陕甘宁边区政府以战字第446命令公布了《陕甘宁边区政府审判委员会组织条例》。③可以说，边区审判委员会的成立并逐渐走向相对独立，也使得死刑案件的复核逐步规范化。

五、结语

可以肯定的是，在推进国家治理体系和治理能力现代化的大背景下，重新审视中国共产党建党百年来我国司法中一些长期施行的做法和制度，已日显必要和紧迫。而中国共产党在延安局部执政时期的司法理念、制度和实践探索，正是我们全面把握、深刻认识中国司法历史和现实的一把"钥匙"。这是因为，抗战时期的根据地，特别是陕甘宁边区根据

---

① 应为政务会，疑为笔误。
② 陕西省档案馆、陕西省社会科学院编：《陕甘宁边区政府文件选编》（第六辑），档案出版社1988年版，第248页。
③ 红色档案——延安时期文献档案汇编委员会编：《陕甘宁边区政府文件选编》（第六卷），陕西出版传媒集团、陕西省人民出版社2014年版，第314页。

地,是我国现行法律制度产生的摇篮。① 研究"苏子英案"处理过程,考察其背后的政治理念和司法传统,恰恰为我们重新解读中国特色社会主义法治的历史变迁提供一个了很好的切入点。

由苏子英案观察,我们不难发现,延安时期,中国共产党领导司法的探索实践,创造性地回答了在革命战争情境下司法工作"谁来领导、如何领导"以及司法工作"为了谁、依靠谁"等一系列重大历史命题。政治性、人民性也成为这一时期边区司法的终极价值和最为鲜明的特质。正如 1941 年 4 月《陕甘宁边区政府工作报告》中所指出:"它是服务于政治的,它向人民负责。"② 可以说,党领导政法工作的思想和体制,就是源于延安时期的司法实践,它是中国共产党在长期革命、建设和改革实践中,探索出的政法工作的最高原则、最大优势和根本保证。新时代,坚持党的领导,坚持人民主体地位,是推进全面依法治国的根本保证,是事关法治建设政治方向的根本性问题。

延安时期司法建设的另外一个显著特征,就是坚持一切从实际出发。具体就陕甘宁边区而言,就是司法要综合考虑到革命抗战、政权建设的实际,以及边区经济社会发展的实际等这些时代特色,从而走出一条符合边区区情、适应发展阶段、解决实际问题的法制道路。对此,毛泽东与谢觉哉讨论陕甘宁边区立法时曾说过:"宪法必须请边区的同志多研究,多提意见,成为边区自己的东西。要冒出泉水才有用,泼的水是无用的。外来同志尽泼水之力是需要的,但必待它自己冒出泉水。"③ 毛泽东"冒出来的泉水"的比喻,说的就是这个道理。当然,边区强调司法工作应从实际出发,也并非一味地"闭门造车",而是注重认真鉴别、合理吸收包括中国传统法制文化、中央苏区法制经验在内的人类法治文明的有益成果。

The Judicial Tradition and Reform in the Revolutionary Era from Su Ziying Case

Xue yongyi

Abstract: The newly discovered files show that Su Ziying's robbery and murder and escape case was an influential litigation case that took place in the Shaanxi – Gansu – Ningxia Border Region between 1941 and 1942, Investigating the handling process of this case, we can see

---

① 侯欣一:《从司法为民到人民司法——陕甘宁边区大众化司法制度研究》,中国政法大学出版社 2007 年版,第 9 页。
② 陕西省档案馆、陕西省社科院编:《陕甘宁边区政府文件选编》(第 3 辑),档案出版社 1987 年版,第 220 页。
③ 徐显明:《坚定不移走中国特色社会主义法治道路》,载《法学研究》2014 年第 6 期。

the revolutionary tradition of legal system in the Yan 'an period, in which the government led the judicial organs to serve the political task of the judiciary and connected the natural principles and laws and human relations; Su Ziying's case is of great significance in the process of legal construction in the border region, because it promoted the change of the maximum term of fixed - term imprisonment and promoted the death penalty review institution to become relatively independent gradually。 Although the judicial tradition and reform in the revolutionary years have their limitations of The Times, they are still the red genes that should be cherished and carried forward to comprehensively promote the rule of law。

Key words: Shaanxi – Gansu – Ningxia Border Region; Su Ziying robbery murder and escape case; traditional judicial; Penalty reform

(编辑: 郑志泽)

制度分析

自治规则视角下电商平台用户信息保护研究

杨开湘　唐春燕[*]

摘　要　电商平台的自主治理已经成为电商行业和国家认可的一种内部治理模式。然而，在网上交易过程中，用户信息的泄露、滥用问题频频发生，严重损害网络用户的隐私权益。网络电子商务平台自治规则中，电商平台通过设置各种强制性条款获得用户个人信息及其使用权，而第三方机构评估检测尚处于缺位状态，政府监管不可能面面俱到，从而势必导致电子商务交易活动中的信息滥用和信息泄露事件屡屡发生。电商平台的用户信息保护机制亟待完善，特别是电商平台应当承担用户信息保护义务，与电商平台自治权相关的义务主要有：道德义务、约定义务、委托义务以及法定义务，其中特别需要关注的是第三方机构对电商平台自治规则的评议权以及用户个人信息权益受到侵害时的救济和保障。

关键词　电商用户信息　电商平台自治规则　个人信息保护　自治规则商誉评价

引　言

在平台经济时代，平台企业是价值的整合者、多边群体的连接者、生态圈的主导者。[①] 电子商务的兴起和发展，带动众多大型电商平台行业的快速发展。根据中国互联网络信息中心发布的《第47次中国互联网络发展状况统计报告》，"自2013年起，我国已连续八年成为全球最大的网络零售市场。2020年，我国网上零售额达11.76万亿元，截至

---

[*] 杨开湘，法学博士，中南大学教授；唐春燕，中南大学2019级硕士研究生。
[①] 参见周辉：《平台在网络治理中的义务和责任》，载《中国社会科学报》2017年9月15日。

2020年12月，我国网络购物用户规模达7.82亿，占网民整体的79.1%。"① 与此同时，网民对电商平台的依赖程度同步高升。

电商平台自主治理业务是整个电商行业和国家认可的一种治理模式。"在网络世界中，共识和自律是其有序运行的基础，自治是网络的灵魂"。② 在虚拟世界里需要一套规则来规范人们的交往行为，才能保证网络世界的交往有序进行。③ 基于此，互联网行业在发展过程中逐步建立起一套自治规则体系，表现为形式多样的自治规范，例如《注册协议》《服务协议》《服务声明》《争议处理规则》等。在依靠《民法典·合同编》规则来规范电子商务平台规模巨大的交易量的基础上，为了规范电子商务平台的治理，国家工商总局（国家市场监管总局）和商务部先后颁布相关部门规章，例如《网络交易平台合同格式条款规范指引》《网络零售第三方平台交易规则制定程序规定（试行）》等。其中，国家工商总局于2014年发布的《网络交易平台合同格式条款规范指引》（以下简称《规范指引》）与电子商务平台的自治规则联系最为密切。《规范指引》作为指导电子商务平台自治规则格式条款的专门性规范，从电商平台合同格式条款的概念、基本要求、履行和解除等方面对电商平台的自治规则进行详细规定。

然而，本文通过对电子商务平台自治规则中用户信息保护条款的实证分析，发现平台自治规则的内容还有很多需要完善的地方。通过选取18条常用网络零售商和生活服务电商平台及其自治规则作为研究目标，具体包括天猫、唯品会、淘宝、京东、苏宁易购、亚马逊中国、拼多多、当当、蘑菇街、小红书、美团、大众点评、携程、去哪儿、同程旅行、滴滴出行和神州租车等平台，研究平台发布的基本规则（包括用户协议）、交易规则、争端解决规则、平台责任规则和其他有关方面的承诺条款。审查依据主要包括《民法典》《民事诉讼法》《消费者权益保护法》《著作权法》《商标法》《宪法》，兼及《网络交易平台合同格式条款规范指引》《网络零售第三方平台交易规则制定程序规定（试行）》《电信和互联网用户个人信息保护规定》《个人信息保护法（草案）》《电子商务法》以及其他相关法律法规。审查的目的是对平台自治规则中用户信息保护条款的合理性和合法性进行实证研究。

一、自治规则用户信息保护之实然状态

统计数据显示，2020年10至12月，有将近40%中国网民遭遇网络安全问题，其中高

---

① 中国互联网络信息中心：《第47次中国互联网络发展状况统计报告》，http://www.cac.gov.cn/2021-02/03/c_1613923423079314.htm，访问日期：2021-03-21。

② 蔡文之：《自律与法治的结合和统一——论网络空间的监管原则》，载《社会科学》2004年第1期，第72页。

③ 参见姜世波：《网络习惯法：网络社会自治的法律规则体系》，载谢晖、陈金钊、蒋传光主编：《民间法》（第13卷），厦门大学出版社2014年版，第404页。

达21.9%的网民遭遇个人信息泄露问题。① 由此可见，公民个人信息被侵害的频率之高几近构成一种重度的社会整体性损害。发生如此高频的电商平台侵犯用户个人信息权益的案件，除了个人信息数据能够带来诱人的经济效益以外，更重要的原因是，在政府监管缺位时，电商平台自治规则或者缺失、或者失衡，平台不当收集、存储、传输、使用甚至任意转移、出售用户个人信息，没有履行保护用户个人信息的自我约束和自治监管义务。

（一）失衡的自治规则：个人信息收集及其滥用

电商平台对用户信息的保护主要由网站自行制定隐私政策②条款并自行解释，基于对研究样本选取的电商平台自定隐私政策进行研究，可以发现平台收集使用个人信息的实际情况，统计结果如表1所示。

表1 电商平台隐私政策设置调查报告

电商平台收集用户信息方式	百分比（%）
收集用户基本信息；浏览器、日志信息；搜索信息；cookie信息	98.3
声明用户信息与关联公司共享	65
声明用户信息与授权合作伙伴共享	54
声明传输信息由用户授权	56
声明保护未成年人信息	67
无隐私政策	15

通过对电商平台用户协议的调查，结果显示绝大多数（98.3%）电商平台在隐私政策中声明有权收集用户个人信息。例如，"去哪儿网隐私政策"明确规定，网民在注册成为去哪儿网用户之后，去哪儿网可能会向合作伙伴、关联公司等第三方共享用户的账户信息、设备信息、位置信息，甚至交易支付等订单信息数据，并且在其免责声明中明确表示，用户在去哪儿网中输入特定关键字或者点击特定产品或者服务关键字，从自动生成的第三方网页链接中获得的产品或服务，若存在瑕疵，由用户自行承担责任与损失，去哪儿网不承担任何责任。去哪儿网利用其隐私政策，使得注册用户不仅需要同意去哪儿网使用用户的账户信息，还将用户信息的使用范围没有附加限制地扩大到关联公司和合作伙伴公司，其对关联公司和合作伙伴公司等第三方使用用户信息没有采取合理的限制措施。此外，其直接表示对于用户在去哪儿网平台上交易所涉的旅游产品或者服务存在的瑕疵，由

---

① 中国互联网络信息中心：《第47次中国互联网络发展状况统计报告》，http：//www. cac. gov. cn/2021 - 02/03/c_ 1613923423079314. htm，访问日期：2021 - 03 - 21。

② "隐私政策"是企业与用户之间关于如何处理和保护用户个人信息的基本的权利义务文件。简单地说，就是用户在使用服务前与企业签订的"如何使用与保护用户信息"的合同。用户首次注册APP或网站时，一般会在注册页面上看到"隐私政策"的超链接和同意复选框。

用户自行承担责任和损失，去哪儿网对此不承担任何责任。该电商平台使用"不承担任何责任"等绝对化术语意味着，它不仅有权超出授权范围使用用户账户信息，还能直接豁免相关责任。类似地，滴滴平台在《个人信息保护及隐私政策》中提出，以保障为用户提供的服务顺利完成，用户信息（账户、密码、昵称及其他用户基础资料）可能会在滴滴的关联公司内共享，并可能将用户信息提供给第三方进行分析统计。天猫隐私政策规定，为满足为用户提供服务的需要，用户向天猫提供的信息，天猫有权向其关联公司、供应商、合作伙伴及其他第三方提供。天猫要求注册用户无偿地将用户信息授权给天猫以外的关联公司等第三方平台，声明会采取必要的技术和管理措施尽可能地保护用户的个人信息安全。

调查结果表明，电商平台利用格式条款将使用用户信息的权利扩展到关联公司及合作伙伴公司，虽然大多声明仅会出于合法、正当、必要、特定、明确的目的共享用户个人信息或者只会共享为用户提供服务所必要范围内的个人信息，但是，其中并没有作出明确具体的限制性内容，以至于平台不仅实际上无偿使用用户信息，而且无需承担任何相关责任。大多数电商平台的隐私政策没有写明平台收集用户个人信息后将如何使用，是否与关联公司或者其他第三方平台共享，往往使用抽象性、概括性语言告知用户使用个人信息的目的、用途及范围。对于平台来说，如此模糊处理的做法很可能导致在出现用户个人信息泄露事故时，难以追究平台的责任。平台为自身打造一个免责空间，成为不平等的"霸王条款"，将电商用户置于不利境地。

部分电商平台不仅超出必要的授权范围使用用户的账户信息，而且主张享有对用户发布在电商平台上的评价信息等版权信息的权利。例如，《美团用户服务协议》第五章第4条规定，用户一旦接受本协议意味着用户主动将在使用美团提供的服务时上传、提交、存储或者发布的内容的财产性权利，如著作权（包括但不限于复制权、发行权、出租权、展览权、表演权、放映权、广播权、信息网络传播权、摄制权、改编权、翻译权、汇编权以及应当由著作权人享有的其他可转让权利）永久、免费、独家且不可撤销地授权给美团及其关联公司。美团及其关联公司有权针对用户上传、提交、存储或者发布的内容（含衍生作品）的侵权行为进行独立诉讼并获得全部赔偿。① 该规定使用"永久""免费"等绝对化术语，要求用户免费将在电商平台上发布内容的版权无偿授予电商平台及其关联公司。然而，在2009年大众点评网诉爱帮网侵权案二审判定中，法院认为，大众点评网与网友对于网友在大众点评平台上发布的点评内容共同拥有著作权、大众点评网没有汇编权，并没有支持线上电商平台作为独立诉讼主体对爱帮网提出索赔的权利。②

（二）失衡的自治规则：自我免责

自2011年以来，淘宝网、当当网、携程网等均被曝光用户信息泄露事件，给用户群

---

① 《美团用户服务协议》，https://rules-center.meituan.com/rules-detail/4，访问日期：2021-01-24。
② 《大众点评网诉爱帮网侵权案》，http://www.techweb.com.cn/news/2010-04-26/588733.shtml，访问日期：2021-01-25。

体造成不同程度的经济损失。2011年12月21日,全国最大的程序员社区CSDN数据库中超过600万用户的账号和密码信息遭到泄露。随后,当当网、天涯社区、支付宝、京东等知名网站均发生信息泄露事件。2014年3月23日,乌云漏洞平台披露携程网泄露用户姓名、身份证号码、所持银行卡类别、所持银行卡卡号、所持银行卡CVV码以及所持银行卡6位Pin码等信息,在得知消息后,携程网立即采用应急措施进行技术故障排除和改造,及时防止用户财产损失情况的发生。2017年,小红书被曝光泄露客户隐私,先后有50余名用户受骗,涉及金额达87万元。这些用户皆因在小红书上购物后接到自称是"小红书客服"的电话,以商品存在质量问题需要退款为由导致消费者账户中的钱款被划走。对此,上海金融与法律研究院执行院长傅蔚冈认为,"一些电商平台以个体商家为主,信息散落在个体商家手里,更容易产生信息泄露的风险。"时至今日,猖獗的信息交易"黑市"已使消费者付出惨痛代价,而个人信息的购买者中,不乏非法贵金属交易、民间借贷公司,社会风险极大。

研究发现,网络用户信息泄露已成为我国网络电子商务平台业务发展中最严重的问题之一。[1] 究其原因,是我国网络安全相关立法尚不完善,而作为电商平台自治规则的用户协议中关于电商平台对用户信息监管而自设的豁免条款,大多忽视用户信息监管,或者设置免责声明。例如,携程旅行在其用户协议中规定,对于因不可抗力或者携程不能控制的原因造成网络服务中断或其他缺陷,携程不承担任何责任。《美团用户服务协议》第3条第四款规定,如用户发现账号存在安全问题,应自己联系美团采取必要措施,否则美团对在此期间潜在的损失的产生或者扩大不承担任何责任。

网络电子商务平台业务的正常开展离不开强大的网络安全技术支持。对于电商平台上的注册用户来说,除了保护账户信息和验证码信息外,不会随意将自己的账号信息泄露给第三方,但是,这对于网络黑客或者通过其他高科技手段获取用户账户信息的行为则难以做到有效防范。因此,电商平台在用户协议中拟定的格式条款不能免除电商平台对用户信息的监管责任。换言之,如果电子商务平台通过用户协议将用户信息监管责任推给普通的平台用户,则过于苛刻。[2]

(三) 失衡的自治规则:第三方缺位

在平台自治规则之下,电商平台借助用户协议获得有关用户个人信息的打包授权,包括"收集、存储、使用、共享、披露、保护"等对个人信息在网络中存在状态的全覆盖,平台运营商实则对用户个人信息完全掌控。在互联网情境下,平台拥有高度专业性技术,

---

[1] Lee J, The Presence and Future of the Use of DNA – information and the Protection of Genetic Informational Privacy: a Comparative Perspective, 44 *International Journal of Law Crime and Justice*, pp. 212 – 229 (2016).

[2] Baumann F, Friehe T, Private Protection Against Crime when Property Value is Private Information, 35 *International Review of Law and Economics*, pp. 73 – 79 (2013).

操控着后台网络程序运行,而用户无法对个人信息实施有效控制,平台获得类似信息主体的支配地位,从而导致对用户个人信息的保护极为不利。用户个人信息滥用及泄露事故的发生,不仅会削弱用户对平台的信任度,降低用户对平台的商誉评价,打击用户选择平台进行网上消费的信心,而且对依靠用户流量实现盈利目标的平台来说同样不利。

相对于电商平台,第三方信用评价机构具有中立地位,对电商平台自治规则设置的合法性与合理性作出的信用评价更加客观、真实,有利于保障用户的知情权和选择权。且私营信用评价机构的设立主体是个人或法人组织,专职提供信用调查和管理服务,以利润最大化为目标。"由于私营机构明确以利润最大化为经营目标,因而具有良好的投入机制,提供丰富的征信产品,因此私营征信机构对信用市场渗透率比公共征信机构高,对扩大社会信用规模,带动经济增长具有良好的推动作用。"[1]

我国《电子商务法》第70条规定,"国家支持依法设立的信用评价机构开展电子商务信用评价,向社会提供电子商务信用评价服务。"这充分显示国家对第三方信用评价机构的支持,并且明确鼓励有资质的信用评价机构担任电子商务的信用评价主体。该规定的积极作用显而易见,一方面,现行的平台自治规则体系由平台单方主导、变更,由第三方机构对自治规则进行测评能够有效冲击由平台主导的信用评价垄断地位;另一方面,虽然用户协议仅约束合同双方,但第三方机构可为协议的签订和履行提供有效监督和技术咨询,从而能够有效规范自治规则中格式条款对个人信息保护不力的局面。然而,我国互联网征信尚处于初期阶段,信息共享技术还不成熟,第三方信用评价机构尚处于缺位状态,影响力甚微。因此,构建第三方信用评价机构,并通过政府立法和监督予以规范,是克服自治规则失衡的重要方面。

（四）失衡的自治规则:政府监管不力

电商平台在技术、资金等方面享有资源优势,基于平台自治规则中的隐私政策收集大量用户个人信息,聚合多种私权利,对用户而言有着重要的支配力和控制力。在大数据背景之下,当今的电商平台和用户之间的关系已经不同于传统的平等民事契约关系,而是发展成一定意义上的管理者与被管理者的关系。基于电商平台与用户在地位与实力上悬殊的差距,二者明显不平等,用户凭借自身的力量已经完全无法保证自身利益,因之政府介入到电商平台与用户的商业交易中已经非常必要且紧迫。对此,我们可以参照德国著名学者汉斯·彼得斯（Hans Peters）在20世纪70年代初大力推崇并提出的辅助性理论。汉斯提出的辅助性原则（Subsidiarit？tsprinzip）认为,国家责无旁贷应以实现公共利益（bonum commune）为绝对任务,但是必须是在凭借社会个人的努力无法获得社会公益时,国家追

---

[1] 黄余送:《全球视野下征信行业发展模式比较及启示》,载《经济社会体制比较》2013年第3期。

求、实现公益的行为方得为之,国家的行为是一种次要性的补助性质的辅助行为。[①]

实际上,当前我国对于电商平台的政府监管在很大程度上遵循"引导、监督和治理"原则。基于互联网的特殊性,政府实际监管能力也并不充分,因为,诸如出现电商平台伪造信息资料或者逃避责任的情况,监管部门很难获取有效证据加以惩处和治理。政府资源和能力的有限性导致外部执法威慑力不足,进而导致我国电商平台目前普遍存在不当收集及滥用用户个人信息且自我免责现象。

在发生个人信息侵权事故之际,电商平台无需承担严苛的法律责任,在较低的侵权成本与诱人的经济利益面前,平台自然没有足够的自在激励采取措施自觉加强对用户个人信息的保护力度,而至多需要满足法律的最低要求即可。其结果,规范性法律文本被虚置,规范功能无法发挥应有效力。由此可见,在电商行业自治模式之下,政府通过设立法律规则引导市场主体企业自行调节是一方面,政府执法加大用户个人信息保护的行政监督力度是更重要方面。对于用户而言,加大政府监管力度不仅有助于个人受到侵权时得到救济,更是个人信息侵权的防范渠道。政府执法的介入,如果能使电商平台需要付出更高的侵权成本和更少的经济效益,那么就能体现更大的社会威慑力,从而间接促使平台自身积极履行法律义务并承担法律责任。

二、自治规则用户信息保护之应然状态

大量的交易使得电商平台掌握了大量的用户个人信息,这些个人信息经过分析处理后形成了极具商业价值的大数据,在为电商平台带来巨大经济效益的同时,"前所未有的个人数据生成的规模已经导致了公众对其个人信息的严重担忧。"[②] 厘清电商平台用户信息保护的义务来源,有助于为电商平台用户信息保护机制的完善寻找出路。基于电商平台在社会资源、交易信息、谈判能力、维权能力等方面相较用户的明显优势地位,应由电商平台承担保护用户信息安全的义务。但是电商平台作为信息控制者,很难有充分的激励保护个人信息安全,作为平台自治规则的制定者,容易导致自治规则内容的不公平。用户在很多情况下都是表面上的概括同意,很难在民事框架之内基于自愿的契约意识而为某种行为。鉴于此,建议鼓励第三方机构对电商平台的自治规则进行评估,发挥第三方平台在电商平台网络交易纠纷解决中的作用。

(一) 电商平台用户信息保护的义务来源

权利和义务是法学理论的核心内容。权利总是与义务人的义务相关联的,离开了义务,权利就不能得以保障。所谓自治,绝对不是说任其恣意妄为、任其为所欲为,而是必

[①] 参见陈新民:《德国公法学基础理论(增订新版)》(上卷),法律出版社2010年版,第238页。
[②] See Jay Pil Choi, Doh - Shin Jeon, Byung - Cheol Kim, Privacy and Personal Data Collection with Information Externalities, 173 *Journal of Public Economics*, pp. 113 – 124 (2019).

须有法律上的相关的权利和义务进行配置。① 在电商领域中，电商平台切实履行保护用户信息的监管义务是实现保障用户个人信息安全目的的必要手段。法律主体所享有的权利与应当履行的义务是内在联系、相辅相成的，二者之间的关系密不可分。切实履行法律义务是充分保障享有相应权利的前提与基础。在 Web3.0 时代下，平台已经从以往的信息媒介发展演变成不仅提供交易场所，而且制定平台规则、建立信用制度、创造交易机会，越来越深入的管理和服务平台内交易活动。平台角色功能的转变引发平台责任的变革，电商平台的信息保护义务有其存在的法理基础。在电商领域，与电商平台自治权相关的义务主要有以下几个方面：道德义务、约定义务、委托义务、法定义务。

1. 与自治权相关的道德义务：自我约束机制

我国主要的电商平台企业均通过契约自由的方式确立商业规则，能够比较顺利的解决大部分问题，这充分说明了网络自治自律的生命力。用户个人信息的安全需要电商平台完备的交易规则和服务协议作为保障，同时平台经营者还应当将上述内容以合理的形式告知用户。尽管我国《电子商务法》在第 38 条和第 83 条为电子商务平台经营者设定了民事义务和行政义务，但对于个体用户来说，不论是行政义务还是民事义务，都存在一定的局限性。社会的发展以及法律观念的转变使得网络监管也发生了一定的变化，电商平台作为信息控制主体在网络治理中的角色由以往单纯的被监管者逐渐转变为政府监管的合作伙伴，参与到规则制定、遵守和执行的各个环节。从企业的社会责任角度分析，在创新力最为旺盛的网络交易领域，引导平台自觉承担社会责任、履行道德义务、进行自我规制可能是更为合理的选择。

像淘宝、美团这样的电子商务平台经营者，其本质是通过搭建平台，为消费者和经营者提供聚合化的连接机会，并促进交易、推动电商生态的高速发展。② 作为消费者或 APP 使用者的用户个体通过在电商平台上产生消费或使用 APP 带动了平台效益的增长，用户的个人信息也正是在此过程中被平台收集，因此理应得到电商平台的保护。"对于平台而言，这符合风险与收益一致的原理"，③ 这意味着平台在享受经济收益的同时，还应承担相应的社会责任。基于企业社会责任感的用户信息保护义务，具有更多的自愿性，更少的强制性，能够更好地激励企业借助平台规则和协议进行自我规制。在网络时代，平台拥有技术条件上的优势去规制平台内的个人信息侵权行为，如平台可以建立信息反馈系统以便随时掌握侵权信息并快速做出反应。如果平台内用户的个人信息侵权事件时有发生、用户的隐私权益得不到有效保护，会导致平台失去用户的信任，因此市场环境本身就对平台存在一定的自我约束的激励。

2. 与自治权相关的约定义务：用户评价权

人和人之间的组织交往方式，最重要的就是通过契约的方式进行交往，达成一种组织

---

① 谢晖：《沟通理性与法治》，厦门大学出版社 2011 年版，第 158 – 159 页。
② 赵鹏：《私人审查的界限——论网络交易平台对用户内容的行政责任》，载《清华法学》2016 年第 6 期。
③ 参见王利明：《论互联网立法的重点问题》，载《法律科学》2016 年第 5 期。

性的勾连,最后形成一种组织性的架构,这样的团结方式就是契约型团结。① 义务还来源于双方之间协议的签订,签订协议使得双方互负权利与义务。用户服务协议将平台的信息保护义务以合同的形式确定下来。基于用户协议,用户享有向外界表达对平台的使用体验(包括对平台的信任度)的权利,并以用户评价的形式展现。对于电商平台,用户评价是众多消费者对平台所提供的商品、服务做出的合理评价,用户评价的高低将直接影响其他用户对平台的第一印象。大量的用户评价聚合在一起直接影响着平台的商业信誉,平台自建的用户对平台的商誉评价体系能够将用户的主观感受量化,为其他用户提供重要的参考依据。

商誉信息就像一只无形之手,引导着用户做出市场选择,用户通过行使评价权或投诉权对平台行为进行监督,参与到对平台的市场监管中。例如,美国的 All the Room 网站,通过聚合消费者评论、汇总评价信息,进行分析比较后筛选出有效信息提供给消费者。用户的投诉举报也是商誉监管的重要方式,用户的举报投诉有助于平台快速掌握平台内发生的个人信息侵权情况并据此作出及时反应。投诉举报制度的一种代表形式就是通知—删除规则。良好的评价结果和较高的信用等级通常有助于吸引用户流量,为平台带来大量的交易机会和潜在的经济效益,这对平台的规范自治形成了正向推动力。

3. 与自治权相关的委托义务:第三方评议权

在信息处理上,电商平台经营者相较于用户具有明显的优势地位,二者具有明显的不对等性。而身为公权力机关的政府,受一定技术和手段的限制,其对电商平台的监管不可能总是全面且完全的,因此,为更好地对电商领域进行规制,公权力机关与私主体寻求合作成为近年来实施网络监管的新手段,并且取得了十分显著的成效。② 基于信息的规制是平台规制的优势所在,商誉监管可能比传统的监管方式更加有效。由第三方信用评价机构对电商平台自治规则进行客观、公正的信用评价,评价结果直接关系外界消费者对平台的商誉评价,能够有效发挥声誉监管的作用,进而实现规制电商平台经营者行为的目的。

评论、评级、社交网络推荐、跨平台声誉聚合等商誉监管机制,被认为可以结合起来替代传统监管方案。③ 例如,美国的 Air Tasker PRO 公司,是一家专门为平台服务商提供声誉认证的机构,主要通过背景调查、面谈等方式对平台进行商誉评价。Klout 网站则是一家利用声誉聚合工具聚合在线评价和影响力的机构。在线信任系统借助声誉机制发挥作用,通过影响平台商誉对平台施压,迫使平台服务提供商为抵御这种压力的成本而实施自我规制,可能比传统的一次性监管更为有效。且第三方机构独立于平台与用户,具有专业性优势,有能力建立完善的自治规则信用评价制度,通过对平台商誉评价的影响来规制平台的经营行为,从而实现对用户隐私权益的保护。实质上,这也是激励平台进行自我规制

---

① 参见谢晖:《沟通理性与法治》,厦门大学出版社 2011 年版,第 155 – 157 页。
② 参见周樨平:《电子商务平台的安全保障义务及其法律责任》,载《学术研究》2019 年第 6 期。
③ Orly Lobel, The Law of the Platform, 101 *Minnesota Law Review*, p. 87 (2016).

的一种有效方式。

4. 与自治权相关的法定义务：政府的奖惩权

电商平台通过用户注册、用户大量交易等方式获得庞大的数据系统，如何保护这些与每个用户个体的切身利益密切相关的数据信息是我国一直关注的问题。在我国现有的法律规范中，《民法典·总则编》第一百一十一条明确规定自然人的个人信息是受法律保护的一项民事权益，《网络安全法》网络信息安全一整章明确规定网络运营者收集使用个人信息应遵循的原则以及应履行的保护个人信息的义务。此外，已公布的《个人信息保护法（草案）》直接指出了个人信息处理者应当履行的个人信息保护义务以及违法违规处理个人信息应当承担的法律责任。

电商平台切实履行用户信息保护义务是保障用户个人信息权利实现的关键。电商平台是用户个人信息的"直接守门员"，在有上述法律规范对电商平台的用户信息保护义务作出明确规定的基础上，加强用户个人信息保护必然加重平台负担，而这与平台营利性质相悖，因此需要政府发挥行政监管作用。为做好个人信息保护工作，有必要明确电商平台保障用户信息安全的法律义务与责任，通过政府实施奖惩措施，尤其是政府对电商平台违规行为的惩罚权力，将电商平台保护用户个人信息安全的法律责任落到实处，敦促电商平台严格遵守法律规范。这是保护用户个人信息安全的关键一步。

尽管有上述治理方式，但本文特别关注的是第三方机构对电商平台自治规则的评议权以及用户个人信息权益受到侵害时的救济和保障，下文将论述构建电商平台自治规则第三方评价体系以及发挥第三方平台在电商平台网络交易纠纷解决中的作用的可行性路径。

（二）鼓励第三方机构对电商平台的自治规则进行评估

通过合同约定权利义务、制定民间协会章程、形成习惯规则等都是可用的机制，通过它们网络空间的行为就可以得到规制。① 电商平台的自治规则，即网民在注册成为平台用户时必须表示同意的用户协议，作为一种特殊的格式合同在电子商务领域得到广泛应用。由于可以大量重复使用，内容全面详细，订立合同快捷方便，电商平台实现了规模经济效益和资源的有效配置。然而，数据发生泄露的情形非常复杂，② 在个人数据滥用情形下，受害者是作为信息主体的用户，电商平台作为信息控制者，很难有充分的激励保护个人数据安全，至多只是被动应付法律的强制要求。电子商务平台经营者作为平台自治规则的提供方必然会导致自治规则内容的不公平，甚至出现不平等条款。

---

① I. Trotter Hardy, The Proper Legal Regime for "Cyberspace", 55 University of Pittsburgh Law Review, pp. 1025 – 1054（1994）.

② 美国 Verizon 公司的研究报告将数据泄露的情形分为九种，分别是犯罪软件、网络间谍、拒绝服务、内部人以及特权滥用、其他错误、支付卡读卡器、销售点入侵、物理盗窃与损失、网络应用供给。

很多心理契约难以创造法律意义上的义务,至多表现为自己承担义务的意志,也即一种姿态。① 对普通消费者来说,他们缺乏契约意识,对规则条款的冗长专业的表达有多种多样不同的理解,而电商平台没有设置一个合理的程序,让消费者能够对平台提供的用户协议发表不同意见和建议或者获得对规则条款的解释。受电商平台提供的电子合同"接受或退出"② 形式的限制,平台没有给用户协商的权利,消费者无法与电商平台就平台提供的用户协议进行充分谈判,而只能被强制要求接受。这突出地反映了电商平台的独断性和自治特点。对国家网信部门以及其他负有个人信息保护职责的行政机关来说,电商平台的业务规模不断扩大,交易形式不断更新,交易规则不断更新和积累。目前,淘宝平台的交易规则已经达到数万条。仅由国家行政机关承担审查电商平台自治规则的责任,一方面需要花费的成本过高,另一方面专业化程度也不够。

"在现代社会治理中,有很多不同的社会组织和治理方法,例如网络平台组织,这些灵活的社会组织和治理方法在协调和组织相应领域方面发挥了更好的作用。"③ 伴随电子商务的发展,市场经济越发趋向多元化,我国传统的以央行为主导、主要依靠商业银行等金融机构和政府行使管理职能获取个人和企业的信息数据的信用评价体制已经难以适应大数据时代海量的信息资源,固有的数据收集手段难以满足不断更新的信息资源的需要。市场化的征信机构有丰富的数据来源,如社交数据、消费数据、日常活动数据、特定场景下的行为数据等,且能够快速更新。相比国家公共征信机构,市场征信机构具有深度挖掘、整合、分析海量数据的优势。国家应逐步放开征信主体的资格,充分利用私营征信机构的专业技术优势,实现行业自治,④ 赋予并保障第三方信用评价机构自主权利,从初期的由政府对市场信用评价系统进行宏观监控逐步过渡到以市场为主导的第三方信用评价模式。

1. 构建电商平台自治规则评价体系

第三方信用评级是指以第三方专业机构为主体,按照某种科学公正的信用评价程序和方法,在全面调研企业的基础上,对企业的整体状况、财务状况、发展潜力和管理水平等方面进行全面的评估分析,据此评定企业履约偿债的经济能力及可信度,即企业的信用等级。促进社会第三方征信机构的建立与发展,有利于整个电商领域信用评价的去中心化,构建一个更为公平、透明的电子商务信用体系。⑤ 因此,建议充分发挥第三方社会组织的作用,构建电商平台自治规则的评价体系,引入相应的隐私风险的动态评估机制,例如,可以将"是否给予用户退订或拒绝商业信息的权利,提供有效途径及操作指引""是否明

---

① [德]拉德布鲁赫:《法哲学》,王朴译,法律出版社2005年版,第146页。
② "接受或退出"形式即电商平台用户协议中声明的除非用户接受本协议所有条款,否则用户无权使用本公司于本协议下所提供的服务。用户在本网站注册、登录或使用本网站服务,即表示用户完全接受本协议的全部条款,并同意接受其约束。
③ 参见王利明:《论互联网立法的重点问题》,载《法律科学》2016年第5期。
④ 参见汪青松:《互联网金融信任机制的现实缺失与构建路径》,载《探索与争鸣》2018年第10期。
⑤ 刘铭卿:《论电子商务"信用"法律机制之完善》,载《东方法学》2019年第3期。

确告知用户（不得使用概括性语言）使用个人信息的目的、用途和使用范围"等列为评价指标的考量因素。

利用第三方机构定期对各大电商平台的自治规则进行测评、评级，并积极推广信用评价结果。通过向政府部门或金融机构推荐评价结果，帮助评价良好的平台获得政府的优惠政策、信贷扶持，鼓励电商平台积极提升服务水平，在符合国家和法律的规定，并且不违背如公序良俗、诚实守信、合理性、合目的性等一般的法律原则的前提下充分发挥个人信息数据交流共享的价值。及时责令自治规则体系测评结果不合格的电商平台限期整改，对于不按要求进行整改的平台施以相应的惩戒措施，必要时对严重不符合要求的电商平台处以行业禁入的惩罚。同时，引导电商平台在电子商务活动中主动宣传自己的测评级别和使用信用评价结果，建设电商平台信用评价档案，逐步将信用评价结果的使用推向整个电子商务行业。

通过制定电商平台自治规则的指标评价体系，不仅可以对现有的平台自治规则进行评价，冲击由平台主导的信用评价垄断地位，也可以利用该指标体系指导电商平台自治规则的完善，提升电商平台内部个人信息保护的安全意识。在电商平台自治规则第三方信用评价体系下，对平台隐私政策的设定实行信用评价，评价结果会直接影响平台的信用状况和用户对平台的信任度。这有助于激发电商平台不断改进用户信息保护规则的积极性，形成电子商务行业健康良性的个人信息治理格局，从而推动我国信息产业的可持续性发展。

通过以上对电商平台自治规则现状及实施现状的分析，结合评价指标体系的相关理论，提出电商平台自治规则可以通过三级指标进行评价。具体如表2所示。

表2 电商平台自治规则的评价指标

目标层	准则层	条款层	具体的审查标准
电商平台自治规则的合理性评价	会员章程（用户协议）	显示方式	提供到合同文本的超链接
		提示方式	完整的提醒
		规则修改	遵守法定程序
	隐私政策	免责条款	合理、合法
		法院管辖规则	允许用户选择互联网法庭
		提示方式	注册时提供文本链接
		用户信息的使用	符合法律法规的要求
		用户信息安全	保障措施的完善
		授权第三方使用用户信息	明确授权第三方使用且用户许可
		未成年人信息保护	明确未成年人保护信息

续表

目标层	准则层	条款层	具体的审查标准
电商平台自治规则的合理性评价	交易规则	合同成立规则	符合合同法的要求
		交付规则	具体的
		评价规则	杜绝虚假评价
		物流规则	具体的
		退还规则	遵守7天无理由退换货规则
	管理规则	投资规则	符合国家法律制度
		促销规则	杜绝虚假广告、确保公平竞争
		处罚规则	公平、有效、完善的程序
		保护知识产权规则	明确保护相关知识产权和侵权责任
		质量控制规则	符合国家法律
	争议处理规则	投诉程序规则	明确的投诉程序和解决部门
		争议处理程序规则	具体的
		上诉程序规则	建立商家投诉机制

2. 构建平台自治与政府监管相结合的多元共治模式

与此同时，也不可忽视政府专门的监督管理机构对个人信息利用与处理的监督管理职能。在设计政府机构的监督管理结构时，应该充分认识、了解执法目的、基本原则以及实施流程，同时和违法的信息控制和处理者进行协商，鼓励他们进行改进，而不是直接行政处罚了事。[①] 首先，在理念方面，应"树立适度监管的理念，寻求营商自由与政府管制之间的适当平衡"。[②] 为保护个人隐私和企业商业秘密，我国现行法对个人与企业信用信息的采集、整理与使用进行严格限制，但是这不仅没有有效遏制个人信息泄露现象，同时却阻碍了征信行业的市场发展。造成这一局面的主要原因在于执法。故立法应当适当放宽，执法力度应当加强。美国的《公平信用报告法》、欧盟的《一般数据保护条例》作为可供我们借鉴的经验，我国在立法观念上，应从以往的严格限制个人与企业信用信息的采集、整理、使用调整为既严格保护个人隐私信息，又考虑到互联网特点，合理增强企业信用信息的透明度，为市场化的第三方信用评价机构创造能够低成本高效获取可靠数据的法治空间。除了行政监管，应利用市场化征信机构的大数据技术优势，实行行业自治，尊重平台

[①] 参见周汉华：《探索激励相容的个人数据治理之道——中国个人信息保护法的立法方向》，载《法学研究》2018年第2期。

[②] 赵旭东：《电子商务主体注册登记之辨》，载《清华法学》2017年第4期。

自主权利,达到行政与市场相结合、自律与他律兼容之成效,实现多元共治。①

(三)充分发挥第三方平台在电商平台网络交易纠纷解决中的作用

网络世界逐渐打破了地区的边界,甚至打破了国家的边界。电子商务的出现颠覆了以往传统的商业交易和经营模式,但同时也面临新的障碍。传统的纠纷解决方式固然可以适用于网络空间,但现实世界中法院依靠的是较为稳定的成文法和判例法,而互联网的变化发展速度非常之快,网络上的东西瞬息万变。在实践中,电子涉诉案件数量并不多,而其中有关个人信息侵权的涉诉案件又更少。现代电子商务作为一种可以轻松打破时空、跨越国界的交易方式,以传统诉讼方式解决电商平台中发生的网络交易纠纷,不仅面临着管辖权的困境,而且当事人取证困难、诉讼程序复杂,双方还需要为之付出巨大的经济和时间成本,而用户最终能够得到的补偿通常小于维权过程所耗精力财力。诉讼外也缺乏能够起到定纷止争的实际作用的其他途径,这会极大影响平台用户选择在网络平台上消费的信心。

在线状态的电子商务环境带动了大量跨国界、跨地区的交易,也产生了大量跨国界、跨地区的纠纷。2000年,美国政府开始积极推动在线交易纠纷解决模式(ODR)② 的发展。同时,欧盟也积极倡导用ODR模式解决网上交易纠纷。世界发达国家普遍认可在电子商务领域建立自律规范,通过在线网络纠纷解决机制帮助电商平台中的消费者解决网络交易纠纷。在自助ODR处理模式③下,网上交易通常有大量的交易数据,计算机程序可以在没有调解人参与的情况下通过科学编程自动处理交易纠纷。另一种交互式ODR处理模式④是指通过现实中的调解员或仲裁法庭在互联网环境中解决纠纷,双方还可以进行贸易谈判、谈判等。在存在漏洞的情况下,网上仲裁员使用功能比较和动态的方法确保为所要处理的问题找到解决方案。ODR争端解决模式以其开放性、经济性等优点在发达国家得到广泛应用。

因此,应在电子商务中引入与之相适应的在线纠纷解决机制,利用平台提供的模型对

---

① 参见陈兆誉、余军:《平台炒信治理模式的转型重构:走向多元共治》,载《学术交流》2018年第5期。
② ODR(Online Dispute Resolution)是从替代性纠纷解决机制ADR(Alternative Dispute Resolution)演化而来,字面意思是在线纠纷解决机制。因此,其主要模式是把ADR的方法和经验运用到全球电子商务环境中,以解决大量出现的在线纠纷的一种机制(当然也可用来解决离线纠纷,但最主要是解决在线纠纷)。ODR并没有一个固定的涵义和范围,它包括全球电子商务环境中,传统的司法机制之外,解决B2C电子商务各种纠纷的方法和模式。
③ 自助ODR模式在解决争议时不需要仲裁员或调解员的参与,这种模式往往是通过一种计算机程序自动化地处理争议。在程序进行中,双方的报价和请求对另一方都是不公开的,所以该模式也称为不公开报价理模式(blind bid process)。
④ 交互式ODR模式运用现代的网络技术,把离线状态下ADR的服务运用到网络环境下,以营造一个虚拟的调解或仲裁的场所,解决争议。它不同于自助ODR模式,有现实仲裁员或调解员主导争议的解决。常用的交流手段有电子邮件(E—mail)、聊天室(chat)、网络会议(web conferencing)、视频会议(video conferencing)等。

类型案件进行系统分流，通过设置好的步骤提供系统的指引，为用户提供协商、在线调解、在线仲裁、在线申诉、诉讼等多种救济方式，提升电子商务环境的安全性。电子商务第三方平台的 ODR 通常步骤如下：第一步，平台利用后台储存的在线纠纷解决数据为不同类型纠纷开发不同的解决模型，当事人根据平台指示输入特定指令后，系统会启动自动化程序提供指引，协助当事人进行磋商。第一步未解决纠纷的，则进入人工调解。若第二部仍未奏效，当事人可以自行选择在线申诉、在线仲裁或直接向法院提起诉讼。平台为 ODR 的每一步骤都设置了对应的规则和时限，一旦启动 ODR，如果当事人未能积极解决纠纷，需要承担不利后果。ODR 规则有助于发挥平台优势，提高救济效率。

民间规则属民主型规范①，人们的内心认同是民间规则纠纷解决有效性的原因之一。②平台自治规则在性质上属于民主型规范，用户对规则的内心认同是支撑规则解决纠纷有效性的重要原因之一。交易纠纷交由第三方解决有利于保证纠纷解决的公平性，增强用户对裁决结果的可接受度。调解与仲裁相结合为纠纷解决形式提供了多种选择。随着跨国电子商务的飞速发展，现在已经产生了一种强烈的欲求，就是发展出一套灵活的、跨国的、由仲裁庭适用于跨国电子商务争议解决的中国法律标准，以适应动态的、真正国际性的、非中心化的跨国电子商务的特征。③《电子商务法》第 63 条④提出电子商务平台可建立纠纷在线解决机制，但也只是号召，且电商平台经营者受技术、利益等因素的限制将难以及时公平地处理争议。我国需要推动建立鼓励 ODR 发展的规则和指导方针，如 ODR 网站的资质、ODR 从业人员的资质、ODR 纠纷解决的基本标准等，以确保 ODR 发展的中立性、公平性和高效性。

三、电商平台用户信息保护之法理反思

（一）形式理性：第三方信用评价的运行逻辑

依托于互联网技术，交易活动的地域藩篱被快速打破，电子商务成为商事活动的重要组成部分。信用贯穿于商事活动中，电子商务通过信息网络途径销售商品或提供服务，信用对其经营活动的开展尤为重要。不同于被视为能够互相产生信任关系的道德品质的社会生活场景中的信用，法律文本语境中的信用经法律概念转换，成为特定当事人应享有的法

---

① 民间规则是不是民主型法，关键在于民间规则的创制方式。一般而言，民间规则的创制方式有两种：其一为民主协商；其二为习惯形成。前者是指民间社会在长期生活经验的基础上为了某种需要而自觉制定民间规则，后者是指人们在长期生产生活过程中由于人与自然、人与人不断的交往互动而逐步认识到何种行为不利于人的生存和发展、何种行为有利于人的生存和发展而自发形成了具有强制力的行为模式。

② 参见陈文华：《论民间规则的效力》，载《甘肃政法学院学报》2010 年第 1 期．

③ Antonis Patrikio, Resolution of Cross – Border E – Business by Arbitration Tribunals on the Basis of Transnational Substantive Rules of Law and E – Business Usages：The Emergence of the Lex Information, 38 *University of Toledo Law Review*，p. 277（2006）.

④ 《电子商务法》第六十三条："电子商务平台经营者可以建立争议在线解决机制，制定并公示争议解决规则，根据自愿原则，公平、公正地解决当事人的人争议。"

律权利或应承担的法律义务。此种语境下的信用主要用以描述社会主体依法履行法定或约定义务的状况,[①] 是特定主体履行法定或约定义务的客观记录,关注社会主体之间交互行为的确定性与稳定性。"信用"一词含义丰富,而"商业信誉"这一表述将信誉与从事商业活动的主体相连,是围绕特定主体是否守信践诺的信用类型。在中文文献中,"信誉"与"声誉"具有极强的相似性,两种表述往往未加区分。

所谓平台,其核心在于为促进双方或多方交易提供场所和环境。我国《电子商务法》第39条明确了平台经营者确定信用评价规则的义务,[②] 这指的是由平台提供评价规则、在平台内部进行的评价活动。此种信用评价规则虽然能够涵盖平台自身,但是寄希望于平台自身为自身建立公正的评价标准是不切实际的,需要在平台之外寻求第三方评价,这在《电子商务法》第70条也有明确规定。[③] 可见,除了平台内评价,电子商务的信用评价制度还包括平台外评价这一层级。平台外评价的评价主体是第三方评价机构,其独立于电商平台与用户,主要着眼于对包括平台经营者在内的电子商务经营者进行评价。此种平台外评价与平台自建的平台内评价体系相比,主体是专业信用评价机构,评价活动遵循着更加稳定的评价标准,评价结果更具可比性。

平台内评价机制的评价规则由平台自行制定,平台经营者掌握着评价规则与算法技术,理论上能够通过规则与技术调整改变商誉信息的生成与传递路径,致使商誉机制失效。商誉机制是商事主体在重复博弈中对长期利益形成的隐性激励,由平台掌控评价规则容易引发"信用炒作"现象,造成商誉机制缺乏约束力。虽然平台经营者基于对自身声誉的考量有规范平台内秩序的内在激励,充当更高标准的规则制定者和秩序维护者角色,但完全将信用评价规则交由平台制定并不合适。首先,电子商务信用评价具有复杂指向,评价标准具有相当大的不确定性,不同平台间的评价规则各行其是,导致电子商务信用概念模糊、信息不对称程度加剧。其次,平台之间竞争日趋激烈,平台经营者客观上需要标榜自身平台以争夺资源、吸引流量,由平台主导信用评价规则可能会偏向于展示良好形象,而非服务于用户决策。换言之,不同平台各自主导着各自的评价体系极易导致严重的割裂现象,加剧信息孤岛,从而致使约束机制失效。

依产生需求的不同,第三方信用评价可分为市场目的导向的信用评价与监管目的导向的信用评价两种模式。

1. 市场目的导向的信用评价

在理论上,通过独立于平台经营者的第三方专业机构实施评价以缓解信息不对称的方

[①] 参见罗培新:《遏制公权与保护私益:社会信用立法论略》,载《政法论坛》2018年第6期。

[②] 《电子商务法》第39条:"电子商务平台经营者应当建立健全信用评价制度,公示信用评价规则,为消费者提供对平台内销售的商品或提供的服务进行评价的途径。"

[③] 《电子商务法》第70条:"国家支持依法设立的信用评价机构开展电子商务信用评价,向社会提供电子商务信用评价服务。"

案被称为第三方执行机制,指由交易双方外的第三者通过信用评级的方式标明商品品质。评级是将被评价对象之间的差异通过简明的符号直观展现,是评价的外在表现方式。信用评级机构进行的信用评级实际上是以自己的职业声誉为担保,经由其分析、评价后的信息进入市场后,市场主体会对发行人所披露的信息产生更强的信赖[1]。因此,第三方信用评级机构不仅是信息中介,更是商誉中介。评级机构之所以能够通过发表第三方言论发展成为成熟的商誉中介,关键在于其自身对商誉资本的积累。历史表现良好的信用评级机构能够获得信用评价购买者的认可,而失准的评级将减损评级机构的商誉资本,面临的风险是商誉资本较低的评级机构将会被市场所淘汰。与此同时,评级购买者付费的盈利模式也推动着评级机构商誉机制的运行,其对商誉资本的重视是保持第三方独立性与维持评级质量的激励与约束来源。此为产生于市场对信用信息需求的市场目的导向的信用评价活动。

2. 监管目的导向的信用评价

与产生于市场需求的信用评价活动不同,监管目的导向的信用评价则是产生于监管需求,信用监管是政府监管方式的创新。通过配置信用工具来强化监管,一方面政府可以根据不同的信用级别施以不同程度的监管,或将不同的信用级别与不同的市场准入、奖惩措施相关联[2];另一方面,此种信用评价有了行政主体的参与便有了公信力背书,可以对市场化商誉机制的有效运行发挥强化作用,并且能够起到市场主体商誉识别的作用,通过商誉机制惩戒效果的应用提升信用评价机制的效用。此种政府监管方式是利用信用工具对平台进行信息规制,相较于行政命令式的传统监管方式,信息规制更具柔性特点。"软法是原则上没有法律约束力但有实际效力的行为规则",柔性监管措施能够对经营者的经营行为产生不同程度的影响或改变,从而弥补硬性法律规制的滞后性。

在这一评价模式中,最具代表性的是行政主体通过第三方行业协会组织进行的信用评价。行业协会是行业内成员基于共同利益,为发挥自我教育与自我约束功能而成立的组织,用以规范成员行为的规则是行业自律规范。行业协会代表着行业共同利益,是理性的评价主体,为维护集体商誉需要而产生的团体内部约束力使得行业协会被寄予了发挥市场主体多元共治优势的厚望。在我国的实践中,很多情况下行业协会进行的信用评价活动是服务于监管需要,[3] 行业协会与行政主体关联密切。在这种模式下,除行业协会外,被行政主体寄予发挥专业信用评级技能厚望的当然还有市场化运行的中介机构。此外,还有一种特殊情况是行政主体利用专业的第三方中介机构制定监管规则。这种情况的实施路径是行政主体在监管规则中引用第三方评价,实际上即在行政主体的监管中引入第三方规制,

---

[1] 参见约翰·C. 科菲:《看门人机制:市场中介与公司治理》,黄辉、王长河等译,北京大学出版社 2011 年版,第 3 页。

[2] 王大树、郑明堃:《商事制度改革和信用监管》,载《中国市场监管研究》2016 年第 12 期。

[3] Clay Calvert. Gag, Clauses and The Right to Gripe: The Consumer Review Fairness Act of 2016 & State Efforts to Protect Online Reviews from Contractual Censorship, *Widener law review*, pp. 203 – 234 (2018).

旨在通过第三方机构的专业性弥补政府规制在专业性上的不足。此时第三方机构的信用评价结果被行政主体在监管活动中用作监管标准,第三方机构扮演着监管辅助者的角色,监管目的导向的信用评价与市场目的导向的信用评价在实践中产生了交汇。

总之,在电商平台自治规则体系中引入第三方信用评价的意义在于帮助用户更有效的知悉为其提供交易场所的电商平台经营者的信用状况,通过商誉机制的运行更好地规制平台经营者的经营行为,督促其履行用户信息保护义务,事前防范信息事故的发生,事中避免危险的扩大,事后为用户维护信息权益提供有效的解决途径。

(二)实质理性:电商平台用户信息保护义务体现实质正义

"法律与正义的关系至为密切,是一个随着正义内涵的演变而不断完善和扩张的规范体系,法律存在的意义与价值必须从正义方面获得合理解释,否则缺乏正义支撑的法律即使形式上被认可,也终究会被摒弃。"① 正义是人类在社会发展过程中不懈追求的永恒目标,但是人们追求的正义在内容上并非是不变的。经济发展初期阶段的正义突出表现为平等、自治、自由,强调法律地位绝对平等,权利义务的分配建立在法律地位绝对平等的基础之上,形成的私法体系体现形式正义。然而,社会不断发展进步,群体之间在资源、信息、能力等方面出现了不对等,强势群体占据了更加丰富的社会资源、更多的交易信息,在市场经济中能够占有优势地位,形式平等已经无法适应解决新的社会问题的需要。这迫使人们更加注重保障和维护弱势群体的利益,转而追求实质正义。不同于形式正义的绝对平等,实质正义更加注重衡量法律主体在特定关系中的身份和地位,差异化分配主体间的权利与义务。

在个人信息保护问题上,电商平台和用户作为双方主体在地位上存在明显差异。一方面,资源严重不对称。消费者要想成为电商平台的用户获得网上购物的资格首先必须进行注册,并接受电商平台制定的规则,以概括同意的方式表示同意并接受该平台的用户服务协议及隐私政策。用户在电商平台上进行消费应遵照的规则和步骤都是平台事先设定好的,用户的浏览行踪、交易信息、线上支付时留下的账户信息、支付信息,以及运输或传送时留下的联系方式、收货地址等个人信息——都被电商平台记录下来。在这个过程中,电商平台凭借自身的技术优势占据主导地位,用户要想使用电商平台进行网络购物则必须接受电商平台的摆布。另一方面,信息严重不对称。网民在注册成为电商平台用户之时,虽然电商平台会在隐私协议中说明用户的哪些信息会被平台收集储存,但是用户却难以掌握平台收集存储以及使用其个人信息的具体情况。甚至在出现了个人信息泄露的情况下,用户可能仍然对电商平台的信息泄露情形不知情,除非用户已经实际遭受到信息泄露的困扰才能清晰地意识到这个问题。一条网络技术鸿沟横亘在电商平台与用户之间,而且在出

---

① 参见薛克鹏:《经济法基本范畴研究》,北京大学出版社2013年版,第152页。

现信息安全问题时，用户往往难以证明自己的主张，而电商平台只需主张自己的信息系统符合国家标准就足以抗辩。

"分配正义原则，即利益的公平分配和经济发展中成本的合理负担。"[1] 电商平台与用户地位差异明显，资源、信息严重不对称，用户信息保护要实现实质正义，应根据双方信息不对称的程度，以缩小二者的信息不对称为目标，合理分配二者的权利与义务。第一，根据危险控制理论，"危险的制造者与维持者有义务采取必要、适当的措施保护他人的绝对权利"。[2] 电商平台作为交易系统的提供方，对自身提供的服务系统的情况最为了解，对可能发生的危险具有良好的预测能力和控制能力，其自身系统的功能开发、危险防范均由平台负责，也最有足够的能力采取有效措施防范用户信息泄露情况的发生。第二，根据"报偿理论"，"一个从他支配下的某物或某项活动中获得利益的人，应当对该物或活动中（无论是亲自实施还是利用他人进行的）所导致的损害承担责任，事故是在追逐利益的过程中产生的，所以获取利益者就应当对产生的风险负责，这符合社会的公平观点"。[3] 通过投放精准广告、提供数据增值服务等方式，电商平台利用用户个人信息数据获得了巨大的经济效益，电商平台应当承担用户信息保护义务，防范用户信息泄露造成损害。第三，根据社会成本理论，电商平台作为服务系统的直接掌控者，当出现系统漏洞、黑客侵袭等妨害用户信息保护的情形时，有人力财力方面的高度便利条件可以及时察觉到问题所在并通过采取禁止信息流通、限制访问、限制浏览次数等措施防止信息泄露的危险发生。由电商平台来承担用户信息保护义务，课以具体责任，更能推动电商平台加强防范，积极改善系统安全，不断完善管理制度。第四，根据信赖利益保护理论，"对于社会成员来说，当其进入到某个特定的空间领域时，可以期待该成员对该领域的安全存在着合理的信赖。"[4] 用户之所以选择电商平台进行网络交易，是基于对电商平台能够保障其信息安全的合理信赖，在此基础上，电商平台理应为用户的信息安全提供有效保障，保护用户对平台的合理信赖。

一方面，电子商务平台经营者作为经营主体，掌握着用户的订单、地址等个人信息；另一方面，作为网络服务提供者、传输者，更是收集、处理、利用用户个人信息的直接负责主体。平台具有信息、技术优势，理应发挥平台管理作用，体现了"以网管网"的原则。[5] 因此，为平衡电商平台与用户之间的不平等地位、保障用户权益不受侵害，应为电

---

[1] 洪海林：《个人信息的民法保护研究》，法律出版社2010年版，第125页。
[2] ［德］克雷斯·冯·巴尔：《欧洲比较侵权行为法（上卷）》，张美华译，法律出版社2001年版，第145页。
[3] 王利明：《侵权责任法》，中国人民大学出版社2016年版，第140页。
[4] 参见陈芳：《虚拟空间之安全保障义务研究——以互联网提供商的视角》，载《武汉大学学报（哲学社会科学版）》2014年第1期。
[5] 全国人大财政经济委员会电子商务法起草组编：《中国电子商务立法研究报告》，中国财政经济出版社2016年版，第28页。

商平台设定用户信息保护义务，课以具体责任倒逼电商平台履行义务，敦促电商平台完善自身的用户信息保护机制。

结 语

随着电子商务平台业务规模的不断扩大，平台逐渐形成垄断，占据强大市场的电商平台不再把增加用户规模、维护用户合法权益作为平台发展的主要动力。国家虽然能够涉足网络规范的建立，但国家不能也不应当试图剥夺网络社会的规制权力。[①] 司法干预只能作为防止平台权力滥用的最后保障。在这种背景下，社会组织对电商平台行业的监管就显得尤为重要。作为独立的第三方，社会组织能够客观公正地接受平台用户的投诉，并且有利于发挥不同组织各自的优势。目前，我国已经建立了消费者保护协会、电子商务协会等组织，通过揭露平台治理存在的问题来实现对平台的监督，并汇编投诉网站平台中的用户投诉来协调电商平台治理中存在的问题。然而，由于缺乏相应的法律保障，第三方组织在数据采集、报告分析等方面需要付出极大的成本，使得国家相关行政管理部门无法有效关注和解决第三方组织提出的问题。因此，国家应出台相应的政策保障第三方机构能够充分发挥对电商平台的监管作用，推行社会治理、政府治理、公司治理多元治理方式相结合的治理模式，保障电商行业的有序发展。同时，在个人信息保护法即将施行，保护个人隐私的基本精神得以确立的情况下，电商企业要加强自律，遵守基本的道德规范和网络秩序，增强网络企业公民的社会责任感。也应注意的是，完全的行业自律机制不能对个人信息的处理利用形成有效的规制约束。[②] 因此，需要将法规和自律相结合，健全对电商平台的治理，保护个人信息的同时促进信息数据产业的健康发展。这样一来一个适合国情、相对完善的个人信息保护体系就不再遥远。

Research on User Information Protection of
E‐commerce Platforms from the Perspective of Autonomous Rules

Yang Kaixiang, Tang Chunyan

Abstract: The independent governance of e‐commerce platforms has become an internal governance model recognized by the e‐commerce industry and the country. However, in the process of online transactions, the leakage and abuse of user information frequently occur,

---

① George A. Bennann, aking Subsidiarity Seriously: Federalism in the European Community and the United States, 94 *Columbia Law Review*, p.331 (1994).

② Paul M. Schwartz, The EU‐U.S. Privacy Collision: A Turn to Institutions and Procedures, 126 *Harvard Law Review*, p.1979 (2013).

which seriously damages the privacy rights of online users. In the autonomy rules of online e-commerce platforms, e-commerce platforms obtain users' personal information and the right to use them by setting various mandatory clauses. However, third-party evaluation and testing are still absent, and government supervision cannot be comprehensive, which will inevitably lead to e-commerce information abuse and information leakage incidents occurred frequently in trading activities. The user information protection mechanism of e-commerce platforms needs to be improved urgently. In particular, e-commerce platforms should undertake user information protection obligations. The obligations related to the autonomy of e-commerce platforms mainly include: moral obligations, contractual obligations, entrusted obligations, and legal obligations. Among them, special attention should be paid to the right of third-party institutions to review the e-commerce platform autonomy rules and the relief and protection of users' personal information rights when they are infringed.

Key Words: e-commerce user information; e-commerce platform autonomy rules; personal information protection; goodwill evaluation of autonomous rules.

（编辑：郑志泽）

人民调解权威的正当性、类型和功能[*]

梁德阔[**]

摘　要　与司法调解和行政调解相比，人民调解是合意性、正当性最强的调解方式，它充分尊重当事人的意愿，有多种权威主体参加。传统型权威根据悠久规则和权力谱系获得正当性，表现为长老调解和宗族调解。卡里斯玛型领袖具有超自然的和超人的力量和素质，如道德楷模和地方精英。法理型权威源自非人格的法律规章，人民调解应当避免司法化倾向。三种权威类型需要整合起来，形成工作合力。首先是人民调解的外部功能整合，关键要"三调联动"；其次是人民调解的内部功能整合，邀请多元权威主体参与；再次是人民调解的显功能和潜功能整合，重视传统型权威和卡里斯玛型权威在民间纠纷化解中的重要作用。

关键词　人民调解　正当性　传统型权威　卡里斯玛型权威　法理型权威

十九世纪英国法学家威廉·马克白认为，"解决"一项纠纷，既可以看成是一种权威的决定，又可以看成是纠纷中的哪一方观点能够成立的判定。[①] 对纠纷当事人的权利义务关系作出判断，需要纠纷解决者具有一定的权威性和中立性。人民调解因其具有自治性、民间性、群众性特征，可以邀请不同类型的权威主体参加调解，综合运用道德伦理、风俗习惯和地方知识等法律之外手段，实现情理法兼容和双方利益均衡，这种优势是司法调解和行政调解无法比拟的。本文基于韦伯的正当性理论和权威理论，分析人民调解权威的理想类型、实践图景及功能整合，论证人民调解权威比司法调解、行政调解更具有正当性。

---

[*] 上海政法学院疫情防控专题研究项目。
[**] 梁德阔，法学博士，社会学博士后，上海政法学院法律学院教授。
[①] ［美］戈尔丁：《法律哲学》，齐海滨译，生活·读书·新知三联书店1987年版，第217页。

一、人民调解权威的"正当性"

（一）权威的"正当性"

德文 Herrschaft 是"命令－服从"的关系，后来被帕森斯等韦伯研究者翻译成权威（authority）或支配（domination）①，"支配就是某些具体命令（或全部命令）得到既定人员群体服从的概率"②。韦伯是从被支配者的服从角度定义支配及其类型，而不是强调支配者的主导地位。权威是权力（power）的三种最基本来源之一，另外两种是武力（force）和影响力（influence）。Herrschaft 不包括对他人使用"武力"或发挥"影响"的一切方式。韦伯指出，运用暴力威慑、道德劝说等手段使自己的权力合法化，这是任何支配者都需要的，但只有依靠道德力量让被支配者赞成和拥护的权力才能称作"权威"，未被人们内心信服的权力不成为权威。在具体情况下，被支配者执行命令的动机可能是因为他相信该命令是恰当的，或者是由于他的义务感，或者由于恐惧，或者由于单调的习俗，或者由于渴望获得某种实惠。③ 尽管权威立足于不同程度的服从动机——从理性的利益计算降至单纯的习惯遵守，但在这样的一组"命令－服从"的关系中，服从者认为支配者的命令是可接受的，有自愿服从的意义——"任何名副其实的支配形式都包含一种最低限度的自愿顺从"④。

"正当性的信仰"是权威达到稳定持续状态的根本要素。韦伯指出："没有任何支配会自愿地仅仅限于诉诸物质、情感或观念动机作为其存续的基础。除此之外，每个这样的体系都会试图建立并培育人们对其正当性的信仰。"⑤ 然而韦伯并没有给"正当性"下定义，大致是指被支配者认为这个命令加在他们身上是正当的，所以服从。被支配者的主观认同和接受提供了正当性机制。学界对正当性的基础有两种解释路径：一个是把正当性当作纯粹主观的信念问题，也就是当事者的信念；另一个认为正当性是客观的规范，在实际权力运作中，正当性有一套规范，若违反该接受的命令时，会受到规范的制裁。⑥ 在韦伯看来，"正当性"不可能只建立在主观信念的基础上，而是要考量主观信念和客观规范之间的妥当性。"达成团结一致的习俗、个人利益、纯粹的情感或观念动机，对于一种既定的支配来说，并不能构成足够可靠的基础。""（我们也）不应认为任何受到习俗或法律保

---

① 在周雪光看来，"支配"（domination）在中文里有多层意思，不能准确表达韦伯的原意；"合法性"（legitimacy）似乎含有对"法"（法理）的特指，而韦伯所说的"legitimacy"是指一般意义上人们对各种权力关系的接受顺从，"法理型"只是其中之一。本文分别用"权威"和"正当性"替代。参见周雪光的《冬季读韦伯七篇》一文。
② ［德］马克斯·韦伯：《经济与社会》（第一卷），阎克文译，上海人民出版社 2010 年版，第 318 页。
③ ［德］马克斯·韦伯：《经济与社会》（第二卷），阎克文译，上海人民出版社 2010 年版，第 1085 页。
④ ［德］马克斯·韦伯：《经济与社会》（第一卷），阎克文译，上海人民出版社 2010 年版，第 318 页。
⑤ ［德］马克斯·韦伯：《经济与社会》（第一卷），阎克文译，上海人民出版社 2010 年版，第 319 页。
⑥ 顾忠华：《韦伯学说的当代诠释》，商务印书馆 2016 年版，第 310 页。

护的要求都会包含一种权威关系。"[1] 对被支配者而言,服从并不仅仅是惧怕暴力,还是一个义务,是主观信念和外在规范相互作用的结果。

正当性要求的效力可能会建立在传统、超凡魅力和理性的基础上,因此韦伯把权威分成三种理想类型:传统型权威(traditional authority)、卡里斯玛型权威(或超凡魅力型权威)(charismatic authority)和法理型权威(rational-legal authority)。人们之所以对传统权威有着牢固的信仰,是因为传统是在时间长河中形成的而具有神圣性,以及支配者依据传统行使权威的正当性。被支配者服从的对象是首脑角色,首脑拥有传统权威地位并受到传统权威的约束。此种情况下,服从的义务则是在习惯性义务的范围内对个人的效忠。人们对卡里斯玛型权威的忠诚,是因为领袖具有罕见神性、典范特性或英雄品质,也包括领袖创立的秩序或规范模式。被支配者服从的对象是卡里斯玛型领袖本人,凡是领袖的超凡魅力所能影响到的,其追随者都会服从,这是一种牺牲奉献、在所不惜的服从方式。人们对法理型权威的信仰,是因为已制定的规则具有合法性,以及执行规则者的权利。被支配者服从的对象是法定的非人格秩序;那些履行职务权威的人也包括在服从对象之内,需要强调的是,这些人只有在职权范围内才具有形式上的合法性。[2]

(二)人民调解的合意性

群众性、民间性、自治性是人民调解制度的灵魂和人民调解的本质特征。群众性是指人民调解员来自群众、代表群众并服务群众;自治性指人民调解是人民群众的自我教育、自我管理和自我服务,二者也体现了人民调解的民间性。这三种特性也是《人民调解法》的灵魂,当事人自愿平等、不违背法律法规政策、尊重当事人权利是该法的三项基本原则。这三项原则是人民调解应民需、得民心、顺民意的保证,贯穿于人民调解的每个环节和整个过程。自愿平等原则是人民调解的基础,调解的启动、进行以及协议的履行都取决于当事人的意愿。调解过程中当事人根据自己的意愿决定是否接受调解、由谁来调解、如何调解等重要问题。调解协议也是由当事人自愿达成,人民调解员不能强迫。

与司法调解和行政调解相比,人民调解是合意性最强、决定性最弱的调解方式。人民法院基于国家的审判权,主持司法调解;行政调解源于国家的行政权,主持者是负有调解职能的国家行政机关。这两种调解使用的都是公权力,属于法理型权威。人民调解来源于人民群众的民主自治权,主持者是人民调解委员会。虽然人民调解委员会依法设立,但人民调解员使用的多是传统型权威和卡里斯玛型权威。作为国家权力与公共利益的化身,法院在纠纷解决方面的权威一直受到尊崇,通过诉讼解决纠纷,长期以来被人们视为最权威的纠纷解决方式。行政调解属于官方调解,其强制力高于人民调解。行政调解和司法调解

---

[1] [德]马克斯·韦伯:《经济与社会》(第一卷),阎克文译,上海人民出版社2010年版,第319页。
[2] [德]马克斯·韦伯:《经济与社会》(第一卷),阎克文译,上海人民出版社2010年版,第322页。

重视法律关系的客体和内容,而人民调解更加重视双方当事人和调解人的主体间性。主体间性存在于"鲜活的当前",他们在其中彼此言说和倾听,共享同样的时间和空间,"这种共时性是主体间性的本质,因为它意味着我理解其他自我的主观性,就像同时活在自己的意识之梦里……这种对他人的共时性理解,以及他人对我的交互理解,使我们在世界中共存存在可能。"①

在调解范围、法律地位和协议效力方面,三种调解方式也不相同。人民调解的范围主要限于民间纠纷,司法调解的范围是法院受理的所有民事案件、刑事自诉案件和行政赔偿案件,行政调解的范围一般仅限于法定的、单一的具体案件,如侵权纠纷、劳动争议、合同纠纷等。人民调解和行政调解都是非诉讼的调解活动,当事人对调解协议若要反悔或者没有调解成功,均不影响当事人向有管辖权的人民法院提起诉讼。而司法调解是一种诉讼程序,是诉讼内调解。除了婚姻案件必须经过诉讼内调解外,其他民事案件是否需要调解,取决于当事人的意愿,调解不是必经程序。虽然人民调解协议的法律效力高于、强于民事合同,但仍不具备与法院的裁判、调解书等一样有强制执行力。范愉指出:"人民调解协议本质上仍属于'私法上的和解',依靠诚信和自律履行,不能直接作为强制执行的依据。只有通过司法确认,调解协议才可转化为'诉讼上的和解',产生相当于生效判决的强制执行效力。"②

无论是基于人民调解的本质特征和自愿平等原则,还是人民调解相对于司法调解和行政调解,在法律地位、调解范围、协议效力等方面力所不逮。这些都要求人民调解更加重视当事人的合意性和权威的正当性,成为人民调解发挥作用的基本条件。日本法学家棚濑孝雄在《纠纷的解决与审判制度》一书中提出调解的"二重获得合意"理论,即纠纷处理的开始和最终解决方案都必须取得当事人的合意。③ 也就是说,当事人的一致同意应当贯穿于调解的各个阶段。人民调解员对于纠纷的解决没有强制力,双方当事人通过信息交换和利益妥协达成共识,不需要第三方作出某种处置性的决定。而在公力救济中,纠纷双方当事人即使没有达成合意,法院也可以判决,判决结果具有强制执行力。

二、人民调解的权威类型

(一) 传统型权威

传统型权威建立在人与人之间的自然关系之上,是人类为了适应外界环境,自然发展出来的一套规范彼此权威关系的技术。它是人类社会中最普遍、最繁复的权威形式。传统型权威的较早形式是老人政治(gerontocracy)和原始家长制(primary patriarchalism),老

---

① [美] 乔治·瑞泽尔:《古典社会学理论》,王建民译,世界图书出版公司2014年版,第432页。
② 范愉:《〈中华人民共和国人民调解法〉评析》,载《法学家》2011年第2期,第10页。
③ [日] 棚濑孝雄:《纠纷的解决与审判制度》,王亚新译,中国政法大学出版社2004年版,第79页。

人政治是年长者统治,而原始家长制则是领导者对他们职位的继承。这两种形式都有一个主要首领,但缺乏一整套行政人员。统治者在很大程度上要依赖于成员听从其命令的意愿,因为他没有对付成员的强制性机器。比较现代的传统型权威是家产制(patrimonialism),行政和军事力量完全是首领的私人工具。更为现代的传统型权威是封建制(feudalism),它通过在领导者和下属之间建立较为常见的、甚至契约化的关系来限制首领的自由裁量权,这种约束相应地产生比家产制更为稳定的权利职位。

传统型权威依据悠久规则和权力谱系的神圣性而获得正当性和信仰。统治者根据传统规则而任职,因其传统身份而被服从。对于传统型领袖而言,权威来自习俗,而不是个人特征、技术能力,甚至成文的法律。在彼此熟悉的一群人内部,不遵守习俗的行为会遭到普遍的和实践上可感受到的蔑视。人们接受统治者的权威是因为一直以来都是如此。任何对长期习惯了的行为方式的改变,都会给人带来心理障碍。不可解释的损失造成的恐惧,又强化了这一心理障碍。在传统型权威中,绝大部分人都是服从者,只有少数接近领袖的人从事政治行为。因此,传统型权威不是正当性意义的最大凸显,被支配者通常只有服从义务,并没有被要求表达同意与否的意愿。

统治者的命令可以通过两种途径获得正当性:一是根据传统,二是在传统范围内赋予统治者的酌处权。① 这样传统型权威既受制于特定传统又免于特定规则束缚。在最原始的情况下,传统型权威"主要依赖于共同教养基础上产生的个人忠诚",② 这里的"共同教养"是指所有人都接受的教诲——对习俗、惯例、规则等毫不怀疑地服从,而"个人忠诚"是指人们对统治者高度信赖,因为他们主宰这些传统。个人也可能会反抗,但反抗的只是超越传统范围的统治者个人,而不是这种权威类型。

中国古代素有"皇权不下县"之说,"国权不下县,县下惟宗族,宗族皆自治,自治靠伦理,伦理造乡绅"。③ 费孝通认为,乡土社会是熟人社会、礼治秩序,其权力结构是"无为政治"和"长老统治",教化权力起着重要作用。他说:"法律是用不上的,社会秩序主要靠老人权威、教化以及乡民对于社区中规矩的熟悉和他们服膺于传统习惯的保证。"④ 新时代人民调解继承了长老调解的传统,如四川蒲江县成立了"五老"调解队,队员由老党员、老干部、老代表、老军人、老教师组成,年龄在60岁左右。这些"五老"人员生活在农村,熟悉风土人情,身份受人尊重,说话有分量,摆事实讲道理的方式接地气、很管用。

传统型权威与宗族调解密切相关。宗族信仰植根于孝道和宗族成员的共同生活,这种长期而亲密的生活会产生一个"命运共同体"。"族老由于出身就在整个村落家族血缘关

---

① [德] 马克斯·韦伯:《经济与社会》(第一卷),阎克文译,上海人民出版社2010年版,第334页。
② [德] 马克斯·韦伯:《经济与社会》(第一卷),阎克文译,上海人民出版社2010年版,第333页。
③ 秦晖:《传统十论:本土社会的制度文化与其变革》,复旦大学出版社2003年版,第3页。
④ 费孝通:《乡土中国生育制度》,北京大学出版社1998年版,第51页。

系的中心,因而他们便拥有权威"。① 在传统中国社会,宗族权威一直是规避词讼、化解纠纷的主导力量。许多宗族法都有规定,族人间发生的纠纷和乡人间发生的冲突——无论民事还是刑事案件,不得贸然兴讼,而是要寻求官府外调解以求私了。② 新中国建立后,宗族势力遭受很大打击,"国家在打击地主、富农等封建剥削阶级的同时,也将宗族组织、家族组织等传统的'权利文化网络'皆作为'封建'典型而通通扫除。"③ 不过,改革开放后国家权力开始从乡村后撤,宗族势力又获得重新发展的空间。

（二）卡里斯玛型权威

"卡里斯玛"原本指宗教中的某些人（即"圣雄"）受到神的感召而拥有超凡魅力,由"圣雄"及其追随者组成了"卡里斯玛共同体"。在共同体里,追随者们把"圣雄"看成非同寻常的人物,因为他们具有超自然的或超人的、至少是特别罕见的力量和素质。④ 斯宾塞指出,韦伯的"卡里斯玛"至少有三种含义：在最经典的意义上,指某种"恩典的礼物",即超自然赋予领袖的能力；指某些群体、角色或物品具有的使人敬畏或神圣的特征；在世俗的意义上,指某种人格特质。这三种用法在韦伯那里并没有明确区分。⑤

如果追随者认为领袖是卡里斯玛型的,那么他便可能是一个卡里斯玛型领袖,这与领袖是否真正具有非凡特征无关。"惟一重要的是那些服从超凡魅力权威的人、那些'追随者'或'信徒'实际上是如何看待这种人物的。"⑥ 如果领袖的超凡魅力被公认的证据所证实,这种承认就会大量涌现并得到保障。如果一位领袖长时间得不到这种证据,很可能就是他的神、他的神秘力量或者英雄力量舍弃了他。至关重要的是如果他的领导权不能给追随者带来实惠——不仅是经济性的,更重要的是一种内心的幸福体验,那么他的卡里斯玛权威就会荡然无存。"只要个人的超凡魅力能够得到证实,就是说,只要它得到公认,只要追随者与信徒体验到了超凡魅力的益处,这就是超凡魅力权威的惟一正当性基础。"⑦

这里蕴含着一个悖论：在纯粹意义上,卡里斯玛式领袖自身就是权力的源头和终结,不需要任何外在的力量赋予或证明他的权力；然而,这种权力又只能在实际的支配过程中得到体现,一旦失去了现实力量,卡里斯玛也就失去了意义。⑧ 不过,对于名副其实的卡里斯玛来说,其正当性要求的基础并不在于得到这种承认,而是在于这样的观念：服从卡里斯玛权威的人们有义务承认它的名副其实并据此行动。⑨ 从心理学角度看,这种承认乃

---

① 王沪宁：《当代中国村落家族文化》,上海人民出版社1991年版,第160页。
② 费成康：《中国的家法族规》,上海社会科学院出版社2016年版,第81页。
③ 强世功：《法制与治理：国家转型中的法律》,中国政法大学出版社2003年版,第101页。
④ ［德］马克斯·韦伯：《经济与社会》（第一卷）,阎克文译,上海人民出版社2010年版,第351页。
⑤ 刘琪、黄剑波：《卡里斯玛理论的发展与反思》,载《世界宗教文化》2010年第4期,第86页。
⑥ ［德］马克斯·韦伯：《经济与社会》（第一卷）,阎克文译,上海人民出版社2010年版,第351页。
⑦ ［德］马克斯·韦伯：《经济与社会》（第一卷）,阎克文译,上海人民出版社2010年版,第354页。
⑧ 刘琪、黄剑波：《卡里斯玛理论的发展与反思》,载《世界宗教文化》2010年第4期,第87页。
⑨ ［德］马克斯·韦伯：《经济与社会》（第一卷）,阎克文译,上海人民出版社2010年版,第352页。

是处于激情、绝望或希望而对卡里斯玛品质拥有者的纯个人忠诚。

传统型权威和法理型权威都有最低限度的理性，亦即它们是建立在日常的行为关系上；而卡里斯玛型权威是非理性的，领导者和被领导者之间的关系完全被感情所支配。卡里斯玛型权威也是不稳定的，通常维持不久，因为它纯粹地追求非日常性的目标，甚至在生活中完全"反经济"，类似于对救世主的崇拜，这种非理性力量也是历史充满变数的理由。卡里斯玛型权威要在力所能及的范围内拒绝过去，从这个意义上说它是一种特别具有革命性的力量。

道德楷模因其德高望重而具有卡里斯玛型权威，这与韦伯的卡里斯玛型权威有细微差别。无论是治水有功的大禹还是富国兴邦的唐宗宋祖，在中国的德治礼治文明中，卡里斯玛型权威都更加强调领袖的道德品质。王斯福和王铭铭在《草根权威》中研究发现，民间权威的"卡里斯玛"不是体现在神迹和狂喜的迷醉经验之中，而是具有强烈的道德意味，这种道德性来源于地方传统，并随着时代变迁注入新的要素。[1] 中国好人、浙江省敬业奉献道德模范吴强忠退休后担任"人民调解员"，他凭自己"三寸不烂之舌"化解了许多疑难矛盾纠纷，避免了多起民转刑案件、群体性事件、非正常死亡案件。全国模范人民调解员杨斌圣同时也是江西省劳动模范和道德模范，他用真诚对待事业，用真情关爱群众，用真心化解难题。

地方精英是指在社区中"比其他成员能调动更多社会资源，获得更多权威性价值分配的人"，[2] 他们是地方上富有影响力的人物，比普通人更具有超凡魅力。地方精英的核心要素是对地方的"支配"，这种配依赖于各种策略的运用，以及对物质、社会、个人或象征性资源的控制。[3] 在韦伯看来，卡里斯玛型权威更多来自人们的主观认定，这种认定又与特定社会的本土文化观念密切相关。地方精英只有践行特定文化观念，当地群众才会接受与崇敬他们，进而产生一种克里斯玛型权威。

（三）法理型权威

法理型权威基于非人格的法律规章。前提条件是有既定的合法规范，这个规范须经过强制或协商而确立、至少组织成员被要求服从。服从者只因身为组织成员才服从，且仅服从非人格的秩序而不是权威人物。权威人物只有被秩序赋予管辖权的界限时，成员才有服从他的义务。也就说，权威人物的支配权与其领导位置有关，与其个人没有关系。权威人物也要服从非人格的秩序，他的命令应以秩序为取向。服从者和权威人物在秩序和法律面前一律平等。

---

[1] 刘琪、黄剑波：《卡里斯玛理论的发展与反思》，载《世界宗教文化》2010年第4期，第91页。
[2] 费孝通：《乡土中国》，人民出版社2008年版，第30页。
[3] 李晓斐：《当代乡贤：地方精英抑或民间权威》，载《华南农业大学学报》2016年第4期，第136页。

法理型权威能排除传统型权威和卡里斯玛型权威的不确定性,可达到一种计算性的效果。[①] 传统型权威是建立在传统的神圣性上,一方面统治者很受束缚、自由度很低;一方面坐在位置上的人在贯彻他的意志时,权力又无限大,很可能变成恣意、任性的暴君。这中间的变化性很大,脱离不了人治的色彩,因此这种类型在本质是不可预测的,随个人在位置上的特性而有不同变化。卡里斯玛型权威则是纯粹的人治,变数很大。在法理型权威中,其命令与服从的关系经过理性化完成一套程序,这一套程序是建立在所有公民同意的基础上,扩大了公民参与政治的权利。在此种有限的服从中,政治的意义也特别凸显了正当性。建立在法理型权威基础上的社会秩序是最稳定的,因为公民与权力的关系是确定的和可预期的,人们不会有覆巢之卵的危机感。

我国的调解制度源远流长。据《周礼·地官》记载,西周的"调人""掌司万民之难而谐和之"。后来有啬夫(秦汉)、里正、坊正(唐代),保甲长(宋代),社长(元代)等小吏,承担乡村调解工作。《大明律》说:"凡民间应有词讼,许耆老、里长准受于本亭剖理",明代设置"申明亭"。《牧令全书》说:"公庭之曲直,不如乡党之是非。"清代有官批民调形式,即事关亲族关系、伦理道德、社会风俗的,或者官府认为情节轻微的矛盾纠纷,官方会指派保甲、亲族、乡绅等人员进行调处。1954年,我国首次确立人民调解制度。2010年,我国制定第一部《人民调解法》,具有里程碑意义。

人民调解委员会依法设立。首先是设立主体符合法律规定,主要包括村民委员会、居民委员会、企业事业单位、乡镇、街道、社会团体或其他组织。其次是相关工作制度符合法律规定,如人民调解委员会的产生方式、调解员的条件、调解不收费等。再次是人民调解委员会的工作范围符合法律规定,只能调解民间纠纷,不能调解涉及重大公共利益或应当由专门机关管辖处理的纠纷案件。虽然人民调解委员会具有法理型权威,但《人民调解法》又极力避免人民调解程序司法化的倾向。《人民调解法》将"合法原则"表述为"不违背法律、法规和国家政策",即"不违法"就合法,意在鼓励运用民间社会规范化解民间纠纷。《人民调解法》支持社会人士参与调解,为民间团体、社会人士、志愿者参与人民调解提供了合法依据,避免少数机构组织、专职人员和法律人对调解的垄断。[②] 黄宗智认为,在清代官方审判和民间调解之间存在"第三领域",人民调解也许是超越了国家与社会、公力救济与私力救济的"第三领域"。但在现实中,司法所长和村主任通常兼任乡村两级人民调解委员会主任,身份的"混乱"容易导致人民调解的行政化、司法化倾向。

西方国家在承认司法权威的同时,从未否认过诉讼固有的弊端和局限,如对抗性、高成本、零和结果、缺少建设性等。以快立、快审、快结、快执方式处理群体案件,会取得一定的效果,但并不符合司法诉讼的定位及运行规律,容易出现运动化和工具主义的弊

---

① 顾忠华:《韦伯学说的当代诠释》,商务印书馆2016年版,第313页。
② 范愉:《多元化纠纷解决机制与和谐社会的构建》,经济科学出版社2011年版,第348-349页。

端。科特威尔指出:"法律统治必然导致规则统治,然而规则仅仅是规则而已,它并不考虑社会的道德价值和政治理想。"① 家庭的温情、邻里的礼让、交易过程的诚信乃至社会的宽容和责任感,往往会在简单的权利利益的对抗中逐渐贬值失落。② 因此,诉讼不是解决民间纠纷的较好手段,处理的结果和效果不太理想。而以协商与合意为基础的人民调解,重视双方当事人的情感交流和意思自治,最终实现"案结事了人和"。

三、人民调解权威的功能整合

(一) 功能整合的必要性

韦伯的三种权威形式划分是一种理想类型。理想类型是研究者从某种特定的视角出发,对现实世界的某些因素(不是全部)进行综合与概括,然后加以强调或突出,使之抽象化的结果。在现实世界中,某种权威类型通常会包含另外两种类型。比如,法理型权威不仅来源于法律规章,也依赖于人们长期形成的习俗和信仰,因此它有传统型权威的成分;如果一位领导者长期不出成绩的话,他的能力和威望就会受到人们的质疑,甚至被要求替换掉,其中也有卡里斯玛型权威的成分。

功能主义假设整体的每一部分都发挥作用且相互依存,从而维持了有机统一的整体。默顿指出这种功能主义包含两个错误的假定——"功能一体性"假定和"普遍功能主义"假定,前者认为系统对部分具有整合性,部分总是承担着特定的功能;后者认为任何事项都履行积极的功能。③ 根据墨顿的观点,三种权威类型组合不一定就是整体大于部分之和,也不能保证它们不会出现反功能和负功能。三种权威类型可能相互促进,也可能存在持续的张力或冲突。韦伯就将克里斯玛型权威同传统型权威、法理型权威对立起来,前者完全依靠追随者的自愿服从,不依赖经济利益维持,也没有固定的行政班子和管理制度。卡里斯玛型权威还会对后两种权威类型构成威胁,因为卡里斯玛型领袖是建立在能够吸引追随者的个人能力基础上,既不靠传统也无法律规定,他们很可能鼓动追随者漠视、甚至去推翻传统型权威和法理型权威。

"人民调解从诞生之日起,就不仅仅限于一种单纯的纠纷解决制度,而是一种重要的基层治理机制。"④ 中国传统社会是一种德治、礼治、法治相结合的综合治理模式,兼有三种权威类型,这对当代中国基层社会治理仍有借鉴意义。德治强调道德内容和道德修养,属于卡里斯玛型权威。礼治是道德的外化形式,倾向于传统型权威。法治的依据是法律规章,属于法理型权威。德治是人格化的治理模式,适用于私人领域;礼治、法治是制

---

① [英] 科特威尔:《法律社会学导论》,潘大松译,华夏出版社1989年版,第182页。
② 范愉:《多元化纠纷解决机制与和谐社会的构建》,经济科学出版社2011年版,第43页。
③ 侯钧生:《西方社会学理论教程》,南开大学出版社2010年版,第184页。
④ 范愉、李泽:《人民调解的中国道路:范愉教授学术访谈》,载《上海政法学院学报·法治论丛》2018年第4期,第2页。

度化的治理模式,适用于社会治理的公共领域。礼有教化功能,防范于未萌,法有规训功能,惩戒于已发。① 礼治主要用于"熟人社会",法治主要适用于"陌生人社会",它们建立在两种不同的社会和文化的基础上,即滕尼斯的共同体和社会,"前者是礼俗社会,后者是法理社会。""乡土社会是亚普罗式的,而现代社会是浮士德式的"② 文化。

人民调解的现实困境也需要整合多种权威类型来共同化解。有人把当前乡村调解概括为"传统型权威逐渐式微、克里斯玛型权威难以为继、法理型权威艰难生长"。③ 当代中国社会,年轻人对老人的教训很难言听计从,父母也在家事活动中失去话语权。地方精英的卡里斯玛型权威在村民心中"祛魅",他们往往通过竞选村干部才能维持权威地位。村人民调解委员会大多依附村民委员会而存在,多处于"虚置"状态。人民调解委员会的现状需要三种权威类型结合起来。浙江省诸暨市将老党员、老干部、道德模范、企业家、教育科研人员、离乡干部等地方精英纳入新乡贤队伍,成立乡贤调解团,形成新时代"枫桥经验"。

(二) 功能整合模式

首先是人民调解的外部功能整合,关键要"三调联动"。《人民调解法》规定基层人民法院、公安机关可以引导当事人申请人民调解,以便推进人民调解与司法调解、行政调解的衔接联动。在实践中,我国已在基层人民法院和公安派出所设立人民调解室,实现了人民调解与司法调解、行政调解的衔接。"三调联动"的理论依据是多元化纠纷解决机制和大调解格局。多元化纠纷解决机制强调各种调解方式的协调互动,如法律机制与社会调整机制、诉讼与非诉讼、公力救济与私力救济相结合,从而实现调解功能和价值的多元化。④ 大调解是将人民调解、行政调解、司法调解相互衔接有机结合的矛盾纠纷排查调处工作机制,它在人民调解的基础上实现各种调解形式优势互补、有机衔接、协调联动。多元化纠纷解决机制和大调解格局的重要特点是纠纷解决主体的多元化和社会化,实现三种权威类型的衔接和互补。

其次是人民调解的内部功能整合,三种权威主体形成合力。《人民调解法》第 20 条规定:"人民调解员根据调解纠纷的需要,在征得当事人的同意后,可以邀请当事人的亲属、邻里、同事等参与调解,也可以邀请具有专门知识、特定经验的人员或者有关社会组织的人员参与调解。人民调解委员会支持当地公道正派、热心调解、群众认可的社会人士参与调解。"这条规定可以吸纳更多的卡里斯玛型权威和传统型权威主体参与人民调解,有助于人民调解委员会灵活处理各种矛盾纠纷。但也要理顺三种权威的关系,不要出现负功能

---

① 程广云:《当代中国精神》,安徽人民出版社 2015 年版,第 218 页。
② 费孝通:《乡土中国》,人民出版社 2008 年版,第 43 页。
③ 邓春梅、潘志坤:《中国乡村调解的权威嬗变及其思考》,载《石河子大学学报》2016 年第 2 期,第 51 页。
④ 范愉:《多元化纠纷解决机制与和谐社会的构建》,经济科学出版社 2011 年版,第 36 页。

和反功能。功能是观察的结果，它们既可以是正功能，也可能是负功能，甚至是无功能；还可能是反功能，会削弱系统的适应或调整。

棚濑孝雄说："无论什么样的纠纷解决制度，在现实中其解决纠纷的形态和功能总是为社会的各种条件所规定。"① 传统型权威、卡里斯玛型权威在处理民间纠纷方面比法理型权威更加有效，这与民间纠纷的类型和特点有关。民间纠纷以家庭纠纷为主，对家庭成员而言，感情重于权利，脸面大于利益。优秀法官金桂兰在处理家庭纠纷时，不是"辨法"而是"析理"，而且"辨"的是家常道理，不是法理。② 因为"日常生活中的纠纷是人人皆知的公共地方性知识"，③ 亲属、邻里、同事对纠纷发生的事实及其背景故事心知肚明。"在关系密切的人们中，法律不是活跃的，法律随着人们之间距离的增大而增多。"④ "合情不合法，合法不合情"是行政机关和司法机关在处理乡村纠纷时经常遇到难题，给行政官员和司法人员带来很大的困惑。传统型权威、卡里斯玛型权威在破解"合情不合法，合法不合情"难题方面发挥了重要作用。比如，根据农村风俗习惯，嫁出的女儿一般不负赡养义务，但是法律规定儿女都有赡养父母的义务，也有继承父母遗产的权利，这种情况下产生的纠纷采取诉讼的方式很难解决，而是要结合当地的实际情况、运用乡土逻辑、通过民间调解方式来解决。地方精英和社区长老虽然熟悉"地方性知识"，但在运用法律知识和专业知识上力不从心。在具体的纠纷解决过程中，他们可能会出现强制调解、诱导调解、公开调解、法庭化调解（对抗式）等违反调解原则和规律的做法，这也需要法理型权威主体的介入。

再次是人民调解的显功能与潜功能互补。显功能是指那些有助于其调适并且是有意安排的客观后果；潜功能是指同一层次上的无意图的、未认识到的后果。⑤ 在村民看来，乡镇司法所的人民调解员就是"政府干部"，很多村民并不知道司法所与人民调解委员会是"一班人马，两块牌子"。村民接受和认可调解，多是基于对政府工作人员的信任，此时人民调解员是法理型权威的载体。当然，司法所人员若要有效化解农村纠纷，除了具备法理型权威外，也要有卡里斯玛型权威。纠纷双方当事人接受调解，很大程度上也是对调解人员的个人能力的认可和道德品质的尊敬。同样如此，村干部作为乡政府的代言人，他们既有公权力，又熟悉村规民约，故能化解民间纠纷。

从三种调解方式和三种权威类型的关系变化来看，司法调解和法理型权威的显功能越来越突出，这或许与人们追崇"法治万能""诉讼万能"有关。与此同时，人民调解被视为是法治的对立面而受到非议，被认为是传统中国缺乏法治的产物，是一种落后的纠纷解

---

① ［日］棚濑孝雄：《纠纷的解决与审判制度》，王亚新译，中国政法大学出版社2004年版，第21页。
② 苏力：《司法制度的合成理论》，载《清华法学》2007年第1期，第10页。
③ 梁治平：《清代习惯：社会与国家》，中国人民大学出版社2012年版，第53页。
④ ［美］布莱克：《法律的运作行为》，唐越、苏力译，中国政法大学出版社2004年版，第47页。
⑤ ［美］默顿：《社会理论和社会结构》，唐少杰等译，译林出版社2015年版，第170页。

决机制。持有这种观点的人没有认识到人民调解和传统型权威、卡里斯玛型权威的潜功能，它们仍是化解民间纠纷的重要力量。诚如埃里克森所说："法律制定者如果对那些会促成非正式合作的社会条件缺乏眼力，他们就可能造就一个法律更多但秩序更少的世界。"① "只有这样一种法律秩序，它并不满足这一利益而牺牲另一利益，而是促成对立利益间的妥协，以便使可能的冲突达到最小的限度，才有希望比较持久地存在。只有这样一种法律秩序才能在比较永久的基础上为其主体保障社会和平。"②

四、结语

从词源学和翻译的角度，本文阐释了"权威"的来源和"正当性"的内涵，这对人民调解研究具有重要意义。"权威"是"命令－服从"关系，仅看到领导者的支配地位而没有看到被领导者的服从意愿，显然是对韦伯的权威理论的误解。被支配者服从命令不仅是因为暴力，而是一种自愿行为，它是主观信念和外在规范相互作用的结果。人民调解虽然在强制力、调解范围、协议效力等方面不及司法调解和行政调解，但人民调解坚持自愿平等原则，强调当事人之间、当事人与调解人之间的合意性，比司法调解和行政调解更具有正当性。

从结构－功能主义的视角，本文阐述了韦伯的三种权威类型及其功能整合。传统型权威、卡里斯玛型权威、法理型权威的"正当性"分别建立在传统基础、超凡魅力基础和理性基础之上。传统型权威服从的对象是首脑角色，历史上有四种形式——老人政治、原始家长制、家产制和封建制，在人民调解领域主要表现为长老调解和宗族调解。卡里斯玛型权威服从的对象是具有超凡魅力的领袖，在乡村社会表现为道德楷模和地方精英。法理型权威服从的对象是非人格秩序。虽然人民调解委员会依法设立，具有法理型权威，但人民调解员使用的多是传统型权威和卡里斯玛型权威，彰显了人民调解的民间性、群众性特征。基于以上分析，可以从服从对象、正当性基础、基本特征及在人民调解中的表现几方面，比较三种权威类型的不同，如下表：

三种权威类型比较

权威类型	服从对象	正当性基础	基本特征	人民调解
传统型权威	首脑角色	习俗、惯例；权力谱系	正当性较弱，无行政班子	长老调解；宗族调解
卡里斯玛型权威	领袖本人	罕见神性、英雄品质、典范特性	非理性、感情支配、革命性	道德楷模；乡村精英
法理型	法律规章	非人格秩序、已制定的规则	理性、可预期、稳定	人民调解委员会（行政调解，司法调解）

---

① ［美］埃里克森：《无需法律秩序：邻人如何解决纠纷》，苏力译，中国政法大学出版社 2003 年版，第 1 页。

② ［奥］凯尔森：《法与国家的一般理论》，沈宗灵译，中国大百科全书出版社 1996 年版，第 13 页。

人民调解权威的整合模式有三种：外部功能整合、内部功能整合、显功能和潜功能。人民调解的外部功能整合就是与司法调解、行政调解进行有机衔接、协调联动，内部功能整合就是人民调解委员会邀请社区和宗族长老、地方精英、道德楷模等参与调解。这两种整合模式旨在实现传统型权威、卡里斯玛型权威和法理型权威的优势互补，形成工作合力。随着人民群众的法律意识和维权意识的不断提高，法理型权威的主导地位明显，但传统型权威和卡里斯玛型权威在化解乡村纠纷中仍然起着重要作用，这是由民间纠纷的类型和特点决定的。

Legitimacy, Type and Function of People's Mediation Authority

Liang De-kuo

Abstract: Compared with judicial mediation and administrative mediation, People's mediation is of the strongest agreement and legitimacy, respects clients' will completely, with the participation of multiple subjects. The legitimacy of traditional authority comes from long-standing rules and power genealogy. The elders mediation and the clan mediation are the manifestation of traditional authority. Charismatic leaders, such as moral models and local elites, have super nature and super human power and quality. Rational-legal authority derives from impersonal laws and regulations, and people's mediation should avoid the tendency of judicialization. These three types of authority should be integrated to work on the same direction. Firstly, the outer integration of people's mediation forms "the linkage of the three mediations"; Secondly, the inner integration of people's mediation forms the diversified authority subjects; Finally, with the integration of manifest function and latent function of people's mediation, we should emphasize the important roles of traditional authority and charismatic authority in the civil dispute.

Keywords: people's mediation; legitimacy; traditional authority; Charismatic authority; Rational-legal authority

（编辑：田炀秋）

民间法视野下的佛教戒律、传统丛林制度和寺院规约[*]

穆赤·云登嘉措 赵旭东[**]

> **摘　要**　佛教戒律传入中国后，经历了继受和扬弃的过程。与中国社会不适应的部分逐渐被搁置和淡化，与中国文化相吻合的大乘精神在戒律中得到发扬。禅宗将戒律的精神与农耕社会的本土实际相结合，发展出了具有全国影响力的传统丛林制度。寺规是各寺院根据实际制定的适用于本寺的管理规定。戒律、传统丛林制度和寺规是适用范围不同的僧团内部管理规范，对佛教的生存和发展至关重要，但在封建宗法社会的浸染中逐渐衰败。新中国成立后，在中国共产党的领导下，中国佛教协会致力于重申戒律、恢复传统丛林制度，指导寺院进行自我民主管理。戒律、传统丛林制度和寺院规约是在民间实践中确立和发展的，确立僧众权利和义务的，有一定约束力的内心和行为规范。这些民间法的观念和规则，对国家法在社会控制和社会秩序构造中的空白和不足有弥补的功能，在当下的宗教法治建设和社会治理创新中发挥着重要作用，应对其积极重视、深刻挖掘和合理阐释，践行佛教的中国化方向。
>
> **关键词**　民间法　社会治理　戒律　丛林制度　寺规

社会治理中除了国家法，民间法亦提供重要的制度支持，在宗教领域同样如此。在具体的民间法研究中，鲜有人对戒律、传统丛林制度和寺院规约这些佛教内部规则进行挖掘，事实上这些规则是国家的宗教事务管理法律法规的补充。日常用语和学术研究中，佛教的"戒律""戒律清规""丛林制度"常常被混用，"寺院规约""寺规"有时也会被混

---

[*] 国家社科基金项目"遏制宗教极端主义法律机制研究"（项目编号：16BFX014）。

[**] 穆赤·云登嘉措（藏族），法学硕士，西北政法大学教授，博士生导师。赵旭东（蒙古族），西北政法大学2016级博士研究生。

在"戒律清规""丛林制度"等用词的含义之中。将这些概念加以清晰地区分,对它们的历史来源和演变加以梳理,并证明它们的民间法属性是有必要的。它们产生于民间实践,并在适应社会的过程中发展变化着,这些"活"的规则在当下依然有鲜活的生命力。研究它们作为民间法的功用,对于加强寺院制度建设、佛教教风建设以及依法管理宗教事务的实现具有重要意义。

一、戒律、传统丛林制度和寺院规约的演变和内涵

(一) 中国佛教对戒律的继受和扬弃

戒律制定于两千五百年前,"戒"在梵语中本意为"清凉",其主要内容为防非止恶的戒法,"律"的本意为"调伏",主要规定生活上的规律。"戒"与"律"并行,"戒律"为佛教徒个人以及僧团的共同生活提供的内心和行事准则。约公元前6世纪至前5世纪,释迦牟尼证道成佛后,逐渐成立了僧团,起初并没有僧团戒律,直到有成员犯过成为制戒的缘起。每次有僧众做了不良行为,引起了社会讥嫌、障碍了僧人修行或影响了僧团的和合清净,佛陀针对这些不良行为制定了相应的戒条。戒律的制定并不是一言堂,征得僧众同意后才执行,执行后僧众也可以再次在羯磨①中提出修正的意见。佛陀在世时形成了系统的戒律由弟子依止,佛灭后弟子们为避免教法遗失、统一经典,经过几次结集大会形成了经、律、论三藏。戒律是佛教的基础,佛灭前并没有选择由人来接替他的领导地位,而是强调要以戒为师,可见戒律的重要性。戒律按照发心基础和修行内容不同分为声闻戒和菩萨戒,声闻戒是依四谛教法修道,主要针对个人修行以求解脱,为小乘戒律,主要见于律藏之中,律藏分为广律、戒经和律论。菩萨戒的内容除了要求防非止恶,提倡追求个人解脱,还强调了要积极行善、利益众生,使众生都得解脱的目标。菩萨戒为大乘戒律,主要散见在大乘经典中,如《梵网经》《菩萨璎珞本业经》《瑜珈伦》《菩萨戒经》《优婆塞戒经》等。

中国佛教的发展与戒律的传入翻译、丰富完善相伴进行,翻译语系虽有汉语、藏语、傣语等不同,修行方法也各有差异,汉传佛教还形成了性、相、台、贤、禅、净、律、密八大宗派,但戒律上所遵循的经典依据大致相同。戒律除了有大乘与小乘之分,还有出家戒和在家戒之分,其中密宗独有三昧耶戒和密宗十四根本戒。佛教戒律在中国经历了适应中国社会生态的继受和扬弃。以汉传佛教为例,佛教在传入的初始,"佛戒有十二头陀行(或作十三),过时不食,树下住宿,均属之。汉代沙门是否遵行之,已不可考。"② 可见中土僧人从一开始就可能没有完全依照佛制,恐怕若坚持在不适宜的气候条件下"树下住

---

① 羯磨,佛教术语,是梵语 karma 的音译,意思为"业",是各种僧事的处理办法,理解为"办事""作事"。羯磨的进行对处所、人、事、方法都有严格的要求,会议决议一般也需要全体一致通过。

② 汤用彤:《汉魏两晋南北朝佛教史》(上册),中华书局1983年版,第72–73页。

宿",佛教也不会流传到今天。像这样不适应中国水土的条文都逐渐被淡化和搁置了,而符合中国社会的条文逐渐被发扬光大。

汉译律藏并非不完备,但《四分律》逐渐独得汉传佛教徒的喜爱,成为汉地流传最广也是最盛行的一部。这是因为《四分律》本为小乘戒律却通大乘精神,特别适合中国的实际,加上道宣律师所作律疏,删繁补阙,旁征博引,更加方便于理解、讲解和流传。《四分律》分序、正宗和流通三部分。序包括劝说信此律的内容和制戒缘由。正宗分包括二部戒和二十犍度。二部戒是讲比丘戒和比丘尼戒。二十犍度,也就是二十章的意思,总结了有关僧团生活二十个方面的规则。道宣律师在其注疏《四分律删繁补阙行事钞》《四分律删补随机羯磨》《四分律比丘含注戒本疏》《四分律拾毗尼义钞》《四分律比丘尼钞》等中,"继承慧光'四分通大乘'的观点,主张以《四分律》为本,总揽诸说,最后会归大乘……抛开大小乘绝对相分的立场,以受戒时的发心为标准,若依大乘之心受小乘戒,小乘戒也即为大乘戒。"[1] 中国佛教戒律自此逐渐形成了大小乘相融合的特点,这是戒律中国化的结果。当下,应对戒律中符合中华优秀传统文化和社会主义核心价值观的部分进行挖掘阐释,继续对进行戒律中国化的探索。

(二) 传统丛林制度的形成、衰败和复兴

"丛林"初始是指我国的禅宗寺院,"清规"初始是指禅院的内部奉行的规范,后因元顺帝令《敕修百丈清规》应用于全国寺院,"丛林"之意扩大到全部汉传佛教僧团,"丛林清规""丛林制度"成为全国汉传佛教寺院共同使用的清规。丛林制度在封建社会末期逐渐发展出"子孙丛林"与"十方丛林"之分。本文选词"传统丛林制度"是指"十方丛林",与中国佛教协会制定的教务制度中的用语保持一致。解释为摒弃了"子孙丛林"的寺院世袭制,并排除封建糟粕文化中的一些习惯做法,比如烫香疤和体罚等,保留和发扬有利于佛教健康发展、符合佛教中国化方向的,与社会主义核心价值观和中华传统优秀文化契合的部分。

佛教传入中国后,在律藏还没有系统地传译时,僧团除了遵守已知戒条外,出于管理僧团的需要,还结合本土的实际情况创制了一些规范,比如道安制定"三例",慧远制定"远规"等。魏晋南北朝时期,部分大乘经典译出,小乘戒律的广律已经传译了大部分。但中土僧人并没有停止自己对于本土僧团管理的探索。丛林制度的形成就是这一探索的影响力最大而深远的成果。禅宗是佛教思想与中国传统文化高度融合的产物,抛弃唯识宗、华严宗等其他宗派复杂的理论论证,修行方式除了坐禅,还提倡个性化修行,认为人人皆可成佛,加强了佛教的世俗化倾向。这样的特点也使得禅宗能在唐武宗灭佛事件中劫后余生。百丈山怀海禅师制定《禅门规式》,又称"百丈清规""古清规",是禅宗"丛林"的

---

[1] 彭瑞花:《论律宗与菩萨戒及大小乘戒律的融合》,载《宗教学研究》2020年第3期。

内部管理规范"清规"的开创。提倡与汉地生产生活方式相适应的"农禅",主张"一日不作,一日不食",建立"普请"制度,即僧众普遍要参加劳动。"清规"流行于全国禅院丛林,并有了修改增补的各版本,这与寺院经济发达、事务繁琐以及统治者的促进有关。"清规"在沿革中篇幅越来越大、内容越来越详细、地位越来越重要,元顺帝令重编百丈清规,形成《敕修百丈清规》,由官方推广为全国汉传佛教寺院通用的"丛林制度"。

封建社会晚期,寺院宗法化倾向加深。在明清时期形成了以法脉为联系的宗族,寺院被视为家产,僧人按照法脉亲疏分房排辈,佛教寺院丧失了宋元时期的流动性。出现了寺院兴废常系于住持一人的现象,还有师徒相传的"子孙丛林"等现象。在这种情况下,在内容上和精神上代表着"古清规"的《敕修百丈清规》已不能理想地实行。明清时期一些高僧大德对丛林制度进行了整饬,这些整顿"总体上说适应了当时的社会历史环境,一定程度上挽救了衰败不堪的丛林制度,并为后世丛林确立了可效仿的制度规范"。[①] 但是在封建社会中僧团受专制皇权下的僧官制度严密控制,缺乏自主意识和自治空间,并在封建经济制度以及宗法文化影响下,丛林宗派林立、互相争夺、倾轧,以及寺院子孙化问题,无法彻底解决。近代佛教界继续进行自我革新的尝试,民国时期不少高僧大德身体力行去推动改革。僧众第一次有了全国统一的佛教组织,诸多佛教会一定程度摆脱了传统佛教的封建宗法性质。但是由于民国时期社会动荡、保守僧人的反对、佛教组织发挥的作用有限等原因,改革也没有彻底实行下去。新中国成立后佛教彻底摆脱了封建制约,实现了真正的宗教信仰自由,迎来了恢复、发展的春天。在中国共产党的领导下,中国佛教协会致力于重申戒律、恢复十方丛林制度,结合戒律和传统丛林制度,制定了一系列教务制度,指导寺院进行自我民主管理。

(三) 寺院规约的历史形态和当代创新

本文所称"寺院规约"是个体化的规则,是应用于本寺院的管理规则,制定主体主要是该寺院的僧众。最初的禅院清规同时也是其寺院的寺规,早期的寺院规约是清规的渊源。戒律和传统丛林制度都是具有普遍适用性的,寺院规约则是个性化的,只适用于本寺院内。东晋道安制定的僧尼规范三例、百丈所著《禅门规式》等制定伊始都是仅适用于本寺的寺院规约,同时这些是传统丛林制度的源头。《禅门规式》既是"古清规",又是早期的禅院规约,唐代的《雪峰清规》也是如此。以《禅门规式》为例,主要规定了:长老(方丈)的条件;设立十务[②];禅林共有,僧众身份依受戒先后排序;集会的礼仪、僧

---

① 王荣湟:《明清禅宗丛林制度研究》,2017年南开大学博士学位论文,第199页。
② 十务,《禅门规式》确定的禅院内管理僧众劳作的十种职务。后续的清规关于职务的规定是在此基础上发展的,因丛林经济的发展而出现变化。至宋代《禅院清规》,十务之职大体已趋于固定,分"四知事":监院(主管寺院经济)、维那(主管人事、和合僧众)、典座(主管食宿)、直岁(主管土木建设)等;"六头首":首座(禅僧中德业最高者)、书状(主管文书)、藏主(主管佛经典籍)、知客(主管接待来访)、浴主(主管洗浴)、库头(主管财物库藏)等。后丛林组织逐渐庞大繁杂,职事的名称并不统一,各寺院往往因各自所需设立名目。

堂的设置、坐卧的威仪；节俭的生活作风、普请法；① 摈令出院的惩罚。随着禅宗五家七宗的分门别派以及朝代的变迁，寺院规约呈现出多样化的特征。尽管在内容上某寺院规约依旧可能有与丛林清规重叠的部分，但是寺院规约越来越走向个性化，而丛林制度的发展始终是以古清规为基础进行整改修订的，并且清规因统治者的推广而具有官方性和统一性。清规逐渐繁多详细，虽然被官方推行为全国汉传佛教寺院需遵守的，但实际执行起来有困难，并且小型的寺院也并不需要其中的很多内容。所以在清规之外，各寺院根据自身需要制定寺院规约，这样既可行又有更大的约束力。"如果说在早期寺院规约的名称与清规还不能区分，那么越往后，区分越清晰。"② 有综合性的规约，起名为"某寺规约"，也有分门别类的规约，"某寺共住规约""某寺禅堂规约""某寺客堂规约""某寺两序规约"等。寺院规约有的以方丈的传承制度为主要内容，有的以修行方式规范为主要内容，有的以约束僧众内心和言行为主要内容。寺院规约进一步发展，出现按照不同的适用范围制定的规约，禅堂、客堂、厨房、寮堂、浴堂等都可分别制定规约。

新中国成立后佛教进行了民主化改革，走上了与社会主义社会相适应的道路。目前我过佛教寺院共有3.35万余座，其中汉传佛教寺院2.8万余座，藏传佛教寺院3800余座，南传佛教寺院1700余座。③ 寺的数量庞大，各语系、宗派有着不同的修学方式和管理模式，同一宗派的寺院也因住持、道风熏习的不同而有不一样的管理方式。重点寺院、大型寺院一般都有内容全面丰富的寺院规约，中等规模的寺院也有相对简单的寺院规约，规模小、僧人少的寺院则没有。目前大型寺院一般都依据国家法律和政策以及佛协制度制定了通常以"某寺管理制度"为名称的寺院规约。内容涵盖寺院的民主管理体制、佛事活动、生产自养、接待宾客、文物园林、财务经济、治安消防、涉外活动等事务的管理规则。各寺院结合本寺实际进行着内部民主管理的探索。

二、戒律、传统丛林制度和寺院规约的民间法定性

（一）民间法的概念

民间法是我国法社会学学者在中国语境下创造的概念，这一概念最早由梁治平提出。梁治平认为民间法是一种知识传统，"不论在多大程度上获得国家的认可，它们都不是国家'授权的产物'。无论如何，它们首先出自'民间'，乃是'民人'的创造物。在中国传统语汇里，与'官府'相对应的正是'民间'，而'官'与'民'这一对范畴，十足表明中国传统社会结构的特殊性。"④ 他认为应该在"国家法"以外突出"民间法"的概念，

---

① 普请法，百丈禅师确立的禅院内僧众要普遍参与劳作的规则，又称出坡。
② 刘笃才、祖伟：《民间规约与中国古代法律秩序》，社会科学文献出版社2014年版，第165页。
③ 《中国保障宗教信仰自由的政策和实践》，http://www.gov.cn/xinwen/2018-04/03/content_5279419.htm，访问时间：2021-05-28。
④ 梁治平：《清代习惯法：社会与国家》，中国政法大学出版社1996年版，第34-35页。

将"民间法"和"国家法"区别开来。苏力把民间法视为在社会中衍生的、为社会所接受的规则,他认为民间法是法律的本土资源,这种资源"要从社会生活中的各种非正式法律制度中去寻找"。[①] 郑永流认为"所谓民间法,意指一种存在于国家之外的社会中,自发或预设形成,由一定权利提供外在强制力来保证实施的行为规则。"[②] 刘作翔认为,民间法是民间社会规范。"作为社会规范形式,无论是国家法还是民间法,都是一种社会治理方式以及社会秩序方式,它们在不同的社会结构和条件下发挥着不同的作用。"[③] 通过对学者观点的归纳,民间法至少具有以下几个要素:形成于人们的实践过程中,由民间权威或者组织确立、认可,用来确定人们权利义务关系,是具有一定约束力行为规范。

(二)戒律、传统丛林制度和寺院规约在民间实践中确立和发展

戒律、传统丛林制度和寺院规约都属于僧团内部的管理制度,僧团一词的用法可大可小,可以泛指所有僧众,也可以具体指某一个寺院、或某名山大刹的僧众。无论是原始佛教还是中国佛教,僧团都是随着出家人的增多而逐渐确立并发展壮大的。戒律和清规的产生也并不是僧团一经成立就构建的,而是在僧团共住共修的过程中,根据不断出现的需要解决的问题而确定、修订的,目的是为了实现清净和合的僧团,促进佛教的延续和发展。僧众共住的过程中出现了诸多问题,如何分配工作和利益才能让僧众都心悦诚服、如何解决出现的争执之事、如何处理影响了僧众个人和共同修行的行为、如何鼓励僧众精进修行、如何处理僧团之间以及僧团与外界的关系等。僧团内部的管理制度就是在处理这些问题的实践中逐渐确立起来的,并随着社会的变迁、新情况的出现而发展。佛教作为一个外来宗教,能够系统地传入中国并延续了一千九百多年,也是因为其有适应社会的特质。

戒律产生之初就是因缘法,传入中国后戒律本身历经了适应社会环境的扬弃。将戒律作为原始佛教的僧团管理制度,传统丛林制度就是中国佛教对戒律的补充与创新,是戒律中国化的结果。寺院规约的个性化更是佛教管理制度因人、因地、因时灵活变通的体现。原始佛教中乞食的生活方式在中国会遭到社会讥嫌,丛林制度普请法则改为"一日不作,一日不食",这两种生活方式乍一看是截然对立的,但是普请法却是符合戒律精神的一种改良,因为戒律的创设本身是为了带来一个有助于修行、减轻烦恼的环境。道安设定的规范和百丈设立的"古清规",由于实践有良好效果,才为其他寺院所效仿。早期的禅院规约也就是"清规"的源头,是为了适应中国汉地佛教僧团管理需要创制的,后来当"清规"庞大繁杂到无法具体地指导每一个独立的寺院的时候,各寺院自发形成应用于本寺院实际管理需要的规则。

---

① 苏力:《法治及其本土资源》,中国政法大学出版社1996年版,第14页。
② 郑永流:《法的有效性与有效的法》,载法学苑精粹编辑委员会编:《中国法理学精粹》,机械工业出版社2004年版,序。
③ 刘作翔:《具体的"民间法"——一个法律社会学视野的考察》,载《浙江社会科学》2003年第4期。

封建统治者主要依靠僧官制度对佛教进行控制。僧官是指由僧人为官,但从唐代开始,僧官权力开始减弱,俗官开始担任管理僧务的职务,形成了"僧俗共治"的格局。另外对于专为帝王家建立的皇寺要遵守繁冗复杂的清规,直接受到皇权的约束。虽然在封建社会中寺院受到国家管控,也存在统治者干涉僧团管理的情况,但寺院的内部事务往往还是内部处理的。当代的寺院规约是在宗教主管部门的领导下,在佛教协会的指导下,由寺院结合自身实际制定的。国家对于寺院管理制度的建设发挥的是引导作用,其实质内容还是源自戒律和传统丛林制度,源自民间而非上层的。现代民主管理程序的介入,是为了更好地寺院内部管理与外部管理衔接起来,同时也能筛选并强化民间规范良好的部分,抑制或剔除不良部分。寺院的民主管理程序、体系仍是以丛林为内核的,住持方丈威望的因素仍占有很大成分。目前寺院普遍正在进行自身管理制度建设的实践探索,努力形成既合乎教规、又遵纪守法,既符合戒律和传统丛林制度、又与社会主义社会相适应,既有利于自身发展、又有利于国家社会的寺院规约。

(三) 戒律、传统丛林制度和寺院规约确立僧众的权利义务

戒律、传统丛林制度和寺院规约确立了僧众的权利与义务。其中主要是义务性的规定,较少有权利性规定。这些权利和义务与法律规范的权利和义务不同,法律规范的权利和义务在数量上往往是对等的,功能上也是相互对应的。另外戒律和传统丛林制度往往富有劝说性、比如律藏并不是像法律那样直白地说明行为模式、行为后果,而是先说明制戒的缘起,包括因何事制戒、该事如何引起商议、商议的过程,再说明义务的内容,以及违反义务对修行的不良影响和修正、惩罚措施。这是因为佛教缘起论认为说一切事物和现象的生起都是有原因和条件的。另外与法律仅要求人做到最低限度的道德不同,戒律对人的要求是至善的,所以进行解释和论理更有利于佛教徒的接受和遵守。当代的寺院规约往往缺少这一部分内容,一般开宗明义说明制定的目的,就按章节条款叙述具体内容了。其内容一般是寺院对僧众最低限度的要求,不需要再重复戒律和传统丛林制度的内容,因而借鉴了法律文本的逻辑体例,比较简单明了。

戒律包括止持和作持,止持可以理解为禁止作某行为并且不作,作持可以理解为应当作某行为并且作。止持和作持都是义务的形式,禁止作而不作属于犯戒,应当作而不作也属于犯戒。戒律对僧人的义务要求比法律对公民的义务要求高很多,"诸恶莫作,诸善奉行"是戒律对僧众的要求,作"恶"是违背戒律,不奉行"善"同样也是违背戒律,另外佛教教规里的"善"的标准要比法律规定的高很多,"恶"的标准也低很多。传统丛林制度里确立了执事僧为僧团大众进行服务的各种行为义务,以及各种仪轨需要僧众履行的义务。寺院规约也主要是义务性规定,当代寺院管理制度除了要管理僧众,还要对其他在寺院的常住居士、聘用职工、义工等进行管理,也主要是规定他们在寺院生活和工作应遵循的义务。在僧团内部管理制度中,有关权利的规定极少。比如戒律和传统丛林制度中都

提到了僧人有病的情形和年老的僧人的待遇问题。《百丈清规证义记》的《耆旧堂》规定,"老人所需汤药饮食等,库头、饭头、典座,执吝不与者罚。……老人无齿,若生硬不能随众,宜另与软熟食物。老人衰颓,早课来否不论。晚课随众。不到者罚。八十者量处,九十者径免。"① 这是对执事僧照顾年老僧人的义务规定,同时也是年老僧人的权利。相当于戒学中的"开",也就是宽容、网开一面的意思,寺院规约也一般都有对于照顾年老体弱生病的僧人的规定。这一权利制定的根本目的是为年老僧人创造符合其身体状况的修行条件。

(四)戒律、传统丛林制度和寺院规约是有一定约束力的内心和行为规范

戒律、传统丛林制度和寺院规约主要是以管理僧团为目的的关于僧众的内心规范和行为规范。戒律的禁止或鼓励所针对的对象既包括僧众的内心也包括行为。戒针对个人而言,要求佛教徒持戒做好个人修行。种种羯净、羯磨法的规定是律,针对僧团而言,要求僧众持律以确保僧团健全和谐地运作。传统丛林制度中除了少部分关于戒律的内容以外,主体还是讲职事和仪轨,主要是关于僧团管理和佛事仪轨的行为规范,对于违背规定的行为设定相应的惩罚。惩罚措施主要是忏悔、批评、罚款、不共住等。寺院规约是在某寺院范围内有效力的针对僧众个人修行和集体生活的内心和行为规范。从对人的约束力来看,戒律因为包括了在家戒,因此适用于受戒的佛教徒,传统丛林制度理论上说适用于全部汉传佛教僧众,但藏传佛教的管理也有对传统丛林制度的吸收,在汉地设立的藏传佛教寺院的这一特点较为明显。当代的寺院规约除了针对僧众以外,根据每个寺院的实际情况不同,有的寺院还对常住居士、聘用员工设定一定的行为规范。作为旅游景点的重点寺院一般都会针对职工制定劳动管理制度。一般在聘用时优先考虑佛教徒,寺院的聘用也往往能吸引在家佛教徒,二者之间更容易建立信任,受聘佛教徒能获得学习佛法的机会。

戒律、传统丛林制度和寺院规约的约束力的来源有三个方面。首先主要源于个人的道德感、内心对信仰的承诺和追求。僧团组织、寺院组织是特殊的人合组织,并不是仅因为地域、民族自然形成的,也不是因为某种物质利益或者一般的兴趣结合而成的。为践行信仰、追求修行便利而产生的个人自觉是个人修行和僧团共同修行最重要的保障。其次是僧团或寺院的强制与制裁,僧团内部他人的监督和舆论的力量,以及住持方丈的威信。律藏中的"半月说戒与自恣"规定了每半月僧众要按照一定程序,聚集起来读戒经,并进行类似批评与自我批评活动的方法。规定了一种特有的议事法或会议法即羯磨法,来解决僧团内大大小小的事情。丛林制度除了有律藏中默摈、摈出②等惩罚方式,还发展出罚香、罚

---

① 黄夏年、净因主编:《大藏经精选标点本》(卷六),九州图书出版社1999年版,第1298—1299页。
② 默摈是指不与犯过、不受教诫者言谈之惩罚;摈出是指不许犯戒的出家众与僧众共同起居,相当于削除僧籍。

油的金钱罚和杖打的体罚等。当下在对丛林制度的挖掘选用时要注意剔除不合法合理的部分以及封建特权思想残留的部分，重新阐释传统丛林制度的内涵。约束力的来源还有国家权力。在封建社会，国家通过僧官制度管控佛教，但总体来看国家权力在整个僧团内部管理的约束力来源中占最小的比重。在社会主义社会，来源于国家权力的约束力主要体现在法律层面上，法律通过佛教协会制定的教务制度，落实在寺院管理制度中，国家对寺院内部管理起着引导的作用，这与封建王权的控制是有本质区别的。

三、戒律、传统丛林制度和寺院规约的民间法功用

（一）补充国家法不足，促进宗教法治的实现

民间法作为与国家法相对应的概念，其功能体现在对国家法在社会控制和社会秩序构造中的空白和不足的弥补。这种作用存在的内在基础是法律规范与这些民间规范在形成上、内容上、功能上的内在联系。印度佛教的《摩奴法典》就是一部兼具法律与宗教性质的规范，宣扬法典来源于神授。佛教戒律清规也影响着中国古代法的立法与司法。中国古代法形成的"德主刑辅"的调整模式，是以"礼"为核心出发的。在发展中儒释道逐渐糅合在一起，对中国古代法产生了观念、制度、司法上的影响。唐律就将佛教戒律的"断屠月"和"十斋日"引进，规定为不得执行死刑的日子，并成为一项制度为宋元明清沿袭。从社会功能上来看，宗教为信徒提供的解释社会现实的一套知识体系与创造"另一个世界"，都可以成为维护现有社会秩序的工具。比如汉传佛教的净土宗宣扬通过个人的念佛修行与弥勒佛的愿力为因缘，促成往生极乐世界的终极解脱，鼓励佛教徒向内在寻求解决人生痛苦的途径，在既有的社会秩序中积极行善，为解脱积攒成就的资粮。另外僧团内部的管理制度的设置是为了培养和合的僧团共同体，而法律也同样限制人的个体性，实现社会性，达到社会的有机团结，二者都具有不同程度的社会凝聚力。

遵循"政教分离"的原则以及对宗教信仰自由的承诺，我国法律允许戒律、传统丛林制度和寺院规约在僧团和信众中，在寺院、佛学院中起作用，就承认了其作为一种社会规范，为维护社会主义法律秩序发挥其功用。依法管理宗教事务，是指政府根据宪法和有关法律、法规及规范性文件，对宗教方面涉及国家利益、社会公共利益的关系和行为，以及社会公共活动涉及宗教界权益的关系和行为的行政管理。依法管理宗教事务的提出标志着我国的宗教行政工作走上法治化的轨道。戒律、传统丛林制度和寺院规约这些民间法弥补国家宗教事务法律的不足，在调整宗教关系，稳定社会秩序中发挥着重要作用。宗教关系至少有三个层次，按范围由大到小包括宗教与社会其他方面的关系、宗教与宗教之间的关系、宗教内部的关系，前两个层次由是法律的调适范围，最后一层次则由内部制度调整。我国已经建立了较完备的宗教法律体系，确立了宗教事务管理的基本法律制度。宗教政策和法律的落实，只依靠政府是不够的。中国佛教协会根据法律规定制定的教务制度，是对法律制度的补充和细化，指导佛教界进行内部管理制度的建设。内部规范的建设是与宗教

法治建设的目标是一致的,即宗教与社会主义社会相适应。法治实施的环节有立法、执法、司法、守法,僧团是守法的主体,僧团内部的民间法在发展中,不做与法律相违背的规定、做法律鼓励和引导的规定,就是良好守法的一种体现。

(二)加强寺院自我管理,促进社会治理创新

民间法是一个抽象的概念,"但作为在社会生活中起作用的一种社会规范形式,民间法又是非常具体的,而不是抽象的"。[①] 民间法是产生于民间实践的,也是在民间实践中不断发展,展现其生命力。经过社会主义改造,佛教界剔除了戒律、传统丛林制度和寺院规约中的封建因素,建立了民主管理制度,在党的领导下、法律法规的指引下以及宗教团体规章制度的监督下,戒律、传统丛林制度的内在的价值目标是与社会主义的秩序一致的。《中共中央关于全面推进依法治国若干重大问题的决定》指出"……支持各类社会主体自我约束、自我管理。发挥市民公约、乡规民约、行业规章、团体章程等社会规范在社会治理中的积极作用。"[②] 国家给寺院、僧众留下了法定的斟酌空间及自治的领域。

寺院是僧众和信徒共同寄托宗教情感、进行宗教活动的场所,也是党和政府宣传、落实宗教政策的重要依托和平台。良好的寺院管理以及僧众对戒律的持守可以使寺院树立起良好的道风道貌,为信徒树立起良好的榜样,也有利于宗教工作的顺利开展。寺院的主体是僧人,营造寺院平等、和谐的秩序要靠寺院内全体僧众对戒律的持守和制度规范的遵守。在佛教文化和主体生活的土壤中,作为民间法的戒律、传统丛林制度和寺院规约在不断适应社会的发展,结合它们自身的环境不断丰富着内容和形态,在寺院自我管理中发挥着最直接、最重要的作用。W 寺一直以来都是公认的道风纯正的寺院,过去曾有几百人的僧团规模,在重建和恢复后,目前有 50 位僧人左右。方丈认为不能完全搬照旧时丛林制度,但一定要参照传统丛林制度指导僧团。方丈、四大班首、八大执事与寺院其他僧人皆平等。严格遵守丛林制度中执事的任职规定,方丈以身作则精进修行。年老僧人得到年轻僧人照顾,僧团一片和气。堪称践行佛教的"六合精神"管理僧团的当代典范。C 寺是国家 5A 级旅游景点,但它并没有浓厚的商业氛围,而是僧众良好的修行环境,同时景区处于健康有序发展的状态。这是因为它有着完备的内部管理体制。以财务制度为例,过去曾普遍存在的"不会管、不愿管"的现象,出现过财务危机,一度连自养都成为问题。寺院安排进行了半年多的培训学习,实现了全寺上下基本熟悉财政部出台的《民间非营利性组织会计制度》,提高了全寺守法意识,培养出专门的财务管理僧才。接着针对流通处、库房、功德箱、财务室制定了专门的管理制度。财务规范的确立和实施把握了财务管理的源头,处理好了旅游开发和寺院正常运行的关系。像这样的例子还有很多,寺院正在面对僧

---

① 刘作翔:《具体的"民间法"——一个法律社会学视野的考察》,载《浙江社会科学》2003 年第 4 期。
② 《中共中央关于全面推进依法治国的若干重大问题的决定》,载《人民日报》2014 年 10 月 29 日。

团管理现代化的挑战,在合理继承戒律和十方丛林传统的基础上,以僧团管理的民主化为核心,努力创造出符合现代社会发展规律的僧团管理规范。

四、结语

佛教传入中国后,在这片土壤中扎根、生长,与中国传统社会的思想文化和政治制度互相影响。僧团、寺院作为民间团体或民间机构,在管理实践中运用本身就蕴含着变通思想的教法,将戒律中国化,并发展出适应中国环境的传统丛林制度,寺院还制定了个性化的寺院规约。这些僧团内部的管理制度在实践中发展,作为民间法它们并不是一成不变的,而是不断适应社会变迁有着新的变化。它们是佛教中国化的成果,也将继续坚持佛教中国化的方向。对它们深刻挖掘、重新阐释以及创新,对引导佛教与社会主义社会相适应具有重要意义,有助于充分发挥它们在宗教领域的法治建设和社会治理中的重要作用。

BuddhistPrecepts, Traditional Aranya System and Temple Regulations from the Perspective of Folk Law

Muchi · Yundengjiacuo Zhaoxudong

Abstract: After Buddhist precepts were introduced into China, they experienced a process of inheritance and sublation. The parts that are not adapted to Chinese society are gradually shelved and diluted, and the Mahayana spirit that is consistent with Chinese culture is carried forward in the precepts. Zen combines the spirit of precepts with the local reality of farming society and develops a traditional aranya system with national influence. Temple regulations are the management regulations applicable to the temple formulated by the temples based on actual conditions. The precepts, traditional aranya system and temple regulations are internal management norms of the Sangha with different applicable scopes. They are vital to the survival and development of Buddhism, but they gradually decline in the influence of the feudal patriarchal society. After the founding of the People's Republic of China, under the leadership of the Communist Party of China, the Chinese Buddhist Association was committed to reaffirming the precepts, restoring the traditional aranya system, and guiding the monasteries to conduct self-democratic management. The precepts, the traditional aranya system, and the temple regulations are established and developed in folk practice, establishing the rights and obligations of the monks, and have certain binding inner and behavioral norms. The concepts and rules of these folk law have the function of remedying the gaps and deficiencies of state law in the construction of social control and social order, and play an important role in the current religious legal construction and social governance innovation. They should be actively valued and profound excavate and explain rationally, and practice the sinicization of Buddhism.

Keywords: folk law; social governance; precepts; aranya system; temple regulations

（编辑：郑志泽）

新乡贤组织在乡村社会治理体系中的定位、功能及行动逻辑[*]

刘广登[**]

> **摘 要** 乡村社会治理体系中的新乡贤组织既是志愿者组织,又是村民自治组织的扩展性和辅助性组织。新乡贤组织在乡村社会治理体系中,具有人熟、事熟、村情熟的特点和德高望重、说话有分量的优势,可以有效整合村民的价值观念,调整乡村的社会秩序,营造乡村社会时代新风。新乡贤组织在乡村社会治理体系中的制度性出场,绝不是偶然的,而是内蕴着深刻的历史逻辑、理论逻辑和实践逻辑。新乡贤组织是对传统乡贤的历史延续与继承发展,其深刻践行了中国特色的多元主体协同治理理论,为构建共建共治共享的乡村社会治理共同体提供了内生动力,从整体上提升了乡村社会治理的效果。
>
> **关键词** 新乡贤 新乡贤组织 乡村社会治理体系 协同治理

随着乡村社会经济文化结构的变化和村民自治实践面临的新形势新挑战,乡村社会治理体系必然要发生变革。进入新时代以来,广大乡村地区的人民在村民自治的基本框架下,积极探索新的乡村社会治理模式。江苏省徐州市的一些乡镇从 2014 年开始,在乡镇(街道办事处)党委(党工委)和政府(办事处)的直接领导和动员下,建立了由"五老一能"[①]人员组成的新乡贤协会这一乡村志愿者组织。这种新乡贤组织,以"政府的好帮

---

[*] 司法部国家法治与法学理论研究重点项目《内在性视域下法治乡村的建设路径研究》(项目编号:19SFB1002);中国法治现代化研究院咨询研究项目《新乡贤与新时代乡村治理体系创新发展研究》;江苏省研究生科研与实践创新计划项目《〈乡村振兴促进法〉的功能定位与立法模式研究》(项目编号:KYCX21_1222)。

[**] 刘广登,法学博士,江苏师范大学法学院教授,马克思主义中国化研究中心、淮海经济区立法研究院研究员。

[①] "五老"泛指老党员、退休乡村干部、退休老教师、退伍老军人、农村红白喜事主事人员(苏北地区习惯将这一群体称为"大老支"或"大老执")等,"一能"是指在乡村遵纪守法、品德贤良的致富或文化能手。

手，群众的贴心人"为基本角色定位①，以宣传国家政策、法律法规和榜样模范人物（大宣传）、调解各类乡村社会矛盾纠纷（大调解）、倡导移风易俗（大倡导）、带头守法扬善（大能量）为基本职责，以乡镇（街道办事处）乡贤协会（乡贤工作室指导委员会）、村（社区）乡贤工作站和乡贤之家为基本组织架构，由乡镇（街道办事处）和行政村（社区）提供必要的活动和工作场所。这种经过制度化建设所形成的新乡贤组织，不同于全国其他地区出现的保护、弘扬乡贤文化的文物文献、传说故事的文化组织，也不同于以乡愁乡情为纽带、以离乡乡贤（亦称"不在场"乡贤）为主的联谊兼支持家乡建设的公益组织如乡贤理事会、联谊会等，亦有别于鼓励乡贤竞选担任村"两委"干部，或者仅将乡贤作为村民事务监督组织成员的举措，而是将新乡贤动员和组织起来，作为参与乡村社会治理工作的重要主体，协同乡村党组织、乡镇政府、村民委员会共同治理乡村事务。这种实践创新标志着，新乡贤组织作为乡村社会治理主体的制度性出场。本文通过阐释新乡贤组织在乡村社会治理体系中的法律定位、实践功能和行动逻辑，为构建乡村社会治理新格局的基本制度设计和方案提供一种新思路。

一、新乡贤组织在乡村社会治理体系中的法律定位

如果我们将"乡贤"一词理解为在乡村德行高尚、有学识、对乡村社会事务有所奉献而被乡村民众推崇敬重的人，同时对乡村道德准则和价值观念作历史主义的理解，则"乡贤"这一概念，作为文化传承概念，完全具有超越特定历史时代及特定历史内涵的一般价值意蕴，可以继续使用，并赋予其崭新的时代内涵。新时期的乡贤具有人熟、事熟、村情熟的特点和德高望重、说话有分量的优势，在化解各类矛盾纠纷时，是用老百姓的"法儿"，平老百姓的"事儿"。为表达新时期乡贤的特定内涵，并凸显其与中国传统乡贤的本质区别，我们可将其称为"新乡贤"。新乡贤组织在法治思维和道德观念等方面与传统乡贤存在着本质上的区别。② 新乡贤组织在诸多方面被赋予了新的时代内涵，我们应当细致考察其在乡村社会治理体系中的法律定位。

（一）新乡贤组织是志愿者组织

就其基本法律属性而言，新乡贤组织属于志愿者组织。新乡贤不是乡镇党委和政府招聘或征用的、承担某种乡村社会治理事务的专职工作人员，而是响应乡镇党组织的动员和号召，在党委和政府的支持下成立的志愿服务于乡村治理和村民群众的社会组织。它的成立，是以乡贤成员长期以来已经在很大程度上从事着相应服务工作为基础的，如调解村民

---

① 参见菅从进：《新乡贤与乡村用法力量的系统提升——以江苏省丰县梁寨镇为例》，载谢晖、蒋传光、陈金钊主编：《民间法》（第18卷），厦门大学出版社2017年版，第339页。

② 参见张兆成、李美静：《论新乡贤的出场与乡村治理新路径——基于法政治学视角下的考察》，载谢晖、蒋传光、陈金钊主编：《民间法》（第18卷），厦门大学出版社2017年版，第118页。

矛盾、主事乡邻红白喜事等。新乡贤组织的建立，使这种志愿服务更加组织体系化、更加文明规范有章法、更加与党和政府的乡村社会治理工作协同化、更具有权威性。因此，新乡贤组织可以有效扩大服务领域、对象和规模，形成更好的社会效果，获得村民群众的支持和认可，也使得新乡贤更具有责任感和荣誉感。

正是基于这种志愿者组织的性质，乡镇党委政府及村"两委"，仅为乡贤协会、工作室提供必要的办公场所、工作设备，为主要管理人员提供非常有限的通讯和误餐补贴，并不给新乡贤发放任何劳动报酬。在实践中，新乡贤获得的一些物资设备、奖励和有限的统一服装，有些是相关单位、企业或个人捐赠的，有些是新乡贤自我捐助的。笔者在调研过程中发现，一些乡镇的新乡贤组织的负责人和新乡贤都对自己的志愿服务者身份有明确的认识，一再表示：我们不能要政府的报酬，一要报酬就"变味"了，老百姓就不认同我们了。应当指出的是，新乡贤组织中不乏致富能手，许多新乡贤因是乡村退休干部、教师、退伍军人等等，多有较好的收入待遇，一般村民、党员也多儿孙绕膝、生活无虞。因此，他们积极开展乡村治理志愿工作的动力，也绝不是为了增加自己的收入，而是甘于奉献、发挥余热，行善造福于村民群众。可以说，由"五老一能"为主要人员组成的新乡贤组织，是乡村社会志愿服务热情最高、服务时间最有保障、最易有效组织动员起来、服务内容较为广泛的志愿者组织。

（二）新乡贤组织是村民自治组织的扩展性组织

在很大程度上，新乡贤组织是村民自治组织的扩展性组织，因为它所从事的活动，多属于村民自治活动的范围，体现了村民自我管理、自我教育、自我服务、自我监督的职能。有学者指出："社会治理更多依托国家治理和政府治理主导下的公民自我管理机制。"[1] 新乡贤组织作为村民自治组织的扩展性组织，正是坚持在党的领导和政府的指导下，团结和带动乡村地区的广大群众，发挥村民自治的制度优势，让更多的人参与到乡村振兴工作中来，有效助力新农村建设和发展。新乡贤组织协助村民委员会办理本村的公共事务和公益事业，调解民间纠纷，协助维护社会治安，向基层人民政府反映村民的意见、要求和提出建议。新乡贤组织可以单独承担一些村"两委"委托处理或不能处理的村民自治事务。因此，我们不宜仅将村民自治组织限定在《村民委员会组织法》规定的具体形式，即仅限于村民委员会、村民会议、村民代表会议、村务监督委员会或者其他形式的村务监督机构。[2] 因为凡是体现了村民自我管理、自我教育、自我服务、自我监督的职能，不违背国家法律并得到村民委员会支持的社会组织，都具有村民自治组织的属性。因此，

---

[1] 王浦劬：《国家治理、政府治理和社会治理的基本含义及其相互关系辨析》，载《社会学评论》2014年第3期。

[2] 参见郑广珺：《村委会选举公正程度、村干部行为与农村干群关系——基于对辽宁省8市1205个村民的问卷调查》，载《中国农村观察》2016年第5期。

新乡贤组织可以被看作是村民自治组织的扩展性组织。

（三）新乡贤组织是村民自治组织的辅助性组织

新乡贤组织是村民自治组织的辅助性组织。一方面，新乡贤组织可以辅助村"两委"承担一些村民自治事务。如前所述，新乡贤组织作为村民自治组织的扩展性组织和村民志愿服务组织的统一体，所承担的大量事务都是村民自治的事务，并且这些事务多数也与乡镇政府一些重要的管理服务事务形成了有效对接和统一。有的地区的新乡贤组织确定了农村卫生环境治理、婚丧嫁娶浪费和彩礼过高治理、退林还耕治理、农村废坑塘治理等作为乡村社会治理的重点工作。这些工作因其影响因素根深蒂固和牵涉甚广或具有微妙性和复杂性的原因，都是乡镇政府和村"两委"倡导多年但推动无力的村民自治事项，但通过新乡贤组织和人员倡导、劝说和身体力行的推进，取得了明显的成效，体现了新乡贤组织参与乡村社会治理的特殊贡献能力。[①]

另一方面，新乡贤组织作为村民自治组织的辅助性组织，可以减轻村"两委"的工作负担。除了上述乡镇政府和村"两委"倡导多年但推动无力的村民自治事项，村"两委"还存在着负荷过重的问题，因此需要新乡贤组织在日常工作上予以辅助和支持。党的十九届四中全会提出，"推动社会治理和服务重心向基层下移，把更多资源下沉到基层，更好提供精准化、精细化服务。"[②] 但是随着现代社会治理规模和治理风险的不断扩大，村"两委"承担着繁重复杂的日常事务的管理和服务工作，早已负荷过重。笔者在调研时了解到，在法律赋予村"两委"的职能以外，其还需要承担基层政府的大量事务性工作。基层社会治理运行甚至考核评估都有大量人力、物力和财力投入，这些都大大增加了治理的行政成本和村"两委"的工作负担。

二、新乡贤组织在乡村社会治理体系中的实践功能

新乡贤组织的实践功能是由新乡贤在乡镇党委政府领导和支持下自我追求的工作目标和角色定位所决定的。新乡贤组织在乡村社会治理体系中的实践功能，既体现为整合村民的价值观念、调整乡村的社会秩序，还体现为营造乡村社会时代新风。

（一）整合村民的价值观念

新乡贤组织的工作目标之一是当好风向标，宣传正能量，大力宣传党中央提出的路线、方针、政策，唱响主旋律，弘扬正能量，特别是要把党委政府规划的宏伟蓝图和举

[①] 参见王红艳：《新乡贤制度与农村基层治理：梁寨样本》，载《江苏师范大学学报（哲学社会科学版）》2017年第4期。

[②] 《中共中央关于坚持和完善中国特色社会主义制度推进国家治理体系和治理能力现代化若干重大问题的决定》，人民出版社2019年版，第30页。

措，宣传到家喻户晓的程度。这一工作目标可以有助于整合村民的价值观念。

从整体上来看，广大乡村地区的农民的综合素质虽然不高，但是民风淳朴，新乡贤组织有一定的积极追求法治社会的主动性，可以促进乡村地区"守法光荣、违法可耻"社会氛围的形成。因此，新乡贤组织必须坚持一手抓法治、一手抓德治，弘扬社会主义核心价值观，弘扬中华传统美德，培育农民公共美德、家庭美德、个人美德，既重视发挥法律的规范作用，又重视发挥道德的教化作用，以法治体现和提升道德理念、强化法律对道德建设的促进作用，以道德滋养法治精神、强化道德对法治文化的支撑作用，实现法律和道德相辅相成、法治和德治相得益彰。这是新乡贤组织的优势所在，也是他们的时代使命。新乡贤组织守法守正，普法用法，自觉维护乡村法治秩序，可在加强村民道德建设、弘扬中华优秀传统文化、增强法治道德底蕴、强化规则意识、化解社会矛盾、弘扬公序良俗等方面大有作为。[1]

（二）调整乡村的社会秩序

近年来，在基层党组织和人民政府的倡导和鼓励下，新乡贤组织在调整乡村的社会秩序方面发挥了重要作用，在乡村社会治理实践中取得了良好效果。

第一，新乡贤组织积极参与人民调解工作，切实化解了社会矛盾纠纷。新乡贤组织在乡村社会治理实践中普遍做到了群众倾诉耐心听，新发资料认真看，清晰归类，视情处理。新乡贤组织在日常生活中积极学法、懂法、守法、用法，善于"用老百姓的法，平老百姓的事"，化解村民矛盾纠纷时做到了既合法又有情。例如，乡村社会中频发的土地权属纠纷、拆迁安置补偿纠纷、邻里纠纷、家庭内部纠纷等等，在新乡贤的耐心调解下，均得到了妥善解决，较好地化解了矛盾，调整了乡村的社会秩序。[2]

第二，新乡贤组织善于调查研究新问题，创新乡村社会治理思路。根据新形势，解决新问题，新乡贤在乡村治理实践中努力做到了与时俱进。把握老百姓所需、所盼，政府所倡、所为，让二者合拍，上下联动，齐心协力，是每个新乡贤面临的新课题。

第三，新乡贤组织积极充当基层人民政府的好帮手，做老百姓的贴心人。新乡贤在乡村治理实践中不断提高了其思想觉悟，增强责任心，一言一行时刻和党委政府保持一致；关心群众，服务群众，抑恶扬善，匡扶正义，维护社会公德。

（三）营造乡村社会时代新风

新乡贤组织在乡村社会治理体系中的实践功能，还表现为营造乡村社会时代新风的角

---

[1] 菅从进、齐林：《新乡贤的法治认同和法律意识》，载《江苏师范大学学报（哲学社会科学版）》2016年第4期。

[2] 参见沈寨：《从"权威治理"转向"规则治理"——对乡贤治理的思考》，载谢晖、陈金钊、蒋传光主编：《民间法》（第17卷），厦门大学出版社2016年版，第271页。

色定位。马克斯·韦伯将权威分为暴力权威、神授权威和道德权威,据此标准新乡贤无疑属于第三种权威类型。[①] 新乡贤的政策宣传职责为:采取多样形式对青少年和广大村民进行党的历史、形势政策、思想道德、公民意识、助人意识、公益意识、先进文化等方面的宣传教育,积极改善社会风气和人际关系,为乡村经济社会发展营造良好的环境。文明巡防的职责为:积极参与文明创建工作,引导村民自觉开展经常性的卫生大扫除活动,及时劝导不文明行为,维护村居环境整洁卫生、村风文明、村治平安、村情和谐。[②]

以前的村"两委"在开展乡村社会治理工作时常常感到"力不从心"[③],但是在新乡贤组织的影响之下,他们的地位和作用明显提高。例如,过去因村民的质疑、不配合而搁置的村庄公共事务,如村庄环境卫生和废坑塘的整治,红白喜事的相互攀比、铺张浪费,村民之间常年无解的矛盾纠纷化解等问题,现在却可以在新乡贤组织的倡导动员下得到村民的有效配合和支持而顺利推进。这既强化了村干部服务村民的信心和荣誉感,也提升了他们的威信,同时还改变了村民认为他们"光吃闲饭不干事"的看法。村民的公共意识、照顾左邻右舍意识、尊重公共空间和公共利益意识、荣辱与共意识、相互包容意识、扶危济困意识都得到了明显提高,"出风头""压人一头""得理不饶人""无理强三分"等非理性现象大为减少。在一些乡村里,兄弟较多、在外工作人员较多、经济条件较好的家庭,以前通常抱有"报答乡邻、显摆自己"的复杂心态,习惯于在红白喜事上大操大办,现在却在新乡贤组织的倡导和动员下,俭省节约,将剩下的开支捐助给乡村公益事业,事情既办得风光,又真正惠及乡邻。还有不少村民认为,因大量社会矛盾不出村就被新乡贤组织所化解,现在的乡村保持着"小事不出村,大事不出乡"的和谐局面,乡风文明程度不断提高,老百姓满意,上级满意,村干部在乡村也有面子,上级政府部门的许多惠民政策能够及时到位和充分落实。

三、新乡贤组织在乡村社会治理体系中的行动逻辑

新乡贤组织在乡村社会治理体系中的行动逻辑,具体可从新乡贤组织的历史逻辑、理论逻辑和实践逻辑这三个层面来科学把握。

(一)新乡贤组织的历史逻辑

"乡贤"这一概念自古有之,乡贤概念的变迁和乡贤制度的发展,都内蕴着深刻的历史逻辑。"乡贤"一词始于东汉,是国家对有作为的官员,或有崇高威望、为社会做出重

---

① 参见张海荣:《转型期乡村治理中文化认同重构》,载《中国特色社会主义研究》2016 年第 5 期。
② 参见陈琳:《新型社会组织推进村级治理现代化的实践性探索——以耿集乡贤工作协会为例》,载《农村经济与科技》2019 年第 15 期。
③ 参见王红艳:《新乡贤制度与农村基层治理:梁寨样本》,载《江苏师范大学学报(哲学社会科学版)》2017 年第 4 期。

大贡献的社会贤达,去世后予以表彰的荣誉称号。这是对享有这一称号者人生价值的肯定,其后同时用来指涉乡里在世的有德行有声望的贤达人物,即只要是本乡本土形成的或走出的有德行、有才能、有声望而深被本地民众所尊重的贤人,无论在世与否,都被称为乡贤。已经去世的,属于历史乡贤[①];在世的是在世乡贤。生活在本乡本土的称为在乡乡贤,离开本乡本土的叫离乡乡贤。中国传统乡土社会非常认同那些德行高尚且对乡里公共事务有所贡献的人,故在乡的在世乡贤,通常可对乡村社会秩序的建设产生重要的影响。通常来说,乡贤与乡绅即乡村绅士的概念具有较多的重合性。[②] 有学者认为,乡贤,又称乡绅,是指乡村知书达礼并以德服众的人,他们大多耕读传家,殷实富足,尽管不一定是村里最富的人。但是,无论是村里最富裕的人,还是最有权力的人,都得唯乡贤马首是瞻。乡贤从小就熟读儒家经典,深受儒家礼义教化的影响,为人正直、处事公道、急公好义、闻名乡里,他们是村庄的道德典范,是村庄的精神领袖,并因此而成为村庄秩序的守护者。[③]

从文献角度而言,"乡绅"一词在宋代即已出现,然而被作为固定的史料用语进行使用则是在明代,特别是在明代中期以后。在明代文献中出现的同类用语中,绝大多数场合用的是"缙绅"。[④] 清代文献中有以缙绅来解释乡绅,"乡绅,本地缙绅之家。"[⑤] 意指乡绅的仕宦身份,而本地则是指本籍。而清代对缙绅的解释是:"缙绅者,小民之望也。果能身先倡率,则民间之趋事赴功者必多。凡属本籍之人,不论文武官员,或见任或家居,均当踊跃从事,争先垦种。"[⑥] 关于乡绅的社会构成,有学者作出如下界定:"乡绅是与官僚密切相关的阶层,分为三类:第一类,处于官僚系统内部,即现任的休假居乡的官僚;第二类,曾经处于官僚系统内部,但现已离开,即离职、退休居乡的前官僚;第三类,尚未进入官僚系统的士人,即居乡的持有功名、学品和学衔的未入仕的官僚候选人。[⑦] 官僚、士大夫、绅士、知识分子,这四者实在是一个东西。虽然在不同的场合,同一个人可能具有几种身份,然而,在本质上,到底还是一个。"[⑧]

就乡贤的外延来说,它应该包括传统意义上的乡绅、绅士、士绅、士大夫、及一切有

---

① 参见魏峰:《从先贤祠到乡贤祠——从先贤祭祀看宋明地方认同》,载《浙江社会科学》2008年第9期。
② 王先明:《乡贤:维系古代基层社会运转的主导力量》,载《北京日报》2014年11月24日,第19版。
③ 赵法生:《再造乡贤群体,重建乡土文明》,载《光明日报》2014年8月11日,第2版。
④ [日]寺田隆信:《关于"乡绅"》,载《明清史国际学术讨论会论文集》,天津人民出版社1982年版,第112-113页。
⑤ 王有光:《吴下谚联》(卷3)《座台上乡绅》,清嘉庆二十五年刻同治十二年民国二十四年补修本,第39页。
⑥ 《清朝文献通考》(卷3),《田赋考》,商务印书馆1935年版,第4876页。转引自徐祖澜:《乡绅之治与国家权力——以明清时期中国乡村社会为背景》,载《法学家》2010年第6期。
⑦ 徐祖澜:《乡绅之治与国家权力——以明清时期中国乡村社会为背景》,载《法学家》2010年第6期。
⑧ 吴晗、费孝通等:《皇权与绅权》,天津人民出版社1988年版,第66页。

利于乡里建设、秩序维持的社会贤达。① 显然,乡绅主要是离职、退职的封建官员及其后备人员群体。尽管在漫长的中国历史进程中,他们在乡村社会建设、风习教化、乡里公共事务有贡献,但由于在近代社会的大变局当中,他们在经济、政治和文化方面的改革多持保守态度,固守封建剥削阶层的立场和利益,整体上被看作是新民主主义革命的对象,尽管其中的开明人士是革命的统战对象。这导致,乡贤这一称号,因为在特定的历史时空中等乎"乡绅",而后者又在特定的历史时代成为被摒弃的社会群体,因此中华人民共和国成立以后,"乡贤"这一概念长期成为了历史的陈迹。

立足于新的历史时期,我们必须明确,新时代乡村社会治理体系中的新乡贤组织与传统乡贤在很多方面存在区别。例如,两者的社会制度背景不同;社会结构基础不同;主要社会成员的构成不同;组织建设方式不同;秉持的道德价值观不同;思维方式不同;基本功能定位不同等等。但是,新乡贤组织与传统乡贤存在着密切关联,他们之间体现着深刻的历史逻辑。因此,可以说,新乡贤组织是对传统乡贤的历史延续与继承发展。新乡贤继承了传统乡贤的优秀品格,从历史的维度传承和发展了千百年来乡村社会治理体系中乡贤治理的有益经验并将之转化为现代乡村社会的物质与精神财富,从而有效地服务于乡村振兴建设。②

新乡贤组织与传统乡贤具有一定的历史继承性或相似性,主要体现为古今乡贤文化都倡导:品德贤良、有学识、遵纪守法的社会贤达人士参与乡村社会治理事务,惠济乡邻、热心公益,化解社会矛盾纠纷,维护社会和谐有序。即在乡贤文化所提倡的成员的基本道德操守、学问见识、社会功能和社会认同等方面具有一定的相似性。新乡贤组织的制度性出场,是乡村社会治理体系创新的内生性需求催生的结果,是党委和政府在实践中直面乡村群众、基层压力和治理难题,高度自觉地建设党组织领导、政府负责、民主协商、社会协同、村民参与的乡村社会治理体系的产物。这从根本上决定了,新乡贤组织作为重要的治理主体参与乡村社会治理体系,不是个别领导心血来潮、别出心裁的结果,也决定了这种新乡贤制度承载的新乡贤文化,绝不是传统乡贤文化的复制品,而是中国特色社会主义进入新时代以后乡村文明的重要组成部分。新乡贤的治理实践是对传统乡贤的辩证扬弃③,其在乡村社会治理体系中应当与乡镇政府治理、村民自治实现协同发展。

(二)新乡贤组织的理论逻辑

新乡贤组织在乡村社会治理体系中深刻地践行了中国特色的多元主体协同治理理论。

---

① 也有研究者对乡绅、绅士、士绅作区分看待。参见徐茂明:《明清以来乡绅、绅士与士绅诸概念辨析》,载《苏州大学学报(哲学社会科学版)》2003年第1期。
② 参见张兆成:《论传统乡贤与现代新乡贤的内涵界定与社会功能》,载《江苏师范大学学报(哲学社会科学版)》2016年第4期。
③ 参见张兆成:《论传统乡贤与现代新乡贤的内涵界定与社会功能》,载《江苏师范大学学报(哲学社会科学版)》2016年第4期。

一般意义上的协同治理（Collaborative Governance）理论，既是对传统公共行政的替代，也是对新公共管理理论的替代。从20世纪90年代开始，在全球化、信息化的冲击下，公共协同治理理论成为学界讨论的热门话题。[1] 我国从计划经济体制走向社会主义市场经济体制，背负了传统行政管理体制的沉重负担，进行现代化公共治理转型是迫切的社会需求，但在指导理论上绝不能照搬照抄西方路径，即从传统公共行政管理，到新公共管理理论，再到协同治理理论。我国应当基于社会主义制度优势，适时构建中国特色的多元主体协同治理理论框架和制度体系，提升乡村社会的协同治理能力。

改革开放以来尤其是进入新世纪以来，我国乡村社会治理不断面临挑战性问题，基层党政组织和村民应对解决这些问题时，不断进行了社会治理创新实践，积累了大量经验。土地联产承包责任制的推行，极大地解放了我国广大乡村地区的生产力，大幅度提高了广大农民的生活水平。但不容忽视的是，与此同时集体经济在大多数地区被削弱，村级党组织和村民自治组织组织动员村民的能力减弱，并且曾经因为农业税的征收、提留款的征集、农民负担过重和计划生育政策的严厉推行等因素形成了尖锐的干群矛盾，乡村社会自身的公共治理遭遇困境，工作成效非常有限。一些地区的村"两委"还因为行政村合并而处于半瘫痪状态，出现了乡村社会治理的"半真空村"。2006年1月1日，在我国延续数千年的农业税被终结，我国进入了"工业反哺农业"的新时期，国家开始在乡村地区投入越来越多的资源，用于支持规模经营、科技兴农、扶贫脱困、乡村道路硬化、治安维护、卫生环境条件优化、教育设施改善、旧村改造等乡村振兴的举措。但一方面，因为一部分县、乡镇的行政机关仍然延续着传统的行政管控和资源汲取时期的工作思路，对以服务村民为本位的乡村社会治理工作缺乏科学的方式方法；另一方面，村"两委"干部因为缺乏有效的组织运行机制保障和制约，可以轻易滥用权力，截留、侵占、私分相应资源，或者特别惠及自身的亲朋好友和支持者。因此，国家振兴乡村、反哺农业的举措会因上述乡村社会治理体系和治理能力的不足而大打折扣，并引发一系列社会矛盾。

首先，因为资源分配不公引发了农民不满；其次，许多建设工程和设施建设需要征用村民的一些承包土地和宅基地、拆迁农民房屋、清退村民占有的公共空间，从而引发大量社会纠纷；再次，县乡党政机关为了治理工作的如期完成，通常采取从行政控制维稳角度应对这些问题，反而进一步激化了干群矛盾。同时，由于乡镇党政机关和村"两委"与村民关系的疏离化、外在化，乡村社会的中青年劳动力多数选择进城务工，乡村"空心化"现象严重，导致一些乡村自发的不良社会组织如地下教会乃至邪教组织等在很大程度上继续蔓延，对国家和社会治理秩序构成了一定的挑战和威胁。可以说，乡村基层党组织的领导动员能力不足，基层政府部门的管理和服务能力缺乏、担责不足，村民自治组织运行不

---

[1] Kapucu, Naim, Farhod Yuldashev, and Erlan Bakiev, Collaborative Public Management and Collaborative Governance: Conceptual Similarities and Differences, 2 *European Journal of Economic and Political Studies*, pp. 39–60 (2009).

畅、软弱无力，乡村可协同治理的社会组织缺失，自发的、非体制化社会组织难以控制或禁止，由这些因素和其他社会因素引发的社会矛盾纠纷多发并难以有效化解，构成了一个时期以来我国乡村社会治理困境的基本格局。

事实上，中国共产党对国家和社会事务的全面领导和长期执政地位、人民主体地位、民主协商制度、基层群众自治制度等根本或基本制度设计，既具有追求协同治理的内在强大动力，也具有天然的制度优势。因此，党和国家能顺利推行的具有现实针对性的乡村社会治理现代化路径选择只能是：延续历史的惯性和制度变迁的稳定性，继续发挥权力动员型社会管理体制的社会动员和配置资源的显著优势，并稳妥放权，支持和尊重乡村自治能力和社会组织自管能力的成长，扩大民主协商和公众参与空间，形成政党主导、政府主责社会治理，兼顾社会自治和协同的新型乡村社会治理体系现代化模式。因此，伴随着新时代的到来，以执政党重大决策的方式，在社会治理方面形成了构建中国特色的多元主体协同治理理论的共识，即加强社会治理制度建设，"完善党委领导、政府负责、民主协商、社会协同、公众参与、法治保障、科技支撑的社会治理体系"①，"提高社会治理社会化、法治化、智能化、专业化水平。"② 这一理论明确了我国的社会治理体系是由执政党、人民政府、各类社会组织（应包括群团组织、社会组织、企事业单位、行业协会商会）和广大公众所组成的多主体、高水平的协同共治，即基于中国特色的国家和社会的特定结构性关系，形成中国特色的多元主体共治的协同治理体系，最终构建社会治理共同体。对我国广大乡村的多元主体协同治理能力的整体提升而言，就是要构建乡村党组织领导、政府主责、社会协同、村民参与的多元主体治理结构，形成以村民自治为基础、法治为保障、德治为引领的"三治合一"乡村社会治理体系，并获得信息网络、大数据、云计算、区块链等现代科技的有效支撑，形成共建共治共享的社会治理格局和治理共同体。

这种乡村社会治理体系的主体结构、制度体系、治理格局和共同体建设，在基本路径上要求：应当进一步强化乡村党组织对政府和社会的全面领导能力；基层政府要健全社区管理和服务机制，推行网格化管理和服务，使得社会治理和服务重心向基层下移，把更多资源下沉到基层，更好提供精准化、精细化服务；基层党组织和政府要高度重视发挥群团组织、社会组织作用，发挥行业协会商会自律功能，实现政府治理和社会调节、居民自治良性互动，夯实乡村社会治理基础；还要注重发挥家庭家教家风在乡村社会治理体系中的重要作用。③ 正如有学者所指出："与统治相比，治理是一种内涵更为丰富的现象。它既

---

① 《中共中央关于坚持和完善中国特色社会主义制度推进国家治理体系和治理能力现代化若干重大问题的决定》，人民出版社2019年版，第28页。
② 习近平：《决胜全面建成小康社会夺取新时代中国特色社会主义伟大胜利——在中国共产党第十九次全国代表大会上的报告》，人民出版社2017年版，第49页。
③ 参见《中共中央关于坚持和完善中国特色社会主义制度推进国家治理体系和治理能力现代化若干重大问题的决定》，人民出版社2019年版，第30页。

包括政府机制,同时也包含非正式、非政府的机制。"① 中国特色的多元主体协同治理理论超越了那种认为国家体系(含执政党的领导和执政权力体系)和社会自治空间大小是零和博弈性分配的狭隘视野,强调的是执政党领导能力、政府主责能力、民主协商能力、社会协同能力、民众自治和参与能力在人民主体地位原则基础上的共同增强和良性互动。

(三) 新乡贤组织的实践逻辑

我国乡村社会治理体系和治理能力的现代化之路,不是简单地削弱国家权力对乡村社会的统制力,扩大乡村社会的自治空间,而是要在真正强化基层党组织的领导动员能力,进一步下沉行政权力并强化其现代管理、服务能力和责任的同时,强化村民自治组织的民主自治能力,组建党组织领导的可真正协同乡村社会治理的各类社会组织。它所要求和呈现的,是多元主体的组织体系和治理能力同时强化、有机对接配合、相互协同、良性互动,形成协同共治的主体结构和共建共治共享的治理格局。这种乡村社会治理体系现代化创新之路,具有鲜明的中国特色,也是乡村社会治理体系的内在要求。

新乡贤组织在乡村社会治理体系中能够做好党委和政府的好帮手,发挥模范带头作用,带领村民投身到乡村振兴建设工作中来。新乡贤组织在乡村社会治理体系中的作用,主要是通过其实践逻辑表现出来的。新乡贤组织在乡村社会治理实践中发挥着重要作用,具体可分为以下四个方面。

其一,新乡贤组织是乡镇党委、村党组织发挥领导动员能力、密切联系群众的重要渠道组织。正如有学者指出:"乡村地区有效的现代化治理,需要有效的社会组织为村民提供与国家有效协商和交涉的平台。"② 新乡贤是乡镇党委基于密切联系群众、解决乡村社会治理中民众期待解决诸多问题等自觉追求,动员特定群体成立的,并通过乡镇党委和村党组织领导运行的,党员在其成员中占有很高的比例。实践中,新乡贤组织也一直充当着基层党组织密切联系群众、获悉民意民情、解决群众关心问题的有效中介和执行者的组织功能。

其二,新乡贤组织是乡镇政府转变管理和服务职能,提供更有针对性管理服务的协同性组织。诸多乡镇政府管理服务的事务,如乡村道路建设,公共设施建设和管理,土地、林木、水等自然资源利用和保护,生态环境优化,定点扶贫工作的有效落实,教育等公益事业的发展,社会治安的维护,调解和处理村民纠纷,化解干群矛盾,抓好精神文明建设,提倡移风易俗,反对封建迷信,破除陈规陋习,树立社会主义新风尚等等,都需要新乡贤组织的有效协同功能。实践中,新乡贤组织也有效地协同了乡镇政府这些管理和服务

---

① [美]詹姆斯·N. 罗西瑙主编:《没有政府的治理》,张胜军、刘小林等译,江西人民出版社2001年版,第5页。
② 菅从进:《新乡贤与乡村用法力量的系统提升——以江苏省丰县梁寨镇为例》,载谢晖、蒋传光、陈金钊主编:《民间法》(第18卷),厦门大学出版社2017年版,第336页。

职能的落实，并强化了乡镇政府为村民办实事、办好事的工作实效性。

其三，新乡贤组织是乡村老党员干部和优秀村民发挥模范带头作用的平台。许多乡村老党员干部信仰坚定、品德贤良、带头遵纪守法，对乡村社会公益事业有热情、有能力，愿意付出自己颐养天年的时间。许多优秀村民长期主事乡邻红白喜事，或帮助村民致富、救济贫困，古道热肠，乐于助人，更具有地熟、人熟、事熟的优势，享有良好的声誉和权威。在群众推荐和拥护的基础上，将他们组织起来，本身就是党和政府对他们的热情付出和社会声誉的进一步明确肯定、鼓励和鞭策。

其四，新乡贤组织既促进了多元主体协同治理能力的整体提升，也有效助推了自治、法治、德治"三治融合"乡村社会治理体系的形成，其必然会在整体上提升乡村社会治理的效果，形成共建共治共享的乡村社会治理格局和社会治理共同体。这主要是因为，新乡贤组织的制度性出场和协同功能，增强了乡村社会治理的内在活力。这一新增的内在活力，是基层党组织密切联系的有效中介组织，老党员干部和优秀村民发挥模范带头和引领作用的好平台，协同政府治理和村民委员会自治的好帮手，汇集民意、带动民气、提升民风、优化民俗的内生权威，振兴乡村经济发展、带动文明乡风的志愿力量，理顺了多元主体协同治理的共治机制，从整体上提升了他们协同治理的能力。与之相伴随的，则是乡村社会治理效果的显著提升。在乡镇政府治理方面，多元主体共建共治共享的乡村社会治理格局整体呈现，乡镇政府、村干部和村民人人有责、人人尽责、人人享有的社会治理共同体意识整体形成。① 正如有学者指出："从评判标准上说，国家治理体系好不好，国家治理能力强不强，一切都取决于人民群众的接受度，因为人民群众才是历史的主人。"② 在新乡贤组织等社会力量的襄助下，乡镇政府积极履行服务和管理职责，实施乡村振兴、利民惠民战略，充分汇集民意、科学决策、认真实施，有效推进社会治安维护体系建设、网格化社会治理体系建设、公共基础设施建设、经济资源整合和优化、公共景观和风景区建设、现代农业产业园建设，较好地完成了卫生环境整治、公共空间维护和治理等社会治理事项。广大村民从过去的质疑、不解、观望，变为积极拥护、支持，甚至慷慨解囊相助。那种过去常有的要求高价赔偿、静坐示威、干扰阻拦的非理性情形大为减少，并都在新乡贤组织的调解和动员作用下很快化解。

结　语

社会治理是国家治理的重要方面，乡村社会治理体系是国家治理体系的重要组成部分。③ 乡村社会治理体系的发展，应当符合中国实际国情。新乡贤组织在乡村社会治理体

---

① 参见于今、蒋国长：《深化社会治理体制改革构建社会命运共同体和社会治理共同体》，载《公安学刊（浙江警察学院学报）》2020 年第 2 期。

② 彭中礼：《智慧法治：国家治理能力现代化的时代宣言》，载《法学论坛》2020 年第 3 期。

③ 参见袁方成、杨灿：《嵌入式整合：后"政党下乡"时代乡村治理的政党逻辑》，载《学海》2019 年第 2 期。

系中的制度性出场,绝不是偶然的,而是内蕴着深刻的历史逻辑、理论逻辑和实践逻辑。新乡贤组织作为志愿者组织、村民自治组织的扩展性和辅助性组织,依凭其实践功能,在乡村社会治理体系中发挥了积极作用,有助于我国加快实现乡村社会治理体系和治理能力现代化。

尽管新乡贤组织在乡村社会治理体系中具有诸多优势,但是我们仍然需要正视其局限性,需要在实践中对其进行不断的完善和发展。例如,在推进全面依法治国,发挥法治在国家治理体系和治理能力现代化中的积极作用,加快法治乡村建设,提高社会治理法治化水平的时代背景下,新乡贤组织的主体范围界定、法治属性的强化、法治素养的提升等问题,都值得学界进一步探讨。

The Position, Function and Action Logic of New Elite of Villager Organization in the Rural Social Governance System

Liu Guangdeng

Abstract: The new elite of villager organization in the rural social governance system is not only a volunteer organization, but also an extended and auxiliary organization of the villagers' autonomous organization. In the rural social governance system, the new elite of villager organization has the characteristics of familiarity, familiarity, and familiarity with the village, and the advantages of high morals and weight. It can effectively integrate the values of the villagers, adjust the social order in the village, and create a new style of the rural society. The institutional appearance of the new elite of villager organization in the rural social governance system is by no means accidental, but contains profound historical logic, theoretical logic, and practical logic. The new elite of villager organization is the historical continuation and inheritance of the traditional rural sages. It profoundly implements the multi-subject cooperative governance theory with Chinese characteristics, and provides endogenous power for the construction of a rural social governance community of co-construction, co-governance and sharing. Improve the effect of rural social governance.

Key Words: new elite of villager; new elite of villager organization; rural social governance system; collaborative governance

(编辑:彭娟)

论藏区赔命价的现代化整合

王林敏[*]

摘　要　赔命价在当代藏区的复兴是藏区刑事法制面临的核心难题，其实质是法的现代性进入藏区的障碍。在法制现代化的进程中，被国家法制整合、吸收、改造乃至排斥是藏区赔命价的历史命运。而在"法治中国"的背景下，赔命价的现代化意味着以法治思维为前提，通过制度建构吸收赔命价的有益因素、排斥赔命价的过时因素，从而实现赔命价的制度整合。为此，需要从命价规则、命价机制、命价观念等三个方面把握赔命价现代化的深层结构，寻求藏区赔命价与国家法制之间制度对接的可能性，据此进行赔命价现代化的制度设计与建构。

关键词　藏区赔命价　法治中国　现代化　现代性

近年来，"法治中国"成为法学理论研究和法制建设实践的重大课题。"法治中国"理论的提出，意味着中国法学研究的民族主体意识增强，这就要求中国法学聚焦中国问题，摆脱逐步法律移植所隐含的中国沦为西方法制试验场的尴尬和危机。因此，"法治中国"不仅要求法学理论研究要有问题意识，更要有本土意识，即法学研究要讲中国故事、进行中国叙事。这不是一种政治跟风，而是一种理论自觉乃至理论担当。从制度建设的角度而言，"法治中国"的核心即法制现代化，而作为外发型法制现代化[①]，中国法制现代化的最大难题在于如何对待和处理本土传统因素，这个问题在少数民族地区，即表现为如何实现少数民族"习惯法"的现代化整合。当我们的目光通过"法治中国"聚焦在少数民族"习惯法"这个题目上时，藏区赔命价便会赫然出现在我们的视野中。在当代中国法制建设的过程中，藏区赔命价问题自1980年代出现，一直困扰着藏区刑事司法，可以说

---

[*] 王林敏，法学博士，曲阜师范大学法学院副教授。
[①] 参见公丕祥：《法制现代化的理论逻辑》，中国政法大学出版社1999年版，第310–311页。

是中国刑事法制现代化的"戈尔迪之结"①。那么，以"法治中国"理论为前提解决藏区赔命价等少数民族"习惯法"问题，较之以往有何种本质变化？本文尝试回答这个问题。

一、法的现代性进入藏区的障碍

在既往的藏区司法实践中，赔命价②与藏区地方司法曾经形成严重冲突。在藏区的某些命案发生之后，受害方家属不是寻求政法机关的公力救济，而是进行私力救济通过自己的家族和部落"出兵"报复加害方及其家属，或者以"出兵"相威胁索取"命价"，这对藏区社会治安是个严重挑战；之后，双方可能在地方僧俗权威人士的调停下绕过政法机关达成赔偿协议。当受害方拿到命价之后，就会为加害人求情免罪甚至请愿闹事，对司法机关的正常工作造成干扰。并且，在命价的处理中，习惯法贯彻株连亲属的复仇观和"黑蛇蜕皮"式的无限责任观，对国家刑事法制的统一性也造成负面影响。③ 正因如此，在地方政法机关乃至很多理论研究者的眼中，赔命价"习惯法"已经成为藏区刑事法制的一大难题。有论者指出，赔命价是部分藏族地区"社会治安中的重大隐患，是本民族安定团结中的潜在危险……是社会主义法制建设中的障碍。"④ 因此，如何彻底解决赔命价所引发的一系列难题，是藏区地方政法机关和理论研究者需要处理的"紧迫而又重大的课题"。⑤ "这个问题处理不好，不仅会影响当地的社会秩序，而且会使民众对法律权威性产生危机感。"⑥ 这个问题深刻的蕴含在藏区刑事司法实践中，需要在刑事司法实践中逐步解决。

从法制现代化的角度来看，赔命价难题的实质是"法制现代化矛盾运动"⑦ 在法治实践中的逻辑展开。"寻求国家刑事制定法对少数民族刑事习惯法的有效渗透和整合机制，已是刑法现代化不可回避的重要问题"⑧，而藏族"习惯法"适应法制现代化运动的要求，就是要实现"习惯法"的现代化"转型"⑨；具体而言，就是要实现藏区赔命价的现代化

---

① 参见曹廷生：《博弈中共生：赔命价与恢复性司法的对话》，载《内蒙古农业大学学报》2007年第3期。"戈尔迪之结"是古希腊神话的隐喻，意为剪不断理还乱、毫无头绪难以理清的问题。传说，"戈尔迪之结"是马其顿国王亚历山大用剑劈开的。

② 按照学界的界定，"赔命价"和"赔血价"是存在区别的。本文主要探讨赔命价，兼顾其他类似藏区习惯，如赔血价、赔奸价等。

③ 参见王林敏：《藏区赔命价习惯法与国家刑事法制的冲突与消解》，载《甘肃政法学院学报》2014年第6期。

④ 张致弟：《新时期藏族赔命价的方式及治理对策》，载《青海民族学院学报》1998年第4期。

⑤ 参见辛国祥、毛晓杰：《藏族赔命价习惯与刑事法律的冲突及立法对策》，载《青海民族学院学报》2001年第1期。

⑥ 杨鸿雁：《在照顾民族特点与维护国家法律统一之间》，载《贵州民族研究》2004年第3期，第39页。

⑦ 参见公丕祥：《法制现代化的理论逻辑》，中国政法大学出版社1999年版，第11页。

⑧ 苏永生：《国家刑事制定法对少数民族刑事习惯法的渗透与整合——以藏族"赔命价"习惯法为视角》，载《法学研究》2007年第6期。

⑨ 参见吕志祥：《藏族习惯法：传统与转型》，民族出版社2007年版，第117页。

转型[1]。问题的关键在于寻求藏区赔命价与刑事法制之间的沟通:"如何在国家法制统一的原则之下,摒弃'赔命价'习惯法的落后因素,使其中的积极因素过渡或转化为制定法的内容?在维护国家法制统一的前提下,二者的调适无疑是一个应该引起我们关注的、兼具理论性和实践性的课题。"[2] 这种沟通需要新的理论支点。"如果要将'赔命价'这一深受藏传佛教影响又极具生命力的制度纳入正式的法律体制之内,必须对其进行有目的、有步骤、循序渐进的改造,尽量克服'一刀切'的弊端。尽可能将糟粕全部摒弃并弘扬其精华,使其与我国现行的法律体制相融合,焕发出新的活力。"[3] 因此,就论题而言,"藏区赔命价的现代化"并不是一个新问题,而是早已经蕴含在藏区赔命价研究的话语结构中。这个问题跨越历史与当下、沟通法律与习惯、直击藏区基层社会治理的核心难题,因此具有重大的理论与实践价值。

法制现代化理论所特有的时间维度将我们的视角拉向历史深处。自清末以来,法制现代化一直是中国法制发展的核心主题。当下的社会主义法制建设、特别是"法治中国"的建设,不过是这一历史主题的延续而已。在百年法制现代化过程中,少数民族刑事"习惯法"一直处于法制改革的内在逻辑结构当中。因此,少数民族"刑事习惯法"理所当然的处在法学理论研究的视野当中,而藏区赔命价在其中占据着独特的地位。借助于法制现代化理论,我们可以清楚地看到藏区赔命价在中国刑事法制中的宏观位置:藏区赔命价是中国刑事法制在藏区推行所面临的背景性法律文化因素。我们也可以借此认清藏区赔命价难题的本质:赔命价是法的现代性进入藏区的一个障碍。因此,藏区赔命价的现代化是藏区刑事法制现代化的一个构成要素;而"法治中国"命题的提出,更是清楚的照亮了藏区赔命价等刑事习惯法在中国刑事法制现代化中历史命运。

所谓法的现代性,是源自西方法制现代化运动所呈现的现代法律的特质。在外部关系方面,法的现代性的发展结果表现为:法律与宗教的分离、法律与道德的分离、法律与习惯的分离。尽管中国法制现代化不等于西方化、藏区法制现代化也不等于"汉化",正如美国学者孔飞力所言:"'现代性'有着多种形式的存在,也有着各种替代性选择……不同的国家可以通过不同的方式走向'现代'的",[4] 尽管中国法制现代化作为世界法制现代化的一个环节,在具体内容和细节可能与西方国家存在差别,但是在法律形式和发展方式方面总是具有法的现代性的一般特征。"法治中国"是现代性在中国的最新表达,所以

---

[1] 周欣宇:《文化与制度:藏区命价纠纷的法律分析》,2009年西南政法大学博士学位论文。在其博士学位论文的结语中,作者提出了"赔命价习惯法的创造性转化"问题,但只是提出了问题没有展开。

[2] 邹敏:《少数民族习惯法与国家制定法的调适——以藏族"赔命价"习惯法为例》,载《西北第二民族学院学报》2007年第4期。

[3] 张锐智、黄卫:《论藏传佛教精神与司法权威的结合——藏族"赔命价"处理模式改革探析》,载《中国政法大学学报》2011年第6期。在文章的摘要中,作者提出了"赔命价的现代法制化改造"问题。

[4] [美]孔飞力:《中国现代国家的起源》,陈兼、陈之宏译,生活·读书·新知三联书店2013年版,译者导言,第7页。

"法治中国"命题理所当然地涵盖上述"分离"因素。就法律与习惯之间的关系而言，法的现代性的发展结果是法律与习惯的分离。习惯作为法律发展一个渊源，曾经与法律浑然不分，甚至可以认为习惯就是法律。但是在世界法制史的范围之内，各国民族习惯的最终命运是被边缘化："在法典化之前，习惯一直源源不断地向法律体系输送规则；但是正如我们所看到的，法典化一旦完成，法律就把习惯踢到一边。习惯完成了自己的主要历史使命，成为法律的配角——习惯被彻底边缘化了"。[1] 历史的看，总结西欧各国法制现代化的漫长历程，民族习惯在法制现代化过程中的命运是共同的，其一般模式为：民族习惯先是被捕捉，然后被改造或被重构，再被吸收或被排斥，最后是被边缘化。[2] 分析和总结习惯与法律发展关系的这个模式，对于我们认识中国法制发展过程中国家法律与民族习惯之间的关系、进而刑事法制与藏区赔命价等少数民族习惯之间的关系，具有重要的参考价值。

法的现代性的一种剧烈的表现形式就是法律告别传统乃至与传统决裂，这在大陆法国家尤其明显。因此，断裂注定是追随西方亦步亦趋的中国法制现代化的典型特征。这个断裂有三个表现：一是清末法制改革和民国法制建设以西方法理改造中华法系、重构中华法制；二是新中国成立伊始，以苏联为模板废止民国法制、构建社会主义法制；三是改革开放以来，又以西方法治理念重塑当代社会主义法制。每一次法律现代化的重构，都是对本国传统和本土习惯的巨大冲击。通过法制现代化的历史棱镜我们就可以看到，藏区赔命价等少数民族刑事习惯始终处于法制改革的外部张力之中，这是抑制不住的一种历史冲动。被捕捉、被重构和改造、被吸收和排斥，最终被边缘化，这个"习惯法"现代化的模式在藏区赔命价等少数民族习惯的现代化进程中一再上演。

强调藏区赔命价的现代性命运，我们的潜台词是暗示或者期待中国刑事法制现代化的美好未来。但是我们要清醒地认识到："现代性或许是一匹特洛伊木马，里面隐藏的东西可能会撕碎非西方国家正在寻求和谐文化发展的真诚渴望。"[3] 当下中国法制现代化面临着三重难题：法律移植与本土化的矛盾、现代化与传统的延续、统一性与多样化的调和。这是中国外发型法制现代化的结构性矛盾。我们可以看到，这当中的每一个矛盾中都会有藏区赔命价的身影。我们要看到法制现代化演进的长期性，因此，尽管可以通过规律性把握藏区赔命价的现代性命运，但是通往现代性的道路毕竟是漫长的，不可能一蹴而就。藏区赔命价的现代化只能是一种渐进式的现代化，在这个过程中，我们的任务是减少藏区赔命价现代化的冒进和盲目，使各种貌似对立的理论观点在相互碰撞的基础达成相互沟通、

---

[1] 王林敏：《民间习惯的司法识别》，中国政法大学出版社2011年版，第266页。
[2] 参见 H. Patrick Glenn, The Capture, Reconstruction and Marginalization of "Custom", *The American Journal of Comparative Law*, Vol. 45, No. 3 (Summer, 1997), p. 619.
[3] ［美］郝大维、安乐哲：《先贤的民主——杜威、孔子与中国民主之希望》，何刚强译，江苏人民出版社2004年版，第23-24页。

相互合作，共同促进藏区法制现代化的司法实践。

二、藏区赔命价现代化的既有方案

总体来看，学界对赔命价的研究基本上是围绕着赔命价与刑事法制之间的"对抗—博弈"模式展开的。藏区赔命价作为一个问题，官方、主要是政法机关应该如何治理，存在多种不同的主张和方案。虽然研究者未必以"法制现代化"理论的观点和方法作为理论支撑，但当我们跳出"对抗—博弈"模式，转向"法治中国"命题和"法制现代化"视角时，法制现代化理论便展示出相当大的开放性和包容性：这些主张都可以纳入"法制现代化"的分析框架中，作为藏区赔命价现代化的既有方案。大体上来讲有三种方案：

第一种方案是"取缔论"，即主张在司法实践中全面废止藏区赔命价，排斥藏区赔命价的司法适用。典型的"取缔论"认为，藏区赔命价是落后的农奴制残余，与社会主义法制不相容，要在理论上、观念上彻底否定它，在实践中禁止其存在和蔓延；"取缔论"拒绝承认赔命价有存在的合理性，进而否定通过赔命价解决刑事案件的"糊涂观念"。[①]"取缔论"的前期立场是法制统一原则，即认为赔命价的存在破坏了社会主义刑事法制的统一性，因此对其要坚持"整体否定原则"，即"从立法技术的角度，对习惯法的体例整体否定；从现实中对习惯法的作用进行否定，使之不得干扰正常的社会稳定和经济发展。……习惯法不得在实际生活中以法的形式和现代法共同发生作用，存在第二套法律制度。这是法制统一原则所不相容的。"[②]"取缔论"后期的立场是严格的形式法治，即面对民间习惯与国家法律的冲突，司法人员必须坚持一个原则："在现行法制的框架内，属于私法调整并遵循'当事人自治'原则的民事法律关系，可以允许当事人在民族习惯法或国家制定法之间选择适用；而对于属于公法调整范围内的案件，则国家司法必须介入，之后，如果有与本案相应的民族自治地方依法制定出的对《刑法》的变通或补充规定时，审判机关应优先选择适用；否则必须依《刑法》和《刑事诉讼法》做出的程序和实体规定进行审理，不得以民族习惯为由对抗国家制定法。"[③] 可见，在"取缔论"的主张中，根本没有赔命价存在和运作的任何空间。

第二种方案是"继受论"，即强调藏区赔命价存在的历史、文化乃至社会的合理性，因此应予以保留。典型的"继受论"认为藏区赔命价不宜"骤行废止"，而应在司法中考虑其存在的合理性，适用赔命价解决命案纠纷。"在杀人伤害案件发生后，公检法机关即使惩办了犯罪分子，但被害人家属的怨仇并未消除，只有赔偿命价，才能消仇解恨。不然的话又要实现血族复仇，酿成新的杀人、伤害案件。所以……保留这种制度能避免杀人、

[①] 徐澄清：《关于"赔命价""赔血价"问题的法律思考和立法建议》，载《人大研究》1998年第8期。
[②] 文格：《藏族习惯法在部分地区回潮的原因分析》，载《青海民族研究》1999年第3期。
[③] 杨鸿雁：《在照顾民族特点与维护国家法律统一之间》，载《贵州民族研究》2004年第3期。

伤害案件再度发生，对安定团结有利。"① "在多元的社会里，以国家法排斥所有其他非正式调节机制是不可能的。而且从实用主义的角度来看，只要能够解决实际问题，且不违背法律的基本价值精神，不违背社会公共利益和公序良俗，又何必将解决纠纷或冲突的机制强行地归一到国家法的唯一模式上来呢？"② 多数持"继受论"观点的论者的理论依据都是"法律文化论"，从法律文化的角度对藏区赔命价进行"同情的理解"，进而以"法律多元"命题为依据得出藏区赔命价司法适用的合法性。"对一些目前尚无条件以国家制定法替代的少数民族习惯法，从尊重民族文化的角度出发暂时予以照顾和认可。我国的国家制定法赋予少数民族习惯法一定效力，承认其在少数民族地区发挥一定作用。国家制定法尊重少数民族习惯法以某种方式存在。因此，对于民族地区的人命案问题，原则上根据当地习惯法给予必要的法律处分。一般的做法是在按照国家制定法处理命案的同时，主要由法院或政府出面，会同民族、宗教上层人士予以调处，对被害人的损失，根据当地、当事人实际情况进行赔偿，或主要由其自治组织按他们的习惯法自行处理。"③ 可见，"继受论"是以形式合法性为前提，提倡整体继受赔命价机制。

第三种方案为"改造论"，即认为藏区赔命价中既有过时因素，也有合理的因素，应当对其进行扬弃。"改造论"介于"取缔论"和"继受论"之间，因此，有的观点与"取缔论"较为接近，而有的观点则与"继受论"较为接近。与"取缔论"较为接近的"改造论"认为，赔命价应该废止，但是目前不具备条件，一时难以废除。④ "观念、思想意识领域的变革不是随心所欲的，采取强制性行政手段也难以奏效，移风易俗需要逐步地进行。因此民族地区的司法，在坚持国家法律统一性的同时，也应照顾民族地方的特殊性，因势利导。对赔命价这种旧意识残余逐步加以改造、引导，使其步入社会主义法制轨道。"⑤ 此种观点对待赔命价的态度相对比较强硬，因为不具备废止的条件才退而求其次，因此更加强调赔命价改造的官方主导地位，重视通过现行法制整合赔命价，视私自索取命价的行为是违法乃至犯罪行为，故可以称之为"强硬的改造论"。而与"继受论"接近的"改造论"认为，"任何法律都是相应的社会文化的产物，对诸如'赔命价'等少数民族刑事习惯法，只能从相应的文化传统中得到合理解释。不仅如此，少数民族刑事习惯法不仅仅具有法律性，更具有习俗性，对人的行为的约束力量远远超过一般的国家刑事制定法。因而，不应当仅仅站在国家刑事制定法的立场上，简单否定少数民族刑事习惯

---

① 陈光国：《藏族习惯法与藏区社会主义精神文明建设》，载《现代法学》1989年第5期。
② 衣家奇：《"赔命价"——一种规则的民族表达方式》，载《甘肃政法学院学报》2006年第3期。
③ 孔玲：《"赔命价"考析》，载《贵州民族研究》2003年第1期。
④ 辛国祥、毛晓杰：《藏族赔命价习惯与刑事法律的冲突及立法对策》，载《青海民族学院学报》2001年第1期。
⑤ 索端智：《关于"赔命价"与现行法律相协调的探讨》，载《青海民族研究》1996年第1期。

法。"①，正确的做法只能是"通过国家刑事制定法对其进行有效的渗透与整合"②。此种观点对批判和否定赔命价的形式法治观持强烈抵制态度，更加强调藏区赔命价自身的文化合理性，重视对赔命价运作机制的整体吸收，故可以称之为"温和的改造论"。

站在法制现代化的历史视角上审视，关于赔命价现代化的三种方案恰好符合制度演进的"正题—反题—合题"的历史辩证法。"继受论"认为，赔命价是民族法制的宝贵资源，有利于藏区刑事纠纷的彻底解决，因此值得珍视和保留，这是藏区赔命价现代化问题的正题。而"取缔论"则认为藏区赔命价是野蛮落后的藏区旧制度的衍生物，因此必须予以革除。所以，"取缔论"是藏区赔命价现代化问题的反题。而"改造论"则站在中间立场上，既主张革除藏赔命价的弊端，又主张汲取其合理因素，所以，"改造论"是藏区赔命价现代化问题的合题。

从辩证法的角度来看，无论是正题还是反题，都存在偏颇之处："取缔论"方案冒进、"继受论"立场错误。值得注意的是，对藏区赔命价进而少数民族刑事"习惯法"持否定态度的多为实务界的司法工作人员，他们基本上将赔命价视为社会治理问题，认为赔命价是藏区社会治安的隐患。因此，此种路径的赔命价研究存在将赔命价过度客体化的倾向，容易无意识的放大官方权威，所以他们提出的方案往往比较冒进。而对藏区赔命价进而少数民族刑事"习惯法"持肯定态度并主张对其进行保留的多为理论界的研究人员，此类研究往往从西方法律社会学或者文化人类学的一般结论出发，存在着将赔命价过度主体化的倾向，将赔命价视为与国家法平等对话的主体。因此，往往由此导致立场错误：这些论者忽视乃至无视合法性问题在现代法治理论中的核心地位，将严格形式法治贬低为"机械主义"法治观，因此无法与"取缔论"和"强硬的改造论"进行有效沟通。其错误的根源在于忽视"中国社会"的整体性，将"藏区社会"切割出来单独观察，所以能够得出其想要的藏区社会独特性的结论；但是，"中国社会"不是切割治理的，也不能局部的理解，我们只能从"中国社会"的整体性框架出发，来认识"藏区社会"的独特性，因此，合法性讨论是不可避免的一个话题。法制现代化的发展乃至"法治中国"的实践，要求突破"取缔论"和"继受论"的狭隘立场，实现藏区赔命价现代化的历史合题。

藏区赔命价是刑事法制中的"戈尔迪之结"，但幸运的是，我们现在有机会能够从容地、心平气和地探讨破解藏区赔命价现代化难题的方案，而不像清末民国的前人那样心有余而力不足，空对历史感叹国家多灾多难、感叹自己生不逢时。所以，我们应该抓住并珍惜这种历史机遇，为国家法制的现代化建设建言献策，贡献自己的绵薄之力。特别是在"法治中国"命题的前提下，立法机构的任务是制度供给，政法机关的任务是依法执法，

---

① 苏永生：《国家刑事制定法对少数民族刑事习惯法的渗透与整合——以藏族"赔命价"习惯法为视角》，载《法学研究》2007 年第 6 期页。
② 苏永生：《国家刑事制定法对少数民族刑事习惯法的渗透与整合——以藏族"赔命价"习惯法为视角》，载《法学研究》2007 年第 6 期。

而知识界的任务则是提供智识方面的支持，为立法和司法提供可行的参考方案。为此，我们需要在各种解决此难题的貌似对立的方案之间架起沟通的桥梁。

三、赔命价现代化整合的基本立场

站在当下重新审视藏区赔命价的现代化问题，"法治中国"是理所当然的理论和实践前提，从这个前提出发，要求赔命价的解决方案不仅要具备政治正确，而且要具备法律正确。我们当然需要"同情的理解"藏区赔命价，因此需要法律社会学、文化人类学等"内部视角"的观察和深描。但是理解赔命价的目的不在于将其作为法律制度的活化石从国家法制中抽离出来，作为非物质文化遗产进行原生态的保护，而在于如何合理有效地整合其有益因素从而降低藏区刑事法制运作的社会成本。前文已经证明，在法制现代化的立场上，现代性是习惯法的历史宿命，赔命价被国家法吸收、改造乃至排斥是其自身的必然性。所以关于赔命价的"改造论"的观点整体上是可取的。但既有的"改造论"方案理论根据不够坚实、实施方案不够细致，存在着较大的拓展空间。比较而言，笔者更倾向于"强硬的改造论"，因为"温和的改造论"也隐含着基于"法律多元"而产生的立场错误。笔者将本文的观点称为"新整合论"，"新整合论"与之前的"改造论"在基本立场方面有如下区别：

第一，从政治前提来看，"新整合论"以"法治中国"命题为前提，强调赔命价案件治理的法律效果。当"依法治国、建设社会主义法治国家"命题提出之后，很多论者根据法治理论批判赔命价，这被人视为政治跟风和政治献媚。"20世纪末，在党中央提出'依法治国，建设社会主义法治国家'的治国方略之后，有相当一部分法学理论工作者不顾法治社会的形成机理，一度在'依法治国'的高歌猛进中失去了理性。……诸如此类的批评具有动员性质，与其说是一种学术观点，不如说是一种政治话语。"[①] "考察一下'赔命价'习惯法的历史沿革不难发现，对'赔命价'习惯法的批判主要发生在我国提出依法治国方略和在刑法中确立罪刑法定原则之后，而在此之前对其的批判则较为少见。这一事实表明，这种批判有迎合依法治国基本方略和罪刑法定原则的嫌疑。"[②] 理想状态中，学术研究强调中立，不应该政治跟风。但事实上，任何一种法学理论的背后都有一个政治前提，无论研究者自觉还是自发。就此来看，无论是"强硬的改造论"还是"温和的改造论"，其背后都是"维稳"思维，强调赔命价案件治理的社会效果。因为在藏区，赔命价问题从来不是单纯的法律问题，而是融合民族问题、宗教问题、法律问题、政治问题的综合体，因此赔命价问题往往被视为社会稳定的政治问题而不是法律问题。如果不是维稳需要，"强硬的改造论"恐怕会立刻退回到"取缔论"立场。吊诡的是，被政法机关视为治

[①] 苏永生：《国家刑事制定法对少数民族刑事习惯法的渗透与整合——以藏族"赔命价"习惯法为视角》，载《法学研究》2007年第6期。

[②] 苏永生：《"文化的刑法解释轮"之提倡——以"赔命价"习惯法为例》，载《法商研究》2008年第5期。

安混乱渊薮的赔命价机制，恰恰又能够促使藏区命案达到"案结事了"的良好社会效果。因此，维稳思维就成了"温和的改造论"坚实的立论基础，也成了"强硬的改造论"不得不考虑对赔命价机制进行整合而不是取缔的一个主要因素。但毫无疑问的是，维稳思维是一种政治思维，是在特定历史条件下的一种政治指引，有基于其特定背景的时代合理性。

在"法治中国"命题引领下的"新整合论"更强调"法治"思维。赔命价案件的处理，同任何其他刑事案件一样，都有社会效果和法律效果。同样一个问题，根据"维稳"思维和"法治"思维，可能会得出不同的结论。以"维稳"思维为前提的"温和的改造论"追求的赔命价案件治理的短期社会效果，"温和的改造论"所赞赏的赔命价案例几乎都有一个共同特征：社会效果良好，但法律效果却遭到压抑乃至忽视。"稳定是大局"，这个命题本身没有什么错误，但是"维稳思维"将其教条化就值得商榷了，特别将其导入司法作为司法机关衡量工作绩效的标准时尤其如此。而以"法治"思维为前提的法制现代化理论则追求长期的法律效果。"法治思维"注重形式理性，"法治"要求司法者首先注重赔命价案件处理的形式合法性，而将案件处理的社会效果作为参照考量因素而不是最高考量标准，当法律效果与社会效果产生冲突时，司法者应当以法律效果优先。"法治中国"是一个伟大的民族事业，在这个伟大事业中，藏区政法机关不能因为追求短期的社会效果而忽视长期的法律效果。

第二，在学术立场方面，与"法治中国"命题一致，"新整合论"主张法律实证主义，坚持规范法学进路。这就突出地表现为强调法律的国家性、法制现代化过程中的官方主导性、赔命价民间运作的非法性以及国家法制吸收赔命价的制度途径。"新整合论"的这些基本主张与"强硬的改造论"大体一致。按照前述"温和的改造论"观点，"新整合论"也有进行政治献媚的嫌疑。"温和的改造论"的学术立场大体是法律社会学和文化人类学，基于这个立场，"温和的改造论"者应当看到当代中国法制实践的一种基础的制度事实：中国法制现代化的"引擎"在政府，由官方主导，是一种典型的外发型法制现代化。"新整合论"的学术立场正是从这种制度事实出发，关注藏区赔命价现代化的制度设计、强调赔命价融入司法实践的制度途径。"法治中国"命题要求法学理论研究要注重实践价值，因此，对藏区赔命价的研究，无论是基于规范法学还是法律社会学，最终都要导向解决赔命价的合法性问题，对赔命价的现代化问题提供解决方案。否则，藏区赔命价研究将成为书斋里的自娱自乐。

法律社会学和文化人类学研究的长处在于案例调研与实证，规范法学的长处在于制度分析，两者之间并非截然对立，而是应该形成互补。虽然"温和的改造论"也提供藏区赔命价的改造方案和制度设计，但多数"温和的改造论"却从法律社会学的角度反对形式法治观，从赔命价的运作效果得出赔命价的正当性与合法性，这种论证过于生硬。"新整合论"认为，运用法律社会学和文化人类学的方法，我们不仅要"同情的理解"赔命价，也应该从事实描述中发现赔命价的非法性，从中体悟藏区政法机关否定赔命价的内在动机,从而"同情的理解"藏区政法机关。正如卢曼所言,"合法/非法"这对符码是法学理论的基本话语结构,是法律作为一个自创生系统的基本的功能性要素①。在这个意义上,"新整合论"对赔命价进行的合法性分析,目的并不在于全盘否定赔命价,而是基于"法治中国"命题的要求,通过制度分析寻求藏区赔命价与国家法制的契合点,从而进行合理的制度设计整合赔命价,完成藏区赔命价的实证化和形式化。

第三,从研究方法来看,"新整合论"强调对赔命价进行结构分析。在有的论者眼中,藏区赔命价是一种实体规则②;而在另外一些论者眼中,赔命价则被视为一种纠纷解决机制③;还有的论者将赔命价理解为一种传统观念和意识④。准确、完整的界定研究对象,是结论准确性和制度设计完整性的充分必要条件。上述这些界定显然是片面的,所以由其引导的赔命价现代化整合方案往往过于笼统、以偏概全;或者层次不清晰、逻辑较混乱、体系不完整,容易挂一漏万。比如,笔者见到的较为严整的赔命价变通立法的方案,涉及命价支付的数额、用途、赔偿程序、调解组织;以及命案的范围、犯罪主体的范围、地域范围;对私下赔偿命价问题的处理;等等。⑤ 方案设计不可谓不详细,但其中却没有涉及加害方没有赔偿能力时如何处理的问题,原因可能是没有考虑刑事法制的责任自负、有限责任和赔命价中团体责任、无限责任之间的关系。而这一点是藏区赔命价与现代刑事法制在观念方面的关键区别。

结构主义方法论可以使我们认识到,藏区赔命价是由命价观念、命价规则、命价机制构成的有机整体。其中,命价观念是最深层次的驱动力,命价机制是外显的实践形态,命价规则是观念的外化、行动的规范依据。藏区赔命价的这三个层面、三种构成要素的相互关系如下图所示:

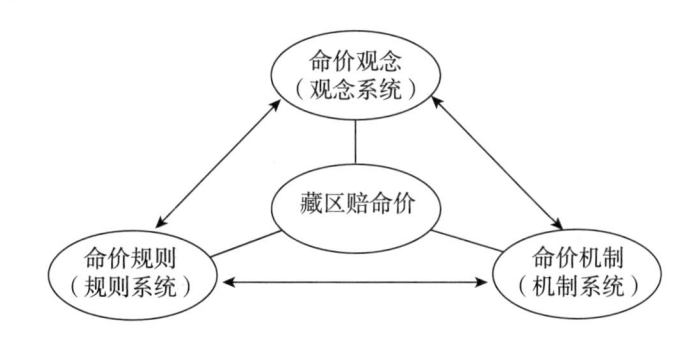

图 1 藏区赔命价的构成要素及其相互关系

---

① [德]卢曼:《法社会学》,宾凯、赵春燕译,上海人民出版社 2013 年版,第 428 页。
② 参见孙镇平:《西藏"赔命金"制度浅谈》,载《政法论坛》2004 年第 6 期。
③ 参见辛国祥、毛晓杰:《藏族赔命价习惯与刑事法律的冲突及立法对策》,载《青海民族学院学报》2001 年第 1 期。
④ 参见索端智:《关于"赔命价"与现行法律相协调的探讨》,载《青海民族研究》1996 年第 1 期。
⑤ 参见辛国祥、毛晓杰:《藏族赔命价习惯与刑事法律的冲突及立法对策》,载《青海民族学院学报》2001 年第 1 期。

"新整合论"提倡将结构主义方法论引入赔命价研究，不一定比其他方法更深刻，但可能比其他方法更加清晰，所得出的改造方案也可能更为完整、严密。

四、赔命价现代化整合的基本思路

我们分析出藏区赔命价的三个构成要素，也就揭示出藏区赔命价现代化深层结构的三个层面，即命价规则系统的现代化、命价行动系统的现代化、命价观念系统的现代化；从这三个方面分别分析命价规则与刑法规则、命价机制与刑事司法体制、命价观念与刑事法制观念之间的契合与抵牾之处，我们就可以得出藏区赔命价整合的基本思路，从而提供其整合的制度设计方案。

首先是命价规则系统的现代化。刑事习惯的现代化并不是要彻底消灭所有的刑事习惯——而只是要整合严重刑事犯罪领域中的刑事习惯，藏区赔命价恰恰属于这个领域。刑事习惯的现代化也不是要彻底拒绝刑事习惯在刑事司法中的话语权，而是要规划刑事习惯在刑事司法中发挥作用的途径和方式，所以，赔命价的现代化意味着司法机关通过国家刑事法制的相关制度整合赔命价中的有益因素，从而将赔命价纳入法制轨道，改变赔命价发挥作用的方式。用一个简单的图示来表达命价规则与国家法制之间的对应关系，或许更加直观明了：

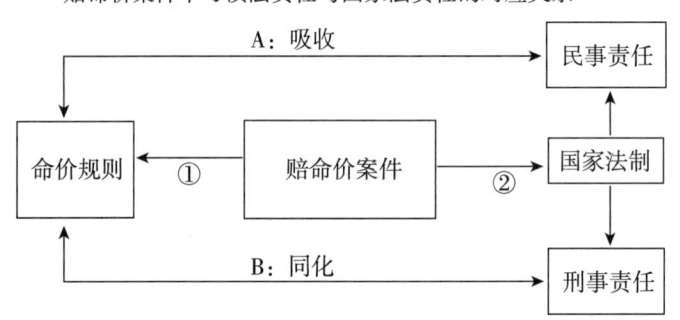

赔命价案件中习惯法责任与国家法责任的对应关系

①按照命价规则追究责任；
②按照现代法律追究法律责任
A层面的对应关系：解决受害方"求财"问题
B层面的对应关系：解决加害方"免死"问题

图2 赔命价与国家法的对应关系

按照上述对应关系，我们的思路就很清晰了。命价规则的现代化整合，实际上是按照命价规则承担的责任与按照现代法律所需要承担的两种法律责任之间的相互关系问题。所以，要想论证命价规则的现代化整合，需要完成两个任务：首先需要站在受害方的角度，论证其索取命价的行为是否具有合理性，这个问题就归结到命价的构成要素在现代法律视野中是否具有合理性，是否可以与现代法制中的相关制度进行对接从而实现现代化；其次，站在加害方的角度，考察现代刑事法制所规定的刑事责任对命价责任形式的同化，为此我们需要考察加害方根据命价规则要求免除刑罚的诉求在现代法律的视野中是否可能被接受。

在第一个层面上，"命价"规则与国家刑事法制的制度对接途径是通过刑事附带民事责任追究加害人的民事责任，即通过刑事诉讼法和侵权责任法所构建的死亡赔偿责任体系吸收和消化藏区民间的命价规则所包含的各种要素。而从死亡赔偿金在中国法律体系的建立过程，我们可以得出一个结论：藏区赔命价与刑事司法的冲突其实是一个假象，是一个用少数民族话语包裹起来的全局性问题的特殊表达形式。被害方对死亡赔偿金的诉求与司法机关对死亡赔偿金的暧昧态度之间的冲突并非藏区特有的现象。在2003年之前，全国范围内的司法系统均不承认死亡赔偿金，只不过藏区民众在传统赔命价习惯法的驱动下，使得藏区民间与刑事司法之间冲突较之于内地更为剧烈而已。如果受害方的利益可以通过官方途径得到救济，那么，习惯法因素的影响就可能被淡化。

在第二个层面上，藏区赔命价实体规则的现代化还需要刑事规则的责任形式对赔命价的责任形式进行同化，以平衡刑事加害方的利益诉求，这个问题相对而言比较难办。要想平衡加害方的利益诉求，就需要在赔命价与刑事法制之间寻求折中方案。对通过司法途径赔偿受害方物质损失的加害人，除了极少数罪大恶极必须判处死刑的，司法机关在量刑时应当作为减轻处罚的一个情节加以考量。即使这种折中方案也可能会受到藏区群众的质疑，加害人无论受到何种刑罚都是"一羊剥两皮"。这是赔命价现代化整合的难点之一，也许只有时间才能改变这个差异。通过每一个刑事司法判决的示范，逐步促进藏族群众对国家刑事法制的认同，这是一个缓慢的、渐进的过程。

其次是命价行动机制的现代化。命价机制的现代化在理论上意味着，我们需要认真探讨藏区刑事司法中是否存在着命价机制发挥作用制度空间，从而进行合理的制度设计，将命价行动机制纳入正式制度的轨道。

与古代的赔命价制度不同，现代的赔命价主要是一套解决纠纷的程序机制，即，赔命价已经由古代的实体规则演化为一种由第三者居中调停、当事双方进行谈判的、类似于调解制度的纠纷解决机制，是典型的程序法。这个变化是实质性的：在当前的藏区，并不存在严格意义上的"赔命价"制度，赔命价的形式理性丧失了；只存在一种以私人暴力为前提的、通过第三方调解而获取赔偿的民间纠纷解决机制，我们将其称为"私了"或许更能准确表达这种机制的性质。从运作模式和角色分化来看①，赔命价机制事实上包含两个层次：一是达成命价协议的过程，这个过程的实质是调解，笔者将其称为"藏式调解"；二是命价协议的执行效果，即当事人之间的和解。藏区赔命价是命案双方当事人在调解机构

---

① 参见王林敏：《无需官方参与的"刑事司法"：藏区赔命价运作机制的法社会学解读》，载《山东科技大学学报（社会科学版）》2015年第5期。

的主持调解下达成的和解，其最大的司法价值在于能够彻底的解决纠纷。

藏式调解对和解形成支配关系。也就是说，赔命价运作机制所展示的不仅是"杀人者赔"的实体规则或者"杀人者如何赔"的程序机制，更是基于角色分化而产生的权力支配关系。这种权力支配关系虽然是一种调解程序，但是也呈现出申请、受理、审理、决定、执行等各个环节。在这种权力支配关系之下，我们可以得出如下推理：浪漫的"无需法律的秩序"①的背后，其实是"无需国家力量参与的刑事司法"。②所谓的"国家法与民间法之间的对话"在很大程度上是一种虚构，真实的对话关系发生在国家权力支配结构和民间权力支配结构之间。主要不是国家法对习惯法呈现出高高在上的傲慢和打压姿态，而是国家权力支配结构对民间权力支配结构呈现出傲慢和打压姿态。此处，我们就触及了赔命价行动系现代化整合的核心问题，即实现藏区命案纠纷解决机制中的权力支配关系的改造乃至彻底置换，消解藏区民间权力因素对国家司法的负面影响。

所以，赔命价行动机制的现代化中，藏区政法机关要处理好两个层面的关系，一是政法机关与当事人之间的关系，这个层面要解决的问题是如何控制当事人之间的暴力因素，把当事人吸引到政法机关中来；二是政法机关与调解组织之间的关系。前者是对当事人私力救济的介入和改造，后者是对赔命价调解组织的整合。

最后是命价观念的现代化。当代赔命价在表现形式上是民间对于古代藏区赔命价的一种集体的记忆。因此，当下的赔命价与其说是一种规范，倒不如说是一种观念。至少，如下的论断是成立的：在"杀人者赔"中，规则和观念是纠缠在一起的。从藏族受害方"刑可以不判，命价不能不要"的理直气壮地宣称中，我们可以分析出其话语背后存在一种强烈的观念支撑。在具体案件中，人们讨论如何赔偿，此时"杀人者赔"是行动的根据，即据以解决纠纷的根据；当人们发思古之幽情，将"杀人者赔"视为藏区法律文化的独特现象时，"杀人者赔"即表现为一种抽象的观念，是赔命价机制运作正当性的文化渊源。不仅仅"杀人者是否应当赔"这个层面上，即命价规则的背后具有一种牢固的观念支撑；在"杀人者如何赔"的各个环节，即命价的背后也有一系列的观念支撑。当把这些藏区传统法制观念罗列在一起与现代法制一一对照时，我们便可以发现藏区赔命价现代化的更深层次的必然性。

五、赔命价现代化整合的制度路径

理清了藏区赔命价现代化整合的结构和层次，我们就可以据此提出藏区赔命价现代化整合的具体措施和制度设计。

---

① "无需法律的秩序"常被中国论者用来证明民间习惯的生命力乃至存在的正当性，语出［美］埃里克森：《无需法律的秩序——邻人如何解决纠纷》，苏力译，中国政法大学出版社2003年版。

② 参见王林敏：《无需官方参与的"刑事司法"：藏区赔命价运作机制的法社会学解读》，载《山东科技大学学报（社会科学版）》2015年第5期。

首先是赔命价实体规则的改造方案。当下藏区赔命价由以下几个要素构成：调头金、丧葬费、安慰金、悔罪金、诉讼费、煞尾费、超度费等，[①] 上述七项费用显然是论者根据近代藏区土司司法中的部落赔命价的构成要素所进行的推论，但却忽略了传统命价构成中最核心的要素，即"命价正额"。所以，命价费用应由八项要素构成。命价要素与国家法制的对接有两个问题需要处理：第一，如何在国家刑事法制中给"赔命价"中的合理成分定位；第二，采取何种名义，即"赔命价"的传统名目在当代刑事法制中是否合适。根据刑事诉讼法和侵权责任法的相关规定，我们可以看出，国家法的规定与赔命价实体规则的构成要素之间有交集，但不完全相同：

第一，两者之间完全一致的是对"丧葬费"的规定，都要求对受害人的丧葬支出进行赔偿；所以，国家法吸收命价中的丧葬费要素没有任何技术上的障碍。第二，"命价正额"在国家法中也有相应的规定，即"死亡赔偿金"。关于死亡赔偿金，新刑事诉讼法及其司法解释并没有明确将其认定为被害方的物质损失，但同时也没有否认其物质损失的属性。在刑事诉讼法没有明确规定的"死亡赔偿金"的条件下，可以参考侵权责任法以及最高人民法院的相关司法解释。而根据侵权责任法第16条，侵害他人造成死亡的应当赔偿死亡赔偿金。可见，在当下的法律体系内，藏区赔命价中的"命价正额"完全可以表达为"死亡赔偿金"，基本上没有司法技术方面的障碍。由此，我们可以看到，在物质损失的补偿方面，当下的国家法和藏区习惯是相通的，并不存在根本的冲突。第三，超度费。超度费是藏民基于宗教信仰而在受害人殡葬过程产生的经济支出，尽管按照现代科学的观点这项支出带有迷信的色彩，但是具体到藏区特殊的宗教文化环境，此项支出具有基于宗教信仰的合理性。因为此项支出发生在殡葬过程中，所以，可以考虑将其纳入"丧葬费"之内。第四，煞尾费和安慰金。"命价"规则这两项要素比较难以处理。煞尾费显然具有精神抚慰的因素，目的在于安抚受害方，所以，煞尾费和安慰金都属于精神抚慰金的范围。麻烦在于，"新刑诉解释"第163条明确规定："因受到犯罪侵犯，提起附带民事诉讼或者单独提起民事诉讼要求赔偿精神损失的，人民法院不予受理。"也就是说，现行法律体系并不支持因刑事犯罪而产生的精神损害。从利益平衡的角度或许可以化解这个问题。因为藏区"命价"的构成要素并不包括误工费、医药费、营养费、交通费等项目，所以，按照国家法律计算出来的误工费等各项费用可以大体可以与精神抚慰金相抵。这就说明，受害方如果按照国家法来计算损失，并不"吃亏"。

关键是"名分"问题，名不正则言不顺。在国家司法中，藏区命案的当事人再不能以传统"命价"的名目来主张赔偿，而只能以死亡赔偿制度所规定的各项要素来主张自己的损失，司法机关也只能以丧葬费等国家法制的规定来处理受害方的主张。名分问题并不仅

[①] 参见穆赤·云登加措：《被误解的文化传统——论藏族赔命价的内涵》，载《甘肃理论学刊》2012年第6期。

仅是个形式问题，而是一个合法性问题。也就是说，如果按照现行法律的规定来理解藏区传统的"命价"规则，就意味着赔命价在刑事司法中失去了自己的位置，在形式上便可能被完全消解。

其次是对赔命价行动机制的改造。针对赔命价行动机制的两个层面，就制度设计而言，需要通过建立死刑和解制度对当事人之间的"私了"进行整合；通过藏区大调解机制对藏式调解进行整合。从法理的角度而言，我们可以从授权性规则和禁止性规则两方面入手对涉及的规则进行分析。

在授权性规则方面：

第一，按照行政区划的级别，普遍建立调解组织及其常设机构；常设机构负责调解组织的召集。村落的调解组织负责处理村落内部纠纷的命价问题；乡镇机构负责村落之间的刑事案件的命价调解；县级调解机构负责处理跨乡镇的、以及县域内重大的乡镇调解组织无法处理的案件的命价问题；以此类推，地区（自治州）和省（自治区）级，也建立相应的调解机构，处理跨地区和跨省的纠纷。以往采取的工作组调解的形式，可以由常规化的调解组织取代。第二，在调解组织的人员组成方面，各级调解机构可以设立一个成员数据库名单，吸收政府机关的政法干部、地方僧俗权威人士、一般藏族群众加入。数据库名单可以按照上述三个类别进行分类，需要在各个方面都具有广泛的代表性，以体现社会主义刑事司法的民主性。第三，当发生案件时，由常设的调解机构从数据库名单中按照上述三种成分各占三分之一的比例组成调解委员会，由相关的政法机关人员担任调解负责人。这种构成既反映政府主导、也体现地方民间权威、也有一定群众基础，充分体现社会主义民主性。这样可以改变过去赔命价磋商程序中，只有僧俗权威具有发言权，而一般群众只能旁观的状况。被选中的成员员有义务参加调解，如有特殊情况的确不能参与，可以经过磋商调换成员，但人员比例不能改变。第四，在委员会主持下，案件的加害方和受害方商讨命价的具体事宜，就赔偿的范围、赔偿的数额、赔偿方式达成赔偿协议。赔偿协议需要适当考虑加害方的赔偿能力，不能随意扩大赔偿义务人的范围。第五，赔偿协议需要双方当事人、调解参与人各方签字，由调解机构盖章确认；调解协议经人民法院确认后，在调解机构和司法机关的监督之下，加害人履行赔偿义务。在条件允许的情况下，可以规定加害方交付保证金，由司法机关保管，协议生效后转交受害方。第六，人民法院对调解协议进行确认之后，可以将命价协议执行情况作为对犯罪嫌疑人定罪量刑的酌定情节予以考量。

在禁止性规范方面：

第一，在建立正式的调解机构的基础上，命案（以及其他刑事案件）的民事部分只能通过司法机关安排官方调解、确定命价；禁止任何形式的"私了"或者私下调解。第二，对于违反规定，私自"出兵"威胁或报复加害人及其家属的受害方亲属，如果造成新的命案或者伤害案件，司法机关可按加重情节量刑；如果未造成命案，则按治安管理处罚法追究行政责任。政法机关主导的调解应拒绝任何形式的"退兵费""退兵款"。对通过"出兵"私了取得命价的,按敲诈勒索罪处理,命价一律没收,上缴政府财政,作为刑事案件的国家赔偿专项基金。第三,对于违反规定进行"私了",取得命价的受害方,隐瞒案情,销毁证据,包庇犯罪嫌疑人的,按照伪证罪、帮助毁灭、伪造证据罪处理;对于交付命价,试图通过命价收买受害方帮助毁灭证据或者作伪证的,按照妨害作证罪、包庇罪处理。第四,对于未经允许私自参与命价的追讨或者私自召集、主持或参与命价商讨的第三人,按照妨害司法追究行政或者刑事责任。第五,命价交付后,双方案结事了。受害方不得以任何形式滋扰加害方及其亲属;加害方也不得反悔。不得以任何形式对加害方施以强迫离开居住地等法外刑罚。第六,在明确规定人民法院将命价协议执行情况作为酌定情节的条件下,调解组织和当事人在协议达成后,不得干涉刑事司法,不得以任何方式向人民法院施加压力。

最后是命价观念的整合,其实质是藏区法律精神的养成,长期的战略是系统而规范的普法教育,最终目标是实现藏区刑事法制的文化认同。这是由藏区外发型法制现代化自身的规定性决定的,基本上是理论和实务界人士的共识①。藏区普法教育主要涉及两个方面的问题:一是普法教育对象及其层次、二是普法教育的途径。从制度设计角度来看,重点在于后者。主要立足于两个方面:一是系统的法制宣传,这一方式主要通过典型案例的示范效应来实施,需要通过制度建设明确主体、任务和目标,实现普法教育的规范化、法制化和常态化;二是系统的学校法制教育。前者是宣传抓手,后者是重中之重。藏区普法教育的目光应当放长远,通过青少年的法制教育改变藏区法制观念。如果说过去藏区学校法制教育不系统、不健全,因此效果不显著,那么,在今后的藏区学校教育、特别是中小学教育中系统的引入法律课程,将包括刑事法制在内的国家法制知识化,贯彻到藏区教育系统中,恐怕是藏区社会形成规范认同、全民守法的不二正途。这种设想以前有点痴人说梦的味道,但在当前乃至今后,应当成为一种制度性措施。较之于典型案例普法教育的生硬色彩,学校教育的长处在于润物无声。这样,经过一代人乃至两代人的长期努力,改变藏区群众的法律观念便不只是纸面上的规划,而将会成为行动中的结果。②

总之,对赔命价进行现代化整合以便使其在刑事司法中发挥正面作用,其与刑事法制相契合的部分将会得到创造性的运用,而与现代法制相冲突的部分则需要被舍弃。较之于清末至共和国初期民主改革阶段的赔命价的现代化,"法治中国"引导下的藏区赔命价的现代化是深层次的现代化。这个阶段的赔命价现代化,不仅要从法律层面废止赔命价的效

---

① 通过法制教育改造藏区法律观念的提法不绝于屡,参见顾建华:《青海蒙藏地区"赔命价"和"罚服"规范探析》,载《青海社会科学》1990年第1期;吴剑平:《对藏族地区"赔命价"案件的认识和处理》,载《法律科学》1992年第4期;索端智:《关于"赔命价"与现行法律相协调的探讨》,载《青海民族研究》1996年第1期。

② 更详细的论证,参见邱会东、王林敏:《论藏区法制现代化中的文化认同》,载谢晖、蒋传光、陈金钊主编:《民间法》(第18卷),厦门大学出版社2016年版,第220-221页。

力，而且要完成对命价规则的整合和对命价机制的吸收，在观念层面上彻底瓦解赔命价的正当性基础。废止赔命价规则的形式合法性很简单，可以通过一纸政令即可完成；但要彻底改变赔命价的正当性，则是一个巨大的社会工程。就目前藏区法制的情形而言，赔命价与刑事法制的"对抗－博弈"似乎展示了赔命价顽强的生命力，但历史的看，此种情形其实是改革者——在"取缔论"改造模式的引导下——操之过急、操作不当造成的。正如埃尔曼所言："在现代化过程中操之过急的国家，当政治领导人或社会改革家粗暴的对待妨碍他们的正当利益和势力时，淡化这些领导人和改革家们的激情是法律家责无旁贷的任务。"① 实现藏区赔命价的深层次现代化需要学术界的智识支持，至少，学术界有责任通过冷静的理性分析，淡化改革者的激情、减少法制改革的盲目性，从而降低法制改革的社会成本。

这是一项长期的历史任务，我们需要的是信心和耐心。

An Approach on the Modernization of the Tibetan Wergild

Wang Linmin

Abstract: The revival of the Tibetan wergild has become a problem of the construction of the criminal system in Tibetan area, the essence of which is the obstacle of the modernity of the law entering into Tibetan area. During the course of the legal modernization, it is the fate of the Tibetan wergild to be absorbed, changed or excluded by the legal system. On the background of the rule of law in China, the modernization of the Tibetan wergild means absorb the useful factor and exclude the outmoded factors by system construction, that leads to the integration of the Tibetan wergild. So we need to seize the structure of the modernization of the Tibetan wergild through rule, the mechanism and the notion of the Tibetan wergild to seek the possibility of the abutment between the Tibetan wergild and the legal system, according to which we can carry out the institutional design and construction.

Key Words: Tibetan Wergild; Rule of Law in China; Modernization; Modernity

（编辑：田炀秋）

---

① ［美］埃尔曼：《比较法律文化》，贺卫方等译，清华大学出版社2002年版，第246页。

硬性主导到"共生而治"：
乡村法治的转换逻辑与路径指向*

胡卫卫　纪春艳　佘　超**

摘　要　软法规范的兴起及时回应公共管理的多重权威趋势，不仅为中国有效融入全球治理寻求制度依据，也为乡村治理转型提供学理支撑。作为法治建设的"一体两面"，硬法和软法各自遵循"自上而下"的规范建构和"自下而上"的内源自生两种不同的运作逻辑。在现有的国家治理体系和乡村法治架构内，软法和硬法之间形成一种"中心－外围"的构造模式。比较分析认为硬法供给的"自治型法律模式"和软法供给的"回应型法律模式"形塑出刚性治理和柔性治理两种不同的乡村治理范式。柔性治理着眼于硬性权威不能满足社会变革的治理诉求，通过非强制性手段积极培育以"公众为中心"的动态发展机制，成为软法驱动下乡村治理转型的模式选择。依据软硬协同的理念，基于"共生而治"的研究视角，从发挥农村基层党组织的政治引领功能，深化柔性治理模式的实践基础，厘清软法与硬法效力位阶和建构"共治"而生的良性机制等方面提出有效策略，旨在有效推进乡村法治转型和乡村振兴战略的实现。

关键词　柔性治理　治理转型　乡村善治　软法规范　硬法

一、研究缘由与问题提出

作为农村基础工作的重要构成，乡村法治建设不仅关乎乡村善治的实现进程，也是推

---

* 国家社会科学基金重点项目：乡村振兴背景下农村基层"社会治理共同体"建设研究（项目编号：20ASH010）；四川省高校人文社会科学重点研究基地项目：乡村振兴背景下柔性治理的运作机理及实践路径研究（项目编号：SQZL2021B07）。

** 胡卫卫，管理学博士，西北农林科技大学（人文社会发展学院）副教授；纪春艳，管理学博士，山东社会科学院（人口学研究所）助理研究员；佘超，上海财经大学（马克思主义学院）博士研究生。

进"乡村振兴"战略有效落地的重要保障。2020年3月,中央全面依法治国委员会印发了《关于加强法治乡村建设的意见》,明确提出到2035年要基本建成法治乡村。软法和硬法是法治建设的"一体两面",硬法主要通过行政权力的规制实现对社会的管控,而软法倡导人心儒化的情感回归维系社会公共秩序。然而,在乡村治理实践中,由于自由理念和公共精神的缺失,村民自治在很大程度上是国家理性建构的结果而缺乏社会内源生成的基础。在中华人民共和国成立后的很长一段时间,国家硬法形塑政治管控的法律基础,"全能政府"和"精英政治观"占据主流地位,这是乡村刚性治理范式发生的内在渊源。硬法主导下的乡村治理范式对于维系社会稳定、控制人口数量、打击违法犯罪等有积极的作用,但也带来干群关系紧张和群体性事件频发等政社互动失衡问题。尽管"多中心主义"的思潮不断丰富乡村治理实践,但受"国家中心主义"的影响,乡村社会对政府的依赖性仍然很高。同时,传统的法律理论将法律作为国家意志的表达和政府行政的手段,"工具主义"的法律观在强调硬法至上的同时也弱化软法的价值功效。随着社会语境和乡情的变迁,"国家立法中心主义"[①]的弊端愈加明显,传统硬法主导的乡村法治格局是否对当前的乡村社会仍具解释力成为我们不得不思考的命题。中共中央印发的《法治社会建设实施纲要(2020-2025年)》中明确提出:"加强对社会规范制订和实施情况的监督,制订自律性社会规范的示范文本,使社会规范制订和实施符合法治原则和精神",为新时期乡村法治体系的建构提供政策支持。国家治理能力和治理体系现代化背景下,作为"三治融合"治理体系的重要构成,营造良好的乡村法治环境并创新乡村治理模式是推进乡村振兴战略有效落地的保障。故此,作为推进乡村善治的重要工具,如何重新认识和定位软法规范的法律地位和现实价值?如何以软法规范推进乡村治理模式创新?以及建构怎样的乡村法治体系是亟待探讨的学术话题。

二、规范建构与内源自生:社会法治的两种基本逻辑

(一)硬法与软法:法治建设的"一体两面"

伯克利学派依据政治和法律的关系将社会转型期的法律模式分为"压制型""自治型"和"回应型"三种类型。政治和法律高度一体的"压制型法律模式"因其正当性和合法性不足而遭受质疑,而拥有专业化话语体系和权力正当性的自治型法律和回应型法律则受到国际社会的青睐。硬法是通过明晰的文本规定各行动主体的权利义务关系,作为具备严格实施力的法律规范,外在的强制力、普适性和可预知性是其基本特征[②]。一般来说,硬法凭借宏观的强制性制度框架,不仅能够有效制约行政权力的异化还能确保公民权

---

① 刘作翔:《回归常识:对法理学若干重要概念和命题的反思》,载《比较法研究》2020年第2期。
② 廉睿、高鹏怀:《整合与共治:软法与硬法在国家治理体系中的互动模式研究》,载《宁夏社会科学》2016年第6期。

利的最大化，"自治型法律模式"是以硬法主导的法律建构模式。软法是西方学者提出的概念，最早应用于国际法领域，后来逐步在国内法领域得到推广和应用。国际关系的特殊性决定了国际法必须用协议或者惯例的方式约束主权国或国际社会成员的行为，这种约束力是以自愿、合作和协商而非强制力实施为前提的。在"回应型法律模式"中，法制具有开放性和弹性的特质，强制力的弱化改变了传统法律模式中执法者与被执法者的二元对立格局①。作为"法律社会化"的产物，软法驱动的"回应型法律模式"是社会组织和"第三方力量"推动的结果，旨在将指导性、激励性和宣示性的非强制规范运用到法律体系建构中。因此，硬法与软法形成法治建设的"一体两面"，社会发展离不开任何一种法律规范。

(二) 国家规范建构：硬法的治理逻辑

法律作为一种规范工具具有治理的功效，通常所说的"法治"即借助法律手段实现社会的有序治理。硬法具有明确的责任制度，如果违反硬法就要承担相应的责任，这种强制性的规定对违法行为主体具有明确的惩罚效力。在公共治理场域，硬法功效的发挥主要是通过行政权力的强制力来推进的②。政府和社会是公共治理的核心变量，衍生"国家中心主义"和"社会中心主义"两种治理范式，学者倾向于借助政社互动理论来阐释治理实践中两大行动主体的行为逻辑。硬法因其制定主体的特定性和实践运作的强制性成为"国家中心主义"治理范式的法律供给。因此，从运行机制看，硬法治理的实施是以国家强制力为支撑的，带有明显"自上而下"的国家建构主义色彩。作为严格意义上的"国家法"，硬法治理主要体现在通过国家立法形塑公共治理所需要的法律规范，其假定条件、行为方式和法律后果是硬法治理运作的三个基本条件。可见，硬法主导下的"显性法律系统"融入"国家性"色彩，其治理模式缘起于主导西方法治进程的"国家立法中心主义"，具有鲜明的时代特征。从治理效果看，硬法作为维系国家政治、经济和社会秩序稳定的基础性保障，具有明显的实质约束力。但同时，硬法自身的立法滞后性及约束领域的有限性极易导致治理失灵现象的发生。

(三) 社会内源自生：软法的治理逻辑

20世纪80年代，新公共管理运动的兴起在很大程度上批判了传统公共行政的弊端，但公共管理的单向度思维并不能适应社会的多元化发展需求，在内外因素的推动下，公共治理理论受到学术界的推崇③。公共治理理论强调分散、开放和多元，注重运用非强制性

---

① 曹茂君：《西方法学方法论》，法律出版社2012年版，第66页。
② 廖丽、程虹：《法律与标准的契合模式研究——基于硬法与软法的视角及中国实践》，载《中国软科学》2013年第7期。
③ 江河：《从大国政治到国际法治：以国际软法为视角》，载《政法论坛》2020年第1期。

的柔性化手段促进社会和谐,与此同时,"软规则""软权力"和"软约束"等概念不断涌现,换言之,软法规范的运作机制是公共治理浪潮推动的结果。以软法为载体的治理范式呈现出与硬法治理所不同的运作模式,呈现"自下而上"的生成逻辑,其有效运作需要获得社会公众的认可和支持。费孝通认为法律在乡土社会是用不到的,乡村内生的礼俗和道德成为维系乡村公共秩序的重要变量。而社群主义的代表人物迈克尔·桑德尔也认为社群是由具备共同认知的个体组成,在特定的公共空间内形成有相同需求的认知、需求和规范。可见,内生于社群空间,以满足公众需求为指向的软法规范体现公共协商的精神,成为"社会中心主义"治理范式的法治基础。软法的治理功效弥补了硬法治理覆盖不到的新型领域,在弱化行政威权的同时拓展社会的自治空间,在与硬法治理的互动沟通中推进社会善治。实践证明:在基层治理转型中,治理模式的选择只有获得社会公众层面的认可,才能实现治理能力提升和治理体系优化。

三、村社善治中的"软硬协同":乡村法治转换的逻辑起点

乡村治理模式的选择和治理机制的设计受宏观法治环境的支配,新中国成立后,国家通过"法律下乡"的方式推进现代化国家政权建设[①]。这里的法更多意义上国家理性建构的硬法,试图通过严格的规章制度建构出一种标准化和程序化的管理方式。硬法的规范性、强制性和建构性形塑乡村刚性治理模式的法治基础。在治理实践中,硬法依据其强制性特征将治理对象"物化",即强调人的理性特质,但并不注重治理对象的人文关怀和心灵感受[②]。建基于特定历史和制度背景下的硬法治理范式充分体现国家威权,能实现乡村资源的优化配置且避免村庄共同体分散化的出现,对于维系乡村公共秩序发挥积极作用。但是,单向度的硬法治理范式在乡村治理实践中存在一定的局限性。

(一)单向度硬法治理的限度

法律的供需失衡问题长期存在,成为制约我国社会发展的制度性障碍,也是乡村治理中难以克服的实质性难题。改革开放以后,我国加快立法步伐,但是与社会主义市场经济体制相匹配的法律体系并未完善。当前的乡村社会正处于社会经济体制的极速转型期,也是矛盾的频发期,以硬法为主导的"国家中心主义"的法律供给和现代乡村社会的张力愈加明显[③]。具体来说,在当前的乡村治理实践中,单向度乡村硬法治理的局限性体现在以下三个方面:第一,单向度的硬法治理难以适应农村市场化机制的长远发展。国家主导的硬法制定具有滞后性,在执行中还面临僵化的风险。随着农村市场化改革进程的推进,硬

---

① 徐勇:《"法律下乡":乡土社会的双重法律制度整合》,载《东南学术》2008年第3期。
② 王进:《威权主义下经济能人治村中村庄权力运行逻辑》,载《甘肃社会科学》2016年第2期。
③ 李牧、李丽:《当前乡村法治秩序构建存在的突出问题及解决之道》,载《社会主义研究》2018年第1期。

法的滞后和僵硬在面对动态化的市场机制和复杂性的乡村公共治理时显得力不从心。同时，复杂性和多样性的乡村发展形态需要公共部门制定出能够满足发展需求的法律规范，但是单向度的硬法治理无法覆盖很多新兴的经济法律关系和事实，其硬法的威权性和公信力将遭受质疑。第二，单向度的硬法治理难以实现对乡村多元利益主体的吸纳和包容。硬法的制定主体是国家立法机关及其授权下的各行政机关，出于政治统治和行政管理的需要，强调国家单方面意志。全球公共治理浪潮的驱动和村民自治实践拓展乡村治理的结构空间，在利益多元和主体自觉性不断提升的乡村社会①，代表国家威权的单向度硬法治理难以实现对复合型治理价值吸纳。第三，单向度的硬法治理在一定程度上弱化公共价值需求。在硬法的制定过程中，市场和公众的力量介入是有限的，立法监督渠道和机制的缺失为地方或者部门利益嵌入硬法制定过程创造可能，这也是硬法制定中程序正义受损的体现。外界力量的有限介入滋生公共权力的过度干预，形成由"立法走私"导致的公共利益部门化、地方利益法制化等结果。概言之，硬法面临的困境导致难以在乡村社会的规范约束上形成绝对控制力，而基于乡村社会成员共同制定的软法有效的弥补硬法治理的缺陷，在实现秩序稳定的同时又满足了村民对自治的渴望。从规范层面来讲，当国家理性建构的硬法和乡村社会内生的软法在价值观念、利益偏好和思想认同一致时，两者就有了相互支撑的基础，为相互融合提供可能。

（二）软法建设的存在基础

自发秩序和建构秩序是哈耶克在知识论与有限理性论基础上提出的关于秩序来源的两种论断。所谓的社会自发秩序是一种既不源于某个超强大脑也不产生某个中央机构，而是众多分散的社会成员按照一定的行动逻辑所达成的结果②，也是社会成员经过长期的选择和试错所形成的机制。在哈耶克看来，在公共治理实践中，如果国家企图对社会共同体的某个特定目标进行硬性干预，往往适得其反，这是因为在社会共同体内部会形成一种自下而上、自生自发的法治秩序。从乡村治理的历史变迁中发现，在国家行政权力介入乡村社会之前，面对复杂的国内外形势，乡村公共秩序能够保证稳定的根源在于其乡村社会内部自生性力量的维系③。内生于乡村社会的软法规范主要有以下几种类型：

第一，熟人社会的"人情关系"。费孝通认为由地缘、亲缘或血缘主导的农村社会是一个重人情的熟人社会，熟人社会中个体的行为受到"人情""面子"和"关系"的影响④。人情规则覆盖着乡村社会的各个方面，成为乡民在互动交往中可以相互转化的资源和相互遵守的规范，也被称之为"处事之道"。乡村社会中的人情关系具有稳定性的特点，

---

① 吴业苗：《行政化抑或行政吸纳：民生服务下政府参与村级治理策略》，载《江苏社会科学》2020年第4期。
② 王志泉：《哈耶克自发秩序理论的内在矛盾与社会建设方案的选择》，载《社会科学家》2013年第10期。
③ 周庆智：《在官治与民治之间：关于基层社会秩序变革的一个概括》，载《学术交流》2019年第7期。
④ 费孝通：《乡土中国》，人民出版社2008年版，第154页。

在当前的熟人或者半熟人社会，公共秩序维系依然需要常态性的人情关系。第二，自发形成的"风俗习惯"。乡村社会的复杂性和异质性决定了在社会发展中会形成具有地域特色的行为模式或心理依赖，即风俗习惯。作为一种习得性的标准行为，风俗习惯无须意识形态的话语宣扬，村民在潜移默化中能够批判性的监督他人的行为。从国家对乡村社会的整合情况看，虽然制度化嵌入在一定程度上弱化风俗习惯对乡村社会实践面貌的影响，但是根植于共同经验的行为心理很难被国家制度替代。第三，认同依附的"宗族规范"。在乡村社会的宗族组织内部，成员有着共同的行为规范和亲情伦理，其原因在于有其维系成员间关系的共同祖先和普遍认可的宗族规则①。在我国历史上，"文化大革命"的洗礼使宗族力量在一定程度上迫使消解，在乡村治理中的功能降低。但农村社会的"泛家庭化"结构特征逐步明显，使得宗族的力量在乡村治理中的功能进一步得到重视。第四，秩序维系的"村规民约"。"村规民约"由"村规"和"民约"两部分构成，指依据当地的生活习惯，经济条件和乡土风情由村民经过民主协商制定的规范性文件。在表现形式上，村规民约多以文字为记录载体，且在合法性来源上有国家法律做支持。在国家理性建构中，村规民约是衔接国家正式制度和非正式制度的有效媒介，能够汲取正式制度中有效成分，同时将乡土文化结合，形成乡村治理的合力②。

（三）软硬协同的价值功效

硬法是乡村法治的主角，但在共识层面缺少民主性色彩，而软法的出现拓展了制度渠道的表达载体，在精细化治理情景中成为不可或缺的制度资源。在乡村治理场域，软法的运作虽不具备硬法的国家强制力，但仍然具备事实上的社会强制力。这是因为：第一，利害关系者的惩罚使得乡村软法得到事实上的执行。当前的乡村社会是一个"熟人"或"半熟人"社会，违背宗族规范、村规民约这些软法规范将会受到邻里的谴责乃至宗规的惩戒；第二，乡村社会的舆论压力使得乡村软法得到事实上的遵行。建基于地缘、血缘和亲缘关系上的村社共同体时刻处于社会舆论的压力之下，"群起的羞辱"不仅使违法者名声扫地，还要付出极高的信誉成本；第三，"网络效应"出现促使乡村软法得到村民认同。在乡村社会内部，为平衡利益和巩固秩序，乡村治理共同体往往制定诸多规范，而不接受统一规则的群体就会被边缘化，"网络效应"推动更多的村民接受乡村软法规范。

可见，内生于乡土社会的软法规范构成软法实施的物质载体，使得软法制定和实施具备深厚的群众基础和公众认可。因此，在乡村法治实践，只有坚持软法和硬法的协同发展，才真正能够促进乡村善治的实现。软硬协同的价值在于：首先，有效推进社会权力回归。新中国成立后，国家在很长一段时间内实行高度集中的政治经济体制，"政社合一"

---

① 王露璐：《伦理视角下中国乡村社会变迁中的"礼"与"法"》，载《中国社会科学》2015年第7期。
② 王洁：《走在法治中国路上的乡土法治文化——河南省巩义市乡村调研》，载《中国政法大学学报》2014年第6期。

的人民公社体制是农村政治场域的具体形态①。高度集权的管控体制压缩了村民自治的空间，在现有的制度框架内，在硬法主导中嵌入软法使得国家强制力和社会强制力都得到充分发挥，改变传统硬法主导的单元格局通过建构起内生性的软法机制有效地促进政社分离，焕发起乡村善治的内生动力。其次，有效规避小微权力腐败。用法律制约权力是保证权力良性运行的一大利器，从硬软两法的实施效果看，硬法的刚性特征虽然看似更有效，但因公众参与的滞后并不能形成对权力的全方位监督。软法是由社会共同体参与制定并保证实施，针对当前农村基层小微权力腐败滋生的情况，村民监督效力要明显高于政府和立法部门的监督。因此，将硬法的国家强制性和软法驱动下公众监督的广泛参与性相结合，更能有效地规避基层小微权力的腐败行为，保护村民的合法权益。最后，有效促进社会公平正义。乡村软法的一个典型特征是小规模的村社共同体根据自身的需要在不违背国家宪法和法律的前提下结合实际情况制定适合村庄共同体需要的软法规范。依据中国乡村社会的复杂性和异质性等特点所制定的乡村软法在约束村民行为上更加灵活有效，有效的规避国家硬法的普适性弊端。因此，将国家硬法的普适性和乡村社会的独特性相结合，更有利于促进乡村社会的公平正义②。

四、模式重构与"共生"而治：乡村法治转换的逻辑终点

（一）乡村柔性治理：在硬性主导中嵌入柔性的模式选择

柔性治理的概念在国内外公共管理的演进变迁中不曾有过，但柔性治理的思想却在人类历史的发展过程中早有端倪。从公元前古希腊历时两百年的"民主政治"到欧洲中世纪的"人本思想"；从中国春秋战国时期诸子百家的"安仁思想"到现代社会的"心灵关怀"，不同国度和不同时期无不闪烁着柔性治理的思想火花。作为地方治理创新的有效举措，柔性治理着眼于行政权威不能满足社会变革的治理诉求，强调通过非强制性手段积极培育当权者的服务意识，其核心是建构以公众为中心的动态发展机制。在乡村治理层面，柔性治理是指国家秉持民主、协商和平等的理念，奉行以人为本的宗旨，并非凭借自上而下单向度的强制性权力，而是采用谈判、协商、激励等非强制手段激发治理对象的主动性和创造性，通过探寻社会公众的参与机制，配合方式及信任程度促进乡村公共事务的有效解决③。在柔性治理结构中，治理主体和对象的角色会发生转换，治理对象往往是主动的参与者而不是被动的服从者，其行为是被鼓励而非被阻止，其身份是合作而非孤立。乡村

---

① 沈岿：《"为了权利与权力的平衡"及超越——评罗豪才教授的法律思想》，载《行政法学研究》2018年第4期。

② 李长健，李曦：《乡村多元治理的规制困境与机制化弥合——基于软法治理方式》，载《西北农林科技大学学报（社会科学版）》2019年第1期。

③ 胡卫卫，杜焱强，于水：《乡村柔性治理的三重维度：权力、话语与技术》，载《学习与实践》2019年第1期。

柔性治理是乡村振兴背景下一种面向未来的乡村治理范式，是对十九大报告中健全"自治、法治和德治"相结合乡村治理体系的现实回应，引领着公共治理的潮流。

（二）软法规范与乡村柔性治理模式的内在耦合

（1）行动主体的多元性。软法和硬法的最大区别在于软法的制定主体既可以是正式的国家机关，也可以是非官方的社会组织。在乡村社会场域，软法规范通过内在认同将分散化的小农集中起来，有效的化解集体行动的困境，促进乡村公共治理中多元主体的参与。乡村柔性治理的典型特征是治理主体的去中心化，即各个主体在乡村公共事务中都能发挥自己的力量。在传统的乡村治理格局中，治理主体的单一性会增加"行政吸纳自治"的可能性[1]，柔性治理将社会的民间组织、新乡贤、庄里公家人和新闻媒体纳入乡村治理场域，有效的破解治理主体单一的难题。换言之，柔性治理实践中治理主体和治理对象之间单向度的控制与被控制关系被双向度的平等协商和合作共赢所取代。

（2）工具应用的亲和性。软法规范的约束力以自愿为前提，在广泛征集民意的基础上达成社群成员集体行动的共识，共识基础是软法制定的前提。作为一种治理工具，软法规范的有效运作主要依靠社会成员的诚信、舆论和道德保证实施。同时，与国家立法机关制定的法律和行政机关制定的法规相比较，软法的争议不是由法律来裁决，主要是依托当地的民间组织或者仲裁机构处理。乡村柔性治理是采用谈判、协商、激励等非强制手段，非自上而下单向度的强制性权力来激发乡村社会的主动性和创造性，通过探寻村民参与机制，配合方式及信任程度促进乡村公共事务的有效解决。因此，从工具主义的角度看，软法规范和柔性治理在具体运作过程中均有亲和性的特征。

（3）规则建构的一致性。裁判规则和行为规则是两种不同性质的规则类型，软法规范是具有规范特质的行为规则，即凭借希望、建议或鼓励的方式规范关系主体的行为，不是严格法中"必须做某事，否则会受到强权惩戒"的规则[2]。在乡村社会场域，传统的政府治理更多是依靠公权力的强制性，带有明显的刚性治理的色彩。乡村柔性治理中政府权力的强制性色彩逐步淡化，由威权治理者转变为民主协商者。柔性治理强调治理主体与治理对象的良性互动，借助亲情化的话语体系、多元化的治理技术和人本化的治理理念为乡村公共事务治理中公众参与行为奠定基础。同时，在乡村公共政策执行中，当权者能够包容更多的民意诉求，倾听百姓心声成为重要的治理环节。

（4）价值理念的同构性。随着民间治理力量的壮大和公民责任感的崛起，政府和社会的关系从单向度的管控向互动式的合作转变，多元化、分散式的网络威权共享结构不断生长，为乡村软法规范快速发展创造条件。作为一种符合政府治理能力和治理体现代化的

---

[1] 陈义媛：《国家资源输入的内卷化现象分析——基于成都市村公资金的"行政吸纳自治"》，载《北京工业大学学报（社会科学版）》2020年第1期。

[2] 罗豪才：《发挥软法效用》，载《人民日报》2015年10月26日。

治理理念，柔性治理是"政府中心主义"向"公众中心主义"过渡的深刻体现，强调去中心化。"人本主义"的价值理念对权力的行使提出要求，即将粗暴的强制权力转变为依靠村规民约、地方性习惯法等道德和文化软约束的柔性权威[1]。乡村柔性治理中软法的广泛应用极大的弥补硬法资源的缺陷，不仅解决了社会治理资源还降低治理成本。软法强调乡村社会非正式制度的应用，这和柔性治理中坚持以人文本的发展理念相耦合。

(三)"共生"而治：乡村法治转型的实践路径

(1) 发挥基层党组织的引领功能。软法和硬法在乡村治理中的价值同等重要，在乡村自治组织发展不成熟的现实条件下，乡村软法规范的制定和实施需要加强基层党组织的政治引领。首先，通过"党建引领"强化乡村软法的规范性。从乡村软法实施是一个系统的过程，涉及制定、执行和评估多个环节。而每一个环节的展开都需要基层党组织进行合理的引导和科学的规范[2]。其次，建立"学习型"基层党组织。作为农村基层工作的先锋队，农村基层党组织要不断强化自身的学习意识，通过学习其他发达地区现金的软法治理经验，完善本地区软法治理体系。最后，通过工作方式创新支持软法的发展。在乡村治理能力和治理体系现代化背景下，农村基层组织要不断培养创新观念和创新意识，在具体的乡村软法治理实践中，通过制度变革和有效的社会动员提升软法治理成效。

(2) 深化柔性治理模式的实践基础。柔性元素嵌入是推进乡村法治转型的核心变量，软法驱动的柔性治理模式是推进乡村善治的重要举措。因此，在乡村治理实践中需要通过深化柔性治理模式的实践基础推进治理转型的效果。首先，丰富柔性治理的价值存量。乡村公共秩序的建构必须要有某种核心价值观来作为凝结乡村各类行为主体的重要纽带。要大力弘扬柔性治理价值功效，批判地继承中华文明和人类历史上优秀的价值因子和乡村柔性治理的价值理念耦合。其次，粘连传统乡村的伦理精神。随着基层政权与乡村社会的分离，需要通过挖掘传统乡村伦理中的积极因子促进社会柔治落地。最后，培育村民的公共性追求。基层政府要积极主动地推动村民公共意识的觉醒，加快推进管理型政府向服务型政府的转变，在转型的过程中让村民催生社会公德和责任意识[3]。同时，通过构建网状化的乡村治理结构，积极吸纳村中政治、经济和文化精英等力量在乡村柔性治理中的表率作用。

(3) 正确地处理好软法与硬法之间的关系。作为乡村法治的"一体两面"，必须正确处理好硬法和软法之间的关系，可从以下三个方面着手：首先，乡村软法的制定不能超越国家现行的法律制度建构，特别是不能和我国的宪法相违背。换言之，软法的制定要置身

---

[1] 赵凌：《重塑村规民约之于乡村法治建设的作用》，载《人民论坛》2019 年 25 期。
[2] 林星，王宏波：《乡村振兴背景下农村基层党组织的组织力：内涵、困境与出路》，载《科学社会主义》2019 年第 5 期。
[3] 陈松友，卢亮亮：《自治、法治与德治：中国乡村治理体系的内在逻辑与实践指向》，载《行政论坛》2020 年第 1 期。

于国家最高法的阶位之下。在乡村软法的制定中不能突破法律法规中的刚性规定，特别是一些禁止性的规定。其次，在普适性的约束下制定乡村软法的基本规范。法治准则和法治精神是乡村法治中必须遵守的基本要义，中国乡土社会的复杂性决定各个地区乡村软法制定有不同的内容，但是这并不意味着不受普适性的约束。具体来说，民主、平等、公平和正义的法治精神理应贯穿于不同的软法体系。最后，不能与硬法规定相违背。乡村软法制定需要获取硬法的授权，因为从硬法的制定主体和制定的程序上看，硬法主要是国家的权力机关在一系列的民主决策和科学论证上制定的，具有一定的权威性和严肃性，因此，乡村软法不能与其相冲突。

五、结论与讨论

在乡村法治实践中，硬法和软法是协同互补且相辅相成的。从运作逻辑看，代表行政威权的硬法是国家"自上而下"规范建构的产物，而代表社会自治的软法是社会"自下而上"内源自生的产物。在乡村法制体系的宏观架构中，国家规范建构的硬法和社会内源自生的软法形成的是一种"中心—外围"的构造模式。在这种模式中，乡村硬法占据主导地位，在维系乡村公共秩序方面具有强大的正当性和解释力，软法自身所具备的效力和功能决定了是乡村法治体系的重要构成。作为推进乡村振兴战略有效落地的治理工具，硬法弥补了软法通常欠缺的威权性及强大的执行功效，软法则提供了硬法通常欠缺的灵活性、选择性和自我约束性，两者共同构成乡村法治的"一体两面"。由于历史和制度的原因，硬法在乡村治理实践中长期占据主导地位，但单向度的硬法主导在乡村治理实践中存在一定的局限性，构成乡村治理的深层次难题。研究认为："中国之治"的提出为地方治理创新提供强大的精神动力和制度支撑，内生于乡土中国的软法规范被重新提上议事日程。从哲学思辨层面讲，"硬"和"软"是辩证统一的概念，硬法形塑刚性治理模式，而软法则形塑柔性治理模式。作为深入耦合软法规范的柔性治理范式因其内在价值的前瞻性引领乡村治理的潮流，成为新时代背景下乡村法治变革的重要走向。总之，在传统硬法主导的乡村治理格局中有效嵌入软法驱动的柔性治理元素，极大拓展村民自治的弹性空间，成为基层治理创新的重要举措。乡村治理中软法运用的历史传统和当前乡村治理难题化解对软法的需求逐步营造出稳定的软法环境，为乡村柔性治理的有效落地提供坚实的土壤基础。但在当前的制度环境下，柔性治理的实施也面临一些问题：第一，软法制定中村民的形式参与普遍存在。在农村空心化背景下，人才流失已经成为乡村软法制定面临的重要难题。如何在农村空心化背景下有效组织村民实质性地参与到软法制定是基层党组织需要考虑的问题。第二，村民日常纠纷中软法应用的局限性。在乡村治理实践中，村民纠纷普遍存在，而调解纠纷的方式往往是由村民调解委员会来承担，但是遇到利益矛盾比较大村民纠纷中，软法实施往往无效。最后，公众素质的低下掣肘乡村软法的顺利实施。柔性治理的实施更多地依靠行为人的高度自觉，但村民自觉性滞后最终掣肘乡村柔性治理的实施。因此，这就要求我们必须清醒地认识到乡村法治转型是一个复杂而漫长的过程，需要在党的全面领导下全面推进乡村法治建设的进程，特别是推动解决软法建设过程中的重点难点问题。在实践层面，一方面，需要继续加强中央顶层设计，通过宏观的整体性框架为"硬法"和"软法"良性共存机制的制定提供政策支持；另一方面，地方政府需要在中央精神指导下通过制度变革推进乡村治理模式创新，最终建构起刚柔并济的乡村法治体系。在理论研究层面，需要充分的发挥高等院校和科研机构的智库作用，以中国特色理论体系为指导大力打造软法和硬法协同发展的社会建设理论研究基地。

Rigid dominance to "symbiosis and governance": The transition logic and path direction of rural rule of law

Hu Weiwei　Ji Chunyan　She Chao

Abstract: The rise of soft law norms responds to the trend of multiple authorities in public management in a timely manner, which not only seeks institutional basis for China's effective integration into global governance, but also provides academic support for the transformation of rural governance. As two sides of the rule of law construction, hard law and soft law respectively follow two different operating logics: the "top-down" normative construction and the "bottom-up" internal origin. In the existing national governance system and rural legal framework, a "center-periphery" structure pattern is formed between the soft law and the hard law. The comparative analysis shows that the "autonomous legal mode" of the hard law supply and the "responsive legal mode" of the soft law supply form two different rural governance paradigms: rigid governance and flexible governance. Flexible governance focuses on the fact that hard authority cannot meet the governance demands of social reform, and actively fostering a "public-centered" dynamic development mechanism through non-mandatory means, which has become the mode choice for rural governance transformation driven by soft law. On the basis of the concept of hard and soft synergy, based on the research of "symbiosis and rule" perspective, from the political leading functions of rural grassroots party organizations, deepening the basis of the practice of flexible management mode, to clarify the soft and hard method effect and the construction of "rule" of benign mechanism put forward effective strategies, to effectively promote the rural transformation and country the realization of the strategy of rejuvenating the rule of law.

Keywords: Flexible governance; Governance transition; Rural good governance; Soft law norms; Hard law

（编辑：田炀秋）

民间饮食习惯的法律规制
——以"食品加药"为例

周　林[*]

摘　要　作为一种民间饮食习惯,"食品加药"的合法律性问题遭遇了两种对立的立场。这两种"对立立场"的产生有其规范成因,具体体现为现有的规范体系无法有效回应"食品加药"范围的"悄然扩容"。同时,这也反映出用法律来整合民间饮食习惯不仅在规范上面临很大的难度,实践中更是无法满足精细化治理的内在需求,难以达到理想的治理效果。因此,我们需要进一步转换民间饮食习惯法律规制的基本思路,妥善处理法律与民间饮食习惯的关系,建立起从法律到习惯的一种沟通与保障机制,积极引导民间饮食习惯的规范化发展、理性化演变,使其走上良性的发展道路。

关键词　饮食习惯　法律规制　食品加药

问题与缘起

2018年9月26日,厦门市思明区法院认定"卤牛肉中加当归"违反我国《食品安全法》,判决被告深圳沃尔玛百货零售有限公司厦门世贸分店、深圳沃尔玛百货零售有限公司、厦门市荣某工贸有限公司退还原告徐某购物款1775.40元,并按照《食品安全法》的规定向原告支付购物款十倍,共计17754.0元的赔偿款。[①] 判决一出便引发强烈反响,不仅被告超市觉得在牛肉中添加当归符合我国传统饮食习惯,病菌也没超标,不应承担法律责任。有些民众也表示"当归牛肉"作为一种民间传统饮食习惯,是自己"从小吃到大"

---

[*] 周林,华中师范大学法学院讲师。
① 参见福建省厦门市思明区人民法院(2018)闽0203民初2731号民事判决书。

的,"啥事也没有","广大群众爱吃"并且很"欢喜"。① 一份依法作出的裁判为何不仅得不到案件败诉方的支持,而且受到普通民众的广泛质疑?"民间饮食习惯"是否可以成为食品中添加中药的合法律性理由?同时我们应当如何进一步协调民间饮食习惯与法律规定之间的关系?这是我们必须回应的现实问题。

一、裁判实践中作为民间饮食习惯的"食品加药"

(一)基于23个案例的实证研究

本文所称"食品加药"是以民间饮食习惯为语境的,指的是按照民间传统在食品中添加中药的行为。2018年厦门市思明区法院判决的"卤牛肉中加当归"案并非国内第一起因"食品加药"引发的食品安全案件。通过对公开的法律文书进行检索,发现2017-2019年3年间已经有大量涉及民间饮食习惯的"食品加药"案例,② 具体案件如表1所示。

表1 2017-2019 民间饮食习惯的"食品加药"案例(公开部分)

序号	案号	添加中药	序号	案号	添加中药
1	(2017)赣0802行初28号	冬瓜皮	13	(2018)京02行终365号	三七、天麻
2	(2018)赣08行终5号	冬瓜皮	14	(2018)闽0203民初2731号	当归
3	(2017)渝0108民初8212号	甘草	15	(2017)沪0115民初48955号	金樱子
4	(2018)渝05民终5265号	甘草	16	(2017)沪01民终12316号	金樱子
5	(2018)苏0611行初102号	石斛	17	(2017)京0115民初1459号	玛咖
6	(2018)苏06行终471号	石斛	18	(2017)京02行终7536号	玛咖
7	(2017)京0101行初971号	千日红	19	(2017)云29民终547号	沉香
8	(2018)京02行终765号	千日红	20	(2017)皖03行初24号	花旗参、石斛
9	(2017)京0115民初7277号	玛咖	21	(2017)皖03行终72号	花旗参、石斛
10	(2017)京02民终7822号	玛咖	22	(2017)粤0803民初712号	西洋参、鹿茸
11	(2018)京民申580号	玛咖	23	(2017)粤01民终8295号	独活草
12	(2017)京0102行初562号	三七、天麻			

---

① 参见《卤味中加当归,福建一超市被判赔10倍,当归牛肉怎么办》,https://new.qq.com/rain/a/20190911A09QHS00,访问日期:2019-11-20。

② 通过限定关键词"民间饮食习惯""饮食习惯""食品加药",在"北大法宝""中国裁判文书网"进行检索,并对检索结果进行逐一筛选。选择其中原告、被告、法官至少有一方将食品中添加中药作为民间饮食习惯的案例,共计筛选出符合条件的案例23个。需要注意的是,为了提高研究的准确性,只有当事人或者法官明确将其认定为民间饮食习惯,才纳入研究范围,而非将全部"食品加药"案例均纳入研究范围,数据截至2019年11月30日。

这些案例涉及的中药包括冬瓜皮、甘草、石斛（hú）、千日红、玛咖、三七、天麻、当归、金樱子、沉香、花旗参、独活草。其中大部分都是人们较为熟悉的，甚至已经进入人们日常饮食的中药材，如冬瓜皮、甘草、三七、天麻、当归等。其中也有一些是较为陌生的如千日红、金樱子、独活草等。从裁判文书的内容来看，这些案件有一个共同的特点：案件当事人或者法官至少有一方主张或者认定食品中添加这一味中药材是当地的一种民间饮食传统，并以此作为依据来佐证"食品加药"行为的合法律性。

从23个案例的诉讼主体来看，消费者、食品经营者、市场监督管理部门构成了涉及民间饮食习惯的"食品加药"的原告/上诉方和被告/被上诉方。如下图1所示。

图1 23个"食品加药"案件当事人构成

在这23个案例中，消费者在其中的23起案件中作为案件的原告方或者上诉案件的上诉方，占比83%，是涉及民间饮食习惯的"食品加药"案件主要的起诉或者上诉主体。食品经营者在其中的3起案件中作为案件的原告或者上诉人，而市场监督管理部门作为市售环节食品安全的主要监管部门，只在一起案件中承担上诉人的角色。在案件被告与被上诉人的构成中，食品经营者是主要的被告或者被上诉人，在其中的12起案件中被起诉或者被上诉。同时，市场监督管理部门占比也高达39%，在9起案件中被起诉或者被上诉。在被告或者被上诉人中，食品经营者与市场监督管理部门合计占比为81%，这个比例与消费者在原告或者上诉人中所占比例大致相当。因此，我们可以大致推断涉及民间饮食习惯的"食品加药"案件主要是"消费者告食品经营者"以及"消费者告市场监督管理部门"的诉讼模式。

至于市场监督管理部门为何大量卷入此类案件，充当案件的被告人或者被上诉人。实证研究发现，这与消费者整个维权流程有密切的关联。消费者在购买了食品经营者销售的食品后，如果发现存在食品安全问题，通常有两种选择：一是直接向法院起诉食品经营者，二是向市场监督管理部门举报与投诉来维权。如果直接向法院起诉，就是前面所说的"消费者告食品经营者"模式。如果选择向市场监督管理部门投诉来维权，会有两种结果，一种是市场监督管理部门认定食品不符合食品安全标准，责令食品经营者按照消费者的要求退还货款,并按照《食品安全法》的要求赔偿消费者十倍的货款。① 另一种是市场监督管理部门认定食品符合食品安全标准,不符合返还货款以及赔偿十倍货款的法定条件;或者虽不符合食品安全标准,但并不符合赔偿十倍货款的法定条件。第一种情形,消费者的要求得到了满足,消费者不再起诉食品经营者,但食品经营者可能无法接受这一结果,会申请行政复议或者直接向人民法院起诉这一行政行为,这时,消费者与食品经营者之间的法律关系转变为食品经营者与市场监督管理部门之间的法律关系。在第二种情形中,消费者的要求无法得到满足,会继续申请行政复议,或者直接到法院起诉市场监督管理部门撤销所谓"错误的行政行为",同时,食品经营者也可能因为消费者的诉求得到部分满足所产生的对自身的不利结果而起诉市场监督管理部门,请求撤销这一具体行政行为。这时,消费者与食品经营者之间的法律关系转变为消费者(或者食品经营者)与市场监督管理部门之间的法律关系。所以,在消费者、食品经营者、市场监督管理部门三者之间存在一定的法律关系转换机制,如下图2所示。

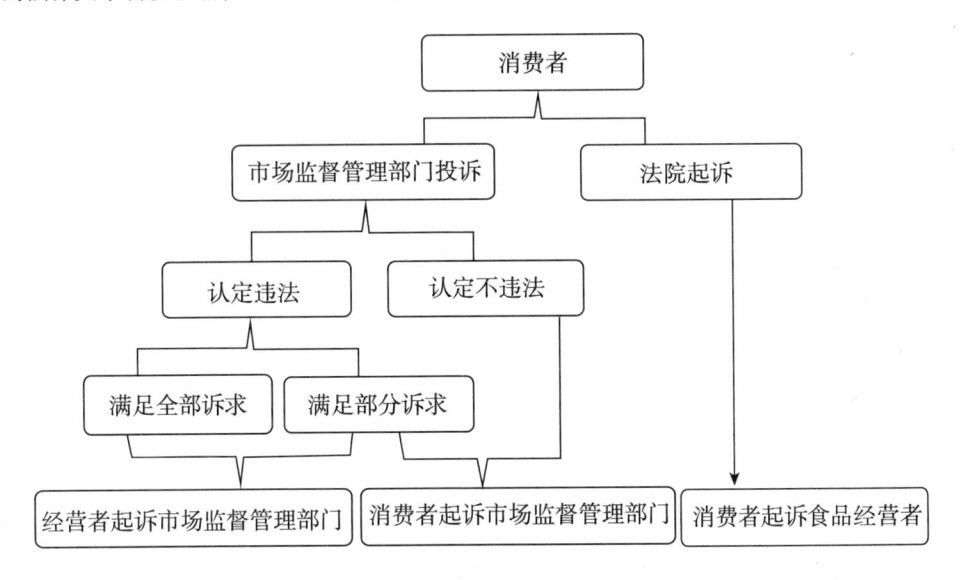

图2 消费者、食品经营者、市场监督管理部门之间法律关系转换机制

因此,理论上来讲,任何一起涉及民间饮食习惯的"食品加药"案件均有可能出现三种不同的诉讼方案:消费者起诉食品经营者(P1)、消费者起诉市场监督管理部门(P2)、以及食品经营者起诉市场监督管理部门(P3)。在23个案例中,从一审的诉讼方案选择来看,选择三种方案的数量分别为6个、4个、1个。具体案件与裁判结果如表2所示。

---

① 在这23个案例中,有19起是消费者提起的,消费者均提出了退还货款以及支付货款十倍的赔偿款的诉讼请求。

表2 一审的诉讼方案选择与裁判结果

诉讼方案	案　　号	裁判结果
P1	（2017）渝0108民初8212号	支持原告诉讼请求
	（2017）京0115民初7277号	驳回原告诉讼请求
	（2018）闽0203民初2731号	支持原告诉讼请求
	（2017）沪0115民初48955号	支持原告诉讼请求
	（2017）京0115民初1459号	驳回原告诉讼请求
	（2017）粤0803民初712号	部分支持诉讼请求
P2	（2017）赣0802行初28号	驳回原告诉讼请求
	（2018）苏0611行初102号	驳回原告诉讼请求
	（2017）京0102行初562号	驳回原告诉讼请求
	（2017）皖03行初24号	驳回原告诉讼请求
P3	（2017）京0101行初971号	支持原告诉讼请求

从表2可以看出，大部分的案件最终选择了P1和P2方案，即最终是通过消费者起诉食品经营者或者市场监督管理部门来解决的，分别有6个和4个，分别占所有一审案件约54%和36%。但诉讼结果呈现了较大的差异，其中6个消费者起诉食品经营者一审案件中，有4个支持了消费者的诉讼请求（含1个部分支持消费者诉讼请求），2个驳回了消费者的全部诉讼请求。而4个消费者起诉市场监督管理部门的一审案件中，人民法院全部驳回了消费者的诉讼请求，这反映了诉讼方案的选择对案件结果有一定的影响。

（二）"食品加药"合法律性的两种"对立立场"

在这23个案例中，案件的争论焦点均是围绕"食品加药"是否符合我国现行法律规定这一核心问题展开的。尽管在案件的审理过程中，原被告双方或者法官至少有一方认定这种"食品加药"的行为是一种"民间饮食习惯"，但就判决结果而言，这种"民间饮食习惯"的合法律性出现了两种截然不同的立场。支持"食品加药"的裁判观点认为，在食品中添加这一中药符合中国传统饮食习惯，且并未对人体造成明显的伤害。只要行为人未宣称其菜肴的主治功能、用法用量等相关内容，就无需取得《药品经营许可证》。因此，这种"食品加药"的行为是具备合法律性的。如在"李麟祥与吉安市食品药品监督管理局食品药品安全行政管理案"中，法官认为，虽然"冬瓜皮"被收录在《中华人民共和国药典》当中，但"冬瓜皮"亦属我国传统食用农产品，以"冬瓜皮"为原料的菜肴在百姓日常饮食中非常普遍，如"大蒜""生姜"一样，并不会对人体造成明显的危害，因此，在食品中添加"冬瓜皮"并不违反我国《食品安全法》。①

反对"食品加药"的裁判观点认为，我国《食品安全法》第三十八条规定，生产经营的食品中不得添加药品，但是可以添加按照传统既是食品又是中药材的物质。但是法官在具体的案件审理过程中，并不对这一中药材是否属于"按照传统既是食品又是中药材的物质"进行判断，而是根据原卫生部在《卫生部关于进一步规范保健食品原料管理的通知》（卫法监发［2002］51号）当中公布的《既是食品又是药品的物品名单》来认定。因此，凡添加名单之外的中药材不管是否属于民间饮食习惯均认定违反《食品安全法》。如在"徐长星与深圳沃尔玛百货零售有限公司厦门世贸分店、深圳沃尔玛百货零售有限公司产品责任纠纷案"（以下简称"徐某某案"）中，法官认为，被告销售的食品中含有中药"当归"，但"当归"收录于《可用于保健食品的物品名单》，并未纳入《既是食品又是药品的物品名单》，列入保健食品原料目录的原料只能用于保健食品生产，不得用于其他食品生产。因此，即便被告（深圳沃尔玛百货零售有限公司厦门世贸分店）提供的四份检测报告可以证明上述食品中菌落总数、大肠菌群、沙门氏菌、金黄色葡萄球菌四个项目达到相关项目的检测标准，也不足以证明讼争产品已经全面符合食品安全标准的要求。因此，被告销售的产品中添加当归违反了《食品安全法》。

二、两种"对立立场"的规范成因

（一）"食品加药"的规范分析

为了进一步规范"食品加药"，在《中华人民共和国食品卫生法（试行）》的基础上，原卫生部于1987年制定了《禁止食品加药卫生管理办法》，对"食品加药"的类型与法定条件做出了明确的规定。根据《禁止食品加药卫生管理办法》，食品中添加中药主要可以分为："药食同源"、药膳、新食品原料，以及传统药物添加等四种情形。

（1）"药食同源"。我国《食品安全法》第三十八条规定生产经营的食品中不得添加药品，但是可以添加按照传统既是食品又是中药材的物质。按照传统既是食品又是中药材的物质目录由国务院卫生行政部门会同国务院食品安全监督管理部门制定、公布。这里所谓"既是食品又是中药材的物质"指的就是"药食同源"物质。《黄帝内经太素》写道："空腹食之为食物，患者食之为药物。"中国自古以来就有药食同源的传统，很多植物同属食物和药物，两者之间并没有严格的区分。2002年，原卫生部在《卫生部关于进一步规范保健食品原料管理的通知》（卫法监发［2002］51号）附件1中公布了一批《既是食品又是药品的物品名单》，此次公布的名单中，有87种被认定为"按照传统既是食品又是药

---

① 参见江西省吉安市吉州区人民法院（2017）赣0802行初28号行政裁定书。

品的物质"。① 2018 年 4 月 24 日,国家卫健委《关于征求将党参等 9 种物质作为按照传统既是食品又是中药材物质管理意见的函》(国卫办食品函〔2018〕278 号)拟将党参等 9 种物质新增为"药食同源"物质。② 2019 年 11 月 25 日,国家卫健委、国家市场监督管理总局联合印发《关于对党参等 9 种物质开展按照传统既是食品又是中药材的物质管理试点工作的通知》(国卫食品函〔2019〕311 号),党参等 9 种物质开始正式进入"药食同源"的管理试点。③ 进入《既是食品又是药品的物品名单》的"药食同源"物质可以根据饮食需要添加到食品当中。

(2) 药膳。药膳指的是为辅助治疗疾病而添加中药配制而成的非定型包装菜肴。经营药膳餐厅、制作药膳的过程中添加药物必须符合我国法律的规定。《禁止食品加药卫生管理办法》规定,除了添加《既是食品又是药品的物品名单》列举的中药材,药膳餐厅在食品中添加其他中药材必须经当地中医行政部门审核批准,同时,药膳餐厅使用的药膳配方也需报当地中医行政部门备案。

(3) 新食品原料。新食品原料指的是在我国无传统食用习惯的动物、植物和微生物,或者从动物、植物和微生物中分离的成分,或者原有结构发生改变的食品成分,以及其他新研制的食品原料。《禁止食品加药卫生管理办法》第五条规定,利用食品新资源作为食品原料的,应当按照《食品新资源卫生管理办法》规定的程序报请审批。1990 年,原卫生部废止《食品新资源卫生管理办法》,并制定了《新资源食品卫生管理办法》,"新资源食品"替代了"食品新资源"的概念。2007 年,原卫生部废止了《新资源食品卫生管理办法》,并制定了《新资源食品管理办法》,《新资源食品管理办法》相较《新资源食品卫生管理办法》最大的变化在于强化了"新资源食品"的安全性评价和审批。2013 年,原国家卫生和计划生育委员会制定了《新食品原料安全性审查管理办法》,并废除了《新资源食品管理办法》,"新食品原料"替代了"新资源食品"的概念。《新食品原料安全性审查管理办法》规定新食品原料应当经过国家卫生计生委(现为国家卫生健康委员会)安全性审查后,方可用于食品生产经营。拟从事新食品原料生产、使用或者进口的单位或者个人应当提交相应的材料,由国家卫生健康委员会对其进行安全性技术审查。同时,2013 年 10 月 15 日,原国家卫生计生委以国卫食品发〔2013〕23 号印发《新食品原料申报与受理规定》和《新食品原料安全性审查规程》,对新食品原料的申报、审核与受理,以及新食品原料安全性审查的具体流程与具体要求做出了明确的规定。

(4) 传统药物添加。《禁止食品加药卫生管理办法》规定了"食品加药"的一种特殊

---

① 参见《卫生部关于进一步规范保健食品原料管理的通知》,http://www.nhc.gov.cn/zwgk/wtwj/201304/e33435ce0d894051b15490aa3219cdc4.shtml,访问日期:2019 - 11 - 30。
② 参见《关于征求将党参等 9 种物质作为按照传统既是食品又是中药材物质管理意见的函》,http://www.nhc.gov.cn/sps/s3585/201804/3bcf8b4d12e34b11bfc6e5404b6e74a3.shtml,访问日期:2019 - 11 - 30。
③ 参见《关于对党参等 9 种物质开展按照传统既是食品又是中药材的物质管理试点工作的通知》,http://www.nhc.gov.cn/sps/s7885/202001/1ec2cca04146450d9b14acc2499d854f.shtml,访问日期:2020 - 1 - 8。

情形,即在我国原《食品卫生法》(1982)生效前,该药物已经作为一种传统添加到食品当中,并连续生产达30年时间的,经有关部门批准可以继续生产。根据《禁止食品加药卫生管理办法》第七条之规定,传统药物添加需要符合三个条件:一是在原《食品卫生法》(1982)生效前已经添加这一药物;二是未宣传疗效;三是连续生产历史达到30年以上。满足上述三个条件的定型包装食品,经有关部门批准可以在全国范围内销售;满足上述三个条件的非定型包装食品,经有关部门批准可以在本行政区域内销售。传统药物添加类食品被批准上市不得扩大添加食品种类范围,不得添加新的药物。

(二)"食品加药"范围"悄然扩容"

根据上述分类,一般来说,在食品中只能添加"药食同源"物质,只有在药膳、新食品原料以及传统药物添加这几种情形,才可以在食物中添加《既是食品又是药品的物品名单》之外的中药,且必须按照国家有关法律的规定进行报批,取得相应的证照方可经营,同时遵守国家标准规定的品种、使用范围、使用量等要求。然而,伴随各个部委、各个地方规范性文件的相继出台,"食品加药"的范围也在发生"悄然"的变动。2012年,原湖南省食品药品监督管理局向原国家食品药品监督管理总局提交《关于普通商业企业销售西洋参粉等产品如何定性处理的请示》(湘食药监〔2012〕5号),原国家食品药品监督管理总局经过研究,于2012年03月30日发布《关于普通商业企业销售滋补保健类中药材有关问题的复函》(食药监办安函〔2012〕126号),复函明确指出:"普通商业企业销售滋补保健类中药材产品,无论是否有包装,均不需要领取《药品经营许可证》。"① 此前国务院法制办在《对北京市人民政府法制办〈关于在非药品柜台销售滋补保健类中药材有关法律适用问题的请示〉的答复》(国法函〔2005〕59号)、② 原国家食品药品监督管理局对北京市药品监督管理局《关于非药品柜台销售以滋补保健类中药材为内容的包装礼盒商品有关法律适用问题的批复》(国食药监市〔2006〕78号)、③ 以及浙江省食品药品监督管理局《关于印发允许在普通商业企业(超市)销售的中药材(饮片)品种目录的通知》(浙食药监〔2004〕23号)④ 等也表达过相同的态度和立场。这表明,普通商业企业销售含"药食同源"范围外中药材的产品并不被认为是违反我国法律的。

2017年,我国食品药品监管总局对上海市食品药品监督管理局的有关问题作出了

---

① 参见《关于普通商业企业销售滋补保健类中药材有关问题的复函》(食药监办安函〔2012〕126号),http://law.foodmate.net/show-175001.html,访问日期:2019-11-30。
② 参见《对北京市人民政府法制办〈关于在非药品柜台销售滋补保健类中药材有关法律适用问题的请示〉的答复》,https://www.chemdrug.com/article/7/751/3752004.html,访问日期:2019-11-30。
③ 参见《转发国家食品药品监督管理局〈关于非药品柜台销售以滋补保健类中药材为内容物的包装礼盒商品有关法律适用问题的批复〉的通知》,http://mpa.jiangxi.gov.cn/xwzx/gztz/9011180.html,访问日期:2019-11-30。
④ 参见《浙江省食品药品监督管理局关于印发允许在普通商业企业(超市)销售的中药材(饮片)品种目录的通知》,http://www.zj.gov.cn/art/2014/5/6/art_13008_172401.html,访问日期:2019-11-30。

《食品药品监管总局办公厅关于非药品经营单位销售中药材有关问题的复函》（食药监办稽函〔2017〕47号）（以下简称"食药监办稽函〔2017〕47号复函"）。该复函表示，"中药材有药用、食用、兽用等多种用途，判断中药材是否属于药品管理，关键在于界定其用途"，这意味着，中药本身兼具药物与一般食品原材料的双重属性，不能机械地从中药的药物属性上判断其具体的管理方式，而应当具体判断中药的用途来界定其具体属性，从而选择相应的管理方式。同时，该复函还表示，"未进入药用渠道的中药材，鉴于各地有不同食用传统，不宜强调其药品属性，经营者无需取得《药品经营许可证》。但经营此类中药材不得宣称功能主治、用法用量等相关内容"。[1] 这就意味着，进入食品行业的中药只要不宣称其功能主治与用法用量等相关内容，并不需要取得《药品经营许可证》。"食品加药"范围实现了"悄然扩容"。

（三）"食品加药"范围扩容带来的问题

由于我国涉及"食品加药"的规范、标准较为复杂，很多规范之间缺乏衔接、协调，导致适用不同规范、标准有可能得出矛盾、错误的结论，对食品安全监管极为不利。2018年思明区法院判决反映出"食品加药"的新规定（食药监办稽函〔2017〕47号复函）与旧规定之间存在兼容性问题。主要表现为：一是"食品加药"类型是否发生变动？二是"食品加药"范围是否扩大至所有中药材？相关规定并未给出明确的回答。

一是"食品加药"类型是否发生变动？在食药监办稽函〔2017〕47号复函发布后，原有的"食品加药"基本类型将何去何从？食药监办稽函〔2017〕47号复函并未区别中药材的种类，也未提及原卫生部发布的"药食同源"物质名单，也就是说原则上这一复函对所有中药材都是有效的，那么，"药食同源"、药膳、食品新资源，以及传统药物添加均可以根据"用途"而非"药物属性"来为"食品加药"定性，进而得到合法律性论证，这是否意味着"药食同源"、药膳、食品新资源，以及传统药物添加失去分类的意义？本文研究认为，食药监办稽函〔2017〕47号复函并不构成对原有"食品加药"基本类型的否定，而是构成了一种"食品加药"的并行关系。食药监办稽函〔2017〕47号复函强调中药材的"食用"与"药用"功能的区分，实质上是肯定了中药材的"药食同源"属性。每一种中药材本身都兼具药物的独特属性与作为植物的一般属性，不应当因被发现具有药用价值而否定其作为植物的一般属性与功用，这是食药监办稽函〔2017〕47号复函所要表达的核心精神。因此，该复函实质上是扩大了"药食同源"的范围，事实上扩大了原卫生部发布的《既是食品又是药品的物品名单》的范围。扩大范围之后的"药食同源"与药膳、食品新资源，以及传统药物添加构成一种并行的关系，"药食同源"为"食品加

---

[1] 参见《国家食品药品监督管理总局办公厅关于非药品经营单位销售中药材有关问题的复函》，http://mpa.shaanxi.gov.cn/info/1022/1129.htm，访问日期：2019-11-30。

药"的一般情形,无需取得专门的证照,而药膳、食品新原料,以及传统药物添加作为并行的"食品加药"特殊情形,需要符合法定的条件方可经营。

二是"食品加药"范围是否扩大至所有中药材种类?由于食药监办稽函〔2017〕47号复函并未明确其具体适用哪部分中药材,因此,实践中对此理解不一,具体案件处理出现截然不同的结果。2018年厦门市思明区法院在"徐某某案"中采取了限缩该复函适用范围的策略,而在有一些案例中,法官在适用该复函时丝毫未考虑其适用范围的问题。那么,该复函是否存在适用边界?还是直接对该复函作文意解释,对所有品种的中药材一律适用?本文研究认为,食药监办稽函〔2017〕47号复函并不适用所有类型的中药材。2002年,原卫生部在《卫生部关于进一步规范保健食品原料管理的通知》(卫法监发〔2002〕51号)附件1中公布了一批《既是食品又是药品的物品名单》,同批次还公布了《可用于保健食品的物品名单》(附件2)和《保健食品禁用物品名单》(附件3)。其中问题的关键在于食药监办稽函〔2017〕47号复函是否适用于附件3的《保健食品禁用物品名单》?本文认为不适用,主要有两个理由。一是保健食品虽然具有保健功能,属于功能性食品,但在本质上也是供人食用的,也是一种食品。列入保健品中禁用物品名单中的中药材意味着对人体存在某种较为明显的潜在风险,在其他普通食品中也应当同样禁用。二是从《保健食品禁用物品名单》的具体内容来看,该名单中的很多中药均是高剧毒性中药,如八里麻、砒霜、川乌、马桑叶、朱砂、水银、洋金花、雷公藤等,还包含罂粟壳,人食用容易上瘾,对人体神经系统会造成损害,并可能导致慢性中毒。该名单所列的中药对人体具有明显的危害性,不宜直接添加到食品当中。因此,食药监办稽函〔2017〕47号复函的适用范围应当是我国《药典》所载中药中除《保健食品禁用物品名单》的部分。

然而,在食药监办稽函〔2017〕47号复函发布后的第二年,2018年国家卫健委又发布了《关于征求将党参等9种物质作为按照传统既是食品又是中药材物质管理意见的函》(国卫办食品函〔2018〕278号),该函拟将党参等9种物质新增为"药食同源"物质,并于2020年开始在全国若干地区开展试点。食药监办稽函〔2017〕47号复函已经强调要尊重各地不同的食用传统,明确所有非药品经营单位均可以在不取得《药品经营许可证》的情况下制售添加中药材的食品,国家卫健委所发布的新增9种按照传统既是食品又是中药材的物质明显是没有必要的。再细看这新增的9种中药材,其中有7种来自原卫生部发布的《可用于保健食品的物品名单》(党参、铁皮石斛、西洋参、黄芪、天麻、山茱萸、杜仲叶),无一来自《保健食品禁用物品名单》。这表明国家卫健委与原国家食品药品监督管理总局对待"食品加药"在原则上是一致的,即禁止在食品中添加《保健食品禁用物品名单》的中药材,但是两者步调并没有保持一致。这导致的后果就是,对食品经营者来说,他们无法确定应该适用哪一规范、哪一名单。同时,这也势必导致执法机关、司法机关在实践当中对"食品加药"行为的定性面临困难,甚至出现相互之间矛盾、对立的结论。

三、民间饮食习惯法律规制的困境

（一）用法律规范整合民间饮食习惯？

在中国特色社会主义法律体系不断完善的过程中，法律规范也正尝试整合复杂、多元的民间饮食习惯，从而构建起现代化、规范化的食品安全保障体系。以"食品加药"为例，1982年我国制定了《食品卫生法（试行）》，已经开始尝试整合"食品加药"的民间饮食习惯。《食品卫生法（试行）》第八条规定食品当中禁止添加药物，但是可以添加按照传统既是食品又是药品的物质。该法于1995年修订，此次修订对原第八条作出修改，其中最大的改动为将原第八条规定的"按照传统既是食品又是药品的以及作为调料或者食品强化剂加入的除外"，改为"但是按照传统既是食品又是药品的作为原料、调料或者营养强化剂加入的除外"。也就是说，1982年《食品卫生法（试行）》是允许作为调料的"食品加药"的，而此次修订则进一步将作为调料的"食品加药"也限定在"按照传统既是食品又是药品"的范围内。在此基础上，1987年，原卫生部即制定了《禁止食品加药卫生管理办法》，进一步明确了在普通食品当中仅能添加"按照传统既是食品又是药品"的物质。

但这并不代表我国法律充分认可民间饮食习惯，也并不意味着所有按照传统所作的"食品加药"均获得了合法律性地位。1998年4月6日，原卫生部食品卫生监督检验所即公布了第一批《既是食品又是药品的品种名单》，共计68种中药进入名单。2002年，原卫生部在《卫生部关于进一步规范保健食品原料管理的通知》（卫法监发[2002]51号）中，在原有《既是食品又是药品的品种名单》的基础之上，形成了新的《既是食品又是药品的物品名单》，共有87种被认定为"按照传统既是食品又是药品的物质"，两者之间大部分是重合的。目前，食品安全执法与司法实践均以《既是食品又是药品的品种名单》作为对"食品加药"行为定性的基本依据，不在该名单范围内的，则不认定为是"符合传统"的"食品加药"。民间复杂、多元的饮食习惯和食用传统通过一份名单简单得以整合。

除此之外，根据我国《食品安全法》第四、五条规定，作为法律的配套性规范体系，我们国家还制定了一系列的国家食品安全标准，该类标准在全国范围内适用于所有食品种类，并对民间饮食习惯构成了更严格的限制。以"食品加药"为例，原《食品卫生法》（1995）是允许"按照传统既是食品又是药品"的物质作为调料或者营养强化剂的，然而，随着我国食品安全法律规范以及标准体系的完善，食品添加剂国家标准、营养强化剂国家标准等相继制定，这些具体的标准并未将中药列入食品添加剂或者营养强化剂的范围，[①] 也就

[①] 具体参见GB2760-2014《食品安全国家标准食品添加剂使用标准》；GB-14880-2012《食品安全国家标准食品营养强化剂使用标准》。

是说，我国食品安全标准实质上已经将中药排除在食品添加剂、营养强化剂的范围之外。因此，通过法律与标准的整合，我国民间饮食习惯事实上已经被限制在了有限的空间内。

(二) 从法律出发整合民间饮食习惯遭遇的困境

民间饮食饮食习惯与民族、地域之间有较强的关联性，具有复杂性、多元性的特点，[①] 全国统一性法律法规的制定与实施都将面临障碍。从法律的制定来看，目前我国食品安全法律法规大部分是全国统一性规定，地方立法权虽然已经下放到设区的市，但设区的市并没有针对民间饮食习惯行使地方立法权，没有充分调动立法权下放对完善民间饮食习惯法律规制的内在活力。全国性统一立法很难处理地方差异的问题，容易导致立法不够精细、立法错误与立法漏洞等问题。[②] 从法律的实施来看，民间饮食习惯的复杂性、多元性的特点决定了必须对其进行精细化治理，全国统一性立法与民间饮食习惯法律规制的内在要求是不相符的。

规范体系不断复杂、异化，内部出现矛盾与冲突。我国对民间饮食习惯的法律规制是以《食品安全法》为基础的，在法律规范之外，还有大量的规范性文件、标准体系等。由于民间饮食习惯地域性、民族性较强，很难用单一的法律、规范性文件、标准体系等进行整合，因此，实践中往往需要不断寻求更多的法律、规范性文件以及标准体系等。这些不断庞杂的法律、规范性文件、以及标准体系相互之间缺乏沟通、协调，未进行定期清理，相互之间、前后之间不可避免地出现矛盾与冲突。同时，由于规范性文件、标准体系的不断增多，整个规范体系出现了异化，具体表现为规范性文件逐渐替代了法律的效力，标准体系部分替代了规范性文件的效力，最终规范性文件与标准体系"架空"法律的实效，甚至与法律相矛盾。以"食品加药"为例，我国《食品安全法》规定，可以在食品中添加按照传统既是食品又是中药材的物质。按照法条的文意，只要这种药材按照传统既是食品又是药品，就可以添加。但是，自2002年原卫生部公布第一批《既是食品又是药品的物品名单》起，执法、司法实践便不对这一"食品加药"是否符合传统作实质性判断，而是直接依据原卫生部发布的这一名单进行定性，得出的结论与《食品安全法》第三十八条的文意相去甚远。

强力干预民间饮食生活难以达到理想治理效果。我国食品安全法律规范体系并未留民间饮食习惯该有的"生存空间"，而是在给定的范围内，试图通过系列的法律规范、函件、标准等，对其进行规范化整合。这种整合导致的后果就是，只有少量全国范围内、或者较大范围内有一定影响力的民间饮食习惯能够得到保留，而更多的小范围、缺乏影响力的民间饮食习惯将面临违法的风险。这不仅导致这种规制体系在逻辑上无法自洽，无法解释不

---

① 参见高曾伟：《自然环境与中国饮食民俗的地域差异》，载《民俗研究》1995年02期。
② 参见熊时升，徐岚：《地方立法差异与诉求关系的法理透析》，载《江西社会科学》2007年10期。

同饮食习惯在同一规范体系内为何被区别对待的问题,同时,这也使得普通民众在法律面前无所适从,无法准确判断食品经营活动的合法律性,很难达到理想的治理效果。

四、从法律到习惯的一种沟通与保障机制

民间饮食习惯法律规制有两种基本思路:一种是籍由法律的强制效力,整合、改造民间饮食习惯;另一种是通过深入研究民间饮食习惯,来塑造、构建现有的规范系统。"食品加药"的治理实践表明,用法律来整合民间饮食习惯不仅在规范上面临很大的难度,实践中更是无法满足精细化治理的内在需求,难以达到理想的治理效果。民间饮食习惯的法律规制需要转换思路,不仅要考虑如何预防和消除可能存在的潜在性风险,同时也要考虑如何最大程度上不干扰民众生活习惯,进而妥善处理法律与民间饮食习惯的关系。

(一)从法律到民间饮食习惯的沟通机制

民间饮食习惯要避免被法律规范所盲目整合首先就要建立两者之间的沟通机制。各个地区、各个民族民间饮食习惯的形成与发展有其独特的历史与文化背景,已经成为当地民间风俗、传统文化的一种重要载体,甚至具有规范和控制个体成员的民间交往行为,构建和维护和谐的人际关系的重要功能。[①] 建立法律与民间饮食习惯之间的沟通机制,目的在于将民间饮食习惯的现状、发展与演变及时反馈到立法当中,使得民间饮食饮食习惯的多元化、差异性尽可能地在立法当中得以体现。

在法律规范的形成过程中,法律的制定者应当尽可能地发现各个地方已经存在的差异化的民间饮食习惯,在深入研究、充分了解各个地方民间饮食习惯的基础上,针对性地制定相应的法律条款。同时,在法律形成过程中,应当聚焦民间饮食习惯中的核心、关键问题,解决食品安全执法、司法中的重点、难点问题,为执法、司法活动提供明确的法律依据。根据我国《立法法》第七十三条规定,地方性法规可以就地方性事务作出规定,同时,国家尚未制定法律或者行政法规的事项,省、自治区、直辖市和设区的市、自治州也可以根据本地方的具体情况和实际需要先行制定地方性法规。由于我国各个地方、各个民族民间饮食习惯较为多元、复杂,全国统一性食品安全法律法规无法满足立法精细化的需求,要解决这一问题应当将更多关系民间饮食习惯的法律问题交由地方立法来解决。

在法律的实施过程中,应当根据民间饮食习惯的变化适时对法律作出调整。在法律规范制定之后,随着社会生活的变迁,民间饮食习惯也会发生一定的变化,这一变化不仅受自然生态类型、社会经济因素、多元文化等的影响,同时也包含了这一地区、这一民族民

[①] 参见王东昕,姜志刚:《乡土宴饮与民间规矩——山东滨州姜家街村"两道饭"宴饮习俗调查》,载《民俗研究》2010年02期。

众对饮食文化中性别角色、族群记忆与边界、饮食安全与健康等的思考。[①] 从历史经验来看，由于习惯往往与现代法律制度有较为明显的差异，民间饮食习惯可能无法与法律规定保持较高的契合度，这时往往需要通过法律与民间饮食习惯之间进行沟通，并作出妥适的立法安排。[②] 当出现民间饮食习惯无法适应现有的规范发展时，我们不宜直接对民间饮食习惯作出否定性评价，而应当对这一变化进行甄别，并由有关部门对其进行食品安全风险评估。对于符合民间饮食习惯自然演变规律，受到所在地区或者民族民众广泛认同和接受，[③] 且不会对人体造成明显危害的，应当及时对法律作出相应的调整，从而进一步完善相关法律规范。

（二）从法律到民间饮食习惯的保障机制

在食品安全领域，存在一个较为通行的国际规则优先原则，即将食品安全的国际标准与国际规则作为本国食品安全优先采纳的标准与规则，只有在本国标准与规则相比国际标准与国际规则更为严格的时候，才采用本国标准与规则。[④] 奉行国际规则优先原则能够充分保障本国食品安全标准与国际食品安全标准进行并轨与衔接，同时，也能够提高本国食品安全标准，保障国民饮食安全。但是，这一国际接轨与食品安全管理现代化一定程度上却摧毁了本国传统饮食习惯的生存空间。以"食品加药"为例，我国自古就有"药食同源"的食用传统，《淮南子·修务训》记载了神农尝百草来辨别食物的药用属性："古人之茹草而饮水，采树木之实"，"神农乃始教民播种五谷，相土地燥湿肥墝高下之宜，尝百草之滋味，使民知所避就"。我国第一部药物著作《神农本草经》共计收录药物三百六十五种，其中一半以上是既是食物又是药物。《汉书艺文志》有《神农黄帝食禁》七卷，《唐志》有《食疗本草》三卷，《宋志》有《养身食法》三卷，明清时期，《救荒本草》《食物本草》《野菜谱》《本草纲目》《食鉴本草》等均有相应的记载。[⑤] 但是，随着我国食品安全制度的国际化、现代化，自1982年我国制定《食品卫生法（试行）》就开始限制、禁止一部分在食品中添加中药的行为。这不仅不利于我国传统饮食文化的传承，而且容易导致我国传统中医药技术、食疗文化的失传。因此，我国应当建立更为完善的民间饮食习惯法律保障机制，保障我国传统饮食文化的永续发展与利用。

同时，我们要引导民间饮食习惯的规范化发展。法律规制民间饮食习惯的目的不是要

---

① 参见陈刚，王烬：《人类学视角下的饮食文化变迁——以云南省文山苗族为例》，载《民族学刊》2017年第2期。
② 参见张力毅：《如何使传统习惯法律化——以台湾地区的祭祀公业为例》，载《台湾研究集刊》2012年01期。
③ 参见张镭：《论从习惯到法律演变的一般规律》，载《江海学刊》2007年05期。
④ 参见涂永前，张庆庆：《食品安全国际标准在我国食品安全立法中的地位及其立法完善》，载《社会科学研究》2013年03期。
⑤ 参见叶橘泉：《中医食疗史文献考》，载《中医杂志》1985年03期。

限制、消除民间饮食习惯,或者一味地挤压民间饮食习惯的生存空间,也不是要清除民间饮食习惯的一切法律规制,任由自毫无限制地发展,而是要借助法律等规范手段,积极引导,使民间饮食习惯走上更加良性的发展道路。以"食品加药"为例,我国原卫生部1987年制定了《禁止食品加药卫生管理办法》,但这一部门规章只有十二条,仅对"食品加药"做了较为原则性的规定,且颁布至今已逾三十年时间而未对其作出修改,已经严重滞后于食品安全监管的客观需要,不利于我国"食品加药"的规范化管理。因此,通过制定更加完善的法律规范与技术标准,引导民间饮食习惯走上规范化的发展道路,不仅能够维护民间饮食习惯的永续发展,而且能够保障我国国民日常饮食安全。

与此同时,我们还要积极引导民间饮食习惯的理性化演变。建立民间饮食习惯的法律保障机制不仅要引导民间饮食习惯的规范化发展,同时,还要通过法律规范的积极引导,使得民间饮食习惯不断朝着理性化的方向演变。人们的日常饮食习惯不仅影响到人体健康,而且与人的道德与美德息息相关,在人们养成良好、理性的饮食习惯的过程中,也无形之中影响了人们节俭、勤劳、勇敢等伦理德性。[①] 有的民间饮食习惯甚至与一个人的价值判断与价值选择息息相关,并在无形之中影响人们对主观贴现率、教育等的选择与态度。[②] 因此,深入研究民间饮食习惯对人可能会产生的影响,进而积极引导民间饮食习惯的理性化演变,引导民间消除落后、铺张浪费,以及严重影响民众身体健康的饮食习惯具有很强的必要性。

结　语

民间饮食习惯与法律之间相互渗透、互为条件,在特定的条件下两者之间可以进行良性互动、并且相互构造。具体体现为,在法律规范形成过程中,民间饮食习惯为食品安全法律法规的制定提供了重要的问题导向,在法律的实施与完善过程中,民间饮食习惯的变迁为法律规范的调整提供了基本动因。民间饮食习惯的法律规制并不是简单地用法律来强行整合复杂、多元的民间饮食习惯,或者通过立法的手段来限制、禁止一切可能存在食品安全隐患的民间饮食习惯,而是要在立法上对民间饮食习惯的法律地位作出妥当的制度安排。

食品安全立法应当更多地关照各个地区、各个民族民间饮食习惯,并有针对性地进行制度设计,给予民间饮食习惯更多的发展空间。当然,这并不意味着民间饮食习惯的法律规制应当"无为而治",更不意味着要抛弃食品安全的法律底线,来"迁就"存在明显食品安全隐患的民间饮食习惯。而是要积极通过法律规范来引导民间饮食习惯的规范化发展,积极引导民间饮食习惯的理性化演变,使其走上良性的发展道路。

---

① 参见王玉峰:《饮食习惯与伦理德性:一种舌尖上的哲学》,载《北京社会科学》2012年06期。
② 参见邓鑫:《地区饮食习惯与居民受教育程度关系研究》,载《北京社会科学》2018年第7期。

LegalRegulation of Traditional Eating Habits
——Taking "Adding Medicine in Food" as An Example

Zhou lin

Abstract: As a traditional eating habit, the legality of "Adding Medicine in Food" has encountered two opposite positions. The emergence of the "opposite positions" has normative cause, which is reflected in that the regulatory system can not effectively respond to the "silent expansion" of the scope of "Adding Medicine in Food". At the same time, it also reflects that the integration of traditional eating habits with law is not only faced with great difficulty in norms, but also can not meet the internal needs of refined governance in practice, so it is difficult to achieve ideal result. Therefore, it is necessary to change the basic ideal of legal regulation of traditional eating habits, so as to deal with the relationship between the law and traditional eating habits properly, and to establish a communication and guarantee mechanism between the law and traditional eating habits, and to guide the standardized development and rational evolution of traditional eating habits actively, so as to make traditional eating habits developing positively.

Key Words: Traditional Eating Habit; Legal Regulation; Adding Medicine in Food

(编辑：曹瀚哲)

论行政法原则与民间习惯法之融合

——以条理法规范为契合点

杨官鹏[*]

摘　要　成文行政法规范需要通过践行行政法的基本原则以弥补其规范力的不足，这对于实现实质法治具有重要意义。但行政法原则作为不成文法源，其抽象属性决定了其客观上难以实现完全意义的法律化，也需要加强来自民间社会的普遍接纳、认同和践行。与此同时，民间习惯法规范虽然已在日常社会交往秩序中发挥作用，却面临着亟待转型升级的现实需求。行政法原则需要通过渗入民间规范以发挥实际功效，民间习惯也应吸纳行政法原则中的法治理念，二者应从相互割裂走向相互融合。作为日本不成文法渊源的条理法规范既不同于我国的行政法原则也不同于民间习惯，而更接近于法律基本原理与日常社会规范的一种中间形式。可借鉴其为我国行政法原则与民间习惯法相融合的路径，这有助于将现代型的理性的法律思维和法治观念渗透进社会通念之中。

关键词　行政法原则　民间习惯法　条理法　法律渊源　行政裁量

成文法规范是保证法治行政的根基，但形式法治并不能解决社会生活的所有事情，在立法、执法和救济三个维度中都体现出了其局限性。首先，行政立法有违反上位法规定的风险。比如近年有地方在规范网约车运营的规定中设置了"驾驶员必须是本地户籍"的条款，引起了较大争议；其次，成文法规范做不到事无巨细，对于行政自由裁量的规范性不足。比如2017年上海松江警察过度执法一事引发了全社会对执法工作的反思；再次，由于受到成文法中受案范围和原告资格等影响，司法救济的实际效能受到限制。今年两会就有人大代表提出："相比让人民群众在每一个司法案件中感受到公平正义，让人民群众的

---

[*] 杨官鹏，法学博士、博士后，华东政法大学（科学研究院）助理研究员。

诉求能够成为案件是一件更难的事。"

行政法基本原则作为不成文法源，虽然实际起到的规范功能有限，但对于实现实质行政法治不可或缺。我国学者对行政法基本原则的论述汗牛充栋，具体表述和分类虽不统一，但基本都渗入了依法行政、合理行政、程序正当、高效便民、权责一致、监督救济等价值取向。不少学者主张应将行政法原则法律化以发挥其更大功能。但行政法律规范层级繁杂，主体多样，客观上很难做到全方面贯彻行政法基本原则。这就需要在避免不成文法构成对成文法的"僭越"的同时，还要将行政法基本原则落实到实践，发挥行政法基本原则对成文法规范的制定执行和对司法实践的指导作用。

关于如何落实行政法原则，学界观点大致可分为三类。第一类是围绕行政法基本原则自身，如有人强调应将行政法基本原则法律化。也有人提出要对行政法原则进行反思重构，如以比例原则、法治原则为行政法根本原则。但行政法原则的法律化仍停留在一种理想状态，学界对行政法根本原则的划定也还未达成完全共识；第二类是围绕对行政裁量的规制。这类观点大多主张限缩行政自由裁量空间，但这种规制显然无法穷尽所有行政作用；第三类是从不成文法渊源的角度出发，提出如肯定习惯法的法渊地位、提升行政执法伦理等措施。本文试从比较法角度出发，在借鉴日本不成文法源中的条理法规范的基础上，探讨行政法原则与民间习惯法相互融合的问题。

一、民间习惯法的定位

（一）行政法中的地位和作用

行政法原则一般属于不成文法源。学界对于不成文法源的界定并不统一，甚至一度有人质疑我国是否存在不成文法渊源。有观点认为不成文法渊源是指"立法上抽象地认可达到一定标准的习惯、判例、行政先例"和"法的一般原则"[①]；有的认为是习惯法、法律原则和法律解释[②]。也有学者认为行政法的不成文法源应包括法律原则、先例、惯例和习惯，以及法律学说、行政政策、公共道德和比较法[③]。还有学者认为是"对行政权和行政过程具有规则作用但反映在非正式的行政法文件中的那些行为准则"，包括正义标准、行政过程中的推理和思考、行政客体的本质和原则等[④]。但总体来说，学界对于习惯归于不成文法源的观点已达成基本共识。传统主流理论将制定法条文奉为法律渊源，但不得不承认在现实中法律条文并非在任何情况都有约束力，在某些情况下非成文法源的约束力甚至

[①] 朱新力：《行政法渊源若干疑难问题探析》，载《浙江省政法管理干部学院学报》1999年第2期。

[②] 参见王连昌主编：《行政法学》，四川人民出版社1990年版，第29页；贺善征：《行政法渊源探讨》，载《现代法学》1989年第3期。

[③] 应松年、何海波：《我国行政法的渊源：反思与重述》，载《公法研究》（第2辑），商务印书馆2004年版，第18-24页。文中还指出："在法律论据的视角中，不成文法源是开放的，本文的列举不能穷其种类，也不排除从其他角度的概括。"（同注第18、19页）

[④] 关保英：《论行政成文法主义的危机》，载《法律科学》2007年第3期。

还会强于制定法。甚至还有学者提出:"行政成文法主义的理论基础和时间状态已岌岌可危",行政法治的走向应有新的进路,其中就包括"行政法渊源多元化"①。但各类观点对于行政法的原则属于不成文法源基本没有争议。

民间法又称民间习惯法,与行政法基本原则同属于不成文法源。有学者强调民间法是"对有广泛习惯权利义务分配功能、并维系日常社会交往秩序、解决或裁定社会纠纷、存在于国家法律之外的一些社会规范之概括命名②"。但学界对于民间法的地位和作用仍有不同看法,如有学者强调,民间法主要包括习惯、道德以及乡规民约、村规民约等,实际概括性功能有限③。还有学者强调,我国的民间法研究应当是由子民、草民、乡民等意义上的传统民间法向市民意义上的现代民间法转型升级④。也就是说,对于民间法规范的外延界定还存在争议。虽然作为不确定概念的民间法能否足以列为不成文法源仍有待进一步探讨。但作为社会规范的一种存在形式在客观上起到了维系社会交往秩序的功能。比如有学者强调行政习惯法在行政裁决中具有附条件的裁决依据地位,当行政法没有规定时行政机关就可以将该民间习惯法作为裁决依据,对争议的纠纷作出裁决⑤。还有学者提出,可尝试在行政诉讼中采取明确认可民间法的法源地位、强化原告的举证责任、明确第三人的举证责任、充实裁判理由等措施以发挥民间法的作用⑥。

法律可以规范人的外在行为即行动,但无法规范人的内在行为即意志。不论是法的制定、执行还是审判监督,都要或多或少地吸纳社会规范,以基本常识为基础。一般性常识和社会规范虽然不能代替法律,但在法律规范的规制力难以触及的地方即所谓"法之所不及"之处,可以以不成文规范来弥补成文法规范的不足。早已有学者指出:"事实上民间习惯、最高院的典型案例、政府及其职能部门在行政事务中积累的先例和公正、平等、比例等一般法的理念,无论在行政实践中还是在司法审查过程中或多或少地起指导作用,有时甚至起决定作用⑦。"如果说形式法治的要求是遵守成文法律规则,那么实质法治则需要尊重那些没有被以文本形式确立的法律精神、理念和价值。合理行政原则主要含义是行政活动应当具有最低限度的理性。行政活动应当具有一个正常心智的普通人所能达到的合理与适当,能够符合民间公德、科学公理和社会常识。

---

① 关保英:《论行政成文法主义的危机》,载《法律科学》,2007年第3期。
② 谢晖:《民间法作为法理学的一种常识》,载《原生态民族文化学刊》2020年第12卷第6期。
③ 刘作翔:《回归常识:对法理学若干重要概念和命题的反思》,载《比较法研究》2020年第2期。
④ 钱继磊:《民间法概念之再思考——一种反思与回归的视角》,载《民间法》(第22卷),厦门大学出版社2019年版,第28页。
⑤ 张弘:《论民间习惯法在行政裁决中的地位与适用》,载《民间法》(第15卷),厦门大学出版社2012年版,第142页。
⑥ 范乾帅:《论民间法作为行政诉讼法之法源》,载《民间法》(第21卷),厦门大学出版社2018年版,第232页。
⑦ 朱新力:《行政法渊源若干疑难问题探析》,载《浙江省政法管理干部学院学报》1999年第2期。

（二）民间习惯法规范的限度

不少学者论述了"行政习惯法"的概念。比如有学者认为我国行政习惯法应包括：行政判例法、行政裁例法、行政案例法、行政先例法、行政伦理法，并承担对行政成文法的弥补、与国际惯例的接轨、行政自由裁量的参考、行政管理新规则的派生等功能[1]。也有学者认为，行政习惯法分为判例法、先例法和民间习惯法[2]。但一般认为，习惯法由于自身的局限性只能是非正式和辅助的行政法渊源[3]。

传统行政法学依据受法律约束程度的不同，将行政行为分为羁束行政行为和裁量行政行为，这种划分具有学理上的重要价值。但在现实中完全意义上的羁束行政行为几乎并不存在，因为就常理而言，任何法律都无法将所有行政活动的所有细节规范到位。日本传统行政裁量论将行政行为分为羁束裁量和裁量行为，裁量行为分为羁束裁量（法规裁量）和便宜裁量（自由裁量）。但学者盐野宏认为创立"羁束裁量"的概念没有意义，因为羁束和裁量二者本就互不相容[4]。我国也有学者对这种传统的区分方式提出了质疑[5]。依据具体情况，可分为法定幅度内的自由裁量和空白地带内的自由裁量。也有学者将行政裁量分为广度、中度和小度裁量[6]。

学界现有文献对于自由裁量须受到规范、限制已达成共识，但是对于自由裁量的概念仍有分歧。有学者强调行政自由裁量的核心是选择行为方式即作为、不作为和怎样作为的自由，而并非在事实认定和法律适用上的选择余地[7]。但由于行政行为本身就具有裁量性的特征，适度限缩裁量幅度和范围固然重要，但在社会现实中又往往很难完全规避裁量范围的扩张现象。

在实际行政执法过程中，行政自由裁量必然受到民间习惯法的牵制。已有学者强调了行政执法中伦理约束的重要性："法律、制度控制都是对行政自由裁量权的外部控制，如果没有行政执法人员的内部控制或道德自律的话，难以保证行政自由裁量权的正当使用[8]。"还有学者强调行政自由裁量权的伦理规制，主张伦理的支撑和道德的约束要通过一定的伦理原则来彰显[9]。还有学者主张应遵循行政法的人文精神这一价值判断，即政府

---

[1] 关保英：《论行政习惯法》，载《甘肃政法学院学报》2000年第3期。
[2] 王云五主编：《云五社会科学大辞典（行政卷）》，台湾商务印书馆1971年版，第269页。
[3] 席能：《习惯法在行政法上的地位》，载《河南师范大学学报（哲学社会科学版）》2009年第9期。
[4] 周佑勇、邓小兵《行政裁量概念的比较观察》，载《环球法律评论》2006年第4期。
[5] 例如：王贵松：《行政裁量：羁束与自由的迷思》，载《行政法学研究》2008年第4期；刘志坚、宋晓玲《对羁束行政行为与自由裁量行政行为分类的逻辑思考》，载《西北师大学报（社会科学版）》2011年第2期。
[6] 姜明安：《论自由裁量权及其法律控制》，载《法学研究》1993年第1期。
[7] 余凌云：《对行政自由裁量概念的再思考》，载《法制与社会发展》2002年第4期。
[8] 郭渐强：《行政执法的伦理维度》，载《求索》2004年第8期，第69页。
[9] 洪兴文：《行政自由裁量权的伦理规治研究》，湖南人民出版社2015年版，第2页。

与公众的"利益一致、行为上的服务于合作、观念上的信任与沟通"①。

以交通执法为例。《道路交通安全法》第53条规定，警车等在执行紧急任务时不遵守交规是可以豁免的。根据《道路交通安全违法行为处理程序规定》第21条，警车执行紧急任务并经核实的，应当予以消除违法行为信息。一般情况下，出警时只要开了急行灯，在确保安全的情况下可以不受信号灯控制。但对于警车不按交通规则行驶，普通民众无从判断这些车辆是不是在执行公务。现实中警车不按交通规则行驶的行为并不少见。具体如道路口违规停车、闯红灯、逆行、压线等，以及驾驶警车者不按规定穿着警服等。笔者曾专门咨询上海市浦东新区某一线交警，答复尚未有公开文件就交警违反交规的行为制定规范。从网络等渠道可以看出，此类现象一直是市民热议的焦点。部分网友的意见不失尖锐，如"利用警车的特权行使方便""耀武扬威展示威权"等，也有声音质疑："是否每辆违规行驶的警车都是执行紧急公务？"如今网络仍流传着"警车闯红灯"的视频和发帖，于真于假都有损公安执法人员的形象。

公安机关内部应整肃风纪，开展对民警自身的法治教育活动，进一步规范警车使用。即便是在执行公务时，也应审时度势，遵守"必要限度"原则，即做到"非必要不违规"。这利于克服民警的特权思想，自觉遵守警车管理规定，树立干警队伍良好形象。警用车辆在不执行任务的情况下，必须要遵守道路交通法规，否则就是违法违规行为，理应受到相应处罚。如在非紧急情况下，不得占据路口及车道中心位置；非紧急公务应以道路安全为重，不得闯红灯；同时也应遵照《道路交通安全法实施条例》第66条中"断续使用警报器"的规定等。实际上，近年已有部分省市如广州开展了警车违规问题专项治理行动。各地应开展警车违规问题专项治理，严禁警车违规超速、闯红灯、逆行等交通违法行为。

再如，查验酒驾是交通管理部门的日常执法工作，但也应注意具体的方式方法，现实中有不少实例尚待商榷。比如大型商场等地下停车场出口查验酒驾。由于地下车库出口需经过一段上坡道，高峰时间段本就容易拥堵，但由于设计原因许多上坡道坡度较大，若集中在出口处查验，一是会加剧拥堵，二是由于各种原因，上坡道又往往没有人员引导、提示，极易造成车辆溜车、滑坡或熄火等交通事故。为实现有效查处酒驾的目的，查验需要具备一定的随机性、突然性和强制力，但同时也应注意改善工作态度、规范执法语言。酒后驾驶毕竟是少数人的违法行为，执法人员不能预设所有驾驶员都是酒驾违法人员。实践中存在着许多执法流程不规范以及查验随意性大和态度不佳的问题，具体如：执法人员查验过度突然、车窗敲击过猛、不按流程表明执法人员身份、自身素质参差不齐、语言不规范和态度冷漠、存在不必要的身体接触、酒精测试仪卫生状况受到质疑，等等。这些既可能影响交通安全，也不利于营造交通执法人员的良好形象，甚至还可能造成不必要的矛盾

---

① 叶必丰：《行政法的人文精神》，北京大学出版社2005年版，第1页。

冲突，不利于开展正常的执法工作。

为保证执法效率，执法人员在查验酒驾时适时采取灵活操作，这本情有可原。但城市管理人员应不断改善执法规范和提高管理水准，行政执法须秉持比例原则特别是采取合情合理的方式。比如大型商场等地下停车场出口的酒驾查验，应注意在坡道处设置专门人员加以引导、监督。既能避免违法酒驾人员逃脱查验，又能保证合规合法的驾驶员对前方交通状况的预判，保证行驶安全；交通执法部门应进一步改善查验酒驾的方式方法，合理选取查验地点。特别是应以保证人员和车辆的交通安全为首要前提，适时适地对待查车辆进行引导、指示。避免影响交通安全的过度查验，在特别拥堵的路段或地点，应适时适当地减少查验频率或分散查验地点，尽量保证车辆的通过率；执法人员应注意规范执法语言和查验流程。如可参照交通违法查处的执法规范和流程，酒驾查验时应适时简短表明执法身份，对检测仪器的卫生状况作出口头保证；提升执法态度和行为规范，采用文明用语，展现执法人员的良好风貌，如对耽误驾驶员和乘客的时间简短致歉、对合法驾驶员的情绪变化进行适当安抚等。

诸如此例中，应当肯定民间法规范在行政执法中作为社会规范的一种存在形式客观上起到了维系社会交往秩序的功能。但与此同时也应认识到，学界对于民间法的外延界定以及其在实践中的地位和作用仍存有分歧。特别是在行政执法领域中，民间习惯法作为柔性法规范，往往依赖于行政主体的内部自我约束和管控，其强制力与执行力往往缺乏有效保障。另外，由于社会转型期间社会很多领域的意识形态和思想道德观念尚未形成普遍共识，民间习惯法的产生和确立标准并不统一，这也导致其自身缺乏足够的稳定性，并且需要提高民众对其的信服与遵守程度。民间习惯法需要在新时代下实现自身的转型升级。

二、行政法原则的现实困境

（一）行政法原则法律化的困境

已有学者提出行政法基本原则的实际效力存在很大的局限，理由是行政法的基本原则作为一种软约束，在缺乏法治传统的背景下不能作为直接依据，应通过行政判例逐步确认行政法基本原则，条件成熟后再作出明文规定[①]。笔者认为，要实现行政法基本原则的法律化还至少面临两个难以逾越的障碍：一是在理论上对我国行政法基本原则的内容本身的认识仍未统一，学界对行政法原则的不同界定和分类就反映了这一点。这就造成立法者在具体制定一些法律规范的时候还难以完全统一立法原则和标准。二是行政法基本原则的特性决定了其很难通过文本化、法律化等具体的形式来展现。正如文章开头所提到的，行政法基本原则虽然对实现实质法治具有重要意义，但作为法律原则来讲，因具有抽象性的特点而难以通过外在的、具体化的形式来完全展现。

---

① 薛刚凌：《行政法基本原则研究》，载《行政法学研究》1999年第1期。

需要特别强调的是，不成文法渊源的价值实现不能完全依赖于将其法律化。对行政权的规制面临着许多现实问题，这些问题恐怕不是仅靠一个成文化就能解决的。因为成文法规范自身也面临着许多尚待解决的问题。

（二）成文法规范与法律原则的限度

以地方出台的网约车管理规定为例。2016年12月发布的《上海市网络预约出租汽车经营服务管理若干规定》（简称"上海网约车规定"）规定："网约车驾驶员应具有本市户籍"。据称这一规定以下述三部文件为依据：一、国务院办公厅《关于深化改革推进出租汽车行业健康发展的指导意见》明确网络车经营服务属于出租汽车经营服务的一种类型；二、交通运输部等七部委联合发布的《网络预约出租汽车经营服务管理暂行办法》（简称"交通部办法"）规定"网约车应当在许可的经营区域内从事经营活动"；三、《上海市出租汽车管理条例》（简称"上海出租车条例"）规定只有本市户籍的人员方能从事出租汽车营运服务。

但若稍加考证就会发现上述理由并不完全成立。首先，"交通部办法"第22条虽然规定禁止网约车异地经营，但主要是禁止运营车辆超出所在区域，而并未就驾驶员户籍作出规定。另外，同办法第14条规定网约车驾驶员须满足以下条件："取得相应准驾车型机动车驾驶证并具有3年以上驾驶经历；无交通肇事犯罪、危险驾驶犯罪记录，无吸毒记录，无饮酒后驾驶记录，最近连续3个记分周期内没有记满12分记录；无暴力犯罪记录；城市人民政府规定的其他条件。"也就是说，上述一和二两部文件中都没有规定网约车驾驶员必须具有本地户籍。其次，将"驾驶员具有本市户籍"作为其从事网约车运营服务的准入条件，有违反法律规定之嫌。《行政许可法》第5条第1款规定："设定和实施行政许可，应当遵循公开、公平、公正、非歧视的原则。"第15第2款规定："设定的行政许可，不得限制其他地区的个人或者企业到本地区从事生产经营和提供服务，不得限制其他地区的商品进入本地区市场。"户籍限制直接剥夺了外地人员赴本地就业的机会，违背了设定实施行政许可的"公平"和"非歧视"原则。

再次，虽然"交通部办法"赋予了地方可增设具体规定的权限，"上海出租车条例"也规定外地户籍不得从事出租车营运，但是"上海网约车规定"属于地方规章，"交通部办法"属于部门规章，"上海出租车条例"属于地方性法规，三者都应遵守上位法即《行政许可法》的相关规定。事实上，针对一些地方法规要求在本地当出租车司机需要本地户籍的规定，全国人大已要求作出修改以保障平等就业权。全国人大常委会法工委在《关于2020年备案审查工作情况的报告》中指出，地方性法规将具有本地户籍规定为在本地从事出租汽车司机职业的准入条件，不符合党中央关于"引导劳动力要素合理畅通有序流动"、"营造公平就业环境，依法纠正身份、性别等就业歧视现象，保证城乡劳动者享有平等就业权利"的改革要求。《上海市交通白皮书》提出坚持综合交通发展战略和公交优先发展战略，网约车作为个性化交通应坚持适度发展原则，这就要求控制城市网约车总体数量。为避免大量人员涌入网约车行业，就要对网约车的准入和经营作更细致规定，但应就驾驶经验、水平、素质、服务等因素作综合考量，而非拘泥于户籍条件。

不仅在行政立法中欠缺对行政法基本原则的落实，从司法的角度来看，以成文法规范为主要依据的法院审查也受到一定限制。法院对行政执法的事后审查也是对行政权进行外部规制的重要形式。然而我国行政诉讼制度的原则和特性决定了司法审查难以成为规制行政的主要方式。首先，我国法院审理行政诉讼案件采用的是"合法性审查"而非"合理性审查"。司法有限性原则决定了法院不可能完全代替行政方介入到具体的裁量中，也无法对裁量行为是否合理进行详尽细致的审查。其次，采取成文法准据主义的法院审查中，只有在缺少法律依据时才有可能将法律原则作为审判依据。另外，我国法院审理行政案件所依据的法律规范是多层次的，如果法律规范本身存在问题，那么很难依靠事后的司法审查实现对个体的权益救济。因此，依靠成文法规范或行政法原则都无法解决从形式主义法治到实质法治主义的跨越问题。

三、法律原则与民间习惯的融合

传统行政法理论以成文法为正式渊源，但由于法律规范不可能事无巨细，现实中裁量行为早已渗透进行政立法、行政执法以及行政决策制定和实施的全过程之中。权力和权利的主体都由个体的人组成，朴素的民间道德观念与社会规范等既受到法律规范的教化和影响，也会直接或间接地影响行政法规范的制定、实施及对行政活动的监督，如比例原则的演绎与适用。行政立法、行政执法、司法监督要积极吸收有益的民间社会规范，特别是要遵守基本社会常识与伦理道德观念。这不仅不构成民间法对法律的僭越，适度的融入反而更有益于实质行政法治主义的实现。

（一）条理法规范的再释义

尽管我国学界也基本认同行政法渊源有正式渊源和非正式渊源之分，但对于非正式渊源仍缺少详尽系统的论述①。相对而言，日本行政法的渊源除了制定法外还有习惯、判例、常理等不成文法源。"常理"的原日文表述是"条理（jyo-ri）"，指事物的道理、常识、常理，属于现实生活中的社会规范，我国有学者将其译作常理。它虽不属于正文法源，但既不同于"习惯"，也不同于"道德"。日本把法院的审理基准称为"裁判规范"，依照《广辞苑》的解释，裁判规范以成文法规范为主要形式并以一定的行为规范作为前提和基础。虽然常理不具有一般性的形式标准，但在现实中又往往能够直接影响成文法的制

---

① 如有学者指出："很少有学者系统介绍行政法的非正式渊源，这应当说是国内行政法学研究中的一个缺陷。"（关保英：《论行政习惯法》，载《甘肃政法学院学报》2000年第3期）

定,甚至决定对法的理解和判断。因此,常理在没有可适用的法源时可作为法院的审理依据。

受日本法源理论影响,我国台湾地区行政法学界直接保留了"条理"的汉字表述。如张载宇在《行政法要论》中指出:"现代法律之法源,,以制定法、习惯法与条理为主。""机械的制定法主义,又不足以适应需要,故宁由法律为概括的规定,使政府衡量时势,酌情处理。使条理在法源上之地位,日臻重要,有取代成文法之势[①]。"

但日本学界对条理规范效力地位的认识并不统一。如佐佐木认为:"行政机关在一般情况下所受之法律限制,对自由裁量同样有效。……包括制定法、习惯法以及条理法[②]。"而田中二郎则认为,行政机关的裁量违反上述条理上的原则并不必然被评价违法,而只有在无视这些原则,显著违背行政目的,超出适当范围等情况下才可以作为违法行为而成为诉讼的对象[③]。日本学者浅贺荣强调条理法规范的地位并不低于制定法规范,他认为:"条理法是暗含于制定法文本的默示的立法者意志,制定法的内容只有包括条理法才能完整[④]。"

那么,日本的条理法规范究竟应对应我国行政法学中的哪一概念?

早期我国有学者将条理理解为事物的本来道理[⑤]。它不同于习惯法(包括成文习惯和不成文习惯),更侧重于社会通念、公序良俗等,在缺乏成文法、习惯法时可以作为裁判依据的补充。另外条理规范也不同于价值观念,如有人提出政府应树立服务行政、公平行政等基本行政观念[⑥]。而相比感性的价值观念或取向而言,条理规范更贴近理性的道理、原理或规范。

相较于我国台湾学者多直接保留原有日文的"条理"表述,我国通行的见解认为"条理"即行政法上的一般法律原则[⑦]。比如有学者将日本法源中的"条理"理解为基本原理,主张行政法基本原则可归入条理法的范畴[⑧]。与此类似的观点认为,日本条理法规范一般指平等原则、比例原则及公益原则等法律原则[⑨]。

然而上述观点将条理等同于行政法的原则,既是对日本法渊源的一种误读,也是对行政法原理和行政法原则的混用。即便在日本国内对法的原则与条理规范二者也存在一定程

---

① 张载宇:《行政法要论》,汉林出版社1978年版,第39页。(转引关保英:《论行政成文法主义的危机》,载《法律科学》2007年第3期)
② 佐々木惣一「行政機関の自由裁量」、法と経済1巻1号(1934年)、34頁。
③ 田中二郎『司法権の限界』、弘文堂、昭和51年(1976年)版、145頁。
④ 浅賀栄「実務上から見た行政訴訟の争点(第二章自由裁量)」、司法研究報告書(1952年)4輯5号、101頁。
⑤ 邱生:《日本行政法的国际源流与法源》,载《日本研究》1986年第3期。
⑥ 刘登佐:《论当代中国基本行政价值观念》,载《求索》2005年第8期。
⑦ 闫尔宝:《行政法诚实信用原则研究》,人民出版社2008年版。
⑧ 薛刚凌:《行政法基本原则研究》,载《行政法学研究》1999年第1期。
⑨ 王天华:《作为教义学概念的行政裁量——兼论行政裁量论的范式》,载《政治与法律》2011年第10期。

度的混用。以诚信原则为例,渡边博之就提出诚实信用原则(日文称"信义则")的本质属性应是一种行为规范,而发挥立法、释法功能的不应是行为规范,而应该是条理规范如信赖关系原理、禁止权利滥用原理等,应明确区分原则与条理①。从行政法的视角来看,日本条理法规范的本义其实更侧重于行政法需要遵守的一般原理,而非我国当代法学中所称的行政法原则,更非民法上的行为规范。这种原理并不仅仅适用于行政法,而是同时适用于公法与私法领域的、在法治国家中政府和民众皆应奉行的法的一般原理和值得恪守的社会准则。

在我国,也有不少学者都将诚实信用原则作为行政法的一项基本原则,但学界对行政法基本原则的概括并未形成统一认识。主流学说也并未赋予一般法律原则以正式行政法法源的地位。而学界对诚信原则能否适用于行政法本身都一度存有争议。其中反对将诚信原则适用于行政法的依据主要是公私法之间的性质差异,并具体表现在权力服从障碍、规范强制性障碍、亲密关系障碍三个方面②。

另外,从法律原则与法律原理的语义区别来看,原则更倾向于被确认为法律规范一部分内容的准则,而原理是对法律上的道理或事理所做的阐述和概括,也可以理解为法律的公理、教义或信条。法律原理可以构成法的非正式渊源,往往只有被实在法接受为法律规范的法律原理才属于法律原则。另外,法律原则中包含的政策性原则未必全都属于或符合法律原理。行政法的原则可以通过实证主义的方式来追加、确认、阐述,因此具有可变动性。如改革开放后行政法学研究刚刚起步时受到在行政学影响,对行政法基本原则的认识就带有政策和法律不分的痕迹③。之后学界虽对行政法基本原则的概括有了一定发展和进步,但直至近年仍未形成稳定共识。

将行政法原则与行政法原理相混同,会导致行政法基本原理也随之处于不安定状态,甚至极易被政策化和世俗化。虽然这种影响可能是正面的,但也无法排除法律原则中的政策性因素违背法律原理的可能。另一方面,道德和世俗观念等因素也可能会妨碍对人们对法律原理的准确认识与判断。

行政法的基本原则是我国当代行政法学的基础和核心概念,相比而言行政法原理这一表述则较少使用。二者的区别可以概括为以下几点:一是稳定性不同。行政法原理如依法行政原理、信赖关系原理等,是行政法学的基本教义,一般不应随着社会形势的发展而变化。而行政法原则则是处在变动的状态中,我国近年对行政法基本原则的认识就反映了这一点;二是具体内涵不同。传统行政法学将依法行政作为行政法原理,我国行政法学也吸纳其作为行政法的基本原则,说明二者在内涵上可以存在一定重合。但二者的内涵却不能

---

① 渡辺博之『「信義則」論と「条理」論の正常化を目指して—賃借権の無断譲渡・転貸と「信頼関係法理」を素材として—』、高千穂論叢 2015 年 11 号、1-27 頁。
② 闫尔宝:《行政法诚实信用原则研究》,人民出版社 2008 年版,第 102-108 页。
③ 闫尔宝:《行政法诚实信用原则研究》,人民出版社 2008 年版,第 161 页。

等同，如诚信原则可否作为行政法原则存有一定争议，虽主流观点开始倾向于肯定的态度，但明确的是不能成为行政法的基本原理；三是外延不同。行政法原则可以通过法律规范的确立、立法与释法、理论的归纳演绎等来实现其外延的变更，而行政法基本原理的外延则相对固定。

我们要肯定行政法学者为实现实质法治而对社会正义作出的有益探索和对行政法原则的努力阐释，但也要正视行政法原则区别于行政法原理的上述特性。因此，作为日本不成文法渊源的条理应理解为法的一般原理，行政法中的常理法规范应更接近于行政法亦需遵守的基本原理而非原则。将行政法原则等同于行政法原理实际是对条理法规范原本含义的一种误读。而作为常理法规范的这一日本不成文法源，并不能直接对应我国语境下的"常理""原理"等惯用表达和精准传达其蕴含的本意。为更加准确地进行概念诠释，避免这不同语境下对汉字词组涵义的误读，似乎在比较法研究中应该保留日文汉字中原有的"条理"（jyo－ri）这一表述。

（二）日本行政法的原理、原则与条理

行政权是国家权力的主要表现行使。基于近代宪法中权力分立的理念，应对行政权进行监督与规制。这种规制在英美法中表现为"法的支配（rule of law）"，在大陆法国家如德国则表现为"法治国家（Rechtsstaat）"。在德国法的影响下，美浓部达吉首次援用法治国家的理念创造了"法治主义"的表述并被使用至今[1]。但另一方面也有观点认为，法的支配要求良法的支配，法治国家原理允许恶法的支配。法治主义中的"法"更强调的是其作为统治手段（rule by law），因此内容存在严重缺陷。如纳粹德国就是打着法治国家的旗号，通过形式上的合法化来掩盖其行政权的暴戾。日本于战后接受民主化改革之后，学界对"法治国家"论展开了严厉批判，"法的支配"论一时间占据了主导地位。

但随着国宪法法院的违宪审查权得到充分发挥等背景下，西德作为实质法治国家的地位逐渐被承认，"法的支配"论和"法治国家"论二者间的区别开始淡化，与违宪审查的比较研究和宪法诉讼等有关的宪法学研究成果也丰富起来。另外，法国的"法治国家（État de droit）论"也随着八十年代违宪审查制的建立更为强调立宪主义的理念。

法治国家原理中最重要的内容就是依法行政，它包含了国民主权、法律优先原则和法律的法规创造力原则。日本的法治主义原理就脱胎于德国公法学，也可以说在日本现行宪法下行政法的基本原理就是"法治主义"原理。法治主义原理包含了法律的法规创造力、法律优先、法律保留三项原则。相比对战前"形式法治主义"的批判，战后在立宪主义和保障人权理念下发展出了"实质法治主义"。而在现行宪法下，日本强调法治主义的意义在于，一是保障人权，使行政权在法律的统制下行使，防止行政权的滥用并以此来保障国

---

[1] 塩野宏『法治主義の諸相』、有斐閣 2001 年、114 頁以下。

民权利；二是保障国民主权，行政权的行使应反映全体国民的意志并以其为依据，而法律就是国民意志的具体化。

而行政法的基本原理在日本宪法和法律中并无明文规定，学者对其具体的理解和阐述也往往存在区别。如田中二郎在其所著《行政法》中将其阐述为地方分权原理、民主主义原理、法治国家和福祉国家原理、司法国家原理①。兼子仁认为应包含国民主权和基于人权的责任行政原理、保障国民生存权的积极行政原理、法治主义和依法行政原理、司法国家原理、依透明公正程序行政原理②。盐野宏认为应包含依法行政原理、行政规制系统的充实、审判救济和公正的行政程序原理以及法的一般原则（包括诚实信用原则、比例原则、平等原则、公正透明原则、说明责任原则）③。大桥洋一将依法行政原则、法律保留原则、与行政有关的法律原则（包括诚实审议原则、禁止权限滥用原则、比例原则、平等原则等）作为行政法的一般原则，并补充了现代型行政的一般原则，即市民参加原则、说明责任原则、透明性原则、补完性原则（行政是对超出民间规范内容的补充）和效率性原则④。芝池义一表述为"行政活动的一般规制原理"，包括法治主义、信赖保护和行政裁量的统制法理⑤。藤田宙靖在《行政法》中虽没有设置专门章节阐述行政法的一般原理，但也详细阐述了依法行政原理的相关内容⑥。

从中可以看到，在上述日本学者的阐述中对原理和原则二者也存在着一定程度的混用，如有学者表述为行政法的一般原理，有的就表述为一般原则。其中原理与原则相互混用较多的是依法行政、诚信和信赖保护等。也有学者并不特意区分原则与原理，甚至将二者直接混用。比如有行政法教材认为行政法的基本原理包括依法行政原理、正当程序原理、诚信和信赖保护原理以及其他法律原则（如权限滥用原则、比例原则、平等原则、公正透明和说明责任原则）⑦。但对法治主义作为行政法的基本原理并居于统帅地位，学界并无明显分歧，同时学者对法治主义原理内涵的认识并无本质差别。作为行政法基本原理的法治主义应至少包括以下几方面内容：一是适法行政，包括依法行政，同时还要遵守信赖保护与平等原则等法的一般原则。二是法律保留原则，特定的权力行为尤其是限制国民人身自由和财产的行为，必须要有法律依据。三是司法国家原理，通过赋予法院对行政活动的审判权来保障行政的适法性。上述内容也被称为法治主义的规范意义。

另外，日本行政法学界被称为原理的对象除法治主义原理外，还包括了国民主权原理、司法国家原理、依法行政原理（或称原则）、诚信和信赖保护原理（或称原则）等。

---

① 田中二郎『新版行政法（上卷）』、弘文堂 2014 年版。
② 兼子仁『行政法学』、岩波書店 1997 年版。
③ 塩野宏『行政法Ⅰ（第 5 版）補訂版』、有斐閣 2013 年版。
④ 大橋洋一『行政法Ⅰ』、有斐閣 2009 年版。
⑤ 芝池義一『行政法総論講義（第 4 版）補訂版』、有斐閣 2006 年版。
⑥ 藤田宙靖『第 4 版行政法Ⅰ（総論）改訂版』、青林書院 2005 年版。
⑦ 稲葉馨人見剛村上裕章前田雅子『リーガルクエスト行政法（第 4 版）』、有斐閣 2018 年版。

而一般被称为原则的是依法行政原则、法的一般原则（如比例原则、诚信原则、平等原则、公正透明原则等）。而这里的法的一般原则，其实就是指"条理"。条理并不需要有无实定法上的依据，而是基于正义观念而被普遍认可的原则。比如平等原则、比例原则、禁反言原则、诚信原则、正当程序原则等，行政法也应遵守这些原则。条理与行政法基本原则的区别在于，前者作为法的一般原则并不仅仅适用于行政法，还应同时适用于其他部门法。条理与判例、习惯同时作为不成文法源，在审判实务中发挥着重要作用。

我国学者多将日本中作为不成文法源的条理译为行政法上的一般法律原则。但实际上条理并不只适用于行政法，而是适用于各个部门法的一般性的法律原则。同时条理作为事物的本来道理被主流社会观念所接纳，进而成为民间共识和社会规范，比如比例原则、平等原则、诚信原则等。而我国行政法学一般将其涵盖在行政法的基本原则内，这点与日本法学对条理法的界定存在着明显的不同。之所以要强调这种区别，是因为条理法规范不应被限定在行政法原则的单一框架内，而应该是作为社会通识被整个民间社会所广泛接受，并起到实际的规范作用。这里的民间社会，不仅包括普通民众，还应包括立法、执法和司法等所有行使公权力的人的个体。实质法治的实现既不能完全依赖来自公权力单方面对普通民众的教化，也不能只寄希望于民间社会的自发、自觉。需要用反映人文精神且兼具文明理性的法治主义价值观念来引导社会从撕裂走向融合。而实现这种融合的有效途径之一，就是以条理法规范为契合点，促进行政法原则与民间习惯法规范的相互融合。

四、结论

正如前文中学者所强调的，民间习惯法的发展，应从子民、草民、乡民等传统封建乡土意义上的"传统民间法"，逐步向市民意义上的"现代民间法"转型升级。而要实现这种转型，就势必得吸纳现代型的社会通念，填埋法律原则与民间规范之间的沟壑，使民众固有观念中"冰冷的"法律原则进化为切合民间交往的需求且能发挥实际作用的社会规范准则。这种准则不同于以往传统的民间道德规范，而是以公平、正义、理性、文明、契约精神等为代表的、现代市民社会所应承载的符合现代法治精神的一般性原则。

以条理法规范为契合点促进法的原则与社会通识的相互融合，必须明确条理与习惯、道德、法律原则等概念的区别。第一，就条理和习惯而言，民间习惯往往是民间社会交往中自发形成的社会规范，具有天然性和自发性的特点。而条理所产生的环境则脱离了民间规范的原始生态，摆脱了传统民间法中的封建性和乡土特质。第二，就条理和道德而言，首先道德不同于道德规范，反映了个体或群体的思想观念，具有极强的主观性和价值取向。而道德规范也往往难以摆脱传统民间规范的乡土特质，不足以反映现代市民社会的价值需求。第三，就条理和法律原则而言，虽然条理就是一般性的法律原则，但我国行政法的基本原则更突出强调其适用于行政法领域的特质，这就使得其作用于传统规制行政以外的事项时实质作用有限。

我国行政法学主流观点虽然也认同比例原则、平等原则、诚信原则等作为行政法基本原则的具体内容，但是行政法原则的法律化却遭遇了严重的瓶颈。如果说日本的条理法规范作为不成文法源，也同样不需要成文法依据，而如前文所言，在除立法以外的执法和司法实践中我国行政法原则的实施与落实仍有明显欠缺。具体表现在，民间主体对行政法原则的认同度与执行力均有待提升。这里的民间主体既包括普通民众，也包括作为执掌立法、执法、司法职能的个体的公务人员。因此，行政法原则不能甘守止步于学理概念，而应在民间法规范中弘扬并践行法的原则。法的原则需要通过渗入民间法规范以成为社会通识，而民间习惯也要摒弃封建落后的乡土因素，吸纳法的原则中所蕴含的法治主义理念。以日本条理法规范为借鉴，将行政法原则与民间习惯法相互借鉴和融合，不仅有助于行政法原则的贯彻落实，也有利于民间法规范的转型升级。

退一步说，不论是成文法还是不成文法，不论是法律原则还是民间习惯，法治主义的落实最终还是要通过个体的人来实现。虽然人人都享有并且践行正义可能只是一种不切实际的空想，但是通过推动法的原则和民间习惯之间的相互融合，使得现代型的理性的法律思维和法治观念逐渐渗透进社会通念之中，必定有利于社会公平正义和实质法治主义的实现。

The Combination of Administrative Law Principles and Folk Customary Law
——Through the Viewpoint of Japanese Law Norm of Jyo – ri

Yang Guanpeng

Abstract: The norms of written administrative law need to practice the basic principles of administrative law to make up for the lack of normative power, which is of great significance to realize the substantive rule of law. However, as the source of unwritten law, the abstract nature of the principle of administrative law determines that it is objectively difficult to realize the legalization of full significance. It also needs to strengthen the universal acceptance, recognition and practice from civil society. At the same time, although the norms of folk customary law have played a role in the daily social communication order, they are facing the realistic needs of transformation and upgrading. The principles of administrative law need to infiltrate folk norms to give play to their practical effects, and folk customs should also absorb the concept of rule of law in the principles of administrative law. The two should be separated from each other and integrated with each other. As the source of Japan's unwritten law, the law norm of Jyo – ri is not only different from China's administrative law principles and folk customs, but also closer to an intermediate form between the basic principles of law and daily social norms. It can be used for reference as the path of the integration of China's administrative law principles and folk customary law, which helps to infiltrate the modern rational legal thinking and the concept of rule of law into the social communication.

Key words: Principles of administrative law; Folk customary law; Jyo – ri; Sources of law; Administrative discretion

身份与契约

——对回鹘文契约的法社会学分析

阿力木江·依明[*]

摘　要　作为社会控制工具的身份等级制度，本身就是历史的产物，而且具有普遍性。然而，对我国古代时期西域少数民族地区长久存在的身份制度，学界并没有足够的关注。本文以出土的回鹘文契约形式与实质内容为线索，论证回鹘文契约的真正主体是集团而不是个体，身份是决定个体和个体以及个体和集团关系的重要因素。回鹘文契约中的身份具有二元结构，即来自家庭制度的身份以及来自世俗管理制度的身份。在缺乏全能型公共权力和信息严重不对称的情况下，身份制度成为强有力的激励方式，并对民间契约的发生、顺利履行提供前提条件和后续保障，同时对社会稳定以及保护弱者利益起积极作用。

关键词　回鹘　身份　契约　十户　集体责任

一、引言

党的十九大明确指出，要弘扬传统文化。西域少数民族作为中华民族的组成成员，在历史的长河中继承中原传统文化的基础上形成了集草原文明与绿洲文明于一体的具有地域性、民族性的中华西域文化，从而丰富了中华文明的内涵。然而，我们对古代回鹘社会制度知之甚少，尤其是对当时的身份制度。了解古代时期我国西域地区少数民族的社会制度以及风俗习惯，在民族学和法制史上有重要意义。同时，有利于促进民族之间的相互认识，有利于发现古代时期各个民族文化中共有的价值理念和文化归属感，从而促进民族团结、弘扬中华传统文化。

已有学者关注古代回鹘社会的家庭制度，其主要依据来自《旧唐书》《宋史》等史

---

[*] 阿力木江·依明，浙江大学光华法学院民商法学博士研究生。

籍。这些史籍虽然有记载,但叙述的重点是重大的政治活动,对于民间的风俗习惯以及家庭制度少有提及。本文以出土的回鹘文契约文书作为主要的一手资料,对契约文书的形式和实质内容进行考察并探究其表现的身份属性。同时,结合学界已有的研究成果,剖析身份制度的社会作用。目前学界对回鹘文契约文书做了大量的研究,但对回鹘文契约表现出的身份属性却很少关注。德国学者冯·佳班对回鹘文契约文书进行考察后得出结论说:"土地和奴隶的占有不是属于个别人的事情,而是属于全家的事情。"①

这个结论验证了梅因的结论:"古代法中没有'个人'的存在,它所关系的是'家族'而不是'个人',是集团而不是单独的个体。"②厄齐特金敏锐地观察到,在买卖契约中,虽然卖方向买方提供各种担保,但卖方对买方的损失不承担直接赔偿责任。对买方造成的损失是有卖方指定的第三人来承担。③但这位作者并没有进一步解释为何一个人签署的合同对他人也有拘束力。

对回鹘文契约的形式和实质内容进行考察后发现,回鹘文契约具有浓厚的身份色彩。契约虽然以立契人一个人的名义签署,但实际上真正的契约主体是立契人所属的集团而不是个人。从契约的形式来看,契约以代表某个集团的 tamġa 或 nişan 作为契约的取信方式;从契约内容来看,权利瑕疵担保责任的主体是立契人指定的家属或十户成员而不是立契人本人。在借贷关系中,保证人并不直接参与契约签订,而其责任直接由立契人指定。不管是瑕疵担保责任主体还是保证人,他们仅仅因为其身份成为责任主体,而不是通过自由契约以自己的意志为自己设立权利义务关系。回鹘文契约表现的"身份"具有二元结构,即属于某个家庭而被赋予的身份以及属于某个十户而被赋予的身份。前者是回鹘社会家庭制度的产物,后者则是世俗管理制度的产物。

本文以出土的回鹘文契约文书为主要原始资料,从历史比较的角度考察回鹘文契约的形式和内容,并试图解释为何一个人签署的契约对一群人有约束力。这种文化现象的答案在于,在古代法中"身份"是决定人们权利义务关系的关键因素。作为埃里希所说的"活法"的重要组成要素,身份在古代回鹘社会发挥了重要的作用。

二、古代法中"身份"的含义

(一)学界对"身份"的评论

人类学意义上,"身份"通常被视作个体或群体之间互惠行为模式中行为主体所处的

---

① 实际上这种身份等级制度在古代时期回鹘地区的建筑与服装上也有所体现。冯佳班认为回鹘地区还有一种行政单位,即巴格(bah)(一帮),是最小的行政单位,相当于汉人的"姓"(大家族)。参见[德]冯·佳班:《高昌回鹘王国的生活》,邹如山译,吐鲁番市地方志编辑室出版1989年版,第35、46页。

② [英]梅因:《古代法》,郭亮译,法律出版社2016年版,第197页。

③ Özyetgin A. M., Criminal Law Practices among Turfan Uigurs according to Civil Documents, 00 *International Journal of Eurasian Studies*, pp. 375 – 397 (2011).

位置。抽象意义上，它是某个具体行为模式中所处的地位。我们可以说一个人拥有很多"身份"，不同的行为模式中拥有不同的"身份"。从另一层面，"身份"（区别于拥有它的人）是指权利义务的集合。① 林顿把"身份"分为两类：被赋予的身份（ascribed statuses）与获取的身份（achieved status）。前者指那些被分配给个人的地位，而不考虑他们的先天差异或能力。这种身份从出生的那一刻起就可以被预测；后者指需要图特殊的品质来获取，他们不是个体一出生就被赋予的，而是通过竞争或个人努力来取得的。②

　　梅因所说的"身份"是一种人格状态，是人身依附关系。③ 在梅因看来，"身份"是判断一个社会进步规律的公式。④ 梅因所说的"一种人格状态"实际上是人格的缺失状态。"从罗马法中所谓的人格权来看，一个人（Mensch）作为具有一定身份而被考察时，才能成为人（Person）。所以在罗马法中，甚至人格本身跟奴隶对比起来只是一种等级、一种身份。因此，罗马法中所谓的人格权的内容，就是家庭关系。"⑤ 在家庭关系中处于被支配地位的成员并不是私法意义上的人。人格一般包含着权利能力，⑥ 因此这些成员并没有完全的权利能力，他们的权利能力取决于他们在家庭关系中的等级。就罗马法而言，在对外关系上只有家父有权签订契约，其余的成员并没有这种权利。因此，在某种意义上讲，罗马私法是"家父"之法。⑦ 只有家父才享有法律承认的人格，是完全意义上的法律人。⑧ "家父"虽然拥有对其家庭成员的生杀大权，但他也需要承担一定的责任。假如他有绝对处分他的部族同胞的人身和财产的权利，那么为了和这种具有代表性的所有权相适应，他也应该有用共同基金供养同族所有成员的责任。当我们想象"家长"这种责任的性质时，必须充分摆脱我们习惯性的联想。这不是一种法律义务，因为法律还没有渗透到

---

①　Ralph Linton, *The study of man*: *an introduction*, New York: Appleton – Century – Crofts, 1936, p. 113.
②　Ralph Linton, *The study of man*: *an introduction*, New York: Appleton – Century – Crofts, 1936, p. 115.
③　"身份"作为法律术语最早是指"不同等级的行为能力"（legal capacity）。但罗马法与古代英国法中"身份"有完全不同的含义。在罗马法中"身份"是指完全的法律行为能力（caput），一个人的完全的行为能力通常包含三个层面的意义：自由身份（status libertatis）、民事身份（status civitatis）、家长身份（status familiae）。限制行为能力指的是缺失以上三种权利中的任何一种。但是在普通法中，"身份"并不是指完全的法律行为能力，而是指（积极或消极地）偏离行为能力。一个人拥有某种"身份"意味着他丧失某种行为能力或拥有某种特权。"身份"在民法上使用的过程中它的含义发生了变化。身份有两层含义，民事身份（status civilis）与自然条件（status naturalis）。前者是指罗马法上的法律行为能力，后者是指人的智力与体格上的区别。See Manfred Rehbinder, Status, Contract, and the Welfare State, 23 *Stanford Law Review* 941 (1971).
④　对此也有不少学者提出质疑，指出梅因的主张只能适用于罗马的情况，而英国和美国的情况并不能适用梅因公式。See Roscoe Pound, The End of Law as Developed in Juristic ThoughtII, 30 *Harvard Law Review*, 201 (1917).; Nathan Isaacs, The Standardizing of Contracts, 27 *The Yale Law Journal*, 34 (1917). 此外，"身份"的缺失也会带来一系列社会问题。近代民法承认抽象的人格，即所有人的法律人格完全平等。这背后有一个基本的假设，每个人都是"智而强"的个体，它并不考虑知识、社会以及经济方面的力量差异。在民事交往中处于弱势地位的个体很难对抗处于强势地位的主体，这类"弱"者需要特殊对待。现代民法则承认具体的人格，即区别对待具体人格，给予弱者一定的保护。
⑤　[德] 黑格尔：《法哲学原理》，范扬、张企泰译，商务印书馆1961年版，第49页。
⑥　[德] 黑格尔：《法哲学原理》，范扬、张企泰译，商务印书馆1961年版，第46页。
⑦　[意] 彼德罗·彭梵得：《罗马法教科书》，黄风译，中国政法大学出版社1996年版，第115页。
⑧　[英] 巴里·尼古拉斯：《罗马法概论》，黄风译，法律出版社2000年版，第65页。

"家族"中来。在对外关系上,甚至可以说"家长"与"家庭之子"之间存在着一种"人格统一"。① "家父"欠下的债务,家庭全体成员一起承担,不管其中任何成员愿意与否。

与"身份"相对的是"契约"。"契约"反映的是自由、平等和独立的意志。通过两个人联合意志的行为,把属于一个人的东西转移到另一个人,这就构成契约。② 契约主体按照自己的意志为自己设定权利并承担义务。从这种意义上讲,契约是旨在"最大限度地实现个人自由"。③ 这种根据自己的意志签署契约的权利展现了康德定义下人格权的对人权属性。"占有另一个积极的自由意志,即通过我的意志,去规定另一个人自由意志去作出某种行为的力量。"④ 这种对人的权利只有独立人格才能拥有。从这种角度看,古代社会的法律与现代法律并没什么本质的差别,因为"家父"在私法上的地位似乎与个体在现代私法上的地位完全相同。⑤ 但古代社会私法的约束力往往停留在"家庭"门口,私法并不干涉"家庭"内部事务。实际上,"古代法"中没有"个人"的存在,它所关系的是"家族"而不是"个人",是集团而不是单独的个人。⑥ 契约是自由意志的联合,在古代是"家族"与"家族"意志之间的联合,而现代社会则是个体与个体意志之间的联合。"契约"与"身份"自古至今都是存在的,区别在于各自所占比例。对于现代社会而言,权利义务关系建立主要依赖于平等、自由且独立的个体按照自己的意志签订的契约。而古代社会并没有个体意识,人一出生时他的"身份"决定了他应拥有何种权利应负何种义务。"在原始社会组织中必须先要理解的一点是,个人很少或从来不为自己设定权利,也很少或从来不为自己设定义务。他应当遵守的规则首先来自他生来所具有的地位,其次来自他作为其成员的户主所给予他的强制性命令。"⑦

(二)本文中身份的含义

本文中身份有以下几种含义:

(1)作为家庭成员的身份,这意味着人身依附(individual subjection to an individual)的状态,在大多数情况下是父权关系。这种身份的基础是血缘关系。

(2)一个家庭在它所在村社(乡、里、保、甲或十户)中的地位,其基础是地缘关系。这意味着人身依附于群体(individual subjection to a group),在这个群体中,即使是父权社会的父亲也服从于他所属村社的命令。

---

① [英]梅因:《古代法》,郭亮译,法律出版社2016年版,第111页。
② [德]康德:《权利的形而上学原理》,沈叔平译,商务印书馆1991年版,第88页。
③ [美]罗斯科·庞德:《法律史解释》,邓正来译,中国法制出版社2016年版,第81页。
④ [德]康德:《权利的形而上学原理》,沈叔平译,商务印书馆1991年版,第87页。
⑤ "权利和义务制度上,有关于家族集团的观点和我们现在在全欧洲流行的有关于对个人的观点完全相同。"参见[英]梅因:《古代法》,郭亮译,法律出版社2016年版,第103页。
⑥ [英]梅因:《古代法》,郭亮译,法律出版社2016年版,第197页。
⑦ [英]梅因:《古代法》,郭亮译,法律出版社2016年版,第239页。

（3）由若干家庭组成的村社（乡、里、保、甲或十户）的社会地位，其基础是地缘关系。每个村社都接受统治阶级的命令，对犯罪、税收和劳动服务负有集体责任。在民事关系中，这种集团的地位可以体现为声誉，这对个体化交易（personal exchange）至关重要。①

一个人的权利义务来自他作为家庭成员和某个村社成员的身份，而不是来自他的独立意志。回鹘文契约的重要特征在于，权利义务关系是被固定的而不是依据个体的独立意志设立。

三、身份与古代契约

从结构上来看，回鹘文契约的主体可以分为以下几类：单个家庭（家族或户）、十户、村社。② 其中家庭是最小的民事主体。大部分契约由单个家庭的家长代表整个家庭签署，也有少数几份契约是由十户长代表十户签订。也有一份文书③涉及的当事人数量众多，已超出十户的范围。以十户的名义签署的契约通常由十户长带头其余成员签署契约，契约上落款参与契约的十户成员通常的 tamġa 或 nişan（即，印章或手画某种标记）。这种以十户的名义签署的契约对全体成员有约束力，他们彼此之间承担连带责任，这种连带责任实际上是无限连带责任。十户通常由十个家庭组成，十户的债务即是这十个家庭的债务，每个家庭的全体成员都必须承担责任。百户的规模相对比较大，通常很少涉及百户成员之间的连带责任。赋税与劳役通常分配到十户，十户全体成员对所有的赋税和劳役承担连带责任。这种公法上的划分，对私法也产生影响。由于他们变成利益共同体，他们的所有财产对全体的赋税和劳役供应情况产生直接影响，他们的公法上的义务与私法的义务不能严格区分。

（一）一个人的"签名"对所有人有效

1. tamġa 或 nişan 作为签署方式

回鹘文契约以 tamġa 或 nişan（即，印章或手画某种标记）作为取信方式，而不采取

---

① "人们倾向于与来自有声望的社区的人建立商业关系。"See：Greif Avner，Contract Enforceability and Economic Institutions in Early Trade：The Maghribi Traders' Coalition，83 *The American Economic Review*，525（1993）；Greif Avner，History Lessons：The Birth of Impersonal Exchange：The Community Responsibility System and Impartial Justice，20 *The Journal of Economic Perspectives*，221（2006）。

② 从可考的契约文书记载的内容来看，单个立契人以他所属的家庭或家族的名义签订的契约占的比重最大。只有少数几分文书是以十户的名义签署。契约主体主要这两类，但也有学者指出回鹘地区存在村社，村社可以作为民事主体成为契约的缔结者。但由于缺乏有关村社的原始文献，本文主要讨论家庭（家族或户）和十户作为契约主体的情况。有关回鹘村社制度可以参见尚衍斌：《元代畏兀儿研究》，民族出版社 1999 年版，第 49 页；[俄] 吉洪诺夫：《十至十四世纪回鹘王国的经济和社会制度》，姬增禄译，新疆人民出版社 2012 年版，第 180–196 页。

③ 耿世民：《回鹘文社会经济文书研究》，中央民族大学出版社 2006 年版，第 239 页。

具有个体特征的签字画押或画指。除了少数残缺不全的文书之外，几乎每一份回鹘文契约文书上都有 tamġa 或 nişan。在契约文书上通常载明"这 tamġa 是我（们）×××的"（bu tamġa mining）或"这 nişan 是我（们）×××的"（bu nişan bizning）。在这种表述内容附近处落款印章或手画某种图形作为签署。在现代维吾尔语中 tamġa 是指"印章"。在《突厥语大词典》中意思为"印。可汗和其他人的印。"① 《南村辍耕录》上记载："今蒙古色目人之为官者，多不能执笔花押，例以象牙或木刻而印之。宰辅及近侍官至一品者，得旨，则用玉图书押字，非特赐不敢用。按周广顺二年，平章李以病臂辞位，诏令刻名印用。据此，则押字用印之始也。"② 对于 nişan，有学者认为回鹘文契约文书上出现的 nişan 是"财产标志"。有法律效力的文件必然由契约双方和证人签字，同时通常附有"财产标志"（nişan）或盖上"印章"（tamġa），财产标志的简单线条用芦苇笔画出。③ nişan 在现代维吾尔语中有"信物、标记、表征"之意。tamġa 是将已经刻制好图案的印章，而 nişan 则手画某种标记。Nişan 与签字画押不同。签字，是在文书上或契约上签下自己的姓名或其他文字符号，以表示对该文书或契约的认可，同时证明签字人意思表示真实。古代社会人们在签署文书或契约时为了防止他人冒用自己的签名，刻意将字写得复杂或行草体，于是就有了押字或画押。④ nişan 一般是指手画某种图形，而不是草写其名（以上参见下图 1、图 2）。

图 1　tamġa（WP06；Sa03；RH03；WP02）

图 2　nişan（Mi20；Lo28；Lo13；Ex02；Sa12）

通常情况下，tamġa 重视图案的美观，具有一定的艺术观赏性。但 nişan 在多数情况下可以视为 tamġa 的替代品。tamġa 通常刻制在象牙、玉石、特殊金属上，成本相对较高。

---

① 麻赫默德·喀什葛里：《突厥语大词典》（卷 1），民族出版社 2002 年版：第 447 页。
② 陶宗仪：《南村辍耕录》，远方出版社 2001 年版：第 33 页。
③ ［德］冯·佳班：《高昌回鹘王国的生活》，邹如山译，吐鲁番市地方志编辑室出版 1989 年版，第 127 页。
④ 顾云卿：《签字与画押——中国古代证明文化漫谈之七》，载《中国公正》2005 年第 8 期。

而 nişan 则不需要任何经济成本，只需手画特定标记即可。从 tamġa 与 nişan 所承载的图形来看，通常是某种几何图形或古代文字，而不是个人姓名。

2. tamġa 或 nişan 作为一个群体的象征

契约以 tamġa 或 nişan 作为取信方式而不是签名或画指，即使是会写字的立契人也会以 tamġa 或 nişan 的方式签署契约。回鹘文契约大部分都有专门书契人按照当事人口述书写文书。但也有部分契约是有立契人亲自书写。即使是会写字的立契人书写契约文书，同样也会用 tamġa 或 nişan 而不用签署自己的姓名。特殊的是，这些会写字的立契人所画的 nişan 通常也是某种图形。例如，在一份租赁契约中记载"这 nişan 是我的，我 Tolak Tamur 自己写此文书。"① 在这份文书上落款的 nişan 是手画五角星。

一个 tamġa 或 nişan 被某个集团成员或数个共同立契人共同使用。大部分契约是由单个立契人发起，但也有相当数量的契约是由数名立契人共同发起。共同发起契约的几位立契人往往共同使用同一个 tamġa 或 nişan，而不是各个立契人都用各自的 tamġa 或 nişan。他们共同使用同一个 tamġa 或 nişan 来代表几个立契人的共同意志。例如在一份买卖契约文书上记载："我 Tadmilig 和 Qara Buqa 二人因需要费用卖掉名叫 Qudlugh 的妇女……这 nişan 是我们 Tadmilig，Qara Buqa 二人的。"② 在某些情况下，契约是以十户的名义发起，这些十人团的成员也同样使用各自的 tamġa 或 nişan。有一份土地买卖契约中记载"以 Misir 为首的十人因需要棉布来交纳 qalan 税…这个 tamġa 是我们以 Misir 为首的十人的。"③ 也有些情况下，立契人数量众多，远远超过十户的范围。这种情况下，这些众多立契人同样只使用同一个 tamġa 或 nişan。"这个 nişan 是文书中提到名字的我们大家的。"④ 这份文书上列出来 18 人的名字，他们同样使用各自的 nişan。这份文书的原件上落款十几款 nişan。

tamġa 上刻画的大多是某种几何图形，nişan 所画的也是某种标记，这种标记是某种集团的象征。tamġa 上刻画的是各种类型的图案，包括齿轮形、圆形、椭圆、多边形等。Nişan 也是手画各种几何图形。这种几何图形是一种标记，是属于某个群体的一种标记。这跟氏族时期的风俗习惯有关。早在游牧生活时期，人们用特殊的标记来区分彼此之间的财产。牲畜的所有权以特殊的烙印标志（塔马合，tamaga）来表明，这种烙印标志显然是为该氏族的全体成员所一致使用的。⑤ 一个部落由许多个氏族组成，"由于人们想要知道这个部落的各氏族，所以我将它们逐一列出来了。这些印记是它们的牲畜的标志，彼此的牲畜如有混杂，即按印记予以识别。"⑥

---

① 耿世民：《回鹘文社会经济文书研究》，中央民族大学出版社 2006 年版，第 189 页。
② 耿世民：《回鹘文社会经济文书研究》，中央民族大学出版社 2006 年版，第 123 - 124 页。
③ 耿世民：《回鹘文社会经济文书研究》，中央民族大学出版社 2006 年版，第 155 - 156 页。
④ 耿世民：《回鹘文社会经济文书研究》，中央民族大学出版社 2006 年版，第 239 页。
⑤ ［俄］符拉基米尔佐夫：《蒙古社会制度史》，刘荣焌译，中国社会科学出版社 1980 年版，第 93 页。
⑥ 麻赫默德·喀什葛里：《突厥语大词典》（卷1），民族出版社 2002 年版，第 64 页。

从回鹘文契约取信方式的以上特征中可以发现，tamġa 或 nişan 虽然由立契人使用，但它代表的是该立契人所属的集团。不管是单个立契人还是复数的立契人，通常只使用一个 tamġa 或 nişan，而家庭其余成员都会受到来自契约的约束。

（二）未签署契约者的契约责任

1. 追夺

回鹘文买卖契约主要分为两类，一类是土地买卖，另一类是人口买卖。目前，根据可考文献，土地买卖契约总共 16 份，另外还有 3 份土地交换契约；人口买卖契约总共 16 份，[1] 其中包括 11 份奴隶买卖契约和 5 份卖儿子（或弟弟）的契约文书。这些买卖契约中都记载了权利瑕疵担保条款，即追夺条款。

（1）追夺主体。

家族成员。在买卖契约中，卖方通常在契约中保证其家属不得对买卖标的物所有权提出异议。在 16 分奴隶买卖契约、19 份土地买卖（交换）契约中的瑕疵担保条款所担保的追夺主体中，"兄弟"总共出现 23 次（比重为 65%）、"儿子（儿女）"出现 4 次（比重为 11%）、"甥舅"出现 6 次（比重为 17%）、"女婿"出现 1 次、"亲属"出现 16 次（比重为 45%）。概括地来说，可能会对契约标的物提出异议的家庭成员，即追夺主体主要包括：兄弟、儿女、甥舅、女婿等家族成员。这些亲戚作为家族成员，是家族财产的共有人。但只有家长具有完全的财产权利。家族其余成员不得违背家长意志擅自处分家族财产，否则受到刑罚。家长拥有至高无上的支配权利，妻儿或弟弟都可以视同财产而成为买卖契约的标的物。在这种身份社会中，家长在世时，家族其余成员并不会轻易追夺。追夺通常是在家长死去后才发生。

十户、百户。在 35 份买卖契约文书中"十户"出现 7 次、"百户"出现 6 次。十户是古代社会重要的军事和行政管理制度。十户，即 onluqlar（意思为十个人的团体），是一种军事行政单位。百户之内有若干十户，他们是赋税和劳役的基本单元。在民事关系也会作为共同的契约当事人出现。在一份文书中记载："我们以 Udka、Arslan 等为首的十人因需要谷物，从 Qayimdu Baxshi 处借取了……二石谷物。这画押是我们十人的。"[2] 这里的十人组在税赋和劳役方面实行连环保，个体财产的流失会直接影响整体履行税赋和劳役能力，因此成员会限制财产外流。

百户在行政管理上划分为若干个十户，百户成员之间的关系远不及十户密切，在民事

---

[1] 耿世民、李经纬著作中收录了 20 份买卖人口文书中有一份是赎出奴隶的自由书、一份是一位奴隶的伸冤书、有两份文书是以典押人口为担保的借贷关系。因此，买卖人口契约应该是 16 份。参见耿世民：《回鹘文社会经济文书研究》，中央民族大学出版社 2006 年版；李经纬：《吐鲁番回鹘文社会经济文书研究》，新疆人民出版社 1996 年版。

[2] 耿世民：《回鹘文社会经济文书研究》，中央民族大学出版社 2006 年版，第 205 页。

上的联系也是相对疏远。在 19 份土地买卖契约中只有 2 份提到"百户",在 16 份奴隶买卖契约中有 4 份提到"百户"。土地交易通常发生在百户成员之内,百户成员发生追夺的财产的可能性相对比较小。只有将土地转让给百户成员之外的他人时,百户成员追夺土地才具有实际意义。奴隶买卖如同动产买卖,容易运到百户范围之外的市场去交易。在这种情况下,百户成员也可能成为追夺主体。

(2) 追夺主体的责任。

现代民法上权利瑕疵担保责任的责任主体自然是出卖人。但在回鹘文契约中权利瑕疵担保责任主体除了立契人之外,还包括家属或十户、百户成员等追夺主体。契约中通常约定"谁追夺,谁承担责任"。责任不仅仅局限于对损失的赔偿,责任往往包括对政府给予高额的惩罚性赔偿,有时还会包括刑事责任。这种情况可以从以下几份文书中窥见一斑:"如萨英布哈本人或任何人来争执,由我定惠负责";"这奴隶直到千年万日属秀赛大师所有。如他愿意,他自己保有,如不愿意,可转让转卖给他人。我阿体都统的兄弟、亲属、甥舅,不论谁都不能争执。若有谁借官员或外来使节的力量要赎买的话,就让他付这个奴隶的双倍价钱来赎取";"我 Chintso 尊者的弟、兄、儿子、亲属不得找麻烦。如果找麻烦,让他们的话不算数,并依照王法(蒙古刑法)要受到惩罚。对我 Qyytso 的 Titso,以我为首,我的弟弟、兄、亲属不得凭借官势把他弄出。(否则)向窝阔台皇帝陛下交纳二头白骆驼,向 Ambi 城达鲁花赤交纳可乘马一匹,向 Chintso 尊者交纳双倍的赔偿";"我 Sada 的兄弟、亲属、十人体、百人体,不论谁都不得争议。谁若凭借官员、使者的势力来争议,那就让他赔偿这渠上同样的两个葡萄园。"① 在第一份文书中立契人承诺,任何人追夺时立契人自己承担责任;第二份文书中立契人的家人中有谁"争执",谁就付出两倍的价钱来赎取;第三份文书中提出争议者不仅承担双倍赔偿的民事责任,还要向官员交纳罚金,甚至要受到刑罚;第四份文书中除了立契人亲属外,十户、百户成员也不能争议,否则承担责任。

(3) 身份与追夺条款。

回鹘文买卖契约瑕疵担保条款具有浓厚的身份特征,它反映了人身依附关系。现代民法上的权利瑕疵担保是指出卖人就标的物保证第三人不得向买受人主张任何权利。② 这种责任是出卖人向买受人承担的责任。回鹘文买卖契约反映的情况是,立契人为其家属或十户成员(可能的追夺主体)设立权利义务关系。这些潜在的诸追夺主体并不直接参与契约,甚至并不知晓该契约。但他们的权利义务关系被立契人在他所签署的契约中已经加以明确。这种权利瑕疵担保条款中往往约定十分严厉的处罚性内容,迫使潜在的追夺主体遵守立契人的意思。潜在的追夺主体并不是依照自己的独立意志为自己设立权利义务关系。

---

① 耿世民:《回鹘文社会经济文书研究》,中央民族大学出版社 2006 年版,第 107、99、133、158 页。
② 《中华人民共和国民法典》第 612 条。

实际上他们根本就不存在独立的人格,他们的人格是被家长(或十户长)的人格所淹没。立契人为家族其余成员设立的各项契约义务对于该成员来说具有其亲自为自己设立的契约义务一样的约束力。

2. 借贷契约中的保证人

在回鹘文契约中通常为债权的实现提供担保。耿世民著作中收录的 24 分借贷契约中有 21 份文书上都记载着"归还之前,如我发生什么,就让我的家人如数归还"的约定。其中出现最多的是"家人""弟弟""妻子"以及"儿子"。其中弟弟作为保人的为 11 次、家人为 12 次、妻 2 次(同一个人签的两份文书)、儿子出现 3 次、祖父出现 1 次。这些借贷文书中并没有用特殊的统一的名称来指代保人,只是陈述为"如我发生什么,就让我的家人、弟弟(或儿子或妻)如数归还"。最常见的是"弟弟"和"家人"作为保人。从保证条款的表达方式来看,回鹘文中所说的"如果我发生什么""如我内外发生什么"等表述与敦煌、吐鲁番契约中的"如身东西"极为相像。有学者将回鹘文借贷契约中出现的"如我发生什么,有妻儿或家人(或弟弟)如数归还"的规定于敦煌、吐鲁番出土的汉文契约中的"如身东西,有妻儿及保人代偿"的约定进行比较,并认为在回鹘文契约中债务人只要逃避或无力偿还,保人就承担代偿责任;而在敦煌、吐鲁番汉文契约中债务人死去时保人才承担责任。①

回鹘文借贷契约中保证人通常并不直接参与契约的签订,保证人的保证责任直接由立契人规定。立契人作为该集团的代表为该集团的成员设立权利义务关系。其余的成员只能按照立契人的意志行事,否则会受到严厉的处罚。保证人的保证责任并非来自其独立意志,而是他属于某个家庭或十户的身份。

(三)基于血缘关系组织的家庭和基于地缘关系组织的十户

回鹘文契约中的身份有两个来源,来自宗法家庭制度的身份与来自世俗管理制度的身份。一个人从他出生的那一刻就获得了他的身份,这种身份首先由他所在的集团的社会地位,其次由他在他所属的集团中的地位所决定。这种身份是由社会所固定的,而不是通过自由契约的方式获取的。父债子还、夫债妻还,欠债必还等观念深入人心。这种建立在风俗习惯、伦理道德基础上的社会秩序是直接影响人们行为的"活法",而封建法律,即蒙古《亚萨克》作为二阶秩序维护"活法"建立的一阶秩序。

来自世俗管理制度的身份也有重要意义。每个人属于某个在家父控制下的家庭,每个家庭都属于一个十户。这种社会存在着严重的信息不对称,缺乏像现代社会意义上的全能型公共权力来对个体行为进行侦查,对私人之间的纠纷进行公正的裁判。统治阶层没有足够的能力直接对每个个体进行管理。人们被分割成一个个十户,而十户是统治者管理个体

---

① 杨富学:《吐鲁番出土回鹘文借贷文书概述》,载《敦煌研究》1990 年第 1 期。

的"桥梁"。统治阶层只能通过集团来实现对个体的管理。家庭成员必须服从家规,村社成员必须服从乡规民约。统治者只需要维护家规和乡规民约建立的秩序就可以实现对整个社会的控制。

来自家庭成员的身份和来自十户成员的身份充分反映了人身依附关系和不对等的权利义务关系。从现代法律的角度来看,这明显是一种落后甚至是野蛮的治理模式,但以身份为核心要素的社会规范在古代社会发挥了重要的作用。

四、身份与秩序

(一)契约的发生

古代时期契约得以发生必须满足两个条件:要么就是当事人之间存在很高程度的信任,相信对方执行契约的可能性很高;要么拥有一个强大的外在强制力,可以迫使契约得以执行。在没有信任的情况下,契约关系发生的前提条件和后续保障,有两种选择。一是有一个全能型的公共权力,它可以公正地调查和判断所有违约情形,并予以严格执行。二是,在公共权力缺失的情况下,签订契约的双方也可以通过获取信息,在签订契约之前做好各种预防措施。① 农业社会的重要特点在于,人们是固定在土地上。十户可以被看作是一个由十来个家庭组成的小村庄。在这种有限的生活空间里,人们彼此熟悉,契约的发生往往出现在相互信任的两人之间。从借贷契约和买卖契约所记载的内容来看,大部分契约是发生在十户或百户的地域范围内。在一份既没有抵押担保也没有人质的借贷文书上记载:"我,Sabi,因需要 4 两银子,从 Kosunchi 那儿借取了。每个月利息是一两银。在归还之前,我若发生什么,就让我的弟弟 Ayiqchi 全部归还。"②

在 35 份买卖契约中,有 7 份文书中卖方保证其十户成员不得追夺,在 6 分文书中保证百户成员不得追夺标的物。这 7 份契约很可能就发生在某个百户领域内来自两个十户的当事人之间,而另外 6 份契约则可能发生在来自两个百户的当事人之间。其余的买卖契约中既没有提到十户也没有提到百户,由此推断,这些契约可能发生在十户领域之内。这些当事人完全可以根据对方的声誉来决定是否建立契约关系。契约当事人即使彼此不认识,但他们可以通过他们所属的村庄的名声来决定是否信任并与之建立契约关系。人们可以通过绯闻的方式掌握不同群体的信息。③

即使没有信任,身份仍然可以促进契约的发生。身份意味着人身依附关系,这对提供

---

① 丁晓东:《身份、道德与自由契约——儒家学说的制度性解读》,载《法学家》2014 年第 3 期。
② 耿世民:《回鹘文社会经济文书研究》,中央民族大学出版社 2006 年版,第 192 页
③ Greif Avner, Cultural Beliefs and the Organization of Society: A Historical and Theoretical Reflection on Collectivist and Individualist Societies." 102 *Journal of Political Economy*, p. 912 (1994).

人质是指关重要的。学者已经提出最古老的契约担保方式是人质担保。[1] 我国古代时期各诸侯国在缔结条约时通常提供人质[2]，人质通常是诸侯的子嗣。《左传·隐公三年》记载："周郑交质，王子狐为质于郑，郑公子忽为质于周。"原先在民间签订契约，通常也以人质做保证。人质一般都是提供人质者的家属，在大部分情况下是他的儿子。[3] 有一份回鹘文契约记录的以人质为担保的借贷关系。"猪年正月初十日我 Qaytso Tutung 因需要通用银子，把我自己生的名字叫 Titso 的儿子典押给 Chintso Shila 三年。"[4]

原先，契约通常发生在人质担保的基础上。人质往往是立契人的儿子，[5] 人质在某种意义上弥补了当事人之间缺乏信任的缺陷。契约不履行的直接后果是人质失去生命，这就构成了一种强制力，迫使当事人履约。人质的本质在于提供人质者与该人质之间存在"身份"关系，不管人质是自愿还是被迫成为人质，其基础是"身份"关系。[6] 人质与提供人质者之间的"身份"关系是最有力的保证措施，这就构建了契约得以发生的语境。

（二）强有力的责任承担能力

由于身份关系的存在，债务人的债务不仅仅是他个人的债务，而是债务人所属的集团的债务。[7] 一方面，对于家庭关系来说，立契人即使死亡，其债务也不会消灭。因为"公民的生命没有限制在出生到死亡的时间段内；公民的生命只是他的祖先存在的延续，并且随着其后裔的存在继续延续"[8]，立契人死了，他的家属就继承他的债务。"父亲、子女、兄弟、姊妹等称呼，并不是单纯的荣誉称号，而是代表着完全确定的、异常郑重的相互义务，这些义务的总和构成了这些民族社会制度的实质部分"。[9] 首先，立契人的意志是他所属的集团的意志，不管他在契约中有没有说明其家属承担责任，"父债子还""夫债妻还""欠债还钱"的观念深入人心。即使在立契人没有指定家属为保证人的情况下，立契人不能偿还债务或逃亡时，其家属都要承担责任。这是他们作为立契人的家属的身份所决定。其次，立契人家属偿还债务时，如果必要，家属可以以人身偿还债务。立契人不仅仅

---

[1] Oliver Wendell Holmes, *The Common Law*, Little Brown and Company Press, 1948, p. 248; Roscoe Pound, The Role of the Will in Law, 68 *Harvard Law Review*, p. 1 (1954).

[2] ［法］童丕：《敦煌的借贷——中国中古时代的物质生活与社会》，余欣、陈建伟译，中华书局2003年版，第181页。

[3] Lien - sheng Yang, Hostages in Chinese History, 15 *Harvard Journal of Asiatic Studies*, p. 507 (1952).

[4] 耿世民：《回鹘文社会经济文书研究》，中央民族大学出版社2006年版，第130页。

[5] Lien - sheng Yang, Hostages in Chinese History, 15 *Harvard Journal of Asiatic Studies*, p. 507 (1952).

[6] 这种身份关系可能是血亲、朋友或隶属关系。"查理曼大帝与霍恩约定，留下霍恩手下12名骑士作为人质。在决斗时，霍恩又提供一些朋友作为人质。" See Oliver Wendell Holmes, *The Common Law*, Little Brown and Company Press, 1948, pp. 248 - 249。

[7] 只要是自然经济，其生产单位（家庭协同体）例外的同外部的联系就只能通过家长来进行，这就意味着家庭共同体的财产在外部关系是属于家庭和家长的。成员和家长的关系作为家庭协同体内部关系并没有外在地以法律形式表现出来。参见［日］星野英一：《私法中的人》，王闯译，中国法制出版社2004年版，第17页。

[8] ［英］梅因：《古代法》，郭亮译，法律出版社2016年版，第197页。

[9] ［德］恩格斯：《家庭、私有制和国家的起源》，人民出版社2018年版，第28页。

以他所属的集团的一般财产偿还债务,家属（包括血亲和奴隶等）可以通过劳务或变身为奴的方式来抵偿债务。① 家庭身份关系使得家庭其余成员自动地成为责任主体,在家长逃亡时替他偿还债务,在家长不能以家庭的一般财产偿还债务时就以家庭成员的劳务或以变身为奴的方式偿还债务。因此,立契人的家属的这种责任仅仅因为"身份"关系的存在而存在。

另一方面,十户成员为其他成员的行为而承担连带责任。十进制连带责任制度是古代社会最为常见的管理制度。这种十进制连带责任制度使得每一个人生活在固定的区域内,没有授权的情况下任何人都不许离开特定区域。② 土地被支配给十户,成员彼此之间相互监督相互督促,并负连带责任。整个十户对行政当局保证它的每个成员按时交清税、服满劳役、遵纪守法甚至保证十户中任何人都不抛弃自己的土地,不逃跑。例如,在税目中有整个十户交纳的税,其中提供骆驼或马匹就属于这种交纳方式。如果十户应该提供一匹骆驼,就由一户为大家交一匹骆驼,而其余九户各交一块当地产的丝帛。交了骆驼的户就不交丝帛。这种制度保证了及时完全交清税。③ 借贷也会以十户的名义发生,在这种情况下,十户甚至不需要提供任何担保,因为他们对债务承担连带责任。

债务从来就不是个人的债务,而是整个集团的债务,责任是集体性的,整个家庭成员对家长所欠下的债务承担责任,十户成员对税赋和劳役承担连带责任。相对于个体责任,建立在身份关系上的集体责任为契约的顺利完成提供更有力的后期保障。身份使得由若干个体组成的集团行为像一个个体。

（三）集体责任（集体性连带责任）

回鹘文契约所反映的"身份"不仅对契约的顺利履行提供前提条件和后续保障之外,在公法领域也发挥重要的作用。④ 在古代回鹘地区政府控制能力低下的情况下,"身份"以及连带责任制度是一种有效的激励方式。公共权力没有足够的能力充分获取信息的情况下,把监督责任转嫁给家庭、十户等集团可以节约行政管理的成本。在这过程中对基于地缘关系组成的集团（保甲、十户）实行集团责任制。这种管理模式的有效运作可以从以下三个维度去考察：统治阶层与集团之间的关系、集团与个体之间的关系、集团内个体与个体之间的关系。

---

① 几份人身典押契约可以证明这一点。被典押的人口通过其劳务偿还债务,有时可能会变为债权人的附庸。

② Horace W. Dewey, Russia's Debt to the Mongols in Suretyship and Collective Responsibility, 30 *Comparative Studies in Society and History*, p. 249 (1988).

③ ［俄］吉洪诺夫:《十至十四世纪回鹘王国的经济和社会制度》,姬增禄译,新疆人民出版社 2012 年版,第 32 页。

④ "前现代社会的一个显著特征是依靠群体责任来规范个人行为,家庭或亲属团体是最重要的单位。" See Horace W. Dewey, Ann M. Kleimola, From the Kinship Group to Every Man His Brother's Keeper: Collective Responsibility in Pre-Petrine Russia, 30 *Jahrbücher für Geschichte Osteuropas*, p. 321 (1982).

1. 统治者通过集体责任控制个体，集团是统治者与个体之间的桥梁。统治阶层直接命令各个集团征收税赋、完成劳役。集团如果不能完成此项任务，每个成员会遭到严厉的惩罚。在这种激励措施的作用下，集团的每个成员会积极完成他们的共同义务。除此之外，集团成员对个体犯罪具有告发和检举义务，如果有人不对犯罪行为进行检举告发，则会受到严厉的惩罚。在这种情况下，每个成员会积极监督集团成员，防止犯罪行为的发生。由于古代并没有现代意义上的侦查机关，统治阶层不得不将监督和控制个体的责任转嫁给集团。

2. 古代社会，个体对群体有生存依赖性，但与此同时，个体通过群体实现的利益大于个体通过个人努力实现的利益。集团成员通过合作提高集团的社会地位，集团社会地位的提高会帮助个体实现利益最大化。[①] 集体责任制度在社会控制上不仅起杠杆作用，即以低成本实现高效的社会控制，而且也会促进集团内部合作与团结。[②] 集体责任的有效运作需要集团成员发挥积极能动性。集团与个体利益的统一性，使得集团成员成为一个利益共同体。个体通过集团来实现利益最大化，那个体就有积极性维护集团的利益。集团利益与个体利益的最大化需要集团成员的积极合作，合作过程就需要内部规范来调整个体与个体之间的关系。

3. 个体与个体之间的关系是通过内部规范来调整。统治者通过集团来实现对个体的统治，集团则通过内部规范来修正个体行为。利害关系密切的群体可以对其成员实现强有力的控制，并仅依靠非正式的、分散的规范来建立高度的团结。[③] 这些规范通常是非正式规范，它区别于国家制定法。这些非正式规范通常由风俗习惯、伦理道德为主要渊源，是实际影响人们日常生活的"活法"。[④] 家规、乡约通常是调整民间纠纷的主要依据。而统治者只需要维护这些内部规范建立的社会秩序。

（四）保护弱者

回鹘文契约反映的"身份"有利于保护弱者。信息获取能力、认知能力因个体而存在差别。与其分散力量，不如统一在一个强而智者名下共同战胜自然困难。[⑤] 古代社会生产力低下，生存问题难以保障的情况下，构建统一的权力机制，让强而智者带领弱而愚者共同防御自然困难会大大提高生存几率。[⑥] 弱者虽然失去个人意志，但处于强者的保护下。

[①] 马克·布洛赫指出欧洲贵族大家族凝聚力增强和他们连带关系有关。参见 [法] 马克·布洛赫：《封建社会》，张绪山译，商务印书馆2011年版，第14页。

[②] Daryl J. Levinson, Collective Sanctions, 56 *Stanford Law Review*, p. 345 (2003).

[③] Daryl J. Levinson, Collective Sanctions, 56 *Stanford Law Review*, p. 345 (2003).

[④] [奥] 埃里希：《法社会学原理》，舒国滢译，中国大百科全书出版社2009年版，第545页。

[⑤] 这种团结实际上是一种本能的反应。梅因称之为"情绪"。参见 [英] 梅因：《古代法》，郭亮译，法律出版社2016年版，第278页。

[⑥] 人类早期野蛮状态下，人只能在具备某种身份的前提下才能生存。See Russell Kirk, The Thought of Sir Henry Maine, 15 *The Review of Politics*, p. 86 (1953).

这对与古代尤其是生活在西域严酷地理环境下的人们来说，可能是最好的生存之道。

近代民法的一个基本假设是，每个民事主体是强而智的经济人①，每个人民事主体都能理性的做出判断。② 但实际情况则不然，人跟人的智力、身体、经济等各个因素上都有差异。就像自然界中强食弱肉一样，在法律关系上经济上的强者往往更好的生存并繁荣。③ 处于不同经济条件、智力条件、身体条件的人在民事交往中并不能保护好自己的利益。不管是古代还是现代，社会上一定比例的人并非强而智，而是弱而愚。如果不刻意保护他们，他们在经济交往中不能保护自己。家长拥有权力，这也意味着他对家庭成员承担一定的义务，其中最重要的就是保护义务。当社会环境仍然是体力和智力都具有特殊价值时，就会有一种影响力使得"家长权"限制在那些强壮并且有能力的人手中。④

回鹘社会中的弱而愚者因为其作为某个集团的成员而受到保护。这种"身份"使得弱而愚者的利益与强而智者的利益相统一，强而智者为弱而愚者计算，从而实现整体利益的最大化。这种秩序中弱而愚者虽然失去独立的意志，但与此同时受到家长的保护。

五、结论

身份的意义在于，它是一种不能自愿解除的条件。权利、义务和责任的直接来自一个人的这种条件，而不是他的意志。⑤ 这种身份制度在古代社会各个地区具有一定的普遍性。回鹘文契约的形式和实质内容都充分展现了浓厚的身份属性。一个人首先是属于一个家庭，他作为家庭成员必须承担整个家庭的公法或私法上的责任。其次，他同时也是属于某个十户，对十户承担责任。他的责任并不是由他的意志决定，而是他的身份决定。

回鹘文契约展现的身份关系的二元结构跟当地的特殊风俗习惯、生产关系以及世俗管理制度有关。首先，回鹘人有祭祀祖先和祖先崇拜的习俗，⑥ 再加上儒家思想的深远影响，造就了家长至高无上的权威。其次，回鹘地区所有制是介于氏族公有制与私有制之间过渡期的特殊所有制。最后，世俗管理上的连带责任制发挥了重要的作用。建立在原始的风俗习惯、生产关系以及世俗管理制度基础上的身份制度，适应了当时的社会环境并发挥重要作用。

对我国古代时期西域少数民族地区民间契约制度的研究具有局限性。史籍上的记载并

---

① 德国学者古斯塔夫·博莫尔认为，德国民法典所描述的人像，"乃是植根于启蒙时代、尽可能地自由平等、既理性又利己的抽象个人，是兼容市民及商人感受力的经济人"参见 [日] 自星野英一：《私法中的人》，王闯译，中国法制出版社 2004 年版，第 7 页。

② "最终的法律秩序应当是保证个体最大限度的行为自由和自主决定的权利。法律和国家的最大的功能在于保护这种'抽象'的人的自然权利。"这种观点实际上是来自于 18 世纪的自然法学派。See E. F. Albertsworth, From Contract to Status, 8 *American Bar Association Journal*, p.17（1922）。

③ R. H. Graveson, The Movement from Status to Contract, 4 *The Modern Law Review*, p.261（1941）。

④ [英] 梅因：《古代法》，郭亮译，法律出版社 2016 年版，第 105 页。

⑤ Roscoe Pound, The End of Law as Developed in Juristic ThoughtII, 30 *Harvard Law Review*, p.201（1917）。

⑥ [德] 茨默：《佛教与回鹘社会》，桂林、杨富学译，民族出版社 2004 年版，第 101 页。

不能充分展现当时社会最真实的面貌,而出土文献的研究亦存在诸多不足。难以做到对语言的演变以及文化背景的准确把握。出土的回鹘文契约是研究当时社会制度的重要一手资料,但由于缺乏回鹘地方政府发布的规范性文件以及诉讼案件资料,对回鹘地区身份制度的研究只能停留在比较浅的层面。期待更多的考古发现以及更多研究成果的出现。

Status and Contract—A Study on the Old Uygur Documents in Law Sociology Perspective

Alimujiang Yiming

Abstract: This essay explores the dual structure of status system reflected in the form and content of the old Uygur documents. A valid contract requires a tamġa or nişan, which depicts a symbolic mark representing a group rather than an individual. It is recorded in sale and loan contracts that the seller or borrower fixes contract obligations for his family members. The members are bound to the contract merely because of their status as a member of the group. Scholars may hold negative viewpoint toward ancient status hierarchy system. But as a tool of social control, status played undeniable positive roles in ancient world.

Key words: Status; Uygur documents; social norm; contract; collective responsibility

(编辑:陶文泰)

"三治结合"：当代村规民约的变革调适路径

李天助[*]

摘 要 长期以来，村规民约在乡村事务管理、社会秩序维护和矛盾纠纷化解等诸多方面发挥了至关重要的作用。然而，当代村规民约也暴露出同质化现象严重、抑制村民权利意识、与国家法律冲突等问题，亟须作出变革调适。新时代乡村振兴和精准扶贫战略的实施以及数字化信息传播的应用为当代村规民约的变革调适提供了新的契机，自治、法治、德治相结合的乡村治理体系恰好可以成为当代村规民约变革调适的可行路径。"三治结合"的乡村治理体系的核心内涵是：以自治为基础，保障村民自治，防止行政权、司法权过度干涉；以法治为保障，完善乡村法治，确保村规民约的合法性；以德治为支撑，提升德治水平，促进村规民约发挥实效。三者缺一不可，相辅相成，齐头并进，共同促进当代村规民约的变革调适，充分发挥其在乡村治理中的积极作用。

关键词 "三治结合" 村规民约 变革调适 乡村治理

"三治结合"指的是自治、法治、德治相结合，既是一种乡村治理体系和治理理念，[①]

---

[*] 李天助，湘潭大学法学院博士研究生。
[①] 十九大报告提出"加强农村基础工作，健全自治、法治、德治相结合的乡村治理体系"，《中共中央、国务院关于实施乡村振兴战略的意见》提出"坚持自治、法治、德治相结合，确保乡村社会充满活力、和谐有序"，《最高人民法院关于为实施乡村振兴战略提供司法服务和保障的意见》提出"树立自治法治德治相结合理念""促进完善乡村自治、法治、德治相结合的治理体系。"

也是一种党组织领导的领导体制和工作机制,[①] 还是一种现代基层社会治理机制。[②] 村规民约是村民进行自我管理、自我服务、自我教育、自我监督的行为规范,是引导基层群众践行社会主义核心价值观的有效途径,是健全和创新党组织领导下自治、法治、德治相结合的现代基层社会治理机制的重要形式。[③] 因此,"三治结合"与村规民约是机制、体制、体系与规范、途径、载体的关系。"三治结合"的实现和构建需要村规民约发挥实效,村规民约要完成变革调适重获"新生"亦端赖"三治结合"的指导和推动。目前,学界对"三治结合"和村规民约、乡规民约变革调适问题的研究已积累了较为丰富的成果,但将两者结合起来,尤其是将"三治结合"作为村规民约、乡规民约变革调适的一种指导方针、应对策略和实现路径所从事的研究尚不多见。以下,笔者从当代村规民约的问题审视、村规民约的变革契机、"三治结合"的核心内涵三方面分别展开论述。

一、问题的引入:当代村规民约再审视

(一)村规民约同质化现象严重

随着行政权、司法权等国家权力逐渐向乡村社会"下沉",村规民约这一基层群众自治规范必然受到行政权力和司法权力的强有力指导。虽然,《宪法》和《村民委员会组织法》建立起农村村民自治制度,赋予村民委员会以基层群众性自治组织的法律地位,赋予村规民约、村民自治章程以合法性地位,使乡村社会自治权得到法律认可。但乡镇政府、上级职能部门、基层人民法院及其人民法庭对村规民约、村民自治章程的过度干涉可能造成村民自治权与国家行政权、司法权的冲突。行政权过度指导典型体现为,县(市、区)、乡镇政府把村规民约的制定作为自上而下的任务安排,片面追求村规民约"全覆盖"的同时容易忽视其是否因地制宜和务实管用。由此导致村规民约呈现为"看上去很美"的"千篇一律",而端赖其调整乡村社会关系、维护基层社会秩序的功能和价值无法有效发挥,"基本上是一个只能贴在墙上的规定"[④],这种同质化现象可以称之为形式与实质的结构断裂或"结构混乱"[⑤]。

为了避免村规民约在"全覆盖"过程中出现同质化现象,中央部委层面已经出台了针对性的指导意见。民政部等七部委联合发布的《关于做好村规民约和居民公约工作的指导

[①] 《中共中央、国务院关于坚持农业农村优先发展做好"三农"工作的若干意见》提出"建立健全党组织领导的自治、法治、德治相结合的领导体制和工作机制。"
[②] 《民政部等七部委关于做好村规民约和居民公约工作的指导意见》提出"推动健全党组织领导下自治、法治、德治相结合的现代基层社会治理机制。"
[③] 详见《民政部等七部委关于做好村规民约和居民公约工作的指导意见》。
[④] 高其才、马敬:《陇原乡老马伊德勒斯》,中国政法大学出版社2014年版,第50页。
[⑤] 董磊明、陈柏峰等学者将"最近十多年来"(系指二十世纪九十年代以来)中国农村社会陷入的一定程度的失序状态描述为"结构混乱",具体表现为种种因素导致村庄共同体趋于瓦解,乡村社会面临着社会解组的状态。参见董磊明、陈柏峰、聂良波:《结构混乱与迎法下乡——河南宋村法律实践的解读》,载《中国社会科学》2008年第5期。

意见》(下文简称《七部委指导意见》)提出"到2020年全国所有村、社区普遍制定或修订形成务实管用的村规民约、居民公约",并对村规民约制定的基本原则、主要内容、制定程序、执行监督、组织实施等做了详细规定。在这种背景下,村规民约的变革调适被重新提上了议程。

村规民约的同质化现象主要由国家行政权、司法权的过度指导所致,在其变革调适过程中首先需要限制行政权、司法权的过度指导,保障乡村自治权利的行使,然后厘清国家权力与村民自治的边界,给村民自治预留一定空间,避免重视法治而轻视自治的倾向。

(二) 村规民约抑制村民权利意识的弊端

费孝通先生的"乡土中国""熟人社会"是对1949年以前中国传统乡村社会的精辟描述,在他的笔下,传统乡村社会的诉讼观念及其与国家法律的格格不入和导致这种冲突的深层社会结构因素,以简明扼要的语言呈现出来。"中国正处在从乡土社会蜕变的过程中,原有对诉讼的观念还是很坚强地存留在广大的民间,也因之使现代的司法不能彻底推行。第一是现行法里的原则是从西洋搬过来的,和旧有的伦理观念相差很大。我在前几篇杂话中已说过,在中国传统的差序格局中,原本不承认有可以施行于一切人的统一规则,而现行法却是采用个人平等主义的。"[①]

虽然,有学者提出由于乡村体制变革,1949年以后乡村社会不能再以"熟人社会"笼统描述,村民小组(自然村)仍属于熟人社会,而行政村却是"半熟人社会",[②]"半熟人社会"的描述显然比简单的"社会转型"更具解释力。70余年来乡村社会经历了"规划的社会变迁",在国家权力向乡村社会步步渗透的过程中,法律知识也大量地输入乡村社会。但是,广大村民的法律意识仍然十分薄弱,以村规民约为代表的民间自治规范,无论在规范层面还是在运行层面,都充分暴露出抑制权利意识的弊端,且并未因政府对普法宣传不遗余力地推行而得到明显改善。究其原因,既有中国传统社会数千年"无讼"观念根深蒂固的历史惯性影响,亦与以移植西方方法为主流的现代法律体系在输入乡村社会时遭遇的"水土不服"和"结构混乱"有关。仅从"法治"的视角和范畴寻找问题的解决之策似乎远远不够,跳出"法治",从自治、法治、德治融合的视角或许可以找到行之有效的解决策略。

(三) 村规民约与国家法律冲突的现象

长期以来,村规民约与国家法律的冲突是学界无法回避的一个重要问题,可以归结为习惯法与国家法或者非正式制度与正式制度、固有法与移植法的关系问题。众多的研究成

---

① 费孝通:《乡土中国生育制度乡土重建》,商务印书馆2014年版,第60页。
② 贺雪峰:《论半熟人社会》,载《政治学研究》2000年第3期。

果提供了不同的解释框架和解决对策，但在基层司法和乡村治理实践中，这一问题仍未得到有效解决，而且机械的解决策略表面上实现了村规民约在内容和形式上与国家法律的调和，实际上有可能产生新的问题。比如，村规民约的"虚置"、异化现象，或者在村民生活实践中生发出村规民约之外的不成文规范形态。

村规民约处罚条款的合法性问题可谓探讨村规民约与法律冲突的重要门径。对此问题的分析首先需要从现行《村民委员会组织法》第27条的规定展开。《村民委员会组织法》第27条规定："村民自治章程、村规民约以及村民会议或者村民代表会议的决定不得与宪法、法律、法规和国家的政策相抵触，不得有侵犯村民的人身权利、民主权利和合法财产权利的内容。"显然，这一规定可以在村规民约的制定环节有效减少、消除其与国家法律冲突的内容，对侵犯村民人身权利、民主权利和合法财产权利的内容进行审查，发挥法律对村规民约的过滤机制。

村规民约与国家法律冲突的表现形式呈现多样化，诸如制定或修订程序不符合《村民委员会组织法》等法律法规的规定，内容上尤其是罚则部分违反法律的强制性规定，适用与执行中存在"越权"行为或侵犯村民财产权、人身权和选举权、被选举权等民主权利的现象。例如，云南德宏傣族景颇族自治州潞西市遮放镇遮冒村《拉寨村规民约》（1995年7月11日订立）规定："如果抓到外来的小偷当场敲死，全寨人承担责任。"[①] 有一些地方的村规民约订有"牲畜下田，打死不赔""祖业宅基，买卖由己""出嫁之女，祖业无份""偷鸡摸狗，吊打屁股"[②] 等与法律规定相冲突的条文。例如，重庆酉阳土家族苗族自治县铜鼓镇《铜鼓村村规民约》第9条规定："疯狗狂犬咬伤他人，疯狗的主人负责赔偿一切费用外，责令对疯狗处死，罚款20—100元。"[③] 某些村规民约强制性要求村民承担某种义务，否则就会限制或剥夺其村级福利待遇。广西罗城仫佬族自治县东门镇上凤立屯《社会事务村规民约》规定："对违犯村规民约的村民，或教育制止，或取消村级福利待遇。"[④]

此外，剥夺外嫁女集体经济组织成员权益的现象也屡屡见诸报端。2017年1月，因修建二级公路征用贵州省镇远县涌溪乡芽溪村田坝××组公山大石板飞水岩片区，田坝××组得到征地补偿款290000元。其后，芽溪村田坝二组（被告）在没有通知龙和惠、龙嘉昕（原告）的情况下召开组民大会，经全体参会人员讨论后形成《关于田坝二组公山分

---

① 李向玉、徐晓光：《"敲死小偷"：黔东南村寨"私力处死"现象的根源及司法影响》，载《湖北民族学院学报》（哲学社会科学版）2016第6期。
② 梁治平：《乡土社会中的法律与秩序》，载王铭铭、[英]王斯福主编：《乡土社会的秩序、公正与权威》，中国政法大学出版社1997年版，第426页。
③ 王海银：《国家法在少数民族地区村规民约中的体现——以黔东南锦屏县村规民为例》，2009年贵州大学硕士学位论文，第20页。
④ 黄荣幸：《基层治理法治化视野下民族地区法治村屯建设研究》，2017年广西师范大学硕士学位论文，第39页。

红方案决议》,田坝二组依据该方案的规定,"第一,按现有人口分红(嫁出去、死亡、外来上户不能分);未上户不能分"①,对龙和惠、龙嘉昕不予分配该笔征地补偿款。两人以田坝二组的行为违反《土地管理法》《农村土地承包法》《妇女权益保障法》等法律,侵害两人合法权益为由,起诉到法院,请求撤销《关于田坝二组公山分红方案决议》,诉讼请求得到受诉法院支持,最终原告获得胜诉。

村规民约与法律冲突的现象折射出乡村"治理场域"中自治、法治、德治三者的内在张力。这一问题的解决需要立足于"三治结合"的视角,避免顾此失彼和各自为政的弊端,唯有如此,方可确保村规民约的合法性,同时保障村民自治权利和提升乡村德治水平。

二、当代村规民约的变革契机与调适可能

(一)乡村振兴战略的实施为村规民约的变革调适提供了契机

党的十九大报告首次提出"实施乡村振兴战略",同时强调"加强农村基础工作,健全自治、法治、德治相结合的乡村治理体系。"2018年中央一号文件《中共中央、国务院关于实施乡村振兴战略的意见》作为新时代实施乡村振兴战略的纲领性文件,对实施乡村振兴战略的重大意义、指导思想、目标任务、基本原则、十项主要工作等作了总体性规定。该意见在"加强农村基层基础工作,构建乡村治理新体系"部分明确提出"坚持自治、法治、德治相结合,确保乡村社会充满活力、和谐有序。"2019年1月3日《中共中央、国务院关于坚持农业农村优先发展做好"三农"工作的若干意见》提出"增强乡村治理能力""建立健全党组织领导的自治、法治、德治相结合的领导体制和工作机制,发挥群众参与治理主体作用。……指导农村普遍制定或修订村规民约。"这些政策文件无一不将乡村振兴与乡村治理紧密联系起来,体现了"产业兴旺、生态宜居、乡风文明、治理有效、生活富裕"二十字方针的总体要求,其中蕴含着经济发展与制度供给相辅相成的关系原理。

乡村振兴战略的实施可以充分调动社会各方资源要素,促进农村经济发展,进而对原有乡村社会结构和秩序、规范带来冲击和重塑,孕育出新型的乡村治理机制、体制和体系;乡村治理体系的建立健全是一种成功的制度供给,反过来可以有效推进乡村振兴战略的实施。因此,乡村振兴战略的实施可以推动村规民约作出变革调适,使之更好地发挥在乡村治理中的积极作用。上述三个重要文件都不约而同地提到"自治、法治、德治相结合"即"三治结合"的政策,而村规民约作为一种农村村民自治规范,既需要法治的保障和指导,又需要德治的支撑和滋养,恰好可以成为紧密连接自治、法治、德治三者关系的纽带。从这个意义上讲,"三治结合"政策为当代村规民约的变革调适提供了可行路径。

---

① 详见贵州省镇远县人民法院(2017)黔2625民初245号一审民事判决书。

（二）精准扶贫政策的推进和落实助推村规民约的变革调适

精准扶贫政策的实施很大程度上改善了乡村贫困地区和贫困人口的经济状况，为村规民约的变革调适优化了经济环境。更为显见的事实是，精准扶贫政策的推进和落实需要村规民约的助力。当前在广大农村地区，滥办酒席、天价彩礼、薄养厚葬、攀比炫富、铺张浪费，"等靠要"、懒汉行为，家庭暴力、拒绝赡养老人、侵犯妇女特别是出嫁、离婚、丧偶女性合法权益，涉黑涉恶、"黄赌毒"等突出问题已经制约了精准扶贫政策的实施，影响乡村治理体系的建立健全。当代村规民约对这些问题未予充分重视，即使内容有所涉及，也不一定能得到有效执行。可以说，精准扶贫的实施反过来迫使那些陈旧落后、形同虚设的村规民约作出变革调适。

民族地区是扶贫工作的"四区"[1]之一，从2013年到2015年，习近平总书记先后到湖南湘西、贵州、云南等少数民族聚居地区考察。在湘西考察时，首次提出了精准扶贫的概念，在贵州强调了"六个精准"[2]，在云南规划了扶贫开发的时间节点。[3] 少数民族地区要打好新时期的扶贫攻坚战，更需要村规民约的变革调适以充分发挥积极作用。村规民约给村民带来的福利是长期的、隐性的，以往更加重视产业扶贫、金融扶贫等经济层面，从长远来看，要"善于发挥乡规民约在扶贫济困中的积极作用"[4]，尤其注重发挥村规民约等规范层面对滥办酒席、天价彩礼、薄养厚葬等不合理、不文明行为的规范与制约作用。

（三）数字化时代的信息传播为村规民约的变革调适减少了阻碍

信息传播对于乡村治理体系的建立健全至关重要。"一切混乱的根源均可以追溯到沟通传播和互信机制的欠缺，传播不足容易导致信任匮乏，进而造成合作困难，以至于最终影响社会秩序的形成和维系。"[5] 数字化时代信息传播的实时性、无边界性、互动性、汇聚性等特性为乡村治理主体之间的共享、协调、开放提供了技术保障。乡村治理体系的构建端赖治理主体内部、多元治理规范之间的互动与融通。其一，乡村治理主体的多元性要

---

[1] 另外"三区"是革命老区、边疆地区、贫困地区。
[2] "六个精准"指的是"对象要精准、项目安排要精准、资金使用要精准、措施到位要精准、因村派人要精准、脱贫成效要精准"。
[3] 2015年1月，习近平在云南考察时指出，扶贫开发是我们第一个百年奋斗目标的重点工作，是最艰巨的任务。现在距实现全面建成小康社会只有五、六年时间了，时不我待，扶贫开发要增强紧迫感，真抓实干，不能光喊口号，决不能让困难地区和困难群众掉队。
[4] 详见2015年11月29日中共中央、国务院发布的《关于打赢脱贫攻坚战的决定》。
[5] 费爱华：《乡村传播的社会治理功能探析》，载《学海》2011年第5期。

求主体之间信息传播的顺畅度。乡村治理的主体包括广大村民、乡土法杰[1]、村民小组、村民委员会、村党支部、驻村企事业单位、乡镇党委政府、基层人民法院及其派出法庭等。当代村规民约的变革调适是建立健全乡村治理体系的必然要求，在此过程中，乡村治理多元主体之间依托数字化实现顺畅的信息传播和信息沟通显得十分重要。其二，乡村治理主体之间的双向性要求信息传播既有自上而下的传播渠道，也有自下而上的反馈机制。其三，乡村治理规范的多元性要求不同规范之间的互动与融通。数字化时代的信息传播增强了地方政府与乡村社会、法律法规等正式规范与村规民约等非正式规范之间的互动，为村规民约的变革调适减轻了阻碍。

高效便捷的信息传播加快了乡村社会的现代化进程，加速了乡村社会的信息流动。信息化时代以互联网为核心的信息传播媒介凭借其强大的辐射力，对乡村治理产生不可低估的影响。政府在乡村社会不遗余力地普法宣传或"送法下乡"不能不重视微信、微博、短视频等信息传播媒介的作用，乡村振兴战略和精准扶贫政策的实施也需要依托数字化技术。[2] 显见的是，村规民约变革调适所需的社会成本和经济成本在数字化时代会大大降低。新媒体可以有效克服报纸、电视、广播、宣传栏等传统媒介在偏远乡村地区信息传播的局限性，降低信息获取的门槛。村规民约、自治章程和国家法律可以通过短视频、微信公众号等丰富多彩的形式，同时呈现在以村民为主体的多方治理主体面前。在村民小组会议、村民会议、村民代表会议、村党支部会议、村民委员会会议等特定场合，以及村规民约的制定、修订、执行、监督和人民调解、行政调解、司法调解、巡回审判等活动中，村规民约与国家法律可以在同一个场域中实现充分交流、互动与融通。

三、以"三治结合"促进村规民约的变革调适

构建"三治结合"的乡村治理体系，首先要确立自治为基础，法治为保障，德治为支撑的治理格局，类似一个等边三角形，底边代表自治，两条腰分别代表法治和德治。以自治为基础，才能保障村民自治，防止行政权、司法权过度干涉；以法治为保障，才能完善乡村法治，确保村规民约的合法性；以德治为支撑，才能提升德治水平，促进村规民约发挥实效。自治、法治、德治三者均不可偏废，各自位置也不能相互取代。没有自治，法治和德治将成为无源之水、无本之木；没有法治，自治和德治无法加以保障；没有德治，自

---

[1] 高其才教授在《桂瑶头人盘振武》一书开头对"乡土法杰"作了描述：他们现在或生活在农村，或生活在城镇，正直、热心、善良、能干、自信是他们的共同特点。他们非常熟悉乡土规范，广泛参与民间活动，热心调解社会纠纷。他们是乡村社会规范的创制者、总结者、传承者，也是草根立法者、民众法学家。他们作风正派、办事公道、能力突出、影响深远、口碑良好；他们有着独特个性、富有担当、充满活力；他们给人以温暖，给社区带来温情，让弱者有安全感。参见高其才：《桂瑶头人盘振武》，中国政法大学出版社2013年版，第3页。

[2] 2015年11月29日中共中央、国务院发布的《关于打赢脱贫攻坚战的决定》提出"抓紧建立农村低保和扶贫开发的数据互通、资源共享信息平台"以及"构建社会扶贫信息服务网络"。2018年1月2日中共中央、国务院发布的《关于实施乡村振兴战略的意见》还提出"实施数字乡村战略"。

治和法治无法充分发挥实效。法治和德治在形式上是对等的,犹如等边三角形的两条腰,无论重法治轻德治抑或重德治轻法治都会失去平衡,造成治理体系的失衡或紊乱。

```
          法治      德治

                自治
```

(一) 以自治为基础,保障村民自治,防止行政权、司法权过度干涉

村民自治权利与行政权、司法权关系的界定是影响村规民约变革调适之成败的重要因素。1982年《宪法》第111条和1987年《村民委员会组织法》(试行)第2条确立了村民委员会"基层群众性自治组织"的法律地位,自此村民自治制度和村民自治权利得到宪法和法律的保障。《宪法》和《村民委员会组织法》在最近一次修订时(均在2018年)仍保留了该项规定,法律条文的所在位置都未曾改变。纵观历史,村规民约的出现要远远早于村民委员会。① 村民委员会和村民自治制度业经诞生,村规民约便转而成为村民自治的一种重要形式,是村民行使自治权利、发展基层民主政治的一种重要手段和成果。因此,在村规民约变革调适过程中,乡村治理的内部主体②应当以保障和实现村民自治权利为导向,主动适应时代变革,尽量避免行政权、司法权的过度干涉;乡村治理的外部主体应当尊重村民自治、尊重村民民主,确认、维护和保障村规民约的效力。

《村民委员会组织法》第5条规定:"乡、民族乡、镇的人民政府对村民委员会的工作给予指导、支持和帮助,但是不得干预依法属于村民自治范围内的事项。村民委员会协助乡、民族乡、镇的人民政府开展工作。"该条将乡镇政府与村民委员会的关系界定为指导与被指导的关系,显著区别于上下级政府的领导与被领导关系。此处指导与被指导的关系,法条之意不在于行政和司法干涉乡村自治,而是实然操作层面的指导纠偏。在行政村、自然村(村民小组)这一特定场域中,凡属于村民自治范围内的事务,地方政府是无权干预的,行政权和司法权需让位于村民自治权利。经济学家米尔顿·弗里德曼认为:"政府的必要性在于其是'竞赛规则'的制定者,又是解释和强制执行这些已被决定的规

---

① 1980年1月8日,广西壮族自治区宜州市屏南乡合寨村以蒙宝亮、蒙光新、韦焕能、蒙成顺、蒙正昌、蒙正奉、蒙光捷等为代表的村民,冲破了生产大队、生产队的僵化体制,率先实行村民自治,成为"中国村民自治第一村",合寨村村民委员会也成为"中国第一个村民委员会"。

② 乡村治理的主体包括广大村民、乡土法杰、村民小组、村民委员会、村党支部等内部主体,以及驻村企事业单位、乡镇党委政府、基层人民法院及其派出法庭等外部主体。

则的裁判者。"① 政府的主要责任在于行政管理和社会服务功能，为乡村社会自主发展优化环境，而不是直接参与村民自治范围内的事项，全流程"亲历"乡村治理实践，这是政府作为乡村治理外部主体参与乡村治理时对自身的合理定位。

司法权与村民自治权利的关系问题已得到最高审判机关的关注。2018年11月7日《最高人民法院关于为实施乡村振兴战略提供司法服务和保障的意见》（下文简称"《最高院意见》"）提出"充分保护村民的自治权利，坚持农民在乡村振兴战略中的主体地位，审慎把握村民自治与国家法治之间的边界。""尊重不违反法律强制性规定的村规民约、乡风民俗。"该项规定显然是为防止法院在司法活动中遇到村规民约与法律、法规、规章和政策规定冲突时可能采取"一刀切"的处理方式，特别强调审判机关应当尊重村民的自治权利，尊重不违反法律强制性规定的村规民约。与《村民委员会组织法》第27条规定乡镇政府对违反宪法、法律、法规和国家政策的村规民约具有"责令改正权"相比，该意见的规定笼统且模糊，缺乏可操作性。自治是村规民约最具生命力的体现，作为村民自治的重要形式、手段和载体，村规民约在变革调适过程中应当竭力避免同质化倾向。政府和司法机关也应当充分认识到自治是村规民约的生存基础，尊重不违反法律强制性规定的村规民约就是保障村民自治，努力克制行政权、司法权对村规民约的"入侵"，避免"什么都管却什么都管不好"的尴尬遭遇。

（二）以法治为保障，完善乡村法治，确保村规民约的合法性

村规民约的变革调适首先需要解决其合法性问题，建立健全村规民约的监督机制是确保村规民约合法性的重要路径。《七部委指导意见》提出，"重点检查村规民约、居民公约制定或修订的主体、程序、内容是否合法，是否符合实际、具有可操作性，发现问题及时纠正。"该指导意见属于政策性文件，基于政府部门的立场对村规民约的监督主体、监督内容、处理方式等作了规定。其对监督主体所做的列举式规定具有一定的局限性，所规定的监督内容包括合法性和合理性两个层面，合法性包括制定主体与程序合法、实体（内容）合法，合理性包括符合实际和具有可操作性，而处理方式则相对单一。结合《村民委员会组织法》《立法法》《行政处罚法》《行政诉讼法》《最高院意见》《七部委指导意见》等法律法规和政策性文件规定，建立健全村规民约的监督机制可以从监督主体、监督内容、监督方式三个维度展开。

1. 明确村规民约的监督主体。

监督主体应当包括乡镇政府、上级职能部门、法院及其派出法庭等外部主体，以及村民议事会、人民调解委员会、村务监督委员会、道德评议会、红白理事会、禁毒禁赌会、乡贤理事会、监事会、老人会、宗族会等内部主体。

---

① ［美］米尔顿·弗里德曼：《资本主义与自由》，张瑞玉译，商务印书馆1986年版，第16页。

2. 明晰村规民约的监督内容。

监督内容或监督客体应当包括村规民约制定或修订主体的合法性、制定或修订程序的合法性、内容的合法性三个方面。对村规民约制定或修订程序的监督应当考虑不同地区乡村社会结构的稳定状况。对于社会结构较为稳定的地区，村规民约的制定或修订、执行可以拥有较大的自治空间；而对于社会结构转型剧烈的地区，村规民约的制定或修订、执行应当得到有效的监督，村规民约的监督主体应当充分发挥作用，基层政府、法院应加强对村规民约的指导，把好"合法性"关口，防止灰色势力对村规民约的非理性操控。①

3. 建立或完善审核制度、备案制度、司法审查、检查清理等监督方式。

其一，审核制度指的是在村规民约的制定或修订环节，村党组织和村民委员会根据有关意见修改完善后，报乡镇党委、政府审核把关，由其提出审核意见，村党组织和村民委员会根据审核意见修改后提交村民会议审议表决的制度。② 审核制度是一种事前监督机制，在村规民约的制定或修订环节就可以有效发挥监督作用，乡镇党委、政府担任监督主体，有利于监督作用的发挥。

其二，备案制度指的是《村民委员会组织法》第 27 条规定的，村民会议制定和修改村规民约后报乡、民族乡、镇人民政府备案的制度。如果村规民约的内容违反法律的强制性规定，基层政府有对其责令改正的权力和责任。备案制度是一种事后监督路径，体现了以行政为主导的公权力对村民自治的监督，但目前关于备案的适用范围、时限、启动程序、处理方式等并未明确，可操作性不强，需要补齐之短。

其三，司法审查。从现行法律、法规、司法解释和政策规定来看，对村规民约的司法审查处于空白状态，不利于确保村规民约的合法性。2000 年 3 月 8 日发布的《最高人民法院关于执行〈中华人民共和国行政诉讼法〉若干问题的解释》（法释［2000］8 号）第 59 条规定："根据行政诉讼法第五十四条第（二）项规定判决撤销违法的被诉具体行政行为，将会给国家利益、公共利益或者他人合法权益造成损失的，人民法院在判决撤销的同时，可以分别采取以下方式处理：……（三）向被告和有关机关提出司法建议。"根据该司法解释，人民法院在行政审判中，可以判决撤销依据违法的村规民约所作出的具体行为，同时针对违法的村规民约向村民委员会或其他被告提出司法建议，具体途径可以是建议乡镇政府指导村委会对违法的村规民约作出修正。2018 年 2 月 6 日《最高人民法院关于适用〈中华人民共和国行政诉讼法〉的解释》（法释［2018］1 号）出台，法释［2000］

---

① 参见陈寒非、高其才：《乡规民约在乡村治理中的积极作用实证研究》，载《清华法学》2018 年第 1 期。
② 《关于做好村规民约和居民公约工作的指导意见》"制定程序"部分规定了审核的程序，原文如下："（3）提请审核。村（社区）党组织、村（居）民委员会根据有关意见修改完善后，报乡镇党委、政府（街道党工委、办事处）审核把关。（4）审议表决。村（社区）党组织、村（居）民委员会根据乡镇党委、政府（街道党工委、办事处）的审核意见，进一步修改形成审议稿，提交村（居）民会议审议讨论，根据讨论意见修订完善后提交会议表决通过。表决应遵循《村民委员会组织法》《城市居民委员会组织法》相关规定，并应有一定比例妇女参会。未根据审核意见改正的村规民约、居民公约不应提交村（居）民会议审议表决。"

8号废止,但法释[2018]1号删除了原有的村规民约司法审查的条款或规定,并未增设相应条款。因此,司法实践中司法机关对村规民约进行司法审查缺少法律依据,重构村规民约的司法审查机制十分必要。

根据2018年12月29日修正的《村民委员会组织法》第36条"村民委员会或者村民委员会成员作出的决定侵害村民合法权益的,受侵害的村民可以申请人民法院予以撤销,责任人依法承担法律责任"的规定,村民委员会或者村民委员会成员作出的决定应当接受司法审查。这与已经废止的[2000]8号司法解释异曲同工,可谓复活了该条司法解释。如果村民委员会或者村民委员会成员作出的侵害村民合法权益的决定是依据违反法律强制性规定的村规民约作出的,则审判机关可以对该决定实施司法审查。此过程涉及村规民约制定或修订过程的程序性审查和村规民约内容的实体性审查。实体性审查的一个重要对象是村规民约的罚则。村规民约罚则条款的设置基准是不违反法律的强制性规定。如果法院在司法活动中认定村规民约的规定违反法律的强制性规定,应当按照法律法规和政策规定进行处理;如果村规民约仅违反法律的任意性规定,则可置之不理。村规民约的罚则大多涉及村民的权利义务,其中罚款、"罚金"、违约金、赔偿金、补偿金等条款,不能简单认为其超过适度的范围就违反《行政处罚法》的规定,更不能认为村规民约不可以设置罚则条款。《村民委员会组织法》第27条既没有规定村规民约可以设定惩罚措施,也没有规定村规民约不可以设定惩罚措施。换个角度看,村民自治章程、村规民约"不得有侵犯村民的人身权利、民主权利和合法财产权利的内容"的规定,"可以看作是对惩罚措施的限制,间接地表示了对村规民约规定惩罚措施的允许"①。何况,作为一种具有"准法"性质的基层自治规范,是不能没有适度的惩罚措施加以保障的。

村规民约罚则条款的设置和执行属于村民自治的事项,其是否属于《行政处罚法》的管辖内容值得商榷。对于村民自治共同体及其权力机构村民小组会议、村民会议、村民代表会议而言,原则上不适用"法无授权不可为",而应适用"法无禁止即可为"。村规民约设定的罚则条款属于村民自治范围内的事项,并不需要《行政处罚法》的授权和规定。由于司法机关没有权力对村规民约进行直接纠正,只能对个案中被告基于违法的村规民约作出的具体行为进行纠正,从而迂回地对村规民约的违法性作出否定性评价。司法审查是一种事后监督机制,审查的范围有限,纯属村民自治范围的事项应当被排除在外。

其四,检查清理指的是乡镇人民政府会同上级民政、司法行政、法院、农业农村等部门对现行村规民约、村民自治章程等进行检查,对违反法律强制性规定的,建议废止或修改;对违反法律任意性规定的,加以指导修正;对不符合实际、不具可操作性的,加以指导修改完善。

---

① 唐鸣、朱军:《关于村规民约的几个问题》,载《江汉论坛》2019年第7期。

（三）以德治为支撑，提升德治水平，促进村规民约发挥实效

关于德治在乡村治理体系中的定位、内涵和具体要求，中共中央、国务院、最高人民法院、民政部等部委都在相关政策性文件中予以阐述，体现了德治在"三治结合"中不可或缺的地位和在乡村治理体系中不可取代的功能和作用。《中共中央、国务院关于实施乡村振兴战略的意见》在"加强农村基层基础工作，构建乡村治理新体系"部分以专门一段话阐述乡村治理体系中德治的具体要求。"提升乡村德治水平。深入挖掘乡村熟人社会蕴含的道德规范，结合时代要求进行创新，强化道德教化作用，引导农民向上向善、孝老爱亲、重义守信、勤俭持家。建立道德激励约束机制，引导农民自我管理、自我教育、自我服务、自我提高，实现家庭和睦、邻里和谐、干群融洽。广泛开展好媳妇、好儿女、好公婆等评选表彰活动，开展寻找最美乡村教师、医生、村干部、家庭等活动。深入宣传道德模范、身边好人的典型事迹，弘扬真善美，传播正能量。"《最高院意见》则对德治在"三治结合"中的定位和功能予以明确，并强调司法审判的道德引导作用。"准确把握村民自治与国家法治的关系，积极搭建法治与德治的桥梁，促进完善乡村自治、法治、德治相结合的治理体系。""在实行自治和法治的同时，注重发挥好德治的作用。坚持寓德治于法治，用法治促德治，让柔性的道德获得有力的推行，使道德与法律相得益彰。通过发挥司法审判的道德引导、行为规范作用，推动礼仪之邦、优秀传统文化和法治社会建设相辅相成。"《七部委指导意见》从总体要求、主要内容两个层面都阐明了村规民约在制定或修订、内容上应有的德治要求，其强调村规民约的制定或修订要"坚持价值引领，践行社会主义核心价值观，弘扬中华民族传统美德和时代新风；坚持因地制宜，充分考虑当地风俗习惯、历史文化等因素，通俗易懂，简便易行"；内容应包括"引导民风民俗。弘扬向上向善、孝老爱亲、勤俭持家等优良传统，推进移风易俗，抵制封建迷信、陈规陋习，倡导健康文明绿色生活方式等"。那么，德治在"三治结合"中的支撑地位以及德治对于村规民约变革调适的作用是如何体现出来的呢？

其一，"法安天下，德润人心。"道德的践行也离不开法律约束，法律的有效实施有赖于道德支持。德治可以有效提升村民道德素养和乡村道德水准，发挥道德的教化、激励和引导作用，培育文明乡风、良好家风、淳朴民风。对于法律法规和政策无法规制仅能引导的事项，道德可以充分发挥教化、激励和引导作用。

其二，以乡土法杰为代表的乡村道德权威积极参与村规民约的制定或修订、适用、执行、遵守和监督的全过程，将其较高的道德素养与法律素养同时灌注到村规民约中，实现自治、法治与德治的融合。在乡村治理的具体实践中，乡土法杰这一类人谙熟村情民意，有着复合型的知识结构，经常担任村民议事会、乡贤理事会、道德评议会、红白理事会、村务监督委员会、义务巡逻队的成员，有的担任村民小组组长、村民委员会成员，直接参与村民自治事务。他们既承袭了传统道德的合理成分，又熟悉法律常识，以担任人民调解

员、人民陪审员、普法宣传员的形式积极投身乡村法治建设,可谓集自治、法治、德治于一身,在乡村治理体系构建中发挥着不可或缺的作用。

其三,传统美德、善良习俗、公序良俗等德治内涵可以作为村规民约的合理性评价标准。村规民约除了接受合法性评价,还需满足一定的合理性标准,因为符情适理是规范制定与实施的前提和基础,否则势难符合实际、具有可操作性。《七部委指导意见》强调村规民约"务实管用"之深意即在于此,即应当满足符合实际、具有可操作性的标准。从某种程度上说,弘扬传统美德、尊重善良习俗、不违背公序良俗的村规民约通常都是契合村情民意和乡村实际的村规民约,这样的村规民约才具有可操作性,便于发挥实效。

四、结论

作为一种村民自治规范,村规民约在乡村事务管理、社会秩序维护和矛盾纠纷化解等诸多方面发挥了至关重要的作用。然而,在当前乡村"治理场域"中,村规民约也渐趋暴露出同质化现象严重、抑制村民权利意识、与国家法律冲突等问题,亟须作出变革调适。问题的出现常常伴随着应对策略的产生。一方面,新时代乡村振兴和精准扶贫战略的实施为当代村规民约的变革调适提供了崭新契机;另一方面,数字化信息传播的应用加速了乡村社会的信息流动,增强了地方政府与乡村社会、法律法规等正式规范与村规民约等非正式规范之间的互动,为村规民约的变革调适减轻了阻碍。"三治结合"的乡村治理体系遵循自治为基础、法治为保障、德治为支撑的治理格局,三者缺一不可,既不能顾此失彼,轻重失衡,也不能各自为政,相互割裂,应当相辅相成,齐头并进,共同促进当代村规民约的变革调适,使其更好地发挥裨助乡村治理的积极作用。

Combination of Three Governance: The Reform and Adjustment Path of Contemporary Village Rules

Li Tianzhu

Abstract: For a long time, village rules had played a vital role in the management of rural affairs, the maintenance of social order and the resolution of conflicts and disputes. However, the contemporary village rules had also exposed the problem that the phenomenon of homogenization seriously, inhibting the villagers' consciousness of rightand conflicting with state laws, so it is urgent to make reform and adjustment. The implementation of the strategy of rural revitalization and targeted poverty alleviation in the new era and the application of digital information dissemination has provided a new opportunity for the reform and adjustment of contemporary village rules. The rural governance system of combination of autonomy, rule of law and rule of virtue can just become a feasible path for the reform and adjustment of contemporary village rules. The core connotation of the rural governance system is: on the basis of autonomy, protecting the villagers' autonomy and preventing the excessive interference of the executive and judicial power; the rule of law as the guarantee, improving the rule of law in rural areas, ensuring the legitimacy of village rules; rule of virtue as the support, enhancing the level of the rule of virtue, promoting the effectiveness of the village rules. The threeaspects are indispensable, complementing each other and jointly promoting the reform and adjustment of the contemporary village rules and playing an active role to the full in the rural governance.

Key Words: combination of three governance; village rules; reform and adjustment; rural governance

（编辑：曹瀚哲）

企业惩戒权法律规制之反思

汪银涛[*]

摘 要 在现行劳动法规制模式下，对于劳动者的惩戒属企业内部管理之范畴。鉴于立法层面对惩戒权的定性不明，学界对其法律内涵尚未厘清，致使司法实务中的裁判标准难以统一。当前我国劳动法对企业惩戒权的规制，因规制依据的表里失衡而难以控制惩戒权扩张的恣意态势，又因其不周延、缺乏弹性而使得企业惩戒权行使的范围受限，故此有必要对企业惩戒的法律规制模式进行修正。对惩戒权定性应当以人格从属性为起点，以信赖利益的修复为归宿。惩戒事由的设定，应当与劳动者的工作内容相关联，且不得违反法律强制性规定。惩戒决定的作出，应以劳动者违反义务为前提，并接受裁审机构在其合法性与合理性上的审查。在将来劳动法修改时，不仅要明确企业惩戒的基本规则，还应当拓宽受惩戒劳动者的权利救济渠道。

关键词 惩戒权 信赖利益 权利滥用 惩戒事由 惩戒措施

企业惩戒，一般指用人单位为维持正常的生产经营秩序，对违反劳动纪律或规章制度的劳动者施加的制裁措施。以 2008 年《企业职工奖惩条例》的废止为时间节点，惩戒权的权利属性经历了由"法定"向"意定"的转变。此前，规范企业惩戒的法律依据是《企业职工奖惩条例》，该条例对惩戒事由和惩戒措施作了明确规定，企业对劳动者实施惩戒，必须符合法定要求，"劳动纪律"是企业实施惩戒的主要依据。随着《企业职工奖惩条例》的废止，除"解雇"被《劳动合同法》保留以外，其他惩戒措施则由用人单位通过内部规章制度进行规范，惩戒依据由"法定"的劳动纪律转变为"意定"的规章制度，这意味着法律对用人单位在用工管理方面的全面赋权。然而，惩戒权毕竟存在"准公权"

---

[*] 汪银涛，南京师范大学博士研究生。

性质，而无论是公权力或是私权利，法律赋权予相关主体时，还应当设置权利行使的边界，以防止"滥权"的发生。正因劳动法将惩戒权完全赋予用人单位时，未能明确权利边界，致使用人单位在设置惩戒事由及作出惩戒决定时，没有一定的规则可循：或是惩戒事由的设定缺乏合理性，或是惩戒决定的作出缺少相应的正当程序。审判实践中，法院在处理与惩戒相关的纠纷时，是否有审查用人单位规章制度合理性的权利，尚不十分确定。鉴于当前企业惩戒问题的研究尚不够深入，有必要在企业惩戒劳动法规制的框架下，对惩戒权的法律定性、惩戒事由的类别及设置标准、惩戒措施的具体适用等方面进行梳理，以期有助于完善企业惩戒问题的劳动立法。

一、惩戒权内涵之廓清

（一）惩戒权法律性质的主流学说梳理

关于惩戒权的法律性质，域内外目前存在五种学说："固有权说"[1]、"契约说"[2]、"法规范说"[3]、"惩戒法定说""定型化契约说"。"固有权说"认为惩戒权是劳动关系持续存在的必要保障，作为劳动关系之组织从属性，必然要求雇主享有超越平权之上的"特权"，否则企业组织无法正常运转。雇主对雇员的惩戒乃经营权之必然组成部分，但该说同时还强调惩戒权的行使应以保障雇员的基本人权为前提，"若不论采取何种手段亦为合法，结果不啻对基本人权予以否认"。"契约说"的观点与"固有权说"截然对立，认为劳雇双方之间是一种横向的平权性契约关系，绝不能表现为纵向的支配与服从关系，进入雇主组织的雇员，必然要接受劳动契约及规章的约束，基于概括性合意，契约或规章中包含的惩戒措施自然对全体雇员产生约束力。申言之，雇主的惩戒行为应当在契约约定的范围内进行，不能任意扩张。"法规范说"认为惩戒权的产生需有明确的法定，既不能简单地推定，又不宜交由双方自行约定。当然，该说对惩戒权作此定性，并不否认劳雇双方相对平等的法律地位，除非为企业经营需要，劳动法律并不允许平等的双方之一方对另一方进行私的惩戒。

上述三种学说有利亦有弊，"固有权说"强调雇主的用工指挥权，其逻辑结构表现为"所有权——经营权——惩戒权"，呈现出一种纵向的权利束，却忽视了劳动关系原本是基于劳动契约建立的私法关系，劳雇之间的权利义务关系应当是横向的、平等的，未经授权，雇主并不必然对其雇员享有任意的制裁权；"契约说"固然注重两造之合意，明确雇主的惩戒行为须有契约上的依据，不得附加与经营活动无关的惩戒事由，然而，雇用契约系典型的继续性契约，双方的缔约难以囊括契约履行之全部，采用此说必然会限制雇主的

---

[1] 黄越钦：《劳动法新论》，中国政法大学出版社2003年版，第183页。
[2] ［日］菅野和夫：《劳动法》，弘文堂2008年版，第387页。
[3] 焦兴凯等：《劳动基准法释义：施行二十年之回顾与展望》，台湾新学林出版公司2005年版，第419页。

用工管理权;"法规范说"虽然糅合了"固有权说"和"契约说"两者的合理因素,通过为惩戒权的行使设置条件,限定雇主的惩戒须以维持经营秩序为目的,且不得违背劳工保护的基本原则。然而该学说仅适用于劳动法制度体系相对完善的国家,且关于企业惩戒的法律规范须适应所有行业的运营模式和所有企业的员工管理模式,难以契合当前我国劳动法规制企业用工的立法实践。

此外,国内有学者将"法规范说"进行引申,提出了"惩戒法定主义",该观点认为惩戒行为的本质,是对劳动者权利的剥夺,雇主需按照法定规则认定劳动者的违纪行为,并以此为基准实施惩戒。① 很显然,"惩戒法定主义"并未克服"法规范说"的先天弊端,将雇主的惩戒规则与惩戒的程序全面法定化,明显压缩了雇主用工自治的空间。另有国内学者在总结"契约说"合理因素的基础上,提出了"定型化契约说",认为惩戒权的产生源自于"定型化契约",由用人单位根据经营需要设置惩戒规范,并将之作为劳动规章的一部分,明确且定型化的惩戒规范,能使劳动者提前预知其行为后果。② "定型化契约"的观点有一定的合理性,它既照顾到企业维持经营秩序的需要,对劳动者利益又有所兼顾,贴近当前我国企业惩戒行为的操作实践。但其局限性也很明显,一是难以克服"契约说"固有的缺点,企业如欲变更工作规则,仍需征得劳动者的同意。二是允许企业根据经营需要制定格式条款,并在其中明示工作规则的具体内容,明确化和具体化固然便于实践操作,却难以克服"挂一漏万"之可能。故此,以上关于惩戒权的定性分析因未能触及劳动关系之本质,皆不可取。

(二) 信赖利益之维护——惩戒权性质的再诠释

欲领会企业惩戒在劳动法上的本质,需追溯至劳动关系的从属性理论。黄越钦教授称"从属性"系"劳动契约之特色",包括人格从属性和经济从属性。依"人格从属性",雇员一旦加入雇主的生产组织,就应当接受雇主的指挥和管理,这一特点将劳动关系与一般的交易关系区别开来。劳动关系的人格从属性包含三层涵义:首先,作为劳务给付主体,雇员并并不能决定给付内容,而应当依雇主的指示;其次,雇主对劳务给付过程享有控制权,其内容涵盖管理规则、工时、工作地点、工作方法及劳动力调配等;最后,雇主有权对违规雇员实施惩戒,这是人格从属性效果最强之处,也是根本所在。③ 依此思路,雇主指示雇员工作,既可以是合同约定的常规工作,也可以临时委派个别任务,工作规则中的既定工作纪律,与雇主的临时工作指示,都可以作为惩戒权产生的缘由。以调岗为例,实践中常有企业为合理运营之需要,对部分劳动者实施调岗,不乏劳动者以劳动合同与工作规则未予明确约定为由,拒绝到新岗位就职,于此情况下企业通常以旷工为由将其辞退。

---

① 胡立峰:《用人单位劳动规章制度研究》,2017年厦门大学博士论文,第118页。
② 董文军:《我国惩戒处分法律规制问题研究》,载《当代法学》2010年第3期。
③ 黄越钦:《劳动法新论》,中国政法大学出版社2003年版,第94页。

由此可见，当雇主的指挥管理权受阻时，行使惩戒权可辅助其顺利指挥工作或于受阻处采取必要措施。换言之，雇主惩戒权缘起于劳动关系的人格从属性，或可称之为惩戒权产生之"因"。

如果从"果"的层面探究惩戒权的性质，就不能不提及劳资双方的信赖利益。何为信赖利益？"信赖利益并非当事人预期得到的利益，而是一种固有利益，是从当事人一般利益中划分出来的一部分，交易磋商阶段表现为为了达成交易的必要支出而为此失去的与他人订立合同的机会。"① 劳雇双方在定约磋商阶段，雇主选择某雇员而非他人、雇员为可资信赖的特定雇主提供劳务，二者所占用的时间均意味着从他处获得利益之机会的丧失，双方在定约时期望长期合作，正是基于信赖利益的作用。对于信赖利益的作用，不少学者通常将其作为论证劳动合同缔约过失责任产生的基础，② 其实，信赖利益并不仅仅存在于劳动合同的缔结阶段，在合同履行阶段，尤其是劳动关系的维持方面，同样发挥重要作用。"从法律拟制的角度说，劳动关系与婚姻关系在法律上有着类似的性质，比如都有显著的人身身份属性，都是建立在信赖基础上的社会关系等。"③ 依笔者看来，其共通之处在于，二者均为财产关系与人身关系的复合体，不同之处在于，婚姻关系存续的基础是感情，劳动关系得以维持的核心是双方的信赖利益，一旦这种信赖利益丧失或无恢复之可能，通过"解雇"或"辞职"等手段结束劳动关系便顺理而成章。企业惩戒权的设立，在实质上亦为平衡劳资利益的特定方式，既为劳资双方信赖利益之修复，又为双方心理契约之维护，是劳动关系正常运行必不可少之内容。

信赖利益与"人格从属性"均对惩戒权产生影响，在惩戒权定性时二者的关系表现为，人格从属性是惩戒权的源头，雇主有权对雇员进行工作的指挥与管理；信赖利益的维护是惩戒权行使的预期结果，一旦指挥管理权受到阻碍，必然造成双方信赖利益的减损。雇主对雇员的惩戒，表面上看是对雇员的不利举措，实质上是对信赖利益的修复。当然，若因违规行为致使双方的信赖利益减损至无恢复之可能，雇主惟有实施惩戒性解雇，以结束双方的劳动关系，亦属于雇主无奈之举。

二、惩戒权法律规制的弊端及修正的必要性

在私法领域，"法无明文禁止即自由"，劳动法虽系社会法，存在劳动基准、就业促进等公法干预的因素，然其私法属性是不可否认的。当前我国劳动法在企业惩戒方面并无明文规定，固然可以理解为法律对企业用人自主权的尊重，授权予企业通过内部规章制度对

---

① 余立力：《信赖利益新论》，武汉大学出版社2009年版，第57页。
② 运用信赖利益理论论证劳动合同缔约过失的文献，可见俞里江：《论劳动合同的缔约过失责任》，载《法学杂志》2009年第10期；郭慧敏、杜小燕：《劳动先合同义务的法律缺失及制度建构》，载《社会科学家》2007年第2期；谢德成、周颖：《论反就业歧视的民事救济权利》，载《河南师范大学学报（哲学社会科学版）》2011年第5期；丁婷：《劳动合同违约责任研究》，2013年武汉大学博士学位论文。
③ 秦国荣：《无固定期限劳动合同：劳资伦理定位与制度安排》，载《中国法学》2010年第2期。

违规劳动者实施惩戒,但本文认为,我国劳动法对企业惩戒这种"放任型"规制模式是存在弊端的,尚有必要对其适度修正。

(一) 现行劳动法在企业惩戒权规制上的弊端

第一,企业惩戒法律规制依据"表里"失衡,过分关注惩戒依据形成过程之"表",漠视惩戒行为正当性与合理性之"里"。我国《劳动合同法》第4条第2款要求用人单位在制定规章制度时,对于关涉职工切身利益的条款,须提交职代会或全体职工讨论,并与工会或职工代表协商确定。根据最高人民法院的司法解释,用人单位规章制度作为处理劳动争议的依据应具备以下条件:不违背法律、行政法规和政策的规定,符合法定程序,向劳动者公示。法律固然要把控企业在规章制度制定程序方面的严谨性,但对惩戒内容的设置明显缺少原则性指引,以致实践中出现了不少用人单位"千奇百怪"的内部规定。比如,合肥一家家具公司规定"婚外情"系解雇理由之一;南昌市某企业"禁止上班时讲地方方言,出现5次即开除";珠海市某电子企业要求"工作时间最多可以上两次厕所,每次去厕所时间限定为5分钟以内,如有违反,罚金10元"。① 诸如此类有悖"常理"之规定,难逃惩戒权滥用之嫌疑。如若法律对企业惩戒的内容规制失之过宽,无疑会纵容企业惩戒权的滥用。

第二,惩戒行为的规制依据不周延,缺乏弹性。作为企业惩戒依据的规章制度,只要符合最高法司法解释规定的三要件,即可作为法院审理劳动纠纷的依据。然而,我们可以由此推导出另一层含义,即规章制度中未予列明的惩戒事由,将不能成为企业惩戒的直接依据。比如,下述案例便直接揭示出这种模式存在的漏洞:某公司员工乘公司班车下班途中,经过女儿就读的学校,时逢该校放学时间,便要求司机停车以便接孩子回家。因公司规定不得在指定站点以外停车,其要求遂遭司机拒绝,后又谎称"内急"再次要求停车,因其无理要求被再次拒绝,便公然在班车上小便,其后公司以此为由对该员工实施惩戒解雇。该案经仲裁,仲裁委认为该员工的行为虽有违社会公德,但公司并未在规章制度中对此予以列明,故此裁定公司的行为属违法解雇。② 此例从侧面反映出我国劳动法对企业惩戒依据的规制过于死板。追根溯源,劳动法对此类行为的规范缺乏弹性,以致惩戒依据不够周延。

第三,对惩戒手段法律规制的相对缺失致使地方立法之间冲突。除《劳动法》和《劳动合同法》对惩戒解雇有所规制外,法律并未对其他惩戒手段、惩戒事由及惩戒权的限制进行统一的规范性指导,以致地方立法对个别惩戒手段做出了截然相反的规定。如就

---

① "员工婚外情将被开除"等独特的公司内部规定,人民网(日本语版),http://j.people.com.cn/n/2014/0806/c94475-8766188.html,最后访问时间:2018.6.1。
② 沈同仙:《〈劳动合同法〉中劳资利益再平衡的思考——以解雇保护和强制缔约规定为切入点》,载《法学》2007年第1期。

企业是否有权对员工处以罚款而言，深圳市和广东省的立法态度就恰恰相反。①

总的来讲，劳动法规制企业惩戒行为的宽严摇摆，不能归结为法律对企业惩戒行为的漠视，只能说明当时的立法技术未能因应现实的司法实践。无论如何，劳动法律应当对惩戒事由、惩戒措施、惩戒程序以及法律救济进行原则性的规定，且人民法院在审理案件时，也可根据法律的规定。结合案情需要对惩戒行为的合法性和适当性进行审查。

（二）惩戒权规制依据修正的必要性

孟德斯鸠曾言："一切有权力的人都容易滥用权力，这是万古不易的一条经验，有权力的人们使用权力一直到遇有界限的地方休止。"② 惩戒权在权利定性上虽属于私权而非公权，然而惩戒权的单向性与强制性特征，使得该权利的存在与行使同样适用上述规则。惩戒权运作与劳动者基本人权之生存、发展权密切相关，又与企业的营业权须臾不可分，为明确劳资双方在合作关系中的权利界限，修正劳动法关于惩戒权规制上的不足，显得十分必要。

首先，合理规制企业惩戒行为，是捍卫劳动者基本人权的法律保障。劳动关系是集人身依附性与经济从属性的复合型社会关系，企业的惩戒决定，既可能影响到劳动者的人身权益，也可能危及其经济权益乃至生存权。实践中不少企业在作出惩戒决定时，通常将惩戒决定公之于众，企图"以儆效尤"，殊不知其公布的惩戒事由可能因包含受惩戒劳动者的个人隐私，从而侵犯其隐私权，劳动者个人隐私的披露有可能迫使其"自愿"辞职。此外，现实中仍不乏企业在招聘女性职工时，将职工的生育禁止作为招聘的主要条件，或是在企业的规章制度中，明确将"违规"生育作为解雇的惩戒事由，此举明显是对公民基本人权之生育权的侵犯。再者，职场中的下述情况也并不罕见：劳动者因"惩戒不公"与企业管理层"积怨"，在该劳动者离职而要求出具离职证明时，企业方将具体的惩戒事由与惩戒决定记载于"离职证明书"上，给劳动者的再就业制造壁垒，此种行径必将危及劳动者的生存权。当劳动者在人权受到"侵蚀"时，只能面对法律救济上的乏力。概言之，对企业惩戒行为的合理规制，要求具体的惩戒事由与惩戒措施不能超过法律设置的底线，应对劳动者的人身安全权、人格尊严权、生存发展权给予基本的尊重与保障。

其次，对惩戒权法律规制依据的修正，可以为企业的科学化管理提供指导。据以惩戒的工作规则，是企业内部按照民主程序形成的工作规程，也是劳资双方维系劳动关系动态平衡的准绳，更是彰显企业在劳动用工方面民主与科学化管理的标志。劳动法仅对工作规

---

① 《深圳经济特区和谐劳动关系促进条例》允许企业对员工实施罚款，但要求单项和当月累计罚款金额不得超过该劳动者当月工资的30%，而《广东省劳动保障监察条例》则明确禁止用人单位在规章制度中设置罚款事项。参见黎建飞、董泽华：《企业惩戒制度研究——以德、法、日三国为借鉴》，载《天津师范大学学报》（社会科学版）2014年第3期。

② ［法］孟德斯鸠：《论法的精神》，张雁深译，商务印书馆1963年版，第154页。

则在制定及修改程序上进行规制是远远不够的,还需要对其主要内容进行法律上的指引,设置相应的制度底线,以制约企业在制定工作规则以及据此实施惩戒中的"滥权"行为。同时,工作规则设置标准的法定化与明确化,不仅可以提高规则的权威性,还可以使劳动者有效监督企业在用工管理上的适法性,并促使劳动者自觉遵守上述规则。

最后,明确对劳动者惩戒过程的法律规制,也是减少劳资双方诉累的内在需求。缺少对惩戒事由及惩戒措施的法律规制,会使得劳资双方在工作规则具体内容的理解上存在分歧或偏差。在违纪认定及惩戒手段的选择上,企业只可能依照自身的理解进路来操作实施,难免引发受惩戒劳动者的不满情绪,强行执行惩戒决定不仅达不到"戒"的效果,反而加深劳资双方的矛盾。如此,则必将导致劳动争议在数量上的增加,进而加大双方在处理惩戒纠纷上的人力成本。如果劳动法适当修正对企业惩戒的规制模式,明确界定惩戒事由及惩戒措施设置的具体标准,则前述的制度弊端将逐渐被消弭于无形。

三、惩戒事由法律规制的主要基点

惩戒事由,系指雇主实施惩戒所指向的违规行为的具体形态。确立惩戒事由是企业惩戒行为实施的前提,也是明确惩戒措施的必要参考因素。无论是企业设置惩戒规则,还是法院在处理有关惩戒纠纷,审查惩戒事由的合理性时,须关注如下原则:

(1) 工作关联性原则。惩戒事由须与职业活动相关,不应干涉劳动者的"个人生活"。一方面,惩戒事由应当限定在工作范围内,与劳动者执行的工作任务密切相关。雇主对劳动者实施惩戒的目的在于维持正常的工作秩序,其权利范围一般应被限定在"工作场所"与"工作时间"内。企业惩戒的工作关联性,同样可对比参考工伤认定的"三工原则"①。然而另一方面,劳动关系的继续性特征,使劳资间的利益关系出现"溢出效应",部分渗透到劳动者的"私人生活"中,即劳动者于"工作场所"之外的行为,若损及企业的经营秩序或社会信誉,同样可作为企业的惩戒事由。例如,在某保险公司以其雇员发生婚外情为由将其解雇的案件中,负责审理的台北地方法院认为:"须证明原告之不检点行为与被告之事业活动有直接关联,有损被告之社会评价,且为维护被告之事业秩序必须将原告解雇,方属合法,否则即属于不当干涉劳工之私生活。"② 企业欲使劳动者的业务外行为作为惩戒事由,须证明该行为与经营活动存在直接关联:或对企业经营秩序产生不利影响,或有损及企业声誉之不利后果。否则,法院将不予支持该等惩戒事由。

(2) 过错责任原则。企业惩戒程序的启动,应当有劳动者违反劳动义务的过错。对于劳动者的义务,国内学界的研究尚不成体系,劳动立法对此亦未予明示。参照国外部分国

---

① 工伤认定的"三工原则",即《工伤保险条例》所规定的劳动者被认定工伤的三要件:在工作时间和工作场所内,因工作原因遭受事故伤害的,或工作时间时间前后在工作场所内,从事与工作有关的预备性或收尾性工作时遭受事故伤害的,或者在工作时间和工作场所内,因履行工作职责受到暴力等意外伤害的。

② 焦兴凯等:《劳动基准法释义:施行二十年之回顾与展望》,新学林出版公司2005年版,第420页。

家劳动法的立法例，一般将劳动者应当承担的义务分为主给付义务与附随义务，主给付义务系指劳务提供义务；附随义务则包括告知义务、保密义务、注意义务、竞业限制义务、忠实义务与勤勉义务等。值得一提的是，实践中常有规定劳动者须"按要求完成工作任务"，未能完成者或将面临"减薪"之惩戒。未能"按要求完成工作任务"能否作为惩戒事由，有待进一步剖析：劳动者未能按要求完成工作任务，或有主观上的原因（如消极怠工、违规操作），或有客观上的原因（如工作能力欠佳、可用资源不充足、设备故障等），不宜一刀切地将是否"按要求完成工作任务"作为单纯的惩戒事由。如系主观上的原因，如消极怠工、违规操作等则具备可罚性，如果因员工工作能力欠佳、设备故障等客观原因，显然不能作为惩戒的事由。申言之，"按要求完成工作任务"固然是劳动合同约定的、劳动者应当负担的主给付义务，但劳动者是否确然违反这项义务，仍需要依劳动者的过错情况加以判定。

（3）上位法先占原则。按照各国（地区）通例，工作规则中设置的惩戒事由，不得与法律强制性规定及集体协议的约定相矛盾，不得设置歧视性惩戒事由，须保证劳动者的基本人权如身体健康权、名誉权及言论自由不受侵犯，此即惩戒事由设置的"上位法先占原则"。如意大利在其1977年的903号法案中规定，因工会关联或非关联，宗教或政治信仰以及任何形式歧视雇员的行为或协议无效。该法案扩充了禁止歧视的范围，将性别、民族、种族、语言歧视等涵盖于其中，歧视性惩戒亦在此限。①《法国劳动法典》在保障劳工自由和禁止歧视方面同样有类似规定，其"劳动规章"部分规定了如下的禁止条款："限制个人和集体权利和自由的条款（能为工作性质证明的除外）；因性别、出身、家庭状况、生活习惯而对劳动者歧视的条款。"② 我国劳动法及相关法规对于企业惩戒事由虽无明文限制，但一般认为在不违反法律强制性规定的前提下，企业有权确定其惩戒事由，而《就业促进法》中禁止用人单位就业歧视，自然因应了歧视性惩戒事由的禁止。对此，诸如现实中常见的性别歧视、生育歧视、地域歧视，以及超负荷的工作命令、"定位手表"式③的全程监控等，皆因侵犯劳动者之基本人权，与上位法规定相抵触而归于无效。

四、惩戒措施的边界：以"调岗"与"解雇"为例

惩戒措施又称为惩戒手段或惩戒处分，指雇主基于雇员的违规行为而对其采取的不利益举措。关于惩戒措施的类别，依劳动者所负担的不利益之属性为标准，可作如下分类：

---

① ［意］T. 特雷乌：《意大利劳动法与劳动关系》，刘艺工、刘吉明译，商务印书馆2012年版，第72–75页。

② 王益英：《外国劳动与社会保障法》，中国人民大学出版社2001年版，第269页。

③ 据媒体报道，南京某环卫公司为其环卫工人佩戴定位手表，当工人们超过20分钟不动，设备将大喊"加油"并触发中控室警报，中控室的巨大屏幕显示每一位工人的工作地点与工作状态。一旦工人们休息时间过长，可能会面临"罚款"惩戒。这一举措被网友戏称为"定位手表"式人身监控，详见张慧中：《智能手表监控环卫工人引争议》，载《环球日报》2019年4月10日第006版。

(1) 申戒型（名誉型）处罚，包括批评、警告、严重警告、记过、记大过等；(2) 经济型处罚，包括罚款、扣薪、降低工资等；(3) 职业型处罚，包括调岗、降级、降职、撤职（停职）、留用察看等；(4) 惩戒性解雇，包括辞退和开除。解雇系最严厉的惩戒措施，一般为各国劳动法律所严格要求。那么，我国未来劳动法修订时，有无必要将惩戒措施明文化？本文认为不宜作强制性、具体性规定，只可作原则性指引：一则惩戒措施法定化有干涉企业用工自主之嫌疑，再则因惩戒事由情形各异，固定惩戒措施不免又落入死板僵化之窠臼。故此，"企业有权根据本单位的生产经营特点，在劳动规章中自主确定本企业的惩戒措施，只要符合不与上位规范相冲突、不限制或剥夺劳动者的基本权利、符合法律保留与劳动契约保留、非歧视等劳动规章的一般有效要件即可。"① 实践中，对企业惩戒措施争议较多的有三种：罚款（扣薪）、调岗（调职）、解雇，鉴于学界对罚款的合理性与适法性进行过不少理论探讨，故本文仅对调岗和解雇两种惩戒措施略论一二。

（一）调岗。调岗向来为各国劳动法律所重视，原因在于，在长期雇佣体制下，调岗是雇主为应付急剧变幻的市场环境所惯用的一种人事策略，系用工自主权的一种表现形式。但职位变动通常伴随薪资、工作地点、岗位级别的调整，是对劳动合同内容的重大变更，对雇员影响甚巨。我国《劳动合同法》在秉持"倾斜保护劳动者"的理念下，将"工作岗位"列为劳动合同的必备条款之一，除该法第40条规定的情形外，企业调岗需要与劳动者达成合意，否则即属违法。单从这一点看，立法规定限缩了用人单位单方调岗的"度"，似有不妥。欲把握其"度"，首先要将"经营性调岗"与"惩戒性调岗"区别开来，继而认定调岗行为是否有违"权利滥用禁止"原则。

在"王某与东莞某应用材料公司劳动纠纷案"② 中，公司根据经营需要，取消王某所在的成控岗，将其调至成本会计岗，薪资、级别不变，而王某认为调岗后工作环境变差，故主张公司的调岗具有侮辱性。法院审理认为，"（企业）因生产经营需要，取消现有的成控岗，在薪资不变、岗位不变的情况下对王某进行岗位调动……王某调动前后的岗位均为组长，薪资和级别均没有变化……"，因王某不能证明用人单位调岗行为具有侮辱性，法院对其主张不予支持。"经营性需要"通常作为企业调职正当性的依据被我国法院所普遍认可。在论及经营性调岗的正当性时，台湾地区劳动法学者黄程贯将之概括为五项原则：①企业经营所必须；②不违反劳动契约；③对劳工之薪资及其他劳动条件未作不利之变更；④调整后的工作岗位为劳工体能及技术所可胜任；⑤调动地点过远者，雇主应予以必要之协助。③ 有趣的是，我国部分法院处理调岗纠纷、明确企业调岗行为合理性的过程，恰恰印证了黄程贯教授的"五原则"论。在"上海某食品公司诉梁某劳动合同纠纷

---

① 丁建安、张秋华：《企业惩戒权的法律规制》，载《社会科学战线》2013年第10期。
② 参见广东省东莞市中级人民法院［(2013)东中法民五终字第2197号］民事判决书。
③ 黄程贯：《劳动法》，"国立"空中大学印行2001年版，第462页。

案"① 中，法院认为，"用人单位出于经营需要等因素调动劳动者工作岗位，在与劳动者协商未果的情况下，其作出的调岗行为具有合理理由。本案中，梁某所在的门店关闭，导致在原劳动合同履行地无法继续履行……对于调岗行为合理性的判断，通常会综合劳动合同约定、调整的原因、是否协商、是否有效告知、调整前后的薪资是否差异较大、调整前后劳动者的岗位是否差异较大（包括工作内容、工作时间、工作环境、劳动保护）等因素进行综合考量。"

对因劳动者违纪而实施惩戒性调岗，学界和实务界都持相对包容的态度，而对该惩戒行为是否超过必要限度，从而构成权利滥用，态度则较为审慎。"调职命令是否该当权利滥用禁止原则之判断基准，学说与判例上皆已肯定认为，应就各个调职命令在业务上有无必要性和合理性，与劳工接受调职命令后于可能产生生活之不利益程度，为综合比较考量。同时再考虑其中是否有动机与目的上之不当性，予以全盘之考虑。"② 判断企业的"惩戒性调岗"是否构成权利滥用，笔者认为，应把握如下几点：（1）根据劳动者目前的工作岗位及其所掌握的工作技能，判断其能否应对调岗后的工作内容，如否，则推定企业或有"刁难"，或有实施报复性调岗之嫌疑；（2）判断企业的调岗是否存在"人格上的侮辱性"。当然，此所谓"人格上的侮辱性"是相对而言的，任一岗位的设立都有其适时性及合理性，且惩戒性调岗本身具有申戒和教育的功能，然而"将财务科长调至后勤保洁岗"，其意是将科长的"落魄"展示给公众，此举明显具有人格上的侮辱性，此时的调岗因丧失合理性而构成权利滥用。（3）判断劳动者在客观上能否接受调整后的岗位，及若附有"减薪"等手段，是否严重影响劳动者本人及家庭的正常生活。如将孕期或哺乳期女工调至夜班较多的岗位，调岗减薪后劳动者生活难以维持等，亦会构成惩戒不当，乃至权利滥用。

（二）解雇。解雇是惩戒手段中最为严厉的一种，是雇主对违纪员工可采取的"最后手段"。解雇直接导致失业，势必危及劳动者的生存权。"对劳动者个体而言，最重要的利益莫过于限制雇主的惩戒解雇权，原因在于如缺乏对工作权的保障，其他劳动权益便无从谈起。"③ 不少国家将解雇事由交由法律直接规定，当事人之间不得自行约定，雇主亦不得随意设置解雇事由，我国法律亦有类似规定。而为确保用人单位的用工自主权不致僵化，我国《劳动合同法》对"法定解雇"进行了适度变通，比如解雇事由之"严重违反用人单位规章制度"，就给用人单位留足了自治的空间。规章制度如何制定，"严重"又如何认定，属于规章制定者的"内部事宜"。故此，在司法实践中，法官认定劳动者的行为是否属于"违法解除劳动合同"时，其依据通常是雇主提供的、符合法定条件的规章制度。这种将解雇事由名义上法定化，实质上却"授权"用人单位依规章制度实施惩戒性解

---

① 参见上海市金山区人民法院［（2016）沪0116民初7127号］民事判决书。
② 刘志鹏：《劳动法理论与判决研究》，元照出版公司2000年版，第164－165页。
③ 穆随心：《论惩戒解雇制度中的正当原则：基于美国雇佣法的思考》，载《河北学刊》2016年第1期。

雇的立法态度，难免有"外厉内荏"之嫌。应当说，立法上对"惩戒解雇"的适度宽容，意在为司法裁判留足自由裁量的空间。因此，司法机关在评估解雇的合法性时，应"对雇主和雇员的利益相互权衡，秉持一种对双方公平均等的客观态度"①，既要审查规章制度在内容及程序上的合法性，又要认定惩戒解雇行为的正当性（惩戒事由的合理性、解雇措施的适当性等）。

在对惩戒解雇进行合理性与正当性审查时，除考虑"用人单位的业务性质，劳动者违纪的情形以及给用人单位可能造成的损失或影响，同行业其他用人单位的规则，适用其他惩戒措施的行为，员工和社会的一般评价和可接受的程度"② 等因素外，还应关注劳动者实施违纪行为时的主观态度，以及劳动者在工作中的一贯表现。一般认为，劳动者的违纪行为是否达到严重程度，不能仅从客观结果来判断，如是否给企业造成严重损失，是否严重影响到企业的正常经营等，还应当考察劳动者行为时的主观心态。若因劳动者偶然过失，即使给企业财产造成了一定损失，也不宜径行认定解雇行为即属正当有效。同时，劳动者以往的工作表现亦应纳入考量范围，"大错不犯、小错不断"的违纪模式，造成的危害结果，并不逊于一贯表现良好，偶有过失而致较大损害的个别劳动者。所以，当劳动者因工作能力或工作态度不佳遭到解雇时，先前在本单位获得的荣誉或良好的工作业绩，足可以对惩戒性解雇进行抗辩。

关于惩戒解雇的实质性条件，法国的立法经验可资借鉴。在法国，雇主要辞退某个劳动者，须具有实际的和严肃的理由："所谓实际的理由，是指企业辞退雇员所援引的理由必须是客观的、存在的和准确的，而不是主观臆想或主观意见；所谓严肃的理由，是指企业的雇员犯有一定严重性的错误，使得工作不可能继续进行，有必要辞退雇员。"③ 企业对员工实施惩戒，所依据的员工违纪的事实必须是客观存在的，或是有充足证据予以证明的。其次是该违纪事实必然要达到一定的严重程度，轻微的工作过失并不能符合解雇的"严肃性"特征。当然，解雇行为是否合理且适当，对其认定殊非易事，需要司法裁判机构在个案审理中考量各种因素。我国《劳动合同法》在相关条文设置上，并未严格区分惩戒解雇与一般解雇，法院也难以确保其判决有据可凭、臻至完满。因此，对于惩戒解雇的相关法理和实践规则，理论界仍需持续进行研究，裁判机关也需要不断积累审判经验，二者结合起来、互为补足，方有望渐趋完善而使得有据可依。

五、惩戒权法律规制的路径选择

企业对其劳动者的惩戒，在性质和特征上与行政处罚、行政处分相近似，都具有纵向

---

① Fergus, Emma. The Reasonable Employer's Resolve. *Industrial Law Journal* (Juta), Vol. 34 pt. 2, Issue 10 (October 2013). p. 2491.
② 谢增毅：《用人单位惩戒权的法理基础与法律规制》，载《比较法研究》2016年第1期。
③ 王益英：《外国劳动与社会保障法》，中国人民大学出版社2001年版，第211页。

性、单线性、强制执行性的特点。而惩戒权的单线性与强制执行性,在其缺乏有效的法律管控时,就难免为企业实施惩戒留下权力滥用的空间。为确保惩戒行为的合法与正当,合理平衡劳雇双方在惩戒权行使中的权益,对企业惩戒行为的法律规制,既要注重对惩戒行为目的及方式的限制,又要为受惩戒劳动者配置合理的救济渠道。

(一) 企业惩戒权行使的基本规则

企业惩戒行为,从目的上讲,是通过对违规劳动者施加精神上或经济上的不利益,以纠正其因过错行为对企业经营秩序带来的不利影响,修复和加深劳资双方之间的"信赖利益"。既为警示劳动者本人,也为通过对违规行为的否定性评价,教育其他劳动者,并非"为罚而罚"。此外,惩戒决定的作出,应当坚守法律之底线,如尊重人权,程序正当以保障受惩戒劳动者的隐私,尊重时效而不溯及既往。据此,企业对违规劳动者实施惩戒,应当遵循如下基本准则:

第一、客观性原则。法治社会之执法与司法理念为"以事实为根据,以法律为准绳",惩戒权的行使亦不能例外。任一惩戒决定的作出,必然要在查明事实的基础之上,相关证据的取得需符合法定之要求。实践中不少用人单位为全面监控劳动者的劳动过程,在办公场所及办公电脑上配置监控设施,对工作时间内劳动者的全部言行实时监控,搜集劳动者的"不端"行为并将之作为惩戒的依据。① 这种以侵犯劳动者的隐私权和人身自由权为代价而获取的证据,并不能作为企业惩戒劳动者的事实依据。此外,企业在作出惩戒决定前,应给与劳动者以充分申辩的机会。从一般意义上讲,包括惩戒在内的任何处罚的作出,都应当听取受罚者的辩解,或给予其听证的机会,如此方能确保处罚行为的公正。我国1982年颁布的《企业职工奖惩条例》第19条规定:"企业作出惩戒处分,必须查清事实,取得证据,征求工会意见,并允许受处分者本人申辩,慎重决定。"唯有如此,惩戒决定方具备公信力,才能使受惩戒劳动者信服。

第二、比例原则。比例原则主要适用于行政处罚领域,是为约束国家行政权力而设置。其基本含义是"行政权力的行使,除了法律依据这一前提外,行政主体还必须选择对

---

① 其实,早在2009年互联网技术被广泛运用时,市面上就出现了办公电脑监控的软件和设备。对于公司运用监控设备监督职员言行的做法是否妥当,公司职员和公司管理层的意见完全相左。对此有关专家认为,"公司为员工支付了相应报酬,员工应该遵守劳动纪律和用人单位的规章制度,且办公电脑为公司所有,公司有权对员工在上班时间所做事情进行监管,并不侵犯个人隐私。只是,公司监管时要事先告知员工,否则即侵犯了员工知情权这一基本的人身权益。"参见张真真、陆宏林:《办公电脑监控:我的隐私谁保护》,《湖北日报》2009年9月8日第004版。笔者并不完全赞同上述专家意见,在员工办公电脑或办公场所装置监控,不仅危及劳动者的隐私权,同样会侵犯劳动者的人身自由权。因为办公区域并非如商场、车站之类的公共场所,而是属于半开放性质的"私人空间"。公司固然对其劳动者有监督管理之权,但这种通过"捕捉"的手段以发现劳动者违纪或违规的过程,显然是以侵犯劳动者的人身自由权为代价的,同样也是对基本人权的侵犯。而未经告知劳动者在办公场所装置监控设备的做法,其违法性则自不必待言。由此,通过不间断监控的形式获取的劳动者违规的"证据",因其侵犯劳动者的人权,自然不能作为惩戒的依据。

人民侵害最小的方式"。① 在比例原则的支配下，严禁为达目的而不择手段的国家行为。比例原则包含三层含义：一为目的性，即行政权力的行使，行政措施的采取，是为达到法定目的；二为必要性，为达到法定目的，具体行政行为给公民带来的损害最小；三为比例性，政府所采取的具体措施与法定目的之间必须成比例。企业对违纪员工的惩戒，意在修复因违纪行为遭到破坏的经营秩序，其代价是让该员工负担精神或经济上的不利益。此时判断惩戒行为的正当性，就应进行价值上的评判：首先判断惩戒的目的是否正当、合法，如企业规定劳动者加入工会即为解雇的理由，其目的并非为维持经营秩序，而是为削弱劳动者的集体谈判力量，目的的失当性即否定了惩戒行为的正当性；其次是企业所采取的惩戒措施与法定目的之间存在较高的关联度，比如员工因生产经验不足，屡次生产出残次品而遭受"扣薪"的经济性惩戒，很显然，企业通过扣薪并不能达到提高产品质量的目的。因惩戒手段与目的之间并无直接关联，惩戒的正当性旋即丧失；最后，惩戒措施给劳动者带来的不利益须符合"最小损害"原则，即企业在能够达到惩戒目的的前提下，应优先考虑对劳动者损害程度较小的惩戒措施，如对于偶有迟到、早退的员工，可以通过申戒型或精神性惩戒措施即可达到目的，若径直将其解雇则属于惩戒失当。

第三、时效性原则。企业惩戒的时效性体现在两个方面：一是惩戒决定的作出须遵循时效规则，二是要遵循"一事不再理"原则。对于前者，企业惩戒决定的作出应当在劳动者违规行为发生后的一定期限内，这与刑事责任、行政责任的追诉时效略为相似。至于惩戒决定的具体时效期间，《企业职工奖惩条例》第20条规定："审批职工处分的时间，从证实职工犯错误之日起，开除处分不得超过五个月，其他处分不得超过三个月。"然而，惩戒时效的起算不应以"证实职工错误"为起点，而应当与现行法律的通行做法保持一致：自知道或应当知道职工违规之日起。至于具体期间的确定，需司法机关结合企业受损的严重程度与劳动者的过错程度来确定。对于"一事不再罚"原则，首先要求企业对劳动者的某一违规行为作出惩戒后，不得再将该事实与其他违规行为叠加，重复惩戒，受过惩戒的行为只能作为待惩戒行为"情节轻重"之考量。其次，"一事不再罚"还要求企业在搜集劳动者违规的证据时，不得将性质不同的违规行为进行简单累加，试图加重惩戒力度。如单次的迟到通常以警告为主，而"遭客户投诉"则以"扣薪"为惩戒手段。若劳动者先后出现上述两项违纪行为，因行为性质不同，企业应予分别处理，而不宜径行将二者合并，加重"扣薪"幅度或直接升格为"解雇"惩戒。

第四、程序正当原则。"程序是法律的生命"，企业惩戒的作出同样离不开程序的制约。企业惩戒程序的正当性须具备三个要素：一是惩戒依据的公示，即包含惩戒依据的企业规章制度需要向全体劳动者公开，公开的手段不一而足，只需任一劳动者知晓即可，此要求已被我国《劳动合同法》第4条予以肯认。二是惩戒事由的告知和劳动者的申辩，即

---

① 黄学贤：《行政法中的比例原则研究》，载《法律科学（西北政法学院学报）》2001年第1期。

企业在作出惩戒决定前,应当提前将据以作出惩戒决定的事实依据告知劳动者,并允许劳动者在指定的期间内有针对性地进行申辩。三是工会的参与,可以借鉴我国《劳动合同法》第43条企业单方解雇劳动者时,应当将解雇的理由告知于工会的做法,将经济性惩戒如罚款、扣薪,职业性惩戒如调岗等惩戒决定预先告知工会,听取工会意见,以强化惩戒决定的公正性。

(二)受惩戒劳动者的权利救济

法谚有云:"无救济即无权利",它包含两层意思:对于私权利而言,当法律赋权予公民或法人时,还应设置明确的权利救济渠道,在权利受侵犯后能够及时获得救济;对于公权力来讲,法律将权力授予行政主体时,为防止权力的过度膨胀而侵害私人权利,既要对权力的行使进行法律监督,还需为相对人设置权利救济的渠道,以便在其权利受损时获取适当的救济。前文已述,惩戒权以单线性、纵向性及强制性为表征,与行政处罚近似。故此,受惩戒劳动者的权利救济,乃是当劳动者受到错误惩戒、惩戒失当或惩戒决定有违程序要求时,通过特定的途径或方式,使其受损的利益恢复到受惩戒之前的完满状态。

在内部救济上,为保持惩戒过程及惩戒结果的中立性,企业在作出惩戒决定之前,应将惩戒事由、具体的惩戒措施交付企业劳动争议调解委员审议并由其出具意见,同时告知劳动者在规定期限内行使申辩权,如此受惩戒劳动者方可通过内部的救济途径主张权益。比如劳动者认为据以作出惩戒决定的证据不足以支撑违规事实,可以申请调解委员会建议企业撤销该决定;若是企业规章制度中载明的惩戒依据在实体上不合法,劳动者可以向调解委员会申诉,请求其审查规章制度的合法性,并向企业工会提出修改建议;若是作出的惩戒决定有违程序公正,劳动者同样可以请求调解委员会进行复审。

就外部救济而言,应当合理疏通仲裁及诉讼的救济渠道。依据我国《劳动争议调解仲裁法》关于受案范围的规定,除解雇之外的其他惩戒行为,并非仲裁委的受案范围。因劳动争议存在"先裁后审"的基本原则,惩戒权争议同样无法通过诉讼途径来解决,这使得"司法是维护社会公平正义的最后一道防线"[①] 在受惩戒劳动者维权上丧失了意义。惩戒解雇本属于劳动仲裁与法院的受案范围,自不必待言,而对于劳动者利益存在重大影响的惩戒措施,如扣薪、降低工资、惩戒性调岗等,应一并纳入劳动仲裁案件的受案范围,实行"一裁终局"制。这样既为受惩戒劳动者打开了司法救济之门,又因"一裁终局"的制度建构而尽量减少司法资源的浪费。而对于申戒性惩戒如警告、记过等与劳动者利益关联度较低的惩戒行为,则可通过企业内部的救济渠道处置。

---

① 参见李龙:《司法是维护社会公平正义的最后一道防线》,载《光明日报》2017年8月1日第011版

Regulation of Labor Law on Enterprises' Disciplinary Right

Wang Yintao

Abstract: Based on the needs of personnel management, the enterprise will formulate rules and regulations including work discipline, as the basis to discipline the workers. Qualitative analysis of disciplinary rihgt should start with personality subordination, and end with restoration of reliance Interest. The rules of our Labor Law to regulate enterprises' right, then it can not control the arbitrariness of the employers' discipline because of its' contradiction, also the inperfection and inelasticity of the rules lead to the limitation of scope to the exercise of disciplinary right, so it is necessary to amend the legal regulation mode to adjust the enterprise punishment. The establishment of disciplinary basis should be related to the work contents of the workers and should not violate the compulsory provisions of the law. Disciplinary decisions should be based on the premise that workers had violated their obligations. When the legitimacy and rationality of disciplinary was challenged by the workers, our judiciary is obliged to review the empoler's actions. When we talked about the amendment of the Labor Law, we should clarify the basic rules of punishment for enterprises at first, Broadening the channels of remedy for the rights of punished workers is also necessary.

Key words: Disciplinary Right; Reliance interest; Abuse of Rights; Disciplinary Reason; Disciplinary Measure

（编辑：曹瀚哲）

景区迁坟的利益博弈与地方立法规制

李冠男[*]

摘　要　景区迁坟有利于景区的高质量发展和景区所在地经济的发展，但景区迁坟存在侵犯死者近亲属孝思忆念权、风水权等弊端。从公私益价值衡量，景区迁坟个人私益须对公共利益作出适当让步。然而，由于景区迁坟私权保护规范阙如，致使景区迁坟由政府强势推动，公权力缺乏制约，私权益缺乏保护，景区迁坟运行不畅。这客观上要求地方立法在尊重民间丧葬规范的基础上，建构包含权利、义务、责任、程序与救济等具体内容的规则，实现对景区迁坟的有效规制。

关键词　景区迁坟　利益衡量　习惯权利　规范阙如　地方立法

一、问题的由来

"安土重葬"是中国自古崇尚的自然法则。《论语》曰"慎终追远"，《中庸》曰"事死如生，事亡如存"，《荀子·礼论篇》曰"生，人之始也；死，人之终也。终始俱善，人道毕矣，故君子敬始而慎终。"厚葬重礼在孔、孟思想的影响下，成为国人奉行孝道的衡量标志。时至今日，在现代文明的冲击下，祖坟观念也没有日渐式微，其仍是国人怀有的一种特殊的文化情结。日本学者滋贺秀三先生曾这样描述祖坟对中国人的特殊意义。他认为，在中国人的观念世界中，坟墓象征着祖先和子孙之"气"的展开。祖先不是作为个人而生，也不是作为个人而死去，而是作为无形之"气"继续活在他的子孙之中。[①] 此番论断，说明祖坟不仅具有安放祖宗遗体之功效，更是作为无形之"气"庇佑子孙，故子孙对祖先怀有敬爱和怀念之情。然而，"敬"是主观的意识活动，"奠"是外在的行为表现。

---

[*] 李冠男，武汉大学法学院博士研究生。
[①] 参见［日］滋贺秀三：《中国家庭法原理》，张建国、李力译，法律出版社2003年版，第304页。

根据主客观相统一原则，子孙对祖先不仅要"敬"，而且要"奠"。长期以来，我国以血缘和地缘重合构成的宗族社会结构，为祖宗祭拜提供了方便和可能。宗族成员通过祖先祭拜强化宗族成员的认同和归属，实现宗族整合。正是宗族成员长期维持的祭拜行为，强化了宗族成员的祖坟观念。在此意义上，中国社会特有的宗族社会结构及祭拜观念，也为祖坟观念的发展推波助澜。是故，深植于中国儒家文化和宗族社会结构中的祖坟观念根深蒂固，而景区迁坟正是对这一传统观点的撬动。这就决定了景区迁坟在执行中阻力较大，稍有不慎便成为引发冲突和矛盾的导火索。

我国自1982年建立风景名胜区制度以来，风景区面积不断壮大。截至目前，国务院批准设立的国家级风景名胜区225处，省级人民政府批准设立的省级风景名胜区737处，风景区面积占到国土陆地总面积的2.02%，集中了最优美的自然景观和最良好的自然生态底色，景区已成为我国生态文明建设的重要载体。[①] 然而，2019年4月6日，中国之声《新闻纵横》节目播出"5A景区6万座坟！青岛崂山景区竟成了非法坟墓集中地？"的报道，事件经由网络传播迅速发酵，一时间"景区坟墓"充斥在公共舆论中。实际上，景区坟墓治理并不是新鲜话题，早在2006年广州市政府就发布了《关于全面清理白云山风景名胜区历史遗留坟墓的公告》，要求迁移或清理景区除经市文物行政主管部门批准保留以外的坟墓。十多年过去了，景区坟墓治理久治不决。

目前，有关景区迁坟的法律规范，主要有国务院制定的《殡葬管理条例》及各省市制定的形式各异的殡葬管理规定。然而，无论是行政法规还是地方性法规，仅规定景区内不得留坟头，而对迁坟触及的私权益及迁坟补偿，并未提及。笔者认为，本文可在明晰景区迁坟的公私益博弈的基础上，分析景区迁坟不畅的深层次原因，进而探索符合地方特色的地方立法，以保证景区迁坟得以顺利开展。需要说明的是，本文所指涉的景区，不包括古代墓葬雕塑类别的景区。本文所指涉的坟墓，不包括受国家文物保护法保护的古墓葬。

二、景区迁坟中的公共利益和个人利益博弈

解决景区迁坟问题，首先需要厘清为何要实施景区迁坟，特别是罔顾民众的反对呼声和迁坟的强大阻力，其背后体现的公共利益和个人利益值得深入分析。

（一）景区迁坟欲实现的公共利益

（1）服务于景区的高质量发展。当下，旅游经济不容小觑，据国家统计局2020年1月份公布的数据显示：2018年国家旅游及相关产业增加值41478亿元，占到GDP比重的

---

① 中华人民共和国城乡与住房建设部：《贯彻落实生态文明建设要求，推动风景名胜区事业健康发展》，http://www.mohurd.gov.cn/zxydt/201512/t20151211_225929.html，访问日期：2020-12-14。

4.51%①，旅游成为拉动经济增加的重要力量。旅游属于"体验经济"，在过往的观光旅游时代，游客体量较少，旅游体验简单，旅客对景区质量要求不高，景区治理相对简单。随着"全域旅游"理念提出，景区旅游升级换代，客观上需要对景区进行整体规划、统筹管理，以带动景区的高质量发展。而景区的高质量发展，首先要有高质量的景区环境，以提供给游客优质的旅游体验。然而，大量散布在景区的违规建造的坟墓或年代久远的祖坟，与景区优美的风光相映成"尬"，影响旅客的观瞻体验，甚至使旅客产生畏惧心理。这客观上要求实施景区迁坟，以提高景区的环境质量，进而实现景区的高质量发展。

（2）服务于景区所在地的经济发展。由于历史原因、自然资源禀赋、产业布局等原因，我国仍存在相当数量的贫困地区。"贫困地区大多交通不便、资源禀赋不足，其工农业开发也比较落后，正因为如此，其保护较好的自然生态和传统文化反而成为旅游开发的优势"。② 在旅游资源丰富、不适宜大规模集约化发展工业的地区，深度开发其独特的自然景观或人文景观打造以旅游为平台的复合型产业结构，可以助推景区所在地的经济发展，防止景区所在地陷入"代际贫困"的恶性循环。然而，正如新闻所报道的那样，不少景区或零星或大量散布的坟墓，影响景区自然景观或人文景观的深度开发。这客观上要求通过景区迁坟，实现景区自然资源或人文资源的深度开发和整合，打造以资源、产品、客源、效益为轴线的旅游经济，服务于景区所在地的经济发展。

（二）景区迁坟触及的习惯权利

目前，法律对坟地的权利属性未明晰定位，坟地所包含的人格利益大都来自传统习惯与善良风俗。笔者认为，毋庸置疑的是，死者近亲属对祖坟享有受习惯法保护的权利，即习惯权利。"习惯权利针对法（国家法）定权利而言，它是指一定社区内的社会主体根据包括社会习俗在内的民间规范而享有的自己为或不为，或者对抗（请求）他人为或不为一定行为的社会资格。"③ 景区迁坟中的习惯权利，具体表现为：

（1）孝思忆念权。"孝思忆念"一词源自台北地方法院及台湾高等法院两审的"诽韩案"。1976年10月，有一个叫郭寿华的人，以笔名"干城"在《潮州文献》第二卷第四期发表《韩文公、苏东坡给与潮州后人的观感》一文，指责韩愈具有古代文人风流才子的怪习气，妻妾之外仍不免风花雪月，以至于在潮州染上风流病，后听信方士之言，食用硫磺中毒而死。此文刊登后，引发韩愈第三十九代直系子孙韩思道不满，遂向"台北地方法

---

① 国家统计局：《2018年全国旅游及相关产业增加值及国内生产总值》，http：//www.stats.gov.cn/tjsj/zxfb/202001/t20200119_ 1723659.html，访问日期：2020-12-15。
② 何莽、陈惠怡、李靖雯：《民族旅游扶贫中的要素建设：谁的旅游吸引物——基于兴文县苗族旅游扶贫案例》，载《广西民族大学学报（哲学社会科学版）》2017年第6期。
③ 谢晖：《民间规范与习惯权利》，载《现代法学》2005年第2期。

院"提出自诉,控告郭寿华"诽谤死人罪"。① 一、二审法院均支持了原告的诉讼请求。针对该案,台湾学者杨仁寿在其编著的《法学方法论》一书中,指责审判者专注概念逻辑,只知"运用逻辑",为机械的操作,未运用智慧,为"利益衡量",未免可哂。② 撇开本案的法律问题姑且不论,案件涉及的孝思忆念之习惯权利在景区迁坟中同样值得深思。孝思忆念是丧葬民间规范下死者近亲属情感的直接表达,挖掘死者的坟墓,子孙对祖先的孝思忆念之情必然受到伤害。

（2）风水权。"风水"一词在我国有着较高的使用频率,风水观念也其实早已根植于中国传统文化深处。在我国民间规范中,有一个不成文的规定,无论是民众修建房屋抑或是为死去的亲人建造坟墓,往往找到"风水大师"为其修改的房屋或坟地寻求最好的风水宝地。人们普遍相信,房屋或者坟地的风水流向,能招来生者或死者后代的福祸。如果发现并占据了好风水,其人其家族在好风水的庇佑和保护下亦必然家大业大,繁荣昌明;反之如若所据的风水不好,也必将给自身及其家族带来难以卜测的不幸和灾难,这亦是民间不遗余力地追寻以便占据"风水宝地"的重要心理因素。③ 而景区迁坟,不但破坏甚至"侵害"了死者先前坟墓占据的好风水,而且死者遗体或骨灰由政府统一安置,丧失了还葬坟墓风水选择的机会或权利。

（3）祭奠权。祭奠是为死去的人举行的仪式,祭奠亲人在我国有着广泛的传统和习惯基础。我国现有法律规范中,并无"祭奠权"的明文规定,其作为习惯权利而存在。贝思·J·辛格认为:"每一种义务都有一项互易性权力相关联,每项具有权利资格的权力都伴随着一项相关的尊重义务,二者存在必然的逻辑联系,且在互相参照时当可被理解"。④ 循此观点,祭奠权对立面存在祭奠义务。祭奠义务表现为义务的不履行将使祭奠者内心受到谴责或者社会的否定性评价。有学者认为,"祭奠义务既包括作为的义务,如通知死者近亲属死者死亡事实的义务、在墓碑上对死者近亲属署名的义务、保持墓葬完整的义务,也包括不作为的义务,如不得侵害遗体、骨灰的义务、不得擅自安葬死者的义务、不得阻碍其他近亲属行使祭奠权的义务等"。⑤ 由此,保持墓葬完整是死者近亲属的祭奠义务,而景区迁坟,破坏了墓葬的完整性,损害了近亲属的祭奠权。

习惯权利虽不同于规范意义上的权利（法定权利）,但习惯权利可以被法定化,从而成为规范意义上的权利。然而,被法定化的权利,既没有也不可能穷尽所有权利（包括习

---

① 中国法院网:《台湾"诽韩案"及其法学方法论示范》,https://www.chinacourt.org/article/detail/2013/11/id/1123343.shtml,访问日期：2020-12-27。
② 杨仁寿:《法学方法论》（第二版）,中国政法大学出版社2013年版,第3-4页。
③ 参见梁家胜:《互为表里的生活与俗信——从宿命观念和风水信仰切入》,载《青海民族研究》2011年第3期。
④ ［美］贝思·J. 辛格:《可操作的权利》,邵强进、林艳译,人民出版社2005年版,第5页。
⑤ 尹训洋、吴大华:《迈向正式规范的新型权利——以三个祭奠权纠纷案例为视角》,载谢晖、陈金钊、蒋传光主编:《民间法》（第20卷）,厦门大学出版社2017年版,第20页。

惯权利)。① 那么，习惯权利是否具有权利的属性，其应通过何种方式加以保护，此为下文探讨的重点内容。

(三) 景区迁坟之公私益博弈

在公民的一般认识中，征收不过是强权者以公共利益为借口"精心设计的一种'神话'或意识形态，用以遮掩有价值利益的配置过程。"事实上，回溯历史不难发现，强权征收亘古有之，不过，以民族统一国家的宪政时代为分界线，征收的性质决然不同，限制征收的意义与目的亦不可等量齐观，其中缘由就是对公共利益予以的原则框定与价值改塑。② 在具体的征收情境中，公共利益的选取与判断本质是价值权衡，在相互抵触的价值之间作出最终选择之前，人们通过对历史经验的研究和可能结果的预测，往往能够奠立起较坚实的理性基础。③ 景区迁坟，从公私益平衡试论如下：

一方面，景区欲实现的公共利益离不开景区迁坟。"旅游是与视觉密切关联的观光体验，简单来说就是审美。而景区审美离不开旅游地的视觉景观即旅游资源，离开了视觉上的旅游资源，审美便无从谈起"。④ 而散布在景区的坟墓，影响游客的观瞻体验，甚至使游客产生畏惧心理。当游客通过"诱导性"或"主观性"前往旅游地游览，旅游地的某些或某部分特征如景区坟墓成为最大"卖点"或"亮点"时，将导致景区很难在市场上招徕游客，此决定了景区迁坟对实现景区公共利益确有其现实必要性。质言之，欲使景区实现上述公共利益，除迁坟外，别无其他替代措施。

另一方面，景区迁坟公共利益实现的目的在于回馈个人利益。公共利益和个人利益并存时，并不意味着公共利益的绝对优位和个人利益的必然牺牲。如上所述，景区迁坟服务于景区的高质量发展及景区所在地的经济发展之公共利益的实现。而无论是景区的高质量发展还是景区所在地经济的发展，终极目的在于回馈当地一个个身份平等的个人，此由我国的宪法品格所决定。尽管在具体的征收活动中，个人权利可能被侵犯得不到救济，或者征收标准不合理未达到被征收人预期，那是征收体制机制问题，和公共利益无关，并不能因此对公共利益的价值扭曲。

现实中存在一个十分荒谬的悖论是，民众一方面希望政府在公共利益面前有所作为，另一方面又不能在个人利益面前保持必要的谦抑、克制。在景区迁坟的价值衡量上，显而易见的是个人利益须作出适当牺牲。然而，迁坟本质上为"移风易俗"，离不开民间丧葬

---

① 参见谢晖：《论新型权利生成的习惯基础》，载《法商研究》2015年第1期。
② 参见梁鸿飞：《"公共利益"的法理逻辑及本土化重探》，载《华中科技大学学报（社会科学版）》2017第5期。
③ 参见[美] E. 博登海默：《法理学——法律哲学与法律方法》，邓正来译，中国政法大学出版社2004年版，第275页。
④ 黄耀丽、郑坚强、杨俭波：《旅游景区整体生态景观的形象经济效应研究》，载《南方经济》2005年第6期。

规范的约束，如开棺良辰吉日的选取、祖坟破土顺序的确定、开棺不能进土并鸣炮、尸身或骸骨不能见光等，诸如此类的民间规范应予尊重。这便决定了政府执行景区迁坟，即使在公共利益面前，也要保持谦抑、克制，不应将公权绝对凌驾于私权之上，景区迁坟应注意对私权的保护。

三、景区迁坟不断博弈的深层次原因

前文论及的景区迁坟，在价值衡量上，个人利益须对公共利益作出让步。然而，景区迁坟实施并不顺畅，根源在于景区迁坟私权保护规范阙如，致使迁坟工作由政府强势推动，公权力缺乏制约，私权益缺乏保护。具体分析如下。

（一）私权保护规范阙如

目前，殡葬立法主要是行政法规及地方性法规。前者系国务院制定的《殡葬管理条例》，其规定："风景名胜区区域内现有的坟墓，除受国家保护的具有历史、艺术、科学价值的墓地予以保留外，应当限期迁移或者深埋，不留坟头"。后者系地方人民代表大会（简称"人大"）及其常务委员会（以下简称"常委会"）制定的《殡葬管理条例》，如《重庆市市殡葬管理条例》《天津市殡葬管理条例》等。从立法内容来看，各地方人大及其常委会制定的《殡葬管理条例》仅系国务院《殡葬管理条例》的重复立法。然而，无论是行政法规还是重复立法的地方性法规，都仅规定景区内不能保留坟头，而对迁坟所触及的私权利如何救济，只字未提。那么，接下来便要回答习惯权利是"权利"吗？这一问题。

首先，对"权利"规范进行解读。约翰·奥斯丁（John·Austin）认为，"权利就是指法律的权利，即由严格地或简单地所谓法律设定的权利。"[①] 按照其观点，权利仅包括法律权利。而罗伯特·C. 埃里克森（Robert·C·Ellickson）对此持不同观点，其认为，"规范，而不是法律规则，才是权利的根本来源"。由于习惯规范是社会规范的一种，故存在习惯规范基础上的习惯权利。[②] 上述学术观点孰是孰非各执一词，倒不如回归现实对上述观点加以验证。纵观人类历史，我们知道作为阶级统治工具的法律，并非伴随国家的产生而同时产生，维持社会正常运转的正是法律权利以外的其他权利（包括习惯权利）。当下社会，习惯权利对民众而言，仍具有实际意义。在笔者生活地区，有这样一个口耳相传的民间规范：女子"不能在租住他人的房屋内坐月子"。这条义务式规则的背后隐含着出

---

① 张乃根：《西方法哲学史纲》，中国政法大学出版社2002年版，第229页。
② ［美］罗伯特·C. 埃里克森：《无需法律的秩序》，苏力译，中国政法大学出版社2003年版，第63页。

租人在承租人坐月子期间有拒绝出租或加收房租的权利。① 该民间规范以较隐含的方式记载的习惯权利,对认识习惯权利的"权利"属性有很大帮助,结合现实罗伯特·C·埃里克森的观点显然更具说服力。

其次,法的运行中实然存在着习惯权利。长期以来,我们立法采取"拿来主义+立法主义"立法模式,移植于西方的法律观念和制度在中国乡土社会"水土不服",出现了乡土和市民社会的二元法秩序。在乡土社会由风俗习惯、宗教、道德、信仰、村落权威、仪式、惯例、家族法、乡规民约等组成的地方性知识,为地方社会的成员所熟知、信奉、遵行,人们形成地方理解的正义观、地方性想象和地方性叙事的框架,形成了地方性秩序。② 在乡土社会,国家法对民众没有约束力,地方性知识中蕴含的习惯权利和义务在地方社会替代法律发挥效力。至此可以说明,在法的运行中客观存在习惯权利,正是习惯权利的和国家法的共同发力,使乡土和市民社会保持着良好的运行。承认实然意义上的习惯权利,也可避免法治陷入故步自封的陷阱。

最后,国家法客观上对习惯权利予以保护。近年来,越来越多的习惯权利纠纷进入司法裁判的范围,这表明国家认可习惯权利的可诉性。而可诉性指向的是权利被侵犯或被滥用、义务被违反请求国家保护的必要性,承认习惯权利的可诉性也是对习惯权利之"权利属性"的认可。谢晖教授认为,"以习惯方式存在的权利,一旦因为当事人诉诸法院并被法院(推)裁定或者虽然未经(推)裁定但被社会接受成为新型权利,具备了向正式制度拓展的空间"。③ 综上,无论从规范角度还是法的运行角度都可以说明习惯权利是权利且朝着法定权利迈进。

上述论证了习惯权利是权利。那么,有权利必有救济。针对景区迁坟,我国现有规范亦未规定其权利救济。由于坟地兼顾人格权和物权特征,笔者认为,其权利救济亦应包括物质和精神两个方面。

物质方面体现为迁坟费用的补偿。可以预见的是,迁坟费用包括公墓安置费用及迁坟成本费用。我国《公墓管理办法》将公墓分为公益性公墓和经营性公墓。若还葬墓地为经营性公墓,使用者须缴纳墓穴建造费、管理费等;而迁坟成本费用客观上包括人力资源成本、时间成本等,执行迁坟便意味着上述费用的支出。若政府不能对上述费用补偿,期待公民自觉迁坟便缺乏期待可能性。

精神方面体现为对死者近亲属精神损害的赔偿。有学者认为,"对于间接侵犯死者人格利益的迁坟行为,即征用坟墓在性质上同'故意毁损或侮辱坟墓'虽不等同,但从后果

---

① 尽管该规则带有很强的"封建迷信"色彩,但迄今为止,生活在当地的人们仍旧非常重视此规则。人们对这条规则几乎是戒律般的遵从,其是当地"行之有效"的一条重要的民间规范,规范着人们的习惯权利和习惯义务。

② 韦志明:《乡村社会中的地方性法治》,载《中国农业大学学报(社会科学版)》2015 年第 1 期。

③ 谢晖:《论新型权利生成的习惯基础》,载《法商研究》2015 年第 1 期。

论来看，均对坟主的近亲属造成了精神上的损害，最高人民法院关于"故意毁损或侮辱坟墓"的规定也是以人格利益的精神损失后果论为准进行司法解释的。在"入土为安"观念下，人们会认为，只要对坟墓进行了移动，包括征迁，便会对坟墓中的祖先造成了惊扰，这种惊扰与"故意毁损或侮辱坟墓"在后果上是同等的"。①笔者赞同上述观点，景区迁坟应适当考虑对死者近亲属进行必要的精神损害赔偿。

遗憾的是，现有殡葬立法私权保障缺乏，当权利人权利受到侵犯时，只能在部门法范畴内寻求救济。在民事法律领域，《民法典》在其"人格权"编中规定"死者的遗体受到侵害的，其近亲属有权请求行为人承担民事责任"。笔者认为，该规定并不能作为景区迁坟中私权救济的依据。这是由于，民事法律关系调整的是平等主体之间的权利义务关系。显而易见的是，政府命令下的景区迁坟带有很强的行政色彩，这就决定了受害人在权利受到侵犯时只能向法院提起行政诉讼，请求法院确认行政行为违法，并启动国家赔偿。而在刑事法律领域，我国刑法仅对"盗窃、侮辱尸体罪"进行规制，政府强制迁坟虽然客观上也对尸体造成了损害，但行为主观恶性显然不能和"盗窃、侮辱"之主观恶性相提并论。根据罪、责、刑相适应原则，也不能运用刑法对受侵害的权益进行救济。

（二）公权力强力推动迁坟实施

同样，由于现有殡葬立法，仅规定景区内禁止留坟头，公权力缺乏制约，基层政府便"一锤定音"地开具罚单或强制平坟或推坟。以《琅琊山风景区迁坟公告》为例，当地政府要求琅琊山风景名胜区保护范围内的所有坟墓，一律于2015年清明节前迁出，节后迁出的，按无主坟深埋或者平除处理，违反规定的，将依法进行处罚。②严苛的罚款对景区迁坟确实奏效，但过度的强制力也会导致政府公信力的滑坡，难以理服人。从比较法经验来看，单向度的"指令—遵从"行政权力运行模式已经式微，取而代之的是权力开始与相对人进行对话、商谈，在这种协商模式中能有限度地将公民宪法层面的"人格尊严"与当家做主纳入公共事务管理，进而避免"公民不服从"多样态之极端反抗事件的发生。③对公民而言，其更倾向于非强制的软权力。非强制性的软权力能够避免惩戒、威慑的单方行动，而是一种同化的权力，使得公众能够在理念和行为上与行政者保持协同，从而通过非暴力手段解决问题。④

景区迁坟客观上需要软权力执法。中国人历来讲究"入土为安"，迁坟有诸多民间规

---

① 韦志明：《论农村坟地征迁纠纷中民间法与国家法的调适》，载谢晖、陈金剑、蒋传光主编：《民间法》（第21卷），厦门大学出版社2018年版，第334页。
② 滁州市人民政府：《琅琊山风景区迁坟公告》，http：//www.grfyw.com/news/html/？4747.html，访问日期：2021-01-05。
③ 韩振文、陈骏：《自然习惯与环境治理的冲突与调和——以农村"烧秸秆"行为为分析对象》，载谢晖、陈金剑、蒋传光主编：《民间法》（第18卷），厦门大学出版社2016年版，第262页。
④ ［美］约瑟夫·奈：《硬权力与软权力》，门洪华译，北京大学出版社2005年版，第117-118页。

范忌讳。比如，有风俗规定新坟在一年内不能动土，迁坟不宜选在农历正月和四月，宜在清明节、中元节进行等，此等禁忌决定了"疾风骤雨"式的强制执法固不可取。在国人的传统观念中，丧葬是同出生、嫁娶一样重要的事情，受民间丧葬规范的约束，而迁坟不仅受"迁坟"的规范约束，也受"安葬"的规范约束，此决定迁坟要采取人性化方式处理。几年前发生在周口的平坟运动，政府强制平坟民众强力拢坟，该事件说明行政手段越强烈，民众反击越激烈，致使迁坟演化成为流血抗法群体事件。综上所述，由于私权缺乏保护及公权缺乏制约，景区迁坟执行中民众和政府呈敌对状态。为保障迁坟工作的顺利实施，客观上需要地方立法对其中的习惯权利加以保护以规范政府的迁坟行为。

四、通过地方立法平衡景区迁坟利益博弈

谢晖教授认为，"民间法或民间规范结构于法的方式体现为：主体意思自治的权利选择及主体的权利推定；国家立法对民间法的认可或授权；地方立法或变通性规定；作为法律渊源与法律适用以及通过公共交往和契约合作方式"。[1] 笔者认为，通过地方立法对景区迁坟中受损的私权予以保护，规范政府的迁坟行为，具有必要性和现实可行性。

（一）景区迁坟应当由地方进行立法

（1）彰显国家立法的普遍性和地方立法的特殊性。人类学家吉尔茨指出："法律就是地方性知识；而此处的地方不仅是指空间、时间、阶级和其他，而且也指地方特色（accent），即将立法与本地想象联系在一起，依据地方特征制定法律，而法律就是体现地方性的制度"。[2] 站在格尔茨的观点上言之，如果法律是"地方性知识"，那么，地方立法更应该体现对"地方性知识"的关注。这是由于各地区自然和人文地理环境的差异使得地方立法要兼顾地方特色。如崂山风景区和恩施大峡谷景区在地方立法上就应有所侧重，恩施大峡谷坟墓因地缘因素形成，当地典型的喀斯特地貌致使景区之外可供利用的土地资源有限，坟墓被迫选址在景区；而崂山风景区部分坟墓因人为因素形成，多年来崂山景区坟墓买卖欲禁不止，这就决定景区迁坟不仅要实现坟墓的有效"输出"，更要在减存量的同时禁增量。此外，地理环境、民族特征和文化因素的差异也导致立法手段方式存在差异。在必须通过立法扭转风俗时，存在一次性彻底取缔、对风俗加以限制以及通过鼓励、倡导的方式逐步扭转等多种程度不同的形式。[3]

（2）地方立法有权在景区迁坟事务处理中发挥规范作用。受制于政治制度的差异，联邦制和单一制国家的地方立法权限呈现出迥然相异的特点。在联邦制国家，人们普遍认为

---

[1] 谢晖：《论民间法结构于正式秩序的方式》，载《政法论坛》2016年第1期。
[2] ［美］克利福德·吉尔茨：《地方性知识：事实与法律的比较透视》，邓正来译，载梁治平编：《法律的文化解释》，生活·读书·新知三联书店1994年版，第126页。
[3] 魏治勋、刘一泽：《地方立法的"地方性"》，载《南通大学学报（社会科学版）》2020年第6期。

国家整体的权力来源于各个组成单位,是由各个组成单位转让给它的,具体通过宪法明文加以规定。联邦作为整体只能行使宪法明确赋予它的权力,剩余权力由各个组成单位或者人民保留,联邦组成单位仍然拥有自己的立法权。而单一制国家,国家权力属于中央,地方立法权只能由中央通过宪法或法律的形式授予,立法权限的划分采取的是中央集权型立法权限划分模式。① 揆诸我国,这一特征更为明显,我国是具有中央集权的单一制大国,我国中央和地方的立法权限划分模式一直是集权型的,这就决定了地方立法只能在中央授权的范围进行必要的认可和创制。我国《立法法》赋予省级人大及其常委会,省政府所在地的市,经济特区所在地的市,国务院批准的较大的市制定地方性法规的权力,而且赋予设区的市的人大及其常委会对城乡建设与管理、环境保护、历史文化保护等方面的事项制定地方性法规的权力。因此,景区所在的设区的市及其以上的人大及其常委会,便可进行地方立法。立法不仅可以对现有的民间规范予以认可,也可结合景区发展的实际予以创制性规制。

(3) 地方立法有义务在景区迁坟事务中发挥规范作用。"地方立法的典型特征在于其地方性。地方立法应当适应地方的实际情况,针对性地解决本行政区内的实际问题。② 这就要求立法必须建立在充分掌握社会规则信息的基础上。而在立法的层次上,主体越是接近于地方,就越能够掌握地方立法所需要的信息,也能够将立法资源配置到所需要的地方事务上。地方立法和中央立法相比,有着不可比拟的信息优势和因地制宜条件。③ 而且,我国内部发展条件有着极大差异,特色问题无处不在,基本上不存在普遍适宜的规则,这就使得地方承担创造性地制定规则的责任。④ 景区迁坟涉及一系列民间丧葬规范,如湖北恩施土家族丧葬民间规范之一为路祭,即殡过之处,如系亲友家宅前,亲友家则备香烛、茶菜,设祭桌于路旁以纪祭之。⑤ "十里不同风,百里不同俗",只有充分了解当地丧葬规范,方能制定出符合地方特色的立法,使地方立法尽可能的尊重当地的民间丧葬规范。

(二) 地方立法的具体内容

1. 地方立法原则

(1) 不抵触原则。2000 年制定的《立法法》确立了地方立法"不抵触上位法"的原则,这一规定沿用至 2015 年《立法法》规定中,并成为地方立法必须遵守的基本原则。从法条释义来看,"不抵触原则"指向的是地方性法规。"不抵触原则"对象指向宪法、法律和行政法规。然而,我国《立法法》并没有明确框定"不抵触原则"的范围。笔者

---

① 全国人大法治工作委员会:《中华人民共和国立法法释义》,法律出版社 2015 年版,第 227 页。
② 刘志刚:《中央和地方的立法权限划分》,载《哈尔滨工业大学学报(社会科学版)》2016 年第 4 期。
③ 参见封丽霞:《中央与地方立法权限的划分标准:"重要程度"还是"影响范围"?》,载《法制与社会发展》2008 年第 5 期。
④ 参见李旭东:《地方法制原理引论》,中国民主法制出版社 2016 年版,第 68 页。
⑤ 李远思:《湖北恩施土家族民间丧葬仪式规范问题研究》,2017 年重庆大学硕士学位论文,第 4 页。

认为,"不抵触"指向的是地方立法不得与上位法的立法精神、立法目的、立法原则及法律条文规定相抵触,不得超过立法权限对应由上位法规定的事项作出规定。正如某官员所说:"针对国家已经立法的领域,地方立法的任务就是根据本地实际情况,对法律、法规的内容进一步具体化,目的在于保障法律、法规在本行政区域内真正得到贯彻实施。"① 既然是为了保障法律、法规的执行,自然不得违反上位法的立法精神、立法目的、立法原则及法律条文。

(2) 地方特色原则。2014 年《立法法》修改时,地方立法权被扩张到设区的市,笔者认为地方立法权范围扩大是基于地方性特征考虑。正如学者所说:"地方立法的存在就是在不与法律、法规相抵触的前提下,根据本地实际情况,独立自主地进行立法,并根据地方立法调整地方的社会关系,解决地方的实际问题。"② 然而,"由于中央制定的法律、法规,最具权威性和可模仿性,地方立法往往在立法体例、内容和文字上全盘效法甚至抄袭上位法,难以体现地方立法的价值。"正确做法是,地方立法应当关注地方实际,具体到景区迁坟,虽然法律禁止在公墓或农村公益性墓地之外的地方私建坟墓,但在条件允许的地方可推行树葬、海葬等,发展绿色殡葬、生态殡葬。这就要求地方立法就殡葬立法中没有规定的内容进行细化时,可采用弹性条款以体现地方特色。

(3) 议事协商原则。科学立法是法律付诸实施的重要前提。景区迁坟与民生密切相关,地方立法要注意对民众意见的吸纳。首先,迁坟费用补偿上既要考虑群众合理诉求,又要考虑景区所在地的经济发展水平。这就要求政府确定的迁坟费用补偿标准要接受民众监督,民众有权提出异议。同时,民众也不能不考虑当地实际,对迁坟补偿和赔偿费用漫天要价;其次,公墓安置上尽量照顾民众的情感需求。同样是迁坟,武汉市郊张村的民众却表现出不同态度。在公墓选址上,当地政府不仅邀请族老前去考察墓地"风水",而且在公墓设置上,根据族谱、辈分,安排相应的还葬位置。此外,政府还为每个村庄设置祖先墓,宗法秩序被强调,群众的情感需要得到满足。③ 此迁坟举措,对景区迁坟亦有借鉴意义。

2. 地方立法的主体

我国《立法法》赋予省级人大及其常委会,省政府所在地的市、经济特区所在地的市、国务院批准的较大的市的人大及其常委会及设区的市人大及其常委会根据地方性事务的需要,在城乡建设与管理、环境保护和历史文化保护等方面制定地方性法规的权利。同时,赋予以上地方的人民政府,对属于其行政区域内具体管理的行政事项,享有制定地方

---

① 乔晓阳:《地方立法要守住维护法制统一的底线——在第二十一次全国地方立法研讨会上的讲话》,载《中国人大》2015 年第 21 期。
② 于祖尧:《忧思录:社会主义市场经济从理念到实践的跨越》,中国社会科学出版社 2015 年版,第 42 页。
③ 参见李翠玲:《祖先进城:武汉市郊一个村庄迁坟的文化逻辑》,载《中国农业大学学报(社会科学版)》2015 年第 5 期。

规章的权利。这里重点对设区的市的立法权和能否制定规章进行分析。

对于前者，重点在于对"城乡建设与管理"的范围界定。从汉语结构上理解，"城乡建设与管理"包含两层含义：一是"城乡建设与城乡管理"，二是"城乡建设与城乡建设管理"，究竟取何种含义，需结合立法法出台过程加以分析。2014年8月的修正案（草案）第22条第3项将地方立法权限制在城市建设、市容卫生、环境保护等城市管理方面。2014年12月的草案（二审）中，将地方立法权限制在城市建设、城市管理和环境保护等当面。① 城管管理从城市建设的上位概念变为并列概念。而《立法法》的最终修订版将城市变成了城乡，又进一步扩大了立法范围。对此，法律委员会研究认为："城乡建设与管理、环境保护、历史文化保护等方面的事项，范围较宽。城乡建设与管理，包括城乡规划、城乡基础设施建设和城乡市政管理等"②。从立法出台过程看，其意图扩大城乡管理范围，即扩大设区的市立法主体范围。就此，笔者认为显然第一种理解较为合理。而景区迁坟是城乡管理措施之一，设区的市人大及其常委会便享有地方立法权。

对于后者，根据《宪法》规定，国务院领导管理经济工作和城乡建设、生态文明建设和科、教、文、卫等工作。那么，根据行政机关的设置、职能划分和权力运行，地方政府也享有对地方上的上述事务进行管理的权力。结合《立法法》规定，地方政府便有对本行政区域的景区迁坟事务制定地方规章的权力。综上，景区所在的设区的市及其以上的人大及其常委会可以对景区迁坟制定地方性法规，景区所在的设区的市及其以上的地方政府可以对景区迁坟制定地方规章。

3. 地方立法的内容

笔者认为，景区迁坟的地方立法，法律条款应由弹性条款和刚性条款共同组成。其中，弹性条款设置原则是只要民间丧葬规范不是封建迷信，具有民俗价值，地方立法便不作干涉。而刚性条款设置目的在于对权利（力）、义务和责任进行规制，应主要囊括以下内容：（1）明确拆迁的权力主体和被拆迁的义务主体：拆迁人是政府设立的有实施收回国有土地使用权或集体土地使用权并取得拆迁实施权的单位；被拆迁人是坟地的所有人或使用权人（此处不作重点讨论）。（2）明确拆迁人和被拆迁人的权利和义务：拆迁人须按照地方立法规定，合理、有序的实施拆迁，在不影响拆迁工作的情况下，尽量照顾当地民间丧葬规范，维护被拆迁人的合法权益；被拆迁人应当服从景区建设需要，在规定的搬迁期限内完成搬迁；拆迁人应当对被拆迁人受损的权利给予合理补偿和赔偿。补偿体现为被拆迁人的迁坟补助费，赔偿体现为对被拆迁人适当的精神损害赔偿，赔偿和补偿标准由市政府根据当地的物价水平确定，并予以公布接受群众监督；拆迁人应当向被拆迁人公布坟墓

---

① 北大法宝数据库：《立法法修正案（草案）》和《立法法修正案（草案二次修正稿）》，https://www.pkulaw.com/，访问日期：2021-01-10。

② 《第十二届全国人民代表大会法律委员会关于中华人民共和国立法法修正案（草案）审议结果的报告》，载《全国人民代表大会常务委员会公报》2015年第2期。

拆迁安置方案，并与被拆迁人签订拆迁安置补偿协议。协议应当明确坟墓的安置方案、公墓的管理费用负担、迁坟补助费金额、支付期限及不履行义务应当承担的违约条款；（3）明确拆迁人和被拆迁人的责任：拆迁人应当按照规定实施拆迁，并区分不同情形，明确拆迁人应当承担的民事责任、行政责任和刑事责任。被拆迁人拒绝搬迁的，坟地所在地的市、县人民政府有关责任部门有权实施强制拆迁，或者有拆迁实施权的部门申请人民法院强制拆迁。

4. 实施程序与救济措施。权力（利）的有效运转，离不开程序设定和权力（利）救济，景区迁坟亦是如此。其实施程序包括内容：（1）调查、认定程序。拆迁人在作出迁坟决定前，应首先对被拆迁坟地调查、认定，核实被拆迁坟地的所有权人及是否为无主坟地；调查坟地建造的原因（如是否存在坟地买卖行为）等；（2）签订安置补偿协议。对认定的坟地，符合补偿标准的，拆迁人和被拆迁人签订拆迁安置补偿协议并给予补偿。对违法建造的坟地，不予补偿。被拆迁人对坟墓的安置方案、公墓的管理费用负担、迁坟补助费金额及支付期限等协议内容，有权提出异议。救济程序包括：（1）拆迁安置补偿协议无法履行的救济。拆迁人和被拆迁人对拆迁安置补偿协议达不成合意的，被拆迁人可向拆迁主管部门申请裁决。被拆迁人对裁决结果不服的，可以申请行政复议或者直接向人民法院提起行政诉讼。被拆迁人不申请行政复议又不提起行政诉讼的，拆迁主管部门所在地的政府可申请人民法院强制拆迁；拆迁人未履行拆迁协议约定义务的，被拆迁人可以向人民法院提出诉讼要求其履行义务。（2）被拆迁人拒绝搬迁的救济。被拆迁人对安置补偿协议无异议，但在搬迁期限内拒绝拆迁的，拆迁人可以依法向人民法院起诉被拆迁人。

结 语

2017年党的十九大报告明确指出旅游业是振兴乡村的重要战略之一，是解决农村贫困问题的主要方法。旅游景区独特的自然景观或人文景观，为打造以旅游为平台的复合型产业助力贫困地区全面脱贫和实现乡村振兴发展战略提供了可能。然而深植于中国儒家文化和宗族社会结构中的祖坟观念在国人心中根深蒂固，祖坟信仰成为民众精神生活的重要组成，导致景区迁坟很容易引发矛盾和冲突，但从景区迁坟所体现的公私益价值衡量，其是一项利大于弊的民生工程。然而，由于现有的殡葬立法私权保护规范缺失，且未处理好和民间丧葬规范之间的冲突，致使景区迁坟在执行中困难重重。景区迁坟本质上是"移风易俗"，涉及诸多民间丧葬规范，此决定了地方立法有权也有义务对景区迁坟事务进行规制，其一地方立法可为迁坟中权利（力）提供法律规制；其二地方立法的"地方性"便于给民间丧葬规范适度尊重，以实现地方立法和民间丧葬规范之间的"和解"。此外，实施景区迁坟客观要求公权在私权面前保持适当的谦抑，私权在公权面前作出适当牺牲，共同致力于消除贫困，实现共同富裕的战略目标。

The road of local legislation for moving graves in scenic spots

Li Guannan

Abstract: Moving graves in scenic spots is conducive to the high – quality development of scenic spots and the economic development of the scenic spots, but there are some drawbacks such as infringing on the right of filial piety, remembrance and geomancy of the close relatives of the deceased. From the value of public and private interests, the private interests of moving graves in scenic spots must make appropriate concessions to the public interests. However, due to the lack of protection norms for private rights in scenic spots, the relocation of scenic spots is strongly promoted by the government, with the lack of restriction of public power and protection of private rights and interests. This objectively requires local legislation to construct rules including rights, obligations, responsibilities, procedures and relief on the basis of respecting folk funeral norms, so as to effectively regulate the relocation of graves in scenic spots.

Key words: Moving graves in scenic spots; Balance of interests; Customary rights; Lack of norms; local legislation

人民调解的范式更新与视角转换
——以民间借贷纠纷调解要素表的规范设计为解析主轴[*]

向浩源[**]

摘 要 人民调解的范式更新与视角转换，对于打造新时代人民调解工作升级版具有迫切的现实意义。传统人民调解范式于标准性、可共享性和可检验性层面存在不足，无法有效适配结构性巨变中的"陌生人社会"，亟需建构符合新时代法治社会的新调解范式。本文以要件事实论为理论起点，力求探索一种以权利基础规范构成要件要素分析为手段、以调解要素表为运作载体的要素式调解法，即根据要件事实论的五个应用步骤，预先拆解出常见民间纠纷可能涉及的法律规范的构成要件要素，并以调解要素表的形式组织、固定下来。这种"判断型调解"优点有三，即可以为纠纷争点事实整理、证据收集指引和调解思路的开拓提供有益的指导，可为调解尺度的拿捏提供了一条可行的检验路径，还能积极回应社会民众对现代公共法律服务供给的时代需求。

关键词 人民调解 要件事实 要素式调解 调解要素表 民间借贷纠纷

一、引言：人民调解需要一种怎样的范式？

人民调解作为公共法律服务的重要一环，是一种由国家公共组织提供的，旨在维护人

---

[*] 研究阐释党的十九届四中全会精神国家社科基金重大项目"完善弘扬社会主义核心价值观的法律政策体系研究"（项目编号：20ZDA055）。
[**] 向浩源，厦门大学法学院博士研究生，司法部厦门大学现代公共法律服务理论研究与人才培训基地研究人员。

民群众合法权益、化解民间纠纷①的公共物品。人民调解制度的目标不仅在于通过公共物品的供给以增强国家的绩效合法性,更在于让人民群众通过体验、享受公共法律服务加深其对国家公共组织的信任和认同,从而预防和消弭社会矛盾纠纷,夯实筑牢维护社会和谐稳定的"第一道防线"。然而,社会流动加剧和市场经济深化的双重叠加,动摇了当下人民调解范式赖以生存的社会结构土壤。② 一方面,由于传统社会秩序的生成与维系建立在以血缘、地缘为纽带的儒教礼俗和以关系远近亲疏为准绳的差序信任的基础之上,读书知礼的乡贤士绅自然也就享有了定纷止争的道德权威,但随着单位、户口等城乡二元结构的制度藩篱被打破,守望相助的"熟人社会"因社会流动的加剧而渐行渐远。③ 另一方面,当市场在资源配置中发挥决定性作用后,基于私人利益导向的理性计算逐渐主导了人们的行为模式,人际信任也由"亲而信"转向"利相关"。④

就调解方法而言,传统社会结构下造就的人民调解范式至少面临以下三个方面的困境:第一,缺乏标准性。人民调解员所掌握的调解方法多是从个人的摸索和体悟中"妙手偶得"而来,朦胧地存储于头脑当中,尚未进行系统的归纳与总结。调解方法的淬炼和运用仰赖于调解员自身的人生阅历、工作年限、领悟能力等个体化因素。第二,缺乏可共享性。以老带新的"学徒制"是调解方法传承的常规途径,这也就导致调解方法囿于新老调解员之间的隐性传授,无法外显为公共法律服务组织全体人民调解员所共享的调解规范。一旦离开调解岗位,他们所掌握的方法也将随之流失。第三,缺乏可检验性。调解方法如果无法检验其适用的科学性、合法律性和合理性,就难以被广泛推广和运用。传统调解方法由于没有明确的原则、规则的指导,适用的前提条件也未能明晰,其适用后的最终结果也无法得到有效检验与评判。⑤

既然依靠人情、面子、道德等感性劝解的人民调解范式已经无法有效适配结构性巨变中的"陌生人社会",那么针对社会变迁过程中出现的新情况、新特点,我们究竟需要一种怎样的人民调解范式?从社会流动和市场经济这两个结构性因素的演化逻辑出发,我们

---

① 按照《人民调解法》第2条的规定,人民调解的受理对象为"民间纠纷"。但不论是《人民调解法》还是《人民调解委员会组织条例》对这一概念的内涵和外延都没有清晰的界定,有些地区甚至将轻微的刑事自诉案件也纳入到人民调解的受理范围。限于主旨,本文所称的"民间纠纷"均是指平等主体之间的民事纠纷。

② 宋明:《人民调解的正当性论证——民间纠纷解决机制的法社会学研究》,载《山东大学学报(哲学社会科学版)》2008年第3期;郑杭生、黄家亮:《论现代社会中人民调解制度的合法性危机及其重塑——基于深圳市城市社区实地调查的社会学分析》,载《思想战线》2008年第6期。

③ 梁波:《复杂制度转型下日常生活的变迁》,载李友梅主编:《中国社会变迁(1949~2019)》,社会科学文献出版社2020年版,第25-71页。

④ 朱虹:《"亲而信"到"利相关":人际信任的转向》,载《学海》2011年第4期。

⑤ 根据笔者在福建、陕西、广东调研掌握的情况,目前的通行做法均是以打造能人(名人)调解品牌为主,发动社区乡贤、"五老"(老党员、老干部、老教师、老知识分子、老政法干警)作为人民调解员的主要力量。其他地区的调查研究参见薛永毅:《品牌人民调解工作室:运行成效及完善——对诸暨市"老杨调解中心"的个案分析》,载谢晖、陈金钊、蒋传光主编:《民间法》(第21卷),厦门大学出版社2018年版,第339-356页。

可以得出如下推论：当一个社会的流动性和市场配置资源的作用越强时，道德权威型人民调解员的生存空间就越有可能受到挤压，而掌握法律等专业知识的专家型人民调解员越有可能成为主流；当专家型人民调解员越占据主导地位，人民调解就越可能贴近依据实体法律规范作出的"判断型调解"。[①] 按此逻辑，本文接下来将立足于要件事实论的理论视阈，通过模拟人民法院的庭审过程，预先拆解出常见民间纠纷可能涉及的实体法律规范的构成要件及其构成要件要素，并以调解要素表的形式组织、固定下来，以期建构一套以调解要素表为实施载体的可共享、可检验的标准化人民调解新范式——要素式调解法，使公共法律服务组织能够基于相对一致的知识，向广大人民群众提供便捷高效、均等普惠的现代人民调解服务。

二、要素式调解法的内在机理阐释

（一）理论支点：要件事实论的操作化嵌入

所谓"要件事实"是指一种"产生法律效果所必要的实体法（作为裁判规范的民法）要件对应的该当（相当）具体事实"，而"要件事实论"则是一种"在明确要件事实法律性质的基础上，对民法内容与结构以及民事诉讼审理和判断结构进行思考的理论"。[②] 要件事实论引起国内学术界的关注并进入本土化建构，主要得益于王亚新等学者的引介和助推。[③] 根据他们的研究，要件事实论作为一种系统化的理论形态，最早见诸日本司法研修所民事裁判教官室针对法官、检察官和律师所编写的一系列实务培训教材。这些教材选取《日本民法典》的主要条文作为解剖的样本，详细阐发了要件事实论的理论构成——主张责任、证明责任和当事人攻击防御形态。在实际的民事诉讼中，要件事实论可以操作化为如下五个步骤：

步骤1：明确诉讼标的。诉讼标的既是当事人之间讼争的对象，也是法院需要审理和裁判的内容。因此，明确诉讼标的是民事诉讼需要解决的首要问题。就诉讼标的的学说而言，学界先后发展出了旧实体法说、诉讼法说、新实体法说等诸多流派。要件事实论在诉讼标的的理解上持旧实体法说的立场，[④] 即当事人在实体法上的权利义务或者法律关系，诉讼标的个数取决于实体法上的权利个数。具言之，首先从原告的诉讼请求判断案件的诉讼类型，进而根据诉讼类型识别出诉讼标的。给付之诉的诉讼标的是当事人之间讼争的实

[①] 兰荣杰：《人民调解：复兴还是转型?》，载《清华法学》2018年第4期。
[②] 许可：《民事审判方法——要件事实引论》，法律出版社2009年版，第41页。
[③] 王亚新：《对抗与判定——日本民事诉讼的基本结构》，清华大学出版社2002年版；章恒筑：《要件事实原论——一种民事诉讼思维的展开》，2006年四川大学博士论文；段文波：《要件事实的基础——民事裁判构造论》，2007重庆大学年博士论文；许可：《民事审判方法——要件事实引论》，法律出版社2009年版；邹雄华：《要件审判九步法》，法律出版社2010年版。
[④] 李永泉：《要件事实理论与诉讼标的》，载《学海》2006年第5期；张悦：《日本诉讼标的的论争回顾——兼论诉讼标的的概念的体系性与相对性》，载《民事程序法研究》2017年第2期。

体法请求权,也就是原告向被告请求履行一定给付义务的权利;而确认之诉和形成之诉的诉讼标的则是原告提出的具体权利或者法律关系确认、变更的主张,在诉讼请求上通常表现为当事人要求法院关于确认和变更实体法律关系的形式。① 我国司法实务界同样采取了旧实体法说的观点,根据最高人民法院的解读,旧实体法说在司法实务中广受青睐的原因在于:第一,有利于法院框定审理范围,当事人在起诉状或答辩状上必须载明其主张的具体实体法律关系或权利主张,当事人没有主张的内容法院则无需加以裁决;第二,有利于当事人展开攻击防御,提炼整理争议焦点事实。②

步骤2:检索法律规范。确定案件的诉讼标的之后,双方当事人即应着手检索足以支持各自诉讼主张的法律规范。要件事实论下的法律规范检索以德国诉讼法学家罗森贝克提出的"规范说"为基底。③ 罗森贝克在其名著《证明责任论》中从实体法规范适用效果的相对性出发,把实体法规范分为两大相互对立的规范:一类是权利发生规范;另一类是权利相对规范,具体包括权利妨碍规范、权利消灭规范和权利限制规范。对原告来说,需要检索的是权利发生规范,也就是找到能够支持自己权利发生主张的法律规范。④ 对被告来说,需要根据原告的权利请求能够找到支持自己的权利妨碍规范、权利消灭规范和权利限制规范。权利妨碍规范通常导致"民事法律行为无效"的法律后果,其主要作用是从一开始就阻止权利发生规范效力的产生,使其不发生原告主张的法律后果。⑤ 权利消灭规范,顾名思义,是指将已经成立且生效的权利终局性地归于消灭的法律条文。权利限制规范与前述规范的不同之处在于其并不具有真正排除相应法律效果的适用,而仅仅只是对原告主张的权利请求起到限制作用,权利受限事由不复存在后,原告仍可以继续行使其权利。⑥ 如果原告不认可被告的主张,还可以针对被告的抗辩提出再抗辩,随之也就需要继续检索原告再抗辩所依据的法律规范。值得注意的是,如果没有一定规则、顺序的指引,要想在众多的法律规范中寻找特定的权利发生规范和权利相对规范不啻大海捞针。依照德国学者

---

① 学界关于诉讼标的的学说可谓是众说纷纭,为避免过于抽象的学理论争,本文主要从司法实务的立场加以探讨。实务中关于诉讼标的的研究参见张卫平:《论诉讼标的及其识别标准》,载《法学研究》1997年第4期;李迎新:《确认利益的判断标准》,载最高人民法院审判监督庭编:《审判监督指导:2015年第1辑(总第51辑)》,人民法院出版社2016年版,第228–234页;李迎新:《形成之诉诉讼标的的司法识别》,载最高人民法院审判监督庭编:《审判监督指导:2015年第2辑(总第52辑)》,人民法院出版社2016年版,第207–217页。

② 沈德咏主编:《最高人民法院民事诉讼法司法解释理解与适用(上)》,人民法院出版社2015年版,第634–635页。

③ 许可:《民事审判方法——要件事实引论》,法律出版社2009年版,第67页。

④ 王泽鉴:《民法思维——请求权基础理论体系》,北京大学出版社2015年版,第41页。

⑤ [德]莱奥·罗森贝克:《证明责任论》,庄敬华译,中国法制出版社2018年版,第149页。

⑥ 权利限制规范也称"权利排除规范"或"权利延缓规范",该类规范的主要功能在于,权利发生之后,权利人欲行使权利时,能够遏制权利所指向的法律效果。这种遏制仅能限制权利法效果的产生,并未产生消灭权利的作用,从这个意义上说,使用"限制"的措辞而非"排除"或"延缓"更为周延和适切。参见宋春雨:《新民事诉讼法司法解释中若干证据问题的理解》,载《人民司法》2015年第13期;李浩:《规范说视野下法律要件分类研究》,载《法律适用》2017年第15期;[德]莱奥·罗森贝克:《证明责任论》,庄敬华译,中国法制出版社2018年版,第125页。

梅迪库斯和我国台湾学者王泽鉴的观点，权利发生规范通常应当依下列次序加以检索：合同请求权→准合同请求权（如无因管理请求权、缔约过失请求权）→物权请求权→侵权行为损害赔偿请求权→不当得利请求权→其他请求权。① 权利相对规范则通常与权利发生规范混合在同一个法律条文中，以"……但……除外""……除……以外……""……不适用前款规定""……另有规定的除外"等"但书"条款形式存在。被告只需要根据原告的诉讼请求去检索相应的权利对立规范，以达至排斥原告诉讼主张的法律效果。

步骤3：分析法律要件。法律规范由法律条文所组成，但并非所有的法律条文都可以作为权利发生规范和权利相对规范，只有兼具构成要件与法律效果的"完全性法条"才可以独立作为双方当事人所援引的权利基础规范。完全性法条又可进一步分为基本型、括弧型和拆配型三种构造变式。② 那些不具备法律效果的条文则被称为"不完全性法条"，包括说明性法条、限制性法条和指示参照法条，它们的功能在于辅助完全性法条法律效果的实现。③ 完全性法条的涵摄适用过程具体表现为符合T的构成要件即应当适用R的法律效果，由于构成要件T又可以进一步拆解为若干个构成要件要素M_1、M_2、$M_3\cdots M_n$，所以只有当所有的构成要件要素全部满足时，才能发生R的法律效果，即$T = M_1 + M_2 + M_3 + \cdots + M_n \to R$的表达式。④ 当双方当事人检索出用以支持各自诉讼主张的完全性法条后，还需要运用条文结构分析法和民法解释学对法条进行分析，从中拆解出法条所包含的构成要件及其构成要件要素。

步骤4：厘清攻防方法⑤。在要件事实论的民事诉讼构造下，原告是发动"攻击"的一方，为了确保法律效果的实现，原告就必须主张并证明法律条文构成要件要素相对应的

---

① 根据私法自治的原则，如果当事人之间事先存在约定的，应该优先按照当事人的约定。无因管理是指没有法律或约定的义务仍然去帮助管理，当管理人通知权利人之后存在两种可能性：一是如果权利人同意管理人继续帮助管理，那么此时无因管理关系也就转化为委托合同关系；二是如果权利人拒绝，那么管理人就应当立刻停止，否则将转化成非法侵害物权等侵权行为。从以上两种情况来说，无因管理都应当是紧跟在合同请求权之后的。物权请求权排在侵权行为损害赔偿请求权之前则是因为在证明发生侵权行为之前必须先进行确权。不当得利是指没有法律依据而获得不当利益，应当予以返还。从制度史的角度看，衡平思想在不当得利制度发展的过程中扮演着十分重要的角色，也就是说，不当得利是一种维护财产利益变动秩序的"最后一招"，只有在缺乏其他权利请求基础的情况下方能适用。关于权利请求基础规范检索顺序的研究参见［德］迪特尔·梅迪库斯：《请求权基础：第8版》，陈卫佐、田士永、王洪亮、张双根译，法律出版社2012年版，第13－14页；王泽鉴：《民法思维——请求权基础理论体系》，北京大学出版社2015年版，第58－129页。
② 基本型完全性法条是指满足"一个法律构成要件＋明确法律效果"构造的法条；括弧型完全性法条规是指满足"数个法律构成要件＋一个法律后果"构造的法条；拆配型完全性法条是指为了条文在立法技术上的简约，将原本具有较多共同要素的两个以上的条文纳入一个条文中规定的法条，该类法条的通常表现为数个在某些要素上相同、在其他要素不相同的构成要件共享同一个法律效果的构造模式。在具体的法律适用上，只能适用基本型完全性法条。参见舒国滢、王夏昊、雷磊：《法学方法论》，中国政法大学出版社2018年版，第121－125页。
③ ［德］卡尔·拉伦茨：《法学方法论》，陈爱娥译，商务印书馆2015年版，第137－144页。
④ 王泽鉴：《民法思维——请求权基础理论体系》，北京大学出版社2015年版，第157－158页。
⑤ 所谓"攻击防御方法"，是指当事人提出作为自己请求基础的法律及事实上的主张、对他方当事人的主张进行否认，提出证据申请及对其做出否认、证据抗辩等一切诉讼资料。参见段文波：《要件事实理论下的攻击防御体系——兼论民事法学教育》，载《河南财经政法大学学报》2012年第4期。

具体事实,即"要件事实"。与之相对的被告作为"防御"的一方,需要针对原告提出的诉讼请求和要件事实予以回应,回应的方式不外乎就是自认、否认、不知和抗辩四类。① 为了在诉辩争锋的过程中逐层深入,避免出现"胡子眉毛一把抓"的情况,双方当事人在要件事实的主张和证明上,需遵循请求原因→抗辩→再抗辩→再再抗辩的回合制顺序进行。② 在第一个攻防回合中,根据实体法律规范预先设定的主张和证明责任分配规则,首先应当由原告主张权利发生规范对应的要件事实,也称"请求原因事实"。被告对此提出答辩意见,如果双方就请求原因事实存在与否发生了争议,那么原告就需要积极提供与其主张内容相符的证据予以证明。当法官对请求原因事实获得了大致的内心确信或被告对请求原因事实没有异议时,就会进入下一个攻防回合,即"抗辩"。抗辩回合的对抗流程与第一个回合相同,当被告主张的抗辩事实,也就是与被告权利相对规范对应的要件事实在证明度上达到高度盖然性或原告对此没有异议时,才可以进入"再抗辩"回合。"再抗辩"是指原告为了阻却被告提出的抗辩事实所产生的法律效果,提出了新的要件事实,处理的流程同前所述。这种时序性的攻防方法也就使得双方当事人能够形成一一对抗的诉辩争锋,减少重复性的陈述。

步骤5:认定要件事实。如前所述,是否满足了某一法律构成要件要素,是通过认定要件事实存在与否来完成的。而判定要件事实存在与否,同样应当按照双方当事人攻击防御的顺序来展开。当原告提出的证据能够证明请求原因事实成立时,便可以初步认定原告的诉讼请求成立。但此时的结论还只是暂时的,因为如果被告提出的抗辩事实也同时成立,那么请求原因事实所产生的法律效果也就被阻却,原告的诉讼请求便不能成立。当被告的抗辩事实成立时,如果原告的再抗辩也成立,那么被告抗辩所产生的法律效果同样被阻却,从而维护了请求原因事实所产生的法律效果,最终支持了原告的诉讼请求。

(二) 运作载体:调解要素表的标准化应用

经由前述分析,我们可以看到要件事实论是一种规范出发型民事诉讼理论,即当事人提出诉讼请求、主张实体权利、提出支撑其请求的请求权基础规范后,人法院按照"识别权利基础规范→权利基础规范的要件分析→争点整理→争议事实认定→涵摄得出裁判结论"的程序展开,最终得出裁判结论。在排除被告自认的前提下,原告应当就权利发生规

---

① 自认是对原告主张的某一要件事实作出肯定性的陈述,这也就意味着双方在这一问题上达成了一致意见。与自认相反,否认是指被告对原告提出的要件事实本身作出了"釜底抽薪"式的否定性陈述,如果原告提出的要件事实不存在,那么原告诉讼请求对应的法律效果也将无从产生。抗辩与否认的相似之处在于二者都能产生排除原告所希望的法律效果,但切入的路径却有所不同。抗辩是指在承认原告提出的要件事实存在的前提下,被告通过提出新的要件事实,从而否定原告所希望的法律效果。根据否定形式的不同,又可以将抗辩分为权利消灭抗辩、权利妨碍抗辩和权利限制抗辩,其与权利相对规范的三种类型相互呼应。参见袁琳:《证明责任视角下的抗辩与否认界别》,载《现代法学》2016年第6期;王亚新、陈杭平、刘君博:《中国民事诉讼法重点讲义》,高等教育出版社2017年版,第17-18页。

② 许可:《民事审判方法——要件事实引论》,法律出版社2009年版,第133-148页。

范构成要件提取出来的构成要件要素所对应的要件事实承担主张责任和证明责任。对于原告的要件事实主张，被告可采取否认、不知、抗辩等防御方法。在作出否认、不知的情形下，被告不负证明责任，仅在作出要件事实抗辩时，才应就抗辩事实负举证证明责任。在"请求原因→抗辩→再抗辩→再再抗辩"的过程中，任何纠纷的攻击防御均以标准化、格式化的方式呈现出来。

但是，这种当事人主义裁判方法的适用效果很大程度上取决于当事人所具备的法律知识和诉讼能力。实践中，我国一般民众对诉讼程序、证据规则多是半明半昧、不甚了然的，同时囿于司法的被动性，法院并无主动加强法律释明的意愿。人民调解则无此顾虑。当人民调解程序启动后，人民调解员便可向双方当事人释明如欲获得于己有利的法律效果，就需要主张并证明能够引起权利发生、消灭、妨碍、限制法律效果的要件事实。考虑到实践中当事人法律素质的欠缺，即便人民调解员积极履行了相应的告知义务，仍可能出现遗漏主张、举证混乱的情况。在此背景下，本文提出根据要件事实论的五个操作化步骤，预先拆解出常见民间纠纷可能涉及的法律规范的构成要件及其构成要件要素，并以调解要素表的形式组织、固定下来，人民调解员只需要引导双方当事人填写调解要素表便可以快速完成要件事实检索、证明以及争点整理的工作，促进人民调解程序以调解要素为轴有序开展。

在调解初始阶段，人民调解员初步听取双方当事人的陈述后，便可据此引导填写对应纠纷类型的调解要素表。调解要素表的填写方式可以分为自填式和访问式两种基本类型。自填式指的是人民调解员将调解要素表分别发放给当事人，由其自行阅读和填答，然后由人民调解员收回。自填式适用的前提是当事人必须要读懂调解要素表中的问题和答案的含义，以及填答的正确方式，所以对于一些文化水平、教育程度较低的当事人就不宜采用这种方法。访问式则是指人民调解员依据调解要素表分别向当事人逐一地提出问题，把被询问当事人的回答填写在调解要素表上或按照回答在调解要素表上选择合适的答案。由于访问式是通过面对面口头访问，故而对被询问当事人在书面语言的阅读、理解和表达能力方面的要求较低。另外，人民调解员在访问过程中可以通过细微的观察或通过访问技巧对一些重要的要件事实加以追问和验证，更容易探知额外的调解突破信息。

在调解进行阶段，双方当事人填答完毕后，人民调解员应首先在调解笔录中固定双方当事人无争议的要件事实，然后在"争点整理"① 的基础上紧紧围绕争点事实制定调解方案开展调解。调解要素表系一方当事人填答的关于己方的内容，在证据类型上归属于当事人陈述的范畴，其对要件事实的证明力依托于"当事人自认"的法理规则。调解要素表填答完毕后即产生两方面的约束力：一是对当事人产生约束力，自认方在调解要素表中承认

---

① 所谓"争点整理"，是指根据双方当事人的主张，区分出法律、事实和证据等关键性要件事实，依其逻辑体系、问题层次予以归纳列出，使其成为具体而明确问题的行为。这里之所以强调关键性要件事实，主要目的是避免纠纷陷入细枝末节事实的泥淖中。

的要件事实，自认相对方无需再对其承担举证证明责任；二是对公共法律服务组织产生约束力，对于当事人自认的事实，人民调解员原则上应当予以确认，除涉及身份关系，损害国家利益、社会公共利益等法定情形外，均不能否定自认的效力。因此，在此后的调解过程中，当事人只需围绕争点陈述自己的主张和依据。如果纠纷的争点不明，人民调解员也就无法有效引导双方当事人展开攻击、防御，进而导致调解效率的低下。

在调解收尾阶段，调解成功的，人民调解员除依法向双方当事人出具人民调解协议书，还应积极做好诉调对接工作，指导当事人及时向公共法律服务机构所在地人民法院申请司法确认。调解不成的，填写完整的调解要素表也足以帮助人民法院快速了解案件事实和双方的争议焦点的重要参考，有利于纠纷案结事了。

(三) 规范衔接：调解要素表与我国主张证明责任规范群的耦合

要素式调解法的要义在于通过调解要素表对众多的案件事实进行筛选和过滤，明确双方当事人应承担证明责任的要素范围，凸显无法达成一致的争议焦点，从而为调解程序的高效运行创造有利条件。因此，调解要素表在调解过程中的应用是要素式调解法推行的关键，而证明责任的分配则是如何科学、合理设计调解要素表的核心内容。

证明责任制度之所以能够在民事诉讼法学中占据核心地位，就是因为其在民事诉讼过程中发挥了调整当事人诉讼行为和法官裁判行为的重要功能。[①] 但又不得不指出，时至今日，不论是学界抑或实务界对这一概念相关的理论仍未达成实质意义上的统一。总的来说，关于证明责任的理论之争主要集中在两个问题上：一是证明责任概念的本质内涵，二是证明责任分配的基本原则。鉴于此，下文将在把握我国证明责任制度总体发展脉络走向的基础上，梳理出学界和实务界针对上述两个问题形成的共识性意见作为调解要素表设计的出发点。

1982年《民事诉讼法（试行）》第56条第1款，规定"当事人对自己提出的主张，有责任提供证据"。随后，1991年正式颁布的《民事诉讼法》第64条第1款及其三次修正均原封不动地承袭下来。一般认为，"当事人对自己提出的主张，有责任提供证据"确立了当事人之间证明责任分配的基本规则，而"谁主张，谁举证"正是对这一规则的凝练表达。[②] 但该观点既误读了"谁主张、谁举证"的产生渊源，也不符合《民事诉讼法》第64条的法律解释与制度安排。这里我们不妨借助历史解释的方法，通过立法背景资料还原历史上的立法原意，由经济和社会关系以及法律状态出发，去考察立法者在立法之时所

---

① 胡学军：《论证明责任作为民事裁判的基本方法——兼就"人狗猫大战"案裁判与杨立新教授商榷》，载《政法论坛》2017年第3期。

② 柴发邦主编：《民事诉讼法学新编》，法律出版社1992年版，第224-225页；王怀安：《中国民事诉讼法教程》，人民法院出版社1992年版，第156页；常怡：《民事诉讼法学》，中国政法大学出版社1994年版，第166页。

欲实现的政策目标以及所欲平衡的利益冲突。

在目前可以检索到的官方正式文件中,"谁主张,谁举证"始见于1988年第十四次全国法院工作会议报告。时任最高人民法院院长任建新在会议报告中指出,由于法院在审理民事案件时未能充分调动当事人及其诉讼代理人的举证积极性,致使法院花费大量人力、物力为当事人收集证据。因此,今后要本着"谁主张,谁举证"的原则,由当事人及其诉讼代理人提供证据,法院则应当把主要精力集中在证据的核实、认定上。[①] 1990年,最高人民法院副院长马原在第五次全国民事审判工作会议上,进一步强调当事人的举证责任是民事审判方式改革的重要内容,法院的职责主要是审查、判断证据,准确认定案情,当事人承担的举证责任,不应由法院来代替。[②] 在彼时的历史情境下,我国正从计划经济向市场经济转轨,改革开放在激活经济发展动力的同时也导致大量的民事纠纷涌入法院。[③] 一方面,由于证据意识的匮乏,当事人常常仅凭一纸诉状就要向法院讨个说法;另一方面,法院对调查取证权的认识仍停留在职权主义诉讼体制下,往往忽略了当事人提供证据的责任。所以,最高人民法院提出"谁主张,谁举证"实际上是为了通过强调当事人及其诉讼代理人承担举证责任,不能由法院越俎代庖,从而将法院职责转向审查、核实证据,实现减轻日益突出的"案多人少"矛盾的意图。

再回到《民事诉讼法》第64条本身,既然"谁主张,谁举证"是"当事人对自己提出的主张,有责任提供证据"的简称,那么任何扩大或缩小后者文本所确定的文义就不再是"简称"。首先,在文义上显然只能读出当事人对自己提出的事实主张,有提出证据的行为责任,与当事人之间应就哪些事实承担证明责任的问题无涉。其次,《民事诉讼法》第64条及其前身《民事诉讼法(试行)》第56条同样规定了两类提供证据的责任主体,一是对己方主张提供证据的当事人主体,二是按照法定程序收集、调取证据的法院主体。从体系解释的角度分析,如果第1款规定的是当事人之间的证明责任分配,那么紧接着第2款就应当规定承担证明责任的一方当事人未尽证明责任时的法律后果,但实际并非如此。另外,按照全国人大常委会法工委民法室对《民事诉讼法》第64条所作释义,该条一方面规定当事人及其诉讼代理人应当提供证据,另一方面也规定了法院应当全面、客观地审查核实证据并可以主动调查收集证据,以上两方面共同构成了民事诉讼法规定的举证

[①] 任建新:《充分发挥国家审判机关的职能作用更好地为"一个中心、两个基本点"服务——1988年7月18日在第十四次全国法院工作会议上的报告(摘要)》,载《中华人民共和国最高人民法院公报》1988年第3期。

[②] 马原:《严肃执法,切实保护民事权益为促进安定团结和经济发展服务——在第五次全国民事审判工作会议上的讲话》,载《中华人民共和国最高人民法院公报》1991年1期。

[③] 自1983年全国地方法院普遍建立了经济审判庭后,审理的经济纠纷案件逐年成倍地增长,1987年全国法院受理经济纠纷案件达到365545件,比1983年上升八倍多,1988年达到513625件,比1987年增加39.9%。参见《人民法院年鉴》编辑部:《人民法院年鉴·1988》,人民法院出版社1992年版,第151-152页;《人民法院年鉴》编辑部:《人民法院年鉴·1989》,人民法院出版社1993年版,第3-4页。

责任原则。① 这也就意味着在证据提供问题的立法上,确立了以当事人及其诉讼代理人举证为主,以法院调查、收集证据为辅的举证格局。着笔至此,与其说《民事诉讼法》第64条规定是当事人之间的举证责任的分配,倒不如说是厘清了当事人举证和法院查证之间的关系。②

由于《民事诉讼法》第64条第1款规定的提供证据的行为责任,当事人很容易误以为只需要提出证据就万事大吉,至于主张的事实能否得到证明以及不能证明时应当承担什么样的法律后果却无从体现。③ 于是,一种本土化的"提供证据责任一元论的双重含义说"应运而生。该说认为举证责任应当从行为和结果两个方面来解读,行为意义上的举证责任是指当事人对其主张的事实负有提供证据加以证明的责任,结果意义上的举证责任是指当事人没有提供证据或虽然提供了证据但仍不足以证明其主张时承担的不利后果。④ 如原《最高人民法院关于民事诉讼证据的若干规定》(法释〔2001〕33号,以下简称2001年《民事证据规定》)第2条就被认为是"提供证据责任一元论的双重含义说"的实践继受。⑤ 该条稍加修改之后又为《最高人民法院关于适用〈中华人民共和国民事诉讼法〉的解释》(以下简称《民诉法解释》)第90条所吸收。⑥ 表面上,该条仍是"提供证据责任一元论的双重含义说"的同义反复,但若将其同《民诉法解释》第91条、第108条结合起来从体系解释的角度考虑,我们就会发现《民诉法解释》第90条的立论基础已经悄然转变为脱胎于大陆法系通说的"提供证据责任与证明责任相区别的双重含义说"。⑦ 该说的一层含义是指当事人对自己提出的主张所根据的事实负有提供证据加以证明的责任,即"行为意义上的证明责任""主观证明责任""提供证据责任"或"举证责任";另一层含义是指一方当事人主张的事实处于真伪不明⑧时,按照法律的预先规定,应当由哪一方当

---

① 全国人大常委会法制工作委员会民法室:《〈中华人民共和国民事诉讼法〉释解与适用》,人民法院出版社2012年版,第101页。
② 霍海红:《主观证明责任逻辑的中国解释》,载《北大法律评论》2010年第2期。
③ 杜万华:《〈民事诉讼法〉司法解释重点问题解析》,载《法律适用》2015年第4期。
④ 陈刚:《证明责任法研究》,中国人民大学出版社2000年版,第39页。
⑤ 李浩:《民事证明责任研究》,法律出版社2003年版,第141-143页;霍海红:《证明责任配置裁量权之反思》,载《法学研究》2010年第1期。
⑥ 郑学林、刘敏、宋春雨、潘华明:《关于新〈民事证据规定〉理解和适用的若干问题》,载《人民法院报》2020年3月26日,第5版。
⑦ 任重:《罗森贝克证明责任论的再认识——兼论〈民诉法解释〉第90条、第91条和第108条》,载《法律适用》2017年第15期。
⑧ "真伪不明"牵涉到另外一个概念,即证明标准或证明度。不论是大陆法系抑或英美法系,均以盖然性作为民事诉讼的证明标准。德国民事诉讼法学者普维庭曾用刻度盘对证明标准作出了形象的描述:在刻度盘的两端是分别是0和100%,刻度盘两端之间再分为4个等份,1%~24%表示非常不可能,26%~49%表示不太可能,51%~74%表示大致可能,75%~99%表示非常可能。其中分别代表绝对不可能和绝对肯定,50%代表完全不清楚。如果原告提出的证据无法到达75%的证明责任点时,则认为待证事实为真,介于25%与75%之间的区域就是所谓的"真伪不明"。参见[德]汉斯·普维庭:《现代证明责任问题》,吴越译,法律出版社2006年版,第102-105页。

事人承担不利后果的诉讼风险,即"结果意义上的证明责任"或"客观证明责任"。① 虽然 2001 年《民事证据规定》第 2 条第 2 款"由负有举证责任的当事人承担不利后果"貌似"提供证据责任与证明责任相区别的双重含义说"中的"结果意义上的证明责任"或"客观证明责任",但由于没有设置结果意义证明责任分配的一般规则,② 那么就只能理解为当事人所举证据使法官心证结果为假时由该方当事人所承担的不利结果,这与"提供证据责任与证明责任相区别的双重含义说"中待证事实"真伪不明"时所承担的法律后果并不能完全通约。具言之,2001 年《民事证据规定》第 2 条规定的内容是在"举证不能"的情况下,由于一方当事人所举证据的证明力仅能达到 25% 以下的证明度,法官内心形成了该方当事人主张为假的内心确信;而《民诉法解释》第 90 条规定的内容是在"真伪不明"的情况下,③ 由于一方当事所举证据的证明力介于 25% 和 75% 之间,此时法官内心未能形成该方当事人主张为假的内心确信,而是形成了该方当事人主张真伪无法判断的心证,并据此判决由《民诉法解释》第 91 条预先分配的某一方当事人承担不利的法律后果,即"举证证明责任"④。尽管《民诉法解释》第 91 条使用的是"法律关系存在、法律关系变更、消灭"的表达,但根据司法解释起草者编写的立法理由书,《民诉法解释》第 91 条的理论依据植根于罗森贝克的"规范说",所以该条规定的其实就是权利的发生、妨碍和消灭。⑤ 同时,该条将证明责任分配的对象确立为"主要事实",这里的"主要事实"与"要件事实"同义,即"权利及法律关系的构成要件所依赖的事实"⑥。基于上述,我国举证证明责任的分配的一般性规则也就被确立为:凡主张权利存在的一方当事人应当对权利发生规范所对应的要件事实承担举证证明责任,否定权利的一方当事人应当对权利妨碍规范、权利消灭规范和权利限制规范所对应的要件事实承担举证证明责任。

最后,需要阐述的是当事人的主张责任与证明责任的关系。从体系解释的角度来说,

---

① 陈刚:《证明责任法研究》,中国人民大学出版社 2000 年版,第 41-42 页;[德]汉斯·普维庭:《现代证明责任问题》,吴越译,法律出版社 2006 年版,第 9-34 页;[德]莱奥·罗森贝克:《证明责任论》,庄敬华译,中国法制出版社 2018 年版,第 20-33 页。

② 《民诉法解释》的起草者指出,《民事证据规定》缺乏举证责任分配一般规则的明确规定,该条文的内容仍然较多地含有行为意义的举证责任特征,结果意义的举证责任不明显。同时,《民诉法解释》第 90 条的条文主旨也从之前《民事证据规定》第 2 条的"明确了举证责任分配的一般规则"修改为"本条是关于举证责任含义的规定"。参见最高人民法院民事审判第一庭:《民事诉讼证据司法解释的理解与适用》,中国法制出版社 2002 年版,第 15 页;沈德咏主编:《最高人民法院民事诉讼法司法解释理解与适用(上)》,人民法院出版社 2015 年版,第 312 页。

③ 虽然《民诉法解释》第 90 条第 2 款称"不足以证明其事实主张",但结合《民诉法解释》第 108 条作体系解释,此处应被理解为"真伪不明"。

④ "举证证明责任"是《民诉法解释》第 90 条新创设的概念,其意在统合"行为意义上的证明责任"和"结果意义上证明责任",在具体内容上,与举证责任、证明责任一致。参见沈德咏主编:《最高人民法院民事诉讼法司法解释理解与适用(上)》,人民法院出版社 2015 年版,第 312 页。

⑤ 袁中华:《证明责任分配的一般原则及其适用——〈民事诉讼法〉司法解释第 91 条之述评》,载《法律适用》2015 年第 8 期。

⑥ 沈德咏主编:《最高人民法院民事诉讼法司法解释理解与适用(上)》,人民法院出版社 2015 年版,第 317 页。

《民事诉讼法》第 64 条第 1 款中的"主张",是指当事人为支持自己的诉讼请求或反驳对方诉讼请求所提出的事实主张;而"提供证据",是指当事人提供具体证据以支持其事实主张的行为。从表面上看似乎是当事人先提出事实主张,而后再予以证明。但实际上,我们必须注意到"结果意义上的证明责任"已经预设了一套败诉风险负担机制以引导当事人积极主张和举证的功能。该机制要求当事人必须先在口头辩论中主张特定的要件事实以避免法院不予纳入裁判范围的不利益,然后再针对同一要件事实履行"行为意义上的证明责任",从而避免"结果意义上的证明责任"的实际发生。换言之,"结果意义上的证明责任"虽被冠以"结果"二字,但并不意味着只有当案件进入最终阶段时才发挥作用,《民诉法解释》第 91 条在对"结果意义上的证明责任"的分配的同时也决定了当事人主张责任的对象。

三、调解要素表的规范设计:以民间借贷纠纷为示例

调解要素表主要由"填答说明"和"问题与答案(正表)"组成,以下分述之。如调解要素表以自填式进行,就需要在填答说明中对填答方法、注意事项、重要概念等内容作一总括式说明。填答说明主要包括以下内容:填答调解要素表的重要意义;虚假填答调解要素表的法律责任告知;答案选择的方法与注意事项;对一些重要问题或概念的解释。需要注意的是,这里所说的"填答说明"仅适用于当事人,面向人民调解员的"填答说明"应当是一本涵盖正表中各项问题与答案、要件事实证明标准、审查要点、争点整理流程等内容的指引手册。以下是民间借贷纠纷调解要素表的填答说明示例。

表 1 调解要素表填答说明示例

重要提示
1. 为了帮助您更好地参加人民调解,保护您的合法权利,特发本表。 2. 本表所列各项内容都是人民调解员了解案件事实所需,您在本表中所填内容属于您依法向公共法律服务机构陈述的重要事实,请您务必认真阅读,如实填答,不得歪曲事实,提供虚假证据,不得伪造证据,否则应当承担相应的法律责任。 3. 由于本表的设计针对普通民间借贷纠纷案件,其中有些项目可能与您无关,对于您认为与您无关的项目可以填"无"或不填;对于本表中勾选项可以在对应项打"√";对于本表中有遗漏的重要项目,您可以在本表尾部填答。 4. 本表中所称的"民间借贷纠纷"是指公民之间,公民与非金融机构企业之间的借款行为产生的纠纷。

问题与答案是调解要素表的主体,也是调解要素表设计中最为关键的部分,直接影响到人民调解的实施效果。保护公民的各项基本权利是我国《宪法》的基本要求,保护民事主体的合法权益是我国新颁布《民法典》的根本宗旨。故就正表问题的各具体模块设置来说,调解要素表应当与当事人诉求指向的各项民事权利成立与否相勾连。从形式上看,正表中的问题可以分为开放式和封闭式。所谓开放式是指仅提出问题,没有指定的答案供当

事人选择，当事人可以根据自己的实际情况自由填答。开放式问题的优势在于可以使当事人不受调解要素表答案先入之见的影响，充分地陈述纠纷的经过。而封闭式问题则正好相反，在提出问题的同时，对每一个问题都预先设置若干备选答案，由当事人根据实际情况进行选择。封闭式问题的填答较开放式问题简便，所获信息易于归集、编码和统计分析，但如果想要有效实现这一目标，封闭式问题的答案在设计上要做到互斥和完备，即答案之间既要相互排斥，又要穷尽所有可能的情况。为了充分结合二者的优势，在调解要素表施行的初始阶段，可以设置较多的开放式问题，充分了解纠纷中可能出现的权利主张和争议焦点，随着这类纠纷调解数量的增多，可以适当减少开放式问题的比例。

（一）模块一：民间借贷合同的效力

从民间借贷纠纷中，出借人的诉求一般表现为向借款人请求为一定财产性给付行为的权利主张，具体包括借款返还请求权、利息支付请求权、逾期利息支付请求权、违约金支付请求权、保证责任请求权、抵押权请求权、夫妻共同债务请求权等。[①] 应当注意到，双方当事人之间订立的民间借贷合同已经成立并生效不仅是出借人主张上述权利的必要前提，还是人民调解协议能否通过法院司法确认审查的关键要素，在调解要素表的各模块序列中理应置于第一顺位。

依民法通说，民间借贷合同生效应当同时具备"成立"和"有效"两个构成要件要素。民间借贷合同成立与否是一个事实判断问题，其着眼点在于双方借贷合意是否真实存在以及借款是否实际交付。民间借贷合同生效与否则是一个法律评价问题，意味着法律按照一定的标准对业已成立的民间借贷合同进行评价后得出肯定性或否定性结论。从条文体例和整体内容观之，《民法典·总则编》第143条作为"民事法律行为的效力"一节的首条规定，开宗明义地宣示了一项民事法律行为有效这一法律后果应当具备的主体要件要素、意识表示要件要素和内容要件要素。此种从正面列举民事法律行为有效构成要件要素的立法模式，很容易依文义解释将其划归为权利发生规范，并据此要求出借人举证证明上述三个构成要件要素对应的要件事实。但也有学者诉诸体系解释方法，指出将《民法典·总则编》第143条解释为权利妨碍规范有助于保持与《民法典·总则编》第136条的体系融贯性。[②] 由于《民法典·合同编》删除了原《合同法》第52条合同效力的具体规定，并于第508条规定："本编对合同的效力没有规定的，适用本法第一编第六章的有关规定"，民事法律行为的生效时间需要回归《民法典·总则编》第136条进行判定。从内容来看，该条确立了两项基本原则：一是民事法律行为成立与生效处于同一个时点；二是民

[①] 《深圳市中级人民法院关于印发〈深圳市中级人民法院民间借贷纠纷案件审理要点和裁判标准〉的通知》（深中法发〔2019〕4号）。

[②] 刘小砚：《〈民法总则〉第143条法规范类型的解释论》，载《大连理工大学学报（社会科学版）》2018年第4期。

事法律行为成立即推定为有效，除非证明、查明法定无效事由的存在，才能推翻此项规定的推定力。若要求主张民事法律行为有效的一方当事人承担举证证明责任，也就背离了该条确立的有效推定原则。

前述体系解释有力阻击了《民法典·总则编》第 143 条的权利发生规范说，但其能否证成权利妨碍规范解释论却值得商榷。首先，体系解释只能得出效力瑕疵情形应当作为权利妨碍构成要件要素来对待的推论，而不足以就此认定《民法典·总则编》第 143 条本身确为权利妨碍规范的不二选择。再者，退一步讲，即便将《民法典·总则编》第 143 条解释为权利妨碍规范，就须对其作反面解释，但这又有悖于反面解释的适用条件和规则。① 从形式逻辑学原理讲，反面解释是逆否命题的一种应用，即当构成要件 T 是法律效果 R 的必要条件（T$\Leftarrow$R）或充分必要条件时（T$\Leftrightarrow$R），才能对该法律条文进行反面解释，从而得出"非 T 则非 R"的结论（$\overline{T}\Rightarrow\overline{R}$）。这里的 $\overline{T}$ 代表非 T，$\overline{R}$ 代表非 R，即 T 和 R 的相反内容。《民法典·总则编》第 143 条的反面解释过程如下：

构成要件（T）：行为人具有相应的民事行为能力（M_1）；意思表示真实（M_2）；不违反法律、行政法规的强制性规定，不违背公序良俗（M_3）。

法律效果（R）：该项民事法律行为有效。

必要条件（T$\Leftarrow$R）：同时具备 M_1、M_2、M_3，是该项民事法律行为有效的必要条件。

反面解释，得出"$\overline{T}\Rightarrow\overline{R}$"的结论：如果 M_1、M_2、M_3 中有一项或者几项有所欠缺，那么该项民事行为不完全有效。

这里之所以表述为"不完全有效"而非"无效"，是因为我国民事法律行为效力瑕疵存在无效、可撤销、效力待定等多种形态，且《民法典·总则编》第 143 条之后还有 11 个条文分别从不同有效要件缺失的角度明确规定了民事法律行为的效力瑕疵及其相应的法律效果，自然也就不能直接以缺少该条所述要件为由，反向推论出民事法律行为无效的结论。具言之，首先，除无民事行为能力人实施的民事法律行为当属无效外，限制民事行为能力人从事的与其年龄、智力、精神健康状况不相适应的民事法律行为皆属效力待定，经法定代理人同意或追认后方为有效；其次，对于意思表示不真实的民事法律行为，除虚假意思表示无效外，如重大误解、欺诈、胁迫、显失公平等，主要是涉及可撤销的问题；再次，因为《民法典·总则编》第 143 条第 3 项没有规定违反法律、行政法规以及违背公序良俗的法律后果，所以也就不能被认定为完全性法条，自然更不能将其解释为权利妨碍规范。

综合上述分析，本文认为《民法典·总则编》第 143 条应属行为指引性规范，不论权

---

① 杨仁寿：《法学方法论》，中国政法大学出版社 1999 年版，第 114－122 页；王文胜、周晓晨：《重构法律解释学中的反面解释——兼论法律解释学中应区分解释因素与解释方法》，载王利明主编：《判解研究》（第 6 辑），人民法院出版社 2007 年版，第 157－179 页；梁慧星：《裁判的方法（第 3 版）》，法律出版社 2017 年版，第 261－266 页。

利发生规范抑或权利妨碍规范均非合理的解释路径，判定民事行为效力的权利妨碍规范应为《民法典·总则编》第 144 条、第 146 条、第 153 条、第 154 条，以及《最高人民法院关于审理民间借贷案件适用法律若干问题的规定》（法释〔2020〕17 号，以下简称《新民间借贷规定》）第 13 条。据此，具体到民间借贷纠纷，可以得出以下结论：当出借人主张因订立民间借贷合同行为所发生的权利时，不承担证明民间借贷合同有效的举证证明责任；反之，主张订立民间借贷合同行为存在效力瑕疵的借款人，应当承担证明效力瑕疵的举证证明责任。[①] 如果借款人在调解过程中主张合同效力存在瑕疵，人民调解员即应建议双方前往有管辖权的法院处理。

表 2 民间借贷合同效力模块要素表

1. 填表人身份：（1）出借人（2）借款人
2. 出借人与借款人之间的关系：（1）朋友（2）亲戚（3）同事（4）其他＿＿＿＿
3. 您目前的职业：   （1）个体经营者（2）企事业单位人员（3）专业技术人员   （4）办事人员和有关人员（5）商业从业人员（6）生产、运输工人和有关人员   （7）服务业人员（8）农民或农民工（9）离退休人员   （10）无固定职业人员（11）其他＿＿＿＿＿＿＿
4. 您的年收入：   （1）5 万元以下（2）5 万元~10 万元（3）10 万元~15 万元   （4）15 万元~20 万元（5）20 万元~25 万元（6）25 万元以上
5. 出借款项的资金来源：   （1）自有资金（2）他人资金（3）其他债务结转
6. 借款的用途：（1）家庭日常生活需求（2）生产经营需要（3）其他＿＿＿＿＿
7. 系争借款合同或系争条款的效力：   （1）有效（2）无效（3）已解除

（二）模块二：借款返还请求权与利息支付请求权

《民法典·合同编》第 577 条对违约行为和违约责任承担的基本规则作出了一般性的规定，在条文结构上兼具构成要件和法律效果两部分内容，属于任何以合同违约为由提出权利主张的当事人都应当援引的一般完全性法条。从条文内容来看，该条前半句中"或"字连接的两个不同构成要件都联结于同一个法律后果，符合括弧型完全性法条的特征。在解读该条时，需要将其还原成两个基本型完全性法条：（1）当事人一方不履行合同义务的，应当承担继续履行、采取补救措施或者赔偿损失等违约责任；（2）当事人一方履行合

[①] 如上海市高级人民法院印发的《上海法院民事办案要件指南》（沪高法民一〔2001〕10 号）第 24 条"请求相对方承担违约责任的一方提出双方间具体合同载体证明成立的，除第二十九条规定的既定情形外，可先推定双方间存在有效合同"就曾明示合同的成立与有效往往涉及诸多因素，如要求请求权人一一举证证明，则诉讼尚未进入正题，可能已经变得漫无边际，为此，这里明确仅须请求权人提出双方间具体合同载体（书面、口头或电子媒介）证明成立，即可先推定该合同成立并有效。

同义务不符合约定的,应当承担继续履行、采取补救措施或者赔偿损失等违约责任。尽管《民法典·合同编》第577条可以独立作为权利发生规范,但在适用时还需《民法典》中相关辅助性法条对构成要件和法律效果部分进行补充。

《民法典·合同编》第667条和《民间借贷规定》第1条,基本型法条(1)中的"不履行合同义务",体现为借款人对出借人明示或默示拒绝履行还本付息义务,既包括在合同约定的还款期限届满之前的预期违约行为,也包括还款期限届满之后的届期违约行为。基本型法条(2)中的"履行合同义务不符合约定",包括借款人有能力履行却在还款期限届满时未及时履行的迟延履行和借款人在还款期限届满时不完全履行的瑕疵履行。不难发现,借款人是否"不履行合同义务"或"履行合同义务不符合约定",直接与还款期限挂钩。根据《民法典·合同编》第675条的规定,还款期限的确定规则为:有约从约;没有约定或约定不明的可以协议补充;无法达成补充协议的,以出借人催告借款人履行的合理期限作为还款期限。综上,出借人在依据《民法典·合同编》第577条请求借款人继续履行时,应当就还款期限、催告履行以及借款人还本付息的要件事实加以主张。

针对出借人行使的借款返还请求权,借款人可以援引的权利消灭规范[①]是《民法典·合同编》第557条。按照该条的规定,借款人可以主张的债权消灭原因有债务履行、债务抵销、标的物提存、债务免除和债务混同。鉴于提存、免除、混同情形下的构成要件要素并不复杂,借款人仅需主张对应的要件事实即可,下面仅就债务履行和债务抵销加以分析。

债务履行也称债务清偿,是指借款人按照合同的约定返还借款、支付利息的行为。根据《民法典·合同编》第465条第2款确立的合同的相对性原则,清偿人应当为借款人,清偿受领人应当为出借人。但由于民间借贷行为多发生在相互熟识的亲朋好友之间,现实生活中经常存在由债权债务关系之外的第三人履行和向债权债务关系之外的第三人履行的情形。除此之外,在还款期限届满之后,借款人和出借人协商一致以他种给付替代原定给付的,同样可以产生权利义务关系消灭的法律效果。[②]

债务抵销,是指在借款人和出借人之间互负债务、互享债权的场合,各以其债权充抵债务的履行,使双方债务在额度重叠范围内相互消灭。按产生根据的不同,抵销可以分为法定抵销和协议抵销。根据《民法典·合同编》第568条第1款的规定,法定抵销条件成

---

① 根据全国人大法工委和最高人民法院的权威见解,可撤销民事法律行为在未被撤销之前当属有效行为,故而《民法典·总则编》第147条至151条关于重大误解、欺诈、胁迫和乘人之危等导致合同被撤销的规定应当被归入权利消灭规范的范畴,但由于撤销权的行使需要通过法院或仲裁机构,没有人民调解机构存在的空间,所以这里就不作讨论。参见最高人民法院民法典贯彻实施工作领导小组:《中华人民共和国民法典总则编(下)》,人民法院出版社2020年版,第781页;黄薇:《中华人民共和国民法典释义(上)》,法律出版社2020年版,第310页。

② 原《合同法》抑或《民法典·合同编》均无明文对以物抵债加以规范,故严格意义上来说,以物抵债协议属于非典型合同,这也就意味着当事人获得了充分的意思自治空间。相关司法实践参见最高人民法院民事审判第二庭:《〈全国法院民商事审判工作会议纪要〉理解与适用》,人民法院出版社2019年版,第299-308页。

就时应满足如下构成要件要素：第一，双方互负有效债务、互享有效债权；第二，抵销的标的物种类及品质相同，实践中主要是指同等币种的金钱债权；第三，主张抵销的一方债权已届清偿期；① 第四，双方债务均属适于抵销的债务。同时，依该条第 2 款的规定，抵销人行使抵销权以单方意思表示即可为之，该意思表示以通知的方式到达被抵消人时生效。依其文义解释，该款仅规定了抵销通知的生效时间，只字未提双方债权债务实际消灭的时间节点。针对这一问题，理论上存在溯及既往说和不溯及既往说两种观点。溯及既往说认为抵销人作出的抵销通知到达被抵销人后，抵销的清偿效力溯及至抵销构成要件成就之时。不溯及既往说则认为，抵销的清偿效力仅发生在抵消通知到达被抵销人之时，且不具有溯及既往的效力。自我国《立法法》第 93 条来说，抵销行为作为民事法律行为，其在法律适用上不应溯及既往，但考虑到现实生活中当事人大多以为随时可以抵销，故常常出现怠于行使抵销权的情况，如果抵销的意思表示仅自通知到达相对方之日起发生效力，当两个债权的迟延履行赔偿金的计算方式不同时，就容易导致不公平的结果。② 鉴于此，《全国法院民商事审判工作会议纪要》（法〔2019〕254 号）第 43 条采纳了溯及既往说，规定抵销的效力溯及自抵销条件成就之时。当抵销条件成立时，抵销的溯及力所产生的效果除双方各自所负的主债务、利息、违约金、赔偿金等全部债务在同等数额范围内消灭外，还包括抵销人无需就消灭的债务再支付利息，同时也不就消灭的债务承担违约责任。相比之下，协议抵销就更为便利，只要借款人和出借人之间互负有效债务、互享有效债权，即便是标的物种类、品质不同，双方的债权或一方的债权未届履行期，只要双方协商一致，仍可以通过合意抵销。

针对出借人行使的利息支付请求权，借款人可以主张的抗辩事由主要是出借人从借款本金中预先扣除利息（俗称"砍头息"），以及出借人和借款人约定的利率高于合同成立时一年期贷款市场报价利率四倍。现实中，出借人为了牟取高额利息在提供借款时就将利息从本金中扣除的做法十分盛行，严重损害了借款人的合法利益。为此，《民法典·合同编》第 670 条和《新民间借贷规定》第 27 条规定，利息预先在本金中扣除的，应当按照实际借款数额返还借款并计算利息。另外，《民法典·合同编》在第 680 条第 1 款新增了

---

① 相较于原《合同法》第 99 条，《民法典·合同编》第 568 条第 1 款已经不再要求"当事人互负到期债务"，只要求提出抵销的一方当事人享有的主动债权履行期届至时，即可主张抵销。换言之，只要不损害另一方当事人的利益，主动债权人可以选择放弃自己所负债务的期限利益而提前履行。

② 由于《民法典》对抵销的溯及力问题未作规定，在法的理解与适用上造成了相当的争议。最高人民法院在《〈全国法院民商事审判工作会议纪要〉理解与适用》一书中援引我国台湾地区学者诸葛鲁的观点，认为溯及既往说有利于实现简化清偿、公平清偿的制度功能，但是北京交通大学张保华副教授从比较法考察、历史根源和制度功能三方面对溯及既往说进行了批驳，认为无法证成该说主张的简化清偿、公平清偿功能。另外，从最高法发布的（2018）最高法民再 51 号、（2019）最高法民再 12 号公报案例来看，我国司法实践对溯及既往说也持肯定态度。相关理论争鸣参见诸葛鲁：《债之抵销》，载《法令月刊》1968 年第 1 期；张保华：《抵销溯及力质疑》，载《环球法律评论》2019 年第 2 期；最高人民法院民事审判第二庭：《〈全国法院民商事审判工作会议纪要〉理解与适用》，人民法院出版社 2019 年版，第 298 页；崔建远：《论中国民法典上的抵销》，载《国家检察官学院学报》2020 年第 4 期。

禁止高利放贷的规定，明确民间借贷合同约定的利率不得违反国家有关规定。《新民间借贷规定》据此将 2015 年《民间借贷规定》第 26 条"以 24% 和 36% 为基准的两线三区"标准调整为以中国人民银行授权全国银行间同业拆借中心每月 20 日发布的一年期贷款市场报价利率（LPR）的 4 倍。① 因此，借款人可以以"砍头息"或民间借贷合同中约定的利率超过 4LPR 作为利息支付请求权的权利妨碍抗辩的要件事实。

表 3　借款返还请求权与利息支付请求权要素表

1. 是否签订借款合同：
（1）是
（2）否→请跳过问题 2，直接从问题 3 回答
2. 订立借款合同的方式：（1）书面（2）口头（3）微信（4）其他_____
3. 借款金额：_____
4. 借款交付方式：（1）现金交付（2）银行转账（3）其他款项结转
5. 款项出借经过：（何时、何地、何人交付、何人接收、何人在场）
_____
6. 借款人是否出具借条或收条或确认书等借款凭证：
（1）是
（2）否→请跳过问题 7，直接从问题 8 回答
7. 借款人出具的借款凭证为：（1）借条（2）收据（3）欠条（4）其他_____
8. 是否约定借款利息：
（1）是
（2）否→请跳过问题 9～12，直接从问题 13 回答
9. 约定借款利息的方式：（1）书面（2）口头（3）微信（4）其他_____
10. 借款利率：_____
11. 是否预先扣除利息：
（1）是
（2）否→请跳过问题 12，直接从问题 13 回答
12. 扣除利息数额：_____
13. 是否约定还款期限：
（1）是
（2）否→请跳过问题 14，直接从问题 15 回答
14. 约定还款期限的方式：（1）书面（2）口头（3）微信（4）其他_____
15. 是否有催讨：
（1）是
（2）否→请跳过问题 16～17，直接从问题 18 回答

---

① 2015 年《民间借贷规定》中的"两线"是指 24% 和 36%，"三区"是指根据两线而划分的司法保护区、自然债务区、无效区。而《新民间借贷规定》的方案则是直接以一年期贷款市场报价利率四倍为上限，形成"一线两区"的新格局："一线"是指一年期贷款市场报价利率四倍，"两区"是指依据一线而划分的司法保护区、无效区。

续表

16. 催讨的方式：（1）电话催讨（2）邮寄书面催讨函（3）微信催讨（4）其他_____ 17. 每次催讨的时间：_____ 18. 还款方式：（1）按月计息、到期一次性还本（2）按季计息、到期一次性还本 　　　　　　（3）到期一次性还本付息（4）其他_____ 19. 当事人之间是否存在其他经济往来： （1）是 （2）否→请跳过问题20，直接从问题21回答 20. 其他经济往来的类型：（1）民间借贷（2）买卖关系（3）其他_____ 21. 是否曾经主张过债务抵销： （1）是 （2）否→请跳过问题22～24，直接从问题25回答 22. 主张抵销的方式：（1）电话（2）邮寄书面函件（3）微信（4）其他_____ 23. 主张抵销的时间：____年____月____日 24. 主张抵消的一方债权在主张抵销时已到期： （1）是 （2）否 25. 双方当事人在还款期限届满后是否约定过以物抵债协议： （1）是 （2）否→请跳过问题26，直接从问题27回答 26. 以物抵债协议的内容：_____ 27. 借款人借款后是否偿还本金： （1）是 （2）否→请跳过问题28～29，直接从问题30回答 28. 偿还本金的方式：（1）现金交付（2）银行转账（3）其他_____ 29. 偿还本金的经过：（何时、何地、何人交付、何人接收、何人在场） _____ 30. 尚欠本金数额：截至____年____月____日止，尚欠_____ 31. 借款后是否偿还利息： （1）是 （2）否→请跳过问题32～33，直接从问题34回答 32. 支付利息的方式：（1）现金交付（2）银行转账（3）其他_____ 33. 支付利息的经过：（何时、何地、何人交付、何人接收、何人在场） _____ 34. 尚欠利息数额：截至____年____月____日止，尚欠_____ 35. 您认为本表中有遗漏的重要项目： _____

（三）模块三：违约金支付请求权与逾期利息支付请求权

违约责任除《民法典·合同编》第577条提及的"继续履行、采取补救措施和赔偿损失"三种基本形式外，还包括支付违约金和逾期利息。从《民法典·合同编》第585条的条文意旨看，违约金支付请求权的产生需存在以下要件事实：第一，借款人存在"不履行合同义务或者履行合同义务不符合约定"的行为,即以模块二中借款返还请求权存续为必要条件;第二,双方当事人设有违约金责任条款。根据违约金制度的目的,可以将其分为赔偿性违约金和惩罚性违约金。就其性质而言,赔偿性违约金与惩罚性违约金都属于为降低举证成本而事先估算的损害赔偿数额,但前者强调的是对因违约行为造成损害的补偿,后者强调的则是对因过错导致违约的惩罚。① 从《民法典·合同编》第585条第2款规定的文义内容看,我国《民法典》继续坚持了"补偿为主,惩罚为辅"的立场,抑制当事人通过不正当的方式牟取暴利的道德风险,平衡当事人意思自治和公平、诚信原则之间的关系。在这一理念的指引下,该款的后半段确立了约定的违约金过分高于损失的司法酌减规则。除此之外,《民法典·合同编》第676条还规定,借款人未按照约定的期限返还借款的,出借人有权按约定或者国家有关规定向其主张支付逾期利息。就其性质而论,逾期利息显然是借款人迟延履行清偿义务而承担的后果,因此,支付逾期利息同样属于借款人承担违约责任的形式之一。双方当事人对逾期利率有明确约定的,从其约定,但不得超过4LPR的司法保护上限;对于没有约定或约定不明的,《新民间借贷规定》第22条区分了以下两种情形:第一,既未约定借期内利率,也未约定逾期利率,出借人可以主张借款人自逾期还款之日起参照当时LPR标准计算的利息承担逾期还款违约责任;第二,约定了借期内利率但是未约定逾期利率,出借人可以主张借款人自逾期还款之日起按照借期内利率支付资金占用期间利息。《新民间借贷规定》第30条的规定,如果民间借贷合同中同时约定了逾期利息、违约金等其他费用,那么这些费用并存之和也不得超过4LPR,否则将无法获得司法保护。

但如果存在不可抗力或其他免责事由,借款人也可以支付违约金和逾期利息。根据《民法典·合同编》第590条的规定,因不可抗力而导致借款人不能履行借款合同的,可以根据不可抗力的影响,部分或者全部免除借款人的违约责任。例如此次肆虐全球的新冠肺炎疫情及其管制措施,全国人大常委会法工委发布的解答和最高人民法院出台的司法指导性意见均倾向于将疫情及其管制措施定性为不能预见、不能避免且不能克服的不可抗力。② 对于因疫情而不能履约的借款人来说,除了援引官方部门发布的权威意见证明新冠肺炎确属不可抗力事件外,还需要举证证明不能如约还本付息与新冠肺炎疫情及其疫情防控措施之间存在因果关系。

---

① 韩世远:《合同法总论(第3版)》,法律出版社2016年版,第659页。
② 《关于依法妥善审理涉新冠肺炎疫情民事案件若干问题的指导意见(一)》的通知(法发〔2020〕12号)。

表4　违约金支付请求权与逾期利息支付请求权要素表

1. 是否约定违约金：   （1）是   （2）否→ 请跳过问题2～3，直接从问题4回答   2. 约定违约金的方式：（1）书面（2）口头（3）微信（4）其他_____   3. 违约金的计算方式：_____   4. 是否约定逾期还款利息：   （1）是   （2）否→ 请跳过问题5～6，直接从问题7回答   5. 约定逾期利息的方式：（1）书面（2）口头（3）微信（4）其他_____   6. 逾期利率：_____   7. 逾期还本付息的原因：（如不可抗力）_____

（四）模块四：保证责任请求权

保证责任请求权是指当借款人不履行到期债务时，出借人享有请求保证人按照保证合同的约定履行债务或承担违约责任的权利。由于保证责任请求权是以保证合同中的具体条款得以体现和固定，所以出借人需要主张的要件事实应当对应以下三个构成要件要素：第一，保证范围。如果当事人没有约定保证范围，那么根据《民法典·合同编》第691条的规定，保证人所担保的法定债权范围包括借款本金及其利息、违约金、损害赔偿金和实现债权的费用。第二，保证方式。保证方式包括为一般保证责任和连带责任保证。原《担保法》第19条规定，当事人对保证方式没有约定或者约定不明时，推定为连带责任保证。《民法典·合同编》第686条第2款则将其颠覆性地修改为除非出借人举证证明其与保证人特别约定为连带保证责任，否则"按照一般保证承担保证责任"。第三，保证期间。保证期间是出借人行使保证责任请求权的期限。保证期间包含两个要素：其一，保证期间的起算点。有约从约，但约定的保证期间早于还款期限或者与还款期限同时届满的，视为没有约定；未约定保证期间但约定还款期限的，自还款期限届满之日起算；既未约定保证期间也未约定还款期限的，自出借人催告借款人还款的宽限期届满之日起算。其二，保证期间的期限。有约从约，没有约定或者约定不明确的，保证期间为6个月。保证期间届满后，出借人享有的保证责任请求权消灭。

表5　保证责任请求权要素表

1. 是否提供保证：   （1）是   （2）否→ 请跳过问题2～7   2. 是否约定保证期限：   （1）是   （2）否→ 请跳过问题3，直接从问题4回答

续表

3. 保证期限的起止日期：____年____月____日至____年____月____日 4. 是否约定保证方式： （1）是 （2）否→请跳过问题5，直接从问题6回答 5. 保证方式：（1）一般保证（2）连带责任保证 6. 是否约定保证范围： （1）是 （2）否→请跳过问题7 7. 保证范围：（1）本金（2）利息（3）实现债权的相关费用

（五）模块五：抵押权请求权

抵押权请求权是指出借人在还款期限届满仍未获得清偿时，为保障自己债权的优先受偿而请求处分抵押财产的权利。根据《民法典·物权编》第394条第1款的规定，借款人不履行到期债务或者发生当事人约定的实现抵押权的情形，出借人有权就该抵押财产优先受偿。据此权利发生规范，抵押权请求权成立的构成要件要素包括：第一，抵押权已经有效设立。如果抵押权未设立，那么抵押权请求权自然也就无从行使。通过归纳《民法典·物权编》第400条关于抵押合同内容的规定、第402条关于不动产抵押登记效力的规定、以及第403条关于动产抵押效力的规定，动产抵押权自抵押合同生效时设立，不动产抵押权除抵押合同生效外，还应当办理抵押登记方才设立。第二，借款人不履行到期债务或者发生当事人约定的实现抵押权的情形。这里所谓"不履行到期债务"，是指不履行已届清偿期的债务，债务未届清偿期，债务人未履行的，抵押权人无权行使抵押权请求权。[1] 如前所述，有约定还款期限的有息民间借贷合同期限届满时，借款人未能返还借款本息的，即属"不履行到期债务"；若未约定还款期限，经催告后在必要的准备期限届满时，借款人仍未能返还借款的，同属"不履行到期债务"。另外，根据意思自治的原则，当抵押合同约定的抵押权实行条件成就时，即便还款期限未届满，出借人也有权优先受偿。

表6　抵押权请求权要素表

1. 是否签订书面抵押合同： （1）是 （2）否→请跳过问题2~3 2. 抵押物：（1）动产抵押_____（2）不动产抵押_____ 3. 是否办理抵押登记手续： （1）是 （2）否

---

[1] 最高人民法院物权法研究小组：《〈中华人民共和国物权法〉条文理解与适用》，人民法院出版社2007年版，第528页。

（六）模块六：夫妻共同债务请求权

《民法典·婚姻家庭编》分别在第 1064 条和第 1089 条对共同财产制下夫妻共同债务认定与清偿规则作出了规定。从第 1064 条的内容来看，可以说完全统合和吸纳了《最高人民法院关于审理涉及夫妻债务纠纷案件适用法律有关问题的解释》（法释〔2018〕2 号，以下简称《夫妻债务纠纷解释》）的"混合说"。在此之前，关于共同财产制下夫妻共同债务认定的规范基础主要是原《婚姻法》第 41 条、《最高人民法院关于适用〈中华人民共和国婚姻法〉若干问题的解释二》（法释〔2003〕19 号，以下简称《婚姻法解释二》）第 24 条和《夫妻债务纠纷解释》。从夫妻债务制度的演进历程来看，《婚姻法》第 41 条立法的逻辑出发点在于不论是以夫妻双方合意还是单方意思表示作出的举债行为，只要实际用于"夫妻共同生活"就应当由夫妻双方共同偿还，借款人应当就借款用途承担举证证明责任，即"用途说"。①《婚姻法解释二》第 24 条则是从概率论的角度推定夫妻关系存续期间夫妻一方以个人名义举债的主要目的就是用于"夫妻共同生活"，未用于"夫妻共同生活"的举证证明责任则由夫妻非举债一方承担，即"推定说"。相比之下，《夫妻债务纠纷解释》则是兼采"用途说"和"推定说"的逻辑路径，重构了夫妻共同债务的认定规则。申言之，该"混合说"的具体适用可以分解为如下三个层次：第一，如果夫妻双方具有举债合意，合意的形成包括"共同签署"和"事后追认"两种形式，那么出借人无需就借款用途相关的要件事实承担举证证明责任，可以直接认定为夫妻共同债务；第二，夫妻关系存续期间为夫妻仅因家庭日常生活需要形成的债务，原则上推定为夫妻共同债务，出借人仅需要对债务关系存在承担举证证明责任，夫妻非举债一方提出抗辩的，应承担举证证明责任；第三，虽然借款数额超出家庭日常生活所需，但出借人能够证明债务用于夫妻共同生活、共同生产经营需要，也应当认定为夫妻共同债务。②

表 7　夫妻共同债务请求权要素表

1. 出借人是否主张配偶共同还款责任：
（1）是
（2）否→ 请跳过问题 2~4
2. 配偶一方是否在合同上签字或出具共同还款承诺书：
（1）是→ 请跳过问题 3~4
（2）否

---

① 1993 年出台的《最高人民法院关于人民法院审理离婚案件处理财产分割问题的若干具体意见》详细列举了可以被认定为"夫妻共同生活"的情形，其"用途说"的基本立场在 2001 年修正的《婚姻法》第 41 条中得到了延续。

② 程新文、刘敏、方芳、沈丹丹：《〈关于审理涉及夫妻债务纠纷案件适用法律有关问题的解释〉的理解与适用》，载《人民司法（应用）》2018 第 4 期。

续表

3. 借款人婚姻关系有无变化： （1）是 （2）否→ 请跳过问题 4 4. 借款人婚姻关系存续期间：____年____月____日至____年____月____日

四、余论

  党的十九大报告指出要"提高社会治理社会化、法制化、智能化和专业化水平"①，这也就意味着人民调解方法的提档升级离不开"互联网+"思维和大数据、云计算、人工智能等信息化技术的融合与拓展。诚如前述，在要素式调解法的整个逻辑链条当中，构成要件要素处于起点、源头的位置，依照权利基础规范通过法律解释、法律推理析出的构成要件要素使得该类型化纠纷下当事人的攻击防御路径全面化、标准化，纠纷的争点也随之显现出明确、标准的特质。要素式调解法的形式主义路径可以保证立法者的意志得到较为严格的贯彻，对于调解结果的合法律性具有重要的保障作用。但是现实的司法实践中，社会政策、公众舆论、人伦情理等本土实践理性下产生的民间性"非要件事实"同样对纠纷的调处有着重要的意义。近年来，随着公共法律服务信息化建设的高速发展和司法公开工作的大力推进，中国法律服务网（12348中国法网）司法行政（法律服务）案例库已经汇聚了海量的民间纠纷原始数据。这些案例素材是各地公共法律服务机构就同一类型纠纷所作的调处，反映了人民调解员在解决此类问题时的探索、创新与智慧，无论其调解结果是否正确、释法说理是否充分都有值得总结的经验与教训。要素式调解法嵌含的要件事实论证可以对既有案例素材进行结构化处理，在区分出案例中"要件事实"与"非要件事实"的基础上，对"非要件事实"进行抽象化作业，探究"非要件事实"转化为正式裁判规范的构成要件要素的可能路径，进一步增强要素式调解法在实践中的生命力。②

---

  ① 习近平：《治国理政（第3卷）》，外文出版社2020年版，第38页。
  ② 高翔：《人工智能民事司法应用的法律知识图谱构建——以要件事实型民事裁判论为基础》，载《法制与社会发展》2018年第4期。

On Paradigm Shift and Perspective Transformation ofPeople's Mediation
——Based on theNormative Design of Mediation Elements Table of Private Lending Disputes

Xiang Haoyuan

Abstract: The paradigm shift and perspective transformation of people's mediation is of urgent practical significance to generate an upgraded version of people's mediation in the new era. The traditional paradigm of people's mediation is inadequate in terms of standardization, shareability and testability, and cannot effectively adapt to the "stranger society" in the midst of rapid structural changes. Taking the ultimate facts theory as a theoretical starting point, this article aims to explore a mediation method that employs the normative – elements analysis as the means and the mediation elements table as an operational carrier. According to the five application steps of the ultimate facts theory, the elements of normative constitution that may be involved in common civil disputes are disassembled in advance and organized in the form of mediation elements table. This "judgment – based mediation" has three advantages, namely, it can provide insightful guidance for issues arrangement, leading evidences collection and developing mediation strategies, and also offer feasible test parameters for the determination of mediation standards, as well as actively respond to the needs of the society for the supply of modern public legal services.

Key Words: people's mediation; ultimate facts theory; factor – type mediation method; mediation elements table; private lending disputes

(编辑：田炀秋)

社会调研

中国民间公募基金会内部治理研究

——以2017年至2019年成立的民间公募基金会为研究对象*

闫晓君　韩　丽**

摘　要　在疫情蔓延、全民慈善的社会背景下，本文在法治、德治、自治相融合的现代化治理理念的指引下，兼采规范分析和案例分析的方法，重新审视中国基金会治理制度供给，即中央立法、地方立法以及基金会章程组成的一元多层的治理体系存在的优势和不足，提出基金会行业协会具有弥补政府部门和基金会自身在基金会治理中的缺失和失灵的作用，在基金会的现代化治理中也要充分发挥基金会章程在基金会内部治理中的地位，并强调中华民族传统法治资源对当代基金会治理能够提供借鉴作用。

关键词　基金会治理　制度供给　立法　章程

引　言

2020年伊始，"新冠"病毒肆虐、不断蔓延。在这场没有硝烟的"战疫"中，一方面中国政府组织强有力的管控措施控制疫情恶化，另一方面全国乃至全世界的慈善捐助通过各类基金会组织源源不断地汇聚到武汉等疫情重灾区，基金会作为一种社会资源配置的组织形式，承载着中华民族乐善好施的慈善传统。在这种应对突发公共事件的背景下，为了确保公众捐助物资的"物尽其用"，基金会的运作和监督成为社会关注的焦点问题。

---

* 本文系国家社会科学基金重大专项项目"社会主义核心价值观与法治文化建设研究"（项目编号：17VHJ005）阶段性研究成果。

** 闫晓君，理学博士，西北政法大学教授，博士生导师；韩丽，西北政法大学2019级博士研究生，高级经济师。

基金会制度肇始于罗马帝国时代，早期的基金会的设立不仅会以宗教或慈善目的，而且会以个人利益而设立，公元前387年，柏拉图在古希腊雅典设立"柏拉图学院"，后其以遗赠的形式将学院和土地交由其侄子，并规定将其用于柏拉图追随者使用，故"柏拉图学院"被称为欧洲最早的慈善机构。20世纪以来基金会得到了快速的发展，在社会发展中的作用越来越突出。

　　中国第一家全国基金会是成立于1981年的中国少年儿童基金会，如今中国的基金会的活动主要集中在教育、社会福利、医疗、救灾等领域。

　　何谓基金会？2004年6月1日起施行的《基金会管理条例》第二条规定，"本条例所称基金会，是指利用自然人、法人或者其他组织捐赠的财产，以从事公益事业为目的，按照本条例的规定成立的非营利性法人。"该条例将基金会界定在非营利性法人的范畴。非营利性法人的相对概念是营利性法人，这是英美法系对法人的分类标准之一。英美法系对法人的分类不同于大陆法系，大陆法系将法人区分为公法人和私法人，而私法人又细分为财团法人和社团法人，基金会在大陆法系往往被划分为财团法人。而英美法系则以是否以营利为目的，将法人区分为营利性法人和非营利性法人，以公益目的而成立的基金会则被视为非营利性法人的一种。2017年10月1日起施行的《民法总则》对法人的分类亦采取了此种分类标准，在《民法总则》第三章中将法人区分为营利法人、非营利法人、特别法人三类，其中第八十七条第一款对非营利法人做出界定，"为公益目的或者其他非营利目的成立，不向出资人、设立人或者会员分配所取得利润的法人，为非营利法人。"第二款明确指出基金会包含在非营利法人之中。在《民法总则》之前，《民法通则》对法人的分类则为企业法人、机关、事业单位和社会团体。可以说，《基金会管理条例》的颁布在《民法通则》和《民法总则》之间，在《民法总则》颁布之前即在对基金会的定义中提出"非营利法人"的概念，是对中国法人分类立法的一种颇具前瞻性的有益探索。此外，《基金会管理条例》在对基金会的界定时强调"以从事公共事业为目的"，可知其以公益基金会为调整对象，将以个人利益为目的而设立的私意基金会排除在其调整范围之外。另外《慈善法》也将基金会作为慈善组织的一种组织形式，此处所指基金会应为公益基金会。①

　　在《基金管理条例》第二条，以基金会是否能够面向公众募捐，将其分为公募基金会和非公募基金会，其中非公募基金会不能面向公众募捐，主要依靠自有资金的运作增值以及发起人以及其亲友捐资运行。② 另外，依据募捐的范围将公募基金会分为全国性公募基金会和地方性公募基金会。

　　本文将以民间公募基金会治理制度供给为研究对象，考察作为基金会治理依据的中央

---

① 本文下文所称"基金会"如无特别说明，均为公益基金会。
② 徐宇珊：《非对称性依赖：中国基金会与政府关系研究》，载《公共管理学报》2008年第1期。

立法、地方立法以及基金会章程的主要内容，对完善基金会治理制度供给体系提供合理化建议。

一、基金会治理制度供给的研究基础

改革开放以来，随着社会主义市场经济的不断发展，我国社会发生深刻变革，从十四届三中全会提出的加强政府的社会管理职能到十六届四中全会推进社会主义管理体系创新，从十八届三中全会首次提出创新社会治理体制到十九届四中全会提出构建基层社会治理新格局，我们经历了从社会管理到社会治理的重要转变，确立了坚持和完善共建共治共享的社会治理制度的目标。基金会作为介于政府和市场之间，弥补政府和市场失灵，履行社会职能的非营利性组织的重要组成部分，在基层社会治理新格局的框架下，重新审视基金会治理显得尤为必要。

改革开放以来，我国的基金会发展呈现以下特点：其一，政府主导。基金会，特别是全国范围的基金会，其设立、运行、人员安排都对政府具有高度的依赖性，如中国青少年发展基金会由共青团中央发起，其章程第六条规定业务主管单位是中国共产主义青年团中央委员会，第三十三条指出收入来源包括政府资助或拨款。其二，全民参与。不同于欧美国家将基金会视为少数富人行为，中国基金会则是一种全民慈善行为。中国第一家民间公募基金——壹基金即以"尽我所能，人人公益"为宗旨而设立。近些年来，随着微信、支付宝等互联网支付平台的发展，"人人公益"的理念更加深入人心，爱心筹、水滴筹、轻松筹等个人大病求助平台层出不穷。其三，项目依托。基金会的活动开展以项目为依托，如希望工程由中国青少年发展基金会创立并组织实施，幸福工程则由中国人口福利基金会、中国计划生育协会、中国人口报于1995年联合发起成立。近些年来，基金会的发展又呈现出新的特点，一方面由社会公众人物发起设立的基金会不断发展壮大，如在"新冠"疫情中备受关注的由韩红发起设立的"北京韩红爱心慈善基金会"等。另一方面，社区基金等新的基金形式涌现出来，在推动社区自治、参与社区治理等方面发挥不可替代的作用。

当下，基金会的治理内容主要分为内部治理和外部治理。在内部治理中，理事会、管理层和监事会相互制约和监督。外部治理则以政府监管为主，以设立审批为主的事前监管，以税收调整和审计监督为主的事中监管和以处罚违法人员和行为为主的事后惩戒制度相结合。不过遗憾的是，中国没有成立基金业行业协会，要以行会组织为中心实施的行业治理尚存在空缺。

基金会治理的制度供给的研究受到学者的重视，他们或对基金会治理法律制度作整体研究，如《中国公益基金治理法律制度研究》，从我国公益基金会存在的问题和成因入手，对我国公益基金会法律制度的完善提出建议。[1] 或对基金会法律监督制度等单项制度进行

---

[1] 李东民：《中国公益基金治理法律制度研究》，2013年中央民族大学博士毕业论文，第28页。

研究①，如《我国基金会的法律监管机制研究》一文提出应当摒弃管控理念，确立"嵌入式管理"理念完善我国基金会法律监督机制。又如《基金会法律制度转型论纲—从行政管控到法人治理》一文中，作者认为基金会法律制度作为公法与司法的交织领域，我国应当通过实现基金会法律制度的法人治理转向来构建基金会治理结构②。但是学界对基金会立法的研究主要是以行政管控为视角，而且主要集中在中央立法层面。且未站在基层社会现代化治理的角度，将基金会章程作为制度资源加以研究，将以基金会章程为主的自治制度作为治理制度的一个有机组成部分。

基金会章程是公益基金会治理的制度依据之一，是基金会内部治理的重要依据。在现代社会提起章程一词，最先想到的是公司章程，公司章程被称为公司的"宪章"，它不只是公司管理者的行动指南，更是对公司内外参与人权益的保障。③而章程在基金会的治理中也起着重要的作用。基金会章程是基金会设立和存续的依据，是基金会运行的基础。《基金会管理条例》第八条将章程作为基金会设立"应当具备的条件"之一，故而基金会设立必须制定章程。基金会作为"拟制法人"，其人格的存在是基于基金会的章程，通过章程的记载事项表现出来。在2004《基金会管理条例》颁布之前，基金会的管理活动主要由1988年国务院颁布的《基金会管理办法》来予以规范的，但是总计十四条的《基金会管理办法》主要从行政管理角度制定的，对于基金会组织结构等内部治理并未做出任何规定，基金会章程就成为基金会自治的重要依据，也是基金会理事会等管理者的行动指南。公司治理中主要面临的是与公司股东、董事会、监事会的关系，基金会则更为复杂，由于资金提供者和资金使用者即捐赠人和受益人的分离，捐赠人、受益人、理事会、监事四方关系的处理将更为棘手，基金会章程在基金会治理中的作用不容忽视。

二、基金会治理制度供给的主要内容

在基金会治理方面，我国已经形成了中央立法、地方立法以及基金会章程制度框架体系。中央立法包括1999年9月1日施行的《公益事业捐赠法》（全国人大常委会，法律）2016年9月1日施行的《慈善法》（全国人大，法律）；1998年10月25日《社会团体登记管理条例》（国务院，行政法规，2016年修订）、1998年10月25日《民办非企业单位登记管理暂行条例》（国务院，行政法规）、2004年6月1日施行的《基金会管理条例》（国务院，行政法规）；1999年12月28日施行的《民办非企业单位登记暂行办法》（民政，部门规章）、2000年4月10日施行的《取缔非法民间组织暂行办法》（民政部，部门规章）、2004年6月7日施行的《基金会名称管理规定》（民政部，部门规章）、2006年1

---

① 冯辉：《我国基金会的法律监管机制研究》，载《政治与法律》2013年第10期。
② 李晓倩、蔡立东：《基金会法律制度转型论纲—从行政管控到法人治理》，载《法制与社会发展》2013年第3期。
③ 常健：《论公司章程的功能及其发展》，载《法学家》2011年第2期。

月12日施行的《基金会信息公布办法》（民政部，部门规章）、2006年1月12日施行的《基金会年度检查办法》（民政部，部门规章）、2012年7月10日施行的《关于规范基金会行为的若干规定（试行）》等。全国各地依据中央立法精神，根据自身实际情况，制定地方性法规、规章，如广州市《社会组织管理办法》等。值得注意的是，2019年7月16日，民政部对外发布的《2019年立法工作计划》，《社会组织登记管理条例》被列为6件行政法规的第一件，其草案征求意见稿也已经发布。

在涉及基金会的中央立法中，有两部效力位阶最高，一部是由第十二届全国人大第四次会议通过的《慈善法》，另一部是由第九届全国人大常委会第十次会议通过的《公益事业捐赠法》。《慈善法》第八条第二款规定基金会是慈善组织的一种组织形式，而且第十条第二款规定对于在本法颁布前已经设立的基金会，可以申请慈善组织认定。《公益事业捐赠法》第十条规定，依法成立的，以发展公益事业为宗旨的基金会作为公益性社会团体之一，可以依照本法接受捐赠。第十七条规定，基金会每年用于资助公益事业的资金数额，不得低于国家规定的比例。

2004年国务院颁布的《基金会管理条例》，与此同时改革开放后我国国务院制定的第一部专门规范中国民间组织登记管理的行政法规——《基金会管理办法》废止。相较于仅有十四条的、没有章节区分的《基金会管理办法》，拥有四十八条、分为七个章节的《基金会管理条例》显然成熟得多。《基金会管理条例》分为第一章总则、第二章设立、变更和注销、第三章组织机构、第四章财产的管理和使用、第五章监督管理、第六章法律责任和第七章附则。当然，后者比前者的进步之处显然不仅限于篇幅章节的增加，立法理念的更新在对基金会的定义中体现得尤为明显。在《基金会管理办法》中一方面承认基金会是非营利组织，另一方面又将其归为社会团体法人，大抵因为1987年1月1日起实施的《民法通则》将法人分为企业法人、机关、事业单位和社会团体法人。而《基金会管理条例》却直接明确基金会为非营利法人，不再提及《民法通则》对法人的分类，符合我国对法人分类的立法趋势。此外，《基金会管理条例》第三章中对基金会组织机构进行了原则性规定，这是以"加强基金会的管理"为主要目的的《基金会管理办法》中所没有的，虽然只有短短五条但却勾勒出基金会内部治理的框图，体现了基金会治理理念的转变，即从行政管控到法人治理的认识的初步形成。此外，《社会组织登记管理条例（草案征求意见稿）》也已经发布，其所称的社会组织，包括社会团体、基金会、社会服务机构，在对基金会的定义中强调"按照其章程开展活动"，在第二十五条中对基金会章程应当载明的事项做出规定，章程在基金会治理中的重要作用得以体现。在《社会组织登记管理条例》施行后，《社会团体登记管理条例》《民办非企业单位登记管理暂行条例》以及《基金会管理条例》将同时废止。在关于基金会的地方性法规规章中，2015年1月1日起实施的《广州市社会组织管理办法》格外瞩目，单从名称来看，"社会组织"一词出现在规范性文件的名称中，而非以往我们熟悉的"社会团体""民办非企业""民间组织"等词汇。

而且直接命名为"管理办法",而非"登记管理办法",不局限于"登记"领域,而是综合性的管理办法。此外,在第三章内部治理中,明确社会组织章程是社会组织内部治理的基本依据,要求社会组织建立以章程为核心的内部管理制度。下文将结合规范分析和案例分析的方式,对各类中央和地方立法在基金会治理中的作用做出具体分析。

三、以章程为核心的基金会内部治理制度供给

基金会章程是基金会成立时注册地或登记地法律要求的文件,是基金会创立的法律依据和行为准则。① (一) 章程是基金会成立的法律依据。首先,章程是基金会之依法成立的依据之一。《慈善法》第九条将"有组织章程"列为慈善组织应当符合的条件之一。《基金会管理条例》第九条将章程列为申请基金会应该当提交的文件之一。其次,章程应当符合法律法规的规定。《慈善法》第十一条规定了慈善组织章程应当载明的事项。章程是基金会的行为准则。《基金会管理条例》第十条列举了基金会章程应该载明的事项。与《慈善法》的规定相比较,《基金会管理条例》强调"必须明确基金会的公益性质,不得规定使特定自然人、法人或者其他组织受益的内容。" (二) 章程是基金会的行为准则。基金会应当建立以章程为核心的内部管理制度,应当根据法律法规以及章程的规定开展活动,章程的内容与法律、法规相抵触的,抵触部分无效。对于基金会章程的内容,各国的要求不尽相同。德国法律要求必须规定信息披露的条件和程序,捷克法律要求必须规定无犯罪记录是管理人资格之一等。章程的内容可以分为法定部分和拟定部分。法定内容,即章程依照法律法规规定所作的可为或者不可为的规定。而拟定内容,则是体现意思自治和契约自由,可以按照基金会的目的和宗旨而自行约定。

本文选取 2017 年至 2019 年成立的九家民间公募基金会为研究对象②,基本情况如下:

序号	名称	成立时间	登记部门	资金来源	备注
1	福州市扶贫发展基金会	2017 年 12 月 20 日	福建省民政厅	个人捐赠	
2	浙江安福利生慈善基金会	2017 年 3 月 1 日	浙江省民政厅	单位捐赠	
3	衢州市柯城区领头雁培育基金会	2019 年 12 月 13 日	衢州市柯城区民政局	社会募捐、接受捐赠和财政拨款	
4	衢州市见义勇为基金会	2019 年 4 月 3 日	衢州市民政局	组织募捐、自然人和其他组织捐赠	

---

① 张晓冬:《基金会法律问题研究》,2013 年武汉大学博士毕业论文,第 46 页。
② 通过"中国社会组织公共服务平台"检索获取,因本文的研究对象为基金会章程,所以选取的基金会为其章程已经在网站予以公开的,未予公开的不作为本文的研究对象。

续表

序号	名称	成立时间	登记部门	资金来源	备注
5	杭州市临安区农业技术推广基金会	2018年8月16日	杭州市临安区民政局	杭州市临安区农民合作经济组织联合会、浙江省农业技术推广基金会临安执行部捐赠	
6	连云港市赣榆区教育发展基金会	2017年7月4日	连云港市赣榆区民政局	社会捐赠	
7	西安市善行公益慈善基金会	2017年3月23日	西安市民政局	个人捐赠	
8	西安市助老爱幼公益慈善基金会	2017年2月21日	西安市民政局	个人捐赠	
9	衢州市农业技术推广基金会	2018年7月19日	衢州市民政局	浙江省农业技术推广基金会衢州执行部捐赠	

在九家基金会中，从登记部门来看，有两家登记在省级民政厅，其余七家登记在省级以下民政部门。从资金来源来看，仅衢州市柯城区领头雁培育基金会的资金来源包含财政拨款，其余八家均来自个人或组织的捐赠。从成立宗旨来看，除了聚焦慈善、教育等领域以外，科技推广、民族宗教等领域也是有所涉猎。

(一) 民间公募基金会的章程的主要内容

在我国各类基金会的章程中，法定部分各基金会大抵相同，而拟定内容则各有不同。与政府组织设立的基金会，民间组织个人设立的基金会更为丰富多元。

九家民间公募基金会的内容主要包括总则、业务范围、组织机构及负责人、财产管理和使用、终止和剩余财产处理、章程修改以及附则部分，其中浙江安福利生慈善基金会章程、衢州市农业技术推广基金会章程、衢州市柯城区领头雁培育基金会章程、衢州市见义勇为基金会章程、福州市扶贫发展基金会章程设党建专章，衢州市柯城区领头雁培育基金会则直接以推动基层党员干部队伍建设为宗旨。基金会围绕其成立宗旨开展业务，衢州市农业技术推广基金会章程规定了资助基层农技推广单位、农民专业合作社、农业企业及家庭农场及种养大户进行新技术、新成果、新型农作模式项目的试验、示范、推广活动等四项业务范围，而浙江安福利生慈善基金会则致力于温州历史文化永嘉禅的研究、实践和推广，这都有别于传统的基金会的业务范围。

(二) 民间公募基金会的内部治理机构及职责

从制度发生的路径考察,大陆法系和普通法系基金会治理模式存在较大差别。现代基金会建立之时,大陆法系财团法人制度已经确立,故在基金会伊始就被划归为财团法人范畴,与社团法人相区别。而普通法系国家则不然,基金会诞生之初即是采用公司模式治理。而现代基金会最优越之处在于引进和消化吸收了公司法人治理结构,从而形成了在非营利部门中的独特功能。[①] 但是,值得注意的是固然基金会治理结构吸收了公司法人治理结构,但是与其具有很大不同,公司治理结构规则并不能完全类推适用到基金会治理中。广州市中级人民法院审理的"上诉人利国帧、李少辉、江肖新因与上诉人广东省鹏城拥军优抚基金会及被上诉人利焕南合资、合作开发房地产合同纠纷"一案中,在出资人利焕南与鹏城基金会法院不认可将"营利性法人与其出资人之间人格混同规定的内容"参照适用于本案,从而否认所谓"刺穿公司面纱"理论在基金会领域的适用。此外,在对基金会决策机构组织和议事规则上,认为基金会"并非是由捐助人按其捐助财产的多寡比例参与重大决策和选择管理者,明显有别于公司等营利性法人",否认"资本多数决"的基金会治理适用"资本多数决"。[②] 所以本文对以公司治理结构为参照,对基金会的内部治理的制度进行分析,即决策、执行、监督层面来探讨制度供给优劣。

1. 基金会内部决策机构的组成和职权

《基金会管理条例》第二十一条第一款规定,理事会是基金会的决策机构,依法行使章程规定的职权。美国《非营利法人示范法》也规定非营利法人基金会必须设立理事会。对于未经理事会决策所作的事项,不能认定为基金会的行为。昆明市龙盘区人民法院审理的"云南蒲公英民族扶贫助学基金会(以下简称"基金会")诉陆明民间借贷纠纷"一案中[③],对外借款属于基金会的重要事项,未能"遵循法律、法规及章程的相关规定,召开理事会进行决议,并获得法定代表人的授权",从而否认原被告双方之间的借款关系。第二十一条第三款对须经出席理事三分之二以上表决的重要事项做出列举,但是并未对理事会的主要职权做出任何规定,而将其交由章程完成。可以说,《基金会管理条例》对理事会的职权给予基金会充分的自主决定权。考察上文述及的九家基金会的章程发现,其中八家基金会章程中关于理事会职权的规定完全一致,即(一)制定、修改章程;(二)选

[①] 李晓倩、蔡立冬:《基金会法律制度转型论纲—从行政管控到法人治理》,载《法制与社会发展》2013 年第 3 期。

[②] "广州市中级人民法院审理的上诉人利国帧、李少辉、江肖新因与上诉人广东省鹏城拥军优抚基金会及被上诉人利焕南合资、合作开发房地产合同纠纷",载中国裁判文书网,网址:https://wenshu.court.gov.cn/website/wenshu/181107ANFZ0BXSK4/index.html?docId=6115f62138ae45cba810aa780107aa0b,访问日期 2021 年 1 月 20 日。

[③] "昆明市龙盘区人民法院云南蒲公英民族扶贫助学基金会诉陆明民间借贷纠纷",载中国裁判文书网,网址:https://wenshu.court.gov.cn/website/wenshu/181107ANFZ0BXSK4/index.html?docId=37ec3d649788452f866aaa640127a938,访问日期 2021 年 1 月 20 日。

举、罢免理事长、副理事长、秘书长；（三）决定重大业务活动计划，包括资金的管理和使用计划；（四）年度收支预算及决算审定；（五）制定内部管理制度；（六）决定设立办事机构、分支机构、代表机构；（七）决定由秘书长提名的副秘书长和各机构主要负责人的聘任；（八）听取、审议秘书长的工作报告，检查秘书长的工作；（九）决定基金会的分立、合并或终止；（十）决定其他重大事项，仅有衢州市柯城区领头雁培育基金会一家规定了八项理事会职权，没有规定（六）和（七）项。

此外，《基金会管理条例》对理事人数、资格、任期等作出规定。《基金会管理条例》第二十条规定，基金会设理事会，理事为5人至25人，理事任期由章程规定，但每届任期不得超过5年。理事任期届满，连选可以连任。九家基金会中除了福州市扶贫发展基金会对理事人数作出弹性规定以外，其余都是作出明确数额规定。另外，衢州市农业技术推广基金会等基金会要求连任不得超过两届。对于理事的任职资格，除了热爱公益慈善事业、廉洁分工等要求外，个别基金会根据自身性质的不同作出各异的规定，衢州市柯城区领头雁培育基金会要求理事须为中共正式党员，两家农业技术推广基金会要求理事与农技推广事业具有关联性。

综上，中国基金会章程中对于理事会的规定，无论是理事会职责方面，还是理事资格方面多大同小异，没有充分体现个性差异，甚至缺失秘书长薪酬福利等重要事项的决策机制。《公司法》第四十六条董事会的职权中就有决定经理的报酬的规定，经理是公司的高级管理人员，而秘书长也是理事会的高级管理人员，而且由于基金会的公益性质，其各项费用的支出的公开透明显然高于公司。

2. 基金会内部执行机构的组成和职权

我国《基金会管理条例》并没有明确规定基金会的执行机关，在第二十条规定从理事中选举产生理事长、副理事长以及秘书长，理事长为基金会的法定代表人，但没有规定副理事长、秘书长等人的职权。九家基金会的章程中对理事长、副理事长、秘书长的职权作出明确规定。除召集和主持理事会会议、检查理事会决议的落实情、代表基金会签署重要文件三项重要职权外，部分基金会还做出了特别规定，如衢州市农业技术推广基金会章程第二十八条规定，主持开展日常工作，组织实施理事会决议、组织实施基金会年度公益活动计划、拟订资金的筹集、管理和使用计划亦被纳入理事长职权范围。

在实践中，基金会秘书长是承担执行职责的主体。执行机构的主要职责在于执行理事会的决定和从事内部管理工作，由于理事会主要工作机制为一年至少两次的会议，可以对影响基金会的重要事项进行决策，但无法满足日常管理的需要，所以另需秘书长等执行主体来实现基金会的目的。《西安市善行公益慈善基金会章程》和《浙江安福利生慈善基金会章程》均是规定了九项职权，即（一）主持开展日常工作，组织实施理事会决议；（二）组织实施基金会年度公益活动计划；（三）拟订资金的管理和使用计划；（四）拟订基金会的内部管理规章制度，报理事会审批；（五）协调各机构开展工作；（六）提议聘任或解聘副秘书长以及财务负责人，由理事会决定；（七）提议聘任或解聘各机构主要负责人，由理事会决定；（八）决定各机构专职工作人员聘用；（九）章程和理事会赋予的其他职权，其余基金会章程中根据自身需要作出删减。可知，相较于理事会职权的规定，理事长、秘书长职权的规定灵活了许多。另外，章程中对理事长、秘书长等人员的任职资格、任期等也做出规定。

3. 基金会内部监督机构的组成和职权

对于具有公益性质的基金会而言，监督尤为重要，而内部监督更是不可或缺。各国对内部监督的机构称号或有不同，监督者委员会、监察人等，而我国称之为监事。我国《基金会管理条例》对监事的资格、任期等做出明确要求，而且对监事的职权做出规定，依照章程规定的程序检查基金会财务和会计资料、监督理事会遵守法律和章程的情况、列席理事会会议、权向理事会提出质询和建议等。相较于执行机构的职权的只字未提，监督机构——监事的职责已经明确列举。

在九家基金会章程中，无论是对监事的选派和罢免、监事的权利和义务以及禁止性行为的规定都如出一辙，唯一的不同是福州市扶贫发展基金会设立监事会，而其他八家基金会则设立监事。对于监事的选派，主要由主要捐赠人选派、登记管理机关根据工作需要选派两种途径产生，而监事的变更依照其产生程序。监事的权利主要包括两个方面检查基金会财务和会计资料和向理事会提出质询和建议等，而义务则为应当遵守有关法律法规和基金会章程，忠实履行职责。

与其他国家相比，我国监事的职责还是略显笼统、欠缺可操作性。爱沙尼亚《财团法》的规定，理事会从事超出日常活动经营范围的交易行为，应当经过监事会的同意。[①] 可知监事会的监督职能已经融入基金会的营利行为中，而不是止步于检查财务会计资料等事后监督。

四、完善基金会治理制度供给体系的建议

基金会治理的制度供给应当坚持自治、法治、德治结合，构建多层次治理制度体系，重视自治的基础作用的发挥。所谓自治，在基金会治理中可以分为两个层次，一个是以基金会章程为主要制度依据的内部治理，一个是以行会章程为重要依托的行业治理。

（一）完善中央立法和地方立法，构建"一元多层"的立法体制

目前我国在基金会治理领域已经形成了以《慈善法》《慈善事业捐赠法》《基金会管理条例》等法律法规，以《取缔非法民间组织暂行办法》《民办非企业单位登记管理办法》等部门规章为主要内容的中央立法体系。但是在对非营利组织的治理"登记"为主

---

① 许光：《构建和谐社会的公益力量——基金会法律制度研究》，法律出版社2007年版，第180页。

的立法理念依然存在，一是将对非营利组织的管理局限在设立、变更、注销登记为主，从《社会团体登记管理条例》《民办非企业单位登记暂行条例》等部门规章的名称可见一斑。二是强调"管理"而非"治理"。"社会治理"代替"社会管理"，是执政方式的一次飞跃，首当其冲需要更新立法理念。① 在基金会甚至非营利组织的立法上，树立治理理念至关重要。

积极推进地方立法进程，特别是设区市地方立法作用的发挥。设区的市地方立法权在2015年写入《立法法》之后，又于2018年写入了《宪法》修正案。地方立法权的扩大，意味着立法主体和层级更加多元。在基金会治理中，地方立法权的发挥显得尤为重要，一方面我国经济社会发展的不平衡导致的地方差异较大不可能有整齐划一的标准，另一方面基金会的发展区域呈现两级趋势，一方面北京、广州、深圳等经济发达地区基金会发展迅速，同时云南、贵州等经济欠发达地区基金会数量可观且问题不小②。针对问题的复杂性，不得不根据地区实际情况而制定符合自身发展趋势的地方法规，在这一点上，《广州市社会组织管理条例》作出的有益探索，值得借鉴。

（二）建立基金会行业协会组织，发挥组织章程行业治理能力

社会治理现代化的理念不只体现在立法理念上"社会治理"对"社会管理"的取代，更体现在除立法体系以外的制度体系的多元化，正式规范与非正式规范，国家法与民间法的互动。行业协会的建立和行业章程的实践，是实现基金会行业自治的前提条件，是基金会行业有序发展的可靠保障。遗憾的是，我国尚未建立全国性基金会行业协会，可喜的是，"深基会"已经开始试水地方基金会行业协会的建立，全国性基金会行业协会指日可待。

（三）重视基金会章程的作用，完善基金会内部治理制度

根据《慈善法》《基金会管理条例》的规定，基金会章程已经成为基金会成立的必要条件之一。但是就我国民间基金会所制定的章程而言，普遍存在着基金会章程的内容可操作性不强等，如对于监事的职责等重要条款，存在着对《基金会管理条例》等法律法规的"照抄"，不能根据基金会实际情况而制定切合实际的规定，究其原因，基金会内部专业人员的缺乏是个难题。这种情况下，基金会行业协会应该充分发挥指导作用，在基金会成立之初对其进行章程的制定等专业服务。此外，基金会管理部门或者行业协会适时地发布章程示范文本，引导其制定自己的章程也是有必要的，广东省就曾经发布《广东省公募基金会章程示范文本》以及《广东省非公募基金会章程示范文本》。

---

① 汪世荣：《枫桥经验视野下的基层社会治理制度供给研究》，载《中国法学》2018年第6期。
② 《云南：62家社会组织被撤销登记》，载澎湃新闻网，网址：https://www.thepaper.cn/newsDetail_forward_4144000，访问日期2021年1月20日。

总之，基金会治理是一个系统化的工程，基金会治理各项制度的完善是实现基金会法治、德治、自治相融合的重要保障。在各项制度的构建中，中华民族传统法治资源的发掘和利用也是不可或缺的。中华民族和中国人民历来就不缺乏慈善之心，以贫困救济为已任的义仓、善堂等由来已久。南京国民政府《民事习惯调查报告录》中就记载了诸多具有慈善性质的会社，如山东省福山、临沂等县储恤会，由当地乡绅交付"会金"，贫困潦倒之人无偿领取，被评价为"具有财团法人性质"。[①] 而且，各地的地方志中也不乏慈善会社的记载，《新编陕西省志》民俗志中记载了义仓会、寒衣会等慈善会社。[②] 这些都可以成为我们当代慈善制度体系构建的制度源泉之一。

Research on the Internal Governance of China's Private Public Foundations
——Taking the charters of private public foundations established between 2017 and 2019 as the research object

Yan Xiaojun Hanli

Abstract: Under the background of the spread, a charitable society, in the rule of law, rule of virtue, autonomous integration of the modern governance concept under the guidance, This paper adopts the method of normative analysis and case analysis, to re - examine the Chinese fund management system supply, namely the central legislation and local legislation and the composition of the articles of association of the foundation of a multi - level governance system of the advantages and deficiencies, Emphasize foundation industry association have offset the absence of government departments and the foundation in its foundation treatment and failure, in the foundation of modern management to give full play to the articles of association of the foundation at the foundation status of internal governance, and stressed that the Chinese nation traditional resource management can provide reference to contemporary foundation under the rule of law.

Key words: foundation governance system supply legislative articles

（编辑：曹瀚哲）

---

① 前南京国民政府司法行政部编：《民事习惯调查报告录》，中国政法大学出版社2005年出版，第370页。
② 陕西省地方志编纂委员会编：《新编陕西省志》民俗志，陕西人民出版社1994年版，网址：http：//www.sxsdq.cn/sqzlk/xbsxsz/szdyl/msz/，访问日期2021年1月20日。

环境公益与经济私益的冲突与协调

——基于青海湖自然保护区的调研[*]

陈 娟[**]

> **摘 要** "环境就是民生",然而,在自然保护地的生态环境保护和资源开发利用过程中,总是存在因资源开发利用造成生态环境损害,或因保护生态环境导致本土居民权益受损的环境保护与民生保障相冲突的情形,问题的根源是环境公益与保护地居民个人经济私益之间的失衡。本文以青海湖自然保护区为例,通过对青海湖自然保护区的调查研究,剖析出青海湖保护区保护利用中生态利益与经济私益失衡的症结所在,引入"绿水青山就是金山银山"的生态理念,树立"环境公益与经济私益相协调"的基本原则,并提炼出重塑"实质意义"的湿地生态旅游机制、建立湿地生态补偿基金制度、完善本土居民旅游利益分享机制、构建"村委会主导"型的公众参与环保机制等协调环境公益与经济私益的法治路径。
>
> **关键词** 自然保护区 保护和利用 环境公益 经济私益 冲突与协调

一、问题的提出

"环境就是民生"[①]"良好生态环境是最普惠的民生福祉",[②] 习近平总书记关于生态民生的新论断,深刻地揭示了生态环境与民生的关系,高屋建瓴地指出保护生态环境就是

---

[*] 本文系青海省社科规划项目"青海湖流域湿地保护和利用法治协调机制研究"(17015)的阶段性成果;青藏高原环境与资源法学研究基地(国家民委人文社科重点研究基地)2021年基金项目成果。

[**] 陈娟,厦门大学法学院博士研究生,青海民族大学法学院讲师。

[①] 习近平:《在省部级主要领导干部学习贯彻党的十八届五中全会精神专题研讨班上的讲话》,载《人民日报》2016年5月10日。

[②] 《习近平关于全面深化改革论述摘编》,中央文献出版社2014年版,第107页。

保护生产力,就是从根本上提高人民福祉。① 然而,当下我国生态环境保护与物质民生保障的"两难"悖论依然存在,尤其是在各类自然保护地的生态环境保护和资源利用过程中,总是存在因促进当地经济发展、提高居民经济收入对生态资源开发利用导致生态环境损害,或因保护生态环境限制经济发展、损害居民经济利益情形,尤为普遍。问题的根源是利益冲突,即以保障生态安全为核心的环境公共利益和以保障当地居民生存和发展需求为核心的个人经济私益之间的失衡,② 如何实现环境公共利益与居民个人经济私益的平衡与协调?直接关系到自然保护地生态环境保护的成败,关系到人民群众对生产发展、生活美好的向往,是实现人与自然和谐共生的关键,是践行习近平总书记生态民生思想的重要举措,也是我国生态文明建设的重要改革目标。

  自然保护地是对重要的自然生态系统、自然遗迹、自然景观及其所承载的自然资源、生态功能和文化价值,通过法律和其他有效手段进行长期保护的自然区域,③ 具有重大的生态价值和经济价值,保护地的各种自然资源要素及其周边居民共同构成了该区域的完整生态系统。自然保护区是自然保护地的基本形态,青海湖自然保护区(以下简称青海湖保护区)位于素有"世界第三极"之称的青藏高原东北部,是世界上为数不多的加入《水禽栖息地国际重要湿地公约》的保护区之一、国际重要湿地之一,也是我国5A级景区,具有重要的生态价值和经济价值。青海湖保护区内除了拥有独特的青海湖裸鲤(俗名"湟鱼"),还是世界极度濒危物种普氏原羚(俗名"藏羚羊")、国家一级保护动物黑颈鹤、二级保护动物大天鹅等的重要栖息地、世界候鸟的集中繁殖地和迁徙中继站,具有涵养水源、净化水质、保持水土、调节气候和维护生物多样性,确保青藏高原生态屏障安全等重大生态价值。青海湖保护区独特的地理位置、自然风貌、动植物资源、游牧文化、藏族风情、饮食习俗、宗教信仰等每年都吸引了全国各地的大量游客来参观旅游,带来丰厚的旅游经济收入。据统计,青海湖景区的旅游人数早在2011年就突破80万人次,旅游收入在10155万元以上,迈入全国大景区行列,④ 具有重大的经济价值。青海湖自然保护区因其生态环境保护和湿地旅游资源开发利用导致的环境公益的与本土居民经济私益的矛盾与冲突是当地经济发展与环境保护关系的核心问题,也是我国类似湿地生态系统类自然保护地的典型和代表。⑤ 是故,以青海湖保护区为例,⑥ 就自然保护地生态环境公益与本土居民

---

① 张永红:《习近平生态民生思想探析》,载《马克思主义研究》2017年第3期。
② 参见秦天宝:《环境公益与经济私益相协调:保护地居民权利保障的基本原则》,载《世界环境》2008年第6期。
③ 参见秦天宝、刘彤彤:《自然保护地立法的体系化:问题识别、逻辑建构和实现路径》,载《法学论坛》2020年第2期。
④ 数据来源于青海湖景区管理局。
⑤ 陈娟:《青海湖保护区湿地保护中农牧民权益保障的困境与对策——基于共和县江西沟元者村的田野调查》,载《青海民族大学学报》2016年第2期。
⑥ 说明:鉴于行文方便以及用词的妥当性考虑,下文在涉及农牧民权益时,用"青海湖周边"替换"青海湖保护区"。

经济私益的冲突问题进行的调查研究，探讨协调二者之间利益冲突的理论思路和方法，提出建设性的对策建议，不仅有助于实现青海湖保护区的生态效益、环境效益和社会效益的统一，也有助于对全国类似的湿地生态系统类自然保护地建立人与自然和谐共生的社会形态提供一种理论借鉴和路径方法，为人与自然和谐共生这个新时代生态文明建设的根本目标添砖加瓦。

鉴于此，课题组于2019年5-6月在环湖的两州三县，海南藏族自治州共和县、海北藏族自治州的刚察县和海晏县进行了关于"青海湖保护区保护和利用冲突的问题调查"的问卷调查活动，共发放调查问卷360份，回收343份，有效问卷343份，有效问卷回收率为95%。此外，为了更全面、深入地了解青海湖保护区环境公共利益与当地农牧民个人经济私益的冲突问题，同年的8月，课题组先后走访了青海湖景区保护利用管理局（以下简称湖管局）、共和县的倒淌河镇甲乙村、江西沟镇莫热村、石乃亥乡尕日拉村、海晏县的青海湖乡同宝村和刚察县的泉吉乡切吉村，通过与湖管局及相关部门、各村村（牧）委会举行座谈会，走进各村农牧民家庭进行访谈的方式展开调查研究。

二、冲突缘起：环境公益与本土居民经济私益的失衡

生态环境公益与当地农牧民经济私益的失衡是青海湖保护区生态保护和资源开发利用冲突的核心问题，具体体现为自然保护区生态环境利益受损、当地农牧民经济权益受损、公众参与生态环境保护严重不足等方面。

（一）生态环境利益受损

1. 青海湖保护区生态环境变化及其原因

（1）生态环境变化情况。当地农牧民对自己生活居住了几十年的周边自然环境变化的直观感受是评判青海湖保护区生态环境变化的重要证据。图1的统计结果显示，当问及"近些年青海湖及周边的生态环境发生什么样的变化？"时，仅有28%的调研对象认为环境相较于以前变得更好了，55%的调研对象认为环境相较于以前变得更差了。同时，课题组在走访牧户家庭调研时，牧民们普遍反映自己的生活居住环境变得更恶劣了。例如，同宝村牧民尕仁青说："这些年环境变得更坏了。因为建设旅游景点，来青海湖的游客越来越多，结果生活垃圾变多了，没有及时处理，土地荒漠化严重了，草的种类、动物的数量减少了，偷捕湟鱼的情况更严重了"。

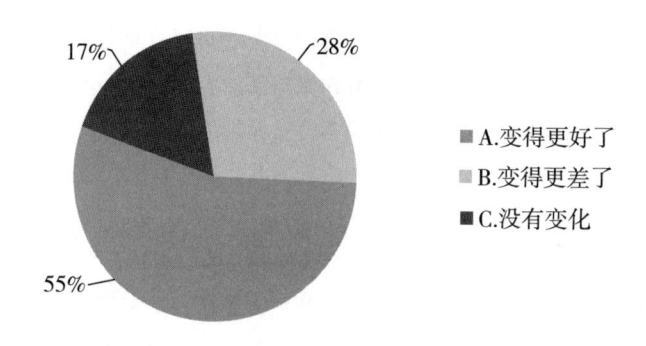

图1　近些年青海湖及周边生态环境的变化

（2）生态环境变化的突出表现。图2的调查结果显示，229人认为青海湖保护区存在的突出环境问题是垃圾污染、195人认为是草地破坏，有89人、88人、58人分别认为是河流污染、土地沙化、地下水污染问题，还有42人认为是野生动植物遭到偷猎。可见，近年来青海湖保护区生态环境恶化集中体现在各种环境污染、生物多样遭破坏等两个方面。

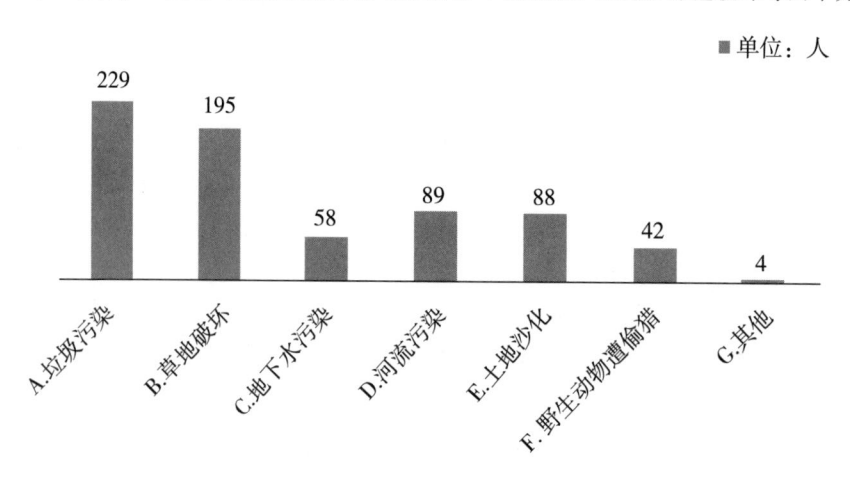

图2　青海湖及周边环境变化的主要表现

（3）生态环境变化的主要原因。由图3的统计结果可知，在造成青海湖保护区生态环境恶化的主要原因中，高居首位的是旅游开发，其次分别是草地占用、居民生活区扩张、农业灌溉。需要说明的是，草地占用主要是因为建设旅游景点、旅游基础设施、以及供游客居住的宾馆等导致的，居民生活区的扩张除了因国家生态环境保护工程中的专项生态移民项目外，也与"青海湖旅游热"自发形成的环青海湖城镇化的人口聚集效应、城镇扩张密不可分，故此可将其归入旅游开发原因之中。由此可见，旅游开发是导致近年来青海湖保护区存在的各种生态环境损害的最主要原因，尤其是随着游客增多导致的垃圾污染、水源污染、青海湖湟鱼遭盗捕等问题。这些生态环境问题，不仅破坏了野生动植物的生存环境，也极大地威胁着当地农牧民的生存环境，降低了其生活质量。走访调研中，尕日拉的村主任尕哲嘉指着家里放着的十几桶矿泉水说："现在的井水不像以前那么干净了，可以直接喝。自从到这来旅游的人变多后,水源就被污染了。我们家里平时只喝矿泉水,怕生病。"而且,当地牧民普遍反映,夏季随着游客的到来,草原上的塑料袋、塑料瓶等白色垃圾普遍增多,牛羊误食塑料导致死亡的情况时有发生。

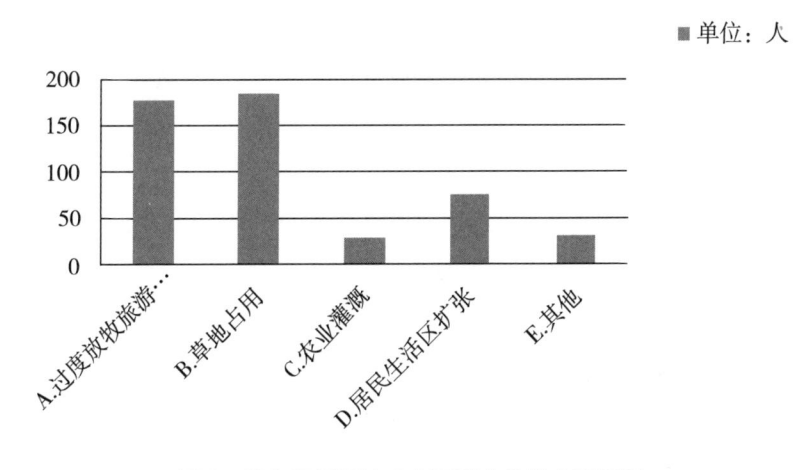

图3 青海湖及周边生态环境变化的主要原因

2. 青海湖保护区旅游开发导致生态环境损害

(1) 旅游开发导致的突出环境问题。图4反映了在青海湖保护区旅游资源开发过程中导致的突出环境问题,排在首位的是旅游垃圾污染,占总调研对象的78%;其次是游客环保意识差,占总调研对象的47%;第三是环境保护设施差,占总调研对象的42%;第四是野生动植物生存环境遭到破坏,占总调研对象的27%。这些问题反映出青海湖景区针对游客的环保宣传不足、旅游基础设施不健全、野生动植物保护执法力度不足,尤其是满足环境保护和游客基本需求的垃圾桶、公共厕所等严重缺乏。

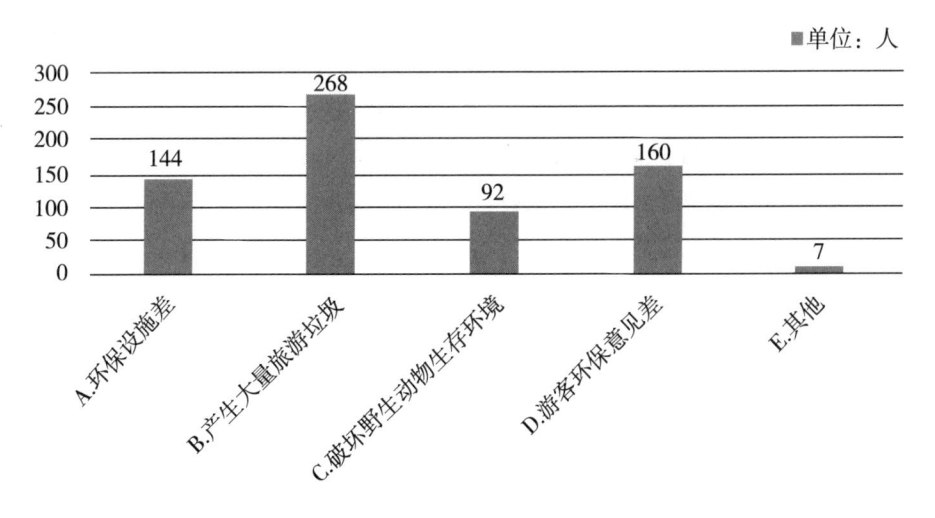

图4 青海湖旅游开发中存在的主要问题

（2）旅游垃圾污染严重。由图5可知，青海湖及周边的各类垃圾中高居首位的是饮料瓶、塑料袋等白色垃圾；其次是青海湖周边的餐馆、帐篷旅馆或彩钢房旅馆等未处理好的厨余垃圾，以及游客自身携带而抛弃的剩余食物残渣；再次是建筑垃圾，主要是因建造供游客居住的宾馆、彩钢房等产生的。

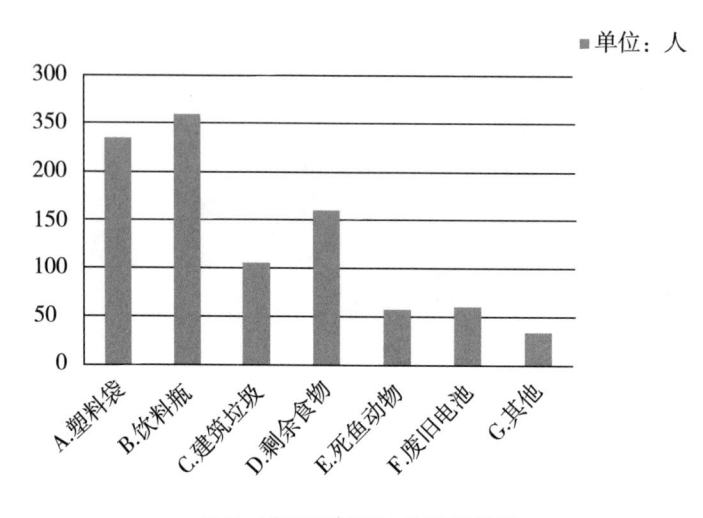

图5 青海湖及周边的垃圾种类

（3）野生动植物及其栖息地遭到破坏。由图6调研结果可知，青海湖保护区野生动植物保护中存在的主要问题，分别有218人认为是栖息地遭到破坏，占总调研对象的64%，有138人指出野生动物遭到偷猎，占总调研对象的40%。可见，栖息地遭到破坏和人为偷猎严重是当前保护区藏羚羊、黑颈鹤、青海湖湟鱼等野生动物面临的主要威胁。其中，青海湖湟鱼遭偷捕的现象尤为严重。偷捕者主要是居住在附近乡镇的部分汉族①（特别集中在那些以前以打鱼为生的部分村落）和在湖边从事旅游业的部分商户（例如账房宾馆）等。偷捕者一般会在冬季湖水结冰后，或者其他季节（尤其是夏季）的夜间通过撒网的方式偷捕湟鱼。例如石乃亥乡青海湖边的一家帐篷宾馆就在销售湟鱼，只是不敢明目张胆地将其列入菜单中，只能私下和有兴趣品尝的食客交易，一碟湟鱼的价格在200元-300元之间。食客吃完后，商户会迅速将吃剩的鱼骨等收集并销毁。此种违法销售湟鱼的情况在七八月份的夏季旅游旺季非常普遍。

---

① 青海湖周边的藏族群众一般不偷捕湟鱼。因为在藏族原始宗教观念中，青海湖是圣湖，湟鱼是青海湖中的神物，是藏族群众敬畏的生灵。

■ 单位：人

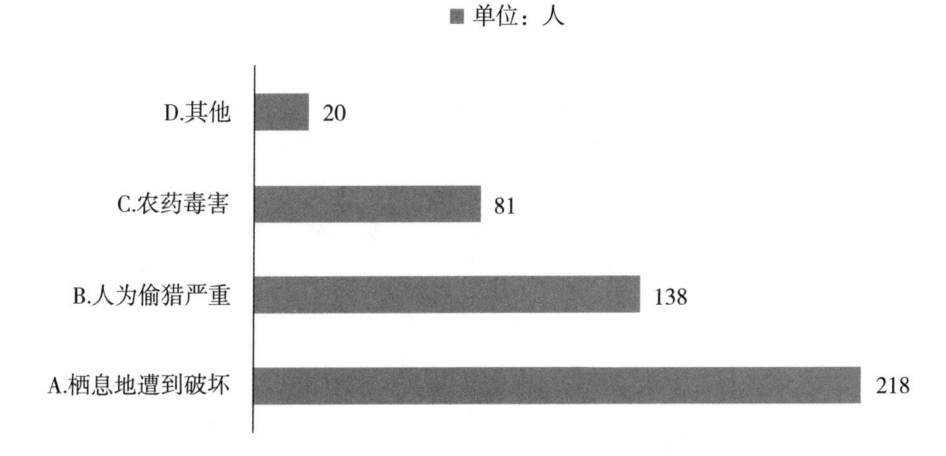

```
D.其他              20
C.农药毒害           81
B.人为偷猎严重      138
A.栖息地遭到破坏    218
```

图6 青海湖及周边野生动物保护中存在的主要问题

（4）旅游开发导致生态环境损害的反思。青海湖保护区旅游开发造成了湿地生态环境损害的根本原因是，虽然贴着"生态旅游"的标签，但仍然沿用的是一般的大众旅游模式，不是真正意义上的生态旅游。具体表现，一是立法上偏离了生态旅游的本质。生态旅游本质上是一种保护环境和维护当地居民良好生活的负责任的旅游模式。① 《青海省旅游条例》和《青海湖景区管理条例》是青海湖保护区旅游资源开发的基本法律依据，但这两部法律均侧重于生态环境和自然资源的经济价值，实行的是一般大众旅游的开发、经营和管理方式，偏离了生态旅游的保护当地生态环境和当地农牧民良好生活的本质。二是青海湖景区管理体制存在缺陷。根据《青海湖景区管理条例》第五条的规定，青海湖景区保护利用管理局（以下简称湖管局）是对青海湖保护和利用统筹管理的省属主管机关，但是景区内的土地和居民又是归地方州县政府管理，也就是所谓的"湖管局只有事权，没有治权。"由此，湖管局对青海湖景区的保护、利用和管理必须得到地方州县政府的支持和配合，但地方州县政府基于成本和收益的部门利益考量，往往推诿扯皮。为此，专门成立了青海湖景区协作办公室。② 但该机构缺乏独立性，其协调职责名不副实。三是环境保护基础设施不健全，尤其是垃圾处理设施严重缺失。当地农牧民和商户普遍采用挖坑填埋的方式处理日常生活垃圾，对于少数难以处理的白色垃圾统一运送到乡镇的大型垃圾箱，再由乡镇政府统一直接焚烧。这种简单粗放的垃圾处理方式不仅造成了空间污染，也引发了当地藏族群众的强烈不满。③

---

① 卢云亭、王建军：《生态旅游学》，旅游教育出版社2001年版，第11页。
② 调研中了解到，青海湖景区协作办公室是湖管局的内设机构，人员构成包括湖管局一名副局长兼任景区协作办公室主任，沿湖的共和县、海晏县、刚察县的常务副县长，以及青海湖景区治安管理局、青海湖景区工商行政管理分局的局长兼任景区协作办公室副主任。
③ 煨桑是藏族祭天地诸神的仪式，就是用松柏枝焚起霭蔼烟雾。藏族群众认为通过煨桑能去除不洁净的东西，但是垃圾箱里都是污秽的东西，通过焚烧产生的烟雾会亵渎神灵。

(二) 农牧民经济权益受损

1. 农牧民生产生活情况调查

(1) 青海湖周边居民的就业情况。青海湖周边居民的就业情况依托于当地自然资源和行业发展状况。图7显示,从事畜牧业和农业的人数排在首位,其次是从事商业(小卖部、餐馆等)、旅游业和运输业。除了传统的畜牧业和农业外,其他行业均是在"青海湖旅游热"的基础上逐渐形成并发展的,并主要服务于游客群体,故基于这些行业的收入均可归入旅游经济收入的范畴。由此可见,随着青海湖旅游资源的开发,周边居民的收入结构发生了重大变化,旅游收入已经成为当地居民家庭收入的重要来源。

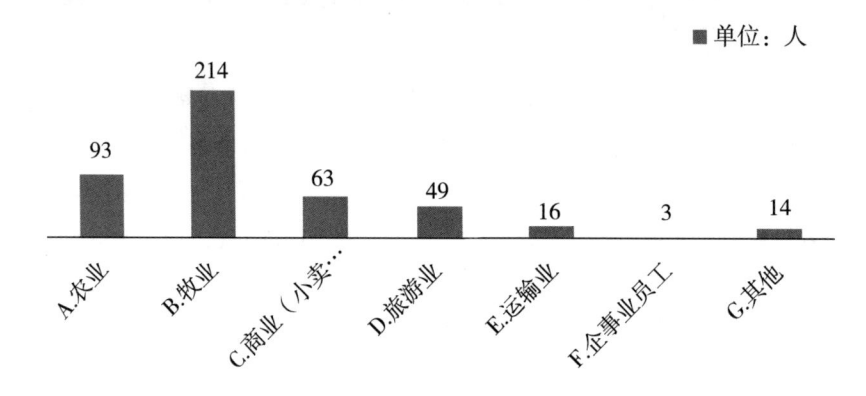

■ 单位:人

A.农业 93 B.牧业 214 C.商业(小卖…) 63 D.旅游业 49 E.运输业 16 F.企事业员工 3 G.其他 14

图7 青海湖及周边居民的就业情况

(2) 青海湖周边农牧民经济状况。为了更全面地了解青海湖保护区的自然资源开发利用对当地居民个人经济利益的影响,课题组深入村落,重点就当地农牧民当前的生产生活进行了调查,其中具有典型代表性的案例如下:

调研对象1:尕仁青(海北州海晏县青海湖乡同宝村牧民)

①家庭成员情况:户主是尕仁青,家庭人口共3人,其中主要劳动力1人,学生1人。

②家庭财产情况:房屋2间,草场100亩,牛100头,马3匹,摩托车1辆,小汽车1辆。

③家庭收支情况。

收入情况:每年收入共12000元,主要来源畜牧业8000元,政府补贴1000元,其他收入3000元。此外,银行贷款10000万元。

支出情况:每年支出22000元,其中学生教育费用和生活费13000元,看病花费10000元,生活日常开支3000元。

调研对象2:桑杰才让(海北州海晏县青海湖乡同宝村牧民)

①户主是桑杰才让,家庭人口3人,其中主要劳动力1人,学生2人。

②家庭财产情况:房屋1间,草场700亩(其中200亩自家所有,500亩来自租赁),

牛 20 头, 羊 80 头, 马 1 匹, 摩托车 1 辆, 小汽车 1 辆, 其他

③家庭财产收支情况。

收入情况：每年收入共 15000 元, 收入主要来源畜牧业收入 8000 元, 打工收入 6000 元（主要是提供包车旅游服务）, 政府补贴 1000 元, 此外银行贷款 10000 元。

支出情况：每年支出 25000 元, 其中学生学杂费和生活费 9000 元, 看病花费 2000 元, 生活日常开支 4000 元, 租赁草场 10000 元。

调研对象 3：吉先加（海南州共和县江西沟镇莫热村牧民）

①家庭成员情况：户主是吉先加, 家庭人口共 8 人, 其中主要劳动力 6 人, 学生 1 人, 老人 1 人。

②家庭财产情况：房间 5 间, 草场 768 亩, 牛 30 头, 羊 300 头, 马 2 匹, 摩托车 1 辆, 小汽车 2 辆。

③家庭收支情况。

收入情况：每年收入共 67000 元, 主要来源于畜牧业收入 20000 元, 旅游收入 40000 元, 政府补贴 7000 元（主要为草场补贴）。

支出情况：每年支出 60000 元, 其中学生教育费用和生活费 30000 元, 看病花费 20000 元, 生活日常开支 10000 元。

调研对象 4：扎西东主（海南州共和县石乃亥乡尕日拉村牧民）

①家庭成员情况：户主是扎西东主, 家庭人口共 8 人, 其中主要劳动力 4 人, 学生 2 人, 老人 2 人。

②家庭财产情况：房屋 8 间, 草场 786 亩, 牛 38 头, 羊 324 头, 马 3 匹, 摩托车 2 辆, 小汽车 1 辆。

③家庭收支情况。

收入情况：每年收入共 180000 元, 主要来源畜牧业 60000 元, 旅游收入 100000 元, 政府补贴 7000 元（主要为草场补贴）, 其他收入 13000 元。

支出情况：每年支出 220000 元, 其中学生教育费用和生活费 12000 元, 看病花费 30000 元, 生活日常开支 70000 元。

综合分析以上材料, 可得出以下结论。其一, 是否参与到青海湖保护区旅游开发中来是决定农牧民家庭经济收入丰厚与否的关键因素。上述调研对象中, 扎西东主、吉先加、桑杰才让三位牧民都参与到当地旅游开发建设中来, 极大地提高家庭经济收入, 改善了家庭生活状况。扎西东主的家庭经济条件最为优越, 家庭年收入共 18,0000 万元, 其中旅游收入 10,0000 万元, 占家庭总收入的 55% 以上。牧民吉先加原来的家庭经济条件并好, 因为要长期承担老人看病的医疗费用、供孩子上学的学杂费和生活费等, 长期处于拆东墙补西墙的贫困窘境, 但自从参加了莫热村的乡村旅游景点开发, 每年能有约四万元的旅游收入, 占家庭总收入的 59% 以上, 迅速地从贫困窘境中脱离出来。即使是收入不高的桑杰才

让家,每年6000元的旅游收入,也占家庭总收入的40%。然而,没有参与到当地旅游开发中的同宝村牧民尕仁青,家庭年收入仅有12000元,日子过得十分拮据,无力支付学生学杂费和生活费、看病费用的情况时有发生。

其二,农牧民参与到当地旅游业的方式主要包括以村集体为单位、以家庭为单位、个人三种方式。牧民扎西东主从事旅游业是通过家庭自建自营的帐篷宾馆和彩钢房旅馆,以获取住宿费和餐饮费为收入来源。像扎西东主这类有经济头脑和经济能力通过经营家庭旅馆的农牧民在当地属于少数,但其年收入普遍不错,少则十几万元,多则几十万元。吉先加则是以草场和劳动力入股的方式参与到莫热村集体乡村旅游景点中,分享集体旅游经济收入。这种以村集体为单位发展乡村旅游的方式普遍提高了村中各家各户的经济收入,使农牧民们深切感受到湿地旅游资源开发带来的显著经济效益。桑杰才让参与当地旅游业的途径主要是在夏季青海湖旅游旺季为游客提供旅游包车、导游服务以赚取费用。类似桑杰才让这种因家庭自身经济条件限制或村庄距青海湖湖岸较远的地理位置所限,只能以个人方式参与到旅游开发中来的情况在当地非常普遍,因为除了个人劳动力、家庭小汽车外,基本不需要提供额外的经济成本,门槛比较低。

其三,草场是以游牧业为基本生产方式的本土农牧民家庭最重要的财产,决定了农牧民家庭的长期收入状况。家庭收入较少的同牧民尕仁青就没有参与到旅游开发中来,家庭经济来源只能依赖于畜牧业收入。但近些年来因植被遭到破坏、草原沙化加剧等原因导致草场载畜量大幅下降,且其所有的草场数量十分有限,仅有100亩草场,若租赁别人的草场约需2000-3000元/100亩/年,费用太高,难以承受,导致其能够蓄养的牛羊数量不多。此外,家庭所拥有的草场数量决定了牧民们因退牧还草(湿)工程从国家获得的草场补贴的金额。若拥有足够多的草场,即使自己不放牧,租赁给别人,每年也能获得丰厚的收入。

其四,牧民家庭支出主要是学生学杂费和生活费用、医疗费用以及日常生活开支三个方面,其中看病所花费的医疗费用给部分牧民家庭带来了沉重的负担,导致牧民家庭面临返贫、赤贫的情况。例如,牧民尕仁青的家庭年收入共一万二百元,其中看病就花费了一万元,只能依靠向农村信用社的银行贷款来支撑,勉强维持家庭日常开销。

2. 生态保护导致农牧民经济收益减损

(1)农牧民对国家生态环保工程的态度及原因。当问及"您是否赞同政府实施的青海湖保护区湿地生态保护和综合治理等环保工程?"时,有57%的调研对象表示赞同,43%的调研对象表示不赞同(见图8)。表示赞同的原因主要是认为国家的各种湿地生态环境保护措施保护了当地的水源、草地、湖泊、河流和野生动植物,也改善了当地居民的饮用水和居住环境等。表示反对的主要原因是国家实施的封山育林、退牧还草(湿)、草畜平衡等生修复措施,限制了当地草山的使用,限制了放养牛羊的数量,在很大程度上减少了他们的家庭收入,降低了家庭生活水平。这是因为当地居民98%以上都是藏族,仍然以传统游牧为基本生产方式,草山是当地藏族群众维系其家庭基本生活的主要生产资料。

在走访调研中，农牧民们普遍反映草场不足是当前面临的最大困难，例如，牧民尕仁青说："我家当前面临的最大困难是草山太少，不够用。我们村主要靠放牧来生活，放牧是我们主要的经济来源。每年家里没什么收入，卖牛的钱多半用来买草场，草场的价钱一天比一天贵，尤其到了夏天。可现在能用来放牧的草山越来越少。"是故，国家实施的各类生态环境治理、修复和保护工程或措施在一定程度上损害了当地农牧民的经济利益，限制了农牧民的生存权和发展权。

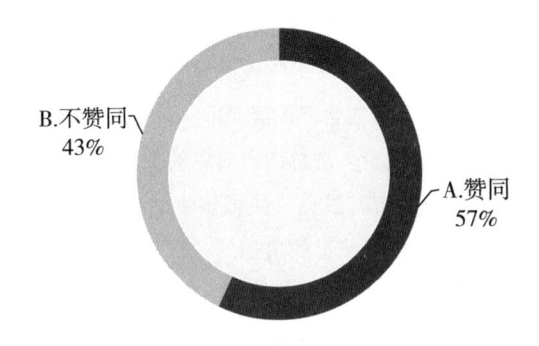

图 8 农牧民对国家生态环保工程的看法

（2）青海湖水位上升对农牧民生产生活造成威胁。青海湖湖面水域的变化与当地自然生态环境以及人居生活环境密切相关。自 2004 年青海湖水位和水面到达历史最小值后，青海湖水位和水域开始逐年稳定上升和扩张，尤其是随着近年来气候变暖、降水增多，青海湖进入了稳定扩张期。青海水域面积的迅速扩张，使得湿地面积扩大，退化湿地得到有效恢复，湿地生态服务功能得到有效增强，但同时也导致了沿湖草场资源、居民生产生活设施遭到损害或面临被淹没的可能，严重影响了当地农牧民的生产生活，并使其遭受了经济损失。据刚察县政府提供的资料，截至 2019 年 7 月，受青海湖湖面水域扩张影响，刚察县县域内距青海湖湖边较近的泉吉乡、哈尔盖镇、伊克乌兰乡以及沙柳河镇等乡镇的 18 个村庄 490 户 2049 名牧民的生产生活受到了严重影响。具体情况是，沿湖草场有 12.23 万亩被淹没，房屋面积 3300 平方米受损、畜棚（畜圈）和围栏分别有 37935 平方米 816.38 千米受到损害。若不采取相应救济措施，当地农牧民遭受的损害在将来还将继续扩大。有研究科学预测，若青海湖湖泊以当前速率继续扩张，湖面水位将在 2070 年左右达到 3207 米，相较于 2019 的水位约上涨 10 米，到时候沿湖地区将有 178 各村民居住区、1286.91 千米的道路以及 2042.22 平方千米的植被将被淹没。① 青海湖水域的扩张增强了其湿地生态服务功能，巩固了生态利益，但在此过程中也造成了部分农牧民的个人经济损失。若不对因环境公益而受到经济损失的农牧民进行损失补偿，显然是不公平的，不利于当地的社会稳定，也不利于青海湖保护区生态环境的长期保护。

---

① 程俭等：《2004 年以来青海湖快速扩张对人居设施与草地的潜在影响》，载《湖泊科学》2021 年第 3 期。

3. 旅游开发中农牧民经济权益受限制

（1）农牧民对旅游开发的态度及原因。图9的调研结果显示，当地农牧民关于是否支持青海湖保护区发展旅游业的态度中，共201人表示支持，占总调研对象的59%，共134人表示反对，占总调研对象的39%，还有8人表示无所谓，占总调研对象的2%。可见，大部分农牧民对青海湖保护区发展旅游业是持赞和支持的。究其原因，是因为旅游开发提高了农牧民的经济收入，改善了其生活质量。图10的统计结果显示，就青海湖保护区旅游开发与农牧民收入的关系，有24人认为自己的经济收入增加了很大，193人认为旅游开发一定程度上提高了自己的经济收入，共197人认为旅游开发提高了自己的经济收入，占调研对象的57%，其中还有24人认为自己的经济收入大幅度提高了；仅有50人认为旅游开发导致自己的经济收入有一定减少，占总调研对象的16%。此外，走访调研中，牧民尕仁青说："我觉得青海湖周边开发旅游景点，使很多生活困难的牧民解决了家庭困难，更多的大学生能自己赚学杂费，减少了父母的负担。"牧民更藏加说："在合理的范围内搞一些旅游活动是可以的，可以促进当地的经济发展，又能增加我们的收入，让我们有钱治病，有钱供孩子读书。"总体上看，青海湖保护区发展旅游业促进了当地的经济发展，普遍提高了农牧民们的经济收入，成为当前牧民家庭生活的重要经济来源。尤其是为大学生们自力更生赚取学习和生活费用提供了途径，① 极大地缓解牧民家庭因学生教育支出带来的沉重家庭负担，也减轻了农牧民家庭因病返贫、致贫的窘境。

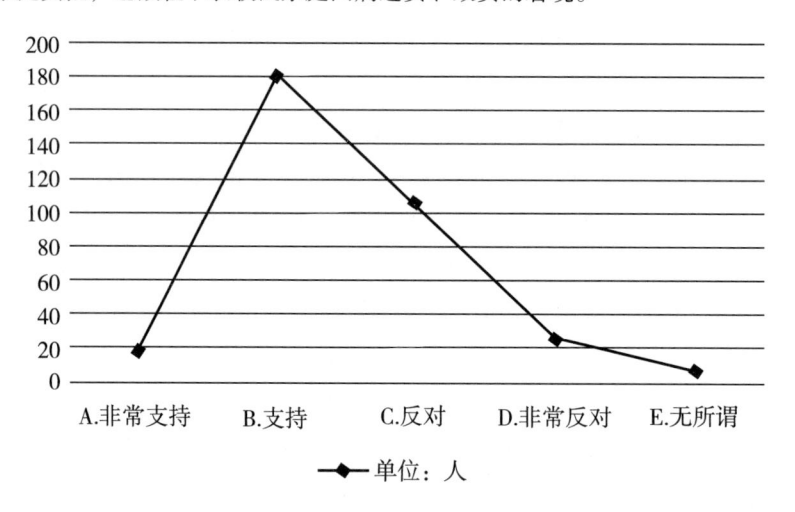

图9 农牧民对青海湖旅游开发的态度

---

① 青海湖保护区的旅游旺季是每年的七八月份，离校返家的大学生能够充分利用暑假期间，参与到当地旅游开发中来，赚取学习和生活费用。

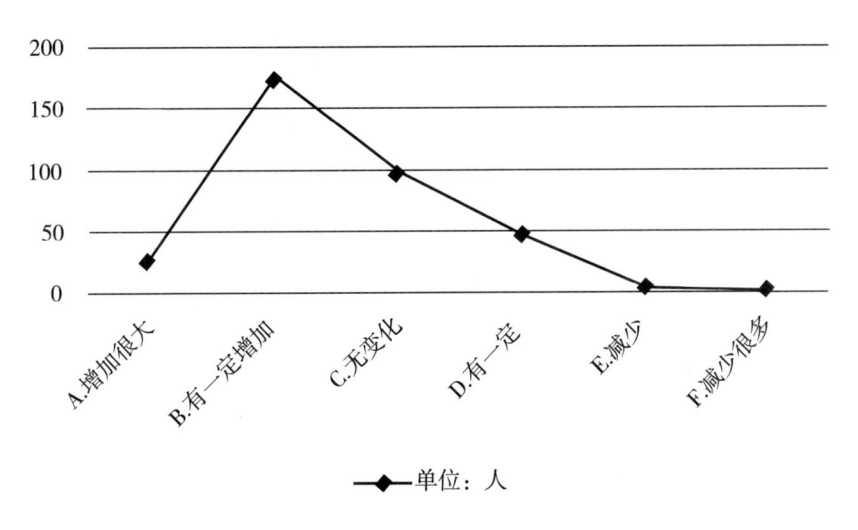

图 10　青海湖旅游开发与牧民收入的关系

（2）旅游开发中农牧被边缘化。旅游开发促进了当地经济发展，提高了农牧民的经济收入，大部分农牧民都愿意参与到当地旅游开发中来分享旅游经济利益，缓解因昂贵的医疗费用和学生教育费用造成的家庭生活困难。作为本土居民，农牧民当地享有当地自然资源的资源使用权，有权利公平地参与到旅游资源开发以及分享旅游经济收益。遗憾的是，在目前的旅游经济利益分享机制中，农牧民普遍被边缘化。具言之，一是农牧民没能充分参与到旅游资源开发中来。走访调研中，当问及"2018 年，政府对青海湖周边旅游开发活动，采取了哪些措施？您有什么看法？"时，共和县的牧民吉先加说："政府实施了强封当地居民的旅游私人通道，强拆湖边自发建设的建筑物、帐篷宾馆、彩钢房饭店。"这种做法虽然是为了禁止农牧民私搭乱建等违法违规搞旅游开发，有利于当地生态环境的保护，但客观上剥夺了当地农牧民公平的参与旅游开发的机会。正如牧民扎西东主说："我觉得环保虽然很重要，但在合理的范围内搞一些旅游开发活动是可以的。这样禁止我们搞旅游开发活动，减少了经济来源，好多人都看不起病、上不起学了。我觉得应该让村民参与旅游开发，给村民一定的发展空间。"二是旅游收益分配不公平。根据湖管局提供的资料，青海湖的二郎剑、鸟岛、沙岛、仙女湾、金沙湾五个国有景区每年旅游收入达到近 2 亿元，但只返还 10%—15%（大约 1500 万）用于扶持当地旅游项目，其余 90% 全部上交省级财政。当地农牧民由此认为，湖管局利用当地的湿地资源收钱，却拿很少一部分返还当地，不合理。同时，省属国有企业"青海湖旅游集团公司"负责经营湖区旅游业，独吞湖区旅游这块大蛋糕，很多项目没有审批就动工，却不允许村民建设宾馆，与民争利，"只许州官放火，不许百姓点灯"。

（三）公众参与生态环境保护严重不足

1. 农牧民参与生态环境保护的意识及实践情况

（1）农牧民环境保护意识普遍较高。图 11 的统计结果显示，81% 以上的调研对象希望青海湖保护区的生态环境得到有效治理和恢复，14% 的调研对象认为环境治理是政府的任务，与自己无关，有 5% 的农牧民对环境是否得到治理持无所谓的态度。由此可见，青海流域的农牧民生态环境保护意识普遍较高，在主观上愿意参与到当地生态环境保护中来。

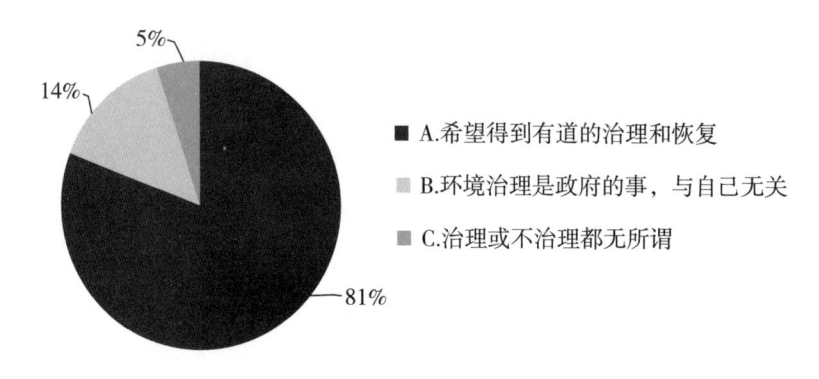

图 11　农牧民对青海湖及周边环境治理的大度

（2）农牧民参与生态环境保护实践频次较低。在调查农牧民参与当地生态环境保护实践活动时，41% 的调研对象表示从未参与过，48% 的调研对象表示偶尔参加，仅有 11% 的调研对象表示经常参加当地环境保护活动（见图 12）。不禁令人疑惑，当地农牧民主观上环保意识普遍较高，为何客观上真正参与到当地生态环境保护实践的人员却如此少？

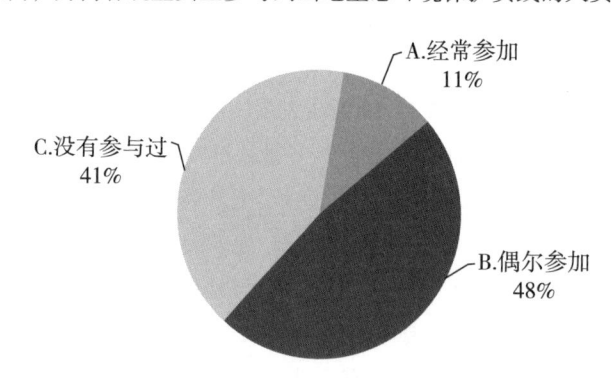

图 12　农牧民参与当地环境保护实践情况

（3）农牧民参与生态环境保护实践的方式单一。由图 14 可知农牧民参与当地环境保护实践的方式主要由村（牧）委会组织村民参与、农牧民自发参与、参与地方政府开展的专项环境整治活动几种方式。走访牧户家庭调研时，海晏县的牧民桑杰才让说："我们村的牧民会自发组织环境保护活动。每年冬天都会去青海湖湖边捡垃圾、监督非法捕捞湟鱼的情况"。共和县的牧民吉先加说："我们参加的环境保护活动是村委会组织的，安排人员在马路边捡垃圾，效果很好，白色垃圾都减少了，牛羊乱吃垃圾的情况也少了。"同时，在共和县莫热村村委会调研时，从村主任那了解到，地方政府会定期向各村下达环境卫生专项整治任务，村（牧）委会组织村民参加捡拾垃圾、打扫街道的活动主要是为了完成乡镇政府分派的工作任务。鉴于此，农牧民参与当地环境保护实践包括两种类型：农牧民自发组织型、政府主导型，主要方式均是捡拾垃圾。

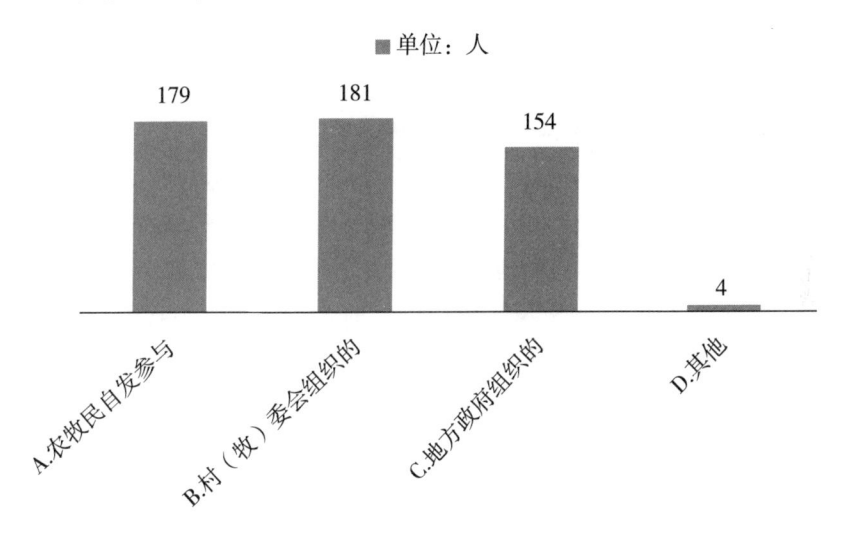

图 13 农牧民参与环境保护实践的主要方式

2. 农牧民参与环境保护不足的症结及原因

农牧民参与当地生态环境保护意愿普遍较高，但参与环境保护活动的频率较低、方式单一，参与程度十分有限，公众参与严重不足。根源在于没能将农牧民较高的环境保护主观意识有效转化为环境保护实际行动。究其原因，主要有两方面：其一，从农牧民层面看，受藏族千百年来传承的宗教文化（不杀生、保护弱小）、民族传统（游牧民族生活习俗）的影响，青海湖保护区的藏族群众天然具有较强的生态环保意识。例如，当问及"环境保护中最重要的因素"时，调研对象中46%的选择了宗教文化、18%的选择了民族传统/民族风俗习惯、24%的选择了法律制度、12%的选择了环境保护宣传。（见图14）遗憾的是，藏族群众宗教信仰和生产生活中的生态伦理观念没能通过合理的方式将其转化为规章制度，成为激励公众参与环境保护实践的动力源。

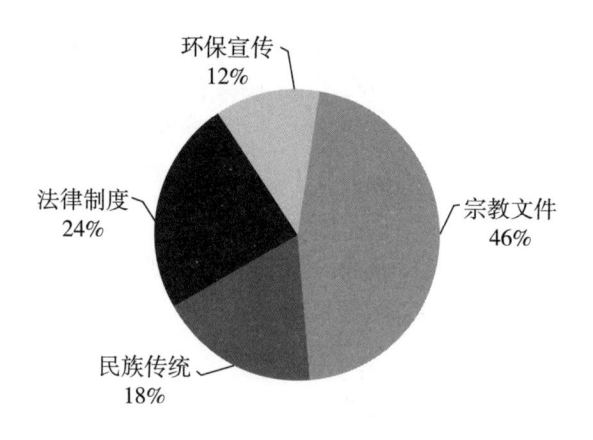

图 14　环境保护中最重要的因素

其二，从村（牧）委会层面看，村（牧）委会作为法定的基层群众自主组织，没有发挥其在环生态环境保护中的"上下协同"作用。根据我国《村民委员会组织法》第二条规定，村（牧）委会是村民自我管理、自我教育、自我服务的基层群众性自治性组织，虽然不是一级政府，不具备行使环境保护行政职权的资格与能力，但具有社区管理、公益服务、居民教育的职能，是指导村民依法、规范、有序参与环境保护的关键主体，在激励农牧民参与环境保护中发挥着不可替代的"上下协调"作用。一方面，作为农牧民自我管理、自我教育、自我服务的自治组织，与农牧民具有天然的亲和性，有义务有能力将农牧民的环境保护意愿和需求传达给政府机关，使政府机关为农牧民参与当地生态环境保护提供资金、技术、设备、政策等方面的支持和帮助；另一方面，《村民委员会组织法》第五条规定村委会与乡镇基层政府具有"指导与协助"关系，能够将国家相关生态环境保护法律法规、政策以通俗易懂的方式传达给农牧民，将农牧民的自发环境保护行动与国家生态治理要求相衔接，协助相关政府部门具体落实环境保护任务，达到事半功倍的生态保护效果。然而，从调研情况看，村（牧）委会仅是简单的组织村民捡拾垃圾，其联通政府部门和农牧民群众的"上下协调"的环境保护功能并没有实现。

三、理论阐释：环境公益与本土居民经济私益关系的重塑

（一）引入"绿水青山就是金山银山"的生态理念

习近平总书记提出的"绿水青山就是金山银山"的生态文明理念深刻阐释了经济发展与生态环境保护的对立统一关系，为我国经济发展与生态环境保护之间的冲突与协调提供了基本理论指导，为创建一条在保护中发展，在发展中保护的生态与经济共赢的可持续发展之路指明了方向。"我们既要绿水青山也要金山银山。宁要绿水青山，不要金山银山，

而且绿水青山就是金山银山"是关于"绿水青山就是金山银山"生态理念的完整表述。[①]"既要绿水青山也要金山银山"阐述了经济发展与生态保护的辩证统一关系，说明了经济发展与生态环境保护构成了有机整体，二者不可分割；"宁要绿水青山，不要金山银山"阐释了一旦经济发展与生态环境保护产生冲突时，必须坚持环境保护优先，决不能走以牺牲环境为代价发展经济的不可持续的老路；"绿水青山就是金山银山"揭示了"保护生态环境就是保护生产力"的理论精髓，阐明了生态环境和自然资源就是生产力的属性，把生态资源优势转化为生态旅游、生态农业、生态工业等生态经济，就将绿水青山变为了金山银山，实现了自然资源的生态属性与经济属性的协调与统一。[②]

就青海湖保护区而言，绿水青山泛指包括流域内的青海湖、河流、湿地、草原、土地等各种自然资源以及由此构成的生态系统。这些青山绿水兼具生态属性，和经济属性。经济属性表现为青海湖保护区内的各种自然资源对当地居民的使用价值和功能，是居民生产生活的基本物质资料，具有重要的经济利用价值。生态属性表现为包括涵养水源、调节气候、防风固沙、维持生物多样性等生态功能和生态服务。"绿水青山就是金山银山"的生态理念是青海湖保护区湿地生态环境优势转化为生态旅游经济优势的理论基石，是协调青海湖保护区湿地保护与利用中环境公益与农牧民经济私益的冲突的制度基础。

（二）树立"环境公益与经济私益相协调"的基本原则

坚持环境公益与经济私益相协调的基本原则是在"绿水青山就是金山银山"生态理念的指导下解决青海湖保护区湿地保护和利用之间的冲突问题的规范表达与制度创新。环境公益与经济私益相协调原则的强调生态利益与经济利益的相互平衡，对于居民权利保障和生态环境保护不可或缺的正当利益诉求应当纳入利益平衡的范围，不能因为保护环境而忽视了本土具名的正当利益诉求，更不能因为维护居民个人私益而以牺牲环境利益为代价。应当在保护中发展，在发展中保护，实现环境公益与居民经济私益相互协调与平衡。环境公益与经济私益相协调的基本原则是消解青海湖保护区湿地保护利用中的相关利益冲突，构建环境公益与经济私益之间协调机制的基础性原理。具体内涵应当包含三个子原则：

1. 环境公益优先原则

环境公益优先原则是实现环境公益与经济私益平衡的必要条件和基本前提。环境公益优先原则强调公共利益要优先于个人利益，环境保护要优先于经济增长，当环境公益与个人经济私益发生不可调和的冲突时，必须要将环境公益放在首位，要求对生态环境的保护

[①] 中共中央文献研究室编：《习近平关于社会主义生态文明建设论述摘编》，中央文献出版社2017年版，第8页。

[②] 王金南、苏洁琼、万军：《"绿水青山就是金山银山"的理论内涵及其实现机制创新》，载《环境保护》2017年第11期。

行为优先于对环境资源的开发利用行为,[①] 换言之,在环境公益的与本土居民个人经济私益的冲突中,必须优先要保护和促进环境公益,即"宁要绿水青山,不要金山银山"。这是因为,环境公益的易受损性、难以恢复性以及现实我国环境问题的严峻性,一旦遭到损害,将付出远高于获利的修复成本,甚至永久性损害。[②] 就青海湖保护区而言,必须优先保障青海湖保护区湿地涵养水源、防风固沙、调节气候、维持生物多样性的生态功能和生态服务,因为良好的湿地、草原等自然环境也是以游牧为基本生活方式的当地农牧民赖以生产和发展的生产生活资料。

2. 生态补偿原则

生态补偿是实现湿地生态保护,促进人与自然和谐共生的有效手段,是实现环境公益与经济私益平衡的充分条件和关键所在。生态补偿原则是指对因为保护环境公共利益而受到损害的个人利益通过利益填补的方式给予适当补偿,其实质是为了实行公平,弥补因保护环境而受到限制的本土居民的生存权和资源使用权,[③] 是对"既要绿水青山,也要金山银山"的可持续的科学发展观的法律诠释。根据联合国1993年通过的"本土居民权利宣言"草案,自然保护地的居民应当享有对处置天然财产和资源的权利,不能被剥夺生产手段的权利,即本土居民的生存权和资源使用权。[④] 是故,青海湖保护区的农牧民应当享有对当地湿地资源以及其他自然资源的开发利用的权利。但由于草畜平衡、退牧还湿、封山育林、旅游资源限制开发等湿地生态环境治理和环境保护措施,当地农牧民在产业发展时受到诸多限制和不公平待遇。在生态补偿原则下,通过利益填补当地农牧民生存权和资源使用权受限丧失的经济损失,不仅能够减缓因环境保护导致农牧民权益受损的社会冲突,促进社会和谐,而且有助于强化当地农牧的环境保护意识,调动公众参与当地生态环境保护的积极性,提升农牧民对"绿水青山就是金山银山"的认识。

3. 公众参与原则

公众参与是实现在保护中开发、在开发中保护的基本途径,是协调环境保护与经济发展的有效手段,也是环境公益与经济私益相协调原则的应有之义。公众参与原则又称之为"依靠群众保护环境原则",是指生态环境的保护和自然资源的合理开发利用必须依靠社会公众的广泛参与,公众有权通过一定的程序或途径参与一切与公众环境权益相关的开发利用和保护活动,并有权得到相应的法律保护和救济,[⑤] 是实现"绿水青山就是金山银山"的规范法律表达。就青海湖保护区而言,公众参与原则至少包含两层含义,一是生态环境

[①] 参见王伟大:《保护优先原则:一个亟待厘清的概念》,载《法学杂志》2015年第12期。
[②] 参见吕忠梅:《"生态环境损害赔偿"的法律辨析》,载《法学研究》2017年第3期。
[③] 参见:田义文、王宁军、孙永信:《论生态补偿"谁保护、谁受益、获补偿"原则的确立》,载《理论导刊》2007年第7期。
[④] 参见秦天宝:《环境公益与经济私益相协调:保护地居民权利保障的基本原则》,载《世界环境》2008年第6期。
[⑤] 参见汪劲:《环境法学》,北京大学出版社2011年版,第106、107页。

保护方面，即在治理、修复和保护流域湿地生态环境过程中必须依靠当地农牧民的广泛参与，他们有权参与到当地环境保护事业的决策、执行、管理和监督的全过程；二是在湿地自然资源的开发利用方面，当地农牧民享有对流域内各种自然资源的使用权，享有通过一定的程序或途径参与湿地旅游开发的决策、建设、发展等相关的一切活动，分享旅游经济利益的权利。

四、协调路径：环境公益与本土居民经济私益的平衡

在"绿水青山就是金山银山"生态理念的指引下，在环境公益与经济私益相协调基本原则的规范下，针对青海湖保护区保护利用中存在的湿地生态保护与本土农牧民经济私益的冲突问题，重塑湿地生态旅游制度、建立湿地生态补偿基金制度、完善本土农牧民旅游利益分享机制、构建"村委会主导"型的公众参与环境保护机制是实现青海湖保护区环境公益与农牧民经济私益相协调机制的可行性路径。

1. 重塑"实质意义"的湿地生态旅游机制

由上文中可知，青海湖保护区湿地旅游开发导致了旅游垃圾污染、湟鱼偷捕、野生动植物栖息地破坏等环境问题，根本原因在于青海湖湿地旅游资源开发脱离了生态旅游的本质。故此，应当重塑湿地生态旅游，建立"实质意义"的生态旅游机制，回归保护湿地生态环境、维护当地居民良好生活的生态旅游本质。[①] 一是修订现行的《青海省旅游条例》和《青海湖景区管理条例》，将"生态旅游"写入这两部法律中，明确生态旅游的内涵、目标和宗旨。青海省作为青藏高原生态屏障中的重要组成部分，在全国乃至世界都具有举足轻重的生态地位。"青海最大的价值在生态、最大的责任在生态、最大的潜力也在生态"，良好的生态环境是青海省的立省之基。是故，在青海省省域实施的旅游开发，尤其是素有"高原生物基因库"之称的青海湖保护区，应当是不同于一般大众旅游的"实质意义"的生态旅游。二是优化生态旅游的内容，在湿地旅游规划、建设和发展中，应当重点围绕"湿地生态价值、生物多样性保护、民族文化交流、环境保护教育宣传"这几个主题，不仅要关注当地生态环境的保护，也要关注外来游客生态环保意识的提升，既满足游客获取生态体验、生态教育、生态认知的追求，又能满足本土居民提高经济收入的同时维持良好生活环境的需求，实现生态效益、经济效益和社会效益的良性互动。三是设立独立的青海湖景地协调机关，实现青海湖景区管理局与沿湖州县政府的良性沟通和互动。鉴于青海湖管理局与沿湖州县政府之间关于青海湖开发利用和保护的权力和职责分配不合理引发诸多环境问题，以及当前设立的青海湖景区协作办公室的独立性缺失问题，应当专门设立独立于青海湖管理局的景地关系协调机关，人员配置应当兼顾青海湖管理局和沿湖州县

[①] 参见张红显：《绿色发展观指引下生态旅游资源循环与保护的法律问题》，载《社会科学家》2020年第12期。

政府的利益,可以分别从景区管理局,沿湖的共和县、海晏县和刚察县政府选调人员专职从事青海湖景区与地方政府关于青海湖保护区湿地保护、利用和开发的沟通与协调工作。四是健全环境保护基础设施,建立科学的垃圾处理机制。[①] 鉴于当前流域内环境保护基础设施严重缺乏的情况,应当加大省级政府和环湖州县政府对环保设施建设、运行和维护的专项财政资金投入,尤其是垃圾处理机制的建设。例如,加大流域内垃圾处理厂的建设、运行和维护,以及乡镇日常生活垃圾处置、转运等工作的人员、资金的配置。改变当前挖坑填埋或简单焚烧的粗放落后的垃圾处理方式,建立科学合理的垃圾处理长效机制。

2. 建立湿地生态补偿基金制度

生态补偿基金是我国实践中的重要生态补偿方式之一,早在1998年修订的《森林法》第八条第二款就规定了森林生态效益补偿基金,随后,2007年财政部、国家林业局联合发布了《中央财政森林生态效益补偿基金管理办法》,森林生态效益补偿基金的制度安排和有益经验为我国建立湿地生态补偿基金制度提供了参考。虽然当前国家层面的湿地生态补偿基金法律尚未出台,但《天津市湿地生态补偿办法(试行)》《江西省鄱阳湖国家重要湿地生态效益补偿资金管理办法》等地方立法已经开展了湿地生态补偿基金制度的探索。作为生态文明先行示范区的青海省探索生态补偿基金的地方立法具有前瞻性和特殊意义。青海湖保护区湿地生态补偿的实践为建立青海湖保护区湿地生态补偿基金制度提供了现实基础,当前青海湖保护区的生态补偿主要依靠国家财政专项补贴的方式下放到青海省省级政府层面,再由省级政府统筹安排,最终能够划分到青海湖保护区的湿地生态补偿资金非常有限,致使补偿金额偏低、补偿范围偏小。是故,有必要先行创建青海湖保护区湿地生态补偿基金制度,完善湿地生态补偿机制。具言之,一是制定青海湖保护区生态补偿的规范依据。结合青海湖保护区的实际情况,借鉴森林生态效益补偿基金制度的有益经验,制定《青海湖湿地生态补偿基金管理办法》,为青海湖保护区湿地生态补偿基金的运行提供法律依据。二是创建多元化的资金来源渠道。在建立以财政拨款作为湿地生态补偿基金的基本经费来源基础上,拓展多元化的资金来源渠道。例如,可以将各类环境保护税、资源使用费按照一定比例定期划入湿地生态补偿基金专项账户,将闲置的基金资金用于购买国债、货币基金等以获取低风险的投资收益,还可以通过绿色金融、社会捐款等方式拓展经费来源。三是建立"造血型"的补偿方式。将传统的以现金补偿为主的"输血型"方式转变为"造血型"补偿方式。例如,将现金补偿转变为各种类型的生态保护奖励金或补助金、专业技能提升激励金、创业扶助金、公益岗位补助金、湟鱼保护嘉奖金、垃圾捡拾嘉奖金、环保行动基金等"造血型"补偿方式。四是实施"青海湖退牧还湿"生态补偿基金试点。针对青海湖水位上升和湖面扩张造成的沿岸草场被淹没、房屋、畜棚等生产生活设施受损等农牧民经济受损的现实问题,可以以试点的方式先行设立"青海湖退牧还湿"

---

① 参见陈娟:《青海湖环湖区草地生态破坏成因及法律对策》,载《青藏高原论坛》2016年第3期。

生态补偿基金，在实践中探索解决受损农牧民补偿问题的具体思路，又能为探索建立青海湖保护区湿地生态补偿基金制度提供有益经验。

3. 完善本土居民旅游利益分享机制

当地农牧民与其所在地的生态环境以及各种自然资源都是青海湖保护区生态系统共同体的成员，具有长期的互相依存关系，密不可分。农牧民的直接支持关系到湿地生态环境保护的成败，湿地生态保护的表象隐含着相关利益主体的利益分享的实质，是故，湿地旅游经济利益分享机制的公平性、合理性在很大程度上决定着农牧民对当地环境保护的支持程度。然而，当前严格限制农牧民参与旅游资源开发以及仅有 10% – 15% 的国有旅游收入返还当地的这种做法，严重损害了农牧民的经济利益。相较于当地农牧民付出的成本——部分生存权和资源使用权被限制，当前的旅游利益分配机制显然不足以补偿农牧民的成本付出，是不公平、不合理的。是故，首先应该考虑本土农牧民的利益，建立合理的农牧民旅游利益分享机制，缓释生态环境保护与农牧民个人经济利益的矛盾。具体做法，一是建立本土农牧民充分参与的集体化乡村旅游发展模式，① 例如以村集体为单位，集中分散的资金、土地、劳动力等资源，以入股的方式转化为集体的旅游资源优势，打造特色旅游品牌，规范乡村旅游开发，使村集体组织成员共享乡村旅游收益。二是改善国有旅游收入分配方式。二郎剑、鸟岛等国有旅游景区虽属于国有性质，但占用的是当地的自然资源，基于公平性和合理性的考虑，应当"取之于当地，用之于当地"，即除去经营成本和管理成本外，青海湖各景区的旅游收入应当返还用于流域内生态环境保护建设以及当地农牧民权益保障等方面，而不是上缴省级财政。

4. 构建"村委会主导"型的公众参与环保机制

《环境保护法》第六条的规定"一切单位和个人都有保护环境的义务"，村（牧）委会作为我国法定的基础群众性自治组织，属于社会组织，当然应当承担保护环境的法律义务。而且，根据我国《村民委员会组织法》的规定，村（牧）委会具有群众性、自治性和基础性的特征以及社区管理、居民教育、公益服务的法律职能，其特征和职能定位耦合了村（牧）委会的环境保护法律义务。基于此，结合青海湖保护区湿地保护和利用中村（牧）委会发挥的"上下协同"实践作用，构建"村委会主导"型的公众参与环保机制是消解农牧民环境保护意识较高但参与环境保护却严重不足的实践难题的有效路径。具言之，一是在村（牧）委会的组织下，将藏族神山圣湖崇拜的原始文化和宗教信仰、山水环境保护的禁忌和风俗等内容，② 以村规民约的规范方式呈现出来。既体现了对传统文化的尊重，也能起到环境保护宣传的作用，提升农牧民的环境保护意识和行动力。二是发挥建立村（牧）委会主导型的公众参与环境保护长效机制。例如，赋予村（牧）委会作为公

---

① 王晨光：《集体化乡村旅游发展模式对乡村振兴战略的影响与启示》，载《山东社会科学》2018 年第 5 期。
② 淡乐蓉：《藏族神山圣湖崇拜的法人类学考察》，载《青藏高原论坛》2016 年第 4 期。

众参与环境保护的咨询、决策机构,以及作为辖区农牧民与乡镇基层政府沟通、协调环境权益的居民代言机构的新职能,引导当地居民依法、规范、有序的参与当地环境保护事业决策、管理、执行的全过程。

结　语

人与自然是生态共同体,自然保护地的生态环境与其周边居民共同组成了这个生命共同体,二者相互依存、不可分割。① 保护生态环境既是环境问题,也是民生问题,自然保护区的建设既涉及以保障生态安全为核心的环境公益,也涉及以保障本土居民生产和发展为核心的个人经济私益。自然保护地良好的生态环境和自然资源状况是本土居民生存和发展的物质基础,本土居民的长期支持和有效参与是维系自然保护地生态环境保护长效机制的根本所在。因此,引入"绿水青山就是金山银山"的生态保护理念,树立"环境公益与经济私益相协调"的基本原则,重塑"实质意义"的生态旅游机制、建立湿地生态补偿基金制度、完善本土居民旅游利益分享机制、构建"村委会主导型"的公众参与环保机制,在保护中开发,在开发中保护,使保护地在保护生态环境的同时又不损害当地居民的个人经济利益,是实现环境公益的与经济私益的利益平衡与协调的良性机制,是实现人与自然和谐共生的可持续发展之路的必然选择。

The Conflict and Coordination of Environmental Public Welfare and Economic Private Benefits
——Based on the Investigation of Qinghai Lake Nature Reserve

Chen Juan

Abstract: In the process of ecological environment protection and resource development and utilization of natural protected areas, there are always cases of ecological environment damage caused by resource development and utilization, or damage to the rights and interests of local residents caused by the protection of ecological environment. The root of the problem is the conflict of interest between environmental welfare and the economic private interests of residents in protected areas. Based on the field investigation of Qinghai Lake Nature Reserve, this paper analyzes the crux of the imbalance between ecological interests and economic private interests in the protection and utilization of Qinghai Lake Nature Reserve, introduces the ecological concept of

---

① 参见蔡守秋、王萌:《"人与自然是生命共同体"理念的环境法蕴涵》,载《吉首大学学报(社会科学版)》2020年第4期。

"clear water and green mountains are golden hills and silver mountains", and explains the basic connotation of the principle of coordinating environmental public welfare and economic private interests. In addition, the legal path to coordinate environmental public interest and economic private interest is proposed, such as reshaping the "essential" wetland eco – tourism system, establishing the wetland ecological compensation fund system, perfecting the tourism benefit sharing mechanism of local farmers and herdsmen, and constructing the "village – led" public participation mechanism for environmental protection.

Key words: nature reserve; protection and utilization; environmental public interest; economic private interest; conflict and coordination

(编辑: 张雪寒)

通过村规民约促进国家认同

——以西藏自治区 53 个行政村的实践为对象

张 晗[*]

摘 要 近年来,村规民约在社会治理中发挥了积极作用,并逐渐获得全国性的推广。通过对西藏自治区 53 个行政村村规民约考察发现:国家通过村规民约来逐步引导村民树立国家意识、公民意识、法治意识。这是因为随着社会结构的现代化,过去由传统村落所承担的集体义务逐渐被国家所取代,"乡土权威"也随之消解。而村规民约则为国家认同提供制度性约束:在文本内容上,通过国家宪法、法律的确认和对国家法进行重述或遵循,逐渐向国家法靠拢;在参与实践上,国家政权组织结构通过民主参与的过程,不断形塑国家认同。

关键词 村规民约 西藏自治区 国家认同 文本内容 参与实践

引 言

村规民约[①]已成为推行村民自治、创新乡村治理机制、基层治理法治化的有效载体。但根据过往的研究,村规民约仅仅在一般的社会治理层面发挥作用。其集中表现在两个方面:第一,对村规民约进行制度性分析,如对其功能、程序、内容、性质与特征等进行分析;[②] 第二,对村规民约进行治理性分析,如对其与国家法的关系,以及其治理效能进行

---

[*] 张晗,西南政法大学博士研究生。

[①] 这里需要特别澄清一下"乡规民约"与"村规民约"二者的区别。正如我国学者陈寒非、高其才所说:"我国法律中主要采用'村规民约'一词,'乡规民约'主要在文化传承意义上使用,但在大多数场合'乡规民约'与'村规民约'在使用上并无严格区分,两者可以通用。"(参见陈寒非、高其才:《乡规民约在乡村治理中的积极作用》,载《清华法学》2018 年第 1 期)因此本文主要使用村规民约一词,以更符合调研实践情况。

[②] 参见陈寒非、高其才:《乡规民约在乡村治理中的积极作用》,载《清华法学》2018 年第 1 期;李旭东、齐一雪:《法治视阈下村规民约的价值功能和体系构建》,载《中央民族大学学报(哲学社会科学版)》2013 年第 2 期等。

分析。① 这些研究均可以被概括为一种"以规则为中心的范式"②（Rule - centered），因而更多地还是在"法律"的严格定义上对其进行分析。在这个意义上，村规民约要么是国家法的补充或延伸，要么被置于国家法的对立面。换句话说，村规民约不过是一种"非国家"的法而已。

但事实上，村规民约并不能与国家法等量齐观。正如梁治平所说，村规民约有其独立意义所在，也即其作为一种具有地方特色的行为规则，与国家法并行不悖，既非对立也非简单延伸。③ 根据日本学者寺田浩明的研究，这些村规民约既非民事契约，也非国家法，而应当被视为一种"首唱和唱和"的行为规范共有状态，其存在着"自上而下的命令"和"基于相互合意的合约"这两种契机的混合状态。④ 这就迫使我们转向一种"以过程为中心的范式"⑤（The Processual Paradigm），将注意力转向描述法律案件或者政治事件的具体过程，而非村规民约文本或司法判决本身。这意味着村规民约并非某种带有决定性的法律，而仅仅是一种"谈判的客体"，一种便于管理的资源。⑥ 正是基于这一思路，2020年6月笔者所在调研组对西藏自治区L市、R市、S市和Z市53个行政村⑦进行实践调研，试图通过西藏自治区在形成、运用村规民约中所展现的社会结构、文本表达和参与实践三个方面，来说明其在促进国家认同方面所体现的积极作用。

一、社会结构的现代化

1959年西藏民主改革实行以前，不到人口5%的官家、贵族和寺院上层僧侣占据了西藏的全部耕地、牧场、森林、山川以及大部分牲畜，掌控着整个社会，而超过人口90%的

---

① 参见徐伟红：《村民群体与村规民约间良性关系的构建研究——基于一种人与制度间关系的民间法哲学视角》，载谢晖、陈金钊、蒋传光主编：《民间法》（第23卷），厦门大学出版社2020年版；田成有、欧剑菲：《少数民族地区村规民约的变迁与调试》，载谢晖、陈金钊主编：《民间法》（第3卷），山东人民出版社2004年版；张静：《乡规民约体现的村庄治权》，载《北大法律评论》（第2卷），法律出版社1999年版等。

② 在法人类学中，"以规则为中心的范式"的目的在于通过研究纠纷来发现规则，并认为社会秩序源于制订施行的规则。具体可参见［美］约翰·科马洛夫、［英］西蒙·罗伯茨：《规则与程序——非洲语境中争议的文化逻辑》，沈伟、费梦恬译，上海交通大学出版社2016年版，第4-10页；赵旭东：《秩序、过程与文化——西方法律人类学的发展及其问题》，载《环球法律评论》2005年第5期。

③ 参见梁治平：《清代习惯法：社会与国家》，中国政法大学出版社1996年版，第54页。

④ 参见［日］寺田浩明：《明清时期"法"秩序中约的性质》，载《权利与冤抑：寺田浩明中国法史论集》，王亚新等译，清华大学出版社2012年版，第136-181页。

⑤ 在法人类学中，"以过程为中心的范式"的重心不同于"以规则为中心的范式"，他们更为关注社会的控制是如何通过社会制度之间的相互联系而得以维持的，因此社会秩序源于个体根据其自身利益不断选择的过程，而冲突不过社会生活中的固有现象。具体可参见［美］约翰·科马洛夫、［英］西蒙·罗伯茨：《规则与程序——非洲语境中争议的文化逻辑》，沈伟、费梦恬译，上海交通大学出版社2016年版，第11-18页；赵旭东：《秩序、过程与文化——西方法律人类学的发展及其问题》，载《环球法律评论》2005年第5期。

⑥ 参见赵旭东：《秩序、过程与文化——西方法律人类学的发展及其问题》，载《环球法律评论》2005年第5期。

⑦ 依照社会科学进行实践调研的惯例，笔者对本文出现的具体调研地点、调研人物均作了隐名化、模糊化处理。

"差巴"① 和 "堆穷"② 仅仅能依附其生。③ 西藏民主改革彻底改变了这一格局,并借由改革开放实现了西藏社会结构的现代化发展,促使着其"政治——经济"结构进行转型。④ 这意味着就西藏的社会治理而言,伴随着经济发展和社会保障的加强,过去由传统村落所承担的集体义务逐渐被国家所取代,与之相应的传统"乡土权威"也不免随之消解。

(一)从"集体义务"到"国家义务"

正如马克思所说,"社会结构和国家总是从一定的个人的生活过程中产生的。"⑤ 村规民约也不例外,它必然伴随着一定的社会结构而产生。有学者认为,自乡里组织诞生以来,严格意义上的村规民约可能就已经出现了。⑥ 事实上,传统中国的村规民约中往往会有兴修水利、赋税征收、文化教育、扶贫济困,甚至是对外防御等方面内容。⑦ 这意味着村民并非简简单单地依据"消极义务",也即不去触碰那些禁止性规范即可,而是必须积极履行一定的作为以完成村规民约所赋予其的"积极义务"。特别是当村民遇到生活中所不可避免的各种可能的问题不能得到有效解决时,他们往往会直接求助于左邻右舍或者村集体本身,而并非国家。⑧ 这一点在藏族传统的部落法规中也有所体现,比如好马要向部落上缴,自己必须备置武器,必须听从部落号令进行追缉等等。⑨ 而离开了村庄共同体,实际上就丧失了作为社会共同体成员的资格。所以积极义务能够加强民众之间的直接依赖性,并强化他们之间的道德情感,由此形塑了一系列的"社会建制"(Social Constitution)——比如,土地集体所有制、集体税赋结算制等。因而村民作为社会成员所享有的权利和义务,实际上是由村庄共同体所赋予的,他们即使要同国家政权发生联系,也必须通过村庄共同体才可以进行,村规民约正是在这个意义上起着巩固村庄内聚(Solidarity)

---

① 即领种份地,向农奴主支差役的人。
② 意为冒烟的小户。
③ 参见国务院新闻办公室:《西藏自治区人权事业的新进展》,http://www.scio.gov.cn/ztk/dtzt/2014/31360/31372/Document/1377760/1377760.htm,访问日期:2020 – 11 – 30。
④ 参见刘小枫:《现代性社会理论绪论》,华东师范大学出版社 2018 年版,第 3 页。
⑤ 马克思、恩格斯:《德意志意识形态》,载《马克思恩格斯选集》(第一卷),人民出版社 2012 年版,第 151 页。
⑥ 参见董建辉:《"乡约"不等于"乡规民约"》,载《厦门大学学报(哲学社会科学版)》2006 年第 2 期。
⑦ 参见卞利:《明清徽州乡(村)规民约论纲》,载《中国农史》2004 年第 2 期。
⑧ 参见王小章、冯婷:《从"乡规民约"到公民道德——从国家—地方社群—个人关系看道德的现代转型》,载《浙江社会科学》2019 年第 1 期。
⑨ 如"闻呼不追缉者……罚银 10 两""有好马不交者,罚羯羊 1 只""武器不准借用,现每个人有武器,富裕者需有火枪、攻坚,次者得有刀矛,如有不置者,罚羊 1 只,有左弓右箭者须置箭头 15 枚,枪手须置弹药 15 个,任何时候都得备齐全,追缉须备七昼夜的口粮和预备马匹,如中途确系马乏者,得中途等待或返回"。参见《中国少数民族社会历史调查资料丛刊》修订编辑委员会编:《青海省藏族蒙古族社会历史调查》,民族出版社 2009 年版,第 167 – 168 页。

的作用。① 这也是国家法律和村规民约发生冲突的根源所在，也即追求的法律价值是不同的。②

但随着西藏民主改革的完成和改革开放以来的发展，传统封闭、稳定、简单、同质的熟人社会被现代开放、流动、复杂、异质的陌生社会所取代。然而这种取代并非是由于"新农民阶层"的产生，也即由于经济发展而带来的职业分化不是乡村社会结构产生重大变化的主要原因。③ 尽管自 2014 年西藏自治区产业就业人员结构发生了根本性转变，第三产业超越第一产业成为就业人数最多的行业。但截至 2018 年乡村人口占比仍然达到了 68.86%，而这其中从事农业的劳动力人口达到了 93.79 万人，占农村劳动力人口的 66.11%，农业产值占农村社会总产值的 60.86%。④ 可见传统"三农问题"在西藏自治区社会治理问题中仍然占据核心地位，"新农村阶层"尚未充当起"主角"作用，但传统共同体关系已悄然发生改变。⑤ 这一改变体现为，传统乡村社会内部狭小共同体的直接依赖性不断衰减，并逐渐被国家与公民之间的直接依赖关系所取代。⑥

2015 年 8 月 24 日至 25 日在中央第六次西藏工作座谈会上，习近平总书记提出了"依法治藏、富民兴藏、长期建藏、凝聚人心、夯实基础"的重要原则，并要求"把握改善民生、凝聚人心这个出发点和落脚点，大力推动西藏和四省藏区经济社会发展。要大力推进基本公共服务，突出精准扶贫、精准脱贫，扎实解决导致贫困发生的关键问题，尽快改善特困人群生活状况"。⑦ 自此西藏自治区地方政府开始加大财政支出，以切实解决民生发展问题。以 S 市为例，截至 2020 年 6 月，全市 12 县区、78 个乡、347 个行政村全部通上了柏油路，行政村光纤网络覆盖率达到了 100%，"五大保险"参保率达到 97% 以上。学前教育毛入园率、小学阶段入学率、初中阶段毛入学率、高中阶段毛入学率分别达到 87.63%、100%、102.6%、93.5%。事实上在教育方面，西藏自治区已全面落实 15 年免费教育、三包、营养改善计划，教育公益普惠充分显现。在社会保障方面，也积极落实国家精准扶贫战略，着重对老年人、残障人、贫困户、学生等社会弱势群体加大补助力度。这些在过去本应由村庄共同体所承担的义务，已逐渐被国家所取代。尽管不能说国家取代了所有集体义务，也并非解决了所有问题，但在某种程度上可以说国家在民众最关心、最

---

① 参见张静：《乡规民约体现的村庄治权》，载《北大法律评论》（第 2 卷），法律出版社 1999 年版，第 5 – 6 页。
② 参见丁炜炜：《乡规民约与国家法律的冲突与协调》，载《探索与争鸣》2006 年第 4 期。
③ 参见杨力：《新农民阶层与乡村司法理论的反证》，载《中国法学》2007 年第 6 期。
④ 参见西藏自治区统计局、国家统计局西藏调查总队编：《西藏统计年鉴》（2019），中国统计出版社 2019 年版，第 3 – 135 页。
⑤ 参见陈柏峰、董磊明：《治理论还是法治论——当代中国乡村司法的理论建构》，载《中国法学》2010 年第 5 期。
⑥ 参见王小章、冯婷：《从"乡规民约"到公民道德——从国家—地方社群—个人关系看道德的现代转型》，载《浙江社会科学》2019 年第 1 期。
⑦ 习近平：《依法治藏富民兴藏长期建藏加快西藏全面建成小康社会步伐》，载《人民日报》2015 年 8 月 26 日 01 版。

追切的领域较传统的"小共同体"来看,已经取得了积极的效果。换句话来说,"管肚子"的问题已经基本解决。

根据笔者所在调研组对西藏自治区 L 市、R 市、S 市以及 Z 市 53 个行政村落的实地调研发现,其制定的村规民约主要以"消极义务"为主,也即仅仅要求村民不去从事某事。哪怕是对于邻里间互助性的规定,也是从消极的层面出发,如 S 市《JB 村村规民约》第 8 条就规定到:"严格用水、用电管理,未经批准,不准私自安装用水用电设施,要切实爱护水电设施,节约用水用电,严禁偷水偷电。"第 18 规定:"依法使用宅基地,老宅基地要尊重历史状况,新宅基地按规划执行,不得损害整体规划和四邻利益。"而积极义务则显得十分少见,并且即使其存在似乎也很难达到一种"守望相助"的自给自足模式。如 R 市《WJ 村村规民约》第 5 条就规定:"凡有劳动力的村民均有参加村组织的维护环境卫生、建设维护公用道路水渠等公益劳动义务。"但由于其缺乏过去那种"内聚性"的村庄社会结构,故而仅仅只能在最低程度上,也即道德呼吁层次上倡导,缺乏强制力。因而,只能规定"未完成每年度规定工时(天数)的,每天缴纳补偿金 50 元。"这完全不同于过去传统村规民约强有力的内部惩戒力,而是建立在社会结构现代化基础上的新型村规民约。

(二)传统"乡土权威"的消解

1949 年以前,尽管随着经济社会的发展,具有严格等级的宗法制度实际上已经被打破,但"乡土权威"却并未没落。其通过"宗法一体化结构",利用"儒家国家学说"的意识形态,将其与官僚制、郡县制的政治结构耦合在一起,从而形成一种"超稳定结构"。[①] 郑振满就认为,自宋代以来,宗法制度逐步走向一种"庶民化"的道路,出现了由"合同式宗族"向"依附性宗族"转变的趋势。[②] 根据马克思主义理论,这些"乡土权威"阶层占有生产资料,包括土地、耕牛、农具甚至水源,没有这些生产资料,农民们根本无法进行劳作,可以说从一开始就将其牢牢地束缚在这种经济的依附关系之上。即使是那些拥有自己土地的自耕农,由于抵御天灾人祸的风险较大,事实上他们也不得不与这些"乡土权威"自然地依附在一起。因而"依附式宗族"事实上已经不局限于传统的"一家一姓之"中,而是基于地缘利益的一致性而形成的"地缘利益共同体"。但也正是这种"地缘利益共同体"使得"乡土权威"在熟人社会中利用其资本和强大的人际关系,对上形成了与国家政权的合作,对下则形成了对村庄共同体的支配性统治。[③] 正如前文所说,在 1959 年以前,不到人口 5% 的西藏上层贵族占有了全部的耕地、牧场以及大部分牲畜,他们一方面向中央政权"称臣纳贡",另一方面使得超过人口 90% 的"差巴"和"堆穷"

[①] 参见金观涛、刘青峰:《兴盛与危机——论中国社会超稳定结构》,法律出版社 2011 年版,第 31-45 页。
[②] 参见郑振满:《明清福建家族组织与社会变迁》,中国人民大学出版社 2009 年版,第 208 页。
[③] 参见张明新:《从乡规民约到村民自治章程——乡规民约的嬗变》,载《江苏社会科学》2006 年第 4 期。

仅仅能够依附其而生。杜赞奇就认为：这是一种"保护型经纪体制"，"乡土权威"作为"保护人"通过向"被保护人"——村民——提供各种公共服务，比如向国家缴纳赋税、代垫款项、管理村学和村庄自卫等等。① 而这种保护与被保护的关系又进一步加强了保护人在宗教、宗族，乃至于乡土社会中的领导地位。因此，在传统的"乡土权威"看来，一方面他们固然努力地想将村规民约与国家意志相结合，但另一方面为了提高和巩固自身的绝对权威，又时常刻意强调自身的权力，有时甚至不惜与国家法令产生抵触。②

但随着社会结构的现代化，传统的"乡土权威"与村民之间保护与被保护的关系，被现代国家与公民之间的关系所取代。"不可调和的冲突转化为平等主体之间并受规则约束的理性论辩与交流。"③ "乡土权威"失却了其赖以提供公共资源的政治资本，蜕化为一种"能人"抑或"贤人"。这意味着他们变成仅仅在经济、个人能力或道德上享有一定权威的普通乡村精英，而无法将这些优势转化为政治优势，以获取某种支配性地位。比如，现在各地兴起的"乡村致富带头人"，这些"能人"往往在经济上享有某些优势地位，但这种优势地位对村民所形成的影响与现代"公司管理制度"实际上相差无几，④ 也即更像是一种雇佣与被雇佣的关系，带有更多的自由色彩。事实上，即使他们担任了某些村内职务抑或获得某项荣誉，也并不意味着其获得了某种权力，这并非某种支配与被支配的关系，至多算是一些普通利益。但与之相对却会赋予其更强的义务，比如R市《PJ村村规民约》第3条规定："出于私利而捏造事实，陷害、诽谤、诬告他人的，将在村民大会上予以公开批评教育，对其办理各类资质、贷款、通行证等行为村委会不予支持，取消担任双联户长、村干部资格，是党员的按照党纪处理，造成严重后果的要依法追究相关责任。"

二、文本表达的国家化

法律是一国主权的最高表现形式，可以说对法律认同就等同于对国家认同。而法律认同发轫于人和国家的互动之中，使得个体对国家法律体系产生强烈的信服感。村规民约作为一种社会规范，体现了地方与国家相结合、自发与强制相结合的双重特点。⑤ 正如寺田浩明所说，其存在自上而下的命令和基于相互合意的合约两种混合状态。所以其能够一方面向上衔接国家法的要求，另一方面则向下结合西藏自治区实际状况，以真正贯彻基层民主自治制度。这两者共同构成了国家利用村规民约来进行乡村治理的权力来源。⑥ 因而村

---

① 参见[美]杜赞奇：《文化、权力与国家》，王福明译，江苏人民出版社1996年版，第148-150页。
② 参见党晓红、樊志民：《传统乡规民约的历史反思及其当代启示——乡村精英、国家政权和农民互动视角》，载《中国农史》2010年第4期。
③ 杨力《新农民阶层与乡村司法理论的反证》，载《中国法学》2007年第6期。
④ 参见周怡：《共同体整合的制度环境：惯习与村规民约——H村个案研究》，载《社会学研究》2005年第6期。
⑤ 参见董建辉：《"乡约"不等于"乡规民约"》，载《厦门大学学报（哲学社会科学版）》2006年第2期。
⑥ 正如赵鼎新所说，"合法性问题在很大程度上来说就是国家统治的依据问题。"参见赵鼎新：《国家合法性和国家社会关系》，载《学术月刊》2016年第8期。

规民约的合法性基础,使得其能够提供一个整合各种法律信息并最终生成法律认同的平台。① 正如苏力所认为的那样,村规民约必然在同国家法的互动过程中,不断受到国家法价值的影响,以逐步改变人们已有的行为模式和规范,最终从根本上改变村规民约。② 这体现在:一方面,《宪法》和《村民委员会组织法》(以下简称"《组织法》")确认了村规民约的效力;另一方面,村规民约的行为模式和法律后果在不违背国家法的基础上,可以根据乡土社会的实际予以细化和具体。③

(一)国家宪法、法律的确认

国家宪法、法律是村规民约的法律渊源。正如习近平总书记所说,"要通过群众喜闻乐见的形式宣传普及宪法法律,发挥市民公约、乡规民约等基层规范在社会治理中的作用,培育社区居民遵守法律、依法办事的意识和习惯,使大家都成为社会主义法治的忠实崇尚者、自觉遵守者、坚定捍卫者。"④ 根据调研的实际情况,西藏自治区在落实国家宪法、法律作为其效力来源时,具有两种不同的方式。⑤

第一种,在村规民约的前言部分进行确认。包含 R 市 BM 村在内的 42 个村庄都在前言中就我国宪法、法律,或者民主法治精神等内容进行了明文规定。比如,以 R 市 BM 村村规民约⑥为代表的 38 个村庄就采用了同一种模式。而 R 市 SD 村村规民约虽未点名"法治"一词,也使用了"为进一步加强村民的法制观念,维护社会稳定"的相关表述。除此之外,L 市 TG 村村规民约⑦、R 市 GD 村村规民约⑧、S 市 JB 村村规民约⑨更是采取严格意义上的国家法概念,明确国家法作为村规民约的法律渊源。

第二种,在村规民约的正文部分进行确认。包括 S 市 JB 村在内的 45 个村庄均在正文中明确了"要学法、知法、守法,自觉维护法律尊严。"其目的指明村规民约的重要作用之一,就是要使村民遵纪守法,自觉维护法律尊严,并同违法犯罪行为作斗争。特别是以 R 市 BK 村为代表的 6 个村庄,依据 R 市 2019 年颁布的《村规民约(指导意见)》进行规

---

① 参见林坤:《论法律认同》,载《湖北社会科学》2012 年第 12 期。
② 参见苏力:《法治及其本土资源》,北京大学出版社 2015 年版,第 44 - 78 页。
③ 参见池建华:《从村规民约看乡土社会规范的多元性》,载《学术交流》2017 年第 5 期。
④ 中央政策研究室编:《习近平关于全面依法治国论述摘编》,中央文献出版社 2015 年版,第 91 页。
⑤ 需要注意的是这两种不同的方式并不互斥,可共同使用。
⑥ R 市《BM 村村规民约》前言中规定:"全面提升本村民主法治建设和民主自治能力……结合新时代农村现代化、法治化、规范化建设目标任务和本村实际以及'村规民约指导意见',特制定本规约。"
⑦ L 市《TG 村村规民约》前言中规定:"以国家宪法和各种法律法规为准则,结合实际情况,现将我村村规民约修改制定如下。"
⑧ T 市《GD 村村规民约》前言中规定:"为了全面完成'十三五'规划打好基础,我们执行党的路线和方针政策,以及国家的法律法规,为了加强我村经济发展和社会稳定、长期和谐、发扬民主、法制建设,按照相关法律法规以及本村实际情况于 2017 年 11 月 25 日制定的村规民约如下。"
⑨ S 市《JB 村村规民约》前言中规定:"根据《中华人民共和国宪法》和《村民委员会组织法》等有关规定,本着自我管理、自我教育、自我服务、自我约束的原则,经本村村民代表会议讨论通过,特作如下约定。"

定，分别在正文第 1 条、第 13 条、第 15 条、第 16 条以及第 17 条的内容中确立国家宪法法律的权威，以及法治精神的内涵。①

两种方式均以明示的方式，宣示了国家宪法、法律的地位，以及现代法治精神。这种宣示的目的不仅在于确认村规民约不得与国家法相抵触，更重要的在于用村规民约的手段确定了村民对于国家的归属关系。因而有助于维护国家法制统一，促进国家法律认同。当然也有个别村庄并未规定上述内容，比如 R 市 ZXP 村、XB 村和 CQ 村就未对此进行明确规定。②但其仍会以道德约束的方式，确立一些制度性内容以此来促进国家认同。这些制度性内容往往都会在正文中予以规定，比如规定开展"四讲四爱"主题教育活动、升国旗奏国歌或者家中悬挂国旗等内容。这些方式固然会带有一些理念的、甚至信仰意味的意识形态表达关系，但如果仅仅靠物质激励和惩罚事实上也不可能真正将村规民约整合进国家制度之中。因而国家也需要用精神的激励去吸引、教化这些公民化了的"村民"，使他们自觉依赖国家、信仰国家，正如国家本身依赖公民个体去获得财富和力量一样。③

（二）对国家法进行重述或遵循

村规民约作为一种社会规范，其主要目的是为了规制村庄共同体成员的行为。因此其在逻辑结构上必然与法律规则有着相似之处，而根据传统学说，"行为模式"被视为法律规则的核心要素。其实际上都是在描述应当做什么，禁止做什么和可以做什么。④而这背后则映射了国家意志对其认可或否定，村规民约也正是在这个意义上对国家法进行重述或遵循，进而坚守国家法律的底线。除此之外，也只有清晰准确地告知村民应当遵循的"行为模式"，才能使他们易于接受。比如，本次调研的 53 个行政村落都规定了：严禁打架斗殴、酗酒滋事、聚众赌博、盗窃财物等内容，以及严禁无证驾驶、酒后驾驶、未成年人驾驶车辆等行为，以符合《刑法》《治安管理处罚法》的相关规定；依法依规参与宗教活动，不得私自修建玛尼拉康和其他宗教活动场所及设施，以符合《宪法》对宗教自由的界定；赡养老人，抚育子女，男女双方必须达到法定结婚年龄后方可结婚，以符合《民法典》中婚姻家庭编的相关内容；保护未成年人的合法权益特别是受教育的权利，严禁以任何理由拒绝将适龄儿童送往学校就读，鼓励子女完成高中、中职教育，以切实保障民众的受教育权等内容。除此之外，权利义务的相关规定也被作为一项重要内容而被添加进去。

---

① R 市《村规民约（指导意见）》第 1 条："依据党的方针政策、国家法律法规和公序良俗，制定本规约。"第 13 条："坚决维护《宪法》权威，自觉遵守国家法律法规，正确行使公民权利，切实履行公民义务。"第 15 条："自觉维护法律权威，积极与偷窃、敲诈、'黄赌毒'等违法犯罪行为作斗争，做到敬法、守法、护法。"第 17 条："坚持讲法治、讲秩序，自觉维护社会秩序和公共安全，不扰乱公共秩序，不阻碍执行公务。"

② 如 R 市《ZXP 村村规民约》第 24 条规定："全体村民特别是党员干部要坚持每周星期一以及'建党节''国庆节'等重大节日升国旗奏国歌，未经村党支部许可，不得迟到或无故缺席。"

③ 参见周怡：《共同体整合的制度环境：惯习与村规民约——H 村个案研究》，载《社会学研究》2005 年第 6 期。

④ 参见赵树坤、张晗：《法律规则逻辑结构的变迁及反思》，载《法制与社会发展》2020 年第 1 期。

如日 R 市 CQ 村村规民约就在其各个分章内容之前规定了一个"小前言",比如"第一章 积极参加村级事务"规定到:"参与村级事务是村民的权利,也是村民的义务。每名年满十八周岁的村民都应热情饱满、态度积极、认真负责地参与村级事务。""第二章积极发展教育事业"规定:"接受教育是每名公民的基本权利。适龄儿童及时入学是儿童的基本权利,也是家长应尽的义务。每名村民都应珍惜宝贵的职业技术、就业技能培训的宝贵机遇。"这些"行为模式"不仅在文本上试图模仿国家法,且精神内核上也注重与国家法治精神相一致。

而对于"行为模式"所连接的"法律后果",则在不违背国家法的基础上,尽可能根据乡土社会的实际予以细化和具体。除了传统村规民约惯用的罚款和批评教育之外,情节严重的还会取消当年集体经济分红或者产业分红,有生态岗位的取消年次资格,以及取消所在联户"先进双联户"①创评资格,并将罚款用于村公益事业和模范文明家庭表彰。更为严重的情况,如涉及违法、犯罪的,则会移交上级部门或者是司法机关进行处理。比如过去常见的打架斗殴、酗酒滋事、聚众赌博、盗窃财物等治安行为,往往会由村内处以一定数额的罚款,但若情节严重,则必须上报县公安部门予以处罚。这一情节性的区分,构成了"官治"和"民治"之间的界限。另一个更鲜明的例子是针对违法驾驶行为,它们通常规定"无证驾驶、酒后驾驶、未成年人驾驶车辆等行为,一经发现处 100 元以上 500 元以下罚款,并报县交警部门予以处理"。因违法驾驶行为并不属于"民治"的范畴,故而村庄在上报国家处理的同时,村集体内部也给予一定的处罚,具有双重否定的性质。可见村规民约自身具有社会治理的功能,也能够推动国家法律的社会化。②

三、参与实践的民主化

即使村规民约有着近乎完美的文本表达,也并不意味着它在实践中就能获得良好的执行。③ 事实上,"部分村民民约被改造后虚化为一种形式化的文本,形同虚设。"④ 这表明:国家完全有可能在"说一套,做一套",也即文本表达是一回事情,参与实践又是另一回事情。⑤ 有学者认为,这是因为"国家施于农村的法律,未必都契合农村的实际,国家法的运作在许多方面并不能很好地满足村民的需要和解决他们的实际问题。尤其在边远少数

---

① "先进双联户"指西藏自治区所实施的"联户平安、联户增收"的创新管理机制。
② 参见吴冬梅:《乡规民约的合理性及其与国家法律的协调》,载《湖南农业大学学报(社会科学版)》2012 年第 2 期。
③ 张静就认为许多村规民约仅仅具有文字表述的意义。参见张静:《乡规民约体现的村庄治权》,载《北大法律评论》(第 2 卷),法律出版社 1999 年版,第 6—7 页。
④ 周铁涛:《村规民约的当代形态及其乡村治理功能》,载《湖南农业大学学报(社会科学版)》2017 年第 1 期。
⑤ 黄宗智在考察清代民事法律制度时,认为其表达与实践存在相互背离的现象。参见[美]黄宗智:《清代的法律、社会与文化:民法的表达与实践》,法律出版社 2014 年版,第 8—17 页。

民族地区，国家法律与乡土生活的难以契合表现得就更为突出。"① 甚至于在过去西藏自治区的村规民约也存在口号性强，操作性差的情况。② "现代国家对国家认同的需求，不是源于国家的整合性与统治性，而是源于人的独立性与自主性。"③ 但根据笔者在西藏自治区的调研发现：其正在通过参与实践的民主化，使得村规民约发挥其应有的作用。这一方面是因为其囿于自身人力的局限，不可能使得国家权力过度侵入地方事务，"地方自治"存在其应有的制度空间；另一方面则是因为通过公开化、程序化的参与方式使得民众能够在协商中、参与中、实践中逐渐树立起对村规民约的认同，以及对国家的认同。

（一）执行村规民约的有效性

村规民约并非是对国家法律、政策的简单归纳汇总。在过往的实践过程中，由于片面追求与国家法的一致性，使得村规民约的条文和内容大大简化，沦为一种纯粹的"倡议书"。④ 在笔者所在调研组对西藏自治区进行考察的53个行政村，大概存在9种模式：（1）以R市BM村为代表的38个村庄，从社会公德、家庭美德、个人品德、其他、附则五个方面进行制定，通常包括15条，5000多字；（2）以R市BK村为代表的6个村庄，依据总则、分则的体例进行制定，通常还会附加本村实际情况，内容大概8000字左右；（3）以R市XB村为代表的3个村庄，直接从日常会议、教育管理、农业生产、牲畜业生产、林业管理、公共基础设施、土地使用、环境整治、社会治安、精准扶贫方面等方面进行规定，内容大概2000字左右；（4）R市SD村则从社会安全、消防安全、村风民风、团结统一、联姻家庭方面进行规定，包含27条，6000多字的内容；（5）R市GD村则从十三项管理制度出发，包含3000多字的内容；（6）以R市CQ村为代表的DQ乡各村，将村规民约分为十章45个条款，个别章之前还会有一个小前言；（7）L市TG村则直接规定了十六项内容；（8）S市JB村则从八个方面规定了40个条款，大约3000字左右；（9）R市ZXP村直接规定了25条内容，包含了1200多字的内容。

这其中的村规民约，大多数并未按照政府指导意见的范本来制定，仅仅包括R市BK村在内的6个村庄采取了这一形式。尽管村规民约在内容上大同小异，但其形式却十分多变，这意味着绝大部分村庄是根据自身对村规民约的理解来制定的。而经由民主程序制定的村规民约，获得了村民的认可，也体现了村庄的集体意志，因而其可以在村庄治理问题上严格依照村规民约处理。比如R市BM村在处理宅基地违建和产业分红等问题上就严格按照当地制定的村规民约来处理，其村规民约第14条规定："本村规民约由村务监督委员

---

① 田成有、欧剑菲：《少数民族地区村规民约的变迁与调试》，载谢晖、陈金钊主编：《民间法》（第3卷），山东人民出版社2004年版，第302页。
② 参见吕志祥：《藏族习惯法：传统与转型》，民族出版社2007年版，第300页。
③ 林尚立：《现代国家认同建构的政治逻辑》，载《中国社会科学》2013年第8期。
④ 参见周铁涛：《村规民约的当代形态及其乡村治理功能》，载《湖南农业大学学报（社会科学版）》2017年第1期。

会负责监督执行由村两委、驻村工作队、村民代表会议决定处理。"当然如果不服村相关处罚，可以向村两委申请复核。这一系列程序性规定，是过去村规民约所不曾有的，极大地促进了民众的积极性，从被动接受法律政策，转为积极拥护法律政策。

不同于过去单纯的上级命令，此次西藏自治区党委政府对村规民约的制定、修订过程极为重视。以率先展开的R市B县为例，其通过创新对干部的管理方式，提高了基层治理的有效性。B县每年都要对村支部进行考核，这其中村规民约占据一个了一个十分重要的地位。该地负责人曾向我们介绍，对村规民约的考核设置了"一票否决"制，凡是村规民约没有得到执行的，村支部书记要免职。这并非是一项单纯的处罚性措施，其背后还涵盖了奖励性措施。因而可以有效地防范其仅仅成为"挂在墙上的摆设"和上级部门检查、考核的工具。根据笔者走访得知，在当地如果一个村支部书记干得比较好的话，一年下来补贴全部拿完可以拿到4万多元，这一水平基本上等同于R市城镇人均可支配收入。因而其提高基层治理有效性的核心在于"设计了一个合理的激励机制，阻止自由裁量权演变成为'合法伤害权'，将'掠夺之手'转化为'帮助之手'，实现官员个人利益与治理目标的激励兼容。"[①] 这样村干部就成为村规民约权威的维护者，而非简单地照搬、照抄，许多矛盾也随之被化解在基层。据统计，白朗县法院去年受理的案件大约为170多件，其中绝大多数都是刑事案件。民事案件较少，且以经济合同纠纷和借贷纠纷为主。一般的家事纠纷，如离婚、分家等，大约90%在庭前都能够达成调解。国家由此成了村规民约的指导者和纠纷解决的裁判者，大大提高了民众对国家的政治认同、情感认同，且可以通过一个"宣讲者""教育者"的形象促进民众的法律认同。

在过去政府往往喜欢直接介入村庄事务，但效果往往并不理想。这是因为村庄事务所涉及的方面，与日常生活息息相关，故而十分冗杂和繁复，且不易处理。比如在西藏自治区，儿童的义务教育与宗教信仰之间的问题，不注意个人卫生、环境卫生的问题，奢侈浪费的问题，甚至于懒惰的问题等等。这些问题很多涉及个人行为、品德和思想方面，政府并不好直接处理和介入，但一味地忽视也会酿成严重的社会问题。正如列奥·施特劳斯所说："法律必须同习俗相关，它必须追随习俗。但法律在追随习俗的过程中，必须矫正习俗的弊端。"[②] 但是法律与习俗毕竟分属不同领域，难以直接对其干涉，而村规民约则在此起到了良好的衔接作用。因为村规民约在某种意义上与习俗更为相近，用习俗去矫正习俗，远好过法律直接介入。比如，在旧西藏男孩在很小的年纪就要入庙为僧，这固然可能使得其接受一定的文化教育，但在极小的年级遭受宗教灌输，事实上也使其失去了辨别能力。而女孩由于社会地位的低下，往往无法接受教育。因而在村规民约中往往会有强行性内容以切实保障青少年完成15年免费教育，并且禁止未满十八周岁的青少年入寺为僧。R

---

① 参见周黎安：《转型中的地方政府：官员激励与治理》（第二版），格致出版社2017年版，第15-16页。
② [美] 列奥·施特劳斯：《从德性到自由——孟德斯鸠〈论法的精神〉讲疏》，黄涛译，华东师范大学出版社2017年版，第469页。

市CQ村村规民约"第二章积极发展教育事业"的前言部分中就指出:"接受教育是每名公民的基本权利。适龄儿童及时入学是儿童的基本权利,也是家长应尽的义务。"

除此之外,各个村庄还针对欢送、接风、丧礼等按照一切从简的原则,禁止铺张浪费,大搞排场,还鼓励人们积极劳动、致富脱贫。比如R市BK村村规民约第32条就规定:"提倡'穷而知耻、贫而思变、富而感恩',克服'等靠要'思想,自力更生、艰苦奋斗、勤俭持家。"除此之外,村规民约还对家庭卫生和个人卫生、甚至消防安全等内容作出规定,以切实实现乡风文明。如R市BM村就规定:"要维护公共环境和村容整洁,保持自家庭院干净和个人卫生。不乱倒垃圾、不乱堆粪土、不乱排污水、不乱停放车辆,自觉保持村内公路、河道、沟渠等场所干净整洁、通达畅通,村内公共垃圾做到日产日清,对乱丢乱倒垃圾影响公共卫生的,一经发现每次处50元罚款。"SD村村则规定:"禁止野外生活,防止草场、山林火灾的发生。在家生火时,必须要远离易燃易爆品,出门必须熄灭火源,及时消除火灾安全隐患。"由此,通过村规民约可以达到移风易俗的目的,引导民众自觉树立社会主义核心价值观。

(二)民主参与促进国家认同

健全程序性机制,是确保村规民约有效的基础所在。正如亨廷顿所说,"进行有意义选举的前提是要有一定水准的政治组织。问题不在举行选举,而在建立组织。"[①] 在L市调研时,村庄干部就曾谈道:"如果村民们没有参加村民会议或村民代表会议进行表决,他们就会说我不受这个约束。"在2018年以前,我国现行法律体系和政府文件中,对于村规民约的制定流程基本没有规定。《组织法》也并未直接规定村规民约的制定或修订程序,仅在第27条明确村民会议为村规民约的制定主体。《西藏自治区实施〈中华人民共和国村民委员会组织法〉办法》第20条进一步明确,制定和修订村民自治章程、村规民约,须经村民会议讨论决定方可办理。《西藏自治区村务公开民主管理实施办法》第3条第2款规定,"通过召集村民会议讨论制定村民自治章程、村规民约等制度。"而村规民约的制定或修订过程,是由民政部等七部门于2018年12月联合下发的《指导意见》所规定的,其一般应当涵盖五个步骤:(1)征集民意;(2)拟定草案;(3)提请审核;(4)审议表决;(5)备案公布。而如果依照《组织法》及其相关规章的规定,制定或修订村规民约属于"村级重大事项",根据2018年修订的《中国共产党农村基层组织工作条例》第19条规定,村级重大事项决策应实行"四议两公开"。所谓"四议两公开"是在2004年由河南省邓州市率先提出的,内容包括村党组织提议、村"两委"会议商议、党员大会审议、村民会议或者村民代表会议决议,决议公开、实施结果公开。尽管这两者的制定主体、性质

---

① [美]塞缪尔·P.亨廷顿:《变化社会中的政治秩序》,王冠华等译,沈宗美校,生活·读书·新知三联书店1989年版,第7页。

不尽相同，但二者均构成村规民约的程序性保障，而是否有程序性保障也成为衡量乡村依法治理水平的重要标准。根据《"全国民主法治示范村（社区）"建设指导标准》第7项规定，"程序完整"是衡量基层民主规范有序的重要标准。

西藏自治区的村规民约是严格按照"四议两公开"和《指导意见》规定的程序产生的。这两者在内容上会有一定的重合，但我们完全可以将《指导意见》中对村规民约的制定、修订过程视为"四议两公开"的一种具体运用。根据笔者所在调研组走访，发现西藏自治区村规民约的制定、修订与寺田浩明所说的"首唱和唱和"过程存在极大的相似性。其往往会先由党委政府出台一个指导性文件以作为"首唱"，比如R市的《村规民约（指导意见）》就认为其应当涵盖十项原则性内容：倡导爱党爱国爱社会主义、倡导团结统一、倡导遵规守法、倡导共建共治、倡导文明新风、倡导科学进步、倡导生态和谐、倡导勤劳致富、倡导邻里和睦、倡导孝老爱亲。这些内容被认为是村规民约必须涵盖的内容。除此之外，各村可也以根据自己的现实状况予以其他的具体规定，处罚方式也可自行决定，比如有些村庄就要处理草场纠纷的问题、有些村庄则存在共牧的问题，指导性文件对此并不做具体要求。当然这些具体规定都是在村"两委"广泛征求群众意见的基础上所形成的，并由此形成一个草案。在草案形成以后，先征询村干部和村里面党员的意见，还有一些户主的意见。根据意见修改后用汉、藏双语进行公示，同时向全村村民征求意见，根据全村收集上来的意见再修改完成，交由村民会议投票，投票通过后同样用汉、藏双语予以最终公示。这一系列的村内协商过程都可以被视为一种"唱和"过程，即由国家提出主张后，众人群起相和。

通过这一民主参与过程，不仅使得民众能够保障自身权益，更为重要的是他们在协商的过程中，能够逐渐明晰自身权利和义务，并通过权利和义务来了解国家法律政策，从而真正达到认同国家、认同法律、认同现代法治精神的目的。比如在旧西藏的历史中，尽管有一夫一妻的传统，但妇女却不能参政议政，更不能自由选择婚姻，婚后还要承担所有的家务。因而西藏自治区村规民约在否定藏区习惯法的同时，更为重要的是鼓励妇女行使自身权利，参与社会事务。[①]《指导意见》就规定在审议表决中，"应遵循《村民委员会组织法》《城市居民委员会组织法》相关规定，并应有一定比例妇女参会。"在S市的走访过程中，有女性受访者表示村里的《村规民约》有征求过她们的意见，也举手表决过，并且其是作为一家之主去按的手印。还有女性受访者谈到，她参加了村里《村规民约》的投票，村里也有《村规民约》的宣讲，让她印象深刻的是，比如说灌溉、维修水渠、占地等都可能会有一些罚款的规定，她都参与了这些制定过程。

更令人欣喜的是，西藏自治区目前正在积极探索村民组织的"小微权力清单"。比如哪些事情可以由村支部来决定，哪些事情可以由村委会来决定，哪些事情只能由村民会议

[①] 参见刘艺工、刘利卫：《关于甘南藏族婚姻习惯法的实证研究》，载《法制与社会发展》2009年第6期。

或村民代表会议决定，各个组织又必须遵循什么样的程序来决定，这些程序所产生的决议同样要公开，并且不能是简单的财务公开。根据当地负责人描述，以两村土地流转和征用问题为例，这显然就不是村两委可以处理的问题，必须要召开村民会议或村民代表会议，通过协商使得每一户都觉得这个条件能够接受了，才能最终签署这个协议。可以说在这个意义上，西藏自治区真正形成了"党政领导，综治协调，公众参与，社会协同，法治保障"的社会治理方式，通过遵循法治原则，依循公开程序，贯穿直接民主形式，并由此将"自治、法治和德治相结合"，形成共建共治共享的乡村治理格局。[①]

结语：进一步规范民族地区的村规民约

正如习近平总书记在中央第七次西藏工作座谈会上所说，西藏工作的着眼点和着力点就是维护祖国统一、加强民族团结。西藏自治区的乡村治理实践，不仅"具有民族性、边疆性的西藏社会治理总体特征，又面临脱贫攻坚、改善民生、乡村振兴等西部乡村治理的一般特征。"[②] 倘若我们片面忽视西藏社会治理总体特征，只关注一般特征，则会使得社会治理问题仅仅停留在"有效性"的问题上，而无法向"合法性"迈进。

自中央第六次西藏工作座谈会以来，在党和国家的支持下，西藏自治区地方政府开始加大财政支出，以切实解决民生发展问题。在教育方面，西藏自治区已全面落实15年免费教育、三包、营养改善计划，教育公益普惠充分显现；在社会保障方面，也积极落实国家精准扶贫战略，着重对老年人、残障人、贫困户、学生等社会弱势群体加大补助力度。这些在过去本应由村庄共同体所承担的"积极义务"，已逐渐被国家所取代，削弱了村庄本身作为一个"封闭集体"的内聚作用。村规民约转变为一种以"消极义务"为主的社会规范，这从根本上建构起了现代国家与公民之间的权利义务关系。在这一背景下，村规民约的主要任务就是要维护好、调整好这一权利义务关系。可以说民族地区的村规民约是在"谋长久之策，行固本之举。"当然，西藏自治区的村规民约也并非尽善尽美，很多内容也会与现代法治精神相违背，仍需要进一步的完善，具体为：

第一，要突出、强化村党组织、村民委员会的作用。尽管村民委员会是法定的自治机关，但它同时某种意义上也代表了国家意志。根据《中国共产党农村基层组织工作条例》第19条规定："村'两委'班子成员应当交叉任职。"《指导意见》中也同样把村"两委"作为核心机构，其承担了征集民意、拟定草案、提请审核、备案公布等重要的组织程序，并发挥价值导向和底线守护的作用。

第二，制定合理的激励机制，防范流于形式、成为摆设。通过创新对干部的管理方式，来提高基层治理的有效性。着重加强对村支部的村规民约工作进行年度考核，并相应

---

① 参见汪世荣：《"枫桥经验"视野下的基层社会治理制度供给研究》，载《中国法学》2018年第6期。
② 李雅娟、方晓玲：《乡村振兴视阈下的精细化治理研究——以西藏乡村网格化治理为例》，载《西藏研究》2020年第1期。

地设立奖惩机制，以充分调动村干部的积极性。抓住领导干部这个关键少数，将"掠夺之手"转化为"帮助之手"，实现官员个人利益与治理目标的激励兼容。

第三，应以指导意见的形式来规定国家认同的内容，社会治理的细节部分应当留待村民自行协商。同习惯法一样，国家认同的内容应当通过村民自治的方式写入村规民约。国家认同应当是一种必备内容，村民可以在此基础之上，自由增添内容，甚至是变换形式。根据实践调研的观察，国家认同的内容最好规定在前言部分，以及在第1条规定"依据《宪法》和《村民委员会组织法》……"的相关内容。这一方面是因为体例编排上更接近于我国法律规范，另一方面则是村规民约中的国家认同内容往往是意识形态建设，不涉及具体的行为，规定在前言部分中可以防范村规民约沦为纯粹的"道德说教"。

第四，通过法律工作者对村规民约进行审查。在过往的实践过程中，村规民约有以"私刑"代替"公刑"的案例。甚至部分内容可能违背国家法的相关规定，以至于本意是为了维护村庄秩序，但却产生违法、犯罪的问题。通过引入法律工作者进村规民约的制定过程，使得村民们能在协商过程中，就解决这一问题。并且能够在与法律工作者的互动中，使得协商过程与普法过程二者相统一，以进一步强化法律认同。

第五，尽可能以义务劳动代替金钱处罚。村规民约作为一个社会规范，显然应当具有一定的强制性。如果失却了这种强制性，那么村规民约就成为某种"道德说教"。目前大多数民族地区仍习惯于用罚款来解决问题，这固然能够起到一定的作用。但有些地区动辄上千元的处罚，则显得过于沉重。根据笔者调研得知，在西藏一些村庄中，开始使用义务劳动来取代金钱处罚。如果是更严重一点的治安案件，则再处以少量的罚款，并将罚款用于村集体建设。这一变化反映了人类社会的文明进步，也体现人们对于法治精神的理解。

Promoting national identity through rural autonomy norms
——53 villages in the Tibet Autonomous Region

Han Zhang

Abstract: in recent years, the norms of rural autonomy have played a positive role in social governance and have been gradually popularized throughout the country. Through the investigation of 53 villages in Tibet, it is found that the state guides villagers to establish national consciousness, civic consciousness and legal consciousness through the norms of rural autonomy. With the modernization of social structure, the subject of collective obligation is gradually replaced by the state from the past countryside, and the "local authority" is also dispelled. The norms of rural autonomy provide institutional constraints for national identity. In terms of text content, through the confirmation of constitution and law and the restatement or observance of national law, the norms of rural autonomy gradually move closer to national law; In practice, the organizational structure of state power continues to shape national identity through the process of democratic participation.

Key words: norms of rural autonomy; Tibet; National identity; Text content; Participation in practice

（编辑：郑志泽）

论民间规范与地方立法的协同治理

——基于鼓浪屿公共议事会的实证考察[*]

张 可[**]

摘 要 当代社会,国家权威主导的法制建构成为社会规范的主体,并与民间规范产生一定程度对立。形成这种规范对立的原因是社会变迁引发的人群离散与新旧权威交替,从而造成两种规范力量内耗。处理规范对立的模式包括放任、压制、共生。通过制度与制度性事实的理论分析,只有修正的共生模式才能达致多元规范并存的理想状态。厦门鼓浪屿地区具有长期居民自治传统,并在今日形成公共议事会制度,为多元规范的共生模式提供实践模板。结合理论与实践,总结消解权威与规范对立的可行制度。既保留民间规范的合意性基础,又使其融入国家法治建设的大格局,促进民间规范与地方立法的协同治理。

关键词 民间规范 地方立法 制度性事实 鼓浪屿公共议事会 协同治理

民间规范是中国传统社会治理的本土资源,但随着现代化推进,传统社会面临解构与重构。[①] 现代化的显著特征之一,是个体解放以及随之而来的多元化趋势。这反映到社会层面,则是传统的熟人社会模式转向流动性更大亦更为包容的社区模式,传统权威被渗透和消解。在规范层面,则是原有熟人社会的习惯、礼教等民间规范可能与国家规范不兼容,产生一定程度对立。[②] 因此,传统社会的解构体现在三方面,一是作为构成社会基本单元的人的解构,熟人社会的固定群体开始离散,流动性增大的结果便是聚居人群具有更

---

[*] 基金项目:研究阐释党的十九届四中全会精神国家社科基金重大项目"完善弘扬社会主义核心价值观的法律政策体系研究"(项目编号:20ZDA055)。

[**] 张可,厦门大学法学院博士研究生,厦门大学立法研究中心研究人员。

① 李友梅:《中国社会变迁:1949—2019》,社会科学文献出版社2020年版,第7页。

② 郭星华、石任昊:《社会规范:多元、冲突与互动》,载《中州学刊》2014年第3期。

大的不确定性。二是传统权威的解构,无论基于礼教的家长制、长老制,还是某些地区存在的自治组织,在现代化潮流中均不得不进行地位调整。三是传统社会规范的解构,规范是社会治理的准则,规范的解构意味着社会规范体系的变迁。传统社会的治理模式正是伴随这种变迁逐步迈向现代化方式。解构之后的重构内容,已涵括在解构的内容说明中,即社会群体的重新组合以及社会权威和规范的重新树立。然而,这种重构过程并非一帆风顺,人的流动性增大与权威的交替将造成新的治理难题。单纯就规范层面而言,民间规范与国家规范的对立将造成规则体系的不融贯,同样不利于社会治理。显然,新旧两种规范缺一不可,实践已经证明,民间规范与国家规范的有机结合能发挥更大的制度实效。① 综上,问题在于何以消解两种规范的对立局面,使其融贯于国家治理现代化的框架下,发挥多元规范协同治理的制度效应。国家规范中,地方立法与民间规范的联系最为紧密。因此,本文在分析规范对立形成原因的基础上,运用制度性事实理论对解决路径作出选择,结合厦门鼓浪屿公共议事会的实践考察,尝试提供民间规范与地方立法协同治理的制度方略,为地方治理现代化与法治建设发挥助力。

一、规范对立:当代社会的多元分化

通过对社会变迁时期的经验考察,不难发现民间规范与当代国家法制尤其是地方立法之间的紧张关系。规范对立背后是时势权力引发的个体差序格局的重构以及新旧权威交替,传统的礼治秩序被现代法律制度所渗透,但法治秩序并未获得社会个体的完全认同。事实是,法治不可能完全抛开传统秩序而独行,因其有所涵盖不到的社会生活领域,民间规范在此依然发挥作用。由此新旧两种规范形式对立起来,造成合意性与强制性的分野。

(一)规范对立的实证分析

民间规范与国家公权力所创制规范之间的对立现象,古今中外比比皆是。不仅发生在特定的社会变迁时期,还发生在历史的各个时期。不仅发生在地方层面,有时还发生在国家层面。不仅发生在少数民族地区,普通地区甚至是经济发达地区也普遍存在。民间规范与国家规范的对立是长期广泛存在的,只有在近代国家立法尤其是地方立法产生以后,矛盾的焦点才转移到本文的论题。而社会变迁时期人员流动性及政治结构调整的加剧,进一步激化了这种对立,使民间规范与立法的冲突凸显出来。规范对立的激化不光是程度性的,在范围上也得以延展,普通地区及经济发达地区规范对立现象相应增长。

民间规范与国家规范之间悠久的对立关系,从古希腊戏剧《安提戈涅》中便可见一斑。此剧在法学界被作为古希腊自然法的体现而为人津津乐道,但容易被忽视的是,其中亦反映出习俗在统治者的法令面前所展现的力量。从本质上看,安提戈涅遵循"天条"安

---

① 姚选民:《论民间法的法治中国担当———一种法哲学视角》,载《原生态民族文化学刊》2020年第4期。

葬其兄，是一种基于伦理和道德的习俗。这一习俗在人类社会长久的进化过程中被神化演义为"神的律条"。从社会角度看，"神的律条"自身当然没有超自然的限制力量，归根结底仍是人们的信奉给予伦理和道德的习俗以规范力。正因如此，黑格尔将安提戈涅之冲突评价为伦理和国家权威的冲突。[1] 而中国的传统社会，一般被认为是"人治"或"礼治"社会，[2] 这两种概念均与法治社会的内涵相去甚远。在一个非法治建构的社会里，最有可能的维持社会稳定治理的方式便是依循礼治秩序和道德习俗。但在这种情况下，国家的律令和司法制度还是存在的，礼治秩序与律令制度的冲突由此产生，古代中国社会的厌讼现象便是一例。[3]《吕氏春秋》所述之"直躬父窃羊案"也是这一冲突的具体反映。直躬者先告发其父偷羊，又请求代父受罪，自言是信且孝，辩护道："信且孝而诛之，国将不诛者乎？"楚王听后便免了直躬父的死刑。[4] 可见，中国古代道德伦理规范强大到足以对抗国家统治权威。

当代中国，随着法治化进程的推进，道德礼法等民间规范虽已失去原有的超然地位，但规范之间的对立现象依然屡见不鲜。以数年前浙江台州九旬老太赡养纠纷案为例，杨老太因年事已高、身体多病，没有经济收入，且丧失生活自理能力，需要子女扶持照顾。但其子女因赡养义务的承担发生分歧。原因是长子早年入赘他家，按习俗无需再承担赡养义务，女儿则认为"嫁出去的女儿泼出去的水"，按习俗也应免去赡养义务。该案主审法官判断，本案纠纷的核心即在于法律与农村风俗的冲突。[5] 另一案是河北赵县村民为制作当地风俗"五道古火会"需要的烟花，被警方拘留，并被法院判处非法制造爆炸物罪。值得一提的是，这一风俗还被文化部门列为非物质文化遗产。[6] 其实，在对烟花爆竹管控一事上，近年来地方立法与民间习俗多有抵触。特殊节庆日燃放烟花爆竹，是中国民间的一项传统风俗。但随着社会发展，许多城市出于安全和环保考虑立法限制、禁止燃放烟花爆竹。目前检索到有两百余座城市的人大及其常委会制定烟花爆竹管理条例或规定，一百余座城市发布相关政府规章。[7]

少数民族地区的习俗规范也时常与地方立法乃至国家法律相左。例如2020年青海省海东市就"移风易俗"专门立法，制定《海东市移风易俗促进条例》。该市境内有汉、

---

[1] ［德］黑格尔：《法哲学原理》，范扬、张企泰译，商务印书馆1961年版，第183页。
[2] 梁治平：《法律史的视界》，广西师范大学出版社2013年版，第74页。
[3] 费孝通：《乡土中国》，人民出版社2008年版，第66－69页。
[4] 纪丹阳译注：《吕氏春秋译注》，上海三联书店2018年版，第190页。
[5] 参见王春：《风俗与法律之冲突如何解围？九旬老太赡养纠纷三子女集体"喊冤"》，http：//www. legaldaily. com. cn/index/content/2017－07/26/content_ 7258333. htm？node＝20908，访问日期：2021年4月4日。
[6] 参见肖光明、李晓伟：《杨风申案二审宣判追踪：非遗要坚持传承发展下去》，https：//www. chinanews. com/sh/2017/12－29/8412729. shtml，访问日期：2021年4月4日。该案后续二审中，法院判定当事人有罪，但免除刑罚。类似案例还有2008年浙江温州泰顺县非物质文化遗产"药发木偶戏"引发的非法制造爆炸物罪名，参见滕理忠，陶京津：《浙江"非遗"传承人表演"药发木偶"惹官司》，https：//www. chinanews. com/cul/news/2008/07－21/1318744. shtml，访问日期：2021年4月4日。
[7] 数据来源于北大法宝法律数据库，以"烟花爆竹"为关键词进行检索。

藏、回、土、撒拉、蒙等 18 个民族居民，风俗习惯复杂多样，该条例针对当地一系列不良民族风俗进行限制。① 再如婚姻制度：苗族素来有早婚传统，一般情况下不论男女均会在 20 岁前结婚，且实行"姑舅表婚"的近亲婚姻习俗，而同姓不婚、抢婚等习俗更是与婚姻自由的法律规定大相径庭。② 壮族地区的走婚习俗也别具特色，俗称"不落夫家"，即男女双方的结婚只是形式上的结合。婚后双方不能同居，女方将回到娘家生活，在此期间双方可以经常互相走动，女方怀孕则正式入住男方家。而纳西族摩梭人的走婚风俗以母系氏族社会为根基，男方夜晚在女方家里留宿后即回自家。双方不建立婚姻关系。即使女方生育，也随母姓并由母系家庭抚养。③ 实际上，少数民族地区的习俗规范与法律的冲突涵盖生活习惯、生态保护、裁判方式甚至刑罚等诸多领域。④ 这也是我国在立法制度上赋予民族自治地方变通立法权的重要原因。

厦门地区两个案例可作为补充说明：

案例一 博饼是厦门中秋传统风俗，每逢佳节亲友相聚一堂，以掷骰子赢取各类奖品。博饼文化流传久远，对厦门人来说具有深刻的文化烙印和不可替代的情感意义。博饼讲求骰子的组合，有一套完备的规则体系。单从形式上看，厦门人经常笑称这是"合法的赌博"。2009 年发生的一案涉及博饼风俗与法律的冲突，起因是厦门一公司委托其员工参加当年的电视博饼大赛，该员工在比赛中一路过关斩将，获得两辆轿车、现金及其他物品等一系列大奖。纠纷也由此产生，公司认为员工是受托参加大赛，因此所得奖项应归公司所有；而员工则坚持博饼并非职务行为，自己是以个人身份参赛，奖品当属本人。协商不成后，双方将案件诉至法院。主审法官认为本案如果从法律角度看，则属委托行为，但在博饼规则中，一般不存在单位委托个人代博的情形，习俗与法律在这一点上对立起来。⑤

案例二 厦门的饮食风俗习惯中，部分菜品会添加可食用药材，例如金线莲煲汤。在传统中医药典里，金线莲有滋补健体之功效。厦门地区饮食偏清淡养生，历来喜爱在食物中添加金线莲等药材，增加营养程度。但随着现代食品监管制度的完善，根据《中华人民共和国食品安全法》（以下简称《食品安全法》）第一百二十三条（六）项规定，生产经营添加药材的食品将予以处罚，使药膳这一传统风俗面临来自法律的限制。虽然《食品安全法》第三十八条规定可添加按传统既是食品又是中药材的物质，但具体名录需由相关部

---

① 徐鹏：《海东地方立法"出手"破除陈规陋习》，载《法治日报》2020 年 8 月 9 日第 7 版。
② 龙正凤：《贵州苗族婚姻习惯法与婚姻法的冲突与调适》，载《贵州民族研究》2015 年第 10 期。
③ 陶自祥：《"不落夫家"：壮族女性走婚习俗的社会基础研究——基于滇东南 X 村女性"不落夫家"婚俗的考察》，载《华中农业大学学报（社会科学版）》2015 年第 3 期。
④ 参见魏叶青：《论少数民族森林保护习惯法及其与国家法的调适》，载《民间法》第二十二卷；曾钰诚、杨帆：《弱化的权威：乡村社会纠纷化解往何处去？——基于西江苗寨"议榔"组织的实证考察》，载《广西民族研究》2018 年第 5 期；苏永生：《国家刑事制定法对少数民族刑事习惯法的渗透与整合——以藏族"赔命价"习惯法为视角》，载《法学研究》2007 年第 6 期。
⑤ 完整案情参见郑金雄、庄玲：《一场博饼民俗游戏引发的讼争——厦门立德置业管理有限公司诉江群如物权确权纠纷案调解纪实》，载《人民法院报》2012 年 4 月 20 日第 3 版。

门制定并公布。直到目前,该目录对金线莲等食品中添加的药材尚未认定。福建省一家食品生产企业就因在产品中添加金线莲,被进货商起诉至法院要求退还货款,并支付十倍赔偿金。① 中国是传统中医药发源地,药膳已传承千年,因此类似案例近年来很多。我国南方各省大多有以药材炖汤的习惯,安徽省就曾发生过消费者投诉餐馆在汤品中添加药材的事件,而该餐馆涉案的花旗参汤、虫草乌鸡汤等均是传统补汤,却在今日与法律规定产生冲突。②

(二) 当代规范对立的形成原因

规范对立本身是现象,是非自我生成的,其背后是社会因素造成的动因。这些社会因素既是原因,也是本文的基本分析思路,是方法论层面的尝试。社会变迁是当代规范对立形成的根本原因。就中国而言,自 20 世纪七十年代末开始的社会变革一直延续到今,业已进入全面深化改革阶段。党的十八大以前,社会生活各方面的剧变自不必多言,中国的城市化进程、传统社会的解构与重构很大程度便发生在这一时期。但问题是,近年来社会人员结构渐趋稳定,社会发展亦得到长足进步,时至今日是否仍有那般剧烈的社会变革现象,值得作为研究民间规范与地方立法对立时的考量因素?中国目前无疑仍处于社会变革期,这可从三方面阐释:其一,我国经济仍处于转型期,经济结构正经历深刻调整。从马克思主义的观点来说,经济的调整是社会变迁的根本原因,必然引起政治的和法治的变动。③ 其二,我国政治的新常态是中国特色社会主义制度的发展和完善,国家治理的体制机制在不断更新。其三,党的十八后,全面推进依法治国的框架体系确立。在中国特色社会主义法律体系建成的基础上,法治体系亟待细化和深化,其中不仅涉及大量立法工作,还涉及执法、司法和社会守法各个领域。

在经济转型引发的社会结构性变革中,经济形态的变换将导致社会群体流动性增强,原有的人群结构被冲散,并依据新的经济形态而重建。同时,社会治理的形式和手段亦将进行深刻调整,进而在政治、文化、生活等各方面产生广泛影响。就民间规范与国家规范对立而言,社会变迁过程中的两点现象,构成其形成的直接原因:第一,人群离散。即个体差序格局的重构导致社会规范合意性削弱,共识基础被动摇。具体表现为人员流动性增大,原有聚居群体发生变动。新近发布的第七次全国人口普查数据显示,我国城镇人口较十年前增加 2.36 亿人,乡村人口减少 1.64 亿人,城镇人口比重提升 14,21%。人口流动

---

① 参见 (2018) 苏 0117 民初 3579 号判决书,https://wenshu.court.gov.cn/website/wenshu/181107ANFZ0BXSK4/index.html? docId = 38343a8866de40b28ffeab8b010fba48,访问日期: 2021 年 4 月 7 日。
② 参见周瑞平:《餐厅菜品含有中药材是否违法?》,载《人民法院报》2017 年 9 月 22 日第 3 版。该案法庭最后认定餐馆在食品中添加药材之行为不违法,判决理由依据的是国家卫计委公布的保健品和药食同源原料目录,并非《食品安全法》第三十八条所提之《按照传统既是食品又是中药材的物质目录》。餐馆在食品中添加的花旗参、石斛、虫草花等并不在后一目录中,且其产品并非保健品,因此在判决理由方面存在模糊。
③ [德] 马克思:《政治经济学批判》,徐坚译,人民出版社 1964 年版,第 2 - 3 页。

性方面，人户分离人口达 4.92 亿人，增长 88.52%；流动人口 3.75 亿人，增长 69.73%。① 以上数据揭示两点重要信息：其一，过去十年间，我国人口流动性进一步增大；其二，人口流动方向主要是从乡村到城镇。传统乡土社会的解构近十年并未停止，而是面临人口加速外流。在此趋势下，原有乡村聚居群体和城市聚居群体均发生较大变动。从涂尔干"机械团结"和"有机团结"的理论视角来看，也许更为清晰。"机械团结"即传统社会的组织形式，维系纽带是成员的高度一致性和归属感；"有机团结"是社会分工开展后的社会组织形式，伴随社会发展而导致的成员差异化，并通过分工合作使差异的成员连接在一起。② 大量人口流动后，从原有聚居群体的成员转变为工人、白领、个体户、知识分子等。原有聚居群体不仅根据人口大规模流动在地域上被重组，还根据社会分工归入新的组织形式，如工厂、公司、学校等，甚至形成新的社会阶层。③ 这对规范治理的深远影响在于，传统民间规范在人群离散下的失灵。人群分散重组以后，新的聚居群体来自五湖四海，不可能用甲村的规矩来管乙村的人，从而不得不借助一种适用范围更普遍、保障实施的效力更强大的规范。传统社会的民间规范往往仅针对一个聚居群体或一个地域发生效力，在千百年未经变迁的熟人社会中，这类规范发挥了无与伦比的治理效能。但随着社会变迁到来，聚居群体的变化使得传统民间规范无所适从。因为其存在的基础——熟人社会和固有的调整对象在加速瓦解、流动。国家意识到传统民间规范力量的削弱后，开始动用国家力量来解决这一期间产生的社会治理问题。但国家规范介入的同时，民间规范并没有消亡。事实是，社会治理离不开民间规范的参与。面对社会变迁，民间规范的任务不是自我消亡，而是顺应形势自我调整。因此，在民间规范面对人群离散进行自我调整的过程中，国家规范一旦介入过猛，规范对立的局面也就形成了。

第二，权威交替。这是指一定区域内，传统民间权威遭到国家权威的介入，失去其主导地位，从而出现权威对抗甚至权威真空的局面。从一定程度而言，社会变迁时期的权威交替是人群离散的连锁反应。这是因为，社会权威的载体是人，权威交替的实质是人群离散使得社会个体的差异格局相应变动，各项社会权力的主体及行使方式亦随之变化。一方面，原本单纯处于家族权威、长老权威治下的个体，可能随着社会经济形势发展，具备公司职员、工厂员工、知识分子等新身份。身份上的变化意味着个体不仅从地域上逐渐摆脱传统民间权威的控制，而且从组织归属上减少对单一权威的依赖性。另一方面，考虑到社

---

① 详细数据参见国家统计局、国务院第七次全国人口普查领导小组办公室发布的《第七次全国人口普查公报（第七号）》。
② ［法］埃尔米·涂尔干：《社会分工论》，渠东译，生活·读书·新知三联书店 2000 年版，第 73 页。
③ 当前中国新的社会阶层，指新经济组织、社会组织中的从业人员。中共中央 2006 年发布《关于巩固和壮大新世纪新阶段统一战线的意见》，指出新的社会阶层人士是统一战线工作新的着力点。2015 年通过的《中国共产党统一战线工作条例（试行）》，对新的社会阶层作出范围界定及相关制度安排。数据统计显示，新社会阶层人数多、分布广，且掌握大量社会资源，成为一股重要的社会力量。参见陈喜庆：《关于新的社会阶层人士统战工作的几个问题》，载《江苏省社会主义学院学报》2021 年第 2 期。

会群体在组织上的重构，社会权威力量的分配状况也会发生相应调整。由于社会权威的载体是社会组织，所以社会群体的组织重构意味着权力的重新分配。在公司、工厂、学校等现代组织形式的生成过程中，对社会群体的统摄力量便已发生深刻变化。现代社会，老板说的话很可能比家族长辈的话管用。这是社会变迁形势下，个体差序格局变化的显著表征之一。生产关系的转变降低了传统社会中族群身份认同的重要性，在一个多元离散的市场经济社会，一般情况下完成学业、工作赚钱、养家糊口优先于族群身份。[①] 权威力量的重新分配是社会层面时势权力的调整，同样对传统民间权威起到削弱作用。当然，以上仅就社会层面而言，在国家层面，国家权威对民间权威领域的介入不以人群离散、社会权威的重新分配为必要前提。但从全局来看，民间权威削弱的总体趋势，为国家权威的介入创造空间。失去原有权威力量统摄之新的社会群体组合亟需一种新的权威力量，这是维持社会合作和运转的基础。在这一基础上，国家权威作为社会变迁下的同意权力，地位得到擢升。社会和国家两个层面广泛的权威交替，反过来也对人群离散产生影响。而新旧权威的交替并非一种权威完全代替另一种权威，形成新的一元和谐秩序。在剧烈的社会变迁中，原本处于封闭状态的民间权威开始融入国家统筹治理的大格局。因此，权威交替是各种权威力量交相进行的，是一个融合的过程，充满摩擦、碰撞与对抗。并且在现代多元一体的有机社会中，这种状态将长期持续。权威交替与规范对立的直接关联在于，组织权威的具象化便是该组织的制度规范。权威交替本质上是有组织力量之间的对抗与合作，具体表现之一正是组织规范之间的对立。民间规范效力弱化的背后，是民间权威的弱化与国家权威的介入。

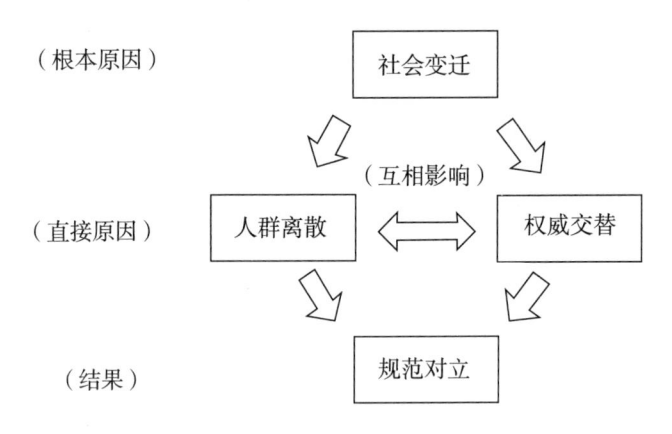

图1 当代规范对立形成的逻辑关系

---

① 传统中国社会，也有外出求学、从商、为官的人，他们流动性较强，受传统民间权威的支配较小。但传统中国社会总体上是儒家礼教文化主导的农耕社会，族群聚居是常态，背井离乡是少数，传统民间权威发挥的作用非常大。参见费孝通：《乡土中国》，人民出版社2008年版，第2-7页。

二、模式选择：规范对立的解决路径

"有机团结"的社会，不仅具象化为人群中个体的分工与合作，从宏观的现代意义上讲，还应该是各类社会权威、制度规范的多元并存、有机合作。在此情形下，我们需要考虑的问题便是，如何使民间规范与国家规范更好融合，以减少不必要的力量内耗，增加各类规范发挥合力所产生的社会治理效能？要解决这一问题，需明确三点思路：一是规范融合的层级为何？民间规范与国家规范之对立是多层次多地域的，民间规范是与国家法律融合，还是与地方立法融合，抑或同时融合，应得到明确。二是在社会变迁的整体形势下，规范融合的模式为何？即一种规范主导另一规范，还是一种规范融入另一规范，抑或两种规范并存发展。三是对模式选择的理据为何？即这一选择是否符合当前形势，符合社会治理的根本需要。

（一）处理规范对立的层级与模式

规范融合的层级应限定在地方立法层面，这是因为：其一，地方立法有地域优势。相比于国家法律，地方立法在地理上离民间规范的实施范围更近，便于详细了解当地民情。其二，地方立法与民间规范的内容更具相关性。民间规范内容一般贴近生活，事项较为琐碎，且包含浓厚的地方特色。地方立法的规范内容与民间规范重合度较大，同样需顾及地方特色。其三，地方立法与民间规范之融合具有程序优势。国家层面的立法程序比地方立法繁琐，民间规范与国家法律融合的成本比地方立法高。其四，地方立法可成为民间规范与国家法律冲突的缓冲调和地带。借助地方立法优势，可从地方层面吸收、引导和规制民间规范，进而使民间规范融贯于国家法律体系。

从逻辑上讲，对待任一矛盾或者对立状态之基本态度有三种，即放任不管、偏向一方或居中调和。矛盾无处不在，且有主次大小之分，产生的背景和具体情形各有不同。所以，对待矛盾的态度没有统一标准，而是根据具体矛盾采取具体态度，进而思考具体对策，才能有效解决矛盾对立所带来的问题。在选择态度之后，进一步的问题是根据态度安排对策。民间规范与地方立法之间的对立，在三种态度之下有放任、压制、共生三种处理模式。

首先，放任模式意味着忽视规范对立的现状，采取不处理的处理态度。忽视的根源在于，既不认为民间规范或地方立法是不必要的，又不认为处理两种规范的对立是必要的。放任模式可能认可民间规范和地方立法在社会治理中发挥的不可替代作用，或直接对此问题不予考虑。在处理的具体手段上犹疑不决，或根本没意识到规范对立的消极影响。这一模式冀望于社会自身机理消化规范之间的矛盾，治理主体之干预带来的结果不确定，主观能动性的发挥空间被严格限定。这种顺其自然的态度对事态发展的评估类似于达尔文的"进化论"，即规范的有效与否、存在与否不由治理主体决定，而要顺应社会形势的优胜劣汰。最后的结果便是最优的选择，对结果的说明已蕴含在过程中，这可理解为规范层面的"适者生存"。从政治层面而论，放任规范对立是典型的"无为政治"。① 其市场在于，千百年来自生形成的民间规范也好，因社会变迁介入民间规范治理领域的地方立法也罢，都非某个主体意志决定。是故今日的规范对立，最终解决也应顺其自然。主观干预不符合规范生成和发展的经验，且可能毫无作用或产生反作用。放任模式看似将选择的权力交给社会自身，有其理性依据。但实质上是将解决方案托付给时间，而时间不具备规范性和理性。因此，该模式存在一个悖论：社会自我解决矛盾的基本前提是社会合作，而社会合作需要框架和规范。在规范空白的前提下，社会可以形成合作并产生规范；在一元规范主导的情形下，社会合作正常进行；但在规范对立的情势中，因缺少规范遵循，社会合作和纠纷解决难以实现。放任不管，社会矛盾将不断积累，又如何依靠社会合作解决规范对立？实际上，权威交替和规范对立发生时，需要治理主体凭借理性力量重新建构社会合作、矛盾解决的规范和框架。这其中，治理主体的确定要么是对立的一方服从另一方，要么是双方合作。我们得以将目光转移到压制、共生模式。

其次，压制模式的主张者是以规范对立双方中的一方为基本立场，对另一种规范实行吸收吞并或者直接取代。就此看来，压制模式的问题原点在于，怎样选择基本立场，并以哪一方来压制另一方。在讨论本文之规范对立时，规范应用的场域限定在社会治理。这里的社会不是传统的乡土社会，而是多元分化的当代社会。当代社会治理不可能完全摒弃国家规范，未尝有以国家形式存在而不以国家规范进行治理的社会。至少以目前的认知，放弃国家规范意味着国家名存实亡。所以，在压制模式的语境中，基本立场只可能是地方立法，也只能用地方立法来压制民间规范。问题的焦点便集中到如何压制。压制不是简单地消灭，民间规范也不可能"被消灭"。形成文本的民间规范可以通过程序废止，但抽象的民间规范是社会事实，存在于人的内心和行为当中。从这个意义上讲，事实只能被掩藏而不可被消灭。规范压制的方式不外乎两种，其一是地方立法吸收吞并民间规范的内容，此时民间规范融入地方立法，成为后者的一部分。那么这种情况是否属于两种规范的共生？形式上可以认为是共生，但实质上与共生模式有很大区别。共生的主体一定是多元的，主体间的结合则是有机的。这里的主体不仅指规范，还有规范背后的权威。比如社会共治是多元主体的共治，而非将所有主体吸纳入党政机关，形成一个机械整体。地方立法吸收吞并民间规范，结果是只有一种规范，保障规范实施的权威主体也只有一个，不能视之为规范的共生。其二是在规范对立的领域以地方立法为准，并严令禁止按照民间规范行事。这种情况可视为地方立法对民间规范的取代，是更为传统意义上的压制。

最后，共生模式是民间规范与地方立法及其背后两种权威的并存并立且相互促进。并

---

① 无为政治的本意是减少横暴权力的干预，为同意权力的行使留出空间。质言之，是将社会治理的主体和方式确立为社会自身和社会合作。参见费孝通：《乡土中国》，人民出版社2008年版，第73-78页。

存并立不是简单的等量共存，涉及三方面问题：一是双方的并存是否以完整形态存在。完整形态的并存即民间规范与地方立法无需进行调整，以原本样貌进入治理规范体系。这意味着规范之间的衔接协调被排除在规范整合的话题之外，两套规范之间被认为是严丝合缝。但问题在于，民间规范与地方立法本就存在对立，二者内容多有抵触，才需探讨解决方案。所以直接将两套规范纳入治理体系的方式不可取，其缺陷在于：规范对立状况得不到实际改善，规范体系的融贯性基础面临动摇。这种方式是实质上的放任模式，看似发挥治理主体能动性的表面下，并存的规范体系尚未完成规范对立的调和任务。二是双方若不以完整形态并存，则各自应作何调整来实现规范融贯。上述关于压制模式的分析已明确，讨论当代社会语境的规范对立及调和，基本立场是国家。所以共生模式下，调整的具体作为需由政府完成。民间规范运行良好的领域，地方立法一般不得干预。特殊情况是：对于民间规范中不适当的内容，该用地方立法予以引导或禁止。对于民间规范中的有益经验，可以由地方立法吸收，确认并增强其效力。[①] 不难看出，共生模式调整规范对立的方式运用了压制模式的做法。区别在于，共生模式的调整只针对部分内容，无意取缔民间规范和民间权威的治理主体地位。而压制模式意图以一方取代另一方，在规范上是全部内容的替换，在治理主体的地位上也是一元的。这种带有部分压制特征的规范共生，可称之为修正的共生模式。三是如何落实规范融贯的调整方案，使两套规范相辅相成，发挥社会治理的正向效能。规范融贯表面是两套规范的衔接协调问题，但背后是两套规范形成机制之间、两个权威之间的对接与妥协。[②] 概言之，要从规范制定的程序设计和外部协商机制上付出努力，克服人群离散和权威交替的治理挑战，促使民间与国家两方主体的协同，进而达成规范的和谐。

(二) 模式选择的理论分析

在矛盾论的立场看来，处理矛盾的方式是非同一的，具体问题要具体分析。[③] 矛盾的三种处理模式没有优劣之分，只有情况需要之别。就放任模式来说，在规范对立问题上因其存在自我逻辑悖反，其解决方案难以行得通。就压制模式而言，澄清压制方式后，还有两个问题需解决：第一，压制民间规范的理据何在。针对压制方式之不同，对民间规范的压制理由分别可解释为：地方立法吸收吞并民间规范，是根据现代法制建设的需求整合规范体系，一方面有利于法律体系协调统一，另一方面则赋予民间规范更高效力。同时，也

---

① 从调整方式便可看出，只能由地方立法完成而不可能由民间规范完成，这是规范及其背后的主体等级决定的。例如，可以用地方立法禁止民间规范的不适当内容，但无法用民间规范禁止地方立法；地方立法可以吸收民间规范，使之具备更强效力，民间规范同样无法做到这一点。参见杨桦：《论地方立法对民间规范的吸收与规制——基于制度性事实理论的分析》，载《法商研究》2019年第5期。

② 郭星华、王平：《国家法律与民间规范的冲突和互动——关于社会转型过程中的一项法社会学实证研究》，载《江海学刊》2003年第1期。

③ 毛泽东：《毛泽东选集第一卷》，人民出版社1966年版，第286页。

反向增强地方立法的合意性基础。而地方立法取缔、禁止民间规范，则是高阶规范、国家权威对民间规范及民间权威的规制、引导、矫正。历史经验和当下实践表明，有诸多不适当的民间规范包含野蛮、残酷甚至严重侵犯个人权利的内容。在纪实小说《被石头处死的索拉雅》中，索拉雅的丈夫为与其离婚，诬告她通奸。村庄众人遂对索拉雅处以"石刑"，即将人的身体埋于土中，然后用石头砸向头部将人处死。[1] 我国民间规范关于婚嫁制度、债务清偿、刑罚的某些规定同样超出文明与法治界限。现代社会治理规范的建构，应当运用国家规范和国家权威，杜绝此类现象发生。[2] 第二，能否直接将压制模式作为较优选择。首先要明确的是，压制模式根本上不是在寻求部分吸收或规制民间规范，使地方立法与民间规范形成规范共治。而是不认可民间权威的治理主体地位，并否定民间规范作为独立规范的价值和意义。所以是否选择压制模式的关键环节不在于压制本身有多少正当理由，而在于民间规范对当代社会治理是否仍有独特价值，足以支撑其独立存在。

对民间规范价值与意义的说明，制度和制度性事实的一般理论可作为分析框架，得出调和规范对立的理想选择。这一理论筑基于语用哲学，言语行为理论是其建构和阐释的根基。英国哲学家奥斯汀对人类话语的行为功能说明和分类开启了言语行为理论之研究，在这套理论框架内，话语既是对客观现象、事实的描述，也是社会事实发生的本源之一。也就是说，社会事实可以通过语言建立，话语行为、施事行为、施效行为能够产生和变动社会关系，从而影响社会事实。[3] 美国社会学家塞尔在奥斯汀的基础上进一步拓展言语行为分析方法，发展出制度与制度性事实的一般理论。该理论的突破在于，将语言、制度、制度性实在与制度性事实关联起来。制度由语言表征并建立，语言被置于构建社会及其制度的核心地位。这是因为，制度的核心如权利义务分配与权力配置等，皆需要语言表述才能成其为制度。这里的语言包含书面的与口头的。制度必须被写出来或说出来，如果缺乏语言描述，制度将失去载体。因此，没有语言即没有规范，也不会有制度产生。"在一个社会，可以有语言而没有政府、私有财产和货币。但不能有政府、私有财产和货币而没有语言。"[4] 制度性实在是依附于制度形成或被赋予意义的社会实体，如根据人民代表大会相关制度，各级人大及其常委会得以建立，部分社会个体拥有了人民代表资格。再如根据金融相关制度，银行、证券公司、期货公司等实体建立起来。而制度性事实本质是一种社会

---

[1] 石刑源于伊斯兰法的古老规定，在当代被部分伊斯兰国家上升为国家法律规定，由国家司法保障实施。参见刘文静：《论伊斯兰法的石刑》，载《政法论丛》2012年第5期。

[2] 王春业：《论民间规范与地方法的良性互动》，载《暨南学报（哲学社会科学版）》2017年第9期。

[3] ［英］J. L. 奥斯汀：《如何以言行事：1955年哈佛大学威廉·詹姆斯讲座》，商务印书馆2013年版，第90～97页。

[4] 在塞尔看来，制度性事实与基本事实相区分，且必须遵循基本事实。基本事实指自然科学证实的客观规律、客观事实。这一区分的意义是，塞尔否定了自然法的存在，在有语言的群体中也根本没有自然状态。参见［美］约翰·塞尔：《人类文明的结构：社会世界的构造》，文学平、盈俐译，中国人民大学出版社2015年版，第2、66页。

事实，在集体意向性和背景性权力的指引和规制下，社会群体通过言语行为产生制度性事实。① 其地位功能由集体意向性赋予，并通过言语行为表征。通俗地说，制度性事实即依据制度发生或创建制度的事实和行为。② 美国人民依据选举法选出美国总统，中国人民依据疫情防控制度填报行程信息和接种疫苗，全世界人民依据各自的薪资制度和税法领取工资、交税，这些都是制度性事实的具体呈现。至此，制度和制度性事实的一般理论业已明晰，制度性实在和制度性事实（非语言性的）与制度相伴相生，语言及言语行为贯穿其中。③

民间规范是源于社会群体自治的制度，其创设的制度性实在即民间权威的载体，如家族会议、长老会议、议事会等各类自治组织机构。民间规范的长久实行，已成为一项稳固的制度性事实。在以口头言语为主要沟通工具的传统社会、熟人社会，民间规范所包含的集体意向性、背景性权力，一定程度上比地方立法更具优势。其一，民间规范的地域性与自治性，对规范的集体意向性有加成作用。集体意向性是塞尔的制度建构理论中十分重要的概念，其本质特征之一是群体合作，是集体计划中和行为中的意图。功能与价值相连，论及一件事物的功能时，必然涉及价值评价。因为功能具有目的性，没有无目的之功能，而只要涉及目的，便会有价值评价。功能的目的性决定它由意向性赋予，地位功能则是对社会而言的，只能由集体意向性赋予。制度作为一种社会实在，功能是保障秩序与社会治理。制度之功能实现，需要集体意向性发挥作用，包括制度的建立与实施。因此，制度与制度性事实都离不开集体意向性的支撑，这与启蒙以来的政治哲学尤其是立法理论的发展进路相一致。但塞尔的集体意向性合作与协商民主、程序法治的协商合作有根本不同，塞尔并不强调个体沟通、形成共识或减少分歧。集体意向性是自然科学现象，基于生物学、电化学规律，而非政治协商的专有名词，也不可还原为个体意向性的集合。说到底，集体意向性即我知道我在为一个目的从事某事，而且需要与他人合作，但别人是否有同样的合作意愿却不得而知。④ 塞尔理论的矛盾之处在于，他忠实于言语行为理论所建构的制度与制度性事实模型，是一种紧密的社会合作，却在集体意向性问题上站在偏激的自然科学立场，忽视了言语沟通之于合作的重要性。言语行为理论无疑凸显了语言和沟通的重要性，

---

① 赵亮英：《集体意向与制度性事实——塞尔的社会实在论评析》，载《湖南社会科学》2016 年第 1 期。
② 这一点在麦考密克的学说中也寻见踪影。麦考密克认为，制度性事实即法律制度规则与生活事实行为的结合。参见 [英] 麦考密克、[奥地利] 魏因贝尔：《制度法论》，周叶谦译，中国政法大学出版社 2004 年版，第 64 页。
③ 塞尔提出创立制度性事实的第一种类型是在没有制度的前提下创立制度性事实，制度性实在也可能在制度产生前建立起来，美国的制宪会议、中国人民政治协商第一届全体会议均属此种情形。但在制度性事实和制度性实在被创立之同时，制度其实也就出现了。所以塞尔说："一旦有了语言，其他社会制度就必然从语言中生长出来。"参见 [美] 约翰·塞尔：《人类文明的结构：社会世界的构造》，文学平、盈俐译，中国人民大学出版社 2015 年版，第 66、100 页。
④ [美] 塞尔：《人类文明的结构：社会世界的构造》，文学平、盈俐译，中国人民大学出版社 2015 年版，第 47~62 页。

且在这套理论之上发展出的社会合作与冲突化解方案可用于政治决策方案中。① 集体意向性应当是建立在言语行为沟通基础之上的合作信念，是合意性基础的重要来源。其二，民间规范获取背景性权力的优势源自社会习俗与文化。背景性权力是塞尔以集体意向性为铺垫提出的社会权力概念，是非形式化的集体意向性。背景性权力由特定社会的任何人对违反背景网络的任何人施加。背景网络指特定社会成员普遍认同接受的背景预设、态度、倾向、能力和习俗。② 这类似于哈贝马斯的"生活世界背景知识"，所谓背景由文化塑造，决定群体的心理动机，经交往行为形成特定的社会习俗和规范。③ 民间规范的背景性权力是文化习俗确立的习惯权力，其规范效力很大程度来源于此。④ 综上，民间社会集体意向性凝练出民间规范，并驱动其运行。民间规范的地位功能由民间自治主体合作赋予，其权力基础是集体意向性承认和塑造的社会背景网络。

民间规范和地方立法对现代社会治理场域的介入及其作用，是不以人的主观意志产生和消灭的。也就是说，两种规范的存在是源于社会治理需要，而规范对立又源于社会变迁现象的深层原因。其存在和对立在社会理论层面来讲是社会事实，在规范层面而言则结合言语行为形成制度性事实。制度与制度性事实包含的治理价值中，两种规范发挥各自优势，一方无法完全取代另一方而发挥全部治理价值。所以，纯粹的压制模式难以成为较优选择。现代社会需要的规范体系，是以地方立法为主导，结合民间规范的共生规范体系。两种规范对立的较优处理模式是修正的共生模式。只有在这种模式下，地方立法才能针对具体情形，对民间规范予以精准引导或压制，部分吸收或部分禁止。在具体情况具体分析的精细化操作中，实现规范体系的精细化，既增强地方立法的合意性基础，又使有益的民间经验具备更强规范效力，还能对民间规范的不适当之处予以纠正和规制。结合前述共生模式的分析，明确修正的共生模式为解决规范对立之路径后，下一步的问题是如何按照这一模式要求，实现两套规范共同治理的效能最大化。如不具备实际治理效能，对共生模式的再多理论支持都将归于无用。

三、规范共生：协同治理的制度创建

共生模式要解决的根本问题是规范之间的配合问题，从公共管理论者的角度说，是规范之间的协同治理。根据制度与制度性事实理论，规范的协同治理必然包含两方面之协

---

① 参见张可：《立法分歧解决机制的语用分析：方法论基础与制度构建》，载《法律方法》第33卷，研究出版社2020年版。
② [美]塞尔：《人类文明的结构：社会世界的构造》，文学平、盈俐译，中国人民大学出版社2015年版，第169页。
③ [德]于尔根·哈贝马斯：《后形而上学思想》，曹卫东、付德根译，译林出版社2012年版，第84-86页。
④ 习惯权力与民间规范密切相关，是基于习惯权利、民间法权力、民间权力等概念产生的提法。意指社会群体在长期社会生活中形成并传承下来的权力形态。参见周俊光：《论习惯权力与习惯责任》，载《甘肃政法学院学报》2019年第2期；谢晖：《民间规范与习惯权利》，载《现代法学》2005年第2期。

同：规范本身（制度）与规范制定主体（制度性实在）。而规范本身的协同事实上有赖于规范制定主体的协同，包括一个规范制定主体的内部协调，以及不同规范制定主体之间的协调。这就回到我们对规范对立的原因分析上来，要探索规范治理的协同之道，就不得不面对规范对立的两个诱因——人群离散和权威交替。规范对立与融贯只是规范形式上的展现，其背后涉及规范制定程序与主体的融贯与否。处理规范本身之融贯的手段是语言技术性的，但主体间的整合、协商是非语言性的制度构建，需要具体程序和机制。

（一）鼓浪屿民间规范的历史考察

厦门鼓浪屿地区因其独特地理环境以及历史习惯传承，具有浓厚的居民自治传统，并在今日形成运转良好的自治机制——公共议事会。鼓浪屿公共议事会能够就公共事务的管理提出建议，通过与政府部门及行业协会的联动，形成民间规范，对居民产生约束作用。公共议事会的制度机制很好地弥合了因社会变迁产生的人群离散和权威交替，重新凝聚社区主体，衔接自治权威与地方政府权威，发挥民间规范与地方立法的协同治理效能。事实证明，从其经验提炼的规范共生模式和自治机制能够有效弥合当代规范的二元对立，并可成为具有借鉴意义的制度模板。

回溯近代鼓浪屿地区的自治历史，起源于清光绪二十五年"戊戌变法"失败，各国驻厦领事遂策动成立"鼓浪屿万国公地"，并在1902年与清政府代表签订《厦门鼓浪屿公共地界章程》（以下简称《章程》）。该《章程》第（二）条设常年工会曰工部局，"专理界内应办事宜"；第（五）条为工部局规例制定权，包括"凡已经批准附入章程以后规例内一切权柄势力，并规例为议。""该局董有随时另行酌定规例之权，以便章程各项更臻完善，并可将已定规例随时删除增改"；第（六）条规定工部局可自行派委雇请员役；第（十）条将鼓浪屿公共事务划归工部局掌管。章程签订后次年，鼓浪屿工部局成立。从《章程》可以看出，工部局的职权涵盖市政建设、社会治安、规则制定、征集经费等，相当于鼓浪屿的公共管理机构。鼓浪屿成为公共地界后，在治理体制上形成清政府、各国领事多方监督，工部局自治的复杂局面。值得关注的是，工部局作为自治机构享有律例制定权。从其机构性质和人员组成上看，[①]工部局制定之律例是鼓浪屿公共地界时期的重要民间规范，在特殊历史时期，发挥了一定的治理作用。

《章程》第（五）条"酌定规例之权"即为工部局的律例制定权，包括条例和公界告示。可见，律例与现代意义的规范文本不同，是根据公共管理需要，经工部局董事会通过的一系列立法动议，并以单个条文形式存在。其实质是工部局及其巡捕房保证强制执行的

[①]《章程》签订后，鼓浪屿名义上仍属大清领土，但其行政、司法、立法、警务等权力不受清政府制约，成为独立于国家政权的政治实体。工部局的性质是鼓浪屿这一独立政治实体的民间自治机构，且工部局董事会由当地绅士和外国居住者组成，所有董事均非专职官员。因此，工部局所制定之律例是一种民间自治规范。参见何其颖：《公共租界鼓浪屿与近代厦门的发展》，福建人民出版社2007年版，第33、40页。

社区公约。由于工部局职权范围的广泛性，其律例规范内容也细致繁多。据统计，自1909年始，工部局制定的律例种类达54种。规范内容涵盖财政、建筑、商业、交通、卫生、公共环境、公共安全等。[①] 其中收录部分如下：

表1 鼓浪屿工部局部分律例收录

规则管理		执照管理		规则管理	
许可之事，但需遵循行为规范		申请执照并按规则才可行事		禁令行为	
游濯	凡在海边行状令人可厌者，准巡捕立即拘拿，游濯者必须穿游濯衣袂，欲换之时，不准在海边。	养犬	所有畜狗之家，须于每年正月间到本局领给牌照。	妓馆	凡本人界内不准开设妓馆。
脚踏车	不准乘脚踏车于人烟稠密之处，以至伤害行人，违者拿办不殆。	旅馆	所有旅馆酒铺，须到本局给照，其照分为三等，一等二十元；二等十元；三等六元。	风枪	禁用风枪，违者丁必拘捕究办，并将其风枪充公。
家畜	凡有蓄养鸡、猪、牛及一切家畜等类，理宜约束，不宜放在路上肆行。	卖酒	卖洋酒者，须到本局领给执照，照费每季25大洋，卖华酒者，须到本局执照，其照费每季不符。	赌博	不准赌博或开设赌馆，违者定则拿办。
纸炮	不准居民于夜间十一点至晨七点以内燃放爆竹及种种花炮。	演戏	凡本公界内欲开演戏者，必先到本局给照。	鸦片	不准于本公界内私运鸦片以及设烟馆，如有不遵守者，定则拘捕究办。
招牌	（1）凡有招牌，须离公路7.6尺之高；（2）其牌不准侵入公路3尺，并不准其遮蔽公路之电灯。	肩挑贸易	凡肩挑贸易在鼓浪屿者，必先到本局给执照牌，其牌资每月大洋五角。	侵入私业	不许居民逾入私界，违者定必拿办不殆。
告谕	凡粘贴告谕于本公界内者，除先得本局允准者，一概禁止。	畜羊	凡有畜羊者，须到本局给照。	丢弃污秽	不准于街道弃垢秽物，违者则拘捕究办。

工部局的自治延续近四十年，至1939年日本制造鼓浪屿租界事件，迫使各国妥协退让。根据日本与各国签订之协议，工部局自治地位丧失，沦为日本领事控制鼓浪屿的傀儡

---

① 参见中国人民政治协商会议厦门市委员会编：《厦门文史资料第十六辑：厦门的租界》，鹭江出版社1990年版，第79－88页。

机关。1941年，太平洋战争爆发后，日军借机侵占鼓浪屿公共地界，鼓浪屿成为日本独占殖民地。1943年，汪精卫政权曾名义上收回鼓浪屿租界，废除工部局，并于次年成立厦门特别市统辖鼓浪屿。① 1945年抗战胜利后，国民政府才收回鼓浪屿治权。此时鼓浪屿已被日本占领四年之久，原已形成的自治生态遭到严重破坏。

但近四十年的自治传统和部分民间规范已成为制度性事实，深入当地人心中，具备充分的集体意向性和背景性权力。正因如此，鼓浪屿的社区自治模式一直留存到今天，更在新时代焕发出崭新形态。2016年，为加强鼓浪屿各方利益主体的协商共治，促进社区治理水平提升，鼓浪屿公共议事会成立。公共议事会是在鼓浪屿管委会、街道办等政府部门的牵头和指导下组建，由多方主体共同参与的协商平台。发展至今，鼓浪屿岛内的群体结构和社区形式有其特殊性。群体结构方面，鼓浪屿近数十年同样经历了"熟人社会"解体、人群离散、岛上原住民大量外迁。二十世纪八十年代，原住民数量约为2.5万人，② 到2020年只余5千余人。另一边，则是经济繁荣尤其是旅游业繁荣吸引外来从业者进入鼓浪屿。目前，这部分新岛民总数达3千余人，占总人口比重约为40%。③ 社区形式方面，在旅游业繁荣的背景下，鼓浪屿逐渐由传统生活社区转变为生活、旅游复合社区。群体结构与社区形式的变化，影响了鼓浪屿社区长期稳定形成的居民认同感。且在一个混合社区中，不同成分的居民需求也大不相同。原住民倾向于居住环境舒适，而旅游从业者更倾向于利益最大化。这些情况加剧了治理矛盾，并使得原有社区治理规范不再管用。塞尔的集体意向性削弱、哈贝马斯的合法化危机随之发生。此时，地方立法和行政管理的介入似乎成为最好选择。但鼓浪屿的前期实践表明，国家力量的介入在内部管理上难以形成行政协力，更不用说承担起外部多元主体共治的任务。④

因此，公共议事会成立的主旨有四方面：一是倾听民声，为鼓浪屿多元主体提供诉求反映渠道，并为政府的科学决策建言献策。二是处理社会矛盾。鼓浪屿复杂的主体构成决定不同主体间的矛盾是频繁且多样的，例如居民间的矛盾、居民与商户间的矛盾、居民商户与政府间的矛盾、政府机构间的矛盾等。矛盾的解决，只有通过协商沟通才得以实现，公共议事会恰能发挥这项功能。三是作为社区治理和政府治理的衔接机制，理顺管理体制，增强治理的合意性基础。四是创新社会治理模式，提升治理的整体实效性。为实现以上目的，公共议事会制定了《鼓浪屿公共议事会章程》《鼓浪屿公共议事会选举办法》，

---

① 何其颖：《公共租界鼓浪屿与近代厦门的发展》，福建人民出版社2007年版，第141-155页。
② 参见彭珊珊：《申遗成功了，鼓浪屿的原住民，他们去哪了？》，https://www.sohu.com/a/155704841_479477，访问日期：2021年6月9日。
③ 数据来源于鼓浪屿—万石山风景名胜区管理委员会与厦门大学社会治理与软法研究中心汇编的《鼓浪屿世界文化遗产地社会治理的现代化体系》。
④ 鼓浪屿治理实践中，内部行政管理的不协调体现在风景名胜区双重管理体制下，管委会与岛内各职能部门之间、管委会与厦门市思明区政府、党委之间衔接不畅，统筹管理受阻。参见王翔：《共建共享视野下旅游社区的协商治理研究——以鼓浪屿公共议事会为例》，载《旅游学刊》2017年第10期。

对机构性质、功能、组织结构、成员构成、议事规则以及人员选举等事项予以规范。其中，在成员构成上为了充分汇聚民意，实现多元主体的协商功能，除居民代表和政府部门代表外，还包括人民团体、社会组织代表，在人员背景上涵盖综合管理、教育、医疗、治安、商业各领域，最大程度地丰富成员多样性。另外，为充分顾及居民权益，公共议事会居民代表数的比例不得低于50%。

表2 鼓浪屿公共议事会成员构成表

主席		1人
副主席		1人
秘书长		1人
秘书		1—2人
非户籍居民代表		3人
户籍居民代表	文化界	3人
	其他各界	10人
驻岛单位代表	管委会	1人
	街道办	1人
	派出所	1人
	医院	1人
	轮渡公司	1人
	部队	1人
人民团体、社会组织代表	侨联	1人
	商家协会	1人
	家庭旅馆协会	1人

在成员确定方面，《鼓浪屿公共议事会章程》规定由各单位、组织和群体推荐，也可以自荐，并设置完整的入会程序。成员一般为鼓浪屿各领域有影响力的人士，有助于提升公共议事会的权威性和凝聚力。而主席、副主席、秘书长是关键职务，按选举办法由成员大会选举产生。为了落实大会决议之履行，《鼓浪屿公共议事会章程》还规定：（1）大会决议作出七日内，相关成员应以书面形式反馈执行情况，其他成员有权监督；（2）无法执行决议的，也应向公共议事会说明理由；（3）如若决议事项涉及公共议事会成员以外部门的，应将决议内容以书面形式作为建议提出，鼓浪屿管委会和街道办负责沟通衔接；（4）成员拒不履行决议的，由公共议事会给予警告、除名或其他惩戒。通过以上程序设置，公共议事会的决议具备规范效力。

反观公共议事会作出决议所形成的规范本身，其实事无巨细，涉及岛上社会生活的方方面面。这些民间规范借助公共议事会获得新的合意性基础，又因与政府部门的衔接机制获得进一步的效力支撑。成立五年多来，公共议事会已召开 10 余次正式会议，讨论议题近 60 项。以下收录部分公共议事会的决议事项及落实情况：

表 3 鼓浪屿公共议事会部分议题及落实情况

时间	议题	决议内容	落实情况
2016 年 5 月 12 日	关于推动政府设立提升鼓浪屿环境以奖代补项目的议题	明确由秘书处进行梳理归纳，形成可行性方案，提交相关部门，再加以推动实施	推进中
2016 年 8 月 22 日	关于形成鼓浪屿公约的建议	讨论通过《鼓浪屿公约》	已实施
2016 年 12 月 1 日	关于泉州路小吃街口垃圾箱管理的建议	建议环卫部门定时定点的收集和清运垃圾。商家和居民在规定的时间内投放垃圾，做好宣传工作。并对正在制定的《鼓浪屿商业促进办法》提出相关建议。	已实施
2016 年 12 月 1 日	关于《鼓浪屿商业业态促进办法》的讨论	对正在制定的《鼓浪屿商业业态促进办法》提出相关立法建议	推进中
2017 年 3 月 24 日	关于规范鼓浪屿导游市场的建议	对相关部门提交规范导游市场的建议	推进中
2017 年 8 月 23 日	关于严肃规范岛上二维码门牌号设置的建议	建议民政、公安等有关部门对二维码门牌号的设置进行一次核查。	已实施
2018 年 12 月 25 日	关于加强店铺装修管理的建议	建议城管部门加强管理，管理部门加强巡查，畅通投诉举报渠道。	已实施
2019 年 4 月 10 日	关于建立鼓浪屿老人食堂的建议	建议：社区居委会摸底调查；相关部门前往广东学习经验；采取公益性与市场化相结合的方式运营，以政府购买给予优惠；采用配餐形式。	已实施
2019 年 9 月 23 日	关于加强鼓浪屿生活污水处理的建议	部分地段的污水直排入海，应得到处理。建议鼓浪屿管委会和厦门市环保局进一步研究鼓浪屿污水处理的问题	已实施

(二) 公共议事会提供的制度方略

通过考察可知，鼓浪屿公共议事会的民间规范之于地方立法的衔接方式有三种：其一，公共议事会决议通过的规范，由政府部门代表负责衔接，获得有关部门支持。其二，对自身职权和能力范围之外的事项，以建议形式向有关部门提出相关方案或措施，促进其成为政府规范乃至地方立法。其三，对涉及鼓浪屿的地方立法项目，一般会召开座谈会征询公共议事会的意见。如《鼓浪屿商业业态促进办法》制定时，公共议事会专门讨论过。《厦门经济特区鼓浪屿世界文化遗产保护条例（草案）》也曾专门召集公共议事会成员进行座谈。[①] 实践情况是，厦门市委和鼓浪屿管委会都很重视公共议事会的意见、建议，将这一机制视为了解民意的重要渠道。

鼓浪屿民间规范借助公共议事会的形式得以调整，并与地方立法形成较好的协同治理效应。协同治理是一套完整的公共管理理论，指多元治理主体在协调整合的基础上，改革治理组织结构，提升治理效率，实现治理目标。[②] 民间规范与地方立法协同治理不同于主体间的协同，但一定以治理主体间的协同为前提。因此，在考虑规范协同治理的制度构建时，要认识到产生规范对立的两点原因——人群离散与权威交替之间存在因果关联。借助这种因果关联，可为规范协同提供制度方略。既要保留民间规范的合意性基础，又要使其融入国家法治建设的大格局。鼓浪屿经验的成功之处，就在于通过重新聚合民意巩固了民间规范的合意性基础，进而整合民间治理主体与政府治理主体的衔接机制，最终形成双重规范、双重权威协同治理的良性循环。当然，全国民间社区治理的创新型典范有很多，如"枫桥经验"发源地浙江诸暨最新涌现的基层协商治理方案，包括村规民约、民主议事机制、乡贤参事会等。[③] 再如南京的城市治理委员会以及近年来各地组建的村民、居民议事会。虽然治理方案上各有特色，鼓浪屿的制度不一定能在普遍范围内适用，但诸类方案都是为解决民间与政府的治理协同性问题。这些成功经验背后的基本原理是相通的，值得借鉴和推广。我们对鼓浪屿历史和当下的实践材料考察分析，可提炼以下三点方略：

首先，重新聚合民意、建构社群共同体的方式是机构和程序。机构和程序是沃尔德伦论述其程序法治时的用语，程序法治的根本目的就是在决策过程中弥合分歧、凝聚民意，以求产生更佳的决策结果。当代社会变迁，民间规范难以形成合意性基础的情况下，沃尔德伦的观点是："我们需要探索将容纳和提炼我们争论的一些机构，并探索那些管制我们

[①] 参见厦门市人民政府网：《厦门市法制局关于〈厦门经济特区鼓浪屿世界文化遗产保护条例（草案）〉征求意见及采纳情况的说明》，www.xm.gov.cn/zmhd/myzj/gzcamyzj/tjjg/201811/t20181130_2175030.htm，访问日期：2021年6月11日。

[②] 李汉卿：《协同治理理论探析》，载《理论月刊》2014年第1期。

[③] 马成、薛永毅：《"协商治理"：诸暨市城乡治理的实践与经验》，谢晖、蒋传光、陈金钊主编：《民间法》（第二十二卷），厦门大学出版社2019年版，第356-371页。

解决分歧之方式的程序。"① 在鼓浪屿案例中，这一解决分歧、聚合民意的机构正是公共议事会，而程序在于其章程、议事规则、选举办法等各项规定。可以看出，单独的机构不足以自行，程序保障是机构完成其使命的重中之重。因此，机构和程序存在牵制关系，且相辅相成。从人群离散与权威交替的因果关系可知，机构和程序在实体上是为把离散的人群重新聚拢，在新的议事协商机构中增强身份认同，进而凝聚成新的社群共同体，即民间治理主体。牢固共同体的出现意味着孕育集体意向性的温床诞生，意味着共同体背景性权力的获得。在这一思维进路中，完成了民间治理主体在内部克服集体意向性及权威削弱的流程。而民间治理主体的重新确立和巩固，直接决定民间规范的产生和社会效果。需要说明的是，该层面的方略仅针对民间治理主体及民间规范的内部问题，尚不涉及治理主体、规范的外部衔接问题。但治理主体内部权威之树立，以及民间规范内部运转良好，是处理外部协同治理问题的必要前提。

其次，以民间治理主体为中介，向下对接民意，向上对接地方政府。这一方略内部是民意与地方政府权威的整合，外部则是机构与程序的进一步拓展。民间规范与地方立法的协调，表面看是规范间的融贯问题，实则蕴含两个面向的深层考量：一是民间规范社会基础的重建，社会基础的重建是向下对接民意和树立民间权威的过程，上一点方略中已作阐述。二是规范对立背后两个治理主体、权威间的衔接协同。地方政府权威是国家权威在地方层级的直接体现，也是地方立法的力量支撑。所以，就民间规范与地方立法的协同治理而言，民间权威要通过超越其内部的机构和程序，与地方政府权威整合拓展为一套更全面的衔接机制。这种机制仍建立在机构与程序的范畴之上，但功能不仅是凝聚下源的民意基础，还承担民间治理主体与地方政府的协商以及权威之间的协调。使民意、民间治理主体和政府治理主体联动起来，同时也使民间规范与地方立法联动起来，形成治理合力。否则，只片面追求规范间的融贯而不考虑规范背后主体间的衔接，便无法应对权威对立给民间规范带来的挑战，形式上的规范共生最终可能异化为实质上的压制。

最后，民间规范与地方立法的协同治理之维，本质是合意性与合法性的结合，也是政治与法治的平衡过程。平衡政治与法治，应贯穿于两套规范、两个治理主体协同的全过程，是原则性要求。现代政治的理念是民主化、参与主体多元化，"关涉大家的事需得到大家同意"是一项基本原则。② 代议制民主、协商民主、程序法治的理论进路均承认政治是多元主体间协商、论辩、妥协的过程。制定规范的机构是政治性的，而规范制定本身必然也是政治过程。机构的政治性缘起于机构之中形成的政治生态，即沃尔德伦所称"政治

---

① Jeremy Waldron, *Political Political Theory: Essays on Institutions*, Harvard University Press, 2016, p. 5.
② 这项原则源远流长，可概括为政治的民主参与，起源于古罗马时期。近代中国，孙中山先生认为政治是"管理众人的事便是政治"，其民权思想即以人民管理政事。到今天，公众参与、社会多元主体共治业已成为我国重要的政治准则。参见丛日云、郑红：《论代议制民主思想的起源》，载《世界历史》2005年第2期；孙中山：《孙中山全集第九卷》，中华书局2006年版，第254页。

的环境"。从机构的组成和功能目的来看,"政治的环境"之形成是必然的。这是因为,当代社会是多元主体分化的社会,没有统一的意志实体,也没有统一的意志。启蒙后人类主体意识的解放致使观念、价值、偏好多元化,政治上的分歧随之凸显。机构的人员是多元的,众人因治理目的齐聚一堂,虽有分歧但仍寻求合作。因为不可能满足所有人的主张,所以整合民意实质是对多元民意的取舍。这就免不了协商、妥协和让步,"政治的环境"已然存在其间。① 法治则是规范性、程序性的,程序的前提即规范。在法治社会,即便处于"政治的环境",决策过程亦应受规范制约,制定规范的过程也应遵循规范性要求。② 无论是聚合民意的机构及其程序的第一层建构,还是民间自治机构与政府部门对接所产生的机构、程序之第二层建构,平衡政治与法治的要求都蕴含其中。公共机构的创设目的在于政治,但机构之组织形式是规范的,其所遵循的程序也是规范的。只有把握好制度创建中政治与法治的平衡,才能畅通机构和程序搭建的通道,克服人群离散与权威交替,达致民间规范与地方立法的协同治理。

四、结语

法治社会的治理模式是规范治理,用以治理的规范是体系而非单一的。规范体系化是经济社会发展在社会治理领域的连锁反应,其成因在于发展过程的人群离散、权威交替。这些因素所共同引向的结果是治理主体的多元化。虽然民间规范与国家规范的对立现象古今皆有,然只有在现代社会语境中,才涉及多元规范背后治理主体的协调困境。在地方立法层级,民间规范结构于国家法治的方式,不是纯粹的规范体系融贯,亦非单纯的地方立法对民间规范之吸收和规制。民间规范的价值在于社群集体意向性和背景性权力赋予的合意性基础,并可以凭此与国家规范实现协同治理。因此,民间规范的生存空间取决于其对民意之聚合,继而完成规范背后权威的对接。显然,规范本身无法完成上述两项任务。从规范角度进行的讨论,也便延展到有关协同治理和程序法治的理论范畴,是政治、法治及其均衡的实质性和程序性问题。

---

① [美]杰里米·沃尔德伦:《法律与分歧》,王国柱译,法律出版社 2009 年版,第 129 - 130 页。
② 张可:《立法分歧解决机制的语用分析:方法论基础与制度构建》,载《法律方法》第三十三卷,研究出版社 2020 年版。

Collaborative Governance of Folk Norms and Local Legislation
——Based on the investigation of the Kulangsu Public Council

Zhang Ke

Abstract: In contemporary society, the legal system led by state authority has become the main body of social norms, and has a certain degree of opposition to folk norms. The reason for the formation of this normative opposition is the separation of group and the alternation of old and new authorities caused by social changes, resulting in the internal friction of two normative forces. The modes of dealing with normative opposition include laissez – faire, suppression, and symbiosis. Through theoretical analysis of institutions and institutional facts, only a modified symbiosis model can achieve the ideal state of coexistence of multiple norms. The Kulangsu area in Xiamen has a long – standing tradition of self – government by residents, and today a public council system has been formed to provide a practical template for a multi – norms symbiotic model. Combining theory and practice, sum up a feasible system for dissolving the opposition between authority and norms. It not only retains the consensual basis of folk norms, but also integrates them into the general pattern of national legal construction, and promotes the collaborative governance of folk norms and local legislation.

Key Words: folk norms; local legislation; institutional facts; Kulangsu Public Council; collaborative governance

复合思维：家事纠纷解决中公益律师的行动逻辑

——基于对中部 D 县的考察[*]

刘 敏[**]

摘　要　与传统家事纠纷解决的实践逻辑相比，公益律师在解决当下家事纠纷中遵循着复合思维，"基于形式主义，辅以实用道德主义"的复合思维成为其行动准则。基于此，透过法律社会学的视角，从公益律师的行动切入，描述三宗发生在中部 D 县的典型案例，呈现公益律师在家事纠纷解决中所采取的"法律专家权威""家长式权威"与"诉讼代理人权威"三种应对策略。随后分析公益律师采取这三种行动逻辑的成因。一是公益律师试图消除柔性权力空间与结构性因素之间的悖论；二是公益律师有必要在法律知识与道德规范之间找到平衡点；三是公益律师需要缓解社会律师与公益律师之间的角色紧张。接下来，讨论与反思公益律师采取复合思维的适用限度问题。最后，公益律师在法治社会建设进程中的功能再检视成为本文之后应持续关注的扩展研究。

关键词　家事纠纷　公益律师　实用道德主义　复合思维　公共法律服务

一、引言

近年来，随着现代化进程的加速，传统道德的规制功能式微，家庭内部结构的紧张关系持续加剧，离婚、家暴、拒绝赡养老人等家庭纠纷的数量急剧增加，成为社会问题中的热点。截至 2019 年 12 月 31 日，中国裁判文书网上检索到的家事纠纷案件数量为 6797762

---

[*] 感谢刘睿师兄等为本文提出的宝贵意见。
[**] 刘敏，华东师范大学社会发展学院博士研究生。

件，而 2015 年 12 月 31 日在该网上检索到的这类案件总数为 1468057 件。五年时间内，家事案件总数增长了 5329705 件，且家事纠纷案件每年的增长也呈现快速上升趋势（见图一）①。伴随着国家"送法下乡"进程的深入开展以及人们法律意识的逐步提升，这类家事纠纷被渐次引流到法律领域。因此，对家事纠纷及其解决方式问题的持续关注和再反思显得尤为必要，具有较强的现实意义和学理价值。

图 1　2015－2019 年中国家事纠纷案件数量（来源：中国裁判文书网）

家事纠纷是指在夫妻、亲子、其他家庭成员及近亲属之间发生的人身和财产关系的纠纷。② 其特征表现为非契约性③、法外性④、情感性⑤、伦理性、义务履行的主导性以及争点的复杂性⑥、牵连性、私益性、公益性、纠纷解决的紧迫性⑦，这些特征决定了家事纠纷的解决应区别于其他民事案件的处理，立足于特定情境、家庭关系和复合利益，运用专门的纠纷解决程序予以具体应对。家事纠纷的有效解决诉诸多元化的纠纷解决机制，包括

---

① 本文设置案由为民事案件，时间设置按照年度（如 2015 年 1 月 1 日－2015 年 12 月 31 日），在中国裁判文书网上检索，获得当年的民事案件文书篇数。再设置案由为婚姻家庭、继承纠纷，在中国裁判文书网上检索当年的文书篇数，其余四以此类推，从而获得 2015－2019 年五年相关统计数据。需要注意的是，中国裁判文书网上的家事纠纷案件并不包括以调解方式结案案件，以及关涉未成年子女抚养、监护等情况的案件，即实际发生的家事纠纷远大于检索到的家事案件数量。

② 参见巫若枝：《30 年来我国家事纠纷解决机制的变迁及其启示——基于广东省某县与福建省厦门市五显镇实践的分析》，载《法商研究》2010 年第 2 期。齐树洁、邹郁卓：《我国家事诉讼特别程序的构建》，载《厦门大学学报（哲学社会科学版）》2014 年第 2 期。

③ 陈飚：《家事事件：从家、婚姻家庭到家庭纠纷的本源追溯》，载《西南民族大学学报（人文社会科学版）》2014 年第 6 期。

④ 许尚豪：《让个体回归家庭——家事程序的非司法路径研究》，载《政治与法律》2018 年第 11 期。

⑤ 孙永军：《论非讼法理在家事诉讼中的适用》，载《青海社会科学》2014 年第 4 期。

⑥ 陈宝军、王琦：《家事纠纷特质的反思与重识》，载《海南大学学报（人文社会科学版）》2018 年第 1 期。

⑦ 曾琼：《婚姻家事案件对诉讼程序的特殊需求》，载《湖北社会科学》2009 年第 6 期。

协商、调解、仲裁、诉讼等方式[1]，而具体的纠纷解决机制适用于特定类型的家事案件[2]。

非诉[3]与诉讼交错适用于不同类型的家事纠纷。其中，调解和诉讼是家事纠纷的主要解决方式。调解在家事纠纷中的优先性是由纠纷的性质决定的[4]。家事案件强调将调解作为诉讼的前置程序[5]。调解的技术核心是讲求情理和互让[6]，当事人双方的合意是调解的关键[7]。在家事调解中，应把调解员[8]纳入进来，并重视调解员的专业性、调解与诉讼关系衔接问题[9]。家事法院改革实现了审判机构的专业化发展路径[10]。家事纠纷的诉讼程序重视法官的积极职权干预与能动调解，并注意调解的限度[11]。即法官可调停家事纠纷以避免规范司法审判带来的意外后果[12]。同时，法官在观察到调解的情理诉求后，应回归法律视域[13]。是故，将人伦司法运用到家事审判中，形成"制度为外，人伦为内"的格局[14]。家事法院实现从"纠纷解决者"到"纠纷管理者"的角色转变以兼顾法律目标和社会目标[15]。对当事人而言，对抗性方式易致冲突升级，他们多是不想用诉讼解决家庭纠纷[16]，因而家庭纠纷解决程序（FDR）成为优先选项[17]。

综上所述，国内外关于家事纠纷及其解决方式的研究较多，多是从法学规范研究的分析路径展开，已形成一套固定的研究范式和表达程式。然而，这些研究对家事纠纷解决的

---

[1] 参见[美]史蒂文·瓦戈：《法律与社会第9版》，梁坤、邢朝国译，中国人民大学出版社2011年版，第206-209页。

[2] See Saini, M., Birnbaum, R., Bala, N., & McLarty, B., Understanding Pathways to. Family Dispute Resolution and Justice Reforms：Ontario Court File Analysis & Survey of Professionals, 54 (3) *Family Court Review*, 382-397 (2016).

[3] 非诉是非诉讼纠纷解决方式（Alternative Dispute Resolution）的简称。参见[美]史蒂文·瓦格：《法律与社会第9版》，梁坤、邢朝国译，中国人民大学出版社2011年版，第206页。

[4] 汤鸣：《家事纠纷法院调解实证研究》，载《当代法学》2016年第1期。

[5] See Henry, P., & Hamilton, K., The Inclusion of Children in Family Dispute. Resolution in Australia：Balancing Welfare versus Rights Principles, 20 (4) *International Journal of Children's Rights*, 584-602 (2012).

[6] 陈爱武：《情理与互让：家事调解的技术构造解读》，载《社会科学辑刊》2013年第2期。

[7] 王琼雯、白林：《合意视角下法院家事调解研究》，载《云南行政学院学报》2011年第2期。

[8] See Taylor, N., Child Participation：Overcoming Disparity between New Zealand's Family Court and Out-of-Court Dispute Resolution Processes, 25 (3-4) *International Journal of Children's Rights*, 658-671 (2017).

[9] 汤鸣：《家事纠纷法院调解实证研究》，载《当代法学》2016年第1期。

[10] 参见陈爱武：《论家事审判机构之专门化——以家事法院（庭）为中心的比较分析》，载《法律科学（西北政法大学学报）》2012年第1期。

[11] 参见王琦：《聚焦我国家事审判改革的几个面》，载《政法论丛》2018年第1期。

[12] 陈飚：《"家父"调停资源植入论》，载《西南民族大学学报（人文社会科学版）》2013年第11期。

[13] 邹郁卓、印强：《家事调解的功能定位与制度设计——以厦门地区司法实践为样本》，载《湖北民族学院学报（哲学社会科学版）》2019年第5期。

[14] 伊涛：《家事审判的智慧输入与人伦资源的重组》，载《山东社会科学》2019年第6期。

[15] 徐德臣：《从解决纠纷到管理纠纷：现代家事法院功能之转变》，载《河北法学》2020年第2期。

[16] Lande, J., The Revolution in Family Law Dispute Resolution, 24 (2) *Journal of the American Academy of Matrimonial Lawyers*, 411-450 (2012).

[17] Harman, J. J., The Centrality of the "Family Dispute Resolution" Process to the Separating Family, the Community and the Administration of Justice. 40 (1) *Australian and New Zealand Journal of Family Therapy*, 8-23 (2019).

内在机制尚未形成系统性阐释和论述，故而需要转向法律社会学的研究视角，借助其专业优势来深入探析其中的生成机制和因果关系。关于家事纠纷解决方式的选择，学界多是从法官、调解员、公民的主体视角展开分析的，少有文献从律师（尤其是公益律师①）视角切入进行剖析的。因此，公益律师通过什么样的法律实践和行动逻辑去化解这类家事纠纷②成为当下值得被探讨的现实议题。

事实上，笔者发现公益律师解决家事纠纷的行动逻辑是在形式主义基础之上，辅之以实质主义和实用主义，形成了一种"行动中的法"视域下的复合思维和实践逻辑。基于此，笔者提出一系列具体问题：公益律师在家事纠纷解决中是如何行动的？这种行动背后的内部逻辑和运行机理是什么？为了解答以上问题，本文选取中部D县为个案，笔者采用参与观察与深度访谈两种研究方法，分别于2019年4-5月、9-10月，2020年4-5月实地观察了D县公益律师在公共法律服务中处理家事纠纷的过程，并收集到相关文献资料和第一手访谈资料。在此基础上，借助法律社会学研究视角和专业路径，通过对几件家事纠纷案例的深描和分析，阐释和论述公益律师在处理家事纠纷过程中的行动选择，及其行动选择背后的实践逻辑——复合思维。

二、复合思维：形式理性与实用道德主义的整合

关于法律实践的逻辑，韦伯创造性建构出法律的四种理想类型（ideal-type）③，他把当时的中国法律归类为实质非理性（substantive irrationality）范畴。韦伯认为亚洲国家的一个显著特征是神圣命令与世俗法律并未分离，法律与宗教命令、伦理道德和民俗习惯含混不分地纠缠在一起，法律是这几者的混合物，形成了一种特殊类型的非形式的法律④。这种实质非理性的法律强调一个案件的判决是根据某些独特的宗教、伦理、情感或者政治因素做出来的，而不是依照普遍性规则⑤。那么，在当代中国的法律实践中，韦伯所说的传统法律的实质非理性特征是否被摒弃或超越？在全面移植西方法律后，当代中国的法律是否呈现出形式理性的形态？如果都不是，那么它的真实样貌又是什么？

近代以来，中国大量引进和移植西方法律制度，传统中华法系逐渐消亡和瓦解，法律

---

① 这里的公益律师是指由政府购买服务后，为公民提供无偿性的公共法律服务，且已获得法律职业资格证书和律师执业资格证书的律师群体，包括法律援助律师、村居法律顾问，以及提供法律咨询的公益律师。

② 家事纠纷介于法律与生活事件之间，能够触及法律的外围边界，明晰法律的适用限度，测试法律的实际效用。从家事纠纷领域检视中国法律的现代性，更能窥见和探析中国法律现代性的基本底色和内在品质。

③ 这法律的四种理想类型包括实质非理性（substantive irrationality）、形式非理性（formal irrationality）、实质理性（substantive rationality）和形式理性（formal rationality）。参见［美］史蒂文·瓦戈，《法律与社会 第9版》，梁坤、邢朝国译，中国人民大学出版社2011年版，第39-40页。

④ 参见［德］马克斯·韦伯：《法律社会学》，康乐、简惠美译，广西师范大学出版社2005年版，第219-220页。

⑤ ［美］史蒂文·瓦戈：《法律与社会第9版》，梁坤、邢朝国译，中国人民大学出版社2011年版，第39-40页。

体系发生了根本性变化。如果仅从现代西方形式主义或中国传统的实质非理性的理论视角来检视当代中国的法律实践,既容易忽视中国法律实践的现代特色,也会遮蔽其内在的历史传统。随着西方法律制度的本土化,中国当代法律实践出现新的景观:既带有西方法律的工具合理性、价值合理性特征[1],也留存有中国传统法律的合理成分。

形式理性的法律成为推进西方资本主义社会发展的制度保障。韦伯认为这类法律具有强大的社会功能,其让法律像一台技术合理性的机器一样运作,并保证各个利害关系者在行动自由上,尤其是对本身的目的行动的法律效果与机会加以理性计算这方面,拥有最大限度的活动空间[2]。然而,韦伯之后也深刻认识到这种理性秩序已成为一个束缚和囚禁人性的"铁笼"。[3] 可见,采取单一的形式理性行为处理法律问题会产生理性的悖论——导致制度的非人格化,缺失道德伦理和实用价值,给社会带来了显著的负面影响。

实用道德主义隶属于实质理性(substantive rationality)类型,其理性体现在规则方面有具体的公认来源,实质性表现在它考虑具体案件判决结果的正义性。[4] 即它是在崇高的道德理念之上,附加实用性的考虑[5]。实用道德主义中的实用性不同于美国现代的实用主义(pragmatism),它不只是一种工具主义,还包含中国传统意义上的道德主义的合理成分。实用道德主义高度重视法律儒家化的历史传统[6],认为这种传统法律文化多值逻辑有着不同面向[7],强调道德主义与实用主义的适时并用。

概言之,中国法律的现代性寓于中国的实用道德主义与西方的形式主义的长期并存、

---

[1] 韦伯认为形式合理性与工具合理性,实质合理性与价值合理性基本是同义的。即使要区分它们涵义的细微差别,那么可勉强地说,按照康德的纯粹理性和实践理性的区分把合理性分为工具合理性和价值合理性;当论述这两种合理性在社会生活领域的具体表现时,韦伯称之为形式合理性和实质合理性。参见苏国勋:《理性化及其限制——韦伯思想引论》,商务印书馆 2016 年版,第 227-228 页。下文在使用这两组概念时不再做区分,默认为相近概念。

[2] [德]马克斯·韦伯:《法律社会学》,康乐、简惠美译,广西师范大学出版社 2005 年版,第 220-221 页。

[3] 王锟:《工具理性和价值理性——理解韦伯的社会学思想》,载《甘肃社会科学》2005 年第 1 期。

[4] 参见[美]史蒂文·瓦戈:《法律与社会(第 9 版)》,梁坤、邢朝国译,中国人民大学出版社 2011 年版,第 40 页。

[5] 黄宗智:《中国的正义体系的过去、现在与未来》,载《开放时代》2018 年第 2 期。

[6] 这里的儒家化也是一个复合概念,既包括法家的儒家化,也包含儒家的法家化。参见黄宗智:《道德与法律:中国的过去和现在》,载《开放时代》2015 年第 1 期。瞿同祖、赵利栋:《为学贵在勤奋与一丝不苟——瞿同祖先生访谈录》,载《近代史研究》,2007 年第 4 期。瞿同祖:《中国法律与中国社会》,商务印书馆 2010 年版,第 377-399 页。

[7] 中国传统法律文化多值逻辑的不同面向:1. 以"例"补"律";2. 情、理、法同为法源;3. "官方审判"与"民间调解"并存;4. "官方审判"与"民间调解"与"神判"的互补;5. 国家法律与民间习惯同为法源。其中,情理法、审判与调解并存、国家法与民间法并存这些逻辑类型在当代中国法律文本和实践中都得到了很好的保留和运用。参见林端著,梁治平主编:《韦伯论中国传统法律:韦伯比较社会学的批判》,中国政法大学出版社 2014 年版,第 51-154 页。

拉锯和相互渗透中。① 二元的互补性才是中国法律思维的基本倾向。② 事实上，形式主义与实用道德主义的调和与互补是中国法律实践的显著特色。然而，黄宗智关于中国法律性质的归纳和定性是基于他对清代、民国等历史时段民事诉讼档案的文本分析以及他对当下中国法律的总体性概括。进言之，他的论述停留在理论建构的层面，并未把理论观点结合当下中国法律的实践予以具体分析。基于此，笔者把"基于形式理性，辅之以实用道德主义"的行动逻辑概括为复合思维，并运用这种复合思维来具体阐释公益律师在处理家事纠纷中的实践逻辑。

在家事纠纷解决中，公益律师会把复合包含形式理性与实用道德主义思维的行动视为路径依赖③。具体而言，公益律师对家事纠纷性质的研判至关重要，既要看到纠纷作为问题的一面，也要看到其作为案件的一面。一方面，把纠纷视为案件，运用法律形式主义思维，并将此作为行动逻辑的前提。另一方面，公益律师会把纠纷看作问题，采用实用道德主义思维，并将其作为行动逻辑的辅助。最后，两者有机结合致力于家事纠纷的有效解决（见图2）。

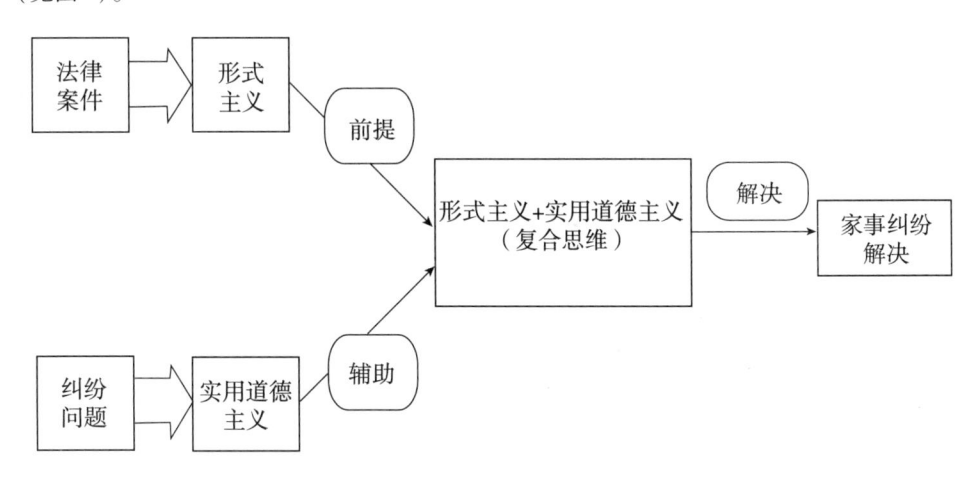

图2 家事纠纷中公益律师的行动逻辑图式

三、公益律师复合思维的行动策略

家事纠纷涉及的双方关系包括家庭内部成员的关系以及涉及家庭外部成员的关系。在涉及家庭内部成员的纠纷中，因无潜在第三人的影响，公益律师会建议先行协商，在协商未果后，才会进入法律系统。而涉及家庭外部成员的纠纷，因有潜在第三人的干预，亲属

---

① 黄宗智：《经验与理论：中国社会、经济与法律的实践历史研究》，中国人民大学出版社2007年版，第409页。
② 参见黄宗智：《道德与法律：中国的过去和现在》，载《开放时代》2015年第1期。
③ 公益律师的行动既具有对待法律案件的形式理性，也具有在处理纠纷问题时的实用道德主义，而这也决定了律师最终提出协商解决婚姻家庭纠纷。

关系的纽带作用失效,通常会直接进入法律系统。在家事纠纷进入法律系统后,公益律师通常会采取协商、调解和诉讼三种解决纠纷方式。这三种纠纷解决方式也存在主次之分,通常以协商、调解为主,诉讼兜底,在具体实践中还会出现三者对接、转化和交替的情况,这些构成了公益律师解决家事纠纷的实践路径(见图3)。以调解与审判为例,两者交替出现,甚至存在"调解——审判——调解——审判"复杂转化的情况。一种策略失灵则会转向另一种策略,直至纠纷解决。这些转化集中体现在公益律师采用的三种行动策略上——"法律专家权威""家长式权威"[①] 与"诉讼代理人权威"。

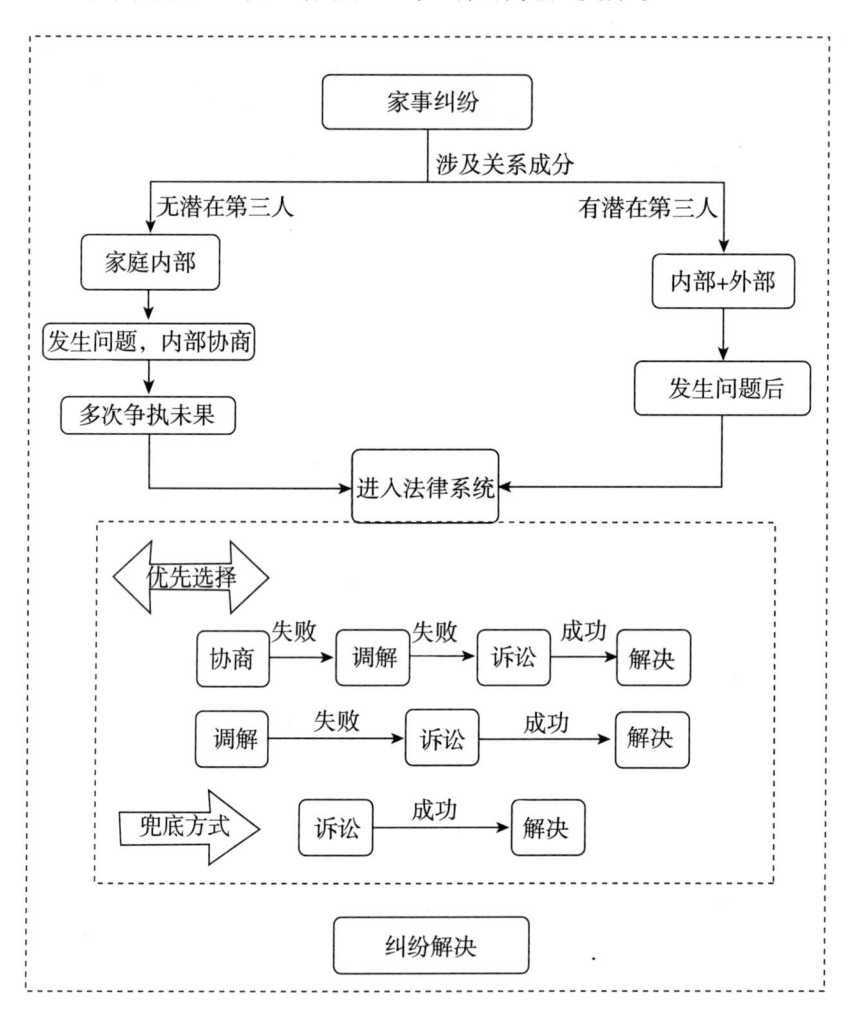

图3 家事纠纷解决的实践类型及其逻辑图式

[①] 郭星华等提出法律公益律师采用"法律专家权威""家长式权威"两种策略。参见郭星华、杨杰丽:《实践中的法律援助制度》,载《江苏行政学院学报》2006年第4期。在此基础上,笔者又增加"诉讼代理人权威"这一新的行动策略。

（一）借助"法律专家权威"来获取支配权力

米歇尔·福柯（Michel Foucault）提出"话语即权力"[1]的隐喻，人与人关系的本质是权力关系，话语本身就充斥着权力[2]。在法律实践过程中，法律专家的权威来源于法律权威，而这种权威是借助于法律话语得以实现的。公益律师通过"法律的叙事"完成话语权威的建构，形塑了法律专家的形象，继而掌握了支配行动的权力。一件发生在 D 县的婚姻法律咨询案例[3]能够凸显公益律师在处理这类问题上的技术策略。针对王海燕的诸多问题，作为村居法律顾问的罗律师解答道：

> 你与冯嘉俊可以先办理离婚，办完离婚再重新结婚，这样，你俩在法律上属于二次结婚，小孩应当是能上户口的。这种男方有明显过错的，在财产划分时，法律是倾向于女方（无过错方）的。吴慧慧可追究冯嘉俊重婚罪，冯可能会被判处两年以下有期徒刑，但追究重婚罪可能也会给她带来相应的问题。

公益律师借助话语权威获得支配权力的最终目的是让咨询人产生一种敬畏、服从的心理，便于公益律师维持与咨询人之间的权力等级关系，继而推进问题的解决且兼顾办事效率。从解决问题的角度出发，罗律师还告诉王海燕：

> 要是想维持这段婚姻，为了整个家庭，可以选择原谅他。要是不能原谅，那就该怎么办就怎么办。其实，站在一个高度看这个问题就能跳出来了。关键是你想把它当成一个问题来解决掉，还是把它当成一个案件来处理。要是把它当成问题来处理，三方协商下，这个问题应该也不难解决。但要是当成案件处理，面临的可能就是一个案件接一个案件，包括起诉和继续上诉，周期非常长，耗时耗力，并且三方互相纠缠，使三个家庭之间的矛盾也是不可调和的，造成的社会影响也是非常不好的。

可见，罗律师通过话语权威实现了与咨询人建构支配-被支配的权力关系，他更倾向咨询人采取协商解决纠纷的方式。最后，咨询人也听取了公益律师的意见，尝试通过三方

---

[1] See Foucault, M., Orders of Discourse, 10 (2) *Social Science Information*, 7-30 (1971).
[2] See Best S, Kellner D., *Postmodern Theory Critical Interrogations*. Macmillan International Higher Education, 1991, p.54.
[3] 一位叫王海燕的妇女来向正在值班的村居法律顾问律师罗浩哭诉道：自己老公冯嘉俊出轨吴慧慧并生了私生子冯子聪，导致自己二胎宝宝入不了户口。之后，王海燕向罗浩律师询问是否离婚、二胎宝宝上户口、吴慧慧是否会起诉等问题。注：为了保护受援人和律师的隐私，文中涉及的人物均为化名。案例时间：2019 年 4 月 5 日；案例地点：D 县 HW 村村民委员会。

协商解决此事。

(二) 通过"家长式权威"来"情理说教"

"家长式权威"的"情理说教"是指执行者以摆出家长的姿态为手段，以"驯化"受援人为目标，以为其提供法律援助并顺利开展工作的办事策略。① 一起涉及赡养纠纷的法律援助案件②能够体现公益律师情理说教的策略，D 县法律援助中心③指派王立军律师为老人辩护，王律师先是苦口婆心劝说老人的四个女儿能够与其三兄弟进行庭前调解，建议遭到姐妹四人的一致拒绝，坚决要求开庭审理。因为双方争议较大，法官未能当庭判决。事后，法官建议律师做下四个女儿的思想工作，让她们接受调解。王律师跟老人的四位女儿说道：

> 老人家都 90 多岁了，你们还让他与自己三个儿子对簿公堂，这太伤老人的心了！你们这些做子女的不知道服侍老人是有福气的吗？你们就是这样给你们的子女做榜样的吗？这起赡养纠纷不是父子之间的冲突，而是你们与三位兄弟之间的矛盾。要明白赡养纠纷是很难判决的，即使判决了也难执行。即使判三个儿子轮流赡养，老大时间到了，换老二，然后再换老三，这样折腾下去，老人家过不了安稳日子。万一老二不赡养，还需要申请法院强制执行，但这期间谁来照顾老人还都是问题。你们不能老是坚持自己的想法和利益，还得考虑下老父亲的现实养老问题。

最终，在王律师"威逼利诱""连骂带哄"的话语策略下，老人的四个女儿同意与三兄弟调解。考虑到老人愿意跟随大儿子过生活，所以法官最终调解的结果是由大儿子照料老人的生活起居，另外两个儿子每月出 500 元的赡养费④。至此，这件赡养案件得以定纷止争。

(三) 运用"诉讼代理人权威"来助力维权

在 D 县 Z 镇曾再现过一场当代版的封建社会婚姻悲剧，女当事人谢澜见到公益律师

---

① 参见郭星华、杨杰丽：《实践中的法律援助制度》，载《江苏行政学院学报》2006 年第 4 期。

② 老头有三个儿子四个女儿，在老伴没去世前，考虑到儿子养老的传统以及小儿子有肢体残疾的事实，家庭内部商量好老奶奶跟大儿子过，老头跟小儿子过。2018 年年底老奶奶因病去世后，二儿子不愿继续赡养父亲，老头的赡养问题开始凸显。三个儿子都不愿意出钱，不愿意照料老人生活，多次协商未果，老人四个女儿以父亲之名把三个兄弟起诉至法院。案例时间：2019 年 9 月 8 日；案例地点：D 县人民法院。

③ 在 D 县法律援助中心，2015－2018 年四年受理法律援助案件（包括民事、刑事和行政案件）的总数量分别为 750 件、860 件、1097 件和 922 件，其中，四年受理的民事法律援助案件分别为 590 件、665 件、918 件和 713 件。可见，民事法律援助案件成为该中心的主要案件类型，而婚姻和赡养案件又是民事法律援助案件中的主要类型。

④ 这里并未对女儿的赡养义务进行判定。由于起诉时老人是原告，三个儿子是被告，并未涉及四个女儿，所以法官并未对四个女儿的赡养义务和具体责任进行裁决。

后便开始诉苦①，她的这段婚姻受到残余封建思想的戕害，这让身为母亲的周律师听完感动落泪了②，说道：

> 你太不容易了！考虑到你的身体情况，还是争取要一个小孩的抚养权。如果放弃了抚养权，以后变更会很麻烦。有了小孩跟着你，你的生活也会有了奔头。虽然你俩没有夫妻共同财产，但你现在的身体状况可以向他要经济补偿，先主张试试。你这是第二次起诉离婚了，而且你们分居长达两年，感情已经破裂，这次是能够离婚的。你们毕竟夫妻一场，我建议你俩先庭前调解下。

在方文伟同意调解后，法官、律师开始围绕着共同财产、债务和孩子抚养权与原被告双方开始沟通。经过长达三小时的调解，原被告就相关事项达成一致。不料方文伟反悔，要求开庭审理。迫于形势，法官宣布开庭，公益律师为原告代理，向法庭提出诉讼请求：

> 1. 请求判决原、被告离婚；2. 女儿方甜甜由原告抚养，方媛媛由被告抚养；3. 依法分割夫妻共同财产；4. 共同债务原、被告各承担一半；5. 被告给予原告经济补偿20万元；6. 本案诉讼费用由被告承担。

最终，在公益律师的据理力争下，原告的多项诉求得到了满足：法院判决两人离婚。法院把方甜甜判给原告，方媛媛判给被告，并就抚养费做出相应判定。③ 至此，在公益律师专业的诉讼代理后，谢澜从这段受压迫、剥削和暴力的封建婚姻关系中解放出来。

在上述家事法律实践过程中，单一运用法律形式主义作为依据可能会带来一定的问题，因为允许家庭内部通过形式主义导向的诉讼会破坏家庭和睦。④ 而运用这种复合思维可

---

① "我2006年嫁给方文伟，先后怀孕五次都是女孩，生下来三个，两个自己抚养，一个被抱走了，还有两个做了流产。他家重男轻女思想严重，责怪我不生男孩。我生孩子时，他家人也不问我事，连生孩子的钱都是我爸妈出的，有一个孩子还是我去打工的路上在客车里生下的。方文伟抽烟、酗酒、赌博都来的，最主要的是不干活，父母给他钱花，他也听他父母的话。我要是说他，他就打我。我们住的房子，房产证上面写的却是公公的名字，现在想想可能是早有预谋。我娘家人都老实，爸妈劝和不劝分，我俩前后有五次要离婚，都被我父母劝下去了，他们说离婚名声难听，对我和家人都不好。但是他们一家人都在对付我一个人，我一个人要反抗那一家人……我现在身体差很，生孩子打胎落下病根，有心脏病还有抑郁症。他要是不给我小孩，我就不要小孩，我现在只想摆脱那个家庭，不然脑子就要搞坏掉了"。访谈时间：2020年4月9日；访谈地点：D县ZQ镇人民法庭调解办公室。

② 笔者访谈公益律师时，她跟我说道：谢澜是我上班以来第一次被当事人的悲惨故事感动落泪的人，她是一个善良的、懂得为家庭奋斗的人，但是为什么会嫁到那样的家庭来，被丈夫和公婆一家封建思想压迫和剥削，最后有这样悲惨的结局。访谈时间：2020年4月9日；访谈地点：D县ZQ镇人民法庭调解办公室。

③ 然而，法院因无理无据，不支持原告主张的经济补偿和夫妻共同财产分割。至于共同债务，因为双方争议较大，且缺乏相关证据，法院此次不予处理，债权人可另行主张。

④ See Summers, R. S., Two Types of Substantive Reasons: The Core of a Theory of. Common – Law Justification, 63 (5) *Cornell Law Review*, 707 (1978).

以有效缓和家事纠纷中的紧张程度,使得协商、调解等非诉方式在公众日常生活中能够得到充分运用。与此同时,还应看出诉讼有时也是协商、调解无效后必然使用的最终手段。

四、公益律师行动选择的原因

公益律师为什么会选用包含形式理性与实用道德主义的行动方式处理家事纠纷?通过对律师行动的拆分和细化,拟搭建三组看似二元对立实则相互协调的力量组合,并分析每组概念之间的关系,以考察和探究这种复合思维是如何调和律师行动背后的潜在张力的。

(一)行动标准的张力:结构性因素与柔性权力空间

县域的社会结构和职业市场制约着公益律师的行动方式,但个体也是具有主观能动性的行动者,其行动不完全受社会结构和职业市场的制约,更是个人能动选择的结果。

一方面,宏观的结构规制会形塑着行动者的思维方式和行动选择。公益律师的行动通常会受到双重权力的制约,即其不仅要受到以程序正义和实体正义为特征的法律的规训,而且还会受到司法局的科层制结构的无形制约。作为公共法律服务执行主体的律师本身虽不属于行政体制内人员,但在处理纠纷时要对作为服务购买者的政府直接负责,也会受到公共法律服务的约束。然而,行政科层制与制度形式主义都要求公益律师保持着工具理性的行动方式。另一方面,个体也拥有能动选择行动的空间。事实上,公共法律服务体系并未规定公益律师通过什么样的方式以及提供什么样的法律服务。这样就促使公益律师在解决家事纠纷过程中有着较大的自主性和能动性,获得了充分的支配空间和柔性权力。一定意义上,这种柔性权力之于法律公益律师而言,类似于自由裁量权之于法官。

因此,在家事纠纷解决过程中,公益律师便会形成一套思维方式:他们固然承认制度存在的事实和遵循法律的必要,但是他们却不愿意受程式化的制度和法律的摆布,而希望通过一切可能,包括制度漏洞、法律人性化一面绕回到情理和人情上来,创制出一种"基于逻辑,辅以道德和实用"的灵活化的处理方式。进言之,罗律师所采取的行动也是行政科层制管理体制下的形塑出来的特有的理性类型,这种行动取向不仅克服了被工具理性支配的思维局限,而且也有效地消除了程式化的科层制与柔性的权力空间之间的结构性张力。

(二)参照规范的差异:法律知识与道德知识

制度的内容不仅包括文本上的正式规定,也包括实践中体现的活态的非正式规定,两者共同构成了制度的全貌。可见,任何制度都不是条文的简单堆砌,而是一套复杂的价值体系,它的形成与演变并非简单的立法逻辑所直接决定的,而是有一个迂回的社会性过程。[①]

---

① 参见储卉娟:《嵌入式制度移植困境:对中国法律援助制度的法社会学研究》,载《学习与探索》2017年第12期。

就法律制度内容的表现形式而言，可划分为法律知识与道德知识两种类型。

法律知识是指被制度化的法律条文，是国家实现法治化的工具，其涵盖经济、政治、文化、社会、生态等各个领域。而运用法律知识解决社会问题，通常带有较大的强制性。就婚姻纠纷问题而言，法律在婚姻关系中的供养、义务和责任方面的强制性调节是很有限的，它只在婚姻纠纷达于极端的时候才会发生作用。[1] 也就是说，法律知识只有在处理一些不可调和的家事纠纷时才会显示出其特有的优越性。而本文前两件案例所谈及的家事纠纷初现端倪，还尚未进入协商或是调解阶段，矛盾是否可调和还有待后续观察，故仅使用法律知识处理问题不合时宜。

在家事纠纷解决过程中，制度设计和结构安排的在地化必然会出现与道德性知识相耦合的情况。究其原因，中国社会是情理社会[2]，"情理"即中式的理智（良知）[3]，其在本质上是人伦，而人伦精神贯穿于家国社会之中[4]。我国具有很强的德治传统，强调以理、情服人，道德的强大力量使法律不具有独立性。[5] 另外，县域社会在文化层面上易受到"以和为贵"的道德规训，人情、面子和关系是制约行动的文化因素，加之家事纠纷问题多被视为"家丑不可外扬"，随之形成了一套程式化的纠纷解决的传统——"家事家了""大事化小，小事化了"，而这种道德传统在家事纠纷解决过程中有着不可替代的作用。

概言之，法律实践与其说归功于纯粹的法律规范，不如说归功于行动者的伦理禀赋。[6] 也就是说，法律规范与道德知识之间是一种相互制约、相互协作的关系，制度的设立往往引导着人情向哪里去，而非消灭人情的作用。[7] 因此，公益律师在解决家事纠纷过程中更偏向于采用法律知识结合道德知识的方式，把法律视为最低限度的道德，而道德亦是其内心的"法律"。

（三）角色定位的不同：社会律师与公益律师

社会角色决定了人们在组织以及场域中占据着适当的位置并表现出特定的行动模式。就社会律师而言，他们在律师事务所从事法律业务，而律师事务所遵循的是市场主导的逐利性的商业思维，这也使得社会律师在工作中以获取案源为导向，通过专业的法律知识和职业思维来观察、分析和判断案情，以达到在维护客户合法利益基础上的受益最大化目的。当

---

[1] 参见朱志杰：《婚姻纠纷调解形式的社会探析》，载《社会学研究》1988年第1期。
[2] 翟学伟把中国社会预设为情理社会，并对其进行了实证研究。参见翟学伟：《人情、面子与权力的再生产——情理社会中的社会交换方式》，载《社会学研究》2004年第5期。
[3] 滋贺秀三等：《明清时期的民事审判与民间契约》，王亚新等编译，法律出版社1998年版，第39页。
[4] 参见吴柳财：《传统中国社会的情理与人伦以京剧〈四郎探母〉为例》，载《社会》2020年第4期。
[5] 沈敏荣：《法律限度》，法律出版社2003年版，第18页。
[6] 参见布迪厄：《法律的力量——迈向司法场域的社会学》，强世功译，载《北大法律评论》（1999年第2期），北京大学出版社2000年版，第496-545页。
[7] 参见翟学伟：《人情与制度：平衡还是制衡？——兼论个案研究的代表性问题》，载《开放时代》2014年第4期。

然，这并不是说社会律师仅是遵循商业思维，他们也会去承担社会责任。但是社会律师提供的法律服务是毕竟类似于市场上的商品，他们的行动也难免会受到经济利益的驱动。

然而，公益律师与公民之间是一种纯粹的"服务—被服务"的法律关系，不同于公民与社会律师之间的委托与被委托关系，后者是建立在自愿、选择、等价有偿等基础上。公益律师是由政府支付办案补贴，他们的商业思维和竞争意识不再被需要。一定意义上，处理家事纠纷的公益律师更像是一个"变电器"，通过一种易于理解的方式把相关法律知识、情理知识以及潜在法律风险告知受援人，也会涉及利弊分析等实用性内容。究其原因，公共法律服务的公益性使得律师的身份被定位为一位充满人情味的法律服务工作者，他们的职业道德和人道主义在公共法律服务场域内得到最大限度的展现。正如郭星华所言：法律援助制度背后的价值理念甚至被置于了高于法律规定本身的地位上。当援助律师的行动体现了制度所承载的价值理念，达到了制度所预期的社会效果，就是遵守了《法律援助条例》本身。[①] 这种价值理念使得他们能设身处地为受援人解决实际问题，切实维护当事人的合法权益。概言之，公益律师的占位点至关重要，不仅要有法律人的法律思维，还要有社会人的关怀和同理心。只有将自身的专业知识和人文关怀嵌入到的实际工作中，才能够更好地发挥公共法律服务作为民生工程的社会效果。

除了行动标准的张力、参照规范的差异、角色定位的不同外，笔者还按照类型、性质的分析维度绘制了一张家事纠纷解决方式选择的图表（见表1），以达到深入分析公益律师选择行动的原因。由表可见，在工具性-道德性的二元维度下，包含复合思维的行动均呈现出中等程度的工具性和道德性。而形式理性或实用道德主义的工具性和道德性表现为极端对立的情形。在成本-利益维度下，包含复合思维的行动也体现出较为明显的优越性。概言之，与形式理性行动比较而言，包含复合思维的行动有着浓郁的人情味；之于实用道德主义行动而言，包含复合思维的行动则是一种相对的公正。是故这种行动方式成为公益律师处理家事纠纷问题的衡平术。

表1　关于公益律师在家事纠纷中选择行动方式的性质分析

纠纷解决方式 \ 性质	工具性	道德性	成本	利益
形式理性	强	弱	大	待定
实用道德主义	弱	强	小	待定
形式理性+实用道德主义	中	中	中	大

---

① 参见王晓蓓、郭星华：《法律执行的社会学模式——对法律援助过程的法社会学分析》，载《江苏社会科学》2007年第6期。

五、总结与讨论

通过对三宗案例中公益律师行动的深度考察,发现他们在处理家事纠纷时有着特定的路径依赖,可概括为三种包含复合思维的行动策略,即借助"法律专家权威"来获取支配权力、通过"家长式权威"来"情理说教"以及运用"诉讼代理人权威"来助力维权。关于选择复合思维的行动的原因,可归纳为公益律师对行动标准张力、参照规范的差异与角色定位的不同三种张力的调和。本质上,复合思维属于西方理性类型结合中国本土资源生发出来的现代理性类型,能兼顾家庭关系的完整性、法律审判的公正性以及社会影响的最小化,其已成为家事纠纷解决过程中被普遍运用的实践逻辑。

综上所述,黄宗智指出形式主义与实用道德主义并存、博弈是当代中国的法律现状,但是其并未辨析两者的关系。基于此,笔者结合上述案例分析,认为两者的关系应被理解为:(1)基于工具理性、价值理性之上,借助传统的道德和实用等本土资源①以达到对工具理性、价值理性存在问题的矫正、变通与调适,并非是一种带有平均、折中甚至妥协色彩的理性类型。(2)本质上,法律的形式主义是家事法律复合思维的理性基础和基本底色,而实用道德主义是作为调和技艺注入其中的。(3)在纯粹理性意义上,形式理性与实用道德主义是对立而分离的,而在实践理性层面,两者超越了理论上的二元对立,把逻辑、道德与实用合为一体,实现了三者的统一。(4)这种复合思维是一种在西方的理性类型基础上结合中国本土资源生发出来的现代理性类型,可弥合直接移植西方理性类型所带来的缝隙,因而也是对西方理性类型等相关理论论述的某种回应。

总之,这种复合思维是一种理性化的行动取向,即依据专业思维判断后的分寸拿捏、柔恰处理和求全解决;亦是一种超然心态和职业素养,是看清案情真相后仍坚持照护多方利益以求和的工作态度。那么,如何去践行包含复合思维?则需要把握一些技术要领:既要把纠纷置于"法律之内"推理,也将其放在"法律之外"考量,懂得因人因时因事以制宜的原则和权衡利弊的技艺,不脱离整体化的家庭背景和紧密性的家庭关系,以及在工具理性思维的基础上辅之以情理、人情。

笔者意识到本文的方法有其局限性,样本选择的代表性问题限制了复合思维的适用范围,还应讨论这种行动逻辑在家事纠纷中的使用限度问题。究其原因,这种复合思维的使用是有具体语境限制的,也是有一定的适用范围,亦即其并非适用于所有的家事纠纷,比如涉及家事纠纷引起的刑事案件②就不适用这种实践逻辑,刑事案件必须按照形式理性的

---

① 本土的资源是中国的法治之路必须注重利用的资源,要注重中国法律文化的传统和实际。参见苏力:《法治及其本土资源(第3版)》,北京大学出版社2015年版,第6页。

② 比如近几年发生的几起案件7·5杭州女子失踪案和山东虐妻致死案。参见澎湃新闻网:《"7·5杭州女子失踪案"》,https://www.thepaper.cn/newsDetail_ forward_ 8605354,访问时间:2020年12月8日。澎湃新闻网:《山东虐妻致死案:婚姻不是轻判凶手的"保护伞"》,https://www.thepaper.cn/newsDetail_ forward_ 10067163,访问时间:2020年12月20日。

思维来分析，且不允许被协商解决。当然，这种行动的限度问题并非本文关注的重点，本文所述的重心和落脚点是复合思维如何消解公益律师不同行动类型之间的张力以至主导了律师在家事纠纷中实际行动的选择。

最后，公益律师作为基层治理重要主体的社会地位和优势功能应引起学界的高度关注。在当下的社会治理法治化进程，需要重新定位公益律师的社会角色以及再次审视公益律师的多元功能。一方面，公益律师既是联结公众与法律专业系统的中介和纽带。公益律师会为社会提供无偿的公共法律服务，增加公众的法律知识以提升其法律意识。另一方面，公益律师也是法治社会建设的重要执行主体。在社会纠纷解决过程中，律师会结合专业知识和职业伦理为委托人进行有效辩护，提供精准而高效的法律服务，最大化保障委托人的合法权利，并且能够化解沉积已久的社会矛盾和冲突，进而达到兼顾法律效果和社会效果的双重目标。律师也会积极参与政治生活和社会生活，运用法律专业知识，对社会热点问题予以法律评析及专业性解读，引导网络舆论逐渐朝向理性化发展。进言之，系统论证、深入阐释公益律师在社会治理法治化进程中的作用具有较高的现实价值和学理意义。因此，公益律师在法治谁建设进程中的功能再检视也成为笔者在本文之后会持续关注的扩展研究。

Compound thinking: the action logic of public interest lawyers in family dispute resolution: Based on the investigation of D County in central China

Liu Min

Abstract: Compared with the practical solutions to traditional family disputes, public interest lawyers (PILs) follow compound thinking on solving current family disputes. The formalism interacted with practical moralism has become the code of this thinking. Based on this, from the perspective of the legal sociology and the action of PILs, this paper describes three typical cases in D County in central China, presenting the three strategies that PILs adopt in dealing with family disputes: legal expert authority, patriarchal authority and litigation agent authority. Then this paper analyzes the reasons why PILs take these three kinds of action. First, those lawyers try to eliminate the paradox between flexible power space and structural factors. Second, it is necessary for PILs to find a balance between legal knowledge and moral norms. Third, PILs need to ease the tension between social lawyers and PILs. Next, this paper discusses and reflects on the applicable limit of PILs to adopt compound thinking. Finally, the review of the function of PILs in the process of building a law – based society becomes an extended study that should be paid continuous attention to in the future.

Key words: family disputes; public interest lawyers; Pragmatic moralism; Compound thinking; Public Legal Services

(编辑：陶文泰)

学术评论

法律学说的司法功能与应用进路
——《论法律学说的司法运用》述评

戴津伟[*]

> **摘　要**　法律学说主要作为一种法教义学阐释，在司法裁判中起到重要的理念指引与方法启迪功能。然而，当前学界对何为法律学说、法律学说与法理的关系、法律学说的司法功能及其应用方法都缺乏系统研究。彭中礼教授的《论法律学说的司法运用》一文，对法律学说的概念做了开放性的界定，主张法律学说是法学家在特定社会物质生活条件下创造的具有历史规定性和现实规范性的关于法律运行及其相关理论问题的科学思想体系。该文多维度阐释了法律学说的司法功能。通说作为权威的教义学观点，能给法律解释指引思路，为裁判结论提供正当理由，使司法论证能聚焦论题，并提供合理的法规范论点与系统论据。从运用形态来看，法律学说在司法裁判中有直接运用和隐性运用两种形态。该文立体化地论证法律学说在司法裁判中的多维度功能与应用形态，具体包括据以展开法律解释、填补法律漏洞和创制法律规则等，并从法律思维和法律适用程序等方面提出了规范法律学说司法应用的具体措施。
>
> **关键词**　法律学说　司法裁判　法律论证　法律解释　法理

在司法实践中，法律学说作为学理性资源，在法律解释、司法论证、法律漏洞填补和创制规则等方面都发挥着重要的观点指引与思路启迪作用。相对于法律学说在司法实务中的广泛应用，学界对法律学说司法运用的系统探讨仍较为缺乏。彭中礼教授在《中国社会科学》2020年第4期发表了《论法律学说的司法运用》一文，以法律学说司法运用发展历程为基础，界定了法律学说的范围，探讨了法律学说的价值与功能，系统阐释了法律学

---

[*] 戴津伟，男，法学博士，华东政法大学科学研究院讲师，主要研究方向为法律方法论。

说在司法裁判中的应用进路与具体功能,并结合当前法律学说司法运用存在的问题,提出了一系列具体规范措施。该文从功能论视角系统解读了法律学说的涵义,阐释了法律学说的司法功能,为探索法律学说规范化应用提供了理论启示与方法指引。

一、"法律学说"的规范界定

要阐明法律学说的司法功能,我们首先需要界定什么是法律学说。法律学说作为一个出现频率非常高的术语,在理论与实践意义中有不同维度的意义指向,与法理、法教义学说和法学通说等概念都存在紧密的联系。《论法律学说的司法运用》一文系统阐释了法律法学说的内涵与外延,从产生、特性与功能等维度界定法律学说的含义,阐明其与相关概念之间有何联系与区别。

1. 法律学说是法理的具体显现

法理与法律学说之关系一直是界定法律学说要解决的一个核心问题。学界经常没有对二者做出清晰的区分,想当然地认为法理的内容就是法律学说,从而下意识地将二者等同对待。我们可以从以下两个维度观察法理与学说的关系,一种观点认为法理是法律学说之载体,法律学说则是法理之具体内容。"学说,有的学者称为法理,是指权威的法学家在其著述中阐释的法学概念、原理和主张。"[①] 依据这一观点,各种法律学说都以法理的形态体现出来,法理的本质是各类学说。也有的学者对法理与学说不做实质区分,主张部门法的法理,本质上就是部门法学说。"所谓法理,指的是民法的学说、理论"[②]。第二种观点则认为法理的范围大于学说,学说是法理的一种样态。学说更为具体,一般指向围绕法条阐释或制度解读展开的原理与观点。法理除了法教义学说外,还包括抽象性的原理、价值准则与理念。有的学者更进一步,主张法理不局限于法律本身之原理,还包括作为形塑法律基础之事物本质。"法理为抽象的正法价值观点或原则,其存在样态可分为平等原则、规范意旨、法理念和事物之性质。"[③] 从内容与表现形态的关系来看,法理通过法律学说体现出来,法律学说是法理的具体显示,这也正是彭中礼貌教授在文章中直接阐述的观点。从内容范围来看,法理的内容除了法律学说之外,还包括价值原则、法律理念和作为形塑法律规则基础之事理或者事物本质。

也有学者主张法理是一种抽象化的价值原则,而法律学说则是以这些价值原则为基础发展出来的教义观点,是法理的具体化与现实化。"法理则尚仅属于一些抽象的正法价值观点或原则。其具体化尚未达到能供法官直接适用于个别案件的程度。因此,引用法理补充法律前,尚必须就法理进一步加以具体化。该具体化的工作,常由学说或实务在日积月

[①] 刘想树:《学说与判例的法渊源地位研究》,载《公安大学学报》2002年第4期。
[②] 王利明:《民法总则研究》(第2版),中国人民大学出版社2012年版,第68页。
[③] 黄茂荣:《法学方法与现代民法》,法律出版社2007年版,第478页。

累的努力中逐步完成。"① 这一观点中的"法理"并非该概念的通常含义，我们一般将法理视为法理论基础或者部门法教义学说，而该观点却将法理定位为基本的价值准则。法律学说的功能正在于通过逐步的理论与实践积累，基于平等、自由和尊严等价值原则，以形成与发展法律学说之方式，衍生出一系列的系统化的教义，据以推动理论发展，指导法规范实践应用。这一观点清晰地揭示了如下原理：法学学说之运作既是细化和落实法价值的重要依托，也是据以形成和发展法理论和法教义的重要机制。

2. 法律学说的现实规范性与历史规定性

与大多数论著强调法律学说之法教义学属性不同，彭中礼教授在《论法律学说的司法应用》一文中强调了法律学说的现实规范性与历史规定性。法律学说是对特定国家某一阶段物质生活条件的反映，其内容主要基于社会生活条件产生，因而具有很强的现实规范性。法律学说也是基于一定历史时期某一国家的社会现实与法律规定做出的理论提炼与总结，因此具有明显的历史规定性。"所谓'法律学说'，是指法学家在特定社会物质生活条件下创造的具有历史规定性和现实规范性的关于法律运行及其相关理论问题的科学思想体系。"② 强调法律学说的现实规范性与历史规定性，能使我们将注意力不再局限于制定法文本和教义学理论本体，而能拓阔视野，有意识地探究产生相应法律学说的社会现实条件，从社会条件层面探讨为何某一种学说能在多种观点竞争中得以胜出，成为主流性质的学说，也会密切关注对法律规则阐释与应用产生影响的政策、公共道德与常理等因素，从而使法律学说研究更为综合立体，更能有效地回应社会现实需求。

值得指出的是，作者在该文中区分了理论性法律学说和在法律实践中使用的法律学说。前者通过规范性、科学性和思想性予以展现，是一种系统化的法教义学阐释③，而后者则表现为法律实务人士尤其是法官在实践中所援引的权威性法律观点。在英美法系，法律学说更偏重于围绕法律实务展开的评论与重述，是基于法律实践问题发展出的观点集合。与此相适应，英美法系的法律学说论著也更多地体现为观点汇编之形态而非体系性理论。"而无论有没有在实务部门干过，他们都认为自己主要是训练下一代律师的法律人，并通过法律学术——法律评论的论文、专著、模范法典和法律重述——来指导法官和实务律师进行坚实的法律推理。"④ 相较于理论学说需要结合个案予以细化和落实，这类实务型的学说在司法实践中更能直接发挥指引裁判，推动法律发展之功能。

3. 法律学说协调多元规范运用功能

我们通常认为学说是对成文法之阐释与解读，是围绕法律规则和法律原则展开的教义学理论。法律学说的内容不局限于制定法阐释及相关法教义学说，政策、习惯和常理作为

---

① 黄茂荣：《法学方法与现代民法》，法律出版社2007年版，第472－473页。
② 彭中礼：《论法律学说的司法运用》，载《中国社会科学》2020年第4期。
③ 参见彭中礼：《论法律学说的司法运用》，载《中国社会科学》2020年第4期。
④ ［美］波斯纳：《超越法律》，苏力译，中国政法大学出版社2001年版，第95页。

形塑法律规则之基础，构成影响法律适用的导向因素，都不可避免地会加入进来，成为法律学说的生成素材。"学说是指法学家对成文法之阐释、对习惯法之认知、对法理之探求。因此，学说之运用远不止于法理之探求，于制定法及习惯法的适用中均有参照之余地。"①随着习惯、政策和法价值等因素司法应用的逐步积累，也会以这些因素为素材的探讨与相关学说，构成相关阐释与应用的重要理论资源。

学说之运用不局限于解决法条疑义，在习惯之解释、探讨作为制定法基础之法理，都有学说的用武之地，学说也因此成为多元法律规范运用的学理指引。正是因为法律学说内容之综合性，司法裁判援引法律学说，经常会涉及对制定法、习惯法、法理和政策等法律渊源的选择、权衡与协调运用。经过长期实践发展，关于多元规范适用的理论构成法律学说的重要组成部分，与此相适应，法律学说自然而然地发挥了协调多种法律渊源运用之功能。"法学家们为克服成文法的弊端，创造出包括法律学说在内的大量多元规范适用理论。一方面，这些理论探索了多元规范适用的正当性；另一方面，这些理论也为法律学说进入司法提供了更为深刻的理由。"② 学说作为多元规范适用的粘合剂，是以法律学说作为依托，在法律应用的过程中有效地融合制定法、习惯、政策与法理等法源，将这些因素共同作为确定个案裁判规范之依据，从而发挥协调与融贯各类法源之综合功能。

围绕各类法律渊源形成的学说构成多元规范司法适用的重要依据和指引。从法律适用的角度来看，一个国家的法律渊源并非以制定法、习惯法和判例等形式罗列出来，而是依据一国的司法裁判规则、法律渊源理论和法律方法，呈现出一定的适用顺序和组合形态。在司法裁判中，法官需要依据法律渊源理论，确定"有效法"的范围，并依据法律方法，规范地将政策、公共道德与常理等影响正式法律渊源解读与应用的因素纳入法律解释，综合性地展开法律意义诠释与应用，在开放的基础上有收敛，在自由探索的前提下接受规范制约，形成据以解决个案之裁判规范。"法律适用就是发现体现在一般——抽象性的'法律规范'中并由法律渊源学说来定义的有效的法并将其符合事实地适用于当前的纠纷。"③法律渊源学说构成一个国家多种法律渊源综合应用的元规范，有效地指引各类法律渊源的排序、协调、融贯以及综合运用。

4. 区分学者观点与法律学说

在法律学说研究中，相关论著都会有意识强调通说。通说是学说的一种类型，学说是通说的上位概念，学者或者实务界个人所秉持的学说观点，都有可能构成法律学说，但不见得每一种学说都能获得普遍接受，都具有实质合理性。"'学说'是指学者或实务者等个人对成文法的阐明、对习惯法的认知及法理之探求所表示的意见，即是私人的法律观点

---

① 李敏：《论法理与学说的民法法源地位》，载《法学》2018年第6期。
② 彭中礼：《论法律学说的司法运用》，载《中国社会科学》2020年第4期。
③ ［德］魏德士：《法理学》，丁晓春、吴越译，法律出版社2013年版，第285页。

和见解。"① 通说是学界或司法实务界关于某一问题的共识性观点，这种获得普遍接受的共识意见可以作为司法裁判的权威论证依据。"针对现行法框架中某一具体法律问题——通常是司法适用问题——学术界和司法界认识经过一段时间的讨论后形成的、由多数法律人所持有的法律意见（法教义学意见），所以通说也被称为'多数意见'。"② 探讨通说的形成与司法运用形态，能够清晰地展现学理的演进进路和实践运用方法。

《论法律学说的司法运用》一文探讨了法律学说与学者观点之间的种属关系。我们一般会下意识地把法学学者所秉持的观点都视为法律学说，而作者在该文中有意识地强调学者观点只是学者自己的看法和见解，不一定都具有严谨的逻辑性、思想性和体系性。一种法律观点要形成学说，必须要求观点具有逻辑清晰、体系严谨和要旨规范等特征。"学者观点注重学者是否对某一事物或现象有自己的看法和见解，而法律学说更看重观点的思想性、逻辑性、科学性、系统性和规范性。"③ 在法国，早在 19 世纪 50 年代，随着法学家地位的逐渐上升，其群体性的共识逐渐以学说形态显现并对司法实践产生重要影响，这与之前学者个体秉持的见解具有明显的区别。"大约在 1850 年，无论是实务人士还是大学教授，法学学者都重新取得了稳固的特殊地位，并开始把自己表现为更令人喜欢的'学说'，而非'学者的观点'。'学说'一词也悄然改变了意思，它不再指一种意见，而是指一个集体。"④ 法律学说意指一个学术群体所秉持的学术观点。法律学说与法学学者观点的区分，能有意识地将法律学说保持在共识性权威性的学理观点范围之内，有效提升法律学说的质量与说服力。

《法律大辞典》提出学说是"学者关于学术问题之见解也。学说为法律渊源之一种。"⑤ 将法律学说作为一种法律渊源，其前提是该学说是针对相关问题之通说或权威学说，已获得普遍接受，在解释某一问题时在规范目的、体系脉络和预期社会效果等各个层面都具有很强的实质合理性，因而将其作为法律渊源能提升法律适用的正当性。从司法实践来看，真正能在司法裁判中得以应用的学说都是权威性学说或者通说，本身就具有严谨性与规范性。

如果将法律学说界定为一种宽泛的法条解读意见或者法律观点，那么，作为通说的法律意见不一定得是学术界的学说，司法实务界对某一法律问题同样会产生共识性的观点，形成相应的通说。在法律学说与法学通说的关系方面，该文提出法学通说是法律学说的一种，二者之间之间构成种属关系。法学通说是获得学术共同体或者司法实务界普遍接受的，具有共识性的法律学说。"具体指，针对现行法框架中某一具体法律问题——通常

---

① 于晓青：《法理与学说作为法源之研究》，复旦大学出版社 2017 年版，第 85 页。
② 黄卉：《法学通说与法学方法：基于法条主义立场》，中国法制出版社 2015 年版，第 3 页。
③ 彭中礼：《论法律学说的司法运用》，载《中国社会科学》2020 年第 4 期。
④ ［法］菲利普·热斯塔茨、克里斯托弗·雅曼：《作为一种法律渊源的学说——法国法学的历程》，朱明哲译，中国政法大学出版社 2020 年版，第 69 页。
⑤ 汪翰章主编：《法律大辞典》，上海人民出版社 2014 年版，第 978 页。

是司法适用问题——学术界和司法界人士经过一段时间的讨论后形成的、由多数法律人所持有的法律意见（法教义学意见），所以通说也被称作'多数意见'"。① 就学术界的通说而言，这样的通说作为就某一法条解释或者某一法律问题解答之共识性意见，潜移默化地对解释法律，做出司法裁判产生影响，在不知不觉中发挥思路启迪功能。

在面对某一法律问题时，如果显而易见地存在着多种观点分歧时，通说性质的法律观点很可能会凸显出来，作为一种权威性合理意见，发挥指引与抉择功能，是据以解释法律，确定裁判结论的重要依据。在这种情况下，法官可能会坦然地援引某一通说，增强其法律解释与司法裁判的正当性，但也有可能只是将其作为观点指引，并没有直接予以援引。法官可能会参考一位学术名家关于某一问题的观点，但很少直接予以援引，将其作为裁判理由或证成法律观点正当性之依据。简言之，以个人观点形式体现出来的学说会对法官解释法律，做出司法裁判产生启示与指引，但很少会被直接引用，并不构成一种独立的法律渊源。

二、法律学说的司法功能

法律学说能在司法裁判中发挥多维度的启示与指引功能。从法源角度看，法律学说并非独立的法律渊源，但作为法教义学观点能给法律解释提供指引与辅助，作为一般性法理则能给多元规范协调运用以理念指导。法律学说作为围绕法条展开的体系解读或给一类问题提供的解决方案，具有清晰的问题定位和合理建议功能，能据以聚拢法律论证焦点，系统地提示论证思路，给出妥当的规范论据。

1. 辅助法律解释，协调多元规范运用

法理学说不属于正式法律渊源，并不能直接作为司法裁判依据，其在司法裁判中往往围绕法条阐释，为法律适用提供教义学支撑，尤其是遇到有多种可能意见的争议性案件或新型案件时，能给法官提供有说服力的法律观点，辅以相应的说理，为个案裁判提供正当性支撑。"学理没有规范性的说服力，所以它的权威完全来自其为法的发展提供的论证说服力。"② 学说为法律的演进与发展提供原动力，其在个案中经常能为法律适用提供多维度的合法性与合理性论证理由，提升司法裁判的可靠性与说服力。"法律学说是对法理的探索，通过逻辑性和严谨性来表达科学性，诠释行为可控的规律性，从论证结果来看有助于提升司法裁判的说服力。"③ 就司法应用而言，法律学说更多地体现为部门法法理，构成阐释法律的重要依据，也是据以做出司法裁判的正当理由。

瑞士民法典第一条规定了各类民法法源及相关适用准则，提供了一种法律学说司法适用的典范。该条规定分为以下三个层次：（1）凡依本法文字或释义有相应规定的任何法律问题，一律适用本法。（2）无法从本法得出相应规定时，法官应依据习惯法裁判；如无习

---

① 黄卉：《论法学通说（又名：法条主义者宣言）》，载《北大法律评论》2011年第2期。
② ［奥地利］恩斯特·A. 克莱默：《法律方法论》，周万里译，法律出版社2019年版，第221页。
③ 彭中礼：《论法律学说的司法运用》，载《中国社会科学》2020年第4期。

惯法时,依据自己如作为立法者应提出的规则裁判。(3)在前款的情况下,法官应参酌公认的学理和实务惯例。依据该条规定,制定法和习惯法都可以直接作为司法裁判依据。法官应当首先依据制定法裁判,在缺乏相应制定法情况下,可以依据习惯法,如果习惯法也出现阙如,则需要法官将自己放到立法者地位提出相应的裁判规则。至于包括学理在内的学说,法官经常将学说作为一种法律适用的辅助性资料。法律学说本身并不能单独适用,但可以作为理论观点给予法官以启迪。法律学说经常用于指引法官解释法律,阐明义理,在缺乏直接法律规定时,还能以法律学说为指引,运用法规范意旨、习惯和常理等因素形成个案裁判规范。

法律学说并不属于直接法律渊源,但构成法官解释法律、应用习惯法和创设裁判规则的重要依据。"以学说为法定的辅助资料,虽然形式上学说无法为法官直接适用,但实质上法官无论是适用制定法、习惯法抑或自创规则都无法脱离学说。依瑞士的司法实务,法官必须对各学理予以综合分析、全面衡量,择其最优者且需就此说明理由。"[①] 法律学说作为一种学理资源,能为法官解释制定法与习惯法,在欠缺前两种规则的情况下形成裁判规则提供学理资源与思路指引,因而构成一种启迪性的辅助性法律渊源。

2. 融贯运用各类论证资源,提升司法裁判合理性

彭中礼教授从法律发现视角,分三个层次阐释法律学说的司法说理功能。首先,我们可以依据法律学说形塑法律规则的具体内容和内在精神。大多数法律学说都是关于制定法解释与应用的教义学说,其核心功能就在于为法律应用提供意义阐释与思路启迪。法律学说经常能为司法裁判提供新的观点与思路,进而成为创新法律规则之基础,而新的法律规则出现也会带动法律学说的进一步往前发展,二者形成了相互促进的良性循环。"创新法律学说也是创制新的法律规则。因为法律学说本身就是法律规则形成的重要理论依据,旧的学说会创制旧的规则,新的学说又会推动新规则的创制。基于此,法律就会不断发展进步,实现法律学说的新陈代谢。"[②] 法律学说以权威性学理之形态构成法律适用的重要理论资源,为司法裁判提供理论支撑和说理进路等维度的论证依据。

其次,法律学说能够填补法律文本与法律实践之间的鸿沟。在面对司法个案时,制定法还只是一种一般性的抽象性规则,面对具体案件时经常需要通过解释才能具体运用,形成据以解决个案问题之裁判规范。法律解释不一定都是"现学现卖",临场依据文义解释和体系解释等方法得出解释结论,也很可能直接依据权威性的法律学说为当前个案给出解释观点,为具体案件解决提供妥当方案,有效地弥合一般性法律与具体案件之间的间隙。

再次,法律学说引领司法裁判的价值取向。法律适用并非简单的逻辑涵摄,而是将法律规范蕴涵的价值导向贯彻到具体案件中,有效地实现法律的规范意旨,因此,法律适用

---

① 李敏:《论法理与学说的民法法源地位》,载《法学》2018年第6期。
② 彭中礼:《论法律学说的司法运用》,载《中国社会科学》2020年第4期。

的过程也是一个法价值的实现过程。法价值的实现并非法官的主观价值理念在个案中的显现与落实，而是以法规范蕴涵的价值准则为依据做出法律决定。立法目的和法律原则等要素都是蕴涵法价值之载体，构成做出法律价值判断的重要标准。然而，就司法实践而言，立法目的条款、法律基本原则和政策等价值判断标准，本身都是分散的，甚至还可能相互冲突，要通过司法裁判实现稳定的价值判断，势必需要有融贯性的准则和依据。权威性的法律学说提供了有争议情形下的合理性妥当解决方案，都蕴含着相应的价值选择与利益衡量方案，是融贯各类价值要素，做出合理价值判断，确保规范地实现法价值的可靠依托。

3. 提供填补法律漏洞的理论素材

出现法律漏洞时，法律学说构成法官创制裁判规则，满足裁判诉求的重要理论资源。在缺乏相应法律规定情况下，法官很可能以法律学说为指引，结合现有法条的规范意旨画延长线，通过对相关概念和规则展开深入解读或者直接创制裁判规范等方式，形成当前案件之裁判依据。"对于法律法规以及司法解释中没有明确规定，也没有类似的规定的，法院一般会援引相应的法律学说观点，并结合相关的立法精神，对案件进行裁判，或者对于案件中所涉及的一些概念性问题，通过援引相关的法律学说对相关概念加以解释。"[①] 法律概念、既有的法律规则、立法宗旨都是据以创制法律规则的素材，但学说作为一种综合性权威性的学理，能提供形成新规则的基本框架，顺畅地把上述素材融合起来，创制法律规范，填补法律漏洞。

4. 提示法律论证的思路与论据

彭中礼教授从法律论证视角，探讨法律学说如何为司法论证提供权威论据。法律学说最核心的部分是围绕部门法解释与应用展开的法教义学分析，每一种法律学说都意在为解决相应的问题提供解决对策，阐明某一问题在法律体系中的定位，据以提供对应的观点与说理进路。"法学和法学家的任务之一在于，是对现有的法律问题提出系统性的解决建议（即调整草案）。"[②] 法律学说或者说一般法律理论意在为实践问题之解决提供学理阐释与思路指引，并通过实践应用与理论提炼形成体系化的法律原则与规则体系。"法律理论或一般理论到底是什么？在实质的意义上，它指的是为了以融贯的方式解释现实中出现的法律解决方案并指导未来法律问题之解决而围绕着一个特定对象提出的一系列定义和原则。"[③] 法律学说作为实践问题提供的解决方案，并非就事论事性质的观点，而是一种围绕问题展开的一套定位、论证与解答程序，是一种具有清晰体系定位的学理观点。"（法释义学）为特定问题，提供可供检验、具有说服力的解决方案，得以减轻法学研究及法院论证裁判上的负担，不必凡事都要重新讨论。因此，要变更释义学上具有共识的法律见解，

[①] 王君宜、王克：《法律学说在司法实践中的应用》，载《人民检察》2018 年第 9 期。

[②] ［德］伯恩·魏德士：《法理学》，丁晓春、吴越译，法律出版社 2013 年版，第 113 页。

[③] ［法］菲利普·热斯塔茨、克里斯托弗·雅曼：《作为一种法律渊源的学说——法国法学的历程》，朱明哲译，中国政法大学出版社 2020 年版，第 225 页。

应提出更好的理由,承担论证责任。"① 当法教义学已经为某个问题提供有说服力的权威方案时,我们就不需要另起炉灶,重新论证法律适用的正当性,而可以直接把权威的教义学说,作为一种成熟的论证资源,以学说展开进路作为具体案件中司法论证之合理路径。

也有学者主张法律学说是沟通专业性法理与公众日常合理观念的重要媒介。法律解释经常依据部门法教义学展开,规范性很强,但也容易因其专业精深分析而很难被公众理解。法律学说从其形成来源来看,意在为法条解释或提供合理化的阐释理由,为规则改进提供备选方案。每种法律学说都面临着与其他学说竞争问题,提出该学说的专家必然会极力提升其实质合理性以使其脱颖而出,得以胜出的通说肯定在妥当性上较其竞争者更胜一筹,因而很适合作为提升司法裁判合理化论证资源。"在某种程度上,法律学说就应该扮演这样一个居中翻译的功能性角色,促进司法裁判说理实质化、理性化、普及化,从而在法律系统与公众认知之间形成有效沟通。"② 在司法裁判中援引法律学说,能依托该学说的阐释进路及其提供的妥当解决方案,有效地沟通法律本身的专业分析与公众秉持的日常合理观念,最大限度地获取公众认同,提升司法裁判的可接受性。

每一种法律学说,都针对特定的法律问题,与此相对应,法律学说为该法律问题的解答凝练了中心议题,告知我们真正的难点何在,要解决该难点需要以怎样的法律观点作为前提。"从司法论证的起点来看,法律学说为聚焦中心论题提供经验知识。"③ 从表现形态来看,法律学说通常体现为针对某一问题提出的学术观点,其本身就是解决相应问题的权威论点,内含的要点提炼和解决进路自有其独到之处,因此,以法律学说为基础展开分析,可以聚拢司法论证的焦点,明确一个法律问题的核心难点所在。此外,如果某一法律问题本身就存在多种可能方案,相关法律规定有多种解释可能性,法律学说尤其是通说,作为共识性的观点,经常能作为强有力的说理资源,因而能"作为司法论证的权威论据"④。概言之,权威性的法律学说本身就是一套完整的论证方案,围绕相应的问题凝聚了论证焦点,提供了适切的观点,也辅有为何采纳这一观点的相应论据。我们可以从论证视角,把握法律学说的司法功能,依权威性学说提供的脉络和观点,确定所要解决的核心问题点,明确论证思路,寻找相关论据,铺展论证。

三、法律学说的司法应用方法

在法律学说的实践运用方面,《论法律学说的司法运用》一文从实证调查分析、具体功能和运用难点三个层面展开分析,系统分析了当前我国司法实践中法律学说的运用现状及存在的问题,阐释了法律学说司法运用的具体方法及相应功能。

---

① 王泽鉴:《人格权法》,北京大学出版社 2013 年版,第 11 页。
② 杨帆:《司法裁判说理援引法律学说的功能主义反思》,载《法制与社会发展》2021 年第 4 期。
③ 彭中礼:《论法律学说的司法运用》,载《中国社会科学》2020 年第 4 期。
④ 彭中礼:《论法律学说的司法运用》,载《中国社会科学》2020 年第 4 期。

1. 法律学说的司法运用形态

关于法律学说的司法运用形态，作者区分了直接运用与隐性运用。法律学说主要运用方式有两种，"一是以具体学说为直接依据解决实践问题，此为直接运用；二是虽然运用了法律学说，但是将其内化为司法者的知识，以比较隐蔽的方式呈现，此为隐性运用。"①由于法学说并不构成直接法律渊源，其在司法裁判中发挥功能也大多不是依据其规范作用，而是以部门法教义学说、法律适用方法和协调不同维度法律渊源之理论等形态出现，更多作为司法裁判的理念指引与方法启迪，法官直接依据法律学说做出司法裁判的情形并不多见。在司法裁判中，法律学说作为一种共识性质观点，经常内化为法官知识的组成部分，以潜移默化方式发挥认知导向与判断指引功能，成为法官解释法律，展开司法论证的前理解，从而以隐性方式发挥引导作用。从这一意义来看，不管我们是否意识到，法律学说都不可避免地在司法裁判中发挥作用。

作者还进一步分析了隐性应用的两种方式：一是不注明相关学说由哪一学者提出，也不具体阐释法律学说的内容，而只是标注"通说"或"法律通说"等抽象语词，表明参考法律学说做出的解释或论证。在这种情形下，"通说"的内容并不明确，但也表达出相应的法律解释与应用依据或者契合了学说观点，凸显了立场倾向或观点选择。第二种情形则没有任何语言标识，直接将法律学说融入裁判文书的说理中，简单地陈述依据法律学说应当如何，某一观点是否构成权威学说，甚至该学说的具体内容都没有得到清晰阐释。

法律学说在司法裁判中的隐性运用，是以制定法和习惯等法律渊源的解释为依托展开的，并非一种独立的运用形态。法律学说在司法裁判中的隐性运用并不少见，这就导致其在司法裁判中的作用方式较为隐蔽，对其分析必须结合法律解释和法律论证等方法展开。

2. 法律学说的类型化司法运用

在《论法律学说的司法运用》一文中，作者从展开法律解释、填补法律漏洞、创制法律规则和创造法律学说四个层面探讨了将法律学说运用于司法裁判的具体功能。上述法律学说司法功能的类型划分，符合法律获取的逐步递进思维，依次为既有法律规则的应用——填补法律漏洞——创制法官法三个层次，法律学说在这几个阶段分别以不同形态发挥其功能。

当已经存在适合于当前案件的规则时，法律学说的功能主要在于辅助法律解释，通过为解释法律提供系统化的教义，渗透到法规范的解读与应用中。运用法律学说作为法律解释辅助材料，能够发挥其观点指引与思路启示功能。具体而言，这种指引与启示功能可以分为两个层面。从直接层面看，法律学说的核心是法教义学，是围绕实定法解释展开的体系性学说，本身就能为法律解释提供现成的法规范观点，可以直接作为法律解释论点。

从深层次看，部分法律学说不是关于法律规定的教义学解读，而是为什么要做出如是规定之法理分析，相当于考夫曼所说的"事物之本质"。这一层面的学说能从法律调整对

---

① 彭中礼：《论法律学说的司法运用》，载《中国社会科学》2020 年第 4 期。

象之属性出发,探讨将怎样使法律成为契合事物属性与规律之调整规则,让我们能够知其然并且知其所以然,为法律解释提供正当理由。"实际上,用法理解释规范乃法理本身之特性使然。任何具体的规范本身均以抽象的'法律'原则或精神为依托,适用规范本身即有运用法理予以说明之意。进言之,'法律'与法理并非同位概念,前者为载体,其条文多含有法理。"① 法律学说作为共识性的学理观点,是法理的重要载体,也是法律解释合理性的重要来源。不管是哪一层面法理,都能为构建法律解释论点,寻找法律解释论据提供有说服力的学理资源,有效地证成法律解释的正当性,提升法律解释的规范性。

当缺乏相应法律规定时,权威性法律学说能为个案提供妥当的解决方案,指引规则创制,经常能成为填补法律漏洞,创制法律规则的重要根据。"从现实的角度来看,今天也有主要以'权威著作'的形式表现出来的'公认的学理',其对法院裁判的影响非常大,尤其是针对法律没有或仅有极少规定的问题。"② 权威性学说作为一种公认的学理,能在深入领会法律规范意旨的基础上,做出一定的延伸和拓展,有效救济既有法律规定之阙如。"如果缺乏法律规范,法官在法律续造的时候就有义务自己采用一个规则。该规则不能只适用于正在经手的案件,而且应当具有一般性和普遍性。"③ 由于权威性学说是一般性的规范学理,也是对解决类案难题做出的权威解答,因而能自然而然地为个案解决提供具有探索性质的一般规则,保障法律适用的统一性与规范性。

作者将填补法律漏洞和创制法律规则作为法律学说在司法实践中的两种独立功能。在实践中,填补法律漏洞与创设法律规则之间并没有呈现出并列关系,二者之间有明显的交叉之处。在填补法律漏洞时,法官会利用法律原则和既有的法律规则做素材,通过类比推理等方法创制出适用于当前案件的个案裁判规范。从这一意义上看,创制法律规则是在既有法条基础上画延长线,本身就构成填补法律漏洞的一种方式。在《论法律学说的司法运用》一文中,作者也提出以法律学说为依据,将既有的法律规则类推适用到没有直接规定的案件,以及直接依据法律学说创制法律规则,是解决法律规则阙如的两种常见方式,这事实上也是填补法律漏洞,提供规则供给的有效方式。不管是对法律学说在司法实践中的具体功能做怎样的区分,学说都构成法官据以解释法律,展开法律论证,弥合一般性规则与具体案件之间的鸿沟,以及创制法律规则的重要依据,是将抽象性规则予以具体化的学理支撑,也是赋予法律自身以生长力的理论资源与思路指引。

四、结语

法律学说作为一种具有说服力的学理资源,在司法裁判中立体性地发挥着观点指引与思维启示功能。从法律适用角度看,法律学说构成展开法律解释的理论支撑与进路指引,也

---

① 李敏:《论法理与学说的民法法源地位》,载《法学》2018年第6期。
② [奥地利]恩斯特·A. 克莱默:《法律方法论》,周万里译,法律出版社2019年版,第223—224页。
③ [德]伯恩·魏德士:《法理学》,丁晓春、吴越译,法律出版社2013年版,第292页。

是在缺乏相应法律规定情形下,法官据以创制法律规则,填补法律漏洞的重要依据。法律学说的核心是法教义学观点,能为类案解决提供规范化的解决方案,是展开法律论证的重要指引。法律学说一般都是围绕问题展开的教义分析,循着"问题——观点——论据",形成了非常完整的分析思路。我们能依据通说或者权威性学说聚焦论证要点,明确论证思路,寻找论据。针对当前司法实践中法律学说运用的泛化与标签化问题,我们需要秉持尊重现有法规范理念,不是直接将通说或权威性学说作为法源,而是将其作为观点指引,据以解释法律,铺展论证,并证成裁判结论的正当性,实现制定法、习惯和公共道德等各类法源的融贯运用。

Judicial Function And The Apply Method of Legal Theory
——A Review of "On the Judicial Application of Legal Theory"

Dai Jinwei

Abstract: As interpretation of legal dogma, legal theory plays an important role in judicial judgment in conceptual guiding and applying methods. However, there is a lack of systematic research on what legal doctrine is, the relationship between legal doctrine and legal principle, the judicial function and application method of legal doctrine. Professor Peng Zhongli's "On the Judicial Application of Legal Theory" gives an open definition of the concept of legal theory, and advocates that legal theory is a scientific ideological system of legal operation and related theoretical norms created by jurists under specific social material conditions with historical stipulation and realistic standardization. That paper illustrates the judicial function of legal theory in multiple dimensions. As widely accepted doctrinal point of view, legal theory can guide legal interpretation, provide justification for judgment conclusions, enable judicial argumentation to focus on its topic, and provide reasonable legal points and systematic arguments. From the perspective of application form, legal theory has two forms as direct application and implicit application in judicial judgment. That paper demonstrates the multidimensional function and application form of legal theory in judicial process, including legal interpretation, filling legal loopholes, and creating legal rules, then puts forward specific measures to regulate the judicial application of legal theory from the aspects of legal thinking mode and legal application procedures.

Key Words: Legal theory; Judicial adjudication; Legal argument; Legal interpretation; Legal principle

(编辑:彭娟)

法治一元－多元的辩证与民间法的现实面向

——评姚选民著《民间法哲学论》[*]

余 地[**]

> **摘　要**　《民间法哲学论》挖掘了民间法背后的哲学，亦即场域公共秩序，这关涉民间法面向中国特色问题所形成的场域性调控。文本作者所总结的民间法哲学体现的是法治内涵的一元（良法与普遍治理）以及法治实践的多元（民间法与国家法的协同治理）之间的辩证。同时，民间法哲学理论在和治理实践领域对话的时候亦需要进一步完善，这取决于民间法治理与现实问题的关联，具体表现在场域公共秩序的涵盖面上，场域公共秩序与自治的自由价值之间的关系上，民间法与国家法之间的治理角色进一步调和上，以及民间法在法律方法的运用问题上。
>
> **关键词**　民间法哲学　场域公共秩序　治理

一、引言

民间法作为重要的社会规范，在社会治理中扮演着重要角色，已经有越来越多的学者意识到了这点。大量的著作和论文旨在论证民间法对人的利益需求之满足所起的作用，也对民间法相关概念作了大量界定，无论是实证性作品还是纯理论性作品都大量涌现出来。但遗憾的是，学界鲜有对民间法的本源问题——民间法的哲学问题作出系统深入探讨的。事实上，这个问题具有重要意义，因为哲学的角度意味着以高屋建瓴的视角探究事物，只

---

[*] 基金项目：本文系国家社科基金重大项目"民间规范与地方立法研究"（项目编号：16ZDA070）的阶段性研究成果。

[**] 余地，宁波大学法学院讲师、法学博士。

有通过哲学维度的透视,才能够深入到事物的本质上。对民间法的探究也是如此,要洞察民间法的实质需要民间法哲学的充分关照。并且,民间法的运作方向离不开民间法的哲学意义,所以在实践层面,民间法的运作也需要哲学作出指引。湖南省社会科学院姚选民研究员的力作《民间法哲学论:一种中国特色法哲学建构论纲》(社会科学文献出版社2019年版)对民间法的哲学问题探讨就迈出了坚实的一步。

二、作品叙事:民间法哲学的呈现

作者作品着眼于民间法的基石问题和疆界问题,从而指向了民间法的哲学意义并引领民间法的具体实践。作者指出了民间法的重要特性在于其在特定场域发挥作用。有学者从制度的本土性出发,认为本土化范式将法律看作一种"地方性知识",认为民间法就可以作为一种"地方性知识"对抗西方法律知识传统的普适性,因而主张在民间法中挖掘法治的本土资源[1]。的确,民间法所结构的是特定社群内的利益关系,因而体现的是一种社群内成员的自生自发秩序。民众以相对直接的方式参与到民间法的制定上,其原初愿景也因而体现在民间法的内容中,民间法的治理也就直接面向了个体自身。这是作者在文本中界定的民间法的哲学之维。并且,作者作品面向的是中国本土的民间法,研究旨在推动中国社群治理的科学化。

作者是在国家法和民间法的二分意义上探究民间法哲学问题的。这种比较的语境也确乎更能凸显民间法的实质,正如梁治平对国家法所发表的看法那样,认为国家法可以被看成是一种收到自觉维护和更具有同一性的精英知识传统。[2] 与之相对的民间法就体现的是乡土社会的文化范型,更多地意味着社群成员的利益保护直接体现在规范中。因而民间法所结构的是本土资源而非精英智识的思辨。在民间法与国家法的比较下,作者界定了民间法的疆界,而这种界定,就是建立在民间法调整事物的是以场域法益为基础的前提下的,通过场域法益的"最大公约数"的概念,形成了民间法的疆界。基石法益意味着,"以国家法的核心或基石法益为参照,在国家层面,场域公共秩序主要指国家范围内不同区域或领域亦即各种场域法域中的人们集体通过以一定强制力为潜在后盾的非强制手段如民间法规范来指称的社会主体间的相对稳定关系体,那么,在很大程度上,国家层面之民间法存在的核心目的在于保护场域公共秩序法益"[3]。基石法理则意味着"国家法遵循着政治秩序逻辑"[4]。所谓最大公约数,指的是社群利益的共识。这种共识在国家法调整上就意味着政治秩序法益——"国家法的核心或基石法益即政治秩序法益是国家范围内不同区域或

---

[1] 姜世波、王彬:《习惯规则的形成机制及查明研究》,中国政法大学出版社2012年版,第27页。
[2] 梁治平:《清代习惯法:社会与国家》,中国政法大学出版社1996年版,第128页。
[3] 姚选民:《民间法哲学论:一种中国特色法哲学建构论纲》,社会科学文献出版社2019年版,第66页。
[4] 姚选民:《民间法哲学论:一种中国特色法哲学建构论纲》,社会科学文献出版社2019年版,第93页。

领域亦即各种场域法域即场域公共秩序法益得以存在的重要基础"①。民间法正是通过对特定社群成员的利益共性加以确立，才形成了相应的规范体系。当然，所有的社会规范面向的都是利益的公约数而非某个个体的利益。作者在这里强调的是，民间法结构的具有最大公约数的利益是社群语境下的，而非主权国家之内或是国际领域内的。社群所形成的场域，才是民间法要落足的哲学维度。因而，民间法哲学通过疆界的确立得以确立。

作者站在民间法的哲学高度，探究了它在推动法治中国建设所起的作用。这种哲学视角的选择与推动实践的路径选择是建立在反思法治一元论的前提下形成的。法治已经包含了对不同种类社会规范共治的情形，因而如何推动民间规范发挥治理作用，是我们奉行法治所应思考的问题。正如朱苏力所言："如果意欲中国现代法治建设获得成功，那就挖掘本土资源，理解民间法律，进而使国家法律与民间法律相互理解，相互妥协，相互合作。"② 本土资源对法治的建设起到了不可忽视的作用，而中国的法治建设在吸纳本土资源的时候，必然要接纳契合中国本土文化的民间法，这也就意味着，中国本土的民间法因为其所处的特定场域，成为推动法治国家建设的重要本土资源，所以这就又回到了作者在文本中挖掘的民间法的哲学实质——场域法益上来，对该法益的揭示意味着，我们要指出在特定场域发挥调整作用——规范的调整最终指向的是利益的调整——乃是民间法在法治国家的应有之义。当然，作者的视角是放在中国特殊国情下的。的确，中国地域辽阔，所涉及的文化价值理念、经济发展程度是多元的，这就意味着法治中国的建设，需要多元的民间法在中国的不同地域实现相关利益调整。

本书源于作者的博士后出站报告，是作者通过多年对民间法的思考研究而形成的学术成果。在文本的形式结构方面，先从导论部分引出创作的背景，并提出具体的需要解决的问题，再从核心概念的介绍，也就是民间法和场域公共秩序的概念的内涵界定着手，形成论证的平台，接下来论述民间法的基石法益并基由该法益推导出的法理，分析民间法的国内维度和国际维度疆界，最后得出民间法在法治中国建设层面的担当。可见，作者的行文结构呈现的是从本源问题出发，到研究事物与他者之间的关系考量，再到实践的结构。从而形成了问题-分析-实践的研究路径。这种路径的意义在于，其使得研究事物的本体——民间法哲学之全貌能够完整地浮现出来，相应的内涵和外延也因而清晰化，民间法哲学具有的现实意义也充分体现出来。各部分之间具有高度的紧密联系。正是透过围绕民间法的社会现象本身探究其基石法益，才勾勒出民间法疆界所在，也正因为疆界被划定，民间法在法治语境的实践才有了具体的方向。这使得文本各部分之间能够相互联系起来，因而使得文本整体形成了有机的论证系统。论证环节之间的有机联系，也使得论证颇具说服力。就作者文本的实践指向而言，面向中国实际情况形成的实践路径，使得民间法的实

---

① 姚选民：《民间法哲学论：一种中国特色法哲学建构论纲》，社会科学文献出版社2019年版，第123页。
② 朱苏力：《法治及其本土资源》，中国政法大学出版社1996年版，第63页。

践立足于具体场域,在中国的特定场域下,民间法对社群事务规范作用也因而能产生实效。

三、作品理念:法治一元与多元的辩证

文本的创新点在于,作者围绕民间法的场域特性总结了其哲学维度,这种总结准确地提炼出民间法和其他社会规范相较具有的与众不同的特质,他在这里提出的法益理论,也彰显的是对法的元理论问题的探究,因为法益乃是凌驾于权利、权力、义务、责任之上的抽象性存在,我们对法的理解正是围绕着法益所涵盖的利益关系展开,民间法虽是国家法之外的社会规范,但从法益的视角切入考察,也是理性表现其利益所指的方法。并且,法益的角度也充分体现了民间法的场域理论,而这也是研究民间法哲学问题应形成的理论视角。民间法本身就是在特定场域发挥作用的,所以其场域性较之国家法更为明显,当然,这只是直观层面的看法。哲学的视角也通向了民间法的场域性,作者已经通过文本证明了这点。场域理论的运用与民间法的结合十分到位,其中以布尔迪厄为核心的场域理论运用得恰到好处。最为关键的是,尽管作者对民间法的哲学意义作出了全方位的研究,但也并没有脱离国家法与民间法的关系意义研究——这是笔者认为的很重要的方面。不可否认的是,在法治的语境下,国家法依然起到的是治理的主导地位,是主要规范渊源,民间法在法治活动所起的作用是附属性的,是次要的规范渊源,这在法治中国建设中也应如是——法治尚未成熟的阶段,民间法的非正式性不宜作为主流化的秩序,民间法更为强调的自治性也因民众对规范治理的陌生感——尽管这种陌生感也在逐步克服——而尚不能成为法治中国的主旋律,因而对民间法的研究不能离开国家法的语境,当然,这种结合是建立在充分尊重国家法和民间法各自规范渊源前提下的结合,实现对民间法在法治中国建设中的理性定位。作者因之批判了一元法治论,他认为"国家层面的民间法与国家法一样有其独特的法治使命和担当"。[①] 因而他在全书始终坚持的立场是,民间法治理乃是法治的重要组成部分,无论是从治理理论的推演上还是从治理效果上看都是如此,作者通过对民间法哲学(主要是治理哲学)的论证努力让读者摆脱"唯国家法治理论"的误区——这也是对法治的认识误区。我们在文本的阅读的同时,正是通过场域理论和法益理论对民间法哲学的考察,收获了民间法的独特性定在。

文本的理论启发在于,对事物,尤其是规范性的事物的思考要区分其共性和个性,毕竟规范作为抽象的存在,本身是不同于客观存在的事物的,而是对客观事物的类型化处理,哈特的《法律的概念》就提及了法律概念之界定的困难[②]。这里,规范的共性在于通过权利义务等利益分配机制实现对具体事物的调整,规范的个性在于不同的规范调整的范

---

① 姚选民:《民间法哲学论:一种中国特色法哲学建构论纲》,社会科学文献出版社2019年版,第184-185页。
② 参见[英] H. L. A. 哈特:《法律的概念》,张文显等译,中国大百科全书出版社1996年版,第1-6页。

围和调整的方式有所区别。作者对场域理论的运用让我们清楚地把握了国家法和民间法的共性与个性,以及中国国内法与国际层面的法的共性与个性。这两重辩证也让我们充分把握了法的真谛所在。文本中的民间法场域乃是以国家法为立足点形成的场域,因而是未离开国家法语境的场域,所表现的是国家层面的民间法与国家法相结合的体系,这是作者撰写法学著作的视角所在,也是民间法在法治国家建设语境下的应有格局。另外,本书的题眼之一是"法哲学",这就意味着,作者通过高度的抽象能力探究了民间法的哲学之维,体现出我们不能止步于对浮于表面的法现象的解读,而需要上升至相应的高度。无疑,作者在全书所提供的法哲学路径为我们的理论升华提供了启发。

文本的实践启发在于,作者的论述面向的是中国特色语境,因而民间法的实践方向能够明确化,或者说,民间法本身从属性上而言就是带有这种具体语境的规范。民间法学者大多喜欢把研究视角放在乡村,原因就在于乡村与国家精英智识间距较远,这使得国家法之外的规范能够有更多发挥的空间。这种"空间"的存在凸显了民间法的个性,这种个性也指向了民间法的运用与个体生活之间的贴近,因而实现了特定地域下的规范 - 现实互动,伯克利学派所主张的回应型法在这里充分显现出来。就中国的法治建设而言,作为法治后发型国家,先进法治理念和法律制度的引入源于西方国家的军事与文化入侵,法治与中国传统思想及其引领的制度事实之间的隔阂使得我们不得不思考怎样吸纳这种外发性资源,法治本身的价值是无疑应惠泽于国民的,问题在于如果要推动本土特色的法治建设,就必然要实现西方法治理念与有异于这种理念的传统之间的对接——这也是法治建设的难题之一,而这个时候民间法的调整所具有的整合性机制就起到了至关重要的作用,因为民间法面向特定社群的自发性价值,也就包含了中国传统的制度要素,实现对中国传统秩序的尊重,但同时民间法的治理所呈现的抽象规范与具体事实之间的对接关系、民间法哲学所指向的法益理论,体现出西方法治理念的形式理性要义和实质人权要义,因而,民间法作为重要的规范渊源应在规范体系里面占据一定的地位,甚至于在有的情况下,其承担着国家法不能承担的角色,比如在国家法没有作出规定的场合对国家法调整的作出补充。正如作者在文本中就民间法的发展趋势所说:"国家法不是国家层面之民间法的未来,国家层面之民间法也不是国家法所能彻底改造和最终取代的"。[1] 制度价值之间的对话甚至是冲突,是中国乃至所有国家的法治建设都不可避免的问题。民间法在制度层面起到了整合价值的作用——本身具有制度特性因而能够通向制度的治理,且这种治理保持了中国自身的特色。

所以无论是理论启发还是实践启发,法治的一元和多元之间的辩证关系已经凸显。不可否认的是法治的基本意蕴——良法的普遍治理——表明,法治必然是与人类文明紧密结合的治理,而不是脱离人的正当利益的治理,因而应被人类所推崇,基于人类整体利益,

---

[1] 姚选民:《民间法哲学论:一种中国特色法哲学建构论纲》,社会科学文献出版社2019年版,第205页。

这种推崇使得我们看似无须考量国家或是种族问题。但对法治的探究也要考量微观的制度，法治所包含的具体的制度类型与内容在不同国家和地区因围绕相应的文化或是其他因素而表现出多元性，良法的含义也会因不同国家的民众需求之不同而有所不同。即使就特定国家和地区而言，法治的意蕴也不能仅仅定位于一元化的国家法治理，民间法等其他社会规范的治理因为面向的是特定的生活场域因而也应被法治所涵盖，这是法治之良法前提的体现。可以说，作者的这部著作通过切入民间法的哲学，阐明了法治的要义，并且这种要义是指向中国自身法治建设的，而这也是多数民间法的研究者未能洞察、却对治理实践的推动十分重要的方面。毕竟，民间法哲学意义的揭示不止是为了推动民间法理论上的完备，也是为了充分推动民间法治理的科学性。

四、作品反思：民间法的治理与现实世界的对话

学术批评是对文本作者的最高褒奖，就现有的思考和阅读而言，笔者对本书的建议所面向的是民间法作用于现实世界的解读上，因为作者文本的重心是民间法的哲学，而民间法本身又是源自具体的人类活动，所以在提炼出这种哲学的时候不应忽视民间法的经验与运用之维，而着眼于民间法的哲学又容易忽视民间法的形而下世界。

在国家法的法益确立上，作者主张将政治秩序作为国家法的基石法益。[①] 问题在于国家法的面向是否仅限于政治秩序，或者，作者对政治秩序的理解是否精确，就后一问题，作者主张社会中人们或是社会成员已内在认同并积极维护的超稳定关系结构体是政治秩序[②]。这样的界定存在将政治过度扩张的问题，政治是与经济、文化相并列的概念，语义上的政治表明"政府、政党、社会团体和个人在内政及国际关系方面的活动"[③]。这就将政治的内涵指向了特定社群的管控，是一种涉及内政秩序的活动，因而有别于强调物质资源的经济活动与强调精神利益的文化活动。政治活动需要涉及物质和精神两个方面，然而其乃是独立于经济与文化活动而存在的。笔者推断作者的观点或多或少是因为布尔迪厄的元场域理论被定位于权力场域，因而在国家法与民间法的法哲学问题（也是法的元理论问题）之定位上采用了相对具有权力化色彩的公共秩序的理念[④]。就国家法而言，其需要

---

① 参见姚选民：《民间法哲学论：一种中国特色法哲学建构论纲》，社会科学文献出版社2019年版，第62-66页。

② 针对政治秩序的理解，文本作者通过著作和论文形成了成熟的观点，具体可参见姚选民《罗尔斯政治秩序观问题：建构与批判》，中共中央党校出版社2014年版，第235-237页；姚选民：《罗尔斯政治秩序观研究：一种论纲》（上），载《社会科学论坛》2014年第5期，第45-46页；姚选民：《民间法哲学论：一种中国特色法哲学建构论纲》，社会科学文献出版社2019年版，第64页。

③ 中国社会科学院语言研究所词典编辑室编：《现代汉语词典》（第6版），商务印书馆2015年版，第1664页。

④ 布尔迪厄认为"权力场域所处的层次不同于其他场域（如文学、经济、科学、国家科层体制等场域），因为前者在某种程度上涵盖了其他场域。它理应更多地被理解成某种'元场域'"。参见［法］皮埃尔·布尔迪厄、［美］华康德：《反思社会学导引》，李猛、李康译，商务印书馆2015年版，第66页。

调控的不只是政治活动，也有经济活动和文化活动，就物质资源分配活动本身的调控和就精神利益分配本身的调控在国家法规范都是存在的，也就不宜将之归为政治秩序，关于法益也是如此，将政治秩序放在法益的位置上显然也是不够严谨的，更何况，国家法的调控未必是自上至下的调控，也存在很多放任性规范，旨在强调个体的自治或是平等个体之间的协商，国家政府在其中的作用是消极的，法律所保护的法益在这种情形下更应被归结为个人自由。尽管场域理论无论对国家法法益的还是民间法法益的确立都大有裨益，然而，具体怎样界定该种法益，是需要通过对国家法以及民间法在内容上的全面透视以及在相应法哲学层面的深入洞察，才能得出结论的。其实，抛开"政治秩序"这个说法本身，笔者认为作者就政治秩序的内涵之界定在内容上能够充分体现他力图将法所调控的社会关系绝对抽象化以促进法益的产生，这体现了我们认知学科基础性观点的进路。然而对这种抽象化调整效果的评估，必须要真正站在绝对高屋建瓴的层次上实现对具象制度的全面关照，如果定位在政治秩序上，体现不出这种"高屋建瓴"的效果。民间法的基石法益之界定也存在没有被绝对抽象化处理的可能，这种"场域公共秩序"表明民间法面向的场域之中的人们在行为上能够实现与他者的共存，民间法的积极意义在于通过特定场域的调控实现将社群行为纳入规范轨道，这无疑推动了社群成员行为的趋同性，也推动了社群整体上的调整效果之实现，关键问题在于民间法调控还存在消极意义层面的调控，即面向个体自主的民间法之调控，通常这种调整是依托放任性的民间法调控的，允许相应的社群成员自主决定从事或者不从事某类行为以推动民间法的自由价值之实现，因而这种情形下使用"公共秩序"的概念评判就存在不够严谨之处，因为个体自身的行为并不直接涉及公共场域。笔者支持作者探究国家法以及民间法的法益问题，也认同法益的利益指向以及这种利益的场域性，然而这种利益不应局限于政治（公共）性秩序，其只是在特定场域内的人的一般性利益。如果站在法哲学的层面审视国家法和民间法，这种利益的提炼要充分涵盖人的生活场域。

场域公共秩序理论本身的自由价值是需要挖掘的，就民间法的治理而言，其与国家法相比更能体现人的自主选择。面向具体的社群秩序形成调整，意味着个体的具象化生活状态在制度上被充分尊重。既然民间法的治理意味着这种充分面向自我的主体性彰显，那么我们应将这种治理所体现的自主性价值置于民间法的哲学维度上考量。作者提出的民间法哲学指向的是场域公共秩序，对场域性的理解其实可以再往这种人性的自主性价值上延伸。而自主性所体现的正是民间法的治理本性（当然这也是民间法治理的价值）。现在作者的文本并没有涉及这个问题，其实就场域的本质而言，就如布尔迪厄所说的场域以及和其相关的社会一般关系那样："在高度分化的社会里，社会世界是由大量具有相对自主性的社会小世界构成的。"[1] 可见，场域理论本身也包含了自我构造的主体性之意蕴，所以

---

[1] [法] 皮埃尔·布尔迪厄、[美] 华康德：《反思社会学导引》，李猛、李康译，商务印书馆 2015 年版，第 123 页。

笔者在认同作者的场域公共秩序理论的基础上，主张由之切入至民间法的更深层次的主体哲学上去。

对中国现实性问题的关照也是作者这部著作的特色，也是研究民间法问题必然需要形成的路径，然而中国的发展本身是复杂的，在规范治理上表现为，不同规范渊源在回应现实问题上也表现出理论证明和实践路径的复杂性，问题就在于作者就中国的现实问题与规范之间的张力凸显还有不足之处。站在规范调整的角度来看，就特定社群特定事项而言，国家法和民间法各自承担的角色之间会产生交织，从而形成调整内容上的抵触，比如烟花爆竹的燃放问题、焚烧秸秆的问题等。另外，国民的法律意识参差不齐，在很多时候其反映出的问题是，人们与国家法和民间法之间的亲和力之不同上，比如证明婚姻缔结是通过领结婚证还是举办婚宴的问题、参加婚礼随份子多少的问题等，这些社会现象使得我们就国家法与民间法的调整难以形成共识。尽管作者也选取了一定数量的案例论证民间法在中国现实问题的处理上，然而作者并没有就其形成相对具有宏观视野的总结——并非没有总结，而是没有形成不同层面的规范与中国目前民众在人性利益需求之间的关系学意义上的总结，也使得民间法的哲学本身应有的高度，以及已经通过论证形成的高度没有因这些实证工作而完全体现出来，因而使得现实与理论之间的联系还需要进一步加强。

还需要探究的问题是，民间法哲学的揭示也为法律方法的运用也形成了启示。法律方法意味着，我们在适用法律的时候要基于法律价值的实现而遵循特定的适用步骤，法律方法是在司法层面实施的，这关乎法律在面向个案的时候能否兼顾法律效果和社会效果，而作者并没有通过民间法哲学就该问题予以关照，然而事实上，作者总结的场域公共秩序理论能够有效推动法律方法的具体运用。民间法是重要的社会规范，能够在国家法调整不能或者国家法供应不足的领域起到补充性作用，[①] 这种补充作用的合理性与具体的操作路径必然是围绕着民间法的性质而来，而场域公共秩序的理论，尽管如笔者所言也有不够严谨之处，然而该理论能够充分表明，民间法在调整场域内群体成员行为的时候将个体的行动置于群体的秩序层面，并且在实质内容上面向的是特定社群的话语，因而这种调整的优势在于，它能够充分契合社群的价值取向，而在法律方法的运用上，尤其是在司法领域，它也能够推动社会效果的实现，另外，民间法的这种公共秩序属性也使得其具有"类法性"，具体表现在，它能够通过与国家法之间的类似性——权威性、可诉性权利义务属性等类似性——实现适用的可接受，并且民间法的权利义务机制导向的利益分配机能也会补足国家法的利益分配不能。在具体的法律方法的运用上，笔者认为法律方法中的法律解释的目标就在于，将存在将民间法的场域公共秩序用于法律概念的模糊释明上，假如法律解释面向的事实也存在被民间法调控的可能。再比如，法律方法中的法律论证意味着，我们需要实

---

① 具体可参见谢晖：《论民间法对法律合法性缺陷的外部救济》，载《东方法学》2017年第4期，第12－18页。

现法律前提之下的结论之有效形成，而如果，在涉及民间法能够发挥调整作用的场域，这种论证同样可以通过吸纳民间法的场域化调控机理与关乎社群公共秩序的价值取向实现论证过程与结论的接受。法律方法问题是微观层面的关乎法律运用的技艺问题，尽管从行文角度来看，作者更倾向于以宏观的国家治理作为切入方向。然而微观层面的法律运行也是国家宏观治理的表现所在，是众多微观层面的法律实践推动了整体上的法治国家的建设，所以对具象的法律方法的关切，也是民间法哲学研究需要面对的。另外，民间法的传播方面也存在相应的继续探究的空间，民间法的场域公共秩序哲学意味着，推动民间法治理的优越性传播，也是实现社会主义治理的前提性工作。所以结合文本的观点，这种传播就可以将具体的社群场域情况与制度供应的关系呈现给社群精英智识，以推动社群治理，并将这种场域与制度的关系以合适的表达向社群民众说明从而实现民众能够认同这种治理。然而也要说明的是，就作者整个文本而言，其核心在于将民间法的哲学维度彰显，至于如何站在该视角面向具体的问题确乎不宜在其著作的撰写中着墨过多，当然，顺着场域公共秩序的民间法哲学，我们确乎能够探求更多的民间法研究空间。

五、结语

总之，作者通过全方位的思考，呈现出的民间法哲学反映出了法治的一元（良法和普遍之治的基本原理）与多元（民间法与国家法共同治理）的辩证关系，这种辩证凸显了民间法的治理之特性。而民间法面向的社会现实是复杂的，在探究了其哲学向度之后，我们应充分考量这种哲学是否全面关照了民间法所结构的社会事实，并且要考量这种哲学向度如何指引具体的民间法发挥治理作用。作者的这部作品体现了其就民间法哲学的充分思考，期望我们能够顺沿着民间法的哲学所指引的路径，充分推动民间法在人类社会发挥其应有价值。这需要我们进行批判性审视，不断拓宽思考面，尊崇不同社群场域的特定价值需求，也不断反思民间法治理的逻辑起点，实现治理能力和治理方式的现代化。

Dialectic between Single and Multiplex of Rule of Laws and Reality Dimension of Folk Laws
——Comments on The book of On Philosophy of Folk Laws Written by Yao Xuanmin

Yu Di

Abstract: The book of On Philosophy of Folk Laws mines philosophy behind folk laws, which is called field of public order. This relates to field regulation when folk laws face up to issues of Chinese characteristics. The author of this book summarizes philosophy of folk law which manifests dialectic between single connotation of rule of laws, which is called conscientious laws and universal governance, and multiplex practice of rule of laws, which is called cooperative governance of folk laws and state laws. Meantime, the theory of folk laws should be improved when it faces up to field of practice. This depends on relationship between governance of folk laws and practical issues, which manifests in the aspects of coverage of filed public order, relation between field public order and value of freedom, further compromise between the role of governance between folk laws and state laws, and issues of application of folk laws in aspects of legal method.

Key Words: Philosophy of Folk Law; Field Public Order; Governance

（编辑：彭娟）

新时代的法律、文化和社会秩序：
一种多学科的对话
——第十届"法律与社会"高端论坛会议综述[*]

张洪新　林胜辉　刘益华[**]

摘　要　法律、文化、社会秩序三者间存在一定的契合性，三者之间的互相对话促进了三者的发展，也展现出不同于以往的全新特征。第十届"法律与社会"高端论坛以"新时代的法律、文化和社会秩序：一种多学科的对话"为主题，围绕"有道的法律与社会文化""法律社会学的理论探讨""基层法治建设的理论和实践""疫情防控中的法律与秩序"四个分论题进行分析，使得"社会中的法"与"法中的社会"进行了有效对话，对其梳理将有助于展现多学科视角下的法律、文化与社会秩序的全新样貌，促进三者共同发展。

关键词　法律社会学　基层法治建设　疫情防控

中国社会学会法律社会学专业委员会第十届"法律与社会"高端论坛于2020年11月15日在河南周口召开，会议由中国社会学会法律社会学专业委员会、周口师范学院、周口市法学会主办，中国人民大学法律社会学研究所、中国人民大学人类学研究所协办。来自中国人民大学、中国政法大学等各地高校及研究机构120余名法学界、社会学界知名专家学者出席此次会议。本次会议以"新时代的法律、文化与社会秩序——多学科的对话"为主题，由四个部分组成，即主旨报告、"法律社会学理论探讨""基层法治建设的理论与实践""疫情防控中的法律与秩序"，本综述将以此顺序对会议主要观点予以简要描述。

---

[*]　周口师范学院第九批省级重点建设学科"思想政治教育"资助；国家社科基金后期资助项目"司法权力的丰富性研究"（项目编号：19FFXB029）的阶段性成果

[**]　张洪新，法学博士，周口师范学院政法学院讲师；林胜辉、刘益华，周口师范学院政法学院本科生。

一、主旨报告：有道的法律与社会文化

开幕式阶段，八位学者分别从人类学、政治学、法学、社会学、历史学等多学科视角进行了主旨报告。首先，谢晖作了题为《COVID-19，秩序意向的法人类学问题》的报告。谢晖认为，在人类学中自我与他者是一对重要概念。[①] 自我是认知主体，而他者是认知对象。人类学把疫情称为正常状态的他者，疫情构成了全新的他者秩序，然而在这种全新的他者秩序中存在着一些问题。一是新冠肺炎疫情下他者的日常状态发生了巨大的变化。新冠肺炎疫情下他者的日常状态发生了巨大变化：在阅读方面，人们在疫情期间更多地是在阅读疫情地图；在出行方面，大家几乎待在自己的家中，不敢外出；在穿戴方面，大家成了"蒙面人"等等。人们日常状态从开放走向了封闭。二是两种他者秩序——生命优先还是自由优先？在新冠肺炎疫情发生前人们大多是在自由优先的秩序之下，而当"新冠"疫情暴发后并逐渐扩散后，疫情的持久性加上没能够彻底解决，这时生命优先和自由优先这两种秩序发生了对抗。三是他者法。在新冠肺炎疫情下有些法律被悬置起来了，一些命令发挥了很大的作用，如"口罩令""限行令"等。四是自我作为他者。在新冠肺炎疫情下，人们开始变得怀疑起来，怀疑世界的自我，怀疑文明的自我，怀疑亲密的自我等等，比如"我今天身体不舒服，是不是得了大病?"在种种怀疑下，人们认为保持距离才是合理的。因此，我们要警惕从身体隔离到心理隔离的转变，后疫情时期需要尽快解决人们心理上的疏远感。

刘作翔做了以《关于国家与社会生活法治化的理解》为题的报告。依据十八届四中全会提出的全面推进依法治国和建设中国特色社会主义法治体系，建设社会主义法治国家的总目标，刘作翔对"法治"进行了深入的思考和解读。刘作翔强调，法治化是通过法律化去实现的，法治化包括法律化，但不止于法律化。不是所有问题都需要往法律上靠，法律也不能涉及生活的方方面面，但是法治可以。当代中国社会存在着多元的规范形态，针对这一客观现状，应当构建一个法治主导下的多元规范和多元秩序共存共治的中国社会秩序结构。这样一种结构模式的选择，建立在对当代中国现阶段或者今后一段时间内社会现实状态分析的基础上，采取的是一种现实主义立场。中国法治化道路是一个艰难、长期过程，要建立以法律为主导的多元规范共存，以法治为主导的多元秩序共治的中国社会秩序结构。[②] 这样才能使所有的规范类型、规范体系、秩序结构都能在法治的主导下发挥其应有作用和功能，这是一种现实主义的选择，但其中也蕴含着对未来中国社会发展模式的一种理想主义的追求。

[①] "他者"（the other）和"自我"（Self）是一对相对的概念，他者就是一个与主体既有区别又有联系的参照。现代人类学的奠基者马林诺夫斯基指出，以民族志田野调查方式对土著、异域文化进行的人类学研究，最终目标是"理解土著人的观点、他和生活的关系，认识他眼中的他的世界"。[英] 马林诺夫斯基：《西太平洋上的航海者》，弓秀英译，商务印书馆2017年版，第47页。

[②] 参见刘作翔：《构建法治主导下的中国社会秩序结构：多元规范和多元秩序的共存共治》，载《学术月刊》2020年第5期。

路云做了以《疫情防控常态化背景下政法机关依法保障社会稳定的思考》为题的报告。首先，路云指出，在疫情防控常态背景下，当前社会并不稳定，存在着三种迫切需要解决的现实问题：一是疫情使犯罪分子的犯罪手段不断更新。电信诈骗成为数量最多的刑事案件，犯罪呈现出职业化、网络化、跨地区化等突出特点；二是"疫情综合征"。疫情带来了许多不稳定的因素，如部分经营者经营困难、劳工纠纷多发等问题；三是疫情造成了收入不稳定和租赁纠纷多发。在信息网络快速发展的时代，有害信息扩散迅速，境外势力利用信息平台进行煽动和发表对我国不利反动言论，导致维护社会稳定的任务十分艰巨。其次，路云总结了影响社会稳定的三大原因：一是外部因素。当今国际环境形势复杂，科技革命产业进行了大变革、大发展；二是经济因素。信息化经济的产生，让社会矛盾放大，从而影响社会稳定。比如在抖音等短视频平台上进行的直播带货，为假冒伪劣产品提供了销售平台；三是社会因素。部分公民信访不信法，对法治缺乏信心。最后，她介绍了周口市维护社会稳定的举措，如对媒体发布的各种信息保持高度的敏锐感，对于网上不良信息积极管控，及时发布权威信息，维护国家安全；多方联动创设良好的法治化营商环境，让陷入困难的公司重生等等。

李瑜青作了以《法制的隐形系统与中国传统法制的隐形系统》为题的报告。李瑜青指出，法制的隐形系统是客观存在的。法制本身是一种社会的制度安排，但同时又内涵着精神、文化上的支持系统。但我们在过去法制建设中对其隐形系统的重视不够，主要是因为没有把法治做结构性分析。以礼入法、礼法融合是中国法制传统，礼法融合中，礼的内容包含了当时的法制隐形系统。明德慎罚也体现出中国法制传统隐形系统的价值。"明德慎罚"的传统强调道德教育等隐形系统的作用，有助于我们打破"法律万能主义"的神话，有利于维护社会稳定。同时要注意显形系统和隐形系统所起的不同作用。显形系统主要表现为"他律"的力量，隐形系统则主要表现为"自律"的力量，靠内在的自觉来发挥作用。显形系统是事后处罚，具有惩戒功能。而隐形系统是泯灭于未然，具有预防功能。二者各自具备不同的特点，决定了两者可以相互补充、相互配合，最大限度地发挥作用。

赵旭东做了以《人何以要服从法律？——基于一种社会与文化本体性的思考》为题的报告。赵旭东指出，当今人们常常发自内心地去问"人何以要去服从于法律规则"，这种最为基本的制度性约束问题。如果社会中存在一种规则，并且还能为所有人所遵从，它必然是在一种人群内部以及人群之间的长期往来互动的过程中产生、形成和铸就下来的。这也就是后来一部部的成文法律能够真正出现和被书写下来的基础。人之所以有规则并服从于规则，它必然是基于一种人群互动的结果而产生的。这个互动的过程不是暂时性的，而是长期性的，或是长时间段的。[①] 甚至可以说，凡是一种持久维持下来的人群互动，自然

---

① 参见赵旭东：《习俗作为法律与法律的习俗研究——习俗与法律研究的法律人类学辨析及问题展开》，载《学术月刊》2019年第6期。

也就有了彼此间可以维持的法律规则的存在。那种法律显然是不言自明的，而且必然是遵守法律的人天天在实践之中的。当法律成为一种社会的构成以及基于社会构成模式的一种文化的解释，人自身就会承受着这种守法文化的洗礼和长时间的文化熏陶，内心形成确信，便逐渐服从于法律。

侯猛做了以《司法过程中的社会学思维：以人类学为中心》为题的报告。侯猛指出，越来越多法律纠纷的背后是文化冲突，作为社会科学的人类学，其田野调查、参与观察、理解他者、使用当地语言等特点，都会影响甚至改变法律人对司法裁判过程的认知。人类学思维注重拓展事实认定的边界，在进行后果考量时，会强调情理和风俗习惯等因素，而人类学者也越来越多地作为专家证人进入司法裁判过程。法律人不仅需要法律思维，也需要借助人类学思维深刻理解纠纷背后的文化冲突，从而更好地解决纠纷。新冠疫情是可怕的，但对于社会科学来说是一个宝藏。现在有没有学者研究员工的心态问题？现在人们对于不戴口罩会不会感到不习惯？这些问题都值得进一步研究。

陈柏峰做了以《基层治理在法治社会建设中的格局与布局》为题的报告。依据多年基层实际调查经验，陈柏峰指出，基层治理在法治社会建设中有着重要意义，它是法治社会建设的主要场域和现实进路。法治社会建设落地为基层治理，社会转型问题在基层治理中凸显。基层治理在法治社会建设上面临诸多困难，法治体系的矛盾在基层显现，基层干部群众法治观念相对落后，基层治理的法治基础相对薄弱。基层社会特质对法治社会建设产生了制约，包括基层生产生活的季节性和周期性、基层社会人际关系的前现代色彩、基层社会资源匮乏的"拥挤"特性、基层社会事务的不规则性等。基层治理需要直面这些特性，以社区治理秩序、街头管理秩序、纠纷解决与法律服务等为着力点展开。改革开放以来，各地在基层治理创新方面已经进行了大量的探索，积累了较为丰富的法治社会建设经验，形成了一些具有不同适用意义的基层治理模式。学者应当不断总结各地实践经验，比较各种模式的优劣，形成更富有生命力和具有更强普适性的基层社会治理模式。在此意义上，基层治理是推进法治社会建设的现实进路，在法治社会建设中具有战略性意义。

胡现岭做了以《论1940年代太行革命根据地婚姻纠纷的解决——以《乡村法案——1940年代太行区政府断案63例》为中心》为题的报告。通过分析《乡村法案——1940年的太行地区政府断案63例》中共在太行根据地在解决婚姻纠纷的各项政策、路线与方针，胡现岭指出，婚姻纠纷解决具有强烈的革命取向，即一切行动以有利于革命事业为基本指向，妇女动员以及婚姻法规的制订是如此，根据地建设更是如此。某些被革命者视作落后、封建的婚姻家庭习俗，恰恰蕴含着适应当地环境的生存策略。随着革命突然而至的女性解放、男女平等、婚姻自由等理念，无疑是对广大乡村社会传统习俗的巨大冲击。在根据地，中共一方面积极开展妇女动员工作，另一方面加强对婚姻纠纷的管控。就晋冀鲁豫边区相关婚姻法规的颁行以及"妇女解放"等理念的宣传而言，其象征意义远大于实际意义，根据地女性"婚姻自由"的目标远未实现，但却在客观上提高了根据地女性的家庭、社会地位。

二、法律社会学的理论探讨

社会变化日新月异，社会治理迎来了新变化、新问题、新挑战，面对不同情况和变化，需要法律社会学积极回应社会现实，进行理论探讨。分论坛一便是对此论题的主要讨论。

（一）新兴领域中的法律社会学理论探讨

何珊君做了以《"新基建"关键的战略性问题研究的法社会学思考》为题的报告。何珊君指出，新基建中两个关键的战略性问题，即新基建的重心在于高精尖科学研究领域水平的提高与关键核心技术的创新突破，而新基建的核心是实现经济的数字化转型。新基建要遵循四大策略原则，即提质量、促效率、省成本、重费率比、借助新基建筹划与协调经济发展与生态环境保护、借鉴国际经验重视数字经济与实体经济的深度融合、改善我国科研水平提升的社会土壤与制度环境。

李峰做了关于《谁更具犯罪恐惧感？基于上海调查数据的分析》为题的报告。李峰指出，犯罪恐惧感的高低是衡量个体安全感的核心指标之一。通过依照西方犯罪恐惧感学界中比较有代表性的三个模型，结合对上海地区的实证研究与量化分析，对影响上海居民的犯罪恐惧感的个体、司法、社区等要素进行了探索性的研究。同时提出在进行影响犯罪恐惧感因素的探索过程中，必须横向对比研究的信度与效度，对研究结论的解释力范围保持一种谨慎的态度。

石咏做了以《道德社会和法律文化在法治乡村建设中运用的新时代价值研究——基于湖南省湘西土家族苗族自治州凤凰县禾库安置区在法治乡村建设中对道德社会和法律文化的运用》为题的报告。石咏认为，安置区是新时代下出现的新型的、特殊的乡村，做好安置区乡村法治建设需要：（1）营造道德社会，让搬迁群众生活在一个充满道德社会里，沐浴道德社会带来的和谐；（2）培养法律文化，提高安置区群众法律意识；（3）加大法律供给，让道德社会和法律文化互融会通，协同发力，在实践中体现其运用的新时代价值。

邢路做了以《功能与维度：法治中国本土话语体系的建构策略》为题的报告。邢路认为，当前关于法治的话语体系移植自国外法律体系的概念。与中国法治实践不具有共同的社会结构基础，无法准确阐述和表达不断发展的法治实践的意向。需要从中国社会的主流价值观、坚持以法哲学基本概念和理论为内涵、在中国社会历史的特定时空背景中拓宽法治话语元素的外延等三个维度出发，建构法治的中国话语体系，为中国法治奠定广泛而坚实的社会共识基础。

（二）社会治理中的法社会学理论探讨

孙燕山做了以《推动国家对刑满人员社会治理现代制度研究——基于刑罚现代化视

角》为题的报告。孙燕山指出,中国刑罚的现代化肇始于《大清新刑律》,但历经一个世纪以来的社会变革,中国刑罚的总体格局仍停滞在清朝末年构建的刑罚体系框架内。我国应顺应时代的要求,构建起刑满释放人群社会治理的现代制度,完成中国刑罚的现代化。

李俊做了以《纠纷实证研究的视角与路径》为题的报告。李俊认为,纠纷存在于任何社会,但其总量与结构却各不相同。纠纷实际上是社会结构与变迁的表现,纠纷的样貌有其深层的社会原因,需要用历史解读和结构解读的方法来分析其深层社会原因。我们可以通过社会结构的现状与变迁的趋势,预测未来的纠纷样貌。法律大数据不是仅有裁判文书,还应包括司法系统的调解数据、官方统计资料等。只有把这些数据整合起来,才能建立真正意义上的法律大数据平台,也才能清楚地描述纠纷的现状,全面深入地剖析纠纷的成因,以及预测未来纠纷的样貌。

韩雪梅做了以《调适与冲突:司法实践中的陇南"女娶男嫁"婚姻法习惯》为题的报告。韩雪梅认为,习惯法和国家制定法之间存在着司法互动和调适。在实践中,需要面对并解决诸如"女娶男嫁"习惯与司法的冲突、"女娶男嫁"赡养老人习惯与司法的冲突、彩礼与司法实践的冲突等问题。

武瞰做了以《对乡土法杰之路的批判》为题的报告。对于如何解决国家法与民间规范之间的冲突,有学者提出了乡土法杰之路。乡土法杰利用法律与民间规范智识,通过调解或者介入正式秩序来调解,使纠纷得以解决,并在客观上化解了规范冲突。武瞰认为,乡土法杰之路并不能从根本上解决规范冲突,其实质在于避免规范冲突在法律实施的过程中出现。乡土法杰之路在调解过程中难免要牺牲当事人的法定权利。而且,乡土法杰之路强调民间规范的单方面调适,这不利于法律的发展。

(三) 其他有关法律社会学理论探讨

邵六益做了以《社会主义主人翁的政治塑造(1949—1956)》为题的报告。邵六益表示,新中国成立后,工人阶级成为国家的主人,但个体的工人并不一定具备主人翁的政治素质。社会主义主人翁不仅仅是私法上的权利资格,更是公法上的光荣职责。从劳动者到主人翁的转变中,实现工人阶级的政治塑造和法律构建,乃是向社会主义过渡的必然步骤。

杨宇琦做了以《报复公正与司法公正的话语审辨:基于道德心理学视角》为题的报告。杨宇琦认为,报复公正与司法公正是一对既具有相似性又具有差异性的概念,两者辩证统一、殊途同归。报复公正与司法公正的事实属性、标准属性、价值属性具有统一性。区分两者话语之内涵,明辨两者话语之关系,是实现多学科理论互动、协同研究、共谋发展的第一步,也是从制度与民心两条途径共同实现建设法治社会与完善法制体系之目标的理论基础。

张洪新做了以《"民间法"的边界及其方法拓展——从法社会学研究的理论困局谈

起》为题的报告。张洪新认为,从学科研究脉络上讲,法社会学的"活法"为"民间法"研究提供了对象,但"民间法"研究更需要纳入规范分析法学的框架内。从学科边界拓展的视角,法社会学视野中的"民间法"研究应当进行更为彻底的社会分析,实现"民间法"研究视角由外部观察者研究到多元、综合性反身性视角的转型,理解法律观念型构社会世界的复杂性。

三、基层法治建设的理论和实践

十九届四中全会提出"构建基层社会治理新格局""推动社会治理和服务重心向基层下移"。习近平总书记强调,"要总结和运用党领导人民实行法治的成功经验,围绕社会主义法治建设重大理论和实践问题,不断丰富和发展符合中国实际、具有中国特色、体现社会发展规律的社会主义法治理论,为依法治国提供理论指导和学理支撑。"① 基层治理在法治社会建设中有着十分重要意义,它是法治社会建设的主要场地和当下急需开辟和发展完善的道路。基层法治建设的理论和实践是分论坛二的主要讨论议题。

(一)国家权力下沉与法治乡村建设

姚怀生做了以《城市化社区纠纷化解的法律社会学探究》为题的报告。姚怀生提出,纠纷有积极功能作用,具体表现在两个方面:(1)社会控制功能作用。(2)社会整合功能作用。这能促进社区进步与发展。然而,在城市化进程中,社区构成因素发生了变化,纠纷化解的主体、化解规范、化解方式、化解目标还不完善,纠纷化解的积极功能作用没有显现出来。社区应依据纠纷化解的现实需要,完善纠纷化解机制,有效化解社区在城市化进程中产生的各种纠纷,把纠纷积极功能作用充分发挥出来,构建新的社区治理结构、治理规范和治理秩序。

张浩做了以《重建农民主体性的基本逻辑》为题的报告。张浩提出,随着乡村振兴战略的不断推进,农民主体性问题在理论研究和实践探索两个维度上呈现出来,成为乡村建设必须正视和解决的现实难题。为了重塑农民在乡村振兴中的主体地位,需要弄清楚"农村是否还需要农民""农村需要什么样的农民""农民需要什么样的教育""离村农民能否回得去"等几个逻辑相联的关键问题。

鲍伯丰做了以《推进我国法治乡村建设的思考》为题的报告。法治乡村建设是当前乡村振兴战略的重要工作内容,同时也是全面推进依法治国的重要组成部分。鲍伯丰指出,目前法治乡村建设仍然面临着许多困境,例如农民法律意识的欠缺、法治乡村文化建设主体缺位、乡村法律人才缺乏且不稳定、适合农村的立法滞后等困境。要结合当前乡村实际情况,以便更好地为法治乡村建设及乡村振兴战略的实现构建良好的法治基础。

---

① 习近平:《习近平谈治国理政》(第二卷),外文出版社2017年版,第117-118页。

刘旭做了以《当前乡村治理试点的模式、问题及改革》为题的报告。刘旭认为，目前农村改革试验区的建设，由农村传统经济领域向农村综合治理领域转变。村民自治试点纳入了自上而下集中管理的模式，这一模式与村民自治的自主性、区域多样性以及发展的渐进性之间产生了诸多冲突。例如集中统筹现状与村民自治自主性的冲突、单一推广现状与村民自治多样性的冲突、造势冒进现状与村民自治渐进性的冲突。未来的改革便要着力于厘清村民自治与现代国家多层级治理之间的关系，推动形成多层级治理之间科学、合理的治理逻辑。

刘杨做了以《基层治理中的国家认证能力：困境与前景——从社区"万能章"问题切入》为题的报告。刘杨提出，近年来，基层治理领域中社区"万能章"问题引起了各方高度关注。经验表明，社区"万能章"问题的形成与泛滥，其深层诱因其实是基层治理体系的信息困境。治理现代化对治理体系的信息能力提出了更高的要求，因此作为基础治理能力的认证能力对基层治理的作用越发重要。完善国家认证的基本制度框架、清除认证体系的内部壁垒、提高认证机制的社会适应能力，应当是可行的国家认证能力建设路径。

（二）纠纷法治化解决的多种路径

温丙存做了以《集约式、柔性化、在地性的解纷——社会治理创新中基层纠纷化解的逻辑与趋向》为题的报告。基于16个省份46个典型案例的研究，温丙存指出，在新时代中国创新社会治理中，基层纠纷化解呈现集约式、柔性化、在地性的实践逻辑与发展趋向。集约式解纷旨在以一站式平台重整多元解纷资源，柔性化解纷重在实现统合情理法的调解，在地性解纷则意在以及时就地化解纠纷来减免冲突上行。社会治理创新中基层纠纷化解的这种逻辑与趋向，虽是地方政权在压力型体制下遵循"不出事"逻辑所形塑的结果，但也契合了纠纷当事人对解纷的偏好与需求。

萨其荣桂做了以《敖包与忒弥斯——内蒙古草原田野调查札记》为题的报告。萨其荣桂不拘泥于一般文章的形式，用一种记录的形式描述了在内蒙古草原田野调查的情况，描述了一个多年前在巴图父亲家里做工的人为了一匹马把巴图的父亲告上了法庭的事，令人惊奇的就是原被告在法庭对簿公堂后，热热闹闹地聊着天从审判庭走出来，原告还是搭了被告的车回去的。那趟路程有一百多公里，令人感受到内蒙古草原独特的风情。

刘英博做了以《软法规范：人民调解在乡村治理中的改革向度——以汕头市李某曾某土地权属争议行政裁决案为例》为题的报告。刘英博认为，司法审判与行政管理在乡村基层矛盾化解中，无法对乡村内部约定和传统习惯法之间的规范冲突进行及时、有效的协调，对部分矛盾无法做到案结事了。软法理念在学界已逐渐成为共识，软法具备的多元协商、自治共赢的基本理念与国家治理理念相耦合，是激发人民调解传统魅力，化解农村基层矛盾的最佳选择。

杨继文做了以《土地征收的司法治理与程序自治：一种司法功能主义》为题的报告。

杨继文认为，土地征收的法学研究需要向司法领域的功能治理拓展。在司法治理中的土地征收主要体现为三重维度的程序性自治逻辑：行政机关土地征收的过程理性、规则之治的调适之道和内卷化的证据治理。

杨青青做了以《"越界"和"隐身"的艺术——中缅跨境人口的社会调查》为题的报告。杨青青指出，随着国家法律制度的日益完善和严格，边防制度和婚姻户籍制度设立起的两条硬边界在边民生活中日渐凸显。应该适度调动区域范围的治理资源，保障她们在一定范围内享受国家赋予的权利。同时，跨境流动人口也是当地经济发展的潜在资源，如何将其身份的不稳定性转化成为拉动当地经济发展的助推力是我们在制定边境政策时需要考虑的。

辛允星做了以《文化转型视域下的中国乡村家庭纠纷》为题的报告。通过对一个乡村基层社会案例的扎根研究，辛允星发现当前乡村家庭纠纷之所以大面积地发生，除了人们已经普遍认识到的利益与权力争夺等表面原因之外，更深层次的原因是乡村社会正处在一个文化转型的过程中。不同人思想变迁节奏的差异导致了观念冲突。只有从这一理论视角出发，我们才能深刻把握与理解乡村家庭纠纷的主要产生机理，更好地开展相应的司法调解工作。

朱涛做了以《中国城市居民的社区社会资本与民事纠纷及应对——基于CGSS2005的考察》为题的报告。利用2005年中国综合社会调查数据（CGSS2005），朱涛分析了中国城市居民的社区社会资本对其纠纷卷入及应对的影响。采用社区居民之间的信任程度和互动的紧密程度作为测量居民社区社会资本的核心指标。基于数据分析结果，朱涛认为，社区社会资本培育和社区发展对于当前中国矛盾纠纷激增以及诉讼爆炸问题解决具有指导意义，无论是减少纠纷矛盾还是建立多元化纠纷解决机制，社区的作用都不可忽视。

四、疫情防控中的法律与秩序

新冠肺炎疫情的防控，不仅关系到人民群众的身体健康，事关中国社会和谐稳定，更是对国家治理体系与治理能力的一次大考。[①] 及时总结各地区疫情治理的经验与教训，提升紧急事态下治理的法治化水平，是当前学者面临的重要课题。疫情防控中的法律与秩序是分论坛三的主要讨论议题。

（一）疫情中出现的社会问题及法律应对

袁振龙做了以《2020年疫情防控背景下北京打击违法犯罪的成效及防范对策》为题的报告。袁振龙分析并概括了2020年北京违法犯罪活动的五个特点：与民生领域相关的

---

① 参见谢晖：《COVID-19、信任与国家治理——基于"福山命题"的探讨》，载《学术界》2020年第12期。

违法犯罪活动依然多发高发、依托网络等虚拟空间进行的违法犯罪活动日益突出、侵财类违法犯罪依然是损害市民财产安全的主要犯罪类型、与疫情或疫情防控相关的违法犯罪活动相对突出、无特定受害人的违法犯罪新动向值得关注。并提出了进一步加大法律法规及安全防范知识的宣传力度、进一步推进公安部门等司法机关与其他政府部门的工作协同、进一步依法强化网络空间的综合治理措施等犯罪防范对策。

陈龙做了以《数字化防疫中公民个人信息的权益保护》为题的报告。陈龙提出，在新冠肺炎疫情国家特别管控期间，政府收集和利用与个人相关的身份、健康等信息、实现了数字化防疫、抗疫。但同时公民的个人信息处于巨大的社会风险之中，其具体表现为人工智能技术运用的伦理性风险、信息收集过程中的合法性风险、信息储存过程中的安全性风险、信息利用过程中的责任归属的风险。因此须通过依法保障个人的知情同意权，畅通公民个人的诉讼救济渠道等方式来促进实现疫情这一特殊社会背景切换下公益和私益保护的均衡。

朱晖做了以《后疫情时期中日韩应对突发公共卫生事件合作机制研究》为题的报告。朱晖提出，中日韩三国率先受到疫情波及，但三国政府均采取了有效措施抑制了疫情，应对的措施具有相似性。后疫情时代，全球经济贸易流通和往来已然受到阻碍，区域合作成为必然趋势。因此，可以依托疫情期间形成的合作基础进一步加大合作力度，拓展三国的合作途径，为推动东北亚区域整体发展奠定基础。

孙嘉遥做了以《基层诉前矛盾纠纷化解的进路探索——以瓯海法院微法庭群为切入》为题的报告。以温州市瓯海区矛盾纠纷调处化解工作为实证样本，孙嘉遥分析了每个主体的发展面对的瓶颈，对基层治理新格局中微法庭的司法定位与职能进行探讨。孙嘉遥提出，基层诉源治理新格局的实践路径：一是深化市域"一盘棋建设、一张网管理"。二是致力打造"全链条服务、一站式解纷"，线上线下一体化。三是实现机构扁平化、审判专业化、司法保障实质化。

张伟伟做了以《疫情影响下中小企业面临的用工法律困境及司法应对——以温州市瓯海区中小企业为样本》为题的报告。张伟伟指出，在疫情之中，中小企业传统用工管理方式与员工需求之间的矛盾逐步显现，企业在迟延复工期内的工资待遇、社会保险参加、劳动关系处理等领域遇到的用工法律困境较为突出。中小企业遇到的用工法律困境实质上就是显性的劳动争议或者潜在的劳动权利。针对这种情况，司法机关有必要发挥和延伸审判职能，提早谋划，积极应对，破解企业困境，化解纠纷，维护社会秩序。

丁轶做了以《新冠疫情防控中的社会排斥及其基层应对——一个法律社会学视角》为题的报告。丁轶认为，疫情期间的社会排斥行为会带来"社会资源"的持续恶化、增加国家治理的总体成本、诱发机会性的规避行为、严重冲击法治社会建设等一系列现实危害，对于其危害的有效矫治，需要合理借鉴枫桥经验，坚持群众路线，完善人民调解，加强情感治理，巧用"助推"工具，最终打造出自治、法治与德治紧密结合与相互支持的优良治理体系。

（二）疫情之下的社会治理

苏海平做了以《权威理论视角下民族村落的治理逻辑——从西北地区 Y 村疫情防控谈起》为题的报告。苏海平提出，国家治理根在基层，必须充分重视农村社会治理能力。西北民族地区特殊的社会历史背景更需要具有针对性的治理模式，乡村治理现代化的要求应从传统自治走向"三治融合"，以法理型权威作为基础来主导，削弱魅力型权威及传统型权威的影响力，推动魅力型权威及传统型权威向法理型权威的转变，提高民族地区乡村治理能力。

罗强强做了以《疫情防控：制度优势、治理困境与优化路径》为题的报告。罗强强提出，只有进一步优化社会治理路径，才能提高对重大突发事件的治理水平。建议未来要健全重大疫情防控机制，完善多维跨域协同治理机制，增强对网络舆情的科学引导能力，提升运用数字技术防控能力，推进基层社区治理现代化和培育积极健康的社会心态。

赵海燕做了以《基层检察机关参与公共卫生事件社会治理研究——以 J 市 N 区检察院参与新型冠状肺炎疫情治理工作为视角》为题的报告。赵海燕认为，疫情期间，检察机关应以特殊的方式参与社会治理，即以特殊方式受理疫情期间刑事案件、以特殊方式办理涉及疫情案件、以特殊方式进行案件审查工作、以特殊方式提供法律服务、以特殊方式营造法治环境、以特殊方式帮助企业复工复产。

刘正强做了以《罩兹身体：中国抗疫实践中的国家力量与身体秩序》为题的报告。中国以举国体制开启社会动员，国家治理迅速由常规体系转向应急体系，世界所罕见的防疫与抗疫的国家力量登场。在一个高流动性与弱组织化的社会中，对个体的防护和私人生活的治理成为迅速阻断病毒传播的微观基础，佩戴口罩成为全民的面部标配。口罩及身体的媒介化象征了国家意志的在场，体现了大众在应急状态下对中国之治的服膺与认同，直观地测度了国家与个人的关系，于遮挡中呈现出中国抗疫实践的逻辑与经验。而中国的"硬核"表现与部分国家民众对口罩的拒斥不但反衬出中西文化的差异，更值得我们刷新在一个高风险社会中对个体自由与集体安全的理解，尤其是在国家是必要的"恶"的成见中重建其"善"的一面共识的世界意义。

石任昊做了以《近代以来中国医疗实践的演变：文献与评论》为题的报告。石任昊指出，近代以来中国医疗实践的演变轨迹及其逻辑可以分为三个阶段：民国时期，"医疗在地化"是中国建设现代民族国家之于"医学殖民主义"的本土回应，但"近代卫生行政"与"医事纠纷"之间"支配与反动"关系折射出了"治理的堕距"；新中国成立后，依托全能主义政治架构形成的"医疗国家化"扭转了既往卫生治理中"文制二元对立"的弊端，防疫运动、单位医疗、合作医疗确立了中国卫生行政中"权力的统合"；改革至今，"医疗市场化"和"医疗网络化"愈发凸显，但"国家"从来没有从医疗领域真正撤退过，结构主义、建构主义、协同主义等复杂关系交织的新格局成为推动中国现代卫生建设的根本机制。医疗实践的演变是理解"中国经验"的独特视角,"国家—医疗—社会"关系架构的辨析与调整应该成为中国医疗问题发展的关键,围绕"医学政治化"进行治理脉络的爬梳也能够为当代中国的诸多社会议题贡献一种建设性的"中层理论解释"。

五、会议总结

会议闭幕式由周口师范学院副校长毛健民主持,三个分论坛负责人易益典、侯猛、时立荣分别就各自论坛发言和评议情况进行了说明,赵旭东对本次高端论坛进行了最后总结。

易益典指出,法律社会学越来越受到当今社会的关注,在研究中发挥着越来越大的作用。基于法律社会学的视角,有对新基建提出战略思考的,有对刑罚,犯罪恐惧感等因素进行研究的。同时,我们还需要重视纠纷解决,研究纠纷何以产生。重视中国的问题,探究其背后缘由,在中国这个大框架下来分析与解决问题。侯猛认为,基层的法治建设在当今中国越来越重要,基层是矛盾的集中爆发点,基层发生着许多家庭纠纷以及公民和管理机关之间的纠纷。基层纠纷解决就显得尤为重要,基层是法律发挥作用最弱的地方之一,"硬法和软法","越界和隐身",人们游走于法律和习惯之间,法律为什么得不到基层的支持?这都是值得研究的问题。时立荣指出,新冠疫情给我们带来了许多问题,疫情期间犯罪方式产生变化,医疗机构和患者之间矛盾激化的问题,我们需要思考如何来解决这些问题。疫情后我们仍然保持着戴口罩的习惯,这样会不会带来一些问题。疫情中大数据对于精准防控发挥着重要作用,但这也伴随着许多个人信息泄露问题。疫情期间国家间的合作应当如何进行?疫情带来了许多改变,这些改变为法社会学研究提供了宝贵材料,我们应该珍视它们。

赵旭东对本次论坛进行了总结发言。赵旭东认为,"社会中的法"和"法中的社会"并非一致,但能够进行有效对话。就前瞻性研究而言,当前法社会学研究还需要看到中国的一个特点,就是突出的城乡问题,不仅乡村有纠纷,城市也有纠纷。社区纠纷的解决机制实际上与乡村纠纷解决机制相似。纠纷解决,在法社会学里是一个很重要范式,通过纠纷的具体解决去看规则运行,而不是把规则抽象化,规则如果抽象化就进入到哲学的思考,而不是社会学的思考。党的十九届四中全会对推进国家治理体系和治理能力现代化建设作出重大部署,对法治国家、法治政府、法治社会建设提出了新的、更高要求。面对疫情下新的机遇和挑战,法律社会学也将顺应时代潮流,不断关注热点问题,深入推进理论研究,为推进国家治理体系和治理能力现代化提供理论支持。

Law, Culture and Social Order in a New Era: A Multidisciplinary Dialogue
—Overview of the 10th Law and Society senior Forum

Zhang Hongxin   Lin Shenghui   Liu Yihua

Abstract: There is a certain commonality between law, culture and social order, and the dialogue among them has promoted the development of the three, which also shows new characteristics different from the previous ones. With the theme of "Law, Culture and Social Order in the new era: A Multidisciplinary Dialogue", the 10th "Law and Society" High‐Level Forum focused on the theme of "Law and Social Culture with regularity". "Theoretical discussion on sociology of law", "Theory and practice of grassroots rule of law construction" and "Law and order in epidemic prevention and control", making "Law in Society" and "Society in Law" communicating effectively, The analysis of them will help to show the new appearance of law, culture and social order in a multidisciplinary perspective and promote the mutual development of the three.

Key Words: Sociology of Law; rule of law construction of Grassroots; epidemic prevention and control

(编辑：曹瀚哲)

域外视窗

古罗马家父权与中国家父权的差异及其文化成因

安　宇[*]

> **摘　要**　在古罗马和古代中国的发展历程中，以父系血缘为纽带组合成的基本社会单元——家，在两种社会中均扮演了重要角色。而作为享有家内最高权力的男性家庭成员——家父，都处于家内关系的核心地位。尽管从权力内容等方面来看，古罗马家父所享有的权力和古代中国家父所享有的权力在外观上有着很大的相似性，但仔细观察两者在一些行为动机和性质上的不同，便能够发现两种权力在本质上存在差异。这些差异不仅源于古代中国和古罗马在社会和文化背景上的不同，也源于东西方文化在对待个人价值态度上的根本不同。
>
> **关键词**　家父　家父权　家族本位　个人价值

"中国传统社会是家族本位的，而西方社会是个人本位的"，这种轻率的断言恐怕难以经受历史分析的严格检验。回溯西方法律发展的路径，我们会发现，现代私法当以古罗马法律的进步为其渊源，而古代法律在转变为以个人权利义务为核心的私法体系之前，也经历了一个家族主体逐渐被取代、个人观念冲破家族桎梏的过程。以这一时期为背景，中国古代家父权在内容上无疑与罗马家父权有着极大的相似性，然而二者的历史结局却截然相反。因此，为了更深刻地认识东西方法律文化的差异，我们有必要对两种"家父权"进行细致的历史分析，并考察二者间的不同之处，从而为当下更精确地把握东西方社会中个人同家族、国家关系的演变提供一些有益的参考。

---

[*] 安宇，厦门大学法学院硕士研究生。

一、本文意义上的"家父权"之界定

我们在探讨罗马法时所提到的"家父权",一般是指在古代罗马家庭中家父对家子女享有的几乎不受限制的支配性权力。如果依照罗马人对自权人和他权人的区分,① 除了处于家父权力之下的家子女之外,他权人还包括主人权支配下的奴隶、要式物所有权的客体以及通过归顺夫权的婚姻与丈夫结合的妻子。而"主人权、要式物所有权和夫权尽管也并非家父权,但它们往往与家父权重叠或被家父权吸收,故他们所涉的身份属于家族的身份。"② 因此,如果想要将罗马家父权与中国古代家父权力进行更好的比较,从而更清晰地看到二者间存在的区别,仅仅将家父权限定为对子女的权力显然是不够的。然而,如果将这一概念扩张到一切对处于他权人地位的客体所行使的那种支配权,又超出了本文想要讨论的范围。为了使之与中国的"家父权"相对应,我们打算从这一概念中筛选出一些古代中国与罗马社会所共有的成分,或者说,至少是那些与本文想要探讨的主题密切相关的成分。

让我们从中国人的"家"的概念出发展开分析。中国古人的"家",更多的是一种以"五服"丧服体制为表征,以自然的父系血缘关系为纽带所维系的,一定范围内的家庭成员共同生活、共同收支(所谓"同居共财")的整体。旧家与新家以"分家析产"为连接点,重组和解构成一代又一代同居共财的团体。在中国古代,尽管会出现一些累至八九世而不分家的大家族——其事迹常被当作实践儒家伦理道德的典范而为历朝史书所记载,但就现实样态而言,"四世同堂"已属罕见,民间多以两到三代成员共同生活的家庭团体为主流。至明清时期,于父母在世时分家似乎更是得到了民间规范的认可。如顾炎武所云:"乃今之江南犹多此俗,人家儿子娶妇,辄求分异。而老成之士有谓,二女同居,易生嫌竞;式好之道莫如分爨者,岂君子之言与?"③

古代罗马社会的情况也颇为相似。尽管在罗马市民的家庭中,一般只有在家父死后子孙才可以从其家父权下独立出来;但考虑到"古罗马社会的平均死亡年龄是50岁,又由于男子的结婚年龄在25~30岁之间",④ 所以出生时祖父仍在世(即处于祖父的家父权之下)的罗马人可以说少之又少。由此,我们可以认为,由父母子女所构成的自然状态下的核心家庭才应当是对"家父权"进行讨论的基础。

既然古代中国和古代罗马的家庭都是以一名处于家内血缘关系最顶端的男性成员——

---

① 根据优士丁尼《法学阶梯》的表述,自权人"受自己权力的支配",他权人则"受他人权力的支配"。如按照盖尤斯《法学阶梯》对他权人所做的界定,这一概念不仅包括以后为优士丁尼《法学阶梯》所规定的奴隶和合法婚姻下出生的子女,还包括要式物所有权的客体(被出卖的家子或妻子、被判给债权人的债务人)以及归顺夫权的妻子。
② 徐国栋:《罗马法私要论——文本与分析》,科学出版社2007年版,第39页。
③ 顾炎武:《日知录》(卷十三)《分居》,清乾隆刻本。
④ 徐国栋:《罗马法私要论——文本与分析》,科学出版社2007年版,第113页。

家父——为核心的基本社会单元，且家父均享有对妻子子女人身和财产方面的支配性权力；因而，本文将要讨论的"家父权"，不仅包含了罗马法中固有的父权概念，还会涉及作为其衍生部分的"夫权"和家父对妻子子女的人身进行买卖的权力。这一权力又包含人身方面的支配和财产方面的支配这两个部分，下文将主要从这两方面展开讨论，并且，附带性地，还会涉及个人与家族的关系问题。

二、两种家父权下的夫妻关系与父子关系①

（一）夫权下的妻与"夫妻一体"

无论古罗马还是古代中国，在夫妻关系内均贯彻男尊女卑的原则，妇女不仅在国家政治生活中没有参与的权利，在家内生活领域也一直处于被支配、被保护的地位。从人身被支配这方面看，两种家父权下的妇女似乎均表现出被当作权利客体的倾向，在婚姻的缔结和解除方式上尤为明显，以下试分别言之。

古罗马妇女可以被分为两类，一类是处于父权或夫权之下的他权人妇女；另一类是不处于前述权力下的自权人妇女。② 法律推定自权人妇女没有健全的独立处理自己事务的能力，早在《十二铜表法》中，就为其设立了终身监护制度："除威士塔修女外，妇女受终身的监护。"他权人妇女的地位则更加低下。处于父权之下的妇女，父权对她的支配性效力是毋庸置疑的，当其缔结了无夫权婚姻而没有脱离父权的时候，她的父亲甚至可以通过行使所有物返还请求权或者出具带走子女的令状而直接将其带回自家，从而结束这一婚姻。

处于夫权之下的妇女，是指与丈夫缔结了归顺夫权婚姻的妇女，此时的丈夫便对妻子享有夫权："通过'共食婚''买卖婚'和'时效婚'，妇女处在夫的监护下，也就是说，在法律上，她成了她丈夫的女儿。"③ 如果同时，丈夫自身尚处于父权之下，那么丈夫的夫权就会被家父的父权吸收（即妇女处于夫家家父的父权之下）。"如同所有的罗马家庭权力一样，家父的夫权是一项完全权力。它包括生死权，也包括对妇女的惩罚权和驱逐权。"④ 尽管这种权力还受到如监察官监督的限制以防止其滥用，但其对妇女的压迫依旧是显而易见的。这一点，从夫权的取得方式以及归顺夫权婚姻的解除就可以窥得一丝

---

① 此处的父子关系请读者照狭义的父亲与儿子的关系来理解。由于通过女性后代这一联结点，父女关系和夫妻关系形成了一定交叉（"归宗"带来的宗亲关系转变），这使得父女关系在相当内容上涉及家与家之间的关系而非我们要解决的纯粹的家内关系，故本文并不试图讨论这一问题。

② 自权人妇女在无夫权婚姻盛行前可能仅限于被家父解放或家父死亡后的未婚女性，以及未再醮的丧夫女性，故范围较小。到共和末期，无夫权婚姻盛行，凡被家父解放或家父死亡之后的女性即成为自权人，从而仅受到妇女监护的限制。至于妇女监护制度，与罗马法上的其他监护制度不同，对女性仅有"补充能力"作用（即妇女为要式行为时需监护人给予一定行为以支持），而没有对受监护妇女财产的管理权能。

③ ［英］梅因：《古代法》，沈景一译，商务印书馆1959年版，第102页。

④ ［德］马克斯·卡泽尔、罗尔夫·克努特尔：《罗马私法》，田士永译，法律出版社2018年版，第605页。

端倪。

首先，从夫权的取得方式来看。在古典时代①之前，取得夫权通常要经过买卖婚行为，②即"妇女的家父（或者，如果她是自权人，经其监护人同意她本人）在五名证人和司秤的面前实施秤式行为，以象征性价款一枚铜币将对她的支配转让给她的丈夫"；"如果买卖婚（如同要式买卖一样）是为实际买卖价款而实施的，就可以用来买卖未婚妻，正如它在很多早期法律中获得的承认那样。"③即通过要式买卖来取得作为标的物的妇女的所有权。而在有夫权婚姻的解除方面，除了解除婚姻外还要对夫权进行权力废止，即丈夫通过"要式退买"将妇女出售给原先的家父或第三人，并由后者将其释放而使其自由。这种夫权的产生和废止，都是以将妇女作为所有物处分的形式而实现的，妇女似乎接近于丈夫的所有物。正如盖尤斯所言，夫权下的妇女是处在要式物所有权下的人，可以说是处在准奴隶的地位（Gai. 1，118）。④

中国古代的夫妻关系较之古罗马则有很大不同。自周代礼法初奠，中国特有的"聘娶婚"形式便得到了广泛确立，民间所谓的"父母之命，媒妁之言"即简练概括了这种婚姻制度的核心要件。如《诗·齐风·南山篇》所言："取妻如之何？必告父母……取妻如之何？匪媒不得"，此种婚姻方法在两千余年间始终占据着中国婚姻制度的正统地位，构成了传统社会民间生活的样态。相比于古罗马式的"买卖婚"，尽管"聘娶婚"所要求的"六礼"也需要一定象征婚约成立的重要标准——即"纳征"这一男方家向女方家交纳聘财的行为，仿佛也带有浓重的买卖婚色彩，但究其本质，礼法所看重的更多是以聘财设立契约这一表征，其目的在于证成婚约的存在。正如陈顾远先生所云，历代法制对于婚姻成立与否"以曾否设定婚书或接受聘财是断，而所谓聘财者并不拘多少，即受绢帛一尺以上亦然，可知其更远于买卖形式，而为纯正的婚约关系矣。"⑤

此外，由于聘娶婚的最终目的在于使女方成为男方家族的一员，即"成妇"。即使"六礼"顺利结束，夫妻名分已然确定，紧接着还有"成妇之仪"，新妇在见舅姑之后还需行"庙见"之礼，即首次拜谒夫家宗庙，以示归宗。《礼记·曾子问》："三月而庙见，称来妇也；择日而祭于祢，成妇之义也"，可见"庙见"仪式对于女子获得"妇"这一身份的重要性。反之，如果没能履行"庙见"礼，例如女子在拜谒夫家宗庙前有所不测，则"不迁于祖，不祔于皇姑，……归葬于女氏之党，示未成妇也。"总之，无论是成妻之前的

---

① 通常指罗马共和时代结束后的元首制时代，即所谓"温和的帝政时期"，一般从奥古斯都大帝执政算起，到亚历山大·塞维鲁皇帝被军官谋害为止。
② 共食婚多为早期贵族和祭司阶级采用，更多体现为一种宗教仪式上的效力，故本文不涉及；时效婚之精神实与买卖婚无异，同样将妇女置于物品之地位，与获得一要式物之物权属同种手段。
③ ［德］马克斯·卡泽尔、罗尔夫·克努特尔：《罗马私法》，田士永译，法律出版社2018年版，第616~617页。
④ 参见［古罗马］盖尤斯：《法学阶梯》，黄风译，中国政法大学出版社1996年版，第44页。
⑤ 陈顾远：《中国婚姻史》，商务印书馆2014年版，第73页。

"六礼",还是为成妇而行的"庙见",这些繁琐的仪式都是为了实现祭祀上的夫妻一体,最终使妻的身份与夫的身份合为一体,二人从此共同承担祭祀夫家祖先的义务,并在百年之后一同享受子孙的祭祀。妇对夫的服从本质上应是传统儒家伦理规范的内在要求,是妇这一身份被固定在夫家血缘关系内部所带来的对夫家家族的义务,而非对须经一定行为建立的对个人权力的服从。至于民间常见的卖妻现象,究其主要原因,"由于贫困所致,夫妇合意以财礼为补偿而离婚、再婚的情形,无疑是'卖妻'事例中的大宗。"① 据此,虽然古代中国的丈夫从表面上看似乎也享有买卖妻子的权力,但这种带有自救性质的离婚行为却很难与罗马夫权如同支配所有物一般买卖妻子的行为混为一谈。

其次,从婚姻解除的角度来看。中国古代的所谓"七出",即七种礼制上的离婚事由,随着中国古代法律向传统伦理规范的看齐,也成了历代封建法典承认的法定事由。"七出"允许了在出现七种情况(主要包括妻子的过错或身体缺陷)时丈夫可以单方面的与妻子离婚。尽管"七出"制度对妻子地位实际上的威胁已经因为正式婚姻的靡费和纳妾制度的存在而被极大的消弭掉了,但还是说明了中国古代婚姻的解除主要是根据丈夫的意志而成立。在这方面,古代罗马法似乎与之有着共通之处:"离婚法的出发点是男子在妇女通奸或实施具有其他严重过错行为的情形下对她的单方休弃。这一点表现在民间风俗习惯中发展形成的离婚时的惯用套话,甚至在《十二表法》(第4表第3条)中都有所表现:马上走人!(baete foras!)收拾你的东西!(tuas res tibi habeto!)拿走钥匙"。② 然而,在元首制时期,随着归顺夫权婚姻的逐渐消失,自权人婚姻(丈夫并不对妻子享有夫权)成为婚姻缔结的主要形式。在后古典时期,罗马法甚至发展出了妻子休夫的情况,这样的权利对于中国古代的妇女来说是不可想象的。

另外,在古代中国还存在着一种法定的强制离婚的事由,即"义绝"。③ "义绝"在《唐律》便已有规定,后来的法典也沿用了这一主题,但内容却发生了流变:"直截了当地说,即在明清律中相当于唐律'义绝'的规定,实质上已经不存在;代之而出现的是散见的为直接保护妻而做的若干个别的审判上的离婚规定,即:夫将其卖给别的男子时,处罚本夫及第二个男子之后,其妻应疏远两者并变成自由之身。……在夫典雇其妻(典当、出租)的场合、强迫妻或默认并使之与别的男人奸淫的场合等,其妻也应该与本夫及别的男人离异并回娘家。"④ 对比古罗马拥有夫权的丈夫可以对妻子的人身做出买卖处分,甚至还能互相让与妻子以解决生育问题,⑤ 这再一次凸显了中国古代妻子对丈夫的服从,不同于古罗马妻子对丈夫个人支配性权力的服从,其本质仍是一种符合伦理规范运行要求的

---

① 王美英:《试论明清时期长江中游地区的卖妻》,载《人文论丛》2012年第1期。
② [德]马克斯·卡泽尔、罗尔夫·克努特尔:《罗马私法》,田士永译,法律出版社2018年版,第622页。
③ 关于义绝,详见陈顾远:《中国婚姻史》,商务印书馆2014年版,第187-188页。
④ [日]滋贺秀三:《中国家族法原理》,张建国、李力译,法律出版社2003年版,第386页。
⑤ 参见徐国栋:《罗马私法要论——文本与分析》,科学出版社2007年版,第107页。

身份性义务，一旦丈夫的行为本身破坏了伦理秩序，妻子便不再有服从义务。

（二）对子女的支配：近似行为背后的不同动机

两种家父权对子女人身的支配力与其对妻子的支配权近似，在功能和内容上同样表现出一种对待权利客体的倾向。然而一旦结合文化背景分析，便又会发现诸多深层意义上的区别，颇耐人寻味。

罗马家父权的核心，即父权，指家父对家子的完全的支配性权力。尽管家子在法律上是自由人，并可以作为市民担任国家公职。但家父权对他的支配——至少在古典时代以前——是很难受到限制的。梅因在论述该问题时所提及的"家父权并不触及公法"这一罗马法格言，从反面可以解读为儿子在公法上的地位并不能构成其父对之行使家父权的障碍，国家公权力的统治与家父在私法领域的专制是并行不悖的。"不管儿子有多大的成就，不管儿子在国家官吏的地位有多高，他的父亲有权剥夺他的工作的一切物质结果，有权把他卖身为奴或处死；检察官、执政官、司法官与他战战兢兢的小孩一样得受这个法的支配。"①

同可对妻子行使的夫权一样，家父对家子享有的父权也具有惩戒和出卖等权力内容。"父对其子有生死之权，更毋待论的，具有无限的肉体惩罚权；他可以任意变更他们的个人身份……他并且可以出卖他们。"② 尽管受到一些法律上的限制，但家父这项权力的性质仍旧表现着过去父权支配子女如同支配所有物一般的绝对。此外，《十二铜表法》规定了"如果父亲出卖儿子三次，儿子就从父亲那里获得了自由。"仅从字面看，这项规定证明了家父对家子人身享有的出卖权，即使其两度被释放，依旧要重新归于家父权之下。而如果将之看作法律对家父权的限制，那么可以想象早期家父权的强横与残暴，以及到当时为止罗马人对这一毫无制约权力的厌恶与反感，"……其原意似乎是为了要惩罚这种甚至为道德观念还处于启蒙时期的原始罗马人所反对的实践。"③

中国的家父尽管拥有近似的权力，却不会有如同罗马家父那样完全支配式的权力观。《孟子·滕文公上》有言："使契为司徒，教以人伦：父子有亲，君臣有义，夫妇有别，长幼有序，朋友有信。"五伦之中，父子关系无疑是最重要的一环。所谓"君君、臣臣、父父、子子"，其初衷也不是君主人父可以对臣下儿子要求什么、索取什么，而是为人臣为人子应当为君父做到什么。伦理秩序下身份的差异也不是通过每个人对他人的权利主张而实现的，恰恰相反，这种差异是通过人们各自反省自己在人际关系中应尽的义务而实现的。"何谓好父亲？常以儿子为重的，就是好父亲。何谓好儿子？常以父亲为重的，就是好儿子。……所谓伦理者无他意，就是要人认清楚人生相关系之理，而于彼此相关系中，

---

① [德] F·缪勒利尔：《家族论》，王礼锡、胡冬野译，商务印书馆1935年版，第262页。
② [英] 梅因：《古代法》，沈景一译，商务印书馆1959年版，第91页。
③ [英] 梅因：《古代法》，沈景一译，商务印书馆1959年版，第92-93页。

互以对方为重而已。"① 从伦理规范的要求出发观察民间的生态，尽管我们所熟知的中国家父形象也与古罗马家父一样，限制儿子的自由、惩罚儿子的肉体，仿佛有同样强横的支配力，但是这一切的出发点却迥然不同。作为一名合格的中国家父，儿子不仅是自己血缘和生命的延伸，更是无数祖先曾存留于此世的现实根基，在中国的家父家子之间，没有古罗马式的"父权"，只有中国式的"管教"，而"管"则是为了"教"。

从家父对子女的人身进行买卖这一权力内容来看，古代中国的家父较之古罗马的家父也有着完全不同的行为动机。民间"卖儿鬻女"的情况绝不能说少见，但这类词语的出现往往伴随着饥馑灾荒和赋役相逼："田荒不闻免租税，卖儿鬻女偿官钱"②"中人之产，一差即破，卖儿鬻女，困毙道途"。③ 可以说，当父母出卖儿女成为常态，底层社会的一切秩序和平衡都将面临崩溃。"家族发展的前提是子孙的繁荣，没有子孙，便没有家族……对中国人来说，出卖子女是人生最大的悲剧，是自己一生事业破产的象征。"④ 可见在中国古代，儿子更多的是父亲人生的意义、生命的延续，而非可任意处置的物品；出卖子女也同样不是可自由行事的"父权"，而是在最绝望境况下的无奈选择。

（三）两种文化背景与罗马家父权人身支配性的消退

通过以上部分的论述，能够充分认识到，至少在家父权的人身支配力这一方面，古罗马的妇女与家子所服从的是一种个人的绝对权力，而古代中国的妇女与家子则是在遵守一种身份性的伦理义务。二者的行为体现在外观上虽极为相似，但其背后的内涵却有着根本性的不同。同样作为家父，古代罗马的家父是暴君、是集权者，他在家内不对任何人负责，能对他的权力进行制约的只有更高级的政治实体——国家，除了要对神法、监察官以及法律负责外，没有人能够干涉家父的家内权力。中国的家父尽管在家内也享有很多相似的权力，但他作为家父和当下家族的掌舵人，要对无尽时间长河中的列祖列宗和子子孙孙负责，当他滥用自己的权力对家族造成了损害时，"其所带来的负面影响，不仅会有损族人的面子，还会让祖宗蒙羞，甚至让后人也脸上无光。……一个人要是在生前做了有辱家族名誉的事情，他死后将无颜面对自己的祖先。"⑤ 这样的家族观和人生观从根本上限制了中国家父的肆意妄为，也使得其"家父权"处于各种各样的现实桎梏之中。

另外，与传统伦理秩序下历经两千年岁月而不变的中国家族相比，古罗马的家庭组织早已成为历史的遗迹，随着国家经济结构、政治局势和社会状况的剧烈演变，罗马的家父权不断被削弱，并最终走向了终结。在夫权方面，早在《十二铜表法》中就已经有了阻碍

---

① 梁漱溟：《中国文化要义》，上海人民出版社2018年版，第105页。
② 顾梦圭：《疣赘录》卷第七《七言古诗杂礼古诗》，清雍正七年顾怀劢刻本。
③ 葛麟：《葛中翰遗集》卷第四《上祁安抚条议（一募土著以代客兵）》，清光绪十六年敦本堂刻本。
④ 徐晓望：《古代中国、罗马家族制度及西方理解东方的误区》，载《学术研究》2000年第7期。
⑤ 黄金兰：《家族观念在中国传统社会中的秩序功能》，载《现代法学》2016年第3期。

丈夫通过"时效婚"（男子与妇女经有效婚姻后连续一年不间断地同居，丈夫即取得夫权）取得夫权的"外宿三夜"规定，为实现无夫权婚姻提供了法律上的可操作性。无夫权婚作为当时的一种例外，"最初只是为了满足特殊需要而被允许，……直到公元前的一个世纪，大多数婚姻仍然是夫权婚，此后其数量却急剧减少。夫权婚在古典时期只是偶尔出现，而在古典末期则被无夫权婚完全排斥了。"① 在限制父权方面，古代主要是神法上的规范，"将行为人献祭于神……任何人都可以并且应当杀死他而不受刑罚。"② 检察官也有权处罚滥用家父权的家父。后来，历代皇帝也都热衷于改善家子的身份地位。"阿德利亚鲁斯皇帝惩罚了一个以卑劣和不堪的方式杀害其犯罪的儿子的父亲，按弑亲罪处理。安东尼努斯皇帝明确把卖子为奴的家父界定为错误可鄙的。亚历山大·塞维鲁斯皇帝强迫家父向省长报告对子女的惩戒权的情况。在君士坦丁皇帝后，父亲杀害儿子与儿子杀害父亲同罪。戴克里先皇帝完全取消了家父的卖子权。优士丁尼把被皇帝以手谕授予最高贵族等级身份的人从家父权下解脱。"③ 到优士丁尼时，罗马父权的人身支配力在一代又一代皇帝改善家子家内境况法令的影响下已经崩解殆尽，并最终失去了存在的意义。

三、两种家父权下的财产关系

早期家父权表现在财产关系上的支配力，以压制家庭成员的财产权利并垄断对家内财产的处分为主要特征。最初，这一点在古罗马和古代中国家庭中的表现并无殊异，之后二者却朝着截然不同的方向发展，这种先在的差异似乎揭示了两种法律文化间差异的渊源。

（一）妻子：财产还是财产权主体？

当古罗马妇女缔结了归顺夫权的婚姻之后，她便处于丈夫支配性的夫权之下，此时她的地位就如同丈夫的所有物一般。这不仅体现在取得夫权的手段——买卖婚、时效婚上，还体现在离婚后从夫权之下脱离的方式——要式退买之上，对妻子夫权的取得与丧失就像对某一物品的取得和失去一样：通过要式买卖和时效取得，就连取得时效的时间跨度上都有相似之处。④ 而在财产权利方面，由于妇女处于他权人的地位，自然也就不具备自己管理支配财产的能力，如果妇女是从父权之下转到夫权之下，则其自始便没有财产能力；若她在归顺夫权之前是自权人，同样会丧失财产能力，所有财产都将被归于丈夫的名下。可以看出，当古罗马妇女处在夫权之下时，她不仅没有管领财产的能力，在特定场合甚至会

---

① ［德］马克斯·卡泽尔、罗尔夫·克努特尔：《罗马私法》，田士永译，法律出版社2018年版，第605页。
② ［德］马克斯·卡泽尔、罗尔夫·克努特尔：《罗马私法》，田士永译，法律出版社2018年版，第639页。
③ 徐国栋：《罗马私法要论——文本与分析》，科学出版社2007年版，第113-114页。
④ 古典法认为：不间断占有土地两年、其他物一年，可以据此而取得独立于原取得基础的所有权。参见［德］马克斯·卡泽尔、罗尔夫·克努特尔：《罗马私法》，田士永译，法律出版社2018年版，第257页。

被当作丈夫的所有物而买卖。

而在缔结自权人婚姻的情况下，妇女则处于完全不同的境况。作为古典时期开始盛行的婚姻形式，结婚而不归顺夫权并享有财产能力成为这一时期及以后罗马妇女常见的生活样态。此时的妻子，尽管名义上还受到妇女监护的束缚，但这一制度在自权人婚姻开始流行的时候就仅流于形式了："监护人对人身和财产的原始权力在古典时期早就已经消灭了，为妇女处理事务的权力同样已经消灭了。妇女自己管理其财产，监护人也就不需要承担任何责任了（G. 1, 191 f.）。监护人的职责只限于对特定行为给以同意。"① 据此我们有理由认为，至少从古典时期开始，自权人妻子就已拥有了实质独立的财产能力，她不仅不是丈夫的"所有物"，还拥有自己的财产，享有广泛的自由，甚至可以设立遗嘱。由于归顺夫权婚姻的消失，自权人妻子占据了妇女的主体，作为过去罗马家父权重要组成部分的夫权也彻底成为了历史遗迹，无怪乎罗马时期会被认为是少有的两性权利在法律上平等的时代。

古代中国妇女在财产权利上则处于极度弱势的境况，有时甚至也会处于财产权客体的地位。尽管传统儒家伦理和国家法律均对卖妻行为做出了消极的评价，从而在规范的层面上否定了丈夫具有将妻子随意处置的权力。但在现实生活中，由于饥荒频仍、人民生活极度贫困，再加上传统伦理的孝养观念，人们在极端的困境下往往会选择卖妻以奉亲、卖妻以养子。然而，这种民间现象更多是反映一种依照伦理上先后顺序的无奈取舍，即在先的人伦义务压倒了次要的人伦义务，似乎也佐证了伦理秩序在民间规范中的地位。如果只为眼前私利出卖妻子，不仅国法不容，就连家法族规也会严厉打击，如黄冈《刘氏宗谱》有言："倘有不肖子孙贪金卖其妻妾者，除族尊予以严重处理外，并不准再娶。"② 依笔者之见，中国古代这种丈夫卖妻的权力，似乎更像一种紧急处置权，而非可以任意行使的古罗马式夫权。

至于一般家庭条件下的妻子，不仅不会被当作财产处置，在很小的范围内还会享有一些个人财产。社会学考察的实例告诉我们，民间嫁女时通常会附带一笔随嫁财产，也被称作"妆奁""嫁妆"（少数情况下富裕的女方家庭还会陪嫁土地，即"妆奁田"），不仅包括了男方家给女方家送去的聘财，女方家"理所当然也另外从自家的家庭经济中支出一部分，然后将两者合在一起，以作毫不逊色的足够的准备，并打发人将之送到男方家。"③ 由于中国特有的同居共财的家内财产关系，刚刚结婚的年轻男子在正式分家前通常是不会有属于自己的财产的。因而，这项财产实际上是作为新人夫妇这一"房"的特有财产并且在分家时会被排除在共同分割的家产之外，以确保未来夫妇二人在独立成家后能够有充足

---

① ［德］马克斯·卡泽尔、罗尔夫·克努特尔：《罗马私法》，田士永译，法律出版社2018年版，第671页。
② 转引自王美英：《试论明清时期长江中游地区的卖妻》，载《人文论丛》2012年第1期。
③ ［日］滋贺秀三：《中国家族法原理》，张建国、李力译，法律出版社2003年版，第412页。

的经济保障。对这些财产的处分一般要求以丈夫的名义进行,在内却需要夫妻双方的意见一致。"若从妻的立场说起,作为自己带来的财产——在心理上大多认为是自己的财产——即便是重要的处分,也必须由夫来实施;即使能够独自处理不那么重要的事情,也仍然必须基于夫之明示的许可或默示的许可。"① 一旦分家结束,丈夫成为新家的家父,这笔随嫁财产就会与丈夫分得的祖产合并成为新家的家产,即使妻子遇有不测,嫁妆也会被归为家产。此外,嫁入夫家的妇女也可以拥有一些个人财产,如日常生活使用的私人物品②,但对比古罗马自权人妇女可享有的完全自主的财产权利,这些财产作为个人所有物,其数量和范围都是微不足道的。

对比两种文化下妇女的权利能力,尽管古罗马妇女在古代会被视为财产权客体,但短短数百年间便普遍获得了充分的财产权利;而在中国,历史的进程对妇女财产权利的影响却几乎可以忽略不计,决定妇女境况的是家庭经济状况和传统伦理观念。随着历史发展而逐渐凸显的平等观念促进了法律对罗马妇女财产能力的改善,这一改善更是在数个世纪间稳步推进着,并最终成为导致古罗马家父权解体的重要因素。然而,中国的传统社会下的家庭关系却由于儒家伦理的束缚趋于稳定,加之长期停滞循环发展的社会生产力水平,妇女的财产权利在整个封建帝制时期都鲜有改善,相应的,中国家父的权力也没有如古罗马那般受到来自国家权力的诸多干预。当然,如果不考虑极端经济状况的影响,古代中国妇女也是具备一定财产上的能力的。可是,较之家庭财产关系在历史上的稳定,中国传统社会下的妇女却由于农业自然经济本身所具备的不稳定性,③ 不仅财产能力,就连其人身权利都常处于一种不确定的状态。家庭经济的破产和伦理次位的低下往往导致妇女在饥荒之岁变为可被丈夫处置的"所有物",这种剧烈的波动不仅使底层妇女长期处于恶劣的生活境遇,也使我们倾向于认为古代中国家父的财产权往往包括了妻子这个"客体"。

(二) 家父与家子:财产权的分离还是共享?

若要探讨家父和家子在财产上的相互关系,笔者认为没有比从遗产继承的角度来切入更合适的途径。在早期氏族社会,父子之间的血缘纽带无疑是最为重要的自然联系,这种血缘关系也理所当然地支配了财产的代际转移。正如梅因所言:"……并且我敢于一般的断定,在所有自然生长的社会中,在早期的法律学中是不准许或是根本没有考虑到过'遗嘱权'的,只有在法律发展的后来阶段,才准许在多少限制之下使财产所有者的意志能胜过他血亲的请求。"④

---

① [日] 滋贺秀三:《中国家族法原理》,张建国、李力译,法律出版社2003年版,第421页。
② 参见 [日] 滋贺秀三:《中国家族法原理》,张建国、李力译,法律出版社2003年版,第430-435页。
③ 分散经营的小农经济极易受到自然因素和人为因素的影响而破产,前者如天灾,后者如统治当局的苛捐杂税,中国历史上由此引发的动乱数不胜数。
④ [英] 梅因:《古代法》,沈景一译,商务印书馆1959年版,第116页。

古罗马在进入共和时代以前，也曾长期处于自然经济状态，当时的继承制度主要是为了解决家神祭祀和土地经营延续的问题。在家父死后，处于其夫权下的妻子和家子作为正统继承人当然的取得遗产并获得独立，但为了保持共同的祭祀和土地经营，在分割遗产前他们会组成一种权利共同体，即继承人共同体，《十二表法》规定了任何继承人都有权请求分割遗产以解散这一共同体。但是，土地毕竟是有限的，过多地分割遗产最终只会导致农业经营的崩溃和祭祀的难以为继，为了解决这一问题，古代罗马继承法逐渐演变出了未来遗嘱制度的雏形——指定继承人遗嘱，"家父在该遗嘱中指定未来的农庄继承人并且剥夺其他享有继承权的家庭成员的继承权。"[①] 在一开始，家父的这种决定权似乎还只是被限定在从自家继承人中做出选择，而没有考虑过采用遗嘱继承会出现与当然继承不一致的情况。然而到了共和早期，"遗嘱自由成了确定继承制度的支配性原则……家父在其死亡后对其财产命运的这种自我形成，在罗马（如同当代的英格兰一样）甚至成为一项规则，遗嘱在这个时期甚至使无遗嘱继承退居到了次要地位。"[②] 伴随家父几乎无限制的遗嘱自由而来的是家子财产权的彻底丧失，对家产的期待继承随时可能被家父剥夺，所获取的家外财产也难逃归为家父所有。面对遗嘱权出乎预料的扩张，如何通过法律来保护合法的继承权，成为罗马法学家们亟须解决的问题。

遗嘱滥用的情况从共和晚期开始得到遏制，国家法律注意到了家子财产权利的丧失会在社会经济和道德风尚方面造成诸多不良后果。面对当时家父滥用遗嘱自由而无理由剥夺近亲属继承权的行为，罗马法发展出了一项"不合义务遗嘱之诉"的制度，"旨在使撤销被继承人违反怜悯义务没有充分考虑其近亲属的遗嘱成为可能……它不以法律为根据，并且为法官裁量保留了较大的空间。"[③] 这一制度后来得到了不断发展，并在优士丁尼时代发展出了对特定卑亲属予以保留的"特留份"制度。然而，这些规定终究只是在一种较低限度上保障了家子对家父遗产的权利，远没有动摇到家父对家内财产的支配权，也使我们清楚认识到古罗马家父通过遗嘱自由而实现了对家产的绝对支配。家子财产权利的实现，最终还是要通过家外财产的获得和保留。

"家父权的衰落经历一个渐变的过程，其中，这个崩溃的过程是以家子或奴隶的各种特有产为突破武器的。"[④] 家子的特有产出现于古典时期，直到后古典时期才得到了充分扩张，尽管这样，家子还是通过这些仅有的"权利缝隙"取得了一定的财产自由并逐渐从

[①] ［德］马克斯·卡泽尔、罗尔夫·克努特尔：《罗马私法》，田士永译，法律出版社2018年版，第684页。
[②] ［德］马克斯·卡泽尔、罗尔夫·克努特尔：《罗马私法》，田士永译，法律出版社2018年版，第685页。
[③] ［德］马克斯·卡泽尔、罗尔夫·克努特尔：《罗马私法》，田士永译，法律出版社2018年版，第723页。
[④] 滕佳一：《罗马法中家父权盛衰之历史解释——以家子地位的变化为线索》，载《东方法学》2014年第2期。

家父权的财产支配力下解放出来。奥古斯都大帝最早赋予了服兵役家子就其服役期间取得财产，即"军营特有产"的遗嘱处分权，从而打破了家子无财产权利的限制。这项权利在后来经过不断扩张，不仅允许了家子的生前处分，还将处分权推广到了公职薪俸等方面，即后来被称作"准军营特有产"的各项财产。最终，优士丁尼将家子的所有权拓展到了家子获得的一切家外财产之上，使家子财产权与家父财产权相分离，从而极大地削弱了家父对家子财产权利的控制力，宣告了罗马家父权在实际上的最终消亡。

在古代中国，家子的财产权利却通过截然相反的途径得到了实现。父亲和儿子的财产权区分并没有围绕家内家外的界限形成泾渭分明的态势，反而是针对混同概念的家产总体维持了一种义务互负、权利互相牵制的格局。一方面，父亲没有乾纲独断的所有权，不能越过儿子擅自将家产留给他人；另一方面，儿子所享有的权利也不允许他不经父亲的名义而对外处分家产，二者都没有获得真正意义上的"所有权"，自然就更谈不上一方对另一方财产权利的控制。

从原因上看，这似乎与中国古代社会的发展历程有关。相较于古罗马，中国传统社会的氏族公社残余较重，社会经济长期维持在自然经济形态，血缘关系对财产代际转移的巨大束缚力很少受到冲击，因而并没有发展出如古罗马一般精密的继承法体系，更不能允许被继承人打破血缘关系的藩篱而向外决定财产归属。古代中国的继承法因而长期以民间法的形式存在，国家权力的介入和干预少之又少，历代律令也仅持一种消极保护的立场，断然不会主动干涉之，"子承父业"作为习惯规范已经深入每个中国人的文化基因，直到当下还左右着我们的继承观念。

中国古代家庭作为"同居共财"的整体，所有家庭成员的开支都会被纳入共同收支中，并在分家前一直维持着这种状态。即便是家父身为一家之主，也没有任意支配作为家庭成员共同生活经济基础的家产之权利，当家父一意孤行并将损害到家产利益时，劝阻无效的儿子就会为了自己继承份额的保全而提出分家的请求。例如滋贺秀三教授在其书中引用到的谈话，大概是父亲提出用卖掉土地的方式来偿还债务，但儿子们反对卖掉土地时，当被问到"尽管这样，如果作为家长的父亲还是主张卖掉土地，将会怎么样呢？"得到了"儿子们大概会主张分家。因为孩子们担心如果卖地的话，到分家时自己所得的份额会变少"的回答。[①] 现实中受到儿子们分家请求权限制的父亲，没有理由认为其享有对家内财产的完全支配权；同样的，受到"同居共财"原则限制的儿子也无法享有对家外财产的独立所有权。

与古罗马法律中遗产继承是以家父的死亡为前提而开始的不同，古代中国的财产继承在民间是以"分家析产"为开端的，而分家又不必要发生在家父死亡之后。到了封建社会

[①] 转引自［日］滋贺秀三：《中国家族法原理》，张建国、李力译，法律出版社2003年版，第184页。

后期，父母在生前主持分家成为主流。① 尽管国家法典仅承认父母（家父）的分割许可权，但现实生活中儿子们的分割请求权也得到了民间规范的普遍认可，似乎"亲子不但可以提出分家，而且被家长拒绝的事例是没有的。"② 而一旦分家结束，儿子就获得了完全独立于父亲，却受到自己儿子分割请求权限制的财产权利，中国家族的财产权利就这样在一代对一代的循环制约中维持着平衡。同样，分家份额在习惯法中也是相对固定的，"诸子均分"作为普遍遵守的原则，不仅排除了家外人（包括女儿）对家内财产的任何期待，也禁绝了由于父母对某个儿子的偏袒而差别待遇的可能性。

可见，古罗马家子的财产权利最终是通过家外财产的获得而实现的。但在中国，情况则恰恰相反，家子自家外所得财产在绝大多数情况下都会与家产混同，家子的财产权利是凭借民间认可的分家请求权对家父财产权所构成的有力限制而实现的。也正因此，二者在继承上也有着完全不同的解决思路：罗马家父对于完全归属于自己的家内财产自然可以越过（尽管受到一定的限制）家子的存在而自由决定财产在自己死后的归属，其所受到的制约只可能来源于国家权力的干预；中国的家父在有儿子的情况下，对于家产在未来的归属则毫无自主意志可言，这里没有任何外来因素干预的空间，也自然无需国家意志的介入。建立于血缘关系基础上的"父子至亲，分形同气"的伦理观可以说是整个传统社会的核心伦理思想之一，民间"子承父业"和"诸子均分"的习惯法则背靠着这种强大的伦理观，成为千百年来中国传统继承制度中毋庸置疑的首要原则，直到当下还保持着强大的生命力。

四、两种家父权下的个人与家族

古罗马和古代中国在对家父权财产权能的规制上所表现出的不同态度，实际上隐含了两种文化在个人价值取舍上的不同。从古典时代开始深受东地中海哲学宗教影响的罗马人逐渐接受了这样的观点，即每个人都拥有自己的理性，人和人在自然上是没有本质区别的。这使得家父权越发难以被忍受，促进了国家法律改善妇女和家子在财产权利上的地位。而中国社会则一直维持着伦理本位的价值取向，"自我"意识被掩盖，人生的全部意义在于家族，在于祖宗和后代，可以说，像西方那样的个人价值在中国传统社会中是根本不能有容身之地的，无论家父还是家子，都不会去设想一种完全独立的财产权。

东地中海文化深刻影响了罗马人的社会意识，东方的文学、艺术和哲学被竞相追捧，以至后来的帝国在语言上被分成了两个区域：希腊语区和拉丁语区，而"在任何省份也几乎不可能找到一个受到广泛教育的罗马公民会既不懂希腊文，又不懂拉丁文。"③ 斯多葛

---

① 顾炎武：《日知录》（卷十三）《分居》，清乾隆刻本。
② 俞江：《论分家习惯与家的整体性——对滋贺秀三〈中国家族法原理〉的批评》，载《政法论坛》2006年第1期。
③ [英] 爱德华·吉本：《罗马帝国衰亡史》，黄宜思、黄雨石译，商务印书馆1996年版，第40页。

学派所主张的对个人平等的追求、对人类理性的推崇和对私人欲望的克制重塑了罗马人的精神世界,[①] 罗马法律学也从中受益匪浅。此时的法学家们相信,存在"适用于全人类的法律,即所谓的'万民法'。从其根源上讲,万民法是以人类共有的自然理性为基础的,所以也就是自然法。……罗马人认识到自然法是最高的法,永恒不变、具有普遍适用性"。[②] 于是,人的自然平等性得到了前所未有的承认,而违反"自然法"原则的家父权愈发被人反感。另外,后古典时代基督教的传播也深刻地改变了罗马社会。基督教所提倡的极具人文主义色彩的"爱",不论贵贱贫富,对所有人一视同仁,这吸引了不少穷人、妇女和奴隶的信仰。随着基督教在公元4世纪末成为罗马帝国的国教,其所蕴涵的"上帝面前人人平等"的精神自然与充满压迫的家父权矛盾重重。正是在基督教思想的影响下,后古典时代的历代皇帝通过修改和颁布法律极大地改善了妇女、家子的地位,但又将这种调整限制在不损害家父应有权利的范围内,实现了法律上个人权利界限分明的格局。最终,旧的家内秩序为新兴的个人价值所取代,古老的家父权最终走到了命运的尽头。

然而,古代中国却从未像古罗马那样受到更强势外来文化的影响。不同于古代地中海文明间凭借便利的地理条件而长期保持着密切交往,封闭的自然地理条件使古代中国在文化上基本维持着单一、独立的发展,而从未有根本性的改变。尽管中原大地周边的民族众多,但无论是人口规模还是文明发展程度上,都很难对中国文化产生颠覆性的影响。面对中华文明先进文化的辐射,反而是周边的后进文明难以独善其身,远东世界的历史也不断重复着这一文化传播的一般规律。

唯一对古代中国产生过思想上较大影响的外来文化,也许是以佛教为代表的印度哲学。佛教思想蕴含着与基督教思想近似的人文主义色彩,宣扬"众生平等"的观念,提倡摒弃血缘身份所带来的现实差异与不平等,这无疑与儒家伦理思想中"亲亲尊尊"原则产生了难以调和的冲突。以对君王和父母应否行礼拜为例,唐代曾颁行多部法令要求僧尼行致拜君亲之礼,却遭到了佛教教众的激烈反抗。然而,几经反复,僧尼们最终选择了屈服,"随着专制王权的高涨,以及佛教本土化的完成,佛教所讲的孝也逐渐增加了等级性因素,与儒家提倡的等级忠孝思想渐趋融合。"[③] 即使佛教哲学作为在中国古代社会影响力最大的外来文化体系,也难以动摇核心的儒家伦理观,哪怕是"出家"的沙门僧尼,也必须服从伦理秩序的要求而绝无回旋余地。在强大伦理秩序的压制下,对所谓"个人价

---

① 斯多葛学派对罗马人思想及法律的影响,以"五贤帝"之一的马尔库斯·奥勒留皇帝为例,他在年轻时就接受了斯多葛学派的理论,作为著名的哲学家皇帝而留名青史,另著有《沉思录》并流传至今。正是他在一个关于奴隶顶替破产的主人还债从而拯救自己的自由的案件敕答中,确立了罗马法中自由优先的解释原则,体现了人格利益高于财产利益的精神。与这一敕答相关的问题,详见徐国栋:《当自由遭遇皇库利益以及其他利益——为保全自由而判给遗产制度研究》,载《中外法学》2018年第5期。

② 马克垚主编:《世界文明史·上册》,北京大学出版社2004年版,第291页。

③ 周东平:《论佛教礼仪对中国古代法制的影响》,载《厦门大学学报(哲学社会科学版)》,2010年第3期。

值"的追求无异于天方夜谭。以失去家族为代价的个人独立,此种"无告"之苦在中国古人看来简直意味着失去立身之本,恐怕没有哪种悲惨可出其右了。

五、必要的结论

无论是古罗马还是古代中国,家族都在文明漫长的历史中扮演了重要的角色,而家父作为以父系血脉为纽带而组成的家族中的核心成员,其在家内享有的权力与地位无疑是家族秩序得以维持的基础。家父的权力表现为其对家内成员的各种支配,即通过对妻子和子女人身、财产的控制来实现自己在家内的绝对主权,这两方面控制力的强弱同时也决定着家父权力的强弱。

尽管在历史的初期,古罗马的家父权无论是在人身支配方面还是在财产控制方面都有着极为强横的专制性,甚至只有国家权力才能对它进行限制。但社会背景和文化观念的变迁,使得家父权的具体内容也发生了相应的改变。经过古典时代以来多次国家权力的干预,家父权的支配力不断缩减,最终沦为旧迹。由于家父权的消亡,自家父权下挣脱的妇女与家子获得了独立的人身财产权利,这无疑对西方自我意识和个人价值理念的进展有着重要意义。

与古罗马家父权相比,尽管中国古代家父的权力并未受到外来文化和国家权力的干预而一直保持其生命力,却也受限于伦理规范而不能有专制之实,家族价值彻底掩盖了所有"个人"价值观,不仅禁锢着妇女家子,也制约着家父。伦理本位在使中国家父权由于道德意识的缓和而变得温情脉脉的同时,也彻底消除了妇女和家子于压迫中产生对个人权利诉求的可能性。然而反过来看,传统社会下每一个体,却又都被这种由人之天性发生的伦理秩序所浸润、呵护着,"家庭里,社会上,处处都能得到一种情趣,不是冷漠、敌对、算账的样子,于人生的活气有不少的培养,不能不算一种优长与胜利。"①

以比较的历史分析来把握罗马家父权和中国古代家父权,不仅对于我们深刻认识东西方法律文化的差异具有相当的参考价值;更重要的还在于,它有助于我们理性看待并审慎处理我们在家庭法领域内所面临的一些冲突。众所周知,中国的法制现代化是以移植西方法为主要实现方式的。在这一过程中,通过移植引进的一些外来法可以自然地被中国社会所接受,如那些关于市场经济的法律;但还有一些外来法,却难以真正融入本土,如家庭法领域内的不少规范。那么,何以这些制度会发生难以融入的问题?究其原因,主要在于这些制度与其原生地的历史文化传统血肉相连,而我们的传统却与之截然不同。因此,对这些传统进行深入分析和阐释,有助于我们以更从容的姿态去面对这种冲突,并为解决这些冲突寻求更为理性和富有建设性的方案。而具体的解决方案如何,已经超出了本文的范围,需要另文展开探讨。

---

① 梁漱溟:《东西文化及其哲学》,商务印书馆2010年版,第171页。

The Difference between thePatria Potestas of Ancient Rome and the Patriarchy of Ancient China and Its Cultural Causes

An Yu

Abstract: In the history of the development of ancient Rome and ancient China, the family, being the basic social unit formed by the paternal blood ties, has played an important role in both societies. As the male family member with the highest power in the family, paterfamilias is at the core of the family relationship. Although in terms of the contents of power and other aspects, the power held by paterfamilias in ancient Rome and the power held by paterfamilias in ancient China are quite similar. However, a careful observation of their differences in some behavioral motivations and behavioral properties reveals that these two kinds of power are different in nature. These differences not only result from the social and cultural background differences between ancient China and ancient Rome, but also seem to result from the fundamental differences between eastern and western cultures in their attitudes towards personal values.

Key Words: Paterfamilias; Patria Potestas; Family Standard; Personal Values

(编辑:郑志泽)

法律命题的论域及其逻辑展开

邓慧强[*]

摘　要　对法律实践进行命题化思考和分析可以更有效地抵达法哲学的中心问题。本文对法律命题的内在规定性和三种主要类型作了一般性的描述，旨在告诉人们法律命题是什么，以及其在法哲学研究中的地位，并隐喻其在中西方法学话语对话中可能的桥梁作用。法律命题是"关于法律是什么的主张"，规则谱系命题、社会事实命题、通往他者命题是法律命题的三个典型论域但逻辑有所不同。在对三种命题描述过程中，真理融贯论、符合论、实用论隐藏在三个命题之中，不断发现法律真值条件的力量推动着三个论域依次展开、层层递进，并不断呈现法律世界的多重复杂面相，展现了不同法哲学流派在思想或观念上争议的实质，使得中西方法学对话成为可能。

关键词　法律命题　规则谱系命题　社会事实命题　通往他者命题　命题描述

命题化思考有助于深入系统认知、理解和把握法律效力的真值条件，并可以架起中西方法学对话的桥梁，因为经由法律命题的言说可以抵达法律世界的核心部分。"年轻一代的社科学人需要更具体地追问——什么是你的概念或命题？"[①] 20 世纪 50 年代以来，英美法学界哈特与凯尔森、哈特与富勒、哈特与德沃金、德沃金与菲尼斯、拉兹与菲尼斯、拉兹与科尔曼等 6 场著名的法理学论战，表面上是实证主义法学内部包容性与排他性之争，新自然法学与实证主义法学之争，实则是美国明尼苏达大学法学院布赖恩·比克斯教授所谓的"概念性争论"[②]。这些法律概念主张与分歧包括基础规范与主次要规则、内在观点

---

[*] 邓慧强，国防科技大学文理学院博士研究生。
[①] 贺欣：《法律与社会科学中的概念与命题》，载《中国法律评论》2020 年第 1 期，第 169 页。
[②] 邱昭继：《20 世纪英美法理学论战中的概念分歧》，载《北方法学》2013 年第 4 期，第 17 页。

与开放结构、内在道德与法律原则、社会事实与社会论题、法律规则与法律原则等系列法律元概念之争。当然,仅仅将这些争论实质锁定为"概念性争论",有矮化之虞。更准确地,这些概念的论争,逼近的是法律命题的论域及其逻辑展开。故此,当代著名法学家、新自然法学派的主要代表人物罗纳德·德沃金认为:"法理学的一个中心问题是:分析和思考什么可以称为法律命题的观念。"① 关于法律命题的理论(或观念)之所以在当代能够成为法哲学或法理学的中心问题,在于这些场次的论战火力全开的"弹药"供给侧输入,尤其是新自然法学与实证主义法学论战的"喂料"需求,即以德沃金为代表的新自然法学派"建构性解释"命题与以哈特为代表及其追随者的实证主义法学"分离命题"等诸命题群的论辩,以及德沃金"唯一正确的答案"命题与拉兹"权威来源"命题的论战,将法律命题的论域推向了当代西方法理学的中心地位。并且,经由一场场论战带出了"法律是什么""法律与真理""法律语义学和形而上学""法律融贯论""法律实践理性""法律论证及司法决定的合法性"等诸多带根本性的法哲学或法理学问题思考和诠释,直接触达法律世界和法学世界的"硬核"问题。

  6场论战之后,又出现一批试图弥合论战分歧和缝隙的"论衡派"人物,他们认为这些概念主张和分歧不应人为夸大。斯科特·夏皮罗断言"哈特与德沃金之争确实过了学术保质期"②;美国布莱恩·莱特提出"自然化法学",发出"超越哈特与德沃金""帝国终结"的呼吁;美国丹尼斯·M.帕特森提出"法律与真理",并在这个命题框架里进行了后现代主义的解构;论衡派还不乏斯坦利·菲什、米切尔·S.摩尔、本杰明·C.泽普尔斯基、斯科特·夏皮罗等人。这些观点的出现,从弥合与中立的立场宣告了6场论战尘埃落定。虽然论战派已罢、论衡派式微,但他们所自觉或不自觉地开启的"法律命题"领域却在法律世界开疆拓土、生根发芽。通过法律命题"带话题"的方式,人们能够开启特定的法学研究论域并展开独特的法学话语体系建构,法律命题成了名副其实的、法律(学)世界的探秘者和发现者,经其窥见的法律(学)世界的"柏拉图洞穴"。这个"探秘者和发现者"不仅长存于英美法理学的进阶过程中,而且一直深藏在世界法学发展史和大陆法系法哲学或法理学的诸种言说叙事线索之中,并在当代中国法学研究中显现。我国诸多学者均试图通过法律命题的描述和诠释,找到通往世界法哲学的真理之路——譬如"走近论题学法学"(舒国滢)、"中国法学(向,往)何处去"(钱弘道,陈弘毅,邓正来等)、"中国法学的理想图景"(邓正来)、"直面全球化的主体性中国"(邓正来)和"中国法学的主体性建构"(邓正来)这类命题的提出,表明中国法学力图走向世界的内在冲动,激发着当代中国法学研究者诸如"什么是我们的贡献"(朱苏力)的时代呐喊,标注着中

---

① [美]罗纳德·德沃金:《法律理论与观念问题》,载《环球法律评论》1989年第6期,刘同苏译,周昭益校,第7页。
② [美]斯科特·夏皮罗:《哈特与德沃金之争:答疑解惑》,郑玉双译,载《法哲学与法社会学论丛》2012年第5期,第150页。

国法学研究者"去西方化"的果敢勇毅和厚植中国法学话语的时代担当。

一、法律命题的一般规定性

"命题是表达在判断中的语义,是人们借助陈述句式——'主项—联项—谓项'的关系句式,所表达的对一定对象的界定,尽管命题并不完全是概念,也不完全是命名,但它具有概念的特征,从而也具有对对象命名的功能。"① 在这里,谢晖教授对"命题"进行了语义逻辑分析。"命题"原本是数学概念,是作为判断事物真假的陈述语句,经典数学中二值逻辑的命题基本句式是"若 p,则 q",其中 p 是题设,q 是结论。从 p 到 q,是需要演算、推理和论证的;模糊数学的三值逻辑(或称为模糊逻辑)命题的基本句式则是"若 p,则 q 或非 q",从 p 到 q 或非 q 也是需要严格模糊逻辑推理的,而非偶然或任性地猜测或臆想就能获得正确答案的。

"命题"因其稳定的逻辑性而从数学领域被推广应用至自然科学,以及哲学和法学等社会科学领域。在自然科学领域,比如我们所熟知的,达尔文《物种起源》中提出的"自然选择、适者生存"的论题,是从围绕"达尔文差异命题"展开的:"体制的所有部分与本能至少体现出个体差异——生存斗争使得结构上或本能上对偏差得以保存有利——最后,在各个器官的完善化状态中有很多等级存在,各个级都有利于它的种类。"② 严谨的自然科学家纵是鸿篇巨制,也是选择一个基本命题或元命题展开叙事的。无论何种流派的哲学都是通过命题群建构的,比如古希腊朴素唯物主义哲学家泰勒斯、阿那克西米尼、赫拉克利特把世界的本原归结为"水""气"或"火",提出了"万物皆水""万物皆数"等哲学命题,德谟克利特提出了"原子世界的本原"的命题;唯心主义哲学家则提出"宇宙即是吾心,吾心即是宇宙"(陆九渊的主观唯心主义命题)"心外无物"(王阳明的主观唯心主义命题)等命题。

贯穿于整个法律思想史的核心命题是"法律是什么"的命题。这一法律命题在法学领域亘古延绵、常说常新。就"亘古"而论,古希腊先哲苏格拉底、柏拉图、亚里士多德的师承关系渐次推出了神人共通的法律命题观,如柏拉图一方面认为"神是法律的制定者",另一方面又认为"法律是人类一切智慧聪明的结晶。"如古希腊亚里士多德"法治应当优于一人之治,制定的法律得到普遍的遵从,而人们普遍遵从的法律本身是制定得良好的法律"的著名论断为法律命题,提出了"良法之治"的命题。就"延绵"而言,古希腊之后,经由古罗马、中世纪、文艺复兴到近现代直至当代,不同流派的法学家们围绕"法律是什么"提出了不同的法律论断、法律格言或法律断语,诸如"我们是法律的仆人,以便我们可以获得自由"(西塞罗)"人是生而自由,却无往不在枷锁之中。自以为是其他一

---

① 谢晖:《论法律的逻辑命题与修辞命题——制度性修辞研究之四》,载《法学评论》2014 年第 3 期,第 33 页。
② [英]查尔斯·达尔文:《物种起源》,焦文刚译,北京联合出版公司 2015 年版,第 101 页。

切的主人的人,反而比其他一切更是奴隶。"(卢梭)"法律是主权者的命令"(奥斯丁)、"法律是使人的行为服从规则治理的事业"(富勒)等格言,都具有法律命题上的意义。近现代以来,法律人耳熟能详的是"霍姆斯命题"——"法律的生命不在于逻辑,而在于经验。"① 霍姆斯进一步的论述是:"一般法律命题不能决定具体案件。结果更多地取决于判断力和敏锐的直觉而不是清晰的大前提。"② 虽然从实用主义角度出发,霍姆斯主观上认为"一般的法律命题"不具有当然或所谓自然而然的法律效力,故而其并不推崇"法律命题"式的推演论证,但客观上其格言却成了一个令人印象深刻的"法律命题"。

中国学者也通过法律命题论证不断深化法学研究。在我国法制史和法学史上,"礼法融合""礼法合一""德主刑辅"的法律论题从古至今从未间断。据武树臣教授的研究,20世纪40年代陈寅恪先生提出"刑律儒家化"的命题。③ 瞿同祖先生系统论述了"中国法律之儒家化"命题,认为所谓儒法之争"亦即差别性行为规范及同一性行为规范之争",所谓法律儒家化"也就是怎样使同一性的法律成为有差别性的法律的问题。"④ 兰州大学陶景侃教授重点将标准模态逻辑的 D 公理引入法学研究,⑤ 介绍了规范逻辑的 K、KD 和 KDIV V 三个系统,添加了"制裁"模态词 S,改 KDIV V 系统为 L 系统,阐述了 L 系统在法律和法制领域的实践意义。⑥ 谢晖教授重点研究了法律的逻辑命题与修辞命题,⑦ 对两种命题类型化细分并进行了比较。往近,张文显教授提出了"国家制度建设和国家治理的现代化的五个核心命题"⑧,从法律命题的视角观察国家治理体系和能力现代化的宏大主题。此外,"吴经熊命题"⑨"知情去魅"⑩"中国法律儒家化"⑪"依经治国:董仲舒开创的法理命题"⑫"法律伦理命题"⑬"法律上的权利与义务总量等值命题"⑭"法律渊

---

① 张芝梅:《法律中的逻辑与经验——对霍姆斯的一个命题的解读》,载《福建师范大学学报(哲学社会科学版)》2004 年第 1 期,第 67 页。
② Lochner v. New York, 198 U. S. 45, 76 (1905).
③ 陈寅恪:《隋唐制度渊源略论稿》,河北教育出版社 2002 年版,第 102 页。
④ 瞿同祖:《中国法律与中国社会》,中华书局 1981 年版,第 346 页。
⑤ 陶景侃:《法律命题逻辑系统及其实践意义》,载《兰州大学学报》1987 年第 4 期,第 1-9 页。
⑥ 陶景侃:《法律命题逻辑的元逻辑》,载《兰州大学学报》1988 年第 3 期,第 48 页。
⑦ 谢晖:《论法律的逻辑命题与修辞命题》,载《法学评论》2014 年第 3 期,第 34-48 页。
⑧ 张文显:《国家制度建设和国家治理的现代化的五个核心命题》,载《法治与社会发展》2020 年第 1 期。
⑨ 参见谢晖:《论法律的逻辑命题与修辞命题——制度性修辞研究之四》,载《法学评论》2014 年第 3 期,第 33 页。
⑩ Mary E. Gallagher, "Mobilizing the Law in China: 'Informed Disenchantment' and the Development of Legal Consciousness", Law & Society Review, Vol. 40, No. 4, 2006, pp. 783-816.
⑪ 武树臣:《"中国法律儒家化"命题的多向度反思》,载《西南法学》2018 年第 1 期;苏彦新:《中国法律之儒家化命题成立吗——再读〈中国法律与中国社会〉》,载《政法论坛》2021 年第 4 期。
⑫ 喻中:《依经治国:董仲舒开创的法理命题》,载《清华大学学报(哲学社会科学版)》2021 年第 3 期。
⑬ 傅鹤鸣:《法律伦理:当代中国制度伦理构建的核心命题》,载《伦理学研究》2016 年第 5 期。
⑭ 张镭:《法律上的权利与义务总量等值命题可能被证成吗?》,载《师大法学》2019 年第 1 期。

源命题"①"法律可诉性命题"② 等，这些研究从不同视角呈现了法律实践命题的多重面相，有些直接触及了法学研究的根本问题。贺欣教授认为，"提出打破常识、可检验、引起学者共鸣的命题是成就大学问的关键。"③ 我们相信通过日积月累，中国法律学者在法律命题研究的自信道路上会越走越宽广，并在世界法哲学锦标赛上跟跑、并跑、领跑。

从学术历史的角度分述中西方法学界关于"法律命题"的不同论域，是基于这样一种人类共同的思维路径依赖——"要预见数学的未来，正确的方法是研究它的历史和现状。"④ 虽然任何事物的历史及其细节是不可能穷尽的，但知识"考古"和语义"训诂"的意义在于一种语境式浸淫和脉络梳理，其益处在于为人们提供智识启迪和思维开悟。在此，我们对中西方法学界关于"法律命题"的诸种梳理已呈现了诸多"法律命题"现象，并给读者形成了大致印象，它表明"法律命题"与法律（学）世界如影相随，且很多时刻"若隐若现"地显现在法律世界的中心位置。但如何将关于"法律命题"的理论或观念镌刻在法哲学或法理学的中心位置，仰赖于对"法律命题"的定义界定及其论域的逻辑展开。

德沃金在《法律帝国》开篇提出法律实践是"论辩性的"，"实践中的每个行动者都理解到，法律实践允许或要求什么，乃取决于某些命题的真题，而这些命题的意义唯有透过实践并且在实践中才能获得；这个实践主要在于运用与争论这些命题。"新自然法学与法律实证主义法学相同之处在于均承认法律是实践理性科学，且实践中的行动者所赖以推演证明的大前提存在于真值条件之中，这一真值条件所不同之处在于或"道德"，或"原则"，或"基础规范"，或"承认规则"等分野。德沃金进一步认为："每一种正统的法律理论都包含着某种一般题目，这种一般题目涉及法律命题意味着什么和何时这些命题是真实的，虽然，有时这些东西必须从表面现象下面挖掘出来。"⑤ 德沃金在说，是否进行法律命题思考，是任何一种法学理论获得正统性的必要条件。在强调法律命题对法学理论正统性身份说明的重要性的基础上，德沃金定义了法律命题："法律命题是人们做出的关于法律允许、禁止或授权的一种陈述或主张——可以是非常一般的，也可以是非常特殊的。"⑥ 这一定义乍一看，如同人们正在定义什么是"法律规范"——法律规范就是一种允许、禁止或授权的主张，实际上德沃金定义中的谓词是"做出"，且还有关系介词"关于"，即法律命题是"做出关于法律规范判断的主张"——法律命题是使得法律规范为真

---

① 刘作翔：《特殊条件下的法律渊源——关于习惯、政策、司法解释、国际条约（惯例）在法律中的地位以及对"非正式法律渊源"命题的反思》，载《金陵法律评论》2009年春季卷；张洪新：《论民间法与国家法之间的三重关系——基于法律渊源命题的一种考察》，《民间法》第21卷。
② 刘旭东：《"法律可诉性"命题的规范展开》，载《江海学刊》2019年第5期。
③ 贺欣：《法律与社会科学中的概念与命题》，载《中国法律评论》2020年第1期，第169页。
④ ［美］莫里斯·克莱因：《数学简史：确定性的消失》，李宏魁译，中信出版社2019年版，第1页。
⑤ ［美］罗纳德·德沃金：《法律理论与观念问题》，载《环球法律评论》1989年第6期，刘同苏译，周昭益校，第7页。
⑥ ［美］丹尼斯·M.帕特森：《法律与真理》，陈锐译，中国法制出版社2007年版，第225页。

的主张、观念和理论。丹尼斯·M. 帕特森在德沃金的基础上进一步阐述到:"一个法律命题不过是关于法的一种主张,换句话说,是关于法律要求、禁止以及使某种行为成为可能(如授权性规范)的主张。"① 譬如"神经错落可以成为谋杀的辩护理由"是一个法律命题。在丹尼斯·M. 帕特森看来,法律命题有真假之分,"'一个法律命题是真的'的意义是什么"是他论说的主旨,通过对法律命题真假的论述(法律论证)能够找到法律规范和法律实践的真值条件。有关法律命题何以成为法律真理的论说构成了丹尼斯·M. 帕特森《法律与真理》一书的核心,该书将法律命题周延至实在论、反实在论、法律形式主义、道德实在论、法律实证主义、新自然法学、法语义学、后现代主义等法理学核心论域。但因帕特森作为一名律师,具有司法中心主义倾向,他更关注如何通过法律论证获得法律的真理性,"论证形式——法律理由的语法——是法律命题之真得以显示的手段"②,而更少关心立法、行政执法层面乃至法哲学领域中的法律命题问题,从而忽视了关于法律命题形而上学层面的更多信息,他自称从事的"毁坏性的工作",其批判触角远未到达法哲学的硬核部分,许多显赫的法哲学家的思想并没有在其著述中提及。因此,帕特森关于法律命题的理论仅可作为研究的起点和开端。

究竟什么是法律命题? 法律命题具有哪些特性? 仅从抽象的层面阐释是十分不可靠的。有句广为流传的哲学谚语说道:"任何下定义的方法都是危险的。"我们要给一个事物下定义,最安全可靠的方法应从"你为什么提及或阐述这个事物"这一逻辑起点开始,因为这是初衷。初衷就是原生事物的出发点,且是灵魂的东西。以此作为理据,我们推定"法律命题"在逻辑想象中(因此也是主观判断中)能够撑起法律(学)世界的天空,继而让人们想象到法律命题所周延的论域恰好能够成为探秘和发现一个"整全的"法律世界和一个全新的法学话语世界的"阿基米德支点"。于是我们将法律命题定义如下:法律命题是关于法律是什么的主张。在这个句式中"法律是什么"只是定语,"关于……的主张"是谓词与主体内容。在这一定义中,"法律是什么"是可以证实,亦可证伪的,而究竟真伪何在,则取决于围绕"法律是什么"的"主张"的逻辑证成。

"关于法律是什么的主张"并不是"法律是什么"的同义反复,它是"为什么'法律是什么',而'不是什么'"的逻辑论证,因此是"命题"性质的,还包括"怎样证成'法律是什么',而'不是什么'"的逻辑展开和过程。用人们熟悉的话语表达,法律命题的论说不仅涉及法律世界观,还整饬着法律的本体论、认识论和方法论,因而通过阐释"法律命题"问题,关于法律的各种主张、思想和流派都能够悉数呈现出来。这种一一呈现使得我们坚信通过从"柏拉图洞穴"释放出"法律命题"这个"探秘者和发现者",并借助"法律命题"这一"阿基米德支点"是能够撬动和开启法律世界之门的。关于"法

---

① [美] 丹尼斯·M. 帕特森:《法律与真理》,陈锐译,中国法制出版社2007年版,第2页。
② [美] 丹尼斯·M. 帕特森:《法律与真理》,陈锐译,中国法制出版社2007年版,第99页。

律命题"的言说之所以能够开启法律世界大门并展示其复杂多元面相,是因为我们发现"法律命题"自身具有的某些坚硬的特性:从本质看,法律不是一种科学实践活动,而是一种制度实践活动;"命题"是自然科学上的概念,与法律无涉;但是法律相较于政治、道德、伦理、宗教等人类治理思维和方式更应少有拟人化表达的人设性、修辞性、含混性、不可预期性、不稳定性,而更需要追求理性、规范性、确定性和预期性,法律更倾向于重视自然科学逻辑,需要具备自然科学的某种逻辑刚性和硬度,于是法律与自然科学中的"命题"达成了某种程度上的匹配——寻求非此即彼的确定性(真,T值;假,F值);如果二值逻辑失真,三值逻辑出场的限定条件是什么?①(卢卡西维茨将第三值解释为"可能",I值。如"议会可以通过间接的手段约束他的继任者"是三值逻辑命题,但未必是伪命题)研究法律不确定性的目的,还是为了寻求法律的确定性。正如帕特森断言:"法律是一种可以证明为同一、与其自身的论证语法相同一的实践。"② 其意指"P是真的,当且仅当p",从p推导出P是确定的,因其有逻辑必然性。简言之,欲展现法律世界的理念必然性、面相多元性、实践理性和规范确定性,引入法律命题的论证是不错的选择。而这一断定须在本文第二部分得到进一步的呼应性论证。

二、三类典型的法律命题论域及其逻辑

(一)法律是关于规则谱系命题及其逻辑

法律规则谱系命题是实证主义法学的范畴,是有关法律规则合法性和权威性溯源的理论,如奥斯丁的主权命令说、凯尔森的基础规范说、卢曼的法律自治理论、哈特的承认规则等理论。法律规则谱系命题可以从哈特"法律是什么"的命题中得到较为清晰的逻辑脉络。哈特在他的名著《法律的概念》中提出了三个问题:第一,法律义务与以威胁为后盾的命令有怎样的区别和关联?第二,分享着同一套权利和义务词汇的法律义务与道德义务有什么不同与关联?第三,什么是规则?一项规则存在意指什么?法院真的在适用法律吗?或仅仅是在假装这样做?③ 进一步分析,从本体论看,法律实质上是什么?从价值论看,法律与道德的区别是什么?从认识论看,法律如何被运用于裁判之中?哈特关于"法律是什么"的命题三种逻辑要义是将法律从道德以及其他社会现象中提炼、蒸馏成实体性存在的"抽象物",以实现法律的自治性。尽管哈特本人拒绝将其理论归于谱系命题,但

---

① 关于三值逻辑或模糊逻辑,美国爱荷华大学法学院肯·克瑞斯教授评述:"实证主义关于法律和自由裁量权的限制的学说对不确定性持一种认同的态度。除非不确定性是全面的,否则对法律实证主义者和法的合理性的问题就不是一个难题。而且,无论什么样的不确定性(由那些不能明确化的领域引起的不一致性而产生的)出现了,实证主义都可以与其他的描述性法理学一道来分享这种不确定性。"[美]肯·克瑞斯:《现代法理学,后现代法理学与真理》,载[美]丹尼斯·M. 帕特森:《法律与真理》,陈锐译,中国法制出版社2007年版,第395页。

② [美]丹尼斯·M. 帕特森:《法律与真理》,陈锐译,中国法制出版社2007年版,第243页。

③ [英]哈特:《法律的概念》,许家馨等译,法律出版社2011年版,第7-9页。

其批判者（如德沃金，帕特森）认为承认规则是一种关于渊源或者谱系的检验：在一个法律系统 S 中，一些规则 R 是作为规则存在的，仅当它的谱系可以追溯到定义 S 的合法性的承认规则。① 法律规则谱系命题最直接的目的是确定法律规则的有效性。一个规范是法律仅仅是由于它是一个法律系统的成员，一个规范是一个法律系统的成员仅仅是由于它符合承认规则所确定的有效性标准。法的有效性依赖于：（1）带有承认规则的社会社会实践；（2）满足承认规则所确定的有效性标准。② 哈特自己也说："在一个高级的法律系统中，承认规则当然更加复杂，除了通过参考文本排他性地确定规则之外，还需要通过参考主要规则所拥有的一般特点来确定规则。③ "通过参考文本""通过参考一般特点"的"内在视点"逻辑和要求，无论承认或不承认，客观上都表征法律规则谱系命题逻辑。人们形象地将这种谱系逻辑概括为"效力链条"。"承认规则和基本规范都依赖规范性效力链条的观念：一条特定的法律规范的有效性仅仅是因为它得到了一条更一般的或更基本的法律规范的授权。效力链条必须在某处终止，终止处的基础规范无需进一步被论证，它是被'接受'的或者是被'预设'的"。④ 简言之，效力链条所要回答的问题是：被断定的一个有效的法律规范集合成员的法律规范是否真的是那一集合的成员，以及依靠何种标准来判断集合成员的合群性。

实证主义实际上是在法律规则体系建构上做出了一般性、描述性法理学判断，是将维特根斯坦语言哲学引入法学领域进行法律语义学分析的一种尝试（美国爱荷华大学法学院肯·克瑞斯教授认为哈特是法学界将维特根斯坦的思想应用于法哲学的第一人），而不是一种法律实践学说，对法律实践是"无所事事的""不能提出一种令人满意的审判理论、解释理论以及疑难案件的解决办法。"⑤ 这或许就为德沃金提出"建构性解释"和"唯一正确的答案"理论留下了缺口和机会。由于哈特本人和实证主义的影响如此之大，以至于它误导了人们确信实证主义对法律实践特别是法官的司法实践必定产生规引作用。事实上，一般的、描述性的实证主义法理学阐释法律的有效性，与特殊的、论证性的实用主义法理学探明法律的真理性，根本就不是一回事。以帕特森批判哈特的实证主义为例，前者主张的通过法律论证——法律的语法——获得法律的真理，与后者阐述的一种规则为什么成为法律规则且为什么能够进入特定的法律系统，是并不矛盾的两码事，后者是在"法律产业的上游"，前者则在"法律产业的下游"。

但是，无论哈特本人及其追随者怎么解释和拒绝，人们却膜拜式地将它们的理论应用

---

① [美] 丹尼斯·M. 帕特森：《法律与真理》，陈锐译，中国法制出版社 2007 年版，第 101 页。
② [美] 肯·克瑞斯：《现代法理学，后现代法理学与真理》，参见 [美] 丹尼斯·M. 帕特森：《法律与真理》（附录部分），陈锐译，中国法制出版社 2007 年版，第 391 页。
③ [美] 丹尼斯·M. 帕特森：《法律与真理》，陈锐译，中国法制出版社 2007 年版，第 91 页。
④ 邱昭继：《20 世纪英美法理学论战中的概念分歧》，载《北方法学》2013 年第 4 期，第 19 页。
⑤ [美] 肯·克瑞斯：《现代法理学，后现代法理学与真理》，参见 [美] 丹尼斯·M. 帕特森：《法律与真理》，陈锐译，中国法制出版社 2007 年版，第 392 页。

到了法律实践领域。这种实践将法律实证主义与法律实用主义混为一谈，也使得法律规则谱系命题走下神坛，进入法律实践领域的世俗"泥潭"，并在遵循穷尽法则的前提下寻求法律有效性通往法律真理性的摇摆且危险的道路。法律规则谱系命题在法律实践中的主张：在规则系统和规则谱系中找到可适用的规则，如果这一适用规则不足以理解或阐释特定法律案件，它就需要进一步寻找上位规则或者更加权威的基础规则或元规则。基于这种特性，法律规则谱系命题坚持了"排他性的法律实证主义"。它主张，合法性测准必须排他性地建立在社会渊源的基础上来区分法律与非法律，在操作上也不得诉诸道德推理。传统上，这些实证主义者被称为"刚性"或"排他性"法律实证主义者。[1]

事实上，法律自治是绝大多数法律共同体中法律人的共同努力和坚持的主流——法律人更愿意相信和坚守自己的职业"是其所是"，都试图将系统性、制度性、规范性和权威性推向极致，并形成了立法主导——司法中心主义的实践模式。在此模式下，法律权力的使用者尤其是法官的主要职责就是发现规则和运用规则，且发现和运用规则的过程必须根植于一个规则体系，更精准地表述应为规则谱系之中，以体现出严谨、周密、联系的谱系逻辑。在法律规则谱系命题逻辑体系中，有两个步骤至关重要，且紧密相连。第一个步骤是被定义并处于被动地位的法官如何在规则谱系中如何适用规则、援引规则、论证规则以找到"唯一正确的答案"。这不仅需要法官在谱系中具有职业共同体的职业素养和能力，而且还需要足够的耐性穷尽规则。在一般案件中，法官并需要在适用规则时找到一个被称为"承认规则"的"宗师规则"。而在疑难案件中，溯源"承认规则"可能是必须的。法官需要在援引、查明、识别、理解、解释、判断、裁判、陈述等复杂流程中发现更高级的规则或更有说服力和优越性的先例。这一流程处理不仅在英美法系且在大陆法系均是复杂繁琐的，无论其是否承认遵循先例（或司法解释）原则。在这个流程再造中，法官似乎要与"规则赛跑"。这让人想到"阿基里斯赶不上乌龟"的逻辑：阿基里斯是古希腊的长跑名将。如果英雄阿基里斯让乌龟先跑一段，他就永远追不上乌龟。因为他首先必须到达乌龟出发的地点，而这时乌龟就会向前走一段路。于是他又必须追赶上这段路，而当他赶上这段路时，乌龟又向前走了一段路。他总是愈追愈近，但是始终追不上他。[2] 虽然"阿基里斯赶不上乌龟"的逻辑片面地强调了时间上的空间刻度点，忽略了时间上的速度因素，是一种诡辩逻辑。但是事实上，在"发现规则的 X 轴刻度和适用规则的 Y 轴标尺"上，在发现和适用谱系规则的时间和速度双重张力拉升的维度下，法官的思维不可避免地会陷入"找规则，找答案，究竟何时是个头？"的疲倦性缠绕逻辑之中，特别是遵循先例的判例法国家的法官（大陆法系的法官可能要寻找司法解释），要在浩如烟海的判例中找到有用有效的先例判决（或司法解释），就如同"阿基里斯和乌龟赛跑一样"，即使先例判决

---

[1] [美]斯科特·夏皮罗：《哈特与德沃金之争：答疑解惑》，郑玉双译，载《法哲学与法社会学论丛》2012 年第 5 期，第 129 页。

[2] 王威孚、朱哲主编：《马克思主义哲学》，武汉理工大学出版社 2005 年版，第 59 页。

像乌龟一样静静地躺在那里，他也不一定能够找到恰当的。因此，"阿基里斯永远赶不上乌龟。"

退一步讲，假定法官能够凭借职业规训的素养和能力按照规则索引穷尽规则适用，但法官所选定的最合适的规则本身是否科学、理性和属于"制定得好的规则"？于是法学家们开始假定或构想"哲学王""最高立法智慧""完备法典"等概念和思维，以满足这种逻辑推理，使得制定法本身完美完缺、逻辑自洽且闭合。对这种模式，意大利著名法学家皮罗·克拉玛德雷有过评价："制定法已包揽无遗：任何情形均已事先预见到。法律秩序并不存在漏洞。法律制度就像一个巨大的柜子，每一个格子都包含对特定事实情况的规定；法官的工作就是将认定的事实对号入座，即在法律预见的成千上万的事实状态中找到所对应的事实。一旦对上号，法官只需要打开这个格子，找到已准备好的答案。这就是著名的以三段论式演绎推理导出判决的逻辑机制：大前提是法律，小前提是事实，事实只要与法律规定契合，就自动导出结论。"① 虽然从未有任何法学家承认能够制定完美无缺的法律，但在"良法之治"命题思维指引下，人类从未停止过大规模的"造法运动"，法典化进程便是明显例证，并且人类从未停止把法典化当作毕生追求和成就。于是，法律规则谱系命题如果要被证实，那么它必须同时满足两个充分且必要条件：最优的法律和穷尽的规则。最优的法律不仅是规则谱系客观性的构建和整饬，而且还包含了"最优"的主观性价值判断以体现其社会适应性和存在合理性。而当排他性法律实证主义之穷尽规则的思维逻辑需要假借"最优的法律"命题依托时，包容性法律实证主义露出了它的"荷尖"。帕特森在评述哈特法律实证主义观点时说："承认规则和主要、次要规则之间的关系是一种'有效性'的关系。承认规则的作用是市民和官员提供确定法律有效的手段。与主要规则和次要规则不一样，承认规则自身既不有效也不无效，它主要依赖'社会接受'这一事实的存在而存在。"② 因而，与排他性法律实证主义共鸣共情的法律规则谱系命题逻辑在遭遇"最优的法律"命题条件挑战时，形成了逻辑上的"断层""崩坍"，它需要包容性法律实证主义为其"元规则"作出进一步地说明。

（二）法律是关于社会事实的命题及其逻辑

在逻辑上，由于法律规则谱系命题在对效力链条不断溯源追问中不能为法律的有效性阐释和法律命题真理的论证提供"托底"的支撑，于是法律源于一种社会事实的命题就被开启。

在规则谱系命题中，一项规则之所以被称之为"法律"须得到承认规则的确认，但当规则的有效性和标准的效力链条勾连到承认规则时，人们不禁要问："承认规则的有效性

---

① 转引自张世明：《"历史通过我的口在说话"与"法官仅为法律之口"》，载《中华读书报》2019年2月13日第13版。

② ［美］丹尼斯·M. 帕特森：《法律与真理》，陈锐译，中国法制出版社2007年版，第87页。

与合法性又源自哪里呢？"哈特继续论述到："规则的确定可根据这样的事实：它已被一个特定的组织所颁布，或是由于长期的习惯性实践，或者是由于它与司法决定的关系。"① 在此，哈特实际上触及了法律渊源的理论，并且他认为作为其理论的最高规范——承认规则的确定源于特定的社会事实，这种社会事实要么是立法事实（如哈特认为宪法是承认规则的一部分），要么是习惯性实践，要么是一种司法决定的事实。进一步可以说，承认规则的具象并不是一个确定的、单一的规则，而是在不同领域或范畴中起"支配性、标准性"的规则。拉兹在其《法律的权威》一书中说："法的渊源就是那种使法律有效并且确定了法的内容的事实。"② 拉兹将"社会论题"作为其"渊源论"的核心，并认为什么是法律或不是法律而是社会事实问题，且法律的确认无需道德论证，遵循道德价值或理想体系并不是有效法律的成立条件，法律的存在及其内容必须由社会渊源加以确认。③ 无论是哈特的"承认规则"理论，还是拉兹的"法律渊源论"，并不是反常识的高深晦涩理论，恰恰相反，其体现了一般常识逻辑。按照哈特的说法，大多数法律规则之所以是法律，因为它们是某个权威机构颁布的。它们中有一些是由立法部门以制定成文法的方式创制的，其他一些则是由法官创制的，法官们创制这些规则以决定特定的案件，并由此将其作为未来案件的先例。④ 哈特在说，权威立法、司法决定甚或法官权威造法的特定社会事实都可能构成"承认规则"的内容和要素。在此，哈特的"承认规则"之社会实践性与凯尔森的"基础规范"的先验预设性出现明显分野。哈特的理论是对实践的分析描述，而凯尔森的纯粹理论是一种新康德主义的先验演绎，即从我们把特定规则视为法律规范的事实中演绎出来的理论。⑤ 或许在凯尔森的意识逻辑看来，基础规范就存在于"高级法"中（比如宪法中"国家尊重和保障人权"之类的根本规范，再如作为民法帝王原则中的诚实守信条款）。然而，顺着这种逻辑，人们不禁要问：这种"高级法"的"背景"又是什么呢？追寻"高级法"的背景，则会追问到其对应的社会事实。

溯源包容性法律实证主义法的效力渊源的更早的论证，奥斯丁认为法律的有效性依赖于历史谱系：一个法律规范的有效性依赖于它的产生方式。⑥ 这是法历史学所持的观点。在法社会学或历史唯物主义研究中，不仅认为法律的效力来源可以来源于国家法，还可以来源于可用作法律实践的习惯法、民间法、宗教法、宗法或还没有被冠名为"法"但起着"法"的作用的习惯、习俗等社会规范，或者更为宽泛"讨个说法"（《秋菊打官司》），以及其他可能的"地方性知识"（吉尔兹）、"差序格局"（费孝通）、"本土资源"（朱苏

---

① H. L. A. Hart, *The Concept of Law* (Penelope Bulloch & Joseph Raz 2d ed. 1994), p. 95.
② Joseph Raz, *The Authority of Law* (Essays on Law and Morality Oxford University Press 1979), pp. 47 – 48.
③ [英] 约瑟夫·拉兹：《法律的权威》，朱峰译，法律出版社 2005 年版，第 41 页。
④ 邱昭继：《20 世纪英美法理学论战中的概念分歧》，载《北方法学》2013 年第 4 期，第 19 页。
⑤ Brian Bix, *Jurisprudence: Theory and Context*, 4th London: Sweet & Maxwell, 2006, p. 62.
⑥ [美] 本杰明·C. 泽普尔斯基：《法律中的真理融贯理论》，载 [美] 丹尼斯·M. 帕特森：《法律与真理》，陈锐译，中国法制出版社 2007 年版，第 310 – 311 页。

力)中所蕴藏的对社会秩序建构发生着支配、稳固和调配性的社会深沉力量。本杰明·C. 泽普尔斯基评论到:"和它的与生俱来的对手自然法学派不同,实证主义不将世界归之于神秘的事实——如自然法、自然权利和自然义务,等等。实证主义的目的是揭示法律是什么,因此,他们理解法律命题是否真,就是通过指出法的渊源是什么,人们对法的渊源的态度如何,并解释它们,使用它们,将它们视为权威。在某种程度上,法律实证主义受到这样的思想鼓舞:我们有一种关于法的观点,它没有超出社会和历史事实之外。"① 无论是包容性实证主义,或法律历史学,或法律社会学,或法人类学,或法律多元论,还是历史唯物主义法学,在试图揭开神法、自然法的神秘面纱,还原法律本来的"一般性面目"同时,并对法律规则谱系命题自身无法满足的自治性努力进行修正和补充,以在世俗世界而非真理预设世界赋予法律自治的力量。

在对法律社会事实命题产生缘由及其现实表征做出说明后,还需要追问和回答以下四个关联性问题:Ⅰ. 为什么社会事实可以作为法律命题的真值条件或效力根据?Ⅱ. 什么样的社会事实可以作为法律命题的真值条件或效力根据?Ⅲ. 所选定的社会事实为什么能够作为法律命题的真值条件或效力依据?Ⅳ. 作为法律命题的真值条件或效力根据的社会事实发生争议或冲突时怎么样解决?

Ⅰ."为什么社会事实可以作为法律命题的真值条件或效力根据?"在法律规则谱系命题论域中,命题的证立是真理融贯论的范畴,它只需要在命题谱系中找到上位的规则命题便能获得其有效性。"一个命题的真不在于它与实在、事实的符合或对应关系,而在于它与它所从属的命题系统中其他命题的融贯关系,如果该命题与其他命题的关系式融贯一致的,那么这个命题就是真的。"② 然而,事实上这种融贯命题证立的横向相互佐证弱些,纵向链条垂直强些,命题的证立最终依靠一个终极命题的存在。终极命题是其他命题证立的逻辑基础。融贯理论作为一种体系内部逻辑,无论是运用归纳推理(遵循先例的经验法则),还是演绎推理(经典三段论模式),从本质上都是一种"内卷"式的内循环,它对终极命题的论证都必须承认一种客观事实,但又不是所有的命题证立都需要符合一种客观事实。譬如假定 1+1=2 是数学的终极命题,从 1+1=2 可以推导出 2+1=3,……依此类推。在命题证立的融贯体系中,我们只需要终极命题 1+1=2 的客观事实,比如 1 元 + 1 元 = 2 元,需要两块钱的事实,1 元 + 2 元 = 3 元,可以需要 3 元钱的事实,但 1 元 + N 元则不一定需要一个事实存在,一是不需要印那么多钱,二是印不出那么多钱,三是也赚不到那么多钱。但是在此,演算的数理逻辑是正确的,源自其终极命题对应事实的可靠性。因此,在融贯论中只需要终极命题将客观事实作为真值条件,衍生命题或次级命题则以终极命题为真值条件。德沃金区分了"法律命题"与"法律根据"的概念,法律命题

---

① [美]本杰明·C. 泽普尔斯基:《法律中的真理融贯理论》,载[美]丹尼斯·M. 帕特森:《法律与真理》,陈锐译,中国法制出版社 2007 年版,第 311 页。
② 侯学勇:《法律论证的融贯性研究》,山东大学出版社 2009 年版,第 20 页。

是特定法律体系下关于法律之内容的陈述,如"在加州驾车者不得超过每小时65英里的速度驾驶"是法律命题,而"州立法机构大多数投票通过包含该内容的法案,并且由州长签署"是法律根据。法律根据是前提,法律命题是基于"法律根据"而获得真值,而法律根据就是基于一种客观事实存在。可以说,从发生学的角度看,法律因其社会实践性,其终极命题的确立更需要对应一种客观事实。如人工智能、区块链、大数据法需要人类科技足以触及这些领域才使得法律规制成为必要。如果日本一男子想和人工智能合成的机器女孩谈恋爱,事实是可以的,但如果他俩打算结婚呢?相关权利义务就需要确立一个基本法律规范。客观事实争议的出现催生法律,但法律规范指称的客观事实,以及所能指的客观事实,必须是被提炼出来的、可以作为法律话语转化的法律事实。在这层意义上,法律终极命题对社会事实的筛选和择定,属于真理符合论且是强真理符合论的范畴。真理符合论可追溯亚里士多德的判断:"凡以不是为是,是为不是者这就是假的,凡以实为实,以假为假者,这就是真的。"[①] 真理的真伪、强弱取决于命题是事物的同一性和匹配度。即真理符合论强调认知(概念或命题)与外在事实的对应关系和匹配程度,理想的标准状态是完全一致性,事实状态是匹配程度。法律命题与法律事实在哪个层面达到同一性、一致性,或者在何种程度上二者实现匹配契合,这又形成了实在论和反实在论的分野。实在论的要点是无论你认知到还是未认知到,它(客观事实)都在哪里;反实在论则强调认知到了客观事实才是客观事实。实在论和实在论对真理命题理解的分歧,实际上是在问"什么样的社会事实可以作为法律命题的真值条件或称效力根据?"

Ⅱ."什么样的社会事实可以作为法律命题的真值条件或效力根据?"哈特和凯尔森在讨论法律规范效力问题时,都试图回答"一个法律体系如何与匪徒的命令区分开来"这个问题。对这个问题的回答至少可以牵出三个回答方向:第一,做出命题的真值语句的主体自身的合法性与权威性,即"是谁说的"。法律命题究竟是"主权的命令",还是"强盗命令",也即无论说了什么,关键看是谁说了什么,谁说的更有分量,更具权威。真理掌握在谁手里?"真理掌握在少数人手里"就是这个真值语句的谓词。第二,法律命题真值语句的衡量是看它是否能够与法律世界的客观事实相同,或者相匹配,即"说了什么事实"。在此,法律命题的真伪与法律真相相关,且这种真相与某种特定的事实相匹配。如"天子犯法,与庶民同罪"的主张与中国历史上494位皇帝没有1人受到过法律制裁的事实不相匹配而不能成为一个法律命题;"法律面前人人平等"与韩国多位总统受到法律审判,以及美国前总统尼克松遭到弹劾的事实相匹配,使得其成为一个写进法律文本的基本规范(原则)。法律命题与特定的社会事实相同一相匹配使得其获得真理条件而得以证立。第三,法律命题真值语句的衡量要看它在多大程度上与我们接受的其他语句一致,即"说得怎么样"。这里既有真理融贯论的意味,又有真理符合论的体现,更有真理实用(选

[①] [美]亚里士多德:《形而上学》,吴寿彭译,商务印书馆1959年版,第79页。

择)论的要求。哈特主张从"内在方面"还原法律规范赖以根植的社会事实,即使社会事实是既定的,但选定何种社会事实作为法律命题的依据,则需要从法律内在的视角加以界定。"盗亦有道",是指从"盗"中存在"道"的内在逻辑,"盗"所说出的"道"比其他真值语句更具感召力和吸引力,以至于有人更愿意相信、接受并做出选择。换言之,命题的真值语句是否有效取决于公众或受众的可接受性。

Ⅲ. 所选定的社会事实为什么能够作为法律命题的真值条件或效力依据?法谚"法律除非被实现,否则形同虚设。"转换为工具主义或实用论的话语表达则是:"一个特殊的判断真理的标准是看一个法律体系是否提供了合适的手段来实现那一法律力图实现的目标。"①"徒法无以自行"。作为实践理性的法律之实现,法律命题从基本设定到具体落地必须借助必要的法律手段,这些手段词典式序列是信仰(信念)、理解、解释、论证、证成、遵守、执行、制裁、惩戒等,从逻辑上看,是一个内在自觉到外部说服再到外在约束的过程:前者是后者的前提,后者是前者的手段。几乎所有法哲学或法理学基本上围绕这一逻辑线索展开的。比如,信仰是理解的前提,理解是信仰的手段。关于法律信仰命题,有神法、自然法与实在法的派别划分,在自然法中,何为法律的首要价值,又有自由与平等、正义与秩序、权利与义务等细分。然后基于这些细分,相应产生和形成自由论、平等论、正义论、秩序论、权利论、义务论等不同流派的理解,也会产生交叉理论的理解,如自由秩序原理(哈耶克),作为公平的正义(罗尔斯),权利自由主义(诺齐克)等。这些理解都是对不同法律信仰观的阐释。再比如理解是解释的前提,解释是理解的手段。法学家们将解释作为法律思维的中心,"在法律中,'解释性转向'的重要性怎么评估都不过分。文本的意义问题应当是当代许多老练的法学家关心的中心问题。"② 解释是泛化的,但实际上理解是解释的前提,理解使得解释成为可能,理解也可以使得解释成为不可能或不必要。有时理解了,解释就不需要了。信念和理解而非解释是法律实现的第一法则,这也是"苏格拉底之死"的秘密。依次类推,解释是论证的前提,论证是证成的前提,证成是遵守的前提,遵守是执行的前提,执行是制裁的前提,制裁是惩戒的前提。理论上这些环节是不可以跳跃的,或者说非必要不跳跃,但也并不是所有的手段都必须最终显现出来,就好比在说:"有了自觉遵纪守法,执法和司法成为非必要或多余。"当然,在此立法是前提存在,遵纪守法是其后果。法社会学主张"无需法律治理的秩序"强调的是信念、理解和自觉,但并未否定法律的存在。因此,一种社会事实能够或多大程度上成为法律命题的真值条件,在于人们使用了何种法律手段使得这种社会事实被尊崇为法律命题的真值条件。所用的法哲学或法理学都是为这些手段提供基础说明的。

Ⅳ. 作为法律命题的真值条件或效力根据的社会事实发生争议或冲突时怎么样解决?

---

① [美]本杰明·C. 泽普尔斯基:《法律中的真理融贯理论》,载[美]丹尼斯·M. 帕特森:《法律与真理》,陈锐译,中国法制出版社2007年版,第311页。

② [美]丹尼斯·M. 帕特森:《法律与真理》,陈锐译,中国法制出版社2007年版,第104页。

这又须做两个问题回答：（1）一个法律命题可能基于 A 社会事实，也可能基于 B 或 C 的社会事实；（2）做出判断的主体可能选择或 A 或 B 或 C 的社会事实作为论证法律命题的真值条件。德沃金将这两种争议区分为经验性争议和理论性争议。对于（1），在Ⅰ和Ⅱ中包含了一些回答，但Ⅰ和Ⅱ只是圈定了范围，而对社会事实与法律命题的匹配度并没有做出解释。匹配的必要条件是一个法律命题必须以一个确定的社会事实作根据；匹配的充分条件是当且仅当确定的社会事实趋向于形成一个法律命题。如果是经典真值逻辑，则 A 事实匹配 a 命题；如果是模糊二值逻辑，则 A 事实匹配 a 命题，或非 a 命题。经典法学寻求 0 或 1 的确定逻辑，模糊法学追求（0，1）模糊逻辑，且在此模糊逻辑要求的匹配度或称隶属度更趋近真相，即事实强的表现或强的一面使得它更符合法律命题的真值条件，就像在一个司法判决中，法官所还原的真相只可能是无限接近客观事实真相，当且仅当一种还原的真相更接近客观真相时，这种还原的真相成了法律真相。对于（2），在Ⅲ中列明的手段都是寻求法律命题为真的办法，当这些手段发生冲突时，法哲学或法理学何为？正因为（1）和（2）的存在，使得法哲学或法理学围绕这些争议和冲突布满了魅力和魅惑并产生了不同的流派，其解决争议或冲突的前提是命题化分类，基础是理解和解释，硬核是论证和证成，并取决于哪种方式更具有强的理论特征和说服力。因此，帕特森断言："当论证领域的一些问题出现的时候，解决的办法不是依靠实践来衡量，而是依靠被提议的解决方法与不被质疑的事情的符合程度来衡量。"① 解决方法与社会事实匹配度最终决定了何种解决方案更为优越。

在法律规则谱系命题和社会事实命题的逻辑展开中，法律人"应当按照世界所是的样子，而不是按照在理想中世界的样子，求助于道德和经济上的理由来确立'什么是最好的或者恰当的判决'"。② 然而，"世界所是的样子"本身需要不断地探究，不同的主体和方式使得其具有不同的面向，因而它是不确定的。是故，哈特承认，承认规则一般是不可陈述的，它是部分不确定的，也不能解决一些困难的问题。实证主义可能承认，带有承认规则的社会实践不能完全明确化。如果承认规则不能完全明确化，则它减少不确定性的能力就会受到损害。换一句话说，在确定法律的同时，承认规则就可能受到阻碍。③ 于是，法律关于社会事实的命题在探寻"世界所是的样子"中边界开始突破，走向了通往他者的道路。

（三）法律是关于通往他者的命题及其逻辑

从法律的视角并尽全力在法律自治世界的范围内证成法律"是其所是"是法律规则谱

---

① ［美］丹尼斯·M. 帕特森：《法律与真理》，陈锐译，中国法制出版社 2007 年版，第 239 页。
② ［英］约瑟夫·拉兹：《权威、法律和道德》，刘叶深译，载郑永流主编：《法哲学与法社会学论丛》总第 12 期，北京大学出版社 2008 年版，第 69—70 页。
③ ［美］肯·克瑞斯：《现代法理学，后现代法理学与真理》，参见［美］丹尼斯·M. 帕特森：《法律与真理》，陈锐译，中国法制出版社 2007 年版，第 394 页。

系命题和法律社会事实命题逻辑的神圣天职——能够在法律自身的领地找寻到解决法律实践中的问题和矛盾之道,当属上上之策,"矛盾能自解""矛盾不上交"使客观实体自在自为获致的同一性。然而,当所立基的规则谱系和社会事实本身具有不确定时,法律必然走向通往他者之路,其直观消解的理由是,这种社会事实是法律事实,或是政治事实,或是经济事实,或是道德事实,或是伦理事实,还是其他,还是两者、三者、四者等兼而有之?正是这种兼而有之的共生共存,在法律与他者之间架起了通往证明法律命题为真的更为幽僻幽深的法哲学之路。在此,需要说明的是,法律是关于社会事实的命题中的"社会事实",严格意义上还是法律通过其自身固有的方式所确认的"社会事实",本质上是法律事实(如作为社会事实的立法事实、司法事实),因此这种作为法律事实的社会事实还不是"他者"。在凯尔森的"基础规范"、富勒的"规则治理事业"以及卢曼的法律自我生成系统中,作为法律事实的社会事实可能是"他者",但在哈特的法哲学理论中,法律事实和法律规则都是法律的组成部分,作为法律事实的社会事实不是"他者"存在。故此,本文所述的"他者"与哈特的立场是一致的。

在法律是关于通往他者命题的逻辑证成上,至少需要论证 3 个子命题:Ⅰ.法律为什么要通往他者?Ⅱ.法律与他者是否具有必然联系?Ⅲ.法律与他者是如何相互影响和相互作用的并使得法律命题为真?在法哲学史上,道德、伦理、政治、经济、社会、文化、生态等在事实上都以某种特殊的方式走近或走进了法律世界,对应地形成了最显赫的自然法学(传统或新的自然法学不同时期有不同的代表人物)、法伦理学(黑格尔将抽象法与道德统一于作为客观精神环节的伦理之中)、法政治学(以马克思主义法学为代表)、法经济学(波斯纳),以及法社会(人类学)学、法文化学、法生态学等。囿于篇幅,本文仅以法律与道德的关系作解说。因两者是"剪不断、理还乱"交织的网,也是最妙趣横生、陶然适性而不解的谜。

Ⅰ.法律为什么要通往作为他者的道德?之所以道德、伦理是法律常伴弥新的他者,这在西方法学话语体系中,与神学、自然法学有关,在东方法学话语体系中,则与《易经》开启之后的儒道释文化传统有关,以致于无论东西方法学以何种流派出现都绕不开道德的话题。在实证主义与自然法的论战中,延续前文法律规则谱系和社会事实命题所展开的逻辑,哈特认为,社会事实是承认规则的有效标准,但不是唯一标准。哈特在《法律的概念》第二版后记中写道:"德沃金将我归结为'贫乏事实的实证主义者',这是错误地看待了我的理论。第一,他忽略了我曾明确地同意承认规则可以将法律有效性标准与道德原则、实质性价值结合起来;因此,我的学说可以称为'温和的实证主义'(soft positivism),而不是德沃金所说的严格的实证主义。第二,我的书中从来没有建议说,由承认规则所提供的贫乏的事实标准只能是与谱系有关的东西,它们可以是建立在立法内容基础上的实质限制。"① 即使哈特被普遍认为是实证主义者,但他的包容性实证主义(温和的实证主义)却允许承认规则中容纳道德标准。夏皮罗将承认规则所认可的道德标准概括为"道德安置命题"(Moral Incorporation Thesis)。以富勒和德沃金为代表的现代自然法理论认为:"在描述一般的或特殊的法律体系时或者在决定单个法律的法律效力时,要求某种类型的道德评价的理论"。② 因此,一个老练的法哲学家,不会将道德论述排除在自己的理论体系之外。

那么,法律为什么要通往道德之维度?关于这方面的论述车载斗量,但我们想继续沿着法律命题的语境论证。"在实质性承认规则之下,法律可以承担体现道德判断并使其简明化的角色。"③ 作为哈特门生之一的菲尼斯为了进一步论证这种观点,提出了这样一个基本问题"人应该如何生活""我们如何发现伦理问题的答案"。菲尼斯提出了七种基本的善:生命、知识、游戏、审美体验、社交(友谊)、实践合理性和宗教。④ 并认为社会的善要求人类合作,没有法律这些善不可能发生,法律使得获得其他的善更为容易,即法律在"我们如何发现伦理问题的答案"的观照下,以社会善的方式进入伦理道德的情境。就人文关怀而言,菲尼斯的论述具有意义追问的终极性。但这种终极追问的一般抽象性使其难以获得特殊的精神整合与后盾保障,就像罗尔斯关于善与正义的论述是在"无知之幕"的假定上开启的,因而具有基础上的脆弱性。就逻辑的缜密性而言,我们更加倾向于黑格尔的法哲学思想。黑格尔的法哲学思想中关于法律与道德关系的论述具有较强的典型性,其理论主张从客观精神整体论的视角出发,将抽象法(客观法、外在法、形式的法)与道德(主观法、内在法、内容法)统一于作为"自由的理念"的伦理。在黑格尔的法哲学思想里,作为抽象环节的法的任性、主观性和偶然性要在作为"自为地存在的自由"的道德环节中通过"故意""意图"和"善"所映射的"责任""福利"和"良心"加以扬弃,并由伦理将客观的抽象法与主观的道德在家庭、市民社会和国家层面逐步统一起来,以体现出具有优越性的日耳曼民族的这种客观精神。因此,从国家和民族整体精神的角度看,道德和法律是具有必然联系的,因为两者作为特定的国家治理手段或方式,可以共同服务于国家特定目标的。在中国法学话语体系中,人们强调依法治国与以德治国相结合,可能就是基于这种考虑和理由。

Ⅱ. 法律与作为他者的道德是否具有必然联系?关于这个问题的回答,有两种截然相反的回答:(1)不存在不然联系;(2)存在必然联系。实证主义认为不存在必然联系。

---

① [美]肯·克瑞斯:《现代法理学,后现代法理学与真理》,参见[美]丹尼斯·M. 帕特森:《法律与真理》,陈锐译,中国法制出版社2007年版,第380页。
② Brian Bix, *Jurisprudence: Theory and Context*, 4th London: Sweet & Maxwell, 2006, p. 80.
③ 何勤华、吴怡:《晚近20年英美法理学发展评析——以夏皮罗等人的实践差异命题、法律规划理论为中心》,载《法治现代化研究》2020年6期,第16页。
④ 邱昭继:《20世纪英美法理学论战中的概念分歧》,载《北方法学》2013年第4期,第23页。

什么是必然联系？哈特区分了事实联系、自然联系和概念联系等三种情形。[①] 事实必然联系认为法律在事实上或历史上必然会受到道德的影响；自然必然联系认为法律必须满足他所谓的最低限度的自然法，如基于人的脆弱性，杀人是被道德和法律禁止的；概念必然联系讨论的问题是正当的道德要求是否符合法律要素的要求。基于对"必然联系"概念的分析，哈特的实证主义提出的"分离命题"认为，道德与法律没有必然联系，并提出了弱的和强的两种分离命题。从这点上看，哈特的观点是很合乎常识常理的。这个"分离命题"支撑了实证主义的五项基本立场：（1）法律是人的命令；（2）法律和道德之间或者法律是什么与法律应当是什么之间不存在必然联系；（3）对法律进行概念分析，而非采取探究法律起源与动因的历史研究方法，或研究法律与其他社会现象之关系的法社会学方法，以及从道德、社会目的、功能等方面对法律进行批判或评价的方法；（4）法律体系是一个封闭的逻辑体系，正确的法律决定可以依据逻辑方法从现行有效的法律规则中演绎出来，无须借助社会目标、政策和道德准则；（5）伦理学的不可知论（noncognitivism），即道德判断不能像事实判断一样通过理性的论证、证明或证据进行辩护。[②] 尤其是第（4）（5）项主张得到确立并获认同。事实上，大多数法哲学或法理学都会对法律和道德进行区分，且二者在目标、性质、功能、表达方式、实现手段等多方面都存在显著区别。但人们更倾向于论证它们的联系，如产生的"法律是最低限度的道德，道德是最高限度的法律"等观念。与多数人认为"法律与道德不存在必然联系"殊异的是，黑格尔赋予了法律追求道德和伦理必然性的特性，他将法律与道德统一于伦理这种必然性当中。"法是自由意志的定在。"[③] 抽象法、道德、伦理都是法的形式和环节，是自由意志否定之否定运动过程的结果。是故，有学者将黑格尔的法哲学思想称之为"德—法整合的法哲学"。[④] 因此，在这层意义上可以将黑格尔的法哲学思想归入自然法学的范畴。

Ⅲ. 法律与作为他者的道德是如何相互影响和相互作用并使得法律命题为真？之所以论者认为法律与道德不存在或存在必然联系，主要原因在于对法律和道德的相互作用方式的理解、认知和把握存在不同。在德沃金的"建构性解释"理论命题中，可吸收道德标准的原则是由作为法律共同体成员的法官在解释中形成的观念，即道德是通过法官识别出来的。"因为法律原则的起源并非立法机关或法院的特殊决定，而是一段时期内在法律职业群体或公众中形成的适当观念。"[⑤] 因此，德沃金认为承认规则发现不了蕴含道德标准的原则。哈特否定了这种看法，他认为在规则体系中可以通过法律条款将法律原则明确规

[①] 范立波：《分离命题与法律实证主义》，载《法律科学》2009 年第 2 期，第 14 – 15 页。
[②] L. A. Hart, *Positivism and the Separation of Law and Morals*, in his *Essays In Jurisprudence and Philosophy*, Oxford: Clar – Endon Press, 1983. pp. 57 – 58.
[③] ［德］黑格尔：《法哲学原理》，范扬、张启泰译，商务印书馆 1961 年版，第 36 页。
[④] 樊浩：《德—法整合的法哲学原理》，载《东南大学学报（哲学社会科学版）》，2002 年第 3 期，第 83 – 89 页。
[⑤] ［美］德沃金：《认真对待权利》，信春鹰译，中国大百科全书出版社 1998 年版，第 70 页。

定。"通过明确的法律规定，道德原则可在不同程度上被引入法律体系，进而构成法律规则的一部分；法院也可能负有依（其所认为的）正义或善的标准做出判决的法律义务"。比如"道德原则（如第五修正案）有可能构成宪法性的法律限制。一个法律可能授予立法权，同时又可参照道德原则对该立法权行使的范围进行限制。"① 在此，哈特陈述了一个基本的法律事实，即道德标准可以以法律原则的形式体现到法律规定之中，继而在规则谱系中发生效力。比如我们将"国家尊重和保障人权"的人权道德要求写进宪法，将"尊重公序良俗"的道德标准写进民法。这样，包容性实证主义通过对道德命题进行原则过滤使其成为法律准则。既然部分法律的效力有可能来自被纳入承认规则中的道德内容，那么诠释性判断标准，即"法官必须寻求最符合制度史及最佳道德证立之解释"，完全可以成为承认规则的一部分。因此，道德原则可以透过两种方式被识别：一是系谱的，即形式的；二是诠释性方法，即内容的。相对来说，第一种识别方式在大陆法系国家占较高的比例，后一种方式在英美法系国家更为常见。② 进一步简明地说，道德作用于法律的方式有两种最为经常的方式：一种是立法建构；另一种是法官解释。除此而外，行政执法的道德标准适用，公民守法的道德自觉，都可能成为法律识别道德的方式。譬如，夏皮罗提出"道德目标命题"（Moral Aim Thesis），以使"法律活动的基本目标是弥补合法性环境中道德缺陷。"③ 并在此基础上提出了"实践差异命题"，区分决定模式和限制模式。在决定模式下，法律主体可能基于道德而非法律做出决定。假如颁布一条法令：禁止同性恋。如果甲不是同性恋，乙是同性恋，则甲出于道德标准而非法律要求而遵守法律，但法律对乙有禁令作用。该条禁令为真的条件在于乙是同性恋并被禁止同性恋，而不是甲不是同性恋而不去同性恋。换言之，法律识别道德的方式，与道德影响法律的方式，在某些情势下会存在实践差异的，且这种"实践差异命题"所确立的行动模式观照和丰富了法律实践的多元性、丰富性、复杂性和差异性，使得道德和法律的情境说明既"是其所是"，又"是其所非"，最亟须克服的就是简单粗暴的武断，而须诉诸足够的耐性韧劲，以在综合考量复杂情形的前提下找到法律论证的真值条件。

三、结语：法律命题是法学话语体系建构的阶梯

本文对法律命题的一般规定性及其主要类型做了阐释，仅仅告诉了人们"法律命题是什么"，而未阐明"研究法律命题能干什么"。具体而言，经由对法律命题的一般规定性及其三种典型命题的论证，发现真理融贯论、符合论、实用论也隐藏在三个命题之中，且

---

① ［英］哈特：《实证主义和法律与道德的分离》，翟小波译，载《环球法律评论》2001年第2期，第158页。
② 王蕾：《"原则的引入"与"法律与道德分离"命题——以法学方法论为视角》，载《学习与探索》2007年第2期刊，第122页。
③ 何勤华、吴怡：《晚近20年英美法理学发展评析——以夏皮罗等人的实践差异命题、法律规划理论为中心》，载《法治现代化研究》2020年6期，第16页。

规则谱系命题、社会事实命题、通往他者命题三者的论域之间依次展开、层层递进,并彰显了法律世界各种复杂面相,引出了不同法哲学流派尤其是实证主义与自然法学在思想或观念上的实质争议。通过法律命题的论述,我们能够找到开启法律世界和法学世界之门的"钥匙"。如果把这个世界比作"柏拉图的洞穴",那么法律命题可能成为照亮洞穴石壁的那一束"光亮",而这束"光亮"到底能够照多远多久多亮,完全取决于对法律命题的功用的开掘。法律命题具有法律识别、问题确证、科学求证、统摄整饬、体系建构、话语塑造等多种功能。

在这众多功能中,我们认为话语塑造功能更为根本。福柯认为:"话语指的不仅是谈话本身,更是人们谈论事物的方式;这个方式与人们思考该问题和对其采取的行动相关,因此话语是权力的核心。"[①] 我们相信,通过法律命题的论域逻辑展开,我们能够建造一种新的法学话语体系。从西方法学话语体系走向中国法学话语体系,可以通过论证法律命题的道路实现。现分享孙中山先生与康有为先生"走向共和"命题的中西方法学话语对话,以展现法律命题之于法学研究知识进阶的洞开作用。

"走向共和"命题对话

电视剧《走向共和》中孙文第一次出场亮相,是在康有为的万木草堂,孙文这次来的目的是要寻找革命的同行者,就是拉康有为"入伙"。两人有一番精彩的对话:

"医学博士孙文,见过康先生!"年轻的孙文出现在万木草堂门口。

康有为探出头来只张了一眼又缩了回去,说了句:"我这的人都没有病!"

"大清国人人有病。"孙文语出惊人,掷地有声。

"什么病啊?"康有为反问。

"愚昧之病。"此言一出,康有为心里一震,不禁暗暗对这个年轻人刮目相看。

"愚在何处?"他接着问,他也很好奇,看看这个年轻人是否有真材实料。

"被奴役者却以为自由着,从来不知道平等为何物,不知自爱且不懂爱人,一句话,奴才不知道自己是奴才。"

"病根何在?"

"四书荼毒生灵,五经钝化人心,三纲生产奴才,五常捆绑性情,这是文化之病;普天下之大众,食不能果腹,衣不能暖身,而王爷大官骄奢淫逸,盘剥不止,这是经济之病;所有这些病症都是一个总病根,那就是政治之病,华夏四千

[①] Michel Foucault, "Truth and Power" in M. Foucault, ed. and C. Gordon trans., *Power Knowledge*: *Selected Interviews and Other Writings*, Pantheon Books, 1980.

年的封建专制。"

"开个方子试试。"

"走向共和。"

"这方子有几味药啊!"

"思想之药三味,自由、平等、博爱,制度之药三味,立法、司法、行政,三权分立!"

"有什么药引子吗?"

"有。"

"共和思想,源远流长。早在古希腊便有了初步实验,但那过于原始,不成体系。后来法国孟德斯鸠,首倡三权分立。而民主宪政,却在英格兰首开先河,其从专制到宪政的和平演变,让世界大开眼界。国制度一变,国势大增,雄霸全球,至今依然……"①

在此,康有为因孙中山学医,用中医语词导引,孙中山留洋博士以西方话语应答,围绕反帝反封寻求国家独立民族自强,提出并论证"走向共和"的命题,其话语中西合璧、精妙绝伦之处,尽显法律命题的魅力和生命力。用本文"规则—事实—他者"的分析逻辑解读,"走向共和"命题的规则谱系命题内容是"思想之药三味,自由、平等、博爱,制度之药三味,立法、司法、行政,三权分立!"这是该命题的核心思想;社会事实命题的内容是"大清国人人有病""愚昧之病"以及"文化之病""政治之病""经济之病",这是需要走向共和的社会基础;通往他者命题的内容则是欧美和日本等国的宪政共和实践,这是在中国建立共和、走向共和的参照。(限于篇幅,该命题论证就意犹未尽地点到为止。有关论述交由后续工作)论及至此,可以预见,如果我们对重要的法律目标和法律实践逐一逐步进行命题化思考,我们完全有理由且有信心通过法律命题所开启的论域及其逻辑展开找到法学知识进阶的法门。

On the Domain of Discourse and Logic of Legal Proposition

Denghuiqiang

Abstract:What can more validly grasp the crucial problem of General Jurisprudence is propositional consideration and analysis on legal practice. This essay makes a general description

---

① 尔东说话:《〈走向共和〉孙文第一次见康有为,即给旧中国开了"药方子"》,https://baijiahao.baidu.com/s? id=1682227550959394080。

on the intrinsic regulation of legal proposition and its three main types, aiming to tell people what's the legal proposition, emphasizing its status in the study of General Jurisprudence, metaphoring its potential role as a bridge in the dialogue of Chinese and Western utterance jurisprudence. Legal proposition is "the proposition of what is law". Regulatory Fountainhead proposition, Social Reality proposition, Other Directions proposition are three typical discourse domains of Legal proposition, nevertheless, there are some differences on logic. In the process of describing the three theses, True Coherence Theory、Correspondence Theory and Practicality Theory, which are hidden in the three theses, continuously discover the power of legal truth condition to promote the three discourse domains to develop in turn and advance by degrees, present the multiple and complex aspects of the legal world in series, exhibit the essence of controversy in though and ideas among different schools of General Jurisprudence that make it possible for Chinese and Western legal dialogues.

Keywords: Legal Proposition; Regulatory Fountainhead Proposition; Social RealityProposition; Other Directions Proposition; Proposition Description